安徽省志

Chorography of Anhui Province

徽州人口志

Population of Huizhou

安徽省地方志编纂委员会
Compilatory Commission of Anhui Chorography

方志出版社
Publishing House of Local Records

图书在版编目（CIP）数据

安徽省志. 徽州人口志 / 安徽省地方志编纂委员会编.—北京：方志出版社，2020.4
ISBN 978-7-5144-2523-9

Ⅰ.①安… Ⅱ.①安… Ⅲ.①安徽省—地方志②人口—工作概况—徽州地区 Ⅳ.①K295.4

中国版本图书馆CIP数据核字（2017）第232142号

安徽省志·徽州人口志

编　　者：安徽省地方志编纂委员会
责任编辑：李　静

出 版 者：方志出版社
地址　北京市朝阳区潘家园东里9号（国家方志馆4层）
邮编　100021
网址　http://www.fzph.org
发　　行：方志出版社发行中心
电话（010）67110500
经　　销：各地新华书店
印　　刷：安徽联众印刷有限公司

开　　本：889×1194　　1/16
印　　张：32.25
字　　数：665千字
版　　次：2020年4月第1版　　2020年4月第1次印刷
印　　数：0001–1500册

ISBN 978-7-5144-2523-9　　定价：300.00元

安徽省地方志编纂委员会

主　任：信长星

第一副主任：王翠凤

副主任：钟俊杰　史涤云　左　俊　江刘伍　樊　勇　李　兵　吴晓源　程中才

委　员：沈小平　程小俊　李国庆　杜道宏　钱桂仑　郭德成　吴　静　程潜龙　胡再生　罗　平　牛弩韬　王俊贵　于　勇　姜　明　罗建国　程光林　潘海滨　徐恒秋　刘少为　章　义　陈卫东　王广满　张　箭　袁　华　陶仪声　李　中　韩永生　陈　烨　李　军　吴劲松　李孝全　曾凡银　徐发成　单　强　王希锦　罗有军　俞　林

《安徽省志》总编室

主　　任：程中才

副 主 任：郭德成　吴　静

成　　员：（按姓氏笔画为序）

王富宏　计媛媛　史五一　朱海滨　孙　平　苏爱梅

杜中文　李宇涵　杨永成　吴良琴　余祖本　张　军

张新山　周小平　胡　利　章慧丽

《安徽省志·徽州人口志》审稿组

初　　审：史五一　吴良琴　周小平　唐　钢

复　　审：郭德成　吴　静　朱红娟

核　　审：程中才　高俊文

审查验收

安徽省人民政府

《安徽省志·徽州人口志》编纂委员会

顾　　问：高俊文

主　　任：朱红娟

副 主 任：唐　钢

委　　员：（按姓氏笔画排列）

胡世贵　胡红喜　胡锦来　程　艳

《安徽省志·徽州人口志》编辑室

主　　编：唐　钢

执行主编：金立林

执行副主编：王　莉

徽州古城门

篁墩程朱阙里坊

徽派建筑特色

唐模古村水街

歙县棠越牌坊群

黟县宏村外景

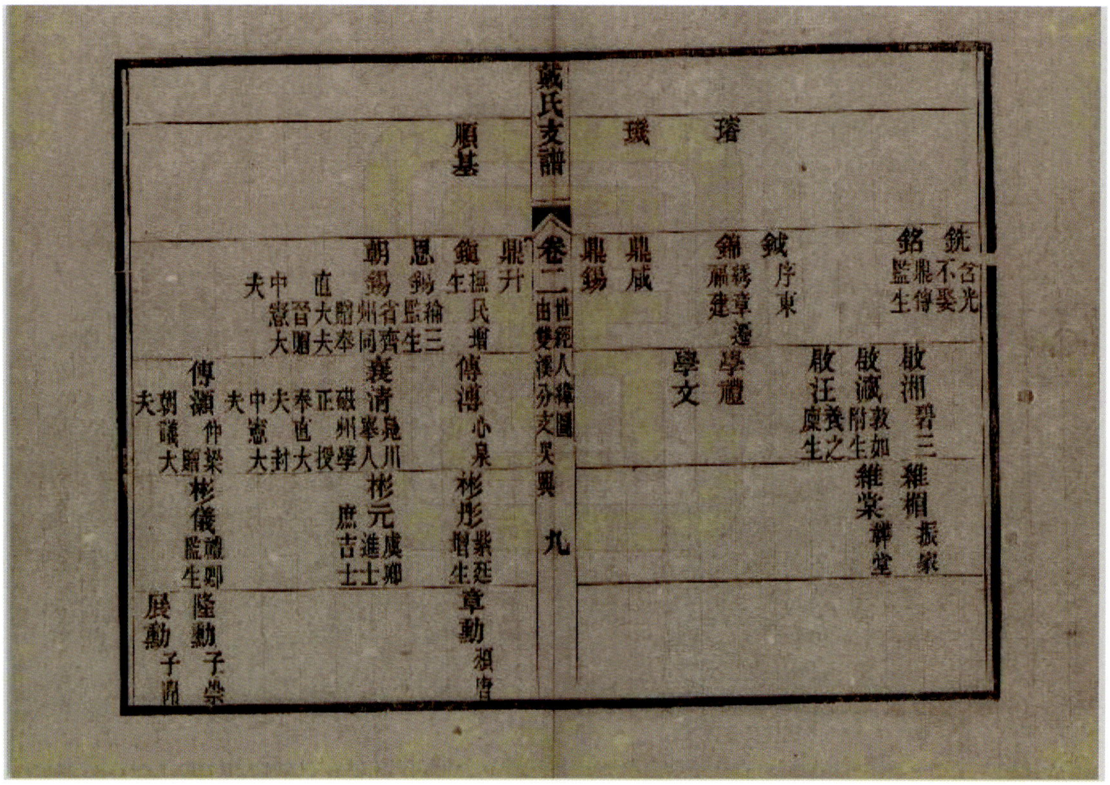

新安戴氏宗谱

休宁县月潭朱氏家祠

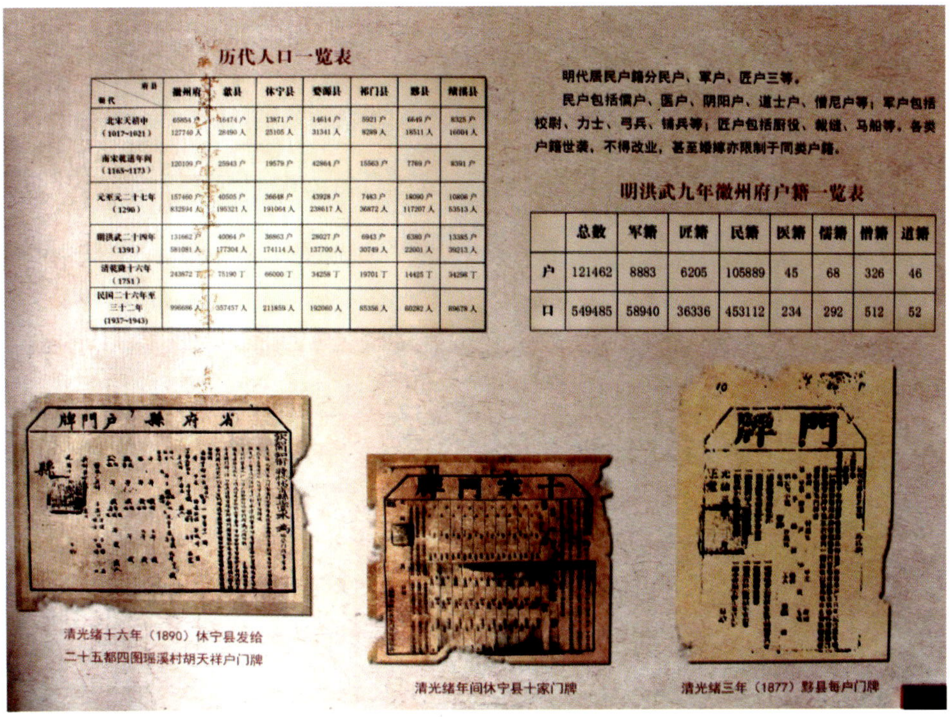

户口　户籍

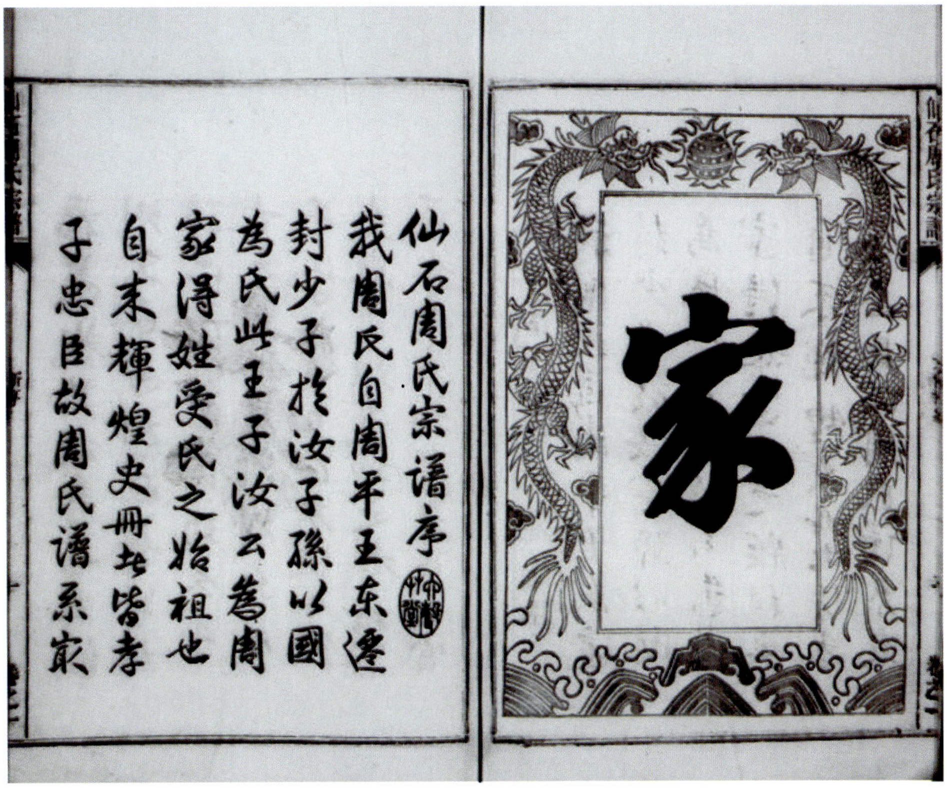

安徽歙县仙石周氏宗谱序

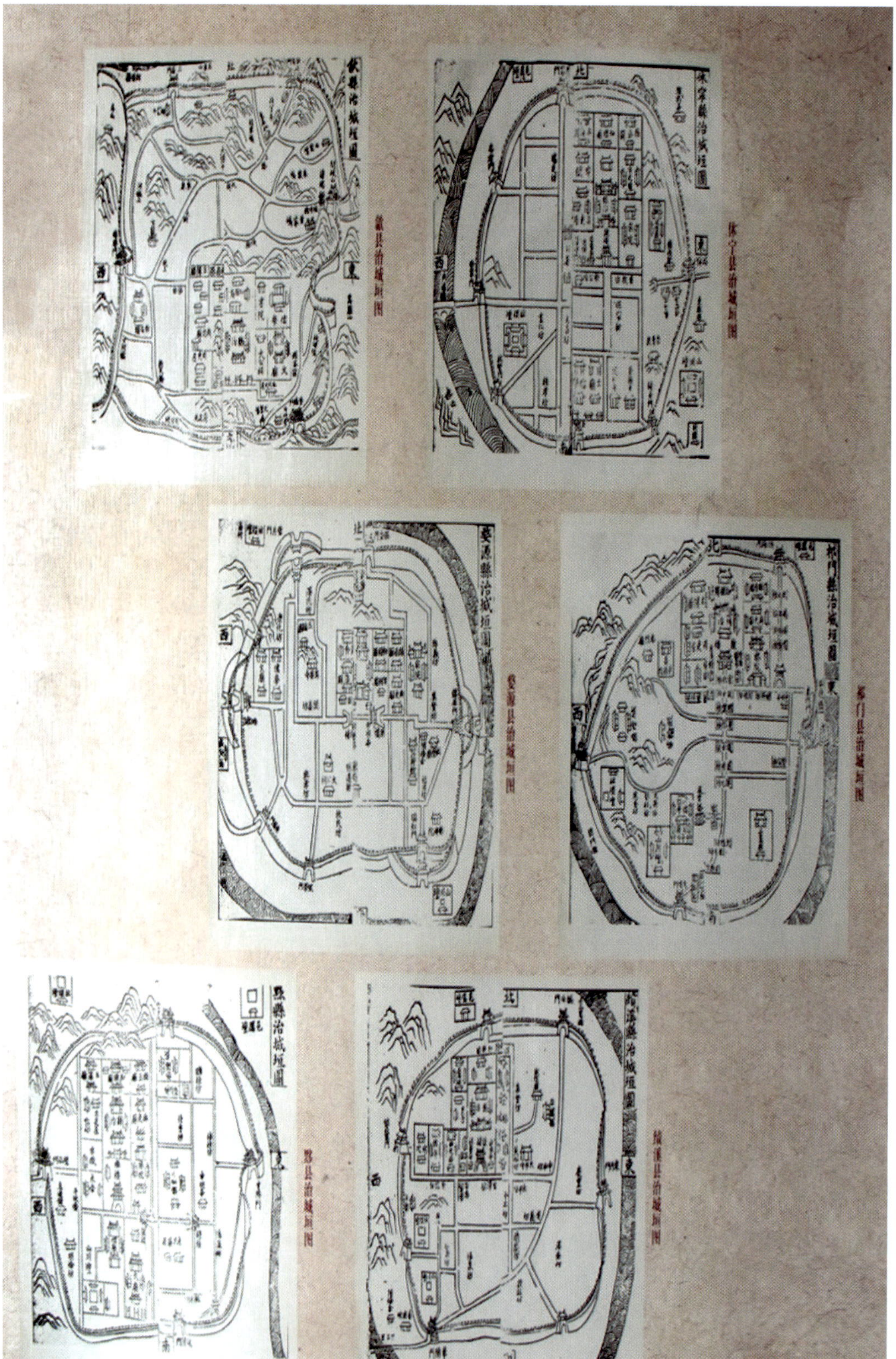

清代徽州府属六县城垣图

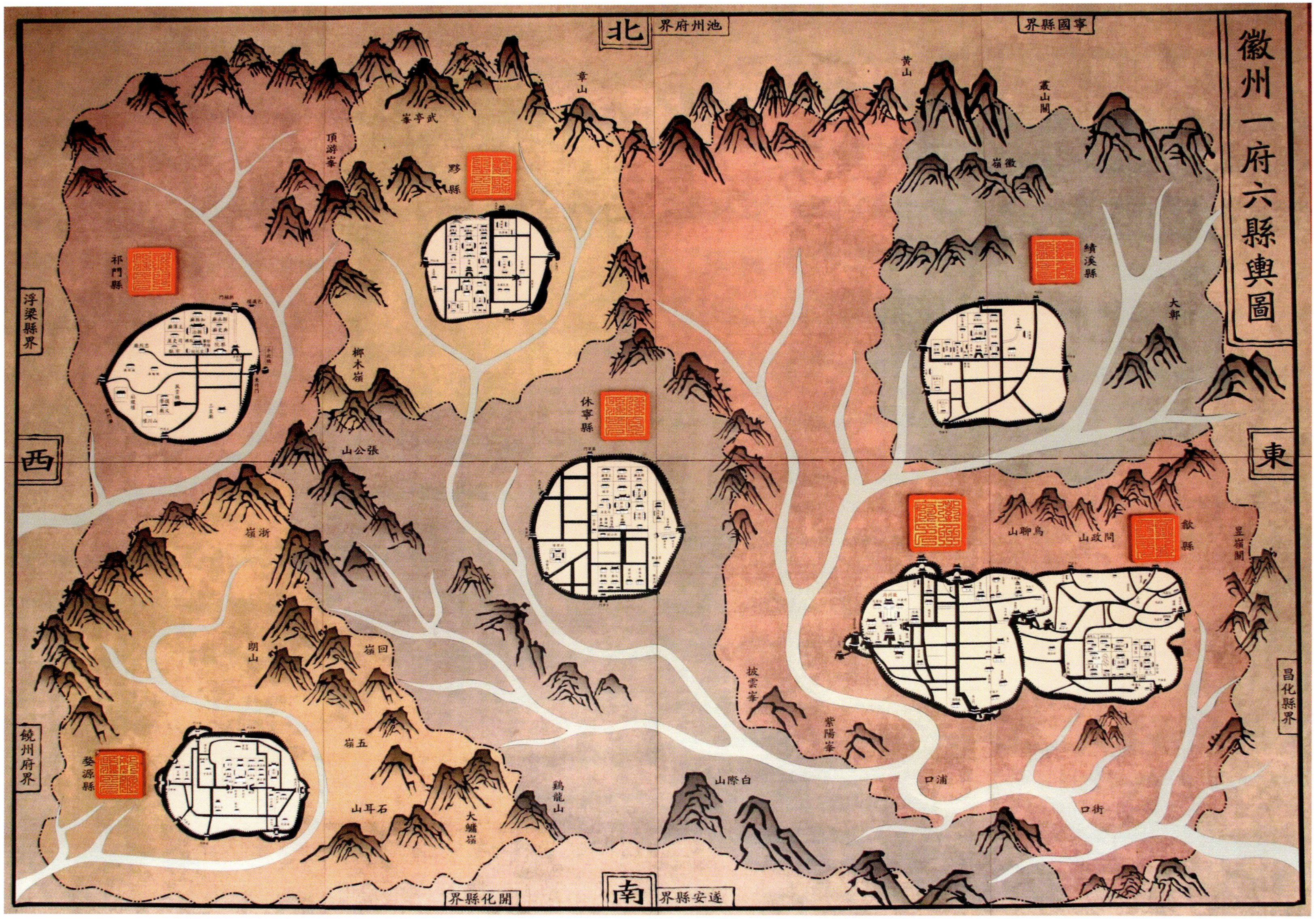

清代乾隆时期徽州府舆图

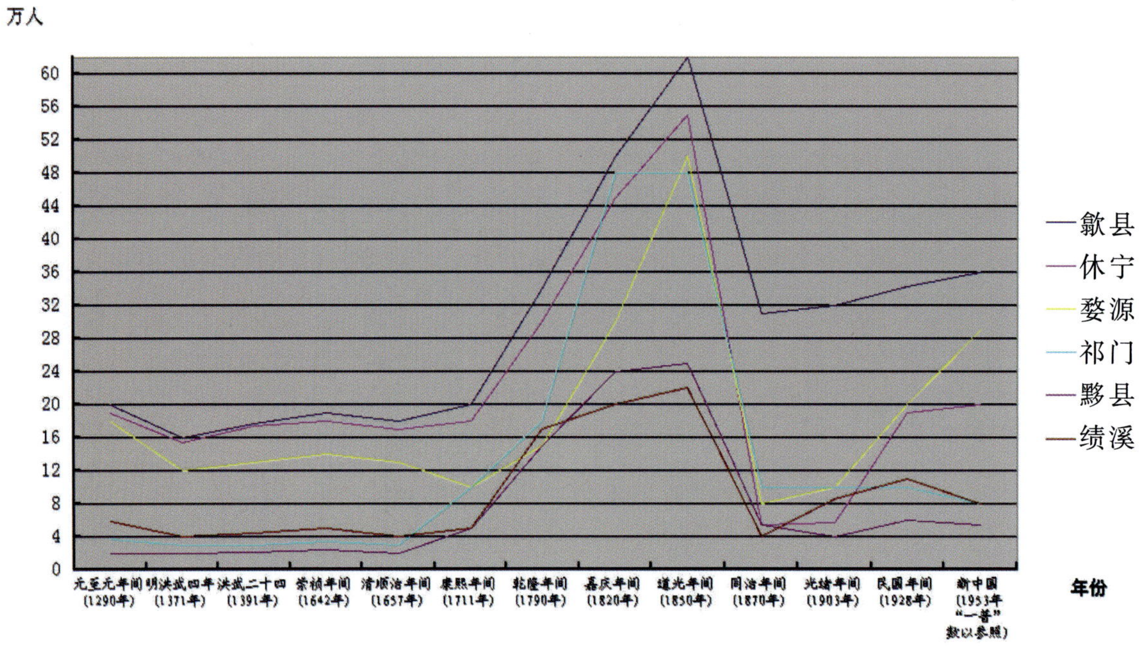

元、明、清、民国时期徽州六县人口变动曲线图

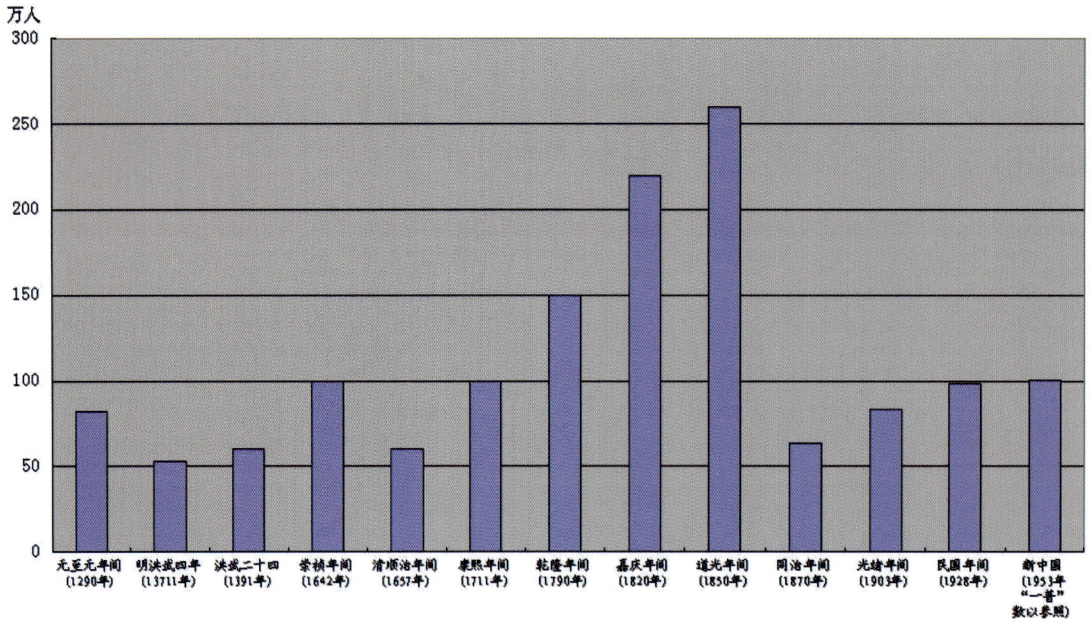

徽州人口变动示意图

总　凡　例

一、编纂《安徽省志（1986—2005）》，坚持以马克思列宁主义、毛泽东思想、邓小平理论、“三个代表”重要思想、科学发展观、习近平新时代中国特色社会主义思想为指导，坚持辩证唯物主义和历史唯物主义的立场、观点和方法，全面、客观、系统地记述1986—2005年间安徽省自然、政治、经济、文化、社会等方面的情况。

二、本志贯彻国务院《地方志工作条例》《安徽省地方志工作条例》，依法修志。

三、本志遵循中国地方志指导小组《地方志书质量规定》，坚持存真求实、客观公正、全面系统，寓观点于记述之中。

四、本志各分志名称为《安徽省志·××志（1986—2005）》。

五、本志记述的地域范围为2005年的安徽省行政区域；时间上限为1986年，下限为2005年，少数分志的时限根据情况作适当上溯或下延，特色分志不设时限。

六、本志采用述、记、志、传、图、表、录等体裁，以志为主。各分志一般为章节体，个别分志根据实际需要采用条目体。

七、入志人物坚持生不立传的原则。除人物志外，各分志坚持以事系人、人随事出的原则。

八、本志采用规范的现代语体文记述。表述力求严谨、朴实、简洁、流畅。语言文字、标点符号、计量单位等按国家规定执行。

九、本志资料由各承编单位搜集整理，文中不注明出处。

十、本志采用省统计部门公布的法定数据，没有列入统计范围的，采用业务主管部门的统计数据。

十一、本志所涉组织、机构、法律法规、文件、会议等专有名称，第一次使用时用全称，简称括注于全称之后。各类译名以新华通讯社译文为准。

十二、本志所用地图均以安徽省测绘部门和有关部门绘制或审定的为准。

十三、本志设总凡例，各分志设凡例。

凡　例

一、本志力求客观、准确、实事求是地记述徽州人口演变历史。

二、本志原则上以古徽州历代行政区域为记述地理范围，即“一府六县”：徽州府及歙县、休宁县、婺源县、祁门县、黟县、绩溪县。

三、记述内容的时限，上限尽可能追溯至古代人口发端；下限原则上至民国初期徽州府撤销。但是，按照人口连续性，为说明人口发展规律，便于分析比较，故而部分内容有所下延：民国时期，原属六县人口仍作一节内容记入；中华人民共和国建立后，徽州地区人口状况作为单独一章简要记述于后，保持本志内容结构完整性，以便对照。

四、本志采用章节体，综合运用述、记、志、图、表、录等体裁表述，以志为主，全方位反映徽州人口在漫长历史进程中呈现出来的特点。

五、清末以前用朝代年号纪年，民国期间用民国纪年，均以括号加注公元年份，同一年号在同一章节中只注首次。

六、本志所用资料及统计数据来源于国家公开出版物，不一一注明出处，仅在需要说明的页下作简要注释。

目　　录

Main Contents

概　　述

历史悠久的古徽州位于安徽省最南端，位置突出，恰好地跨北纬30度线，纬度不高不低，阳光辐射强度适中，适宜各种生物成长。受地理位置和相应大气环流的共同作用，具有湿润性季风气候的特征，表现为气候温和，四季分明，冬夏长，春秋短，雨量充沛，光照充足的优越特点，植被丰富，堪称绿色天堂。

境域内地形复杂，山峦重叠，溪流交汇，山水相间，沟壑纵横，四面高山环抱，黄山山脉自东北向西南贯穿全境，其余脉天目山、白际山、五龙山逶迤展布，海拔均在1000米以上，相对高度800米以上，把徽州与邻近地区截然分开，形成一个独立的自然地理单元，造就这里迥然异于外界的特殊人口环境。然而，封闭型的徽州山区毗邻江西和江浙平原，有三条水道呈放射状通往沿江地区，便于物资运输与文化交流，有利于各个历史阶段的人口联系对接外部世界，地理位置十分优越，自古以来这里便有东西分吴楚，南北接江淮之称。

徽州之名始于北宋徽宗年间，宣和三年(1121年)改歙州为徽州，所辖六县与之前不变。古称新都郡、新安郡，唐代改设歙州，政区名称虽多次变更，但所属六县名称及辖境始终固定未动。这里优越的自然地理环境为人口的生存和发展提供了良好的物质基础，悠久的历史文化为人口的经济活动增添了智力支撑。

基于此，志书以历史和社会为经纬，多方搜集史实编织成古代徽州人口的复原图景，时间跨度截至徽州府撤销后。不过整个民国时期（1911—1949年）38年里，虽然没有徽州名称，但是原属六县仍然在一个行政区划内，应该简要地加以叙述，保持徽州人口的连续性。1949—1989年新中国成立后39年的徽州地区(其中断裂5年，1956年被整体并入芜湖地区。婺源县1949年划入江西省。)尽管所属市县已有变化，但是徽州地名还在，其人口状况也必须论述，列为单独一章，便于前后对照，以求得徽州人口的完整性。

志书从人口过程、人口分布、人口流动、人口文化、人口组合、人口管理等方面，着力探索并揭示徽州这方区域的人口与政治、人口与环境、人口与经济、人口与社会、人口与文化等密切相关而错综复杂的关系。全书共编为七章加以阐述，力图全方位挖掘历史资料，充分展示徽州这方独特水土人口发展的特有魅力。以剖析“千年之冢，不动一抔；千丁之族，未尝散处；千载谱系，丝毫不紊”这些奇特人文现象入手，按照人口起伏变迁这个角度，着力诠释古代徽州人口所构建的典型社会特征。

在数千年王朝兴替的历史进程中，徽州境内的人口规模和增长速度极具特色，志书试图从各种历史资料中挖掘、描摹出那些变化独特的人口过程：

一、从原始人口到封建社会前期，是徽州这方地域上出现的第一个人口兴旺时期。受长江流域的经济文化带动，古代徽州呈现出欣欣向荣的景象，最典型的例证是遗存的西周古墓葬群，出土的精美青铜器和原始青瓷，反映出远古时期徽州人口的悠久根源，标志着这方水土曾经拥有过的高度文明。春秋战国时吴、越、楚和其后秦、汉王朝的封建统治者为了巩固政权、扩张领土等政治需要，采取各种鼓励生育的政策措施，促进人口快速增长。这个时期虽然没有文字记载明确的人口数量，但是从秦初江南最早在这里建置黝、歙两县的史实可判断出，这是建立在相当人口规模基数上的必然结果。

二、从山越人口的兴亡到魏晋南北朝的近四百年间，该地人口起伏较大。这是一段十分重要的历史时期，由于南方相对安定的政治局势，吸引外地人口不断向南迁徙，权力中心南移有力地带动山区开发，这里的山水知名度经过上层士大夫吟诵传播而逐渐提高，推进境内居民人数快速增加，因此带来社会经济文化发展不断加快。只是史书记载的户籍资料非常不完整，未能全面反映南朝那段昌盛时期这里真实的人口状况。

三、从隋唐到五代，歙州人口大发展，迎来又一个兴盛时期。盛唐时的歙州受到两朝盛世英主的关注，已经从三个县发展为六个县，从此奠定以后政区的型制，经济繁荣使得歙州成为江南富州、财赋肥源，州官以任职歙州为幸，吸引力和凝聚力加大，人口规模随之达到历史新高。但是唐代户籍上"良民""贱民"之分，社会不公使得户籍管理漏洞迭出，全国隐漏的人户数目占一半左右，因此虽然唐代人口登记数据较前齐整，但是各县普遍缺失统计记载，史籍依旧不能准确反映出当时真实的人口数量。

四、从北宋到南宋，两个接替朝代都给徽州人口带来进一步发展的难得机遇，这个阶段的社会开放性强，人口流动频繁，商业得到较快发展，不仅人口数量增加，更重要的是人口质量大为提升。唐末战乱，徽州从北方和南方全方位地获得大量新的人力资源，人口文化结构有了根本性转变，原来的"武劲之风"转换为人口素质"益向文雅"，从而"文艺振兴"，名臣辈出。以文化巨匠朱熹为代表的一大批文人雅士，相继登上历史舞台，从此奠定徽州"东南邹鲁"的地位。在人口数量上，北宋时徽州户籍数目创造了新纪录，达到十二万余户，进入全国一级州府行列，居民人口已经占有相当大的比重。罗愿首次在《新安志》书中记载了当时户籍数据，然而两宋时期只有户口数目，对于人口数量却没有确切的记载，并且南宋时史书披载的徽州户数竟然少于二百年前的北宋，显然违背事实，遗憾地使得这部最早的地方志内人户统计数据缺乏可信度。

五、由明入清，两个朝代的徽州人口在较长时间和平环境下逐渐发展到巅峰时期。

明初通过强力进行人口普查，建立健全户帖和黄册制度，加强户籍管理，取得显著成效，完成历史上首个相对完善的人口数据档案，立下徽州历史上第一根人口标杆。明代徽州人口令人难以置信地成为安徽境内五府三州的榜首，创相对数历史最高。可是，好景不长，明代中后期吏弊丛生，使得基层人口管理陷于混乱，花费大量成本的黄册流于形式，人口登记册上显现的是“生不增、死不减”，诸多乱象造成人口数据长期停滞不前，簿册上满纸是一派荒唐言。从地方志记载的明代各朝多次人口统计数据中，清楚地看出二百余年和平岁月，人口几乎没有增长，与“明末徽州最富”的事实明显相悖。

清代初期人口从战乱后较快恢复，但是因为统计口径不一，史书中对“丁”的含义缺失解释，致使反映不出人口发展的步伐。直到赋税政策彻底废弃人头税，人口与赋税脱钩，这才使得长期暗中积淀的大量隐形人口释放出来，人口统计这时真正赋予反映实情的使命。嘉庆、道光年间公布的人口数目，徽州人口猛然间达到270余万，使人大为吃惊，深有“人口爆炸”的错觉。事实上徽州人口增长速度仍然十分缓慢，远低于全国、全省水平。此时人口相对数显而易见低于明代，并且人口总数落后于邻近府县，但是并不妨碍这个巅峰数目作为徽州史上第二根人口标杆，起着居高临下、承前启后之效。

然而咸同时期的惨烈兵燹，很快毁灭掉这种人丁兴盛的美好景象。十二年间，曾国藩驻守徽州率领清军与太平天国武装部队的拉锯战争，严重破坏了徽州大部分家园，让徽州跌入万劫不复的人口谷底。战后余生的人口仅存十分之二，使得徽州又重新倒退回到五百年前明代初期的水平，从此再开始缓慢地爬坡，逐步低速恢复伤痕累累的人口。

六、民国撤销府制，徽州这个地名暂时消失了38年，但是原来所辖六县人口仍在低速缓缓回升。这个时期人口统计备受重视，多次自治、选举、调查，地方志中记载颇丰，但是这里面的统计数据局限性很大，可信度不高，唯有民国17年(1928年)这次通过人口普查获得的数据，各县统计记载健全完整，证明徽州人口在这段历史时期增长速度仍然低于外界，堪称徽州历史上第三根人口标杆。

七、徽州的第四根人口标杆当属新中国成立后的1953年“一普”数，新中国成立后恢复徽州这个具有历史标志性的地名，但是辖县有所变动。以这根真正具有现代意义的科学标杆，丈量人口发展变化的脚步，回首遥望、前后对照，徽州人口演变历程起起伏伏的曲折轨迹遂清晰展现在人们眼前。

徽州人口变易不定的历史进程，却有着显著的规律性，这是成因于特殊的自然地理环境。

独特的自然地貌将徽州全境明显地划分为三个环状却全然不同的人口生存地带：

一环内是中央盆地，这里作为人口集中的核心区域，历来是强宗大族争夺的焦点。

因此成为人口密度最高的稠密区，歙县、休宁两大县城屹立东西两端，扼守着新安江通道，岩寺、屯溪、万安三大市镇居中，四围村落密布，人口聚集，百里沃野，富饶丰裕，同时这个地带名族聚居，文华藻渥，人物辈出。

二环是盆地四周丘陵地带，这是人口次密集区，大、小村庄依山傍水错落有致，山间起伏不大的平坦处，层层梯田蜿蜒曲折，林茶果杂出产丰富。这个二环地带主要包括婺源、祁门、黟县、绩溪四县县城及规模不等的市镇，占据徽州境域总面积的45%，居住着一半以上的人口，是徽州重要的典型人口聚落分布之处。

三环则是外围高山地带，山高谷深，面积占40%，其中千米以上高山区人迹罕见，这个三环带成为人口稀疏区，只有5%的人口分散生活在这片广袤僻远深山中。以黄山为代表的陡峻峰林，成为外界认识徽州的地理标志，同时这些大山又是徽州人口的生命源泉，伟山雄岭孕育出丰沛的水资源，自古至今哺育着一地生灵命脉。

通过对人口数据进行量化分析梳理，利用明清两代各都的里密度转换计算出三个环状地带悬殊的人口密度比例，这是一项前无古人的艰难任务。在求出明清时期都图的分布比例基础上，才能套用数学公式计算出人口分布初步结果。毫不夸张地说，这个人口密度的比例，对研究徽州社会有着划时代的历史意义和很强的现实意义，其中有着很多可研究的课题等待人们去进一步探讨。

徽州人口流动呈现出异常传奇色彩，明代中期以前，多是境外人口向境内流动，境内人口从中央盆地向中、外层山区扩散，不断自身调整，重新分配生存空间布局。17世纪初，经过一百多年的安定生活，家富人足，人口剧增，徽州人口达到饱和点，狭窄本土已经容纳不下越来越多的新增人口，过剩人口纷纷向境外迁移。由于当时国际贸易影响，商业环境转好，尤其是朝廷盐业政策放开，对于饱读经书、熟知地理、心机工巧的徽州士子来说，外界提供了大显身手的活动舞台。这批时代骄子掌握各种知识，熟悉天下路途，了解各地物产和价格，他们把眼光投向充满商机的南北大运河沿岸，参与全国性市场竞争，并且取得决定性的成功，在文化精英引领带动下，凭借充足的人力资源和雄厚资本，以盐业和典当为主干形成的徽商集团，与全国各地商帮展开竞争，逐步取得优势，享誉天下。外界财富的吸引，使徽州人口向境外流动速度不断加快，流量激增。

入清以后，徽商以操纵盐业为主干，带动各行各业实行垄断经营，从南北方向转换沿长江水道向东西方向覆盖，这时经商人员更多，六县全面爆发，随着歙、休两县先人开辟的商道，带动新增人口向全国各地大范围、长距离流动。徽州商人在知识精英引领下，一代接着一代，前赴后继地大量向境外广阔空间流动，在南北大运河和长江为轴线构成的十字坐标系上，布满着徽州人口落脚的坐标点，创造出“无徽不成镇”的神话。人口巅峰期在外的人口占到六县总人口三分之一，即是有近百万人口长期寓居外地，这种人口形势一方面给客居地增添了繁荣，以两淮盐商为代表的徽商对学术著作、刻印版画、科技教育、新安理学、建筑装饰以及戏曲文艺等创新发展，为全社会都做出了巨大贡献；另一面作为回报，又给徽州本地社会带来一系列深刻变化。首先，极大地扩展了生存空间，疏解了本土的人口压力；其次，有效地提高了人口素质，使得徽州英才在更广阔的舞台上展现风采；再次，外界财富随着人口流动输回徽州，营造故土家园，为徽州创造了大量精美建筑，滋养兴盛了宗族文化；最后，抑制了人口过快增长，使得明清时期徽州人口增长速度远低于安徽省和全国的水平，人口发展始终处于理性化节制状态，堪比当今实行计划生育国策后的人口增长率。

明清时期的徽州作为一个典型的宗族社会，各大宗族对人口进行全覆盖。无人能够置身事外，一切社会活动都在宗族笼罩下，遵循族规家法行事。徽州宗族坚持严格的尊卑长幼等级制度和主仆名分，重坟墓祠堂，恪守尊祖敬宗和恤族，崇尚孝道，坚持官本位的价值观，其主要功能在于谋求并维护本宗族的社会地位和特权。因此，以注重教育子弟列入族规家法而必须遵守，并规定以儒家伦理道德日加训迪，以期“养正于蒙”。族产丰厚的宗族设立学校，供子弟读书。对那些“器宇不凡、资禀聪慧者”，尤加精心栽培。凡“聪明俊伟而迫于贫者”，由宗祠助以膏火笔札之资，或由富商资助，务必使其业之能精，学有所成。就族中子弟而言，个人的升迁荣辱，是同皇朝的钦赐与科举仕宦，乃至同家族的盛衰隆替紧密联系在一起的。

光宗耀祖是家族伦理观念的核心。在这种不同于个人主义的家族主义社会中，只有求得宗族的发展和荣耀，才有可能求得自身的前途。由此可见，一方面宗族为子弟读书仕宦设置保障和激励机制；另一方面，子弟又以显亲扬名作为博取功名仕途的道德动力。

徽州漫长的人口过程，孕育出极具地域特色的人口文化。包括婚姻、妊娠、生育、丧葬等整个人生仪礼，全都充满着不同于异地他乡的鲜明特征，处处体现出“礼仪之邦”的人口文化韵味。作为程朱理学发祥地的徽州，儒家思想倡导的生育文化一直居于统治地位。生儿育女是孝的主要内容，孝道是人生的根本。如果没有后代，祖宗的祭祀就要中断，仁孝则无从谈起。不过在传统意识里，只有生育男孩才可以达到孝道，生了女孩则达不到孝的目的。男子具有财产和社会地位的继承权，女子只是别人家里生儿育女的工具，对于本族人并无意义。男尊女卑、重男轻女的生育观念，在徽州根深蒂固，多子多孙、儿孙满堂则是每个家族以及所有家庭的不懈追求，渗透到社会生活的各个方面。

在人口激增的清代中期，徽州连续出现了三位论述人口思想的知名学者，处于盛世的洪亮吉对人口过快增长的“虑”，遭遇战乱的汪士铎对人口过多而产生的“恨”，具有现代意识的俞正燮首倡“男女平等”，这些思想火花成为闪耀世界的亮点，世人对徽州人口文化的种种奇异之处，无不叹服。

无论出自何种文化背景，无论持有何种派别的人口观念，寻根问祖乃是人类的天性。在任何文化系统中，人的生命何去何从，始终都是最受关注的热点。“寻根”是为了把握生命的真谛，寻找生命的来龙去脉，是谓“参天之木，必有其根；怀山之水，必有其源”。而“问祖”则是因为“草木祖根，山祖昆仑，江海祖源”。万物皆有祖先，人类岂能例外。

今天的人，是古代人的延续，同时又是未来人的根基。生生不息的人类，顺沿着自然规律世代新旧更替，创造发展着人类历史，推动改写着世界历史。

“欲知明日，问道昨天。”一代代人消失，一代代人兴起，留下的遗迹积淀形成文化。以古为鉴，可知兴替。流逝的历史对于研究古代人口来说是无可替代的，浩瀚无垠的史书典籍为我们提供了取之不竭的宝贵资源。

马克思主义辩证法指出，人总是由过去的人发展而来，有着历史性。同时又是正在发展中的人，具有现实性。明天的人还要存在下去，于是人类又拥有未来，具有可能性。人是过去、现在与未来的统一，是历史性、现实性和可能性的统一。因此，在其历史性上，人是以往全部世界历史的产物；在其现实性上，人是一切社会关系的总和；在其可能性上，人是不断改变着和创造着的永恒过程。诚然，人在本质上是一切社会生活的基础和出发点，并且成为社会生产力的要素和生产关系的体现者。所以对于人的定义而言，必须着重强调人的社会性。

不过必须强调的是，人的属性既是社会的，又是历史的，人的历史性是和人的社会性具有同等意义的概念。人的社会性质和历史特点，就是要把人置于不时变化的生产关系这一历史范畴之下，离开了人所具有的社会性和历史性这两个基本特征中任何一个，就不能对人的过程进行正确的分析研究。

徽州人祖先以自己庄严的生命行为参与徽州人口过程，但是寻根问祖又不仅仅是祈福于祖先，它更能让人明白自身：后人与祖先血脉相连，祖先曾经的辉煌与苦难，必定会通过血脉流传给后人。

前世修来，生在徽州。感恩祖宗，把根留住。时代赋予这些土生土长的徽州子民和来自五湖四海的今日黄山人以共同历史使命，身承过去，面对现在，迈向未来。大家携手并肩，一道沿着那些遗存的岁月轨迹，用人口的视角，在徽墨和歙砚研磨出来的浓郁地域文化中，去追寻自己祖先的璀璨夺目的印记。

第一章　人口演变

人口更替变迁的漫长历史过程，不仅是自然发展的过程，同时是政治、经济、文化等社会因素综合产生作用的过程。作为社会主体的人口，其发展变化过程因此表现得极其复杂。整个社会的人口过程，是境域之内所有家庭、全体居民生命活动的总和，所以人口过程是全社会在有限生存空间里，随着时间前进步伐的综合性体现。

徽州人口作为一个狭小区域内的人类群体，其数量、质量等要素，在不同的历史阶段，呈现出不同的人口特点，具有鲜明的地域特殊性。历史悠久的古代徽州人口演变过程，跌宕起伏，曲折反复，极富传奇性，按照时间顺序，大致可分为六个发展阶段。

第一节　原始人口

这一方神奇水土养育的原始人也称作前山越人类。早在几十万年前的旧石器时代，这块最先高出海平面的古陆区域里，就有人类活动的踪迹。由于这里气候温和湿润，四季分明，为人类生存和繁衍提供了极其良好的自然环境，同时丰富的自然资源为人的经济活动创造出优越的物质条件。秦汉时期同为一个行政区域的建德县，位于新安江中游，1974 年发现的智人牙化石，距今已有 5 万多年。歙县富堨下冯塘村旧石器时代遗址中，出土了大量的砍砸器、尖状器、盘状器、船型器、刻镌器及石矛、石锛、石刀、石镞等细巧石器①，说明这里的原始人使用各种简单工具和武器，为生存与自然界斗争的艰辛。众多的石器工具也证明旧石器时代，原始土著先民是结成群体生活的。他们相互合作，相互依赖，若干人结合为一个团伙，共同劳作，共同消费，依靠采集植物果实、猎取动物和捕捞鱼贝为生，山里毒虫肆虐，猛兽出没，加之饥饿、疠疾经常威胁着他们的生命，生活极为凶险艰难，大多数人都早年夭亡，血缘群体中三代共存的情况几乎没有。因此那时候的人口增长十分缓慢，很长时间内的人口数量基本没有变动。要想把自己的群体人口增加一倍，必须经过七万年的努力。

群居维生　新石器时代之后，生产工具有了进步，使用的石器再不是从河滩拾取的砾石，而是学会从岩石中选取坚硬脉岩和结核来制作石器，使得各种工具效率更高。

① 《新安江中上游流域的史前遗存调查》，《东南文化》2000年第1期。

"断木为杵，掘地为臼"，人们创造出在打磨、钻孔的石头上绑扎木棍，使用起来更方便，加长木柄延伸了人类四肢，不必再徒手与猛兽相搏。"弦木为弧，剡木为矢，弧矢之利，以威天下。"原始人甚至学会利用山上毛竹发明制造了弓箭，可以远距离的猎杀动物，充分发挥武器工具的威力。

歙县下冯塘遗址出土石器120件，陶片9000余。石器以细小石镞的种类形态最为丰富，镞的一端具有锋利的尖头，与尖端相对的底端两侧经过打磨加工，稍显窄小，形成镞座，以便于捆绑箭杆。只有当先民们具有制造工具的丰富经验和较高级技能时才可能发明弓箭，石镞需要间接打击法进行精心琢磨，超出制作一般工具的技术水平。拉开弓弦，将箭矢弹射出去，有了动力的箭镞起到工具的作用，射击到野兽身上，等于人用石制工具打击动物。古徽州山区丰富的野生毛竹资源为制造弓箭提供了原材料，因此，这里应该是原始人最早使用弓箭的地区之一。

这里的先民用适合的石器工具整地，开始收集种子栽培野生小麦、水稻等谷类作物，饲养家禽家畜，古徽州的大小河谷盆地适宜耕种，原始先民逐渐转入农耕生活，以血缘为纽带的氏族公社制度得到高度发展，使人们有了比较牢固地结合和集团之间较密切的联系，保证持续不断的生产活动和劳动经验的世代继承，为生活的改善提高和生产发展创造有利条件。

《诗经》中描写的"千耦其耘""十千维耦"，正是当时原始先民集体耕作的景象。人们开始离开洞穴，建造房屋，成立家庭，聚居一处，形成村庄。在歙县下冯塘遗址，出土的大量陶器碎片中，有杯形器、粗柄豆、盉、罐、壶等生活用具，这些遗存文物都说明徽州先民当时已经学会采集火种和保留火种。在岩寺附近桐子山遗址出土的陶纺轮，说明徽州早就有简单的纺织设备和纺织品，出现男耕女织的社会分工。

火，这种强大的自然力为古人使用，不仅能驱寒取暖，而且能作为捕猎武器，能运用火力进行耕作，开垦荒野；能烧裂坚石、烧制陶器、冶炼金属。更为重要的是，火力使人类开始从"茹毛饮血"的生食习惯改变为熟食果腹，从而使食物范围扩大，改善了摄食条件，最大限度提供人类生存能量，对人的大脑心智和体质的成长发育有着特别重要的意义。火光有防寒、去湿和照明的功效，这就为身体健康及生育保健创造了必要保护条件，促进繁殖下代。人类从利用自然火并保持火种不灭，直到能够人工取火，完全控制了这种变革物质的自然能量，这对人口自身进化、延长生命、繁衍后代，以至创造文明都是一个极其重要的里程碑，标志着人类进化到金石并用的时代。传说中钻木取火的"燧人氏"，成为原始祖先心目中的大英雄。毫无疑问，徽州这块"绿色天堂"为先民生存繁衍提供充足的优质取火燃料，一代代先民辛勤劳作，建设美好家园，在火光照亮下，使厚积万年的人口及其伴生的文化如同火种一样薪尽火传，在相对独立的地理空间内，文化基因自成体系，达到人类进化的最高水平，可谓实至名归。

这块区域最早的文化痕迹，应该是这里原始人口活动的踪影。

从原始渔猎过渡到原始农牧生产方式以后，收获渐趋稳定，生活水平逐步提高，人口增长步伐逐步加快。人们从一小块土地上就可以收获较多的食物，但此时的人口增长方式依然是多生多死低增长，专家们推测，当时的人口出生率大致等于死亡率，或略高于死亡率水平。高出生率和高死亡率决定了人口再生产属于迅速更替类型。数千年前的新石器时代文化遗址在徽州各地几乎都有分布。陆续出土被发掘的歙县新洲遗址、桐子山遗址、下冯塘遗址，屯溪下林塘遗址，绩溪的庵顶山、水楂山、方家圆和龟山等处遗址，都是较为典型的徽州土著古人聚居生活的例证。①

新、旧石器时代遗址的大量发现，说明这里远古以来就是人类居住与活动的重要地区之一，这里有两条河流分别通向长江，因而属于长江流域这个中华民族文化起源地。土著先民们的生产、生活方式与毗邻的江浙相通，在这里生息与繁衍的徽州原始土著先民及其创造的土生土长文化，是徽州最古老的人口和最古老的文化，具有自己独特的征状。在古代交通条件下，四周高耸的大山，使先民较少与外界交往，造成一定的闭塞状态，因而使得这块土地上生长、发展起来的古代文明，能够在较长时间内保持着自己鲜明的色彩。

安土怀生　土地是万物之源，人类安土便能生存，就会产生故乡、家庭，人口繁衍就能落地生根。进入一家一户为基础的农业社会以后，徽州原始先民们不断在生产生活中创造着新的更高级的文明。1959 年 3 月在屯溪奕棋发掘出七座古墓葬，出土青铜器、釉陶器、玉器等古文物 538 件。“形制奇特，纹饰神秘，别具一格，为其他地方所未见，十分引人注目。”这些琳琅满目、造型精美的随葬礼仪性器物具有鲜明的时代特征和地域风格。其中的 311 件青釉器，胎质较陶器细腻坚硬，胎色灰白居多，被认为是“原始瓷”或“原始青瓷”，与相邻的浙江金（华）衢（州）盆地出土的青铜器、原始青瓷器相比，如出一辙，非常具有考古价值。这是从公元前 1046 年的西周至春秋时期，跨度约三百年时间，徽州古代文明高度发达的重要标志和集中体现。②

虽然这些墓葬的墓主身份至今尚未确定，但是可以肯定，这些墓穴绝不会是普通平民百姓的坟茔，这就可以充分证明徽州本土的豪门贵族，在历史上早已根深叶茂。此外还有，歙县新州商周至秦汉遗址、婺源县善山和王封商周遗址等。上述发现的古人遗址和墓葬，对复原古代徽州人口的生活具有无可替代的重要意义，构成了徽州人口在历史长河中变迁的根源。丰厚的历史底蕴，展现出的灿烂文明，透过时光隧道让后人看到远古先民们鲜活的身影。南宋罗愿在《新安志》中指出：古新安郡“春秋时

①《中国科学技术史稿》第一章，中国科学院自然科学研究所编著，科学出版社1982年版；《安徽省志•文物志》1998年版。

②《屯溪土墩墓发掘报告》，安徽人民出版社2006年出版。转引自《屯溪区志》 2013年版。

属吴，吴亡属越，越灭属楚。秦并天下置黝、歙二县，属鄣郡。汉武帝元狩二年（公元前 121 年），改鄣郡曰丹阳，而使都尉分治于歙”。

商周以前，这里属于禹贡扬州。到了春秋时期，吴越争霸，徽州这片土地忽而属吴，忽而属越，周显王十四年(前 355 年)楚灭越后，一度又属楚的领地。因此这里有“吴楚分源”“吴头楚尾”之称，从而吴越文化与荆楚文化得以在此融汇，这就进一步说明古徽州是长江文明带的一个组成部分。

直到秦并天下以后，设置黝、歙二县，这里才有了最早的县级行政区划建置。虽然外界战火不熄，但是主战场离这里较远，群山阻隔，护佑了这一方水土的先民。因此，那个时代长年战争对于这里的人口伤亡不大。

当年越王勾践率“三千越甲终灭吴”，越国复仇之后，将吴王夫差的三个儿子逐出流放，其长子吴鸿放遣到后来属于婺源县的湖山，他在那里建草堂，召近处山民就读，传授文化知识。吴鸿死后卒葬婺源吴山里。这段故事，被记载在罗愿的《新安志》中。①

第二节 山越人口

先秦时期徽州境内的居民为越族。越族主要活动在长江以南沿海地区，亦称“粤”族，其内部种姓繁杂，社会习俗和文化特征各不相同，语言发音互异，“椎髻鸟语”，故有“百越”或“百粤”之称。春秋战国时期，这里先后为吴、楚、越的领地。秦朝灭六国统一后，结束了长期诸侯割据的局面，建立中国第一个统一的、多民族的、中央集权的封建专制主义国家。秦始皇废除分封制，推行郡县制，统一货币和度量衡，统一文字和驰道车轨，不仅“书同文、车同轨”，而且“行同伦”，规范仪礼。同时摧毁战国时期在各国边境所修筑的城郭，拆除在险要地区建立的堡垒，疏通疆域内部，大规模迁移人口，移民于边远地区，修筑堤防，疏浚河道，兴建驰道，整治长城。在这些重大举措实施之时，北方和南方百姓民众进一步交相融合。秦朝的政治、军事、经济和文化政策，使得这块封闭的山区开始鼓荡起中原文化之风，延续已久的当地古老文明被主流文化的浪潮淹没，一个时代宣告结束。

秦朝人口 秦始皇二十五年（前 222 年），大将王翦率师平定江南，灭楚国，降服百越。这块地域先前属于丹阳郡，郡治设在宛陵(今宣城)。三十一年(前 216 年)，在人口积累的背景下，古徽州地域重要性使秦置黝、歙二县，隶属会稽郡，以后改属鄣郡，到汉朝时又改隶属扬州丹阳郡。《新安志》称：“秦并天下，置黝、歙二县，属鄣郡。”

按秦制，万户以上县设县令，不足万户设县长，黝、歙二县是当时人口大县，皆设县令一人，另有贰佐幕职。

① 参见《婺源县志》2000年版。

建县标志着这方地域的人口具有相当规模，土地开发程度趋于成熟，经济文化已较为发达，大型村庄形成群落。中国最早的地方志《越绝书·外传记吴地传》载："乌程、余杭、黝、歙、芜湖、石城（今贵池）县以南，皆故大越徙民也。秦始皇帝刻石徙之。"

这段记载清楚地表明，黝、歙二县的居民都是"故大越"人，即沿东海地区迁徙过来的移民（那时海岸线与今差距很大）。同书又载："是时，徙大越民置余杭、伊攻、囗、故鄣，因徙天下有罪适吏民，置海南故大越处，以备东海外越，乃更名大越曰山阴。"

上述史料中就很明确指出，黝、歙二县当时所属的鄣郡，包括现今广德、郎溪县一带，都是大越移民的徙居地之一。

又有《太平寰宇记》引《越绝外传》载："秦始皇至会稽，徙于越之人于乌程。"古籍《十三州志》在"於潜县"一条下也引《吴越春秋》文："秦徙大越鸟语之人置。"

这些零散记载反映出历史上政治性的人口迁移，已经成为春秋战国时期各个王朝和地方政权的常规做法，秦始皇同样按这种思路，不仅迁亡国之君及王公贵族于关中，而且进一步扩大化，把政治上潜在敌对势力和富户迁移到首都附近，以便于监视控制，又加强了政治中心的综合实力，同时还将六国的下层吏卒和中原平民强制迁徙到东南沿海，将那里原有的越人西迁入山，用以隔离防止越人出海。这种大规模的移民活动，在客观上的效果，是经济意义大于政治意义，有利于各地之间经济文化交流，有利于山区土地开发。

浙江於潜县与歙县紧相邻，共依天目山脉，文化相通，民风相似。既然秦朝廷在於潜设置县治是为了安置浙东移民，那么可以此类推，黝、歙两县的建立也是出于同一个目的。南邻衢州同时也建置大末县，更加可以佐证这个时期的政区形势。

上述文献记载都说明，秦王朝把大批六国遗民迁移到东海边，驱使原来居住那里的越人，被迫从已经过长期开发建设的富裕浙东平原让位，迁入浙西那些尚未开垦的山区，这些大越移民迁入歙、黝两县后，带进来先进文化，使得落后山区产生全新变化。由于吴越文化堪与中原文化并相比肩，早已达到同时代最高境界，因此他们具有较高生产技能和文化生活水平。沿海越人迁徙活动对歙、黝山区开发有十分积极的意义，影响深远。

南宋史学家胡三省，注释《资治通鉴》时指出："山越本亦越人，依山阻险，不纳王租，故曰山越。"当时北方有所谓"山胡"，南方有所谓"山越"。他们并非是异族蛰居山地，而是汉族贫民被逼或避乱入山者，仅仅出于习惯性，而称之为"胡"与"越"。他们一旦出山，便可以直接和齐民杂居，服兵役，输赋税，绝无隔阂。这部分人口为数既众，历时又久，开发山区，同化异族，实在是拓植疆域的无名英雄。

当时这里的山区被称为"南蛮夷中"，山越人就是被迫从浙东平原迁移居住深山区的越人，只是这时的山越人已经不再是原先封闭状态的原始先民，大多数人已经为文化层次更高的越人同化。还有那些来自北方的中原移民迁居进入越地后也很快融入越文化当中，接受越人生活习俗，最终都衍化为越人。

秦末陈胜、吴广揭竿而起，拉开改朝换代序幕。暴秦“二世而斩”，秦鄱阳令吴芮与部将梅鋗，顺时乘势率兵反戈击秦，“从百粤之兵，佐诸侯，诛暴秦，有大功。”策应刘邦攻克析、郦等地，立下赫赫战绩。西汉建立后，吴芮被封为七个异姓王之一的“长沙王”，他也是汉高祖在世时最后唯一幸存的异姓王。梅鋗被封为“烈侯”，历代《祁门县志》记载梅鋗“食邑十万户”，居于今祁门县西十五里的地方，有墓址可证。祁门遂有“梅城”之别称。但是根据汉朝史料，当时封侯最高的萧何、曹参都不超过一万户，所以梅鋗也不会超越万户食邑，所谓“十万户”这是明显地夸大。王侯封国，必须以人口规模作为基础。

西汉人口 汉承秦制，实行郡县制，同时又实行分封，郡与国并行，以人户为“食邑”标准。出身下层的刘邦夺取政权后，吸取了秦“二世而斩”的历史教训，采取与民“休养生息”的大政方针，提倡农桑，鼓励增殖人口和开垦土地，减徭薄赋。汉高祖登帝三月后下令军队复员回家，下诏：“民前或相聚保山泽，不书名数，今天下已定，令各归其县，复故爵田宅，吏以文法教训辩告，勿笞辱。民以饥饿自卖为人奴婢者，皆免为庶人。”[①]

西汉初期，黝、歙两县属吴王刘濞的封国之内，吴王“初封三郡五十三城”，其中包括丹阳郡大部（除春谷、宣城、泾县、陵阳四县），会稽郡大部（除治、田浦二县），还有广陵国和临淮郡的淮水以南部分。当时吴国平均每县三千户，约二万人口。景帝三年（前 154 年），刘濞叛变时昭书各诸侯称“敝国虽狭，地方三千里；人民虽少，精兵可具五十万”。从中可以窥测出一丝当时的人口信息。

事实上，吴国农业发达，经济活跃，居民富裕，地有鱼盐之利，又拥有铸造铜币的特权。吴王刘濞作为刘邦亲侄子，是所有亲王封国中势力最强的，所以敢于带头起事。叛军声势虽然浩大，然而吴王不懂兵谋，“屯聚而西，无他奇道”，所以没有成事。这次叛乱对吴国人口带来很大程度的损失，黝、歙当然也不能幸免。吴国所谓的“五十万精兵”，已经把 14 岁的未成年人和 62 岁的老人都征召入伍，才凑集起来的。[②]吴国战败后，当地劳动力资源势必会大量减少，人口恢复也需要较长时间。

汉武帝元狩二年（前 121 年），改鄣郡为扬州丹阳郡，辖境包括黝、歙二县在内等 17 县，平均每个县约 6000 户。汉成帝鸿嘉二年（前 19 年）以黝县地置广德王国。“七国之乱”平定后，封国规模逐渐缩减，歙县已不属吴国辖境，另设都尉分治，秩比二千石，

---

①班固：《汉书·高帝纪》。

②司马迁：《史记》卷一〇六《吴王濞列传》。

以辅佐丹阳郡守加强管理这一片地区。

西汉末年，王莽从摄政成为假皇帝，又从假皇帝变作真皇帝，改国号为新。公元9年，西汉灭亡。新政权非常不稳定，公元17年开始天下大乱，持续战争达19年之久，时间上四倍于秦末之乱，而对人口的破坏程度则还不止这个比例。史称“百姓虚耗，十有二存”。而北方尤甚，“人众之损，万有一存”，中原地区人民不堪战乱，纷纷向江南一带逃难，此时已有少数北方家族迁移到黝、歙这里，躲避兵燹之苦。

东汉人口　东汉建立后，废撤封国，恢复黝县名，仍与歙县同属丹阳郡(治当涂，后迁宣城)。光武帝刘秀是个讲实际的皇帝，他经过十年辗转血战，纵横千里，切身体会到，经过长时间大乱，人口锐减，国家百姓急需休养生息，于是退功臣，进文吏。不让拥有重兵的功臣靠近京城，位高望重的三公，亦只崇其礼貌，封赏而不重用，让他们回家安度晚年。妥善安置开国功臣，政治限制，经济优渥，是治国安邦的重要措施。而光武帝自己以严切之法，行督责之术。“严以察吏，宽以驭民。”朝廷接连颁布多道有关部分放免奴婢和提高奴婢地位的诏书，采取一些对百姓让步政策，“政在养民”，积极恢复人口，农民租税徭役相对减轻，民众生活得以安定。建武十五年（39年）诏令全国度田，清理土地，核实户口，取得一定成效。刘秀早年同窗好友严光，隐居在新安江下游不远的桐庐，留恋山水，宁可钓鱼，不愿应诏出仕，因此在后世士林文人中留下“先生之风，山高水长”的尊崇。这一带山水也就有了不同凡响的人文价值。而另有一些隐姓埋名之士则深居黄山（当时尚无黄山之名，称“三天子都”），远离政治中心，不问政事，乐在绿水青山其中。曾任会稽太守的上虞人陈业，“洁身清行，志怀霜雪，贞亮之信，同操柳下。遭汉中微，委官弃禄，遁迹黟歙，以求其志。高邈妙踪，天下所闻”。

新莽、东汉年间，丹阳令方纮为避兵祸，从河南老家迁居歙县东乡。[①]其孙方储在汉和帝建初时（约在公元70年）以贤良方正选任博士、迁议郎、洛阳令、太常卿，死后追赠尚书令、黟县侯，葬淳安城内立祠享祭。这支方姓人氏后来成为遍及整个徽州的“四角方”，方储被尊为江南始迁祖先，方氏也是最早迁入徽州的中原仕宦大家族。

东汉初，国家乱后大治，光武帝刘秀用人适当，重视文化普及。京城知名的将领兼学者李忠，当时出任丹阳太守，剿抚并举，双管齐下，在镇压不服者的同时，他极力在辖区内推广中原文化，兴办学校，提倡礼仪。李忠于“(建武)六年，迁丹阳太守。是时海内新定，南方海滨江淮，多拥兵据土。忠到郡，招怀降附，其不服者悉诛之，旬月皆平。忠以丹阳越俗不好学，嫁娶礼仪，衰于中国，乃为起学校，习礼容，春秋乡饮，选用明经，郡中向慕之。垦田增多，三岁间流民占著者五万余口。十四年，三

①东吴时建立新都郡，改歙县东乡为始新县，即今淳安县，隋朝以后划归浙江严州。

公奏课为天下第一，迁豫章太守。病去官，征诣京师”[①]。

在本地文化与中原文化互相交融的同时，农业耕地也不断拓展，山区经济日盛，人口增加，“户品滋殖”。丹阳郡“垦田增多，三岁间流民占著者五万余口”。此时扬州丹阳郡辖16县，有户136518，口630545[②]。平均每个县有8000户，近40000人口，较西汉初大为增多，上述这些流入移民增加的人口，黝、歙二县也含在内。

汉章帝元和二年(85年)，诏令“人有产子者，勿算三岁”“有怀妊，赐给养谷人三斛，复其夫勿算一岁”[③]，进一步鼓励生育。建安十五年(210年)，汉献帝遵循建武之制下诏检括户口。但是东汉后期户籍管理混乱，豪强地主霸占或庇荫大量徒附、家族宾客、部曲、奴婢，大都没有列入户籍登记，以致很多地方“百户合室”“千丁共籍”。躲藏于户籍之外的流民比比皆是，所以东汉统计的全国人口数量始终没有达到西汉的记录。但是江南人口却增加不少，上述丹阳郡辖境包括黝、歙在内共15县，虽然减少一县，全郡户口仍比一百多年前的西汉鼎盛时增多三成。

先进的中原文化为所有山越人接受，有一个漫长的历史过程，丹阳太守李忠在越人集中的地区传播教化取得良好的效果，但对于栖息于深山密林中的越人则鞭长莫及。这些山越人“依山托险，筑石为屋”，利用山中出产的铜铁等金属冶炼制造生产工具和武器，刀耕火种，不纳田租，不入编户，更不承担赋役，称之为“山越”是很形象化的。他们一代又一代地过着与世隔绝的自由自在生活。这个群体“既无冻饿之人，亦无千金之家”，人口外貌体型特征是：“断发文身”，皮肤黝黑；身材矮小，行动灵活，长年袒胸露臂。勤劳勇敢，习武好斗，崇尚勇力，为保卫家园不惜性命，这种性格和体貌特征的基因被长期遗传下来。

东汉建安二年（197年），宦官乱政，民不聊生，引发红巾军大规模起义，继而军阀割据，天下大乱。世居长安的中原官吏汪文和，率家人避乱南迁至歙县东乡（后划归始新县），被占据东南的军阀孙策，表授为会稽令，是为徽州汪氏的祖先。以后宋代徽州就有“十姓九汪”之说，表明较早迁徙徽州的汪氏后代族群繁衍之多之广。这段历史时期，虽然不断有外来移民融入徽州大家庭，史料中这时仍称山越人，用意在于划分徽州人口发展所处的基础阶段，也说明迁入的移民人数这时还是寥寥可数。

第三节　新安人口

三国鼎立之初，汉相曹操挟持朝廷，企图消灭江南的孙吴集团，在决定东吴命运

①范晔：《后汉书》卷二十一《李忠传》。

②户口数参见 范晔：《后汉书》卷二十九—三十三。

③范晔：《后汉书》注引《帝王世纪》。

的赤壁大战前夕，曹操以汉献帝的名义，不断诱使利用山越人武装力量，从背后袭扰东吴军队。孙权为保证赤壁生死之战取胜，决心先攘内安定后方，于公元 208 年派威武中郎将贺齐率军征剿山越，在浙江青溪东五十里树栅扎营，逆水向歙、黝地区进发，屯兵新安江畔。[①]

当时听命东汉朝廷的黝帅陈仆、祖山二万户，屯兵林历山，歙帅金奇万户屯兵安勒山，毛甘万户屯乌聊山，以这四位万户为首领的山越人武装力量，分兵把守关口，抵御东吴军队。由于兵力分散，被擅长山区作战的贺齐，利用同是越人的乡音，威抚并用，各个击破。先是新安江中下游的武疆、叶乡、东阳、丰浦四乡(当时一个乡相当于后来的一个县，叶乡归降东吴以后就改成为始新县)不战降服，东吴兵力大增。山越余部退守林历山区关隘后，仍然抵挡不住强悍的吴军进攻，要塞尽失，被“斩首七千”，血洗新安江。贺齐仅带了一郡兵马，约五千人，战后“料出兵万人”，即从这次征伐中俘虏了一万当地山越人充实部下。[②]

然而武力并不能使山越人屈服，他们“俗好武习战，高尚气力，其升山赴险，抵突丛棘，若鱼之走渊，猿猱之腾木也”。身材灵巧的山越人藏身莽莽林海，实施游击战术与东吴贺齐周旋二十多年。“战则蜂至，败则鸟窜，自前世以来，不能羁也。”直到公元 233 年孙权称帝后，诸葛恪接任丹阳太守，他吸取贺齐的教训，用坚壁清野的办法，在田里庄稼即将成熟时，派兵驻守，“但缮藩篱，不与交锋，候其谷稼将熟，辄纵兵芟刈，使无遗种”，由于收割不到粮食，“旧谷既尽，新田不收，平民屯居，略无所入”。如此这般逼迫口食无继的山越人出山投降。“丹阳地势险阻，与吴郡、会稽、新都、鄱阳四郡邻接，周旋数千里，山谷万重，其幽邃民人，未尝入城邑，对长吏，皆仗兵野逸，白首于林莽。逋亡宿恶，咸共逃窜。”[③]山越人虽然“白首于林莽”，但必须在河谷和山脚地带种植粮食，这是他们的主要食物来源，失去这些即将成熟的口粮，则无以为继，于是“山民饥穷，渐出降首”。[④]

他们被招抚为孙吴政权统治下的编户齐民，纳赋当差，进而被分而治之，从黝、歙二县中析出始新、新定、犁阳、休阳四县，加上歙、黟，从此一郡六县格局初成，不再属丹阳郡管辖，另单独设置扬州“新都郡”管理六县，郡治设在始新县(故城在今浙江淳安县西)，首任郡守为屠杀山越人的刽子手贺齐。这就是后来的新安郡、歙州、徽州府的前身。新都立郡之始，史书中即不再称“山越”人，从此结束了这段山越人口历史。

新都郡人口恢复　《三国志·吴书》有关记载中，指出山越主要分布于皖浙赣三省交界广大山区，而且山越并非单一的民族，其中至少包括一部分迁入越人区的中原

①②陈寿：《三国志·吴书》卷十五《贺齐传》。

③④《三国志·吴书》卷十九《诸葛恪传》。

汉人，学者们估计这一广阔地带的山越人总数约二、三十万。后被诸葛恪、陆逊率军进剿俘虏四万山越人，贺齐俘虏一万人，加上被杀戮的共近十万。这些损失的山越人口，主要是强壮男子，剩余的多是老弱妇孺。

山越人终于被武力征服，使得山越人的称呼从此后消失，古徽州人口的封闭状态彻底终止，他们融合到更广大的外部世界之中。山越人出降深山后，一部分被收编入东吴军队，成为东吴武装力量的重要一员。其余部分人口留守家园，与随后不断迁入的外来人口一道继续开发山区。从新建的新都郡分置六县可以推测，战争损毁的人口已经得到恢复，并且较原黝、歙二县人口有很大幅度增加。

晋初人口发展 当年东吴孙策发兵击败袁术后攻破皖城(今寿县)，俘获袁术宫中“百工及鼓吹部曲三万余人”[①]，迁来东吴都城苏州，随之还有来自河南、山东、皖北和苏北的平民百姓迁入。东吴人口因此短期内大量增加，使得东吴实力足以抗衡北方曹魏集团。然而偏安江南之地日渐腐败的东吴朝廷终究“千寻铁锁沉江底，一片降幡出石头”。晋灭吴以后，重蹈旧辙，吴帝孙皓及宗室、大臣和上层士大夫，被押解洛阳，软禁在京城附近。强迁北上的还涉及一般官吏、已故将士的家属，原来被孙策从北方迁移南方的移民后裔等，江南土著大姓也有不少投靠晋廷求官谋职的，纷纷北去迁往京城洛阳一带。东吴会稽令汪文和的曾孙汪授，先任东吴右将军、陈留太守，其三子汪演，吴亡后仕晋，官至仁威将军、散骑常侍，迁家于新定（遂安）。

吴降晋时，递呈户籍册内“有户五十二万三千，吏三万二千，兵二十三万，男女口二百三十万”[②]。这里面包括新都郡的人口在内。早先三国时迁移进入吴国的人口主要来自北方，南迁人口不少是率领大批宗族和私属部曲同行，且基本在东吴境内定居。当时迁入移民很多，因而吴国在境内新增设一批政区，如嘉兴县即是此时设置的。浙江自东汉末至西晋太康，即公元184—289年的百年间，新设县达26个，比秦汉时所设的21个县还多出5个。会稽南部的福建境内原来仅有一县，孙吴占有江东后在闽地增设7个县。历史上新置县治的前提，就是有足够的人口。清代徽州文士黄崇惺写的《郡志辨证》云：“吴设新都郡，置始新、新定、黎阳、休阳与黝、歙为六县。歙、黎阳、休阳三县治，相距仅数十里，而黎阳以西，以至今婺源之境数百里，不设一县者，盖婺源山岭尤峻。朱治传所谓丹阳深地，频有奸叛，不能遽设官莅之也。”[③]

文中所指婺源那里山岭尤峻，当然不是当时不建县的原因，更不会因为频有奸叛，就不敢设官府。后来唐代婺源建县，山岭依旧，奸叛仍存，正是因为迁往那里的人多了，

①范晔：《后汉书·袁术传》。

②房玄龄等撰《晋书·地理志》。

③许承尧：《歙事闲谭》卷十七，黄崇惺：《郡志辨证》。

居民超过一定的数量，自然而然地就要建立县治，设置机构，派遣官员前去管理整治。在战争期间，人口消耗很多，光靠自然增长还抵不上死亡人数，必须依靠迁移外地百姓来增加人户，因而在机械性人口增长中，移民成为地域人口变更的主要因素。

新安郡始载户口数　历史上从东汉末年中原战乱起，已有大批中原士族开始向江南流动，其中一部分随后辗转进入新都郡。《晋书》中有最早文字记录的这个地区移民活动，方、汪两大中原衣冠家族先后迁入新都，成为徽州移民的前驱。继之有余氏家族迁入。

西晋太康年间改新都郡为新安郡，属扬州。下辖遂安、海宁、黎阳、始新、黟、歙六县，首次记载户口为5000户，新安郡的第一个人口数据却有户无口，不完整的因缘在于户口管理无序。新安郡治仍然设在始新，位置太偏，显然管理无法到位。这时新安郡六县居民总和绝不止5000户，平均每县应该有2000户以上。

东汉时原丹阳郡下辖15县有户13万多，西晋将这一个郡分成丹阳、新安两郡后，丹阳郡此时有户51500，辖11县，而辖治6县的新安郡却只有5000户。两个同等规格的郡，人户不至于相差十倍。[①]又因为东吴朝廷没有抵抗就降晋，所以江南境内也就没有太大的兵祸战乱。除百年前征服山越和北迁部分人口以外，新安郡六县的人户没有其他理由会大量减少。西晋朝廷针对战后短暂统一期间，江南地多人少的现状，颁行占田制和户调制，通过对田租、户口的调整，尽可能地加强对农民的控制，招纳流散人口，使那些脱离了户籍管理的人，重新归于政府的掌控之中，努力使农民固定在土地上。同时又实施屯田军垦，恢复农业经济，安定民心。只不过这些举措触犯了地方豪强势力的利益，行之不久即有名无实了。

永嘉人口迁移　西晋后期（318年），皇族八王争夺政权引发混战，史称“永嘉之乱”。于是狼烟四起，中原震动，战乱历时十六年之久，死亡人口达数十万。加上关东地区爆发罕见的蝗灾和瘟疫，“流尸满河，白骨蔽野”。《晋书》载：“至于永嘉，丧乱弥甚。雍州以东，人多饥之，更相鬻卖，东进流移，不可胜数。”

在这个由北向南、自西东进的流动人口大军中，大批世家大族随东晋小朝廷南迁，形成中国历史上长达百年之久的、涉及百万人口的人口流动高潮，其间北南各方士族程、黄、胡、鲍、余、倪、葛、俞、詹等九大姓共十五族，遂次第移居新安郡。其中胡姓有三个不同支派。值得提出的是东晋太兴年间，世居江夏的新安太守黄积卒于任上，葬于新安江畔姚家墩，其子黄寻为父守墓，居家于此，改村名为黄墩，这就是徽州黄氏先祖，而黄墩这个地方成为历代移民的最著名落脚地。

无独有偶，前任新安太守的程元谭，因为有善政赢得民望，任满后，“民爱怀之，

---

①房玄龄等：《晋书·地理志》。

受代请留”，晋明帝遂赐田宅于黄墩，程氏“子孙遂以为桑梓”。其后代程灵洗(514—568年)“少以勇力闻”，有“日行二百里”的不凡功夫。梁武帝太清二年(548年)侯景叛乱，其部将吕子宗带兵攻入新安郡，对此严峻形势，“灵洗聚徒，据黟、歙以拒景”，当时新安太守萧隐，逃奔程灵洗家避难，靠他组织乡勇抵抗叛军方才得以保全。平息叛乱后，梁元帝授予程灵洗为谯州刺史，资领新安太守，食邑三百户。梁朝被陈朝替代之后，程灵洗归顺陈朝，屡立战功，层层受封加爵，卒赠封镇西将军，谥曰“忠壮”，配享武帝庙庭，一直被新安官府春秋祭祀。人们都把程灵洗当作保佑地方的英雄来崇拜，遍布城乡僻壤的“世忠”庙，是祭祀程灵洗的香火最盛的庙宇。①

相传程灵洗生日正月十三日，徽州各地纷纷开展各种活动，以纪念这位乡土英雄。程氏家族更是利用“忠壮”公生辰祭奠供奉这位先祖，扩大家族的声望。正如《徽城竹枝词》所云：“巨烛高烧重百斤，满堂香气更氤氲。报功犹祀程忠壮，正月生辰有祝文。”②

程氏家族声望日隆，程灵洗生二十二子，子孙繁盛，世代人才辈出。南宋时朱熹曾言：“盖新安、鄱阳、信安诸程，皆出梁镇西将军忠壮公灵洗，其家婺源者，有自歙之黄墩徙而来。”以后唐朝黄巢起义军攻进歙州时，灵洗十三世孙程沄，组织乡勇，“居东密山以自守”，得到朝廷表彰，因此受封官职。新安程氏世代有人为官，后裔人丁兴旺，发展成与吴、方、汪并列的豪门名族。宋代理学大师程颐、程颢也称自己是程灵洗的后裔，祖籍黄墩，以后才转迁伊洛。主纂五代史的文豪欧阳修曾写道：“中山之程，出自灵洗，实昱裔孙，仕于陈季。陈灭散亡，播而北迁。”③

由于此时外面世界对深山环抱的新安郡尚不知内情，流动人口进入并不太多，相对于以后两次大移民潮，两晋之交的这次人口迁徙，还不算规模最大的一次。

在这个前后约百年之久的特殊历史时期陆续迁入新安郡的九大姓氏中，胡焱，东晋大兴元年（318年）因随晋元帝司马睿渡江提兵镇守新安郡，后退休居留绩溪龙川，是为“镇守胡”或称“金紫胡”的始迁祖；另有胡育，东晋孝武帝（373—396年）因任新安太守，退休后定居黟县横冈，是为“太守胡”或“循良胡氏”。之后他的六世孙胡明星，在萧梁天监中（502—519年）为太常卿，弃官隐居横冈，他的后代被称为“太常胡”。还有名胡永昌者，东晋建武元年（317年）辗转迁入新安，是为“安定胡”。汪、吴、程、胡四大姓，从古代至今，一直是徽州人口最多的姓氏。而绩溪则以胡氏为第一大姓。汪文和之孙、汪授之子汪道献，东晋明帝永昌元年（322年）为黟县令，

①《南史·程灵洗传》卷六十七。

②吴梅颠：《歙城竹枝词》。

③《欧阳修全集》卷二一《袁州宜春县令赠太师中书令兼尚书令冀国公程公神道碑》，中华书局点校本2001年版。

定居歙县，奉为徽州汪氏始祖。

这期间还有鲍伸，西晋太康中（280—289 年）时任护军中尉，镇守新安，他从长安带来了著名的“鲍家拳”，流传至今。其孙鲍弘，在东晋咸和年间（326—334 年）任新安郡守，定居郡治歙县西门，被尊为新安鲍氏始祖。其后代南宋期间再迁棠樾定居，发展为鲍氏一族聚居的著名单姓村庄。鲍氏后人支派繁多，仅歙县本地就有 29 派，外迁的分支不少于 50 派，衍成新安望族。西晋永嘉元年（307 年），尚书侍郎余蝉从丹阳迁居遂安（当时为新安郡新定县），以后其苗裔散布新安各地。[①]于是余氏“近集六邑名乡，远集王畿邻省”，发展成为新安大姓。

东晋新安人口增长　北方豪门贵胄随晋王室南渡，仍然保持原来的籍贯，在他们的聚居区建康周围，东晋朝廷专门为北方移民设置了很多侨州侨县。凡是南下的北方士族，都给土地、官职，如果官职不够分配，就给空头行政区划，他们的侨居地，则冠以自己家乡的州郡名称。从琅琊王国追随晋元帝迁来的宗室贵族、文武大臣、北方世家大族不下千户，被安置在新设立的怀德县。这些豪门巨族不仅是当时东晋政权的主要支柱，也对整个东晋和以后南朝的几个政权都起着举足轻重的政治支撑作用。这时期晋王室成员司马晞留下的“新安人作歌舞离别之辞”，抒发了中原世家贵族对离开故里所产生的留恋之情。

由于北方战乱不止，大批百姓渡江南迁，为此东晋陆续在江淮之间、江南沿江一带设置了以安置移民为主的新政区，如在江北置徐、兖、幽、冀、青、并等侨州，在徐州侨置司州，晋明帝 (323—326 年) 时，“又立南沛、南清河、南下邳、南东莞、南平昌、南济阴、南泬阳、南太平、南泰山、南济阳、南鲁等郡，以属徐兖二州”。把北方的地名，都照搬到了江南。从新设这么多的侨州县中，可以读取南迁移民人数之多。但是这些“州县”空有虚名，并没有那么多的地盘可占，因此实土不足，移民生活安置不稳定，高门大族可以依法享受免役特权，平民则只有非法逃避赋役。

魏晋时期，籍贯所出和门第高低，成为官员士大夫以及平民的社会地位、身份的主要标志，士族与庶族在户籍登记上形成明显不同的两类，“士庶之际，实自天隔”。一旦列为士族，本人与家族自然毫无例外可以享受减轻刑罚和免除劳役的特权，而且门阀的高低，还影响到赋役的合法豁免量和户口的非法庇荫量。士族过多，政府的财政收入必然减少，所以东晋朝廷很穷，无钱养兵，连军队都没有，为史上少见。

东晋人口管理　针对户口混乱这种情况，东晋兴宁二年 (364 年)，“大阅户口，令所在土断，严其法制，谓之‘庚戌制’”。朝廷全面清理户籍，将豪族大家隐匿或庇荫的附户纳入朝廷管理的编户轨道。因而一举改变国家财政穷困局面，出现“财阜

---

① 《新安名族志》写作余祥。

国丰”的新气象。这项整顿户口的措施在当时移民众多的情况下，对缺钱的东晋朝廷来说，收到一定效果，人口作为一项最重要的国家资源，为东晋王朝延后统治百余年奠定基础。

北方移民在南方定居后，随着人口繁衍，人户稠密地区必然出现人多地少现象，促使人口向土地相对宽裕的地方迁移。世家大族为了寻求更多的土地和资源，纷纷从首都建康一带向南移居会稽等地，并逐步向开发程度较低的山区扩展。南迁百姓起先多数散居长江中游州郡，其中扬州、湖州以及江西等地聚居南迁人口最多，少部分深入皖南浙西，他们举族迁徙，声势浩大，众多佃客家丁及荫户随行，甚至鸡犬牛马都跟着人家从扬州一起横渡长江。倪玄鉴时任琅琊王司马睿管记参军，跟随南下渡江后先居宣城，后迁新安，为徽州倪姓始祖。

东晋定都建康，历时104年，中国政治中心南移，对新安郡发展影响至为深刻。其间没有发生太大的自然灾害和战争，人口压力不重，新开发的山区余地很大，地力充裕，北方移民到来不仅增加劳动力，而且带来了比较先进的生产技术和新的牲畜和农作物品种，对农业发展有很大促进，为人口稳定增长提供了充分物质条件。政权中心南移和大批官僚贵族、士大夫随之南迁，也必然使朝廷更加注重南方的开发建设，政策转向倾斜。在南北分裂持续200多年间，南方政区所设县数几乎翻了一番，南方人口分布格局已大为改观，东晋以后南朝极盛期的人口与北方的比例已接近到4:6。但是东晋时期新安郡没有留下任何人口户籍记录资料，成为一个永远无法解锁的历史谜团。

南朝人口昌盛 由于东晋朝廷日趋腐朽，再次将华夏版图引向分裂。宋、齐、梁、陈的南方朝廷与北方魏、齐、周对峙160多年，南北政权并立。“江左承西晋，诸王开国”，各县并以户数相差为大小三品。南朝四个政权虽然运祚短暂，但是在此期间南方相对安定，建立在东晋基础上的刘宋王朝，由于皇帝刘裕出身贫寒微贱，能切身体察民间疾苦，又亲身带头冲破士庶门第篱栅，根深蒂固的门阀制度开始瓦解，生产力得到解放，因而当时是“地广野丰，民勤本业，一岁或稔，则数郡忘饥。会土带海傍湖，良畴亦数十万顷，膏腴土地，亩值一金，鄠、杜之间为关中膏腴之地不能比也，荆城跨南楚之富，扬都有全吴之沃。鱼盐杞梓之利，充仞八方，丝棉、布帛之饶，覆衣天下”①。长江流域中下游的荆、扬二州成为全国富力中心，扬州下辖的新安郡这时应如上述当是为丰硕富饶之乡。

相比江南而言，北方先后出现20多个政权，相互之间长期征战不已，时局动荡不安，千万人死于战火、饥饿和疾病，幸存者则颠沛流离，流动人口四方逃难，很多人

① 《宋书·孔季恭传后论》。

流向江南或边远地区。安定富庶的南方，对流动人口吸引力无疑很大，移民从北向南，从黄河流域迁徙到长江流域，其间不断又有家族辗转迁入新安郡。

南朝著名诗人沈约，写诗《新安江贻京邑游好》记游新安，向世人首次公开推荐新安山水。以致文采过人、武略卓著、其余“六艺备闲，棋登逸品，阴阳纬候，卜筮占决，并悉称善”的梁武帝读诗后，对新安刺史徐摛这样经典性地说道：“新安大好山水，任昉等并经为之，卿为我临此郡。”梁武帝萧衍知人疾苦，躬览民事，日昃听政，求瘼恤隐，有志纠正前朝弊政，登基当天就下诏全部放遣后宫宫女。他身体力行节俭，只穿麻布衣服，食蔬菜素食。凡皇帝的种种享受，他一概摈除。为了落实尊敬、扶养老人的政策，他专门在建康首创建立“孤独园”，收留赡养孤苦老人。每选长吏，务简廉平，皆面见于前，亲自交代政道。而徐摛果不负君望，他到新安郡后为政清静，教人礼义，劝课农桑，期月风俗便改。[①]而被梁武帝作为地方官员榜样的任昉，在新安郡守尤以清简廉洁著名，他经常曳杖徒步下乡，访贫问苦，对八十岁以上老人，“遣户曹掾访寒温”。他特别反对溺婴，发现即严惩，称其“罪同杀人”。对孕妇则资费供养，周济很多穷人，奖励生育，促进人口增长。他去世后，杂木为棺，浣衣为敛，家里只有桃花米二十石，并遗言不许以新安一物还都。阖郡百姓痛惜，共立祠堂于城南，岁时祀奉。[②]

任职新安太守时间最长的羊欣，经历刘宋武帝、文帝两朝共13年在郡，历史上绝无仅有。任职时间长，充分说明地方安定，政清人和，家给人足，百姓安居乐业。他也乐得“游山玩水，甚得适性”。羊欣博学多艺，尤长隶书，少时得到大师王献之的称赞并给予指教。同时他兼善医术，在郡守任上撰写《羊中散方》等医学著作留传下来，是历史上最早的新安医学家。[③]

从此，向往新安青山碧水的士大夫越来越多，迁居新安的人户也在增加。当时江南名儒文士到新安出任地方官很多，其子孙后代留居这里，如鲍宏、羊欣、任昉、丘迟和张率、徐摛、沈约、王实等，风流文藻，诸彦来刺此邦，尤称聚盛。他们并非那种清谈高论误国误民之士，而是为政多有成绩，深受新安民众爱戴。他们注重建设，关心百姓疾苦，特别是发动农民在沿河山地兴修水利设施，扩大耕地种植面积，使新安郡在人口不断增加的情况下，粮食生产自给有余。萧梁吴郡人张率，在担任新安太

①《南史·徐摛传》卷六十二。

②《南史·任昉传》卷五十九。

③《南史·羊欣传》卷三十六。笔者以为，以后陶雅虽任职歙州刺史二十余年，但是他是杨行密任命的，因此被罗愿称作“伪刺史”，而且是宣歙观察使等职务兼任，曾中断数年，故未将他列入比较。

守期间，曾经“在新安遣家僮载米三千石还吴宅”①。这位被梁武帝称为“东南才子”的张率宽仁文雅，诗文著作等身，在任上政声誉隆，据说“张公山”“率山”“率水”这些山水得名皆是纪念他而流芳千古。当时新安郡有余粮外运，充分反映这里农业生产得到长足发展，人民生活富足。充足的粮食保障为人口稳定增长提供了必要条件。

梁大通元年(527 年)，新安内史吕文达退休后留居歙县，他和歙县人郑思主持修筑吕堨，灌溉田地一万余亩。事后写下不朽之作《吕堨记》一文传世。文中写道：“数年之间，荒郊断垅，复见扶犁秉耒，老稚在田；禾稼青青，被满阡陌。由春抵夏，由夏抵秋，不动桔槔，而年书大有，远近相庆，椎牛炮羔，烹鲜载醪，鼓吹喧号，达于衡茅。有礼有文，斯乐陶陶。”

再稍后有詹敬，是南朝新安贰守（也称别驾，郡守副职）。因家歙县黄墩。詹氏后代又从黄墩迁居婺源，发展成为一方名门望族，子孙人丁兴旺。

梁武帝大同年间，工部尚书耿源进，告老回到淮阴老家后，因雅慕新安山水，与弟耿汝进，南迁绩溪登源河畔卜居，并以兄弟“仁乃二人”的含义，取名所迁居的村庄为“仁里”。萧梁末年户部尚书叶孟，到歙县游览石佛洞名胜时，乐其山水幽雅，后来定居潺田，叶姓子孙繁盛后改名蓝田至今。

此外，闵弦在梁武帝时任歙县令，因家迁歙，闵氏从此在歙县扎根。落户新安的还有梁武帝时期新安太守任昉，民间传说他见歙北许村一带风景秀丽，山水相依，静幽远市。遂辞官挂印，归隐于野，定居山村。成为一段历史佳话，千古流传，徽州任氏子孙都以任昉为始祖而自豪。以后还有郑庠任新安太守，卸职定居歙县，为郑氏始祖。

公元 464 年，《宋书·州郡志》记载，扬州新安郡（五县）有户 12058，人口 36651。与西晋时期的书面记载相比，一百五十年里，尽管户数增长一倍以上，但户均人口不高，每户仅 3.04 人，这个数字还是令人生疑。这也是史料记载最早的古徽州人口数据，之前虽有户籍数，却有户无口，并没有记载人口数目。只是，这时尽管历代朝廷清理整顿户口卓有成效，隐瞒造假情况仍然严重。每县平均不足三千户，与当时大环境不相适应，实在太低，配不上“畿辅剧郡”的称谓。新安全郡登记的户口中，户均人口 3.04 人，显然不足信。

刘宋时期进一步实施“依界土断”，加强户口管理。官府废除原来分开登记土客民的户籍制度，即登载本地土籍的使用黄纸的“黄籍”，登录南迁移民使用白纸的“白籍”，把这两种颜色户口籍册合而为一，将登记移民户籍的“白籍”逐步取消，户籍里不再区分土、客民，所有人户全部登入一种土籍。这就意味着迁居新安的客家移民已经全部融合到本地人当中，他们无论来自北方或南方，都不得不接受土著风俗习惯

① 《梁书》列传二七《张率传》。

和方言俚语，将自己改变成当地人。

北方移民当中的士家豪族，之前多少凭借上辈门第的余荫，享有豁免赋役或庇荫的特权，实行土断后，绝大多数移民已就地入籍，不再具有籍贯上的优势，要想再获得过去的优待，只有钻门阀制度的空子，在姓氏或爵职上做文章，以便本人或家族能逃避赋役。本来只有北方移民冒充高门大族，在移民混合于当地土著后，原来的南方土著就也能通过伪造爵职或家族出身的办法来逃避赋役。为防止被他人冒充族籍，新安郡诸大姓都曾经采取各种措施，严厉追查伪谱。这种假造谱牒的作弊风气蔓延的结果是朝廷赋税流失，财政收入减少，皇帝和大臣对此当然不会无动于衷。

南齐建元二年(480年)，颇有作为的齐高帝萧道成，颁诏清查积弊："黄籍，民之大纪，国之治端。自顷氓俗巧伪，为日已久，至乃窃注爵位，盗易年月，增损三状，贸袭万端。或户存而文书已绝，或人在而反托死叛，停私而云肃役，身强而称六疾。编户齐家，少不如此。皆政之巨蠹，教之深疵。比年虽却籍改书，终无得实。若约之刑，则民伪已远；若绥之以德，则胜残未易。卿诸贤并深明治体，可各献嘉谋，以振硗化。又台坊访募，此制不近，优刻素定，闲剧有常。宋元嘉以前，兹役恒满，大明以后，乐补稍绝，或缘寇难频起，军荫易多，民庶从利，投坊者寡。然国经未变，朝纪恒存，相揆而言，隆替何速！此急病之洪源，晷景之切患，以何科算，革斯弊邪？"①

从上述这道《萧齐诏书》中可见，民间户籍上的巧伪由来已久，花样百出，官府防不胜防。这道史上著名的诏书列举出：有的人伪造爵位，改变年月，将现有民户从档案中取消，将在册人口谎报为战死或叛逃，将健康的男子谎报为残疾，以骗取优待。这类巧伪已经如此普遍，以至不这样做的民户反而成了少数。有的真亦成伪，怀冤抱屈者，不在少数。在门阀制度盛行和赋役不公的时代背景下，各种巧伪既不可避免，还会愈演愈烈。尽管齐高帝决心大，亲自抓，整顿户籍的认真态度在青史留名，但是士籍的吸引力如此之大，户籍巧伪在当时社会势必无法根治。

到梁武帝时，亲身经历宋、齐、梁三代的左仆射、尚书令沈约，上表提醒指出："宋齐二代，士庶不分，杂役减阙，职由于此，自元嘉以来，籍多假伪。"②

该悉旧章、博物洽闻的三代老臣沈约，年过七十仍手写簿书，科为程章，钩检户籍，差量徭赋。作为梁武帝首辅重臣，到新安郡去显然不光是游山赏水，写诗赋文之外，主要还负有深入民间调查户籍情况的使命，他在调查报告中揭露出来的问题十分严重，也提出了具体防范措施，但实际效果有限。仍然是普遍存在百姓户口或逃亡，形成有户籍而无人名，或隐漏户口，出现死亡情况而不申报。

①《南史·齐高帝》。转引自葛剑雄主编：复旦大学出版社《中国人口史》。

②《南史·沈约传》。

东晋“隐逸诗人”陶渊明笔下的《桃花源记》，就是逃亡人口生活的真实写照。

文中写道，那些穴居百姓“自云先世避秦时乱，率妻子邑人来此绝境”。他们长期藏在深山野谷中，躲避在户籍编外，过着与世外隔绝而平和安宁的生活。通过主人公的描述，只见那里“芳草鲜美，落英缤纷”，河岸边数百步桃花林，没有杂树。土地平旷，屋舍俨然，良田、美池、桑竹、阡陌、鸡犬相闻、黄发垂髫，怡然自乐……这些正是历尽离乱的人们心中天堂。当文中的主人公化装成渔夫，来到这里逗留侦查之后下山回去时，这些山民叮嘱他“不足为外人道也”。但是假渔夫背弃了这些承诺，出山时沿途“处处志之。及郡下，诣太守，说如此”。

太守当然很重视这个举报，“即遣人随其往，寻向所志”，可是，主人公发现自己下山回来时所志的路标全不见了，进山的道路被隔绝。原来这些逃户已识破假渔夫身份，多长了心眼，跟踪在其后，把他出山一路上留下的记号都破坏掉。所以，再也找不到那些穴居百姓的踪影。

这个被陶令称作“世外桃源”的地方，在那个时代情景类似的有很多，新安各地都有称作“桃源”的村庄。黟县的桃源洞就极像文中描绘的意境，又有潜村，宋时数十家自为一村，谓之“小桃源”。罗愿在《新安志》中记载：“樵贵谷，《方舆地志》云：‘黟县北缘岭行，得樵贵谷。昔有人山行七日至一斜穴，入穴廓然，周三十里，土甚平沃，中有十余家，云是秦时离乱入此避地。’”

黟县前贤曾解释为“我黟向号‘小桃源’，又号‘樵贵谷’”。而且黟县以及其他各地确实有大量逃户长期隐逸聚居深山老林，他们如同祖先山越人一样宁愿在山里受苦，也不愿出山缴纳赋税听差服徭役。

这位中国诗坛无人企及的陶渊明，避世不厌世，热爱生活，热爱大自然。晚年隐居歙县潜口村，这里距离他的祖籍鄱阳相去不远，他于此怡然回归田园，“结庐在人境”，家有“方宅十余亩，草屋八九间；榆树荫后檐，桃李罗堂前”，门前种柳五树（徽州陶姓人家均仿效植树五柳，皆因于此），自称“五柳先生”。他淡泊名利，安贫乐道，不为五斗米折腰，过着“击罐以自欢”的田园生活，夫耕于前，妻（翟氏）锄于后，时常上山“登东皋以舒啸”。在该村终老林泉的陶渊明，享年逾花甲，那个时代能算个长寿翁。潜口是个著名大村，村名就是在他离世后为纪念他而改的，村里原有“渊明旧里坊”，惜毁于元末战火。[①]陶渊明次子陶俟这一支后裔在徽州椒衍瓜绵，元代诗人三十五世孙陶庚四迁居黟县淋沥山下，卜宅南山居住，为黟支派始祖。《黟县陶氏宗谱·黟县陶氏源流序》记载：“陶庚四生有二子，曰社子、社孙。元天历二年（1329年），社子再迁赤岭柏墩，为赤岭陶村始迁祖。”至今村中保存有“靖节里”“五柳社”遗址。

① 《黄山市志·专记杂记》第2396页，黄山书社2010年版。

第四节　歙州人口

隋文帝开皇九年（589年）推行经济改革，制定保闾制度，进一步整顿户籍，清理人口。五家为保，保有长；五保为闾（京畿以外为里），四闾为族（京畿以外为党），皆有正。保长、闾正、族正分级负责检查户口，户籍制度日渐完善。全国实行州县两级制，调整原有行政区划，易名新安郡为歙州，州治海宁（今万安），后迁黟县，并且新建海宁县。开皇十八年改海宁名称为休宁县，从此诞生歙州又一个新置的大县。隋仁寿三年（603年）将始新、遂安析置睦州，剥离出歙州。隋炀帝大业三年（607年）复改州为郡，歙州再度重称新安郡，领黟、歙、休三县，郡治休宁，直至唐武德四年（621年）改郡为州，又重更名歙州，仍领三县，州治歙县。

由于隋朝把北方平原的户口管理模式照搬到南方，引起江南豪族普遍强烈不满，开皇十年（590年）江南全面叛乱。该年十一月，歙州汪文进聚众起义，攻陷州县，占据东阳，自称天子，设置百官。同时，黟、歙本地土豪沈雪、沈能率众占山为王，设立山寨，据栅自固。但是这些反叛武装受巨家大室操纵，不能构成完整体系，不久被杨素统兵一一击破，江南叛乱很快即告平息。

隋文帝励精图治，躬行节俭，建国仅十二年就已“库藏皆满”，仓储丰盈，国计宽余，“人物殷阜，朝野欢愉”。[①]国民经济效益非常明显，为历代所未有。“西京太仓，东京含嘉仓，洛口仓，华州永丰仓，陕州太原仓，储米粟多者千万石，少者不减百万石。天下义仓，又皆充满。京都及并州库布帛各数千万。”[②]直到唐朝建立二十年后，隋库藏物资尚未用尽，这就为以后的盛唐崛起打下雄厚的物质基础。充足的粮食储备也为隋唐人口快速增长提供了必要条件。

隋朝大业五年(609年)，统计歙州三县只有6164户，比142年前户口减少几半，虽然这个数据没有继承性，其中有行政区划变动的因素，减少掉原来的两个大县，但是仍然很不合理。隋炀帝好大喜功，征役过度，歙州固然会因此减少一部分户口，但是不可能减少到如此程度，主要原因还是出在统计不实上，漏登错记太多。

隋朝人口管理　针对户口隐匿严重，从隋开皇五年（585年）时起实行“大索貌阅”，各州县按身体特征和面容相貌进行核对人口，详细登记户籍资料，查验是否隐瞒谎报年龄，防止作伪和假冒残疾来逃避赋役，也可以对民户脱籍逃亡后追捕提供线索。这是没有摄影照片时代最严格的人口管理措施，显示出隋朝户籍管理制度超过以往的严密性。由于南朝四代保留了孙吴时期的“客皆注家籍”基本传统，广大民户多沦为

① 《隋书·食货志》。

② 《通典·食货典》。

封建豪强依附者。入隋后“制五百家为乡，正一人；百家为里，长一人”。农村设乡正、里长，为检责户籍，劝课农桑，催驱赋役。“户口不实者，正、长远配”，追究行政责任。隋朝检籍括户的严厉举措无疑给予江南豪族以沉重打击，原来很多“挟藏户口，以为私附”的大户被重新核对相貌，予以分籍，析置户头，清理户籍取得一定成效，全国户口因此翻了一番。“二十年间，天下无事，区宇之内晏如也。”历史上对帝王从未有过的评价都给予了杨坚，所以，“隋代之盛，实始于斯”。统一稳定发展的势头保持到“炀帝即位，是时户口益多，府库盈溢，乃除妇人及奴婢、部曲之课”。又“是时天下凡有郡一百九十，县一千二百五十五，户八百九十万有奇。东西九千三百里，南北万四千八百一十五里。隋氏之盛，极于此矣”①。但是除上述一个孤零零户口数据外，歙州这个阶段没有留下其他人户记载。

隋灭陈后，收陈图籍、封陈府库，使陈后主叔宝手书招降陈朝长江上游各地诸将。建康城被平毁，宫内文武百官皆遁，陈宗室百余人在朝堂相率出降。陈后主及王公百司全被迁往长安，其中有早年北方移民后裔，也有南方土著。陈朝诸帝子孙众多，“发建康，诣长安，大小在路，五百里累累不绝”。他们长途跋涉至长安后，隋文帝以礼待之，还“各给田业以处之”“陈人至者如归”。以后炀帝纳陈叔宝第六个女儿为贵人，杨广对陈贵人宠爱有加，“绝爱幸，因召陈氏子弟尽还京师，随才叙用，由是并为守宰，遍于天下”。陈氏皇族弟子们因此生活有着落，乐不思陈，陈姓后裔繁盛，而建康的大量百姓居民城毁后无家可归，不得不流迁他乡。以后辗转迁入歙州的陈氏，基本上都是陈叔宝的后裔。

隋炀帝继续实行大规模移民政策，他“徙豫州郭下居人以实之”；又“徙天下富商大贾数万家于东京”，以加强巩固对江南的统治。

汪华主歙时期人口繁衍 隋炀帝大业间，滥用人役，“比屋良家之子，多赴于边陲，分离哭泣之声，连响于州县。老弱耕稼，不足以救饥馁，妇女纺绩，不足以赡资装”，以致“丁男不供”“妇人从役”“征役繁兴，民不堪命，有司临时迫胁，以求济事，不复用律令矣”。长城御河，不计于人力；运驴武马，指期于百姓。天下死于役而家伤于财。国家人力资源无法满足没完没了的征役，人口与封建专制意志严重背离，民不聊生，酿成农民起义烽火连天。绩溪登源人汪华（586—648年），是汪道献的九世孙，他的曾祖汪叔举刘宋时官居护国司马，镇守歙州，以后迁居歙县登源（唐代后划为绩溪县），这位始迁祖在汪氏家谱里有所谓“生于晋，仕于宋，殁于齐”的人生经历。当此乱世，汪华为众所推，占据歙州，并次第平定宣、杭、睦、婺、饶五州，成为拥甲十万自保的地方武装势力，隋大业十二年（616年）建号“吴王”。这是徽

①司马光：《资治通鉴》卷一七七，“开皇十年”条。

州历史上最早建立的农民政权，意义深长，影响久远。因“为政明信，远近爱慕”，归附者如云，汪华使得歙州免遭战祸十余年，造福桑梓，护佑一方，深得百姓爱戴。后来汪华审时度势归顺唐朝，武德四年(621年)，汪华“籍土地、兵、民，纳欵高祖”。即是上表把所属六州的土地、军队、人口户籍数目全部造册登记报告李渊，表示归唐。汪华因此受到唐朝重用，被授以方牧，持节总管宣、歙、杭、睦、婺、饶六州，并任唐朝第一任歙州刺史、上柱国，封爵越国公。歙州也因此受到皇帝的特别关注。李渊顺应民心，把东南六州人民反隋的激烈情绪，转化为拥护唐朝的力量，迅速使东南地区、包括歙州社会安定下来，对歙州发展提供了难得的历史机遇。

《全唐文》载：“汪华往因离乱，保据州乡，镇静一隅，以待宁晏。识机慕化，远送款诚，宜从褒宠，授以方牧。可使持节总管歙、宣、杭、睦、婺、饶等六州诸军事，歙州刺史，上柱国。封越国公，食邑三千户。”

唐太宗继位后，进一步关注歙州的发展。贞观二年(628年)，全国行政区划开始大规模调整。歙州总管府被撤销，诏汪华进京，授左卫白渠府统军。之后，汪华朝于京师，任过多种职务，贞观二十二年(648年)三月卒于长安。后归葬歙县北七里之云岚山(一名云郎山)，号越国公汪王神。经过地方官大力倡导，唐朝汪王祠遍及歙州，汪华也完成了由人到神的嬗变，成为徽州级别最高的地方保护神。和程灵洗一道，在徽州及江南各地受后人祭祀纪念。

罗愿在《新安志》中将汪华称为“新安之神”，高度评价他的历史功绩：新安之神，讳华，姓汪氏，绩溪人，隋将宝欢之从子。少以勇侠闻。大业之乱，以土豪应郡募，平婺源寇有功，寻为众所推，保据郡境。时四方割据建号者众，乃稍以兵取郡，并有宣、杭、睦、婺、饶五州，带甲十万，建号吴王。为政明信，远近爱慕，郡内赖以安全凡十余年。汪华就是前面提到的汪文和、汪授、汪道献、汪叔举的后代，从此汪氏子孙蕃息不绝，盛极一方，“子孙济济，咸在朝列”。

他的后代九子二十五孙，分迁四方，脉息支繁，仅在歙县分布20处，休宁38处，婺源14处，祁门17处，黟县、绩溪各11处。到了南宋初，“今黟歙之人十姓九汪，皆华后也”。[①]

盛唐时期歙州人口　公元618年唐高祖李渊称帝，采取一系列开明政策。三年后实行租、庸、调法和均田法，国家按照户籍上的丁口数向每个家庭授田，获得国家授田的百姓，需要为国家纳税和服役。唐朝的这种赋役制度属于人头税，财产制度属于均平制，大体上实现了耕者有其田，一定程度上抑制了土地兼并。但是农民也因此被牢牢束缚在土地上，不能自由迁徙。老百姓出门远行，需要向户籍所在地官府申请“公

①邓名世：《古今姓氏书辨证》。

验”，领取通行证，才能出入关津。守卫的门卒若放行没有公验的人进出，则要面临罚服一年苦役的处置。

租、庸、调法是以每一男丁授田百亩为前提，其中二十亩是永业田，八十亩是口分田，记丁授田，按田(丁)负担租(每年粟三石)、庸(力役每年二十日)、调(输绵及丝麻织品)的法令，“有田则有租，有家则有调，有身则有庸”，规定限额之外，“不得横有调敛”。同时规定只有在户籍迁移出乡或贫穷无力丧葬时才准许出卖永业田。这种以平均地田为基本内容的赋役办法刺激了农业生产，促使人口增长。

唐朝继承隋时的“貌阅”户籍管理制度，每隔三年举行一次“团貌”登记程序，户籍档案记录有人户的体貌特征，如肤色、身高、面部有何特点等。因此户籍簿册上有如“右足跛，耳下小瘤，面有黑子”之类文字记载。这些体貌特征的记录相当于现代的照片，可以防止登记时作伪假冒，各地县衙在居民登记户籍时，通过“团貌”验查年龄面貌，及时发现问题。严密的户籍管理，不仅使国家税收减少流失，并且有助于官府追捕逃犯，保障社会秩序安定。唐代采取一系列人口政策，检括户口，减轻徭役，鼓励生育。唐太宗贞观元年颁令，规定凡男二十、女十五以上未婚者，州县要予以干涉。倘属家境贫寒无力立业成家者，街里富人和亲友有责资助；规定全国每年要造一次人口账，每三年重造一次户籍。把人口增减，“婚姻及时，鳏寡数少”，列为地方官吏课考的内容。贞观三年又诏令“妇人正月以来产子粟一斛”，用物质奖励生育。武则天当政时曾规定州县境内，如果“田畴垦辟，家有余粮”，则予以升奖；反之，若是“为政苛滥，户口流移”，则加惩罚。

唐朝重视法制建设，制订《唐六典》影响久远，对土地、户口、工商业管理促进很大。尤其是废除九品中正制，采取科举取士方法，设立进士科，建立完整的教育制度，从庶族中选拔精英人才，通过科举考试进入仕途参与政事。此举客观上扩大了知识分子队伍，提高社会人口文化素质。这就改变了历史上豪强门阀把持的取士办法，打开了庶民入仕之门，给门阀制度以一重击。歙县吴少微，长安元年(701年)登第，他是歙州参加科举考试考中进士的第一人，意义不凡。神龙元年(705年)升任右台监察御史，遵循法纪，秉公办事，受到唐睿宗亲笔嘉勉。其子吴巩，秉承家学，也以文名，随后考上进士。父子两代人均名重当时，传颂千古。

吴少微才华出众，与当时名士富嘉谟交好，他们一反“纤靡淫丽”陈腐文风，独树一帜，创立了雅厚雄迈的新式散文文体，令世人耳目一新。这种新式文体，具有开创唐代古文运动“以经典为本”先河的积极意义，后人因此誉称“吴富体”。吴少微死后葬休宁凤凰山，遗作留有文集10卷，其中《代张仁亶贺中宗登极表》《为桓彦范谢男授官表》《冬日洛下登楼宴序》《为任虚白陈情表》等6篇文章收录在《全唐文》传世；另有《长门怨》《古意》等6首诗收录入《全唐诗》。

唐代歙州进士共有 11 人，其中唐末昭宗天复元年 (901 年) 登第的王希羽，年纪已 73 岁高龄，其刻苦习业、永不气馁的精神，代表性地反映出歙州重文风俗已经开始形成。

推重文化之风源自经济基础，当时社会是“耕者益力，四海之内，高山绝壑，耒耜亦满。人家粮储，皆及数岁。太仓委积，陈腐不可校量”。出现了历史少见的这种富足景象。天宝八年 (749 年)，朝廷仓储粮食约达一万万石，不得不修筑和扩大隋代所建的仓窖。充足的粮食储备，为人口增长提供了先决条件。

公元 712 年唐玄宗即位，中国进入“开元盛世”，人口增长达到新的高峰，成为汉平帝之后的第二个人口数量鼎盛时期。玄宗采取比租庸调法更为先进的“两税法”，把税丁改为税亩、税产，“量出为制入”，限制了赋税的额外加征，改变了过去“旬输月送”的局面，有利百姓安心生产和生活，因此经济发展效益显著。同时调整考核政策加强州县管理，仍是以纳税户数、人口数为标准，按照造册的簿籍户口对号入座，全面考核全国州县的等级。歙州列四万户以上为“上州”；歙县、休宁、黟县、婺源为六千户以上的“上县”；祁门、绩溪二县为“中下县”。后世士大夫赞颂开元、天宝间“河清海晏，物殷俗阜”，“左右藏库，财物山积，不可胜数。四方丰稔，百姓殷富”。①

在这种盛世背景下，崇尚道教的唐玄宗于天宝六年 (747 年) 六月十七日，颁发敕书，赐名“黄山”。这是歙州历史上的重要一页，罗愿在《新安志》中郑重其事地记载了这一史实。

“黄山，旧名黟山，在 (歙) 县西北百二十八里，高千一百八十仞，东南则歙，西南为休宁，西北则蔽于宁国府之太平县。”

罗愿并且特别注明这个具有历史意义的时刻，“唐天宝六年六月十七日，敕改为黄山”。

黄山由于皇帝敕令赐名，再次受到朝野各界广泛关注，而唐朝两代盛世皇帝恩施歙州，全国罕有。皇帝赐名黄山在历史上产生了重大深远的影响，以往在国内知名度不高的黟山，自从被敕命赐名“黄山”以后，引发社会广泛注视，秀丽雄奇的黄山被推到世人面前。当时以李白为代表的文坛名流纷纷登临黄山，并竞相咏唱以诗，黄山之名随着他们的美妙诗文流传播向四面八方，歙州的知名度和美誉度也进一步提升。

为适应经济快速发展的需要，唐朝相应修订人口政策，玄宗开元二十一年 (733 年) 诏令“男十五、女十三以上得嫁娶”，再次降低法定婚龄，以促进人口增长，适应社会发展的需要。在这之后的五十年间，中国人口翻了一番。而且南方人户增长更快，人口数量首次超过北方，这时成为中国人口重心南移的重要起点。

---

①《唐会要》卷七十《量户口定州县等第例》。

早在永徽五年 (654 年)，睦州清溪人陈硕贞起义，东南震动。歙县蒋宝率众响应，活动于竦水、扬之河流域。起义被镇压下去以后，朝廷将这一地域从歙县划出，建置北野县，县治设竦口。开元二十四年 (736 年)，游方道士洪真聚众造反，以休宁县回玉乡鸡笼山为营寨，官府派兵镇压。经过三年苦战，方才平息。为巩固统治，开元二十八年 (740 年) 析休宁回玉乡和鄱阳怀金乡，建置婺源县，歙州由唐初三县增加为五县。

唐代歙州体现了山区的经济特点，其社会、人口，都具有鲜明的地域特殊性。面对境内崇山峻岭，耕地面积狭小，粮食作物生产受到很大限制，百姓为了生计，不得不开发经济作物，增加农作物新品种。《新安志》记载："颇稜，唐世自外国来者也。"国外菠菜由扬州传入歙州。还记载了歙州出产军达 (甜菜)、大蒜、胡荽 (香菜) 等蔬菜，这些新品种都自国外传入。由此说明歙州直接受到扬州这个国际贸易大都会的商业辐射，反应灵敏，历来一直保持着与扬州的紧密联系，通过人口相互流动，两地经济文化密切相关。而传播这些农作物新品种的载体则是流动的移民，由北方南迁百姓大多经扬州渡江，聚集扬州一带的民众，再陆续辗转进入歙州。

由于歙州山间大小盆地已经充分开发，只能向山场发展，种茶栽桑和植树造林掀起热潮。"千里之内，业于茶者七八"，茶叶成为山区农民衣食住行和供赋役的主要收入来源，"浮梁、歙州，万国来求"。以肉食为主的北方游牧民族，发现这种既可以帮助消化，涤荡腥膻，又能祛暑助思，清心醒脑的纯天然佳饮，欣悦接受而敬若神明。从此社会饮茶风行，茶叶需要量日增，全国茶叶集散地浮梁县划入祁门后，永泰二年(766 年) 新设置的祁门县由此发展为全国闻名的茶叶大县，全县以茶叶为主要经济来源。

歙州司马张途于唐懿宗咸通三年 (862 年) 写道，祁门县"邑之编籍民五千四百余户，其疆域境亦不为小。山多而田少，水清而地沃。山且植茗，高山无遗土，千里之内，业于茶者七、八矣。由是给衣食，供赋税，悉恃此"。[①]

祁门县当时 5400 多户在籍人口中，绝大部分业茶，以茶为生。并且他指出祁门茶叶质量很高，茶叶品质得到商贾们的良好评价，一致认为："祁之茗，色黄而香，贾客咸仪，逾于四方。每岁二三月，赍银缗缯素求市，将货他郡者，摩肩接迹而至。"[②] 各地茶商云集，"或乘负，或肩荷，或小辙而陆"。有的商贾走水路"先以轻舟寡载，就其巨艎"。祁门茶叶已经成为茶商眼光中的品牌，称之为"祁茗"。《新安志》载有"祁门水入于鄱，民以茗、漆、纸、木，行江西，仰其米自给"。表明以祁门为代表的歙州茶叶对外交易的市场基本形成，歙州商人用土特产运出去换取粮食，本地经商风气

① 《全唐文》卷八〇二，张途：《祁门县新修阊门溪记》。

② 《全唐文》卷八〇二，张途：《祁门县新修阊门溪记》。

渐进浓厚。

歙州经济作物比重增加，人民收入渐渐提高，促进货币经济发展，同时刺激了人口增长。州府歙县发展成为“万户大邑”，当时歙县盛产沙溪酒，享誉各地。酿酒业的发展，说明粮食生产具有相当水平，储备富余。同时手工纺织生产兴起，形成区域纺织业中心，纺织精品上贡朝廷。地方富裕，州史也成众多官员向往的肥缺，很多人不惜交结宦官求职歙州。唐宪宗元和年间，当时崔玄亮任歙州刺史，有人议论：“必是此贼纳贿除官，若不是人吏取钱，崔玄亮何由得歙州！”贪官薛邕被贬谪为歙州刺史时，其家人反而化忧为喜，为之庆贺，恨降之晚。后来薛邕升迁离职，被揭发出“盗隐官物以巨万计”①。

唐朝大文豪、其文含英咀华的韩愈，当时在东南为官，非常熟悉歙州，贞元十八年 (802 年) 二月二十八日，陆傪出任歙州刺史，因此他写道：“歙，大州也；刺史，尊官也，由郎官而往者，前后相望也，当今赋出于天下，江南居十九。宣使之所察，歙为富州。”②

歙州进入当时全国六大富州之列，上缴中央赋税在全国各州当中列属上等，成为名副其实的富裕之州，“地狭而人富”③。唐代考察州县等第，以各个州县人口数量、纳税户数为标准，有其合理的因素，人口数量及其素质，是社会生产力发展水平的主要标志，也是用来衡量生产力发展水平的标尺。

开元二十四年 (736 年)，由于洪真造反，经过三年不断围剿，方才平息。为镇抚这一带边远地区，朝廷析分休宁县回玉乡和江西省乐平县怀金乡，于开元二十八年正月初十置婺源县。永泰二年 (766 年)，歙州增置祁门县，由管辖五县变为六县，这标志着社会经济和人口发展达到新阶段。祁门建县的历史意义非同凡响，因为它是由本地农民起义军自行设置的，独一无二。

肃宗宝应元年 (762 年)，“安史之乱”即将平定之时，由于当时藩镇林立，各行其是，重加税率，造成民不聊生四处流亡。尤其是灾害之年，因“岁凶”，百姓不堪赋税重负，歙州本土农民领袖方清，招集饥民武装起义，活动于黟、歙之间，阻山自防，队伍逐渐壮大到万人之众，势力扩大到境外，有“跨据大江，吞噬东土之计”。

次年，方清率军与宣州陈庄的义军会合，以乌石山和太平古城为据点，向西发展到长江沿岸一带。他们拦截江上来往漕运物资，“西绝江，劫商旅”，不断扩充起义军队伍，“支党盘结”，声势浩大，震撼朝野。永泰元年 (765 年) 攻破石埭县，进而

①《新唐书》卷一六四《崔玄亮》。

②韩愈：《送陆歙州诗序》。

③罗愿：《新安志》卷二《税则》。

攻夺歙州，杀刺史庞浚。之后方清的队伍开拔到山区，“拒险作固，以为守备”，建立稳固的根据地。他们在黟县山中建立军事指挥部。这个大本营基地位置选择良好，“有两巨石夹溪相对，号‘阊门’。而东北有涌流，左右云峰削成。其中平坦，周回数顷”，是崇山峻岭中的一块绿洲。方清农民军在这里“屯石埭城”，建筑了一座县城，自行命名“阊门县”。由于统治者调派重兵讨伐，持续四年之久的农民起义被镇压，方清壮烈牺牲。

李唐朝廷认为这里有必要建县，选址也妥当，决定“因其垒，析黟县之六乡及饶州浮梁县地，置以为县。合祁山、阊门，名之曰‘祁门’。”祁门县由此诞生。《新安志》明确记载了这个史实。《太平寰宇记》亦有记载：永泰“二年平方清，因其城邑，定为县。分饶州浮梁县，及歙州黟县六乡，广焉。遂以所近祁山为名，因曰祁门县”。

大历元年(766年)，旌德人王万敌起义，活动于旌德、歙县、北野之间。平定后撤销北野县，另建绩溪县于华阳镇。

唐代歙州人口的超常增长，就显示出唐中后期人口向南方流动的趋势轨迹。与之相关的文化现象，也随人口流动为之变迁。这就预示着中国人口流动的大方向将发生根本转变。

歙州人口增长步伐与全国一致，在唐代形成一个高峰。贞观十三年（639年）到天宝元年（742年）的一百年间，人口从26617口，猛增到240109口；户数由6021户，增为38320户。人口超常增长的现象背后，除政策因素刺激妇女生育，增产粮食降低饥饿死亡率，从而提高了人口自然增长率以外，人口过快增加的主要原因：

一是，社会经济发展快速，对外界人口吸引力增强。贞观年间歙州只辖三县，以后增置北野、婺源两县，再后又增加了祁门县。“一州六县”的全新行政格局从此呈现在世人面前，奠定以后的“一府六县”基础。新置县治强化了人口编户行政管理，较以往大为减少瞒报漏报人口。

二是，在新设置的三个县中，原来没有编入户籍的土著山民和庇荫户被逐步纳入人户管理，同时派遣来任职的大小官员增多，他们相当一部分留在歙州安家。并且招募外地流民入迁人口大量增加，所以歙州人户短期内成数倍增加并非完全是自然增殖的结果。

唐代朝廷制定区别“宽乡”“狭乡”的政策，耕地按照全乡人口分配，达到法令授田标准的作为宽乡；反之，田亩不足的作为狭乡。积极鼓励人口由数量过剩的狭乡向人口密度较稀的宽乡迁移，政府给移民各种优惠。玄宗时，“敕州客户有情愿属缘边州者，至彼结良沃田安置”。敬宗时，“敕黔首如有愿于所在编附籍账者，宣令州县优恤，给以闲地，二周年不得差遣”。这些政策无疑有利于人口管理，有利于人口合理分布，促进人户大量增长。

唐末人口流动　乾符二年(875 年)王仙芝起义于濮阳，以“吏贪沓、赋重，赏罚不平”号令诸道。山东菏泽人黄巢募众数千人响应起义，率军转战于河南十五州，部队人数增加至万余。乾符五年，王仙芝败于湖北省黄梅县，被官兵杀害。所部余众推巢为王，号称“冲天大将军”，拥河南、山东之民十余万，攻占淮南，建元“王霸”。同年黄巢领兵渡过长江，攻陷赣、吉、饶、信等州后，转而引兵进入歙州。五月端午时，其部将朱直管率兵进军歙州，攻占黄墩。随之被越州兵马都使钱镠带领官兵击败，退走江西。唐末程淘所作《新安程氏谱序》记载：“乾符五年，岁在戊戌，端午日，黄巢别部犯黄墩，淘之族人逃难解散，贼众遂营本宅，攻劫川谷，荡涤殆尽。至仲秋初，巢收所部犯阙。”[①]此后巢军攻宣州不克，引兵进入浙东，开山路七百里，直趋福州，占据闽地后攻下广州。因不服水土，军中大疫，又引军北还。转战饶、信、池、宣、歙、杭等十五州，众至二十万。

次年五月，黄巢部再次回攻，钱镠败退，此后又与歙州官军在境内激战，都将吴九郎战死。吴九郎是休宁县五城人，休宁民间流传有关吴九郎自刎于“倒马墩”的传奇。当年吴九郎率兵马拒敌于五城，兵败城毁，吴自刎于马上，战马仍然奔逐半里许，至近郊见乡里行人，始尸堕马下。乡民名其地为“倒马墩”，并立庙祀之。同时，婺源县镇将罗芰也是率领乡兵抗御敌军战死。八月黄巢义军攻打宣州，宣歙观察使王凝拒之，败于南陵。但是黄巢攻宣州不克，十一月，朝廷派泾源节度使周宝为镇海节度使兼南面招讨使，率大军围剿，黄巢部队方才撤离歙州。

广明元年(880 年)六月，黄巢回师攻占宣州。七月，自采石渡江，下滁、和二州，唐军数易统帅，屡战屡败。九月，在淮上击败曹全晸天平军，渡淮西征，所过之处不掳掠，只取丁壮以增兵员。黄巢军纪严明，经过城邑只是“供顿而去，坊市晏然”。十月，黄巢几度迂回，先占洛阳，次陷潼关，此时唐僖宗早已仓皇奔蜀，长安不战而得。次年黄巢在长安称帝，国号大齐。占领长安二年半期间，不思乘胜追击在成都的流亡政权，作茧自缚，从而失去流动性与战斗力。最终随着朱温降唐，被迫东逃，在泰山虎狼谷兵败壮烈牺牲。

中和元年(881 年)，祁门农民赵言、汪豪、熊宿等人联合江淮土豪王仲隐、刘乃、陈儒率当地民众响应黄巢起义，攻克祁城，转战饶、歙广大地区。中和四年黄巢阵亡后，义军再克祁城。光启元年(885 年)，义军转战休宁，围攻东密岩寨未克，继而转向祁城，三度占领县城。大顺元年(890 年)，义军复归，四占祁门县城。景福元年(892 年)十二月，义军汪淑部第五次攻进祁城，这支义军转战歙州及祁门 10 余年，多次重创王璧、郑传、周继忠、胡曈、倪时思等地主武装力量，摧毁王璧部队的栈道鹿砦，杀死郑传之子、

①程国熙：《新安伊川程氏宗谱》，清同治七年祁门胜一堂木活字本。

原工部尚书郑延辉，大败胡曈于祁门城东。当此其时，歙州都知兵马使程沄与弟程淘、程游，子程安节，率领族人，在休宁建东密岩寨，设立帅府，据地自保。此山寨历五代至宋初才废弃，存世百年，皆由程灵洗后裔子孙相继为帅。程南节还在休宁古城岩后山设平安寨，该处至今存有“唐兵寨”遗迹，岩壁镌有程南节所书“古城岩平安寨，兵马先锋程南节领兵驻此，作平安寨”等21个大字。另外各地还建有富昨、容山、黟山诸兵寨，声势均不如东密岩寨强盛。祁门县王璧与女婿郑传召集附近乡村民众联合自保，在进入村庄要道上设置鹿柴、栈道等路障，盘查行人，保护村庄不被侵犯。婺源县胡潼材抗御外敌英勇为乡里人所敬服，兵乱时与子胡宅组织乡勇保卫家乡。

黄巢起义对地主豪绅震慑力非同小可，使得他们惶惶不可终日。而那些响应黄巢起义的歙县反朝廷农民武装，向统治者和地方腐朽势力发起宣战。郡邑文献中则称之“乡贼”“流贼”，民间亦流传着“七姓逢难起”之说。这“七姓”为毕鹞、陈儒、汪象、赵言、熊宿、李重霜、余公美。他们都是下层贫民，饱受压迫，趁势奋起拼搏，以期改变自己命运。此外，中和元年(881年)，就在黄巢犯阙攻占长安之际，广大穷苦百姓受到极大鼓舞，绩溪县境内有“盗匪”公然攻打州府的记载。[①]

历时八年安史之乱后，藩镇演变为地方割据，相互战争不已，再过110年之后又发生长达九年的黄巢起义，天下不宁，民怨沸腾，迫使更多士族百姓南迁避难。盛唐国力从此开始衰败，民生维艰，形成历史上又一次全国性的人口流动浪潮。南迁人口中有世界上最早茶叶专著《茶经》的作者“茶圣”陆羽，他随关中士大夫渡江南下，从江西上饶来到歙州，入休宁，登松萝山，只见山谷云雾缭绕，天苍地绝，林深竹密之处，山岩中遍生松萝茶。陆羽品评道：松萝茶“微香冷韵，苦后生甘，味不在黄芽之下”。他之后辗转至越中，“结庐于苕溪之湄”，撰著《茶经》。陆羽对歙州茶叶评价很高，他在《茶经》中指出，歙州产茶，“歙州茶生婺源山谷，与衡州同”。陆羽向世人推介歙州茶，对促进歙州茶叶生产的发展，有显著的指导推广作用，歙州从此被列入全国重点产茶区。

随着此次人口流动大潮流入迁定居歙州人口之多，超过以前任何一次，也是本地流入人口中士族姓氏数量最大的一次。

《新安名族志》载，歙州有明确迁入时间、地点的56姓名族中，有朱、张、曹、江、夏、王、陈、叶、戴、罗、廖、潘、许、舒、姚、施、赵、毕、刘、康、李、周、查、吕、梅、齐、韩、顾、金、佘、谢、陆、冯、洪、孙、范36姓，系唐后期及五代时迁入，除了后面7姓之外，其余29姓注明是黄巢起义军战乱时迁进歙州的。移民的迁入对歙州的经济文化发展产生了深远的重要影响。一代文宗韩愈年少时随嫂郑氏及侄避地江南，就学于宣城。他亲身经历了这次迁徙过程，说道：“当是时，中国新去乱，

①席存泰：《绩溪县志》卷六《兵事》，清嘉庆十五年刻本。

士多避处江淮间，尝为显官得名声以老，故自任者以千百数。”[①]由此可见，避难南迁者，既有众多的士大夫，也有一部分是颇具声名的官宦臣僚。韩愈后代韩恩，唐末时迁居歙州黄墩，为新安韩氏始迁祖。[②]《新安志》真实记载了当时中原人口南渡流向歙州的动向："黄巢之乱，中原衣冠避地者相与保于此。及事定，留居新安，或稍散之旁郡。"这些由于战乱避地而来的中原衣冠士庶，在北方战事平静之后，并没有回迁故所，一部分留居在歙州，一部分则散居至附近的州县。

唐代官僚士大夫自发迁移"寄住"江南一带的现象，当时十分普遍。那些州县官员秩满卸任后，于当地置产寄住，以及为了规避赋役，采取寄外地州县居住的迁移形式。这种所谓寄住形式的迁移，虽与战乱局势下的逃亡有着不同的背景，但是寄住人数甚多，对于当时人口状况和寄住地经济文化发展同样产生一定影响。"于时宦游之士，率以东南为善地，每刺一郡，殿一邦，必留其宗属子孙，占籍于治所。"[③]当时因官而留居歙州的不少，其中最有代表性的如洪经纶，天宝六年（747年）进士，德宗建中元年（780）谪宣歙观察使。"因见山水灵秀，同三子旦、迁、全，初寓黄石，复与子（洪全）游婺源官源居之。徽之洪姓始祖焉。"洪经纶传奇一生，不仅历代《徽州府志》及《婺源县志》为他列传，而且司马光在《资治通鉴》中也给予较高评价，称"时国家多难，赋敛繁重，经纶对之以镇静。稍暇，与士人讲论，为歙宣文学首倡。虽老年，犹与林塘观察使范传正论止善之义。"这里提到的范传正，与洪经纶情况相似，贞元十年（794年）进士，先任歙州刺史，后迁宣歙观察使，定居休宁林塘，为休宁范氏始迁祖。此外，玄宗时名相姚崇之子姚彝迁居屯溪洽阳。还有吕渭，曾被谪贬歙州司马，其子吕康年定居籍入歙县，筑室城南街富山更衣亭。[④]洪氏、范氏与姚氏、吕氏，后代都是簪缨门第，人才辈出，繁衍成为徽州著名望族。

黄巢起义以后迁入歙州的官员更多，如有刘依仁，乃是"彭城人，唐末官翰林学士，承旨出守江南，因乱遂家休宁。子澄，仕南唐为国子司业"[⑤]。刘氏子孙后代世居休宁县城左右正街。南宋罗愿，祖上"五季时自豫章避地来歙，遂为徽州歙县人"。[⑥]

其他还有如陈禧，系陈后主九世裔，"本桐庐人，避广明之乱，溯流而上，至休宁之西，爱藤溪山水清秀，因家焉。没葬鬲山，其后子孙蕃衍，号'陈村'"。金陵迁入歙县黄墩的戴氏；从会稽迁移黄墩、又迁祁门的康氏；从苏州迁黄墩的朱氏。这些都是从江南一带迁居过来的官宦之家，他们并非北方人氏。

①《全唐文》卷五六六，韩愈《考功员外卢君墓志铭》。

②程尚宽：《新安名族志》后卷"婺源•韩家巷"条。

③王禹偁：《王黄州小畜集》卷三十。

④⑤弘治《徽州府志》卷十《寓贤》。

⑥程敏政：《新安文献志》卷九十四下《鄂州太守存斋罗公传》。

从北方迁移而来的家族当然也有不少，如制墨高手奚超，“江南黟歙之地，有李廷珪，墨尤佳。廷珪本易水人，其父超，唐末流离渡江，睹歙中可居制墨，故有名焉”。歙州盛产烟墨原料，使得奚超留下来定居，后来在此成为制墨大家，南唐时李煜赐姓李氏，于是有了“奚改李”的姓氏。

从人口迁移的路线上来看，大多数流动人口并非直接从外地流入歙州，同以前一样，移民是先落脚于江浙平原，其后代逐步向邻近地区移动，数代以后分支再辗转迁入歙州各县定居。也就是南迁移民从人户稠密的江南平原地区，进一步向人烟相对稀疏的皖南山区流动。

这种现象，一则反映了人口流动的持续性；二则显示出歙州作为避难人口最终目的地的区位优越性。有专家统计《新安名族志》当中记载，历史上的三次大规模流动人口高潮，唐末这一阶段迁入的名族最多，占到所有新安名族的54%，这个比例与全国移民潮相对应。正如《歙县志》所述：“邑中各姓，以程、汪为最古，族亦最繁，忠壮公越国公之遗泽长矣。其余各大族，半皆由北迁南，略举其时，则晋、宋两南渡及唐末避黄巢之乱。此三期为最盛。”并且这些南迁之士，“又半皆官于此土，爱其山水清嘉，遂久居之，以长子孙焉”。

唐代歙州志载户数统计表

表1–1

贞观（639年）	开元（740年）	天宝（755年）	元和（806年）
6021户 26617口	38320户 240109口	39757户 269109口	16754户 缺失口数

说明：上表中数据参照《安徽省志·人口志》第一章第一节，安徽人民出版社1995年版。

五代十国时期歙州人口 五代十国，是分裂割据的战乱时期。经过唐末藩镇之间厮杀混战，到五代初年，形势逐渐稳定下来。史载：“自黄巢犯长安以来，天下血战数十年，然后诸国各有分土，兵革稍息。”[①]南方兵革较少，除黄巢义军短期曾经攻略歙州，驻军黄墩以外，没有太大的军事行动，有利于生产发展。同时北方逃避战祸的人口南移，给继续发展的南方经济注入新的人力资源和生产动力。公元902年，淮南节度使杨行密在扬州建立吴国。

歙州归属于吴王杨行密控制。昭宗景福二年(893年)，杨吴政权派遣田頵领兵二万攻歙州，当时歙州刺史裴枢，婴城坚守，歙县州城久攻不下。“时诸将为刺史者多贪暴，独池州团练使陶雅，宽厚得民，歙人曰：‘得陶雅为刺史，请听命。’”[②]

---

①《资治通鉴》卷二八二。

②《九国志》卷一《陶雅传》。

于是杨行密即以陶雅为歙州刺史，因据有歙州。之后，婺源人汪武（歙州游奕使，差充婺源制置使），以私财于弦高镇买民房建木栅城堡，于腰滩立营，率众百姓立营栅，据弦高镇抗拒陶雅。天祐元年（904 年）李唐朝廷曾经以汪武为镇将，署检校司空、顺义军事，婺源县治遂从清化镇迁于弦高镇。天祐二年 (905 年)，陶雅平定汪武，“以朱瓌为新县，制置巡辖婺源、德兴、浮梁、祁门四县等使，复旧县为清化镇”。[①]此朱瓌即为婺源朱氏始迁祖。朱熹在《婺源茶院朱氏世谱》撰文《新安朱氏世谱序》中也写道：“唐天祐中陶雅为歙州刺史，初克婺源，乃命吾祖领兵三千戍之，是为制置。茶院府君，卒葬连同，子孙因家焉。”

不久，取消婺源制置，复改为婺源县，隶属歙州。陶雅“在郡二十余年，兵革数劫，旧赋之入不足以充军，此其势必至于增赋，不特为羡余而已”。[②]当时，歙州四邻并未全部归属吴国，钱镠以杭州、睦州为吴越国，扼其东南；钟传以饶州当其西；汪武以顺义军据婺源县鲠其侧。陶雅以一州之力对付三方强敌，在歙州 20 余年，战事不断。他西伐钟传，顺路收服汪武，东南抗衡钱镠。为了筹集军饷，陶雅只有大幅增加歙州税赋。他在辖区内调整税额，实行按亩征钱制度。规定将田分为三等，上等田亩夏税二百文、中等田一百五十文、下等田一百文。秋税则征米，称作“苗米”。因此歙州税赋不仅征钱而且税米，但允许折绢征收。

歙州赋税比四邻郡县高出数倍，“以宣、饶、池诸县壤土相接者较之，太平之接于歙者，浮梁之接祁门者，旌德之接绩溪者，开化之接休宁者，石埭之接黟者，税钱自十二至八文，米自一斗一升七合至六升五合，其与税钱二百、苗米二斗、麦八合八龠，加以杂钱二十四文”，这些地方的额度都没有歙州税钱、苗米定得高。[③]

南宋《新安志》也记载了北宋沿袭吴、南唐之田税额情况，歙州上等田税米达到二斗二升，高出周边邻县一大截。“徽州，唐歙州也。有水可通浙江，而港洪狭小，阅两旬无雨，则舟胶不行，以此人之于秋苗额中，量州用米数，许于本色外，余尽计米价，准绢价令输以代纳苗，以便起发也。”[④]

歙州由于运输问题将秋苗计钱再纳绢，形成苗绢，实质是米折绢征纳。这种地理因素决定的方式，是历代徽州赋税的显著特征。同时反映出当时歙州丝织业发达，丝帛与钱币一样充当等价物使用。

尽管赋税过于繁重，然而歙州境内在这个阶段社会比较安定，陶雅擅长治理，采取一些兴利除弊的措施，鼓励农耕，出现了“旷土尽辟，桑拓满野”的喜人情景。因

① 弘治《徽州府志》卷一《地理一》。

②弘治《徽州府志》卷三《食货二》。

③弘治《徽州府志》卷二《食货》。

④ 程大昌：《演繁露续集》卷二《徽州苗绢》

此民众感念其化，“生男女以陶为字”。歙县呈坎罗氏之始迁祖罗文昌、罗秋隐，向慕陶雅之名，从南昌迁金陵后时逢战乱，于是前来投奔。而且此时迁入歙州的杨氏基本上都是杨行密的后裔，也属王室贵胄。

之后，吴天祚三年(937 年)，“李昪(原名徐知诰)承吴人之业，保重江之阻，冒旧服而为唐”[①]。是为南唐烈祖。

徐知诰出身寒门，幼年经历乱离艰苦，执政后尽力避免对外用兵，轻徭薄赋，百姓得以休养生息。“烈祖励以节俭，一金寸物不妄费，其积如山。”同时烈祖注重招徕北方人口，史载：“是时中原多故，名贤耆旧皆拔身南来，知诰豫使人于淮上赀以厚币，既至，縻之爵禄，故北土士人闻风至者无虚日。”[②]因此这段时期，大批身逢乱世、奔走无门的北土士人、名贤耆儒硕老，纷纷拔身南来，迁居歙州，他们作为中原文化使者，给歙州带来文化繁荣。有详细文字记载的移民摭采如下：

胡昌翼，原本姓李，是唐昭宗之子，为了躲避朱温的迫害，逃到婺源考水，改姓为胡。后唐同光三年(925 年)，昌翼以明经登第，遂称其后代为“明经胡”氏，昌翼则为“明经胡”一世祖。也有称其“李改胡”或“假胡”，所以，绩溪有“李胡不通婚”之说。《新安名族志》称：“其先出陇西李唐宗室之后。朱温篡位，诸王播迁，曰昌翼者逃于婺源，就考水胡氏以居，遂从其姓。子孙世以经学传乡人，习称为明经胡氏。”七代以后，明经胡氏一支从婺源迁居绩溪宅坦、上庄，其后裔在这里生根发芽，以致枝繁叶茂，名人层出迭见。

许儒，唐末户部尚书，世代为官为臣，因不愿在改朝换代的朱温后梁政权继续做官，于是携父自西北雍州迁徙到歙县黄墩，成为众多南迁士大夫当中的一员。许儒作为徽州许姓的一世祖，从此开辟了许氏宗族在江南的新天地。许儒是唐朝旧臣，其子在南唐政权当官任职是顺理成章之事。他的四个儿子中，长子许知柔任吏部尚书；其次子许知稠“仕江南李氏，参德化王军事”，即担任池州录事参军；三子许知善为知河南府、四子许之节知池州。

王璧，以金紫光禄大夫检校兵部尚书，出为祁门令，由杭州迁居祁门北隅。唐乾符年间，黄巢部众入歙州，王璧和女婿郑传，集众保卫乡里，击退来犯之敌。歙州刺史陶雅，屡次上报王璧的功劳，以致得到吴王杨行密赏识重用，不断加官晋级。之后王璧告老还乡，为祁门王姓始迁祖。王生有 9 子 2 女、23 孙。除小儿子王思谦仕吴越王钱镠外，其他八个儿子都在南唐为官。后王氏子孙分迁歙县、黟县和祁门县各地，繁衍成徽州望族。

另有一支太原王氏后裔王仲舒，官至江南西道观察使，于家宣州。黄巢攻陷宣州后，

①②《十国春秋·南唐烈祖记》。

其妻李氏携七子逃移，徙居歙县黄墩。长孙王希羽，乾符五年（878 年）避巢乱逃徙黄墩，见附近的泽富“土衍而溪抱，遂定居之”。是为歙县泽富王氏一世祖。王瑜，与弟希翔迁黄墩，瑜转迁婺源弦高，卜宅于龙井墩，为双杉王氏之祖。希翔迁婺源之武口，为武口王氏始祖。

潘逢时，唐广明元年（880 年）任歙州刺史，因避黄巢军扰，率家人隐居歙县黄墩。因此成为潘氏迁徽始祖。

萧祯，唐广明时任江南节度使，破黄巢有功，驻兵歙州，因家焉。后朱温篡唐，祯起兵北上，兵败避居黄墩溪南，易萧为江姓。为徽州萧江氏一世祖，长子江董，迁婺源。长孙江瑾，仕南唐，为上将军。其后代人才辈出，分播各地，衍为徽州大族。值得一提的是，与李胡氏一样，萧江氏成为得姓于徽州的姓氏。

朱涔，进士出身，官至殿中丞，乾符五年（878 年）以垂暮之身率家人自苏州洗马桥避地黄墩，居富仓山下朱家巷。卒葬此，为徽州朱氏始祖。其三子朱瓌，受命歙州刺史陶雅，领兵三千戍守婺源，官制置茶院，遂定居，为婺源茶院朱氏始迁祖。九世孙即朱熹，南宋时成为孔孟之后集理学大成的一代宗师。其四子朱绰，唐进士，河南节度使，奉令征讨黄巢，戎战五年，广明元年（880 年）敕授马步都总管兼宣歙讨击使，筑室黄墩，遂居。后隐居休宁鬲山，卒年八十六岁，葬鬲山。子孙后辈分布徽州各县，休宁、歙县为多。十八世孙即为朱升，佐朱元璋有功，明洪武元年翰林院学士兼东阁学士、嘉议大夫。

金廷烈，唐僖宗时授江宁令，再迁歙州通判，避乱定居黄墩。金尚八，唐末由京兆避乱歙州。

张彻，唐相张文瓘九世孙，避巢乱迁居黄墩。之后因来此避乱者众，居未久即转迁婺源。

罗文昌、秋隐兄弟，唐末自豫章迁徙金陵，后避战乱投歙州刺史陶雅，定居呈坎。

曹全晸，官天平节度使、江西招讨使，率二子领官军追击黄巢渡江来歙。长子翊，及歙县黄墩时，陷入巢军埋伏，力战阵亡，葬于黄墩北山下。其继子曹遇，守墓三年，迁居歙县南街，数年后再迁婺源大鳙。曹遇为新安曹氏始祖，后代三支分流到绩溪、歙县、祁门等地。

俞昌，将门之后，唐末广明年间避难迁居婺源长田。此外，还有金陵迁到歙县黄墩的戴氏，从会稽迁到黄墩又再迁祁门的康氏等。据《黄山市志》搜检整理典籍统计，唐末迁入歙州的大家族共有 26 个姓氏，上述仅其中部分。

立国仅 38 年的南唐，后来继位的元宗李璟、后主李煜，执政能力虽不及烈祖李昪，然也能做到关注民瘼疾苦，发展经济。所以歙州经历半个世纪吴和南唐的禅代，并没有引起较大的社会动荡，人口依然稳步增长，然而没有文字记载此时户籍人数。吴唐时期休宁人查文徽深受烈祖李昪赏识，始终如一追随，从基层小吏任上节节高升，后在李煜朝廷担任副宰相，政声卓著。而且此时，贡举制度较前更为完善，为文人士子提供了施展才干的机会。歙州人汪焕、舒雅、查陶、胡昌翼、吕文仲、吴逸以及冯延巳、冯延鲁兄弟，相继及第进士。其中冯氏兄弟与李煜是词友，以文学知名的南唐高官，词作水平相当高。

不可忽略的是，歙县人汪台符，博贯经籍，见唐末天下苦战不休，遂躬耕乡里，执耒耜力于田穑。但是他始终不忘心系民生，自民间上书烈祖陈述利害十余条，受到李昪（即徐知诰）重视，采纳多条。当时“括定田赋，每正苗一斛，别输三斗，官授盐一斤，谓之盐米”。“太和末，知诰使民入米请盐，即其法也。南唐升元中，限民田物畜高下为三等，科其均输，以为定制。又货鬻有征税，舟行有力胜，皆用台符之言。”[①]南唐国力强盛，汪台符功不可没。他还著有《歙州汪王庙记》，讲述先祖汪华“济于时，死于国，功宣教化则祭之，其余不在祀典”，在隋末保境安民，唐初归附的事迹，以及地方官员为汪华修建祠堂并多次迁移的经过，因此南唐时有再修汪王庙的善举，该篇记事“文辞奇奥，甚见称于时”[②]，影响很广。

南唐时，检校司空刘津指出，“婺源、浮梁、祁门、德兴四县，茶货实多，兵甲且众，甚殷户口”[③]。婺源县茶林经济兴起，人口逐渐增加，成为徽州仅次于歙、休的第三大县。南唐升元二年(938年)，都制置使刘津复迁婺源县治于弦高，在西湖构筑新城，立县衙，巡辖四县。并且“领关西卒来镇婺源，分诸校置营屯田，凡五溪，曰武溪香田、思溪大田、潋溪车田、浮溪言田、古溪丰田，他如杨田、梅田、长田、罗田、冲田、仰田，皆屯耕之所。”[④]历代婺源县志都记载，镇将刘津，率关西戍卒1500人驻守，这批军士后来留县垦荒屯田，官兵就在婺源安家立户，落籍为民，成为婺源人口的一个组成部分。以后婺源县城西刘氏，皆刘津后裔。

第五节　宋元时期徽州人口

经过唐朝和五代时期的发展，北宋时期歙州和东南一带已经成为中国经济最繁荣的富裕地区，“金、缯、谷、粟，转江通漕，尽在东南”，被北宋朝廷视为“天下之心腹之地”。财赋之出，东南几近一半，这就决定了徽州百姓要承担更沉重的剥削。

北宋时期徽州人口　由于徽宗酷爱花石，在宫殿林苑中布置各种奇花异石供玩赏，奸臣投其所好，派人到江南各地搜集花石竹木和奇珍异宝运送进京。运输花石的

①②《十国春秋》卷十《汪台符传》。

③④《全唐文》卷八七一，刘津：《婺源诸县都制置新城记》。

船只从江南络绎不绝，沿淮、汴而上直发开封，一船十石，十船一纲，史称“花石纲”。地方官员从中趁机大肆搜刮，中饱私囊，为非作歹，残害平民。许多江南中产之家被逼破产，更有人家卖儿鬻女，死于“花石纲”之扰的兵民不止千万。

歙州“深山穷谷之民，罔克奠居”。在这个背景下，歙淳方氏族人方腊奋勇举兵起义。洪迈这样述记：“(方)腊有漆园，造作局，屡酷取之，腊怨而未敢发。会花石纲之扰，遂因民不忍，阴取贫乏游手之徒，赈恤结纳之。众心即归，乃椎牛酾酒。”史称“漆园誓师”。宣和二年十月丙子，方腊义军确立“杀歙、睦，以示威，长驱渡江，结人心，以入长安”的斗争方针，正式在邻近歙州的睦州青溪县万年乡帮源峒揭竿而起。

方腊分析形势鼓动贫民：天下国家，本同一理，如今我们老百姓整年劳苦耕织，得到一点粟帛，还是衣不蔽体，食不果腹。而皇帝、官老爷们不仅将我们辛苦血汗钱全部拿去挥霍掉了，而且稍不如意，就要鞭打，甚至随意被他们处死，我们能够甘心忍受吗？方腊进而指出：东南之民苦于盘剥久矣，近年朝廷征收花石纲，骚扰尤其不堪，诸君若能仗义而起，四方必会闻风响应，旬日之间，万众可集。我们一鼓攻下江南诸郡，划江而治，轻徭薄税，十年之间，就能统一天下。

在方腊的号召下，杀富济贫的起义军获得饱受压迫的贫苦农民支持，迅速发展为10万人的大军，席卷浙江各地。东南诸将，望风溃逃，北宋历史上最大规模的一次农民起义就此爆发。

1120年12月18日，方腊攻克休宁，活捉知县鞠嗣复，劝降未果，义军即放走鞠某，他大惑不解问道：“何不速杀我？”义军这样答道：我们都是休宁人，知道你在休宁做官干过不少好事，以前几任县官都不如你，我们怎能忍心杀害你呢。这个事实说明，义军虽然仇视剥削者，但又是通情达理的，区别对待，并非滥杀其中的好人。①20日转锋攻占歙州，斩杀守将郭师中，知州李恪弃城而逃。不久黟县乡民响应方腊起义，杀县尉洪造。祁门、婺源、绩溪及浙江开化、常山、江山等地相继为起义军占领，声势大振。12月29日方腊攻下杭州，此时义军已“众殆百万”。但是因为斗争策略失误，次年2月13日，童贯统率京师禁军与各路官军数十万包围杭州，方腊奋战六昼夜，粮尽援绝，突围至睦州，而歙州等地也被官军攻陷，20万义军最后在青溪帮源峒被围歼，方腊等53位首领被俘虏，押解汴京后英勇就义。童贯下令，杀一人赏绢一疋，宋军兵士疯狂杀人。宋官兵认为青溪(后改名淳安)这里是方腊巢穴，采取烧光、杀光手段，万间民舍，化为火海。被吊死、杀死的男女村民，“沿汤岩一带，凡八十五里，九村山谷相望，不计其数”。②据《青溪寇轨》书中记载，宋军共杀戮起义军百万有余，无辜平民百姓被屠杀不下二百万，战祸殃及

①曾协：《云庄集》卷五《强公行状》。

②《宋史纪事本末》卷一四一，毕沅：《续资治通鉴》卷九十三。

歙州民众，遭到屠戮后的人口大减。[①]

宋徽宗宣和三年(1121年)歙州改名为徽州，仍辖原属六县。

北宋社会经济关系出现新的变化，朝廷承认土地私有的现实，允许人口自由流动，农民不再被束缚在土地上，有了迁徙的自由，因此完成了自唐朝中叶以后就开始发生的土地占有方式和剥削方式的变革。

之前的贵族官僚按照等级世袭占田制度，在长期演变过程中基本上消亡，出现地主以购买土地方式占有土地，不抑兼并。地主对农民的剥削方式主要通过出租土地榨取实物地租。前代的劳役地租已成次要的剥削方式，门阀制度土崩瓦解，消失在历史烟尘之中。过去的部曲也得以摆脱人身依附状态，获得自由平民的身份，纳入国家的编户齐民。从前唐代的贱民，不论是部曲，还是奴婢，到了宋代，良民、贱民之称呼基本上都消失殆尽。

农村中众多佃客编入户籍，取得人身自由，不再是地主的“私属”，社会承认了“佃户”的法律地位。实物地租使农民对生产的支配权扩大，生产积极性提高。贫富两极分化并经常互相转换“富人”和“贫民”角色，“贫富无定势”使得社会富于活力，这些翻天覆地的新奇人口现象，就成为宋代社会与前世朝代迥然有异的一大特点，因而农村出现了所谓的“千年田，八百主”现象。

宋初，土地兼并之风尚未太盛，宋太祖、太宗鼓励农民“能广植桑枣，垦辟荒田者，止输旧租”，而且“分划旷土，劝令种莳，候岁熟共处其利”，朝廷许诺“所属田即为永业”。

徽州属于农业最发达的江南东路，这片地区没有土地的客户(佃农)只占五分之一左右，多数农民是自耕农。《新安志》载天禧中，本州主户121105，客户6098，合计127203。这个数据中，客户比重仅占5%，说明佃农的比例太小，不符合当时现实。其中原因，一则户籍统计不确，另外由于“客户”的标准掌握不一，各地难以界定，所以造成这种主客比例不实情况。再者因为“旧制，县吏能招增户口，县即申等，仍加其俸缗。至有析客户者，虽登于籍，而赋税无所增入，故条约之”。说明有些县吏为增加自已俸禄，人为地将一些客户虚报为主户。

更加不可思议的数据，如《歙县志》载，宋天禧(1017年)年间，全县“主户”16428户，28025人；“附户”(客户)46户，466人。“主户”占到99.7%，这就是说农民绝大多数是有田产的纳税人，当然不太可能。《新安志》指出，徽州六县土地经界前在册耕田仅只151万亩，经界为300余万亩，括出地主隐田149万余亩，从中可想见当时土地兼并之厉害。

①方勺：《青溪寇轨》。

休宁县同一年则有 13871 户，25105 人，其中主户 13825 户，24639 人；客户 46 户，466 人。这些数据是该县最早的人户记载，奇怪的是，客户与歙县完全相同，其中多有不完善之处，初始统计尚情有可原。

《黟县志》载，宋天禧年间，“主户”为 6216 户，17974 口；“客户”为 433 户，537 口。“主户”占 93.5%，有田自种的农民占大多数，无田的佃户只有 6.5%。虽然与上述两个大县同样地有数据不实之嫌，主户平均每户近 3 人，客户平均每户仅 1.1 人。但是反映了这种自耕农所有制生产关系的变革，宁静而安定的小农经济社会秩序被打破，农民弃耕从商的现象常见不鲜。徽州这时很多百姓“自来兼作商旅，大半在外”。客户没有田产，更不会被固定在土地上，“一失抚存，明年必去而之他”。按照宋代法律，客户如果退佃离开，地主是不能阻挠的。客户因为行踪在外，飘浮不定，所以被称为“浮客”。开放的城市容纳大量商人、佣工、流民，如距徽州不远的建康府，曾经是南朝“留都之地，四方失所流徙之民，往往多聚于此，皆无作业”。显然，沿江城市对徽州流动人口吸引力很强。

宋代社会的开放属性与商业属性，呈现出远远强于前代的流动性和发展活力，这就使宋代前期一百年间，社会生产力迅速上升，人口数量快速增长。南宋时徽籍学者洪迈指出：“古者乡田同井，人皆安土重迁，流之远方，无所资给，徒肃困辱，以至终身。近世之民，轻去乡土，转徙四方，固不为患。而居作一年，即听附籍，比于古亦轻矣。”①

在此大环境下，宋代徽州进入新的发展期，山场所产的茶叶、木材成为经济增长点，林业成经济支柱产业。粮食生产开始与山争地，山区到处兴修梯田，开垦山坡种粮。罗愿在《新安志》里，描述徽州梯田的特点：“层累而上指，十数级不能为一亩。”南宋诗人范成大解释说：“岭坂上皆禾田，层层而上至顶，名‘梯田’。”随着梯田的开垦增多，徽州修筑的塘、堨等水利设施的数量大增。《新安志》记载，歙县有堨 226 座，塘 1207 口。农田水利的发展是人口急剧增长的结果，人多地少的矛盾在徽州开始显现。

北宋歙州户数统计表

表 1–2

太平兴国（976—983 年）	天禧（1017—1021 年）	庆历（1041—1048 年）	元丰元年（1078 年）	崇宁元年（1102 年）
51763 户	127203 户 192292 口	124941 户 231764 口	106584 户（其中主户 103716，客户 2868）	108316 户 167896 口

说明：表中数据出自罗愿《新安志》卷 1《州郡·户口》

① 洪迈：《容斋随笔》。

为便于对照，按照各地县志记载人户资料汇集，由于记载不全，约在太平兴国后、天禧前的这个阶段。值得一提的是，江南东路所属的六州府中，歙州人户居首位。歙州六县分县统计人口数据为：

歙县　16474 户，28491 人；

休宁　13871 户，25105 人；

祁门　16683 户，人口数缺失；

黟县　6649 户，18511 人；

婺源　14614 户，31341 人；

绩溪　8325 户，15983 人。

六县合计　76616 户。

宋朝徽州人户有较大增加，但是庆历年间（1048 年）《新安志》载：歙州六县人口为 231764 人，户数 124941，不仅户数比二十多年前天禧时减少 2000 多，而且人口数非常不合理，户均仅 1.85 人。相比唐天宝年间 (742 年)，其时已经达到 24 万多人，经过三百年后，人口不可能没有增长。虽然这个历史期间有黄巢起义军攻进歙州，后又发生方腊在此起义，战争造成一定数量的死亡人口，但由于战事时间都不长，影响范围有限，因此这时候全州人口绝不止志载的 23 万多人，至少在 40 万人以上。

罗愿在《新安志》中载，北宋天禧时歙州户数 127203，达到史上新的高峰，但是志书中却没有人口数据记载。根据历史上每户平均数最少 4 人推算，估计此时歙州人口数量已接近 50 万。当时徽州已进入 10 万户以上的全国一级州府行列，超越了邻近的宣州、饶州、池州等地，居江南道五州府之冠。宋代名相王安石称：中国“户口之盛，无如今日”。而徽州户口之盛，在宋朝也达到新的高点。同口径相比较户数，徽州户数已占到全国的 0.6%。这个户口比重从历史上看，已经是相当的大了，足以说明宋代徽州人口发展速度在全国平均速度之上。“宋兴则名臣辈出”，而宋代科举制度已经相当完善，科场大门向着广大平民百姓洞开，出现一派“满朝朱紫贵，都是读书人”的崭新气象。知识人才是人口中的一个精华部分，只有在足够多的基础人口上，精英人杰就会从中脱颖而出。人口繁盛当然不是一种孤立存在的现象，人户数量增多是经济社会文化全面发展的综合反映。

南宋人口增长　徽州人口在南宋期间应该有较大增长，见诸各种史料记载，如婺源县端平年间(1234 年)“土著之民且十万”①，比二百年前人口翻了一番多。休宁县 11 乡，有“户几二万”②。徽州六县户口有“二十万家”③。这些约略之数，虽然尚不具备统

①《新安文献志》卷十一，汪龙溪：《婺源清风堂记》。婺源县志载端平年间全县44444户，仅50000人口。

②雷次山：《休宁知县题名记》。

③《新安文献志》卷十八，吴文肃：《送陈守入觐序》。

计意义，但是可以反映出当时地方人力资源的充足。而《新安志》和各县地方志记载人户数量南宋比北宋时还要少很多，当然不符合实情。其中有战乱原因，例如：

绍兴元年(1131年)，江东军校张琪，起兵进攻徽州，陷歙县、祁门，后败走黟县，沿途烧杀抢掠，毁黟县县城，居民死亡十之三四。张残部又继续剽掠祈墅村，村里三百余户人家一焚而烬。汪氏六十四世孙汪彦济，因此自祈墅携家带口迁移雷冈山下，始建宏村。

黟县在绍兴时(1131—1162年)，户口已经过万，增加到12365户，增长幅度较大。由于这次兵祸，户口损失严重。绩溪县在绍兴时有户11160，也较前有所增加，首次超过万户规模。以这两个徽州最小的县推测，南宋时期徽州户口数目已经接近20万。

南宋徽州户数统计表

表1-3

绍兴十四年（1144年）	乾道八年 (1172年)	宝庆三年 (1227年)
97248户	122014户	124941户

说明：表中数字出自《新安志》卷一《州郡·户口》

但是，史料记载中人户减少的主要缘故仍然是统计问题。宋朝“户令”继承唐朝规定：“诸男女三岁以下为‘黄’，十五岁以下为‘小’，二十岁以下为‘中’。其男二十一为‘丁’，六十为‘老’，无夫者为‘寡妻妾’。”户籍制度遵循祖宗之法，有两条原则：一年一造，只计丁口。男子成丁即意味着要承担赋役。

宋代人户，根据不同身份划分为“官户”和“民户”。官户是指一至九品官员及品官子孙中因恩荫得官者。民户则是按从事职业的类属区分：以种茶为生的曰“园户”；煮盐煎矾者曰“灶户”；烧制陶瓷器和砖瓦者曰“窑户”；从事金属冶炼者曰“冶户”；水上运输的曰“船户”；木、石、金、银、漆等各种工匠统称“匠户”。

按居住地划分户籍，居城居乡分别有坊郭户、乡村户。住在城里的称“坊郭户”，住在乡村的总称为“乡村户”。城市人口坊郭户中，按其有无资产，划分为“主户”和“客户”。乡村户则按其有无田产划分为“主户”和“客户”。再进一步根据家庭财产多寡，划分不同户等级。太平兴国三年(978年)，定乡村主户为九等，后改成五等。户籍档案称为“五等丁产簿”，每隔三年编造一次，虽然名称带有丁字，其实与人口成丁无关。由于商品经济史无前例地发展，从宋代开始，商业税征榷收入超过农业税，财产税为主改变了以往以人口税为主的税制。

一、二等户占田一般都在百亩以上，故又称“上户”；四五等户占田在数亩左右，称“下户”。三等户又称“中户”，类属自耕农。上户纳税多，下户纳税少，没有田产的客户则不纳税。从人头税演进为财产税，这是社会从中古进入近世的特征。

户籍登记有“主户”和“客户”之分，两者差别在于有无财产。“主户”指占有土地缴纳赋税的人户，被视为国家根本；而“客户”则是指无地依附地主土地的佃户。客户有了财产即升为主户，反之主户如果破产败家，则降为客户。

不同户等的人，地位权利和承担义务不同。官户，免除科派和徭役，仅交两税。上户除交纳两税外，还要服职役，轮差担任州县吏胥和基层政权的头目，如衙前、里正、户长、耆长等，负责赋税催征、仓库管理、税物运输、衙门公事。壮丁、弓手，类属兵役，由下户充当。

按财产划分户等，是出于征税征役之需。宋代赋税中的“丁口之赋”，征收对象是“以二十成丁”的成年男女，对20岁以下的幼丁，60岁以上的老丁以及残疾人免除征税。赋税包括“身丁钱”“身丁米”“丁盐钱”“丁绢”，这些是无地客户也要交纳的，所以还是属于人头税。为逃避“以丁算赋”，宋代隐漏丁口的现象与前代同样十分严重。

其一是“诡言子户，漏口者众”；其二是弃田不耕，转走他乡的逃户即流民，日渐增多。按丁计算赋役，必然迫使农民不得不“匿比舍而称逃亡，挟他名而冒耕垦”[①]。甚至有人到了而立之年，仍冒充不成丁的儿童，以至于“税籍全编户，村童半壮丁”，农民如此这般的费尽心思隐瞒户口，无非是用以逃避沉重的赋役负担。

宋代实行募兵制，使用雇佣军，称“禁军”，国民也不再需要服兵役，仅只承担差役。同时宋代规定单丁户、女户（家无男丁）、客户、下户等可以不服差役。以前的徭役是按人头摊派，宋朝则出现以钱代役的趋向，并且与户等挂钩，即富户要承担更重的服役义务。所以有些地主上户为躲避差役，将本户分立成几个或十几个户头，化整为零，“比来有力之家，规避差役科率，多将田产分成“诡名子户”，至有一家不下析为三、二十户”。以此冒充“单丁户”“下户”（当时称为“诡名子户”）[②]。这样一来，就造成“民间无避免之路，生子往往不举，规脱丁口。一岁之间，婴孺夭阏，不知有几”[③]。贫民之家只有采取溺婴、堕胎等下策对待。所以宋代徽州户数增长两倍多，而人口却未增，甚至有减少的现象，都是这些巧伪虚假所致。

南宋土地占有情况有了变化，无地佃农数量直线上升。“大抵得以税与役自通于官者，不能三分之一。有田者不自垦，而能垦者非有其田。”佃农成为农村生产劳动力的主要力量。与北宋时相比，各县地方志里统计数据显示，乾道八年(1172年)，歙

①马端临：《文献通考•田赋•历代田赋之制》。

②徐松：《宋史》卷一七四《食货上•三》。

③胡焕庸、张善余：《中国人口地理》（上册），华东师大出版社1986年版第39页。

县“主户”有25534户，“附户”409户；“主户”占98.4%，与前比较稍有减少。黟县“主户”5901户，“客户”1868户，有田产的“主户”只占76%，而无地佃农“客户”有较大幅度上升。

宋朝实行路、州、县三级行政管理体系，县以下设乡，乡之下设里，每里一百户。“靖康之乱”后，金兵南侵，中国大部分地方陷入兵燹战火，驱使民众逃亡流徙，形成中国历史上第三次人口流动高潮。当时，“西北衣冠百姓奔赴东南者络绎道路”。又见“淮甸流民二三十万避乱江南，结草舍遍山谷，暴露冻馁，疫死者半，仅有还者亦死”。仅在“留都”建康府，四方失所流徙的流民就聚集有数十万人之多。嘉熙初，蒙古人攻宋，涌入江南东路的两淮流民达四十余万。①

歙县学者方回以亲身经历，写道：“淮南流民南渡，自采石弥路满城。”②在这种战争环境之下，继前多次中原士族纷纷南迁，此时又有15姓大族迁移入徽。随着南宋小朝廷迁都临安，徽州地属临安京城畿辅，得天时地利人和，获千载难逢的发展机遇，又一次大批士绅百姓，携家挈口南下，辗转迁入徽州定居。皇室宗亲赵不仞、赵不彼、赵不俄三人随宋高宗南渡，安家歙县岩寺镇。赵不铠寓居休宁，其后世赵善佑一门，再迁婺源县湖源聚居。迁徽杨氏也是吴王杨行密之后，绍兴元年(1131年)杨通任徽州司户参军，在任六年卒。其子杨清才安家歙县城里。此外，和平时期两宋入迁徽州的姓氏陆续不绝于途。如苏氏、柯氏、章氏及方氏等等。这些拥有较高文化科学知识的世家大族和大量劳动力，同早先移民以及当地原来的土著居民一道，共同对徽州山区进行深度开发，使南宋以后的徽州经济有了根本性的长足发展，人口数量、特别是人口素质得以较大的提高。据《新安名族志》载，这一时期入徽定居的15个家族中，有宋、马、赵、佘、饶、庄、杨、项、阮、孔、臧等11族即是来自两宋之交。

新安理学影响人口增长　唐宋以来，人口流动促进各地文化交流，南方文化人增多，改变了以前延续几千年北强南弱的旧局面，浙西、皖南等地优秀诗人、文学家相继涌现。如同洪迈在《容斋四笔》中所述：“古者江南不能与中土等。宋受天命，然后七闽二浙，与江之西东，冠带诗书，翕然大肆，人才之盛，遂甲于天下。”

徽州流传千年的李白寻访许宣平的故事脍炙人口，李白踏歌桃花潭诗赠汪伦的佳话尽人所知。这些传说虽然缺乏史实依据，但是可以反映出徽州在唐代就已经开始普及文化教育，入宋以后，徽州人口文化素质更加提高，文风日益昌盛，地域文化格局出现根本性转变。《新安志》指出：“其人自昔特多以材力保捍乡土为称，其后渐有文士。黄巢之乱，中原衣冠避地保于此，后或去或留，俗益向文雅。宋兴则名臣辈出。

① 《宋史》卷六十一《五行志一》。

② 《新安文献志》卷七十九方虚谷：《吕公午家传》。

其山挺拔严厉，水捍洁；其人多为御使、谏官者。山限壤隔，民不染他俗。勤于山伐，能寒暑，恶衣食。女子正洁，不淫佚。虽饥岁不鬻妻子。山谷民衣冠至百年不变。”

唐宋以后文化素质明显提高，由此带来社会风尚的转变，徽州“尚武之风，显于梁、陈；右文之习，振于唐、宋”。歙县文士江绍莲进一步说明：“武劲之风，盛于梁、陈、隋间，如程忠壮、汪越国，皆以捍卫乡里显。若文艺则振兴于唐、宋，如吴少微、舒雅，诸前哲悉著望一时，而元、明以来，英贤辈出，则彬彬然称‘东南邹鲁’矣。至秉礼仗义，自古为然，郡邑悉同。故朴实邻于俭啬，质直状如构牵，虽闺帏女奴，亦知贞洁自失，尤为比户可风。”①

徽州随着文化普及，社会文明程度在不断提高。以往吏民迎送上级官员例行跪拜礼，而据楼钥《攻媿集》称，知州陈居仁，治理徽州有善政，改任十余年后，取道郡中，吏民犹“聚彩揭旗，填拥道路”②。用举着彩色旗帜夹道欢迎代替跪拜，既文雅又热烈，这不能不说是礼仪改革的一大进步。

朱熹等文化巨儒的出现，标志着徽州文化发展进入全盛时代。朱熹(1130—1200年)祖籍婺源，在“二程”(程颐、程颢)理学的基础上，面对社会形势发展变化，承担起改造儒学的历史重任，重整伦理纲常、道德规范，建构了一个富有思辨色彩、哲理化的理论架构。他所创新的理学，是宋儒对前代儒学的修正和发展，有别于汉代的天人学、魏晋的玄学和隋唐的佛学。他集儒学理论之大成，建立“程朱理学”。其中的“三纲五常、上下尊卑、存天理、灭人欲”等思想，被提高到儒学正宗地位，为历代封建统治者重用，确立为官方的指导思想，支配中国思想界600多年。元、明、清三代列为科举考试的正统内容。

“婺源乃文公桑梓之乡，素习诗礼，不尚浮华。”讲述朱子之学、学习朱子思想成为徽州文化与社会的一个重要传统。徽州人“其所学之本，则一以郡先师朱子为归。凡六经传注、诸子百氏之书，非经朱子论定者，父兄不以为教，子弟不以为学也。是以朱子之学虽行天下，而讲之熟、说之详，守之固，则惟新安之士为然。故四方谓‘东南邹鲁’”。

徽州因此赢得“东南邹鲁”美誉，成为礼仪之邦。不仅如此，徽州人从生到死所举行的人生仪礼，无一例外地遵循朱子的文公家礼。休宁茗洲吴氏家族在《家典》中，就明确地要求全体族人：“我新安为朱子桑梓之邦，则宜读朱子之书，取朱子之教，秉朱子之礼，以邹鲁之风自待，而以邹鲁之风传之子若孙也。”

因此，《朱子家礼》成为徽州家喻户晓的教科书，家传户习。理学对徽州文化的影响，

①江绍莲：《歙风俗礼教考》。

②楼钥：《攻媿集》卷八十五《陈居仁行状》。

最为深刻久远。朱熹虽诞生在福建尤溪县，但他对祖籍徽州婺源有一种强烈的认同感。在他所写的序跋中，自署籍贯有婺源、新安、紫阳、吴郡、丹阳、平陵、邹邑等不下八九处之多。其目的不过只是为了说明，他所倡导的理学同发源于邹鲁的道统之间有着血缘关系。他常常署名“邑人朱熹”“县人朱熹”或“里人朱熹”，寓意不忘桑梓；在其他的各种论著中，则以徽州古名署以“新安朱熹”的，据不完全统计，有216次之多，厚爱故土之情溢于言表。他一生先后三次回故乡省墓，并且在各书院讲学，在徽州广收门生，形成了影响力很大的学派—新安理学。后世学者推尊朱熹为“集诸儒之大成”。他身后的元、明、清三代封建统治者，都以朱熹的学说作为官方哲学，儒学正宗，科举考试以朱熹著作作为标准答案。所有这些都使朱熹获得了特殊的学术地位和广泛的社会影响，成为孔孟之后的儒家第一人。徽州的新安理学后世传人，更以朱熹学派的嫡系自居，固守朱熹宗旨，全力排斥异说。

朱熹一生居官约十年，历事高宗、孝宗、光宗、宁宗四朝，立于朝者46日，任于外者九考，讲学和著述则四十余年[①]。《宋元学案·晦翁学案》列举其门人有百余名，如著名学者蔡元定、黄干、叶味道、蔡沈、王瀚、李大同、吕齐年、傅梦泉、孙应时、包约等等，皆为高足。徽州家乡受业其门的弟子有婺源程洵、滕璘、滕珙、李季，绩溪汪晫，歙县吴昶、祝穆，休宁程先、程永奇、许文蔚，祁门谢琎等。他们的成长，为日后徽州理学的传播奠定了基础。通过长期实践，朱熹积累了丰富的教学经验，并逐步完善了儒家传统教育思想，认为教育就是通过格物、致知、明理，进而达到修身、齐家、治国、平天下的目的。他提出“为学之要，莫先于穷理；穷理之要，必在于读书；读书之法，莫贵于循序而致精；而致精之本，则在于居敬为持志”。他的这些主张对纠正当时官学“务记览”的流弊，削弱佛教的社会影响，富有积极的现实意义。

朱熹身后徽州理学盛行的状况，休宁著名学者赵汸，生动描述道：“新安自南迁后，人物之多、文学之盛，称于天下。当其时，自井邑田野以至于远山深谷，民居之处，莫不有学、有师、有书史之藏。其学所本，则一以郡先师朱子为归，凡六经传注、诸子百氏之书，非经朱子论定者，父兄不以为教，子弟不以为学也。是以朱子之学虽行天下，而讲之熟、说之详、守之固，则惟新安之士为然，故四方谓‘东南邹鲁’。”

朱熹与徽州呈坎罗氏、月潭朱氏等宗族有着很深的交往与联系。他三次回乡探亲，每次都以讲学、兴学为先务，为故乡培育了大批人才。同时为徽州理学的传播发展奠定了基础，也对日后王阳明、罗钦顺、王夫之以至戴震等各派学说兴起，产生了极大推动力。

徽商初兴引发人口变动　徽州文化的发展和英才辈出，以及社会风尚的改善，

①《黄文肃先生勉斋文集》卷三十六《朱熹行状》。

则是以社会经济的发展为前提，唐代文风南兴和徽州科举进士的迅速亮相，与经济开发密切相关，同时与人口的空间转移有很大的关联。

徽州"其地接于杭睦宣饶，四出无不通"，宋南迁临安后，"中兴实为辅郡，四朝涵育，生齿日繁，地利日辟，人力日至"。作为畿辅之郡，经济除传统的"文房四宝"笔、墨、纸、砚外，山林特产茶、木、漆等物资，均为京城居民日需物品，凭借新安江水道顺流直达临安，深受市场欢迎。杭州人吴自牧在《梦粱录》中称："严、婺、衢、徽等船，多尝通津买卖往来""如杭城柴炭、木植、柑桔、干湿果子等物，多产于此数州耳"。《新安志》记载："岁联为桴以下浙河，大抵松杉为尤多，而其外纸、漆、茶茗以为货。"楼钥在《攻媿集》中写道："木筏出于歙郡，由城(严州城)下以趋钱塘，郡帑赖此以济。三阅月而钱入大农者逾十万缗，曾不倍征也。"从中可以得知，征收运销木材三个月税入库10万，岁则40万贯矣。严州财政收入靠收取过路木材商税就足够维持。宋代商品过税十分征二，以此推算，徽州岁销临安木材价值则多达200余万贯，销往他处尚不在内。当时木材贸易量之大，可想而知。

《新安志》中称，休宁"山出美材，岁联为桴，下浙江，往者多取富"。曾任徽州司户参军的南宋著名诗人范成大，他在《骖鸾集》中称："休宁山中宜杉，土人稀作田，多以种杉为业，杉又易生之物，故取之难穷。出山时价极贱，抵郡城已抽解不资，比及严，则所征数百倍。"尽管如此，盖一木出山，或不值百钱，至浙江可卖两千。除去关税、运力等费用外，利润可观。

杉木砍伐周期为三十年，生长速度快，山上杉树成林，取之不尽。只是运输成本高，途中风险大，各地重复所征捐税也十分沉重，不但本地州府抽解，水运经过浙江严州中转时，还要缴纳税费。尽管如此，徽州木商仍然越来越多，除休宁外，祁门、婺源的木材生意兴隆，众多徽州木商聚集临安，再从临安转售木材到全国各地。

临安原本只是南宋朝廷临时安身之行在，后来北伐无望，唯有偏安于此。建立新的都城后，大兴土木修建皇宫，无论王室大官，还是街肆小民，广造楼宇亭台及房舍，所需大量木材、毛竹，多由处于新安江上游的徽州木商提供。在此强劲拉动下，临安直到以后的杭州，从此发展成为徽州木业交易主要场所，徽州木商在这里建立起经营木材的整套设施，并由木材行业经济开始，积累资本，扩展转向垄断两浙盐业、典当业等重要经济命脉，为逐渐形成庞大的徽州商帮集团奠定基础。

社会经济迅速发展的同时，带来另一负面问题，人口增多，超过土地所能承载的负荷，缺粮问题凸显，人多地狭引发生存危机，为谋生计，迫使徽州人向外寻找出路。

《新安志》载，南宋时徽州人口已经达到饱和状态，"骤增之民"为了寻求生路，纷纷流出境外，"比年多徙舒、池、无为界中"。

洪迈在《夷坚志》卷三《独脚五通》一文中，讲述徽州人吴十郎，淳熙初，挈家渡江逃荒到舒州宿松县，初以编织草履自给、渐至卖油起家，几年后“资业顿起，殆且巨万”。他靠贩卖草鞋及食油致富发家，成为以后徽州商业王国建立的先驱者。

嘉靖《休宁县志》载：“南宋淳熙七年大旱，民饥，流淮郡者万余。”淮南那一带由于金兵南侵，战乱造成土地荒芜，大量招民垦田，“盖缘其地广人稀，尚多旷土”。于是，徽州灾荒饥民和他地移民蜂拥渡江进入淮南，那里即使是“寻常小遇水旱，则累累而北者昼夜不绝”。各方饥民流入淮南一带的人口很多。南方人口向北方流动，说明南北人口比重已经发生根本变化。人口是文化的重要载体，同时这也意味着南方文化转向开始往北方扩张。徽州过剩人口北上转移流迁，他们不仅临时逃荒就食，而且很多人在那里垦荒定居，将徽州民俗文化传播到淮南。

除迁徙外地务农打工者，这时徽州人力资源当中的“以贾代耕”逐渐增多。徽州位于皇都临安上游之利，皇室、仕宦之家大兴土木，广造楼宇，亭台阁榭，需要大量竹、木、漆等建筑材料，还有墨、笔、纸、砚、陶瓷器皿和薪柴木炭等生活文化用品的用量大增，使徽州的土特产品有了广阔市场，于是出现大量的徽州商人，其中不乏腰缠万贯的富翁。如上述吴十郎卖油发家的故事，就充分反映出当时商业状况。宁宗嘉泰四年(1204年)三月初四日，临安发生大火，烧毁房屋无数，急需竹木材料建房，因此朝廷下旨：凡居民与贩夫收买竹木等免税收两个月。诸如这类商机，都给徽州商人带来大量财富。

祁门县善和程承津、程承海兄弟先仕后商，北宋时就已经广积产业致富，号为“十万大公”“十万二公”，言其家产以十万计。朱熹外祖父祝确，祖居江陵，后迁于歙，“世以资力顺善闻于乡州。其邸肆生业，几有郡城之半，因号‘半州祝家’”[①]。休宁大官僚程卓，“财殷产广，徽、衢、严郡皆有创置”。绩溪县张汝舟，“田财甲于一方，其邸肆几有郡城之半，号‘半州’”[②]。岩寺吕家“邸肆生业，几有郡城之半，因号‘半州’”[③]。

徽州当时因商致富的逐渐增多，富称“半州”“半城”者各县都有。歙县的岩寺镇，绍兴五年（1135年）上缴商税6300余贯，新馆上缴2100余贯，都已相当一般州县的上缴税额。这些商业街镇上一派人烟辐辏，兴旺繁荣景象。

宋代徽州商业社会的初兴与人口向境外流动步伐高度一致，以朱熹家族为例，朱氏先祖自从唐末由江苏迁入徽州后，400年来一直在境内六县择地移居，家族繁衍，新增人口建立起一个又一个的同名“朱村”。南宋淳祐年间开始有朱氏向境外迁徙的谱牒记载：休宁回溪派十世孙朱五，迁往浙江建德铜湾，在那里繁衍子孙，成为铜湾朱氏望族。十余年后的咸淳时，回溪派十二世孙朱遵，再从浙江建德迁至江西龙兴。

①《新安文献志》卷九十一朱熹：《记外大父祝公确遗事》。

②《绩溪北门张氏宗谱》。

③《新安文献志》卷七十九方虚谷：《吕公午家传》。

除朱氏外，以后陆续又有徽州各大姓支脉向境外播迁的记载，从此开始，徽州过剩人口踏上流动天下的漫漫长路。

淳熙《新安志》指出："祁门水入于鄱，民以茗、漆、纸、木，行江西，仰其米自给。"祁门人沿水路行商产粮大省江西一带，用土特产交易本地缺乏的粮食，开辟商旅行程。往这个方向贸易的不止祁门一个县，还有黟县、婺源县，都很就近方便行走江西。再由鄱阳湖转向长江沿岸，或南方，或北国。

但是，由于南北对峙，战争时有发生，此时商业运营的政策环境和社会环境都远不如北宋，经商风险很大。史书载有"方客者，婺源人，为盐商，至芜湖遇盗。先缚其仆，以刃刳腹投江中，次及方……"[①]等骇人听闻的记述。徽州山多田少，"此邦贩夫贩妇，举贷轻生，以糊其口。贸易如意，得利仅如牛毛，而折阙者率大半。万一计较少利，瞒税而入，一或见逻，纵不到官，钱物已罄。倘吏不厌所求，械系送府，受刑追偿，不惟举室饥饿，又且逋偿督迫，实可怜悯"[②]。这些描写足以反映当时徽州人为免举室饥饿，以糊其口，不得不顶冒风险出外经商充当贩夫贩妇、举贷轻生的艰难窘况。徽州山区森林资源丰富，木材品种繁多，"木则松、梓、枫、柏、梼、榆、槐、檀、赤白之杉，岁联为桴，以下制河，大抵松杉为尤多。而其外则纸、漆、茗以为货"。在市场机制推广的激励作用下，林木生产得到充分发展。山民通过多年实践摸索，在林木种植、扦插、嫁接苗及病虫害防治，山场林地土壤改良等方面，已经积累形成极为丰富的经验技术。明代学者徐光启所写著名的《农政全书》记载，徽州种植乌柏、插种松杉的技术和方法，早在宋代就处于全国领先位置。

至于徽州茶叶，在唐代的基础上，宋代更加有长足的开发，"而茶则有胜金、嫩桑、仙芝、来泉、先春、运合、华英之品，又有不及号者，是为片茶八种，其散茶号茗茶"。自从唐德宗建中四年(783 年)开始建立茶税制度以来，茶叶税成为历朝政府重要的赋税收入。以后民间"风俗贵茶，茶之名品益众"。宋代徽州茶叶生产受到广泛重视。唐茶主要是蒸青制法，叶片捣碎制成茶饼保存。《新安志》中指出，宋代茶叶已经由散茶替代。散茶叶片完整，形状观赏悦目娱心，这就使叶形优美、香气浓郁的徽州高山茗茶大行其道，走高端市场路线，供上流社会士大夫、名媛富绅们品尝，因此茶叶价值倍增。据时人测算，运销茶叶的利润已经达到成本价的 3.5 倍。《南畿志》载婺源人王德中，业茶致富，家有田百顷。业茶致富的徽州人不断增多，不胜例举。采用先进方法制作成为各种雅称的徽州名茶，具有强大的市场竞争力。

同时徽州以木竹为主要造纸材料，所生产的书画用纸成为远近闻名的优质品种，"纸亦有麦光、白滑、冰翼、凝霜之目。今歙县、绩溪界中有地名龙须者，纸出其间，

①洪迈：《夷坚甲志》卷四《方客遇盗》。

②舒璘：《舒文靖公类稿》卷三《上新安张守劄子》。

故世号‘龙须纸’。大抵新安之水清澈见底，利以沤楮，故纸之成，振之似玉雪者，水色所为也。其岁晏敲冰为之者，益坚韧而佳”。

徽州从宋代开始成为贡纸地区。而唐朝时全国仅婺州、衢州上贡纸品。说明徽州的造纸业发展在宋代已是后来居上，《文房四谱》详细记载了歙纸的生产过程：“歙民数日理其楮，然后于长船中浸之，数十夫举帘以抄之，傍一夫以鼓而节之。于是以熏笼固而焙之，不上于墙壁也。由是自首至尾，匀薄如一。”歙纸的规格多种多样，型号各异，“有长者，可五十尺为一幅”。制造如此超长规格的纸张，普通的纸帘和纸槽是不够用的，操作时必须有高超的技艺。北宋末年，歙纸已经达到“无复佳品”的境界。

宋代手工业和商业空前繁荣，雕版印刷术和活字印刷术的长足发展，印刷使用的纸墨需要量大增，拉动造纸、印墨行业上规模，升等级，使徽州优质的纸墨有了更广阔市场。传统的制墨出现“家传户习”“新安人例工制墨”的盛况，并且带动周边池、宣等州府制墨业蓬勃兴起。李廷珪为南唐墨务官，所造为极品，入宋以后价比黄金。《文房四谱》提到：“近歙、黟间有人造白墨，色如银，迨研讫，即与常墨无异，却未知所造之法。”徽州制墨业的发达，归因于原料好而丰富，这里海拔高度生长的黄山松丰腴坚镇，非他处可比。徽州的自然条件又盛产生漆，“佳漆则诸邑皆有之，山民夜刺漆，插竹笕其中，凌晓涓滴取之，用刀刮筒中，磔磔有声，其勤至矣。岁旱则益少，天时雨汁则又不佳”。这里出产的上佳生漆都是制造优质墨品的主要原料。

徽州商人凭借新安江水系与多条水路之便，运输木竹及名优土产品，来往于临安及全国各地。这阶段徽州商业人口快速增加，流动频繁，也是以后“徽商”帮团的肇始，只是此时商业市场有限，从商人数还不够多，尚不能抱团成帮地走向全国，因此这时还没有“徽商”的称谓。

徽州历代所修方志无一例外地把徽商兴起，归因于地理环境造成的人地矛盾。由于境内生计无着，必然促使过剩人口向境外流动。所以人口流动与徽商形成，这两种社会现象之间有必然的内在联系。

南宋时期的中国人口达到新的高峰，加上金人占领的北方，总计已达到一亿人之多，临安也成为世界上人口最多的特大型城市，达到124万人，超过北宋时的东京，“暖风熏得游人醉，直把杭州当汴州”。受此辐射影响，拥有“几二十万家”的徽州人口这时也不会少于80万之数①。

元朝徽州人口衰减　公元1276年2月，元兵占领徽州，刺史李铨降元。为了避免杀伐百姓，歙县人吕仁贵等七十余位耆老请见元军主将，陈述便民事若干条，主将

①南宋朝代只有户口记载，没有人口数据，按照平均每户4人计算，以最低的增长速度估计南宋后期徽州足有20万户、80万口以上。

重之，遂免一郡干戈。同样地，休宁权县知事的朱颖达也以城纳款归顺，避免战祸殃民。由于南宋朝廷先前已经奉表投降，元军入徽未遇激烈抵抗，也就没有发生报复性的屠城之事。

但是徽州人民反元斗争并没有停息，至元十三年(1276年)五月，徽州境内发生起义，是时“兵变盗起，屠戮惨甚，公(注：此公即歙县人汪仪凤)之族毙于寇者十一人。公言有司，罪人皆得”[①]。这次起义斗争时间短促，波及范围不大，很快被元兵镇压下去。

至元十八年(1281年)，祁门县爆发王万十、王信二领导的反元农民武装起义。这支起义队伍一度“啸聚二千余人”[②]，但是起义时间很短暂，不久即被镇压。

至元十九年冬，江南各地发生反元起义，“宣、歙尤甚，皆僭号署官，掠郡县，烧府库，杀县长吏，应者日众”。进攻徽州的农民起义军曾击败元朝两万户军。但终因势单力薄，在优势的元军四面围攻之下，起义最终失败。

至元二十四年(1287年)，绩溪后岸人柯三八(又称柯大统)、歙县汪千十等，因“岁饥”发动农民武装起义，江南震动。江浙行省右丞教化派兵前往镇压，与之相拒七月，未果。后因徽州路总管许楫，前往招抚而归降[③]。

至元二十七年(1290年)三月，歙县潜口、松源等处有凌六乙等领导的农民起义。这次起义规模较大，杀敌甚多。史载“盗贼并起，居民骇散”，四都巨室数十家被焚，徽州路监郡马思忽总兵来讨，剿抚并举，终将起义镇压下去。五月，绩溪县民胡发、饶必成，组织发动四乡农民起义，失败被杀[④]。

值得注意的是，徽州各地的农民反元起义，曾得到当地乡兵土勇的支持。江淮行省平章不怜吉带，向元廷报告说：“其宁、徽，初用土兵，后皆与贼通，今以高邮、泰两万户汉军易地而戍。”[⑤]由于徽州乡勇与起义军因地谊互通款洽，引起元军猜疑不满，被调防苏北。

以上所述这些战争带来的破坏是不言而喻的，死亡人口无数。《新安文献志》中多有记载：至元十三年三月，祁门“邑南有乾讨虏突入，所过残灭，逼及城郭，民不堪命”。七月，黟县“强梁煽乱，焚戮劫掠”“生灵鱼肉，室庐煨烬”。可见焚戮之下死于非命的人口大增。同时文化教育事业遭受严重破坏，“州学撤毁几半”，书院学校沦为废墟，师生逃难流亡。“自乙亥兵兴，堂堂学宫以驻戍卒，四壁倾颓，蹂为圊溷，几不可以庇身立足”“生徒解散，书版、祭器之属无复存者。自礼殿以至贡院，率为军营”[⑥]。

①方回：《江东抚干通直郎致仕汪公仪凤墓志铭》，《新安文献志》卷九十五。

②汪克宽：《怀谷集》卷八《陈君墓碣铭》。

③《元史》卷一九一《良吏传一》。

④《元史》卷一五一《邸顺传》。

⑤《元史》卷十六《世祖纪十三》。

⑥曹泾：《从仕郎扬州路通州判官弗斋先生陈公宜孙行状》，《新安文献志》卷八十五，第2071页。

元朝设徽州路，下辖五县一州，婺源县改为州，全路划属浙江行中书省，各县设有达鲁花赤，由蒙古人担任，总管一县的军、民事务，另设县令和县尹，受他监督。县之下改乡为都，都之下改里为图[①]。至元七年(1270年)二月，元廷颁布劝农立社法令15款，对村社的人口规模设置及其作用具体规定。主要内容是，县邑所属村疃，凡50家立为一社，一村多于50家以上者，只为一社；达到百家者，则增设社长一员；不及50家者，与邻近村庄合为一社；地远人稀、不能相合者，允许各村自为一社[②]。按照“五五为保”原则，即25户为一保，一社恰好二保。

元朝为强化百姓对国家的人身依附，实施具有草原游牧民族特征的“诸色户计”制度，城乡居民被划为民户、军户、站户、灶户、匠户、儒户、医户、阴阳户、打捕鹰户等近百种户籍，这些职业户一经划定，代代相承，终身不能随意变动。

“诸色户计”的本质就是全民服役，各色职业户均要向地方官府提供不同的劳役，比起宋代出现的赋役向财产税转化的时代进步趋势，元代的“诸色户计”制度无疑是历史的大倒退。

至元二十年(1283年)，元廷调整规定：江南三万户以上者为上县，一万户以上者为中县，不及万户者为下县。当时徽州的歙县为上县（超过四万户），黟县为下县，其余中县。元世祖中统五年(1264年)诏令：“仰中书省将人户验事产多寡，以三等九甲为差，品答高下，类攒鼠尾文簿。”民户分三等九甲，后通行上、中、下三等户，元朝廷按此等级以丁或户为计算单位摊派赋役，实行横征暴敛，徽州受害颇深，经济受到很大打击。[③]歙县“富民析税，诡立户名，规避差役”。在休宁县，即因“为政者习于贪鄙，且税又不均，诡名应户杂其间”。县尹唐棣“君始至官，召父老问民不便者，皆以赋役不均告”。“谓胥吏贪墨，遴选闾里良民觞于庭，俾家至户喻，察恒产有无，聿新税籍，削逃徙，并诡异，秋毫底实，逮三月告成。”[④]《黟县志》记载“元制：夏税茶租、地租、丝、棉，秋赋粟。岁贡之品四，岁办之课六。其金、铁、酒、醋、竹、木、香会之课，颇不便于民。”

至元二十三年(1286年)，具有正义感的徽州路总管许楫称：“所领郡无百金之家，无千石之粟，田翁梯山焚畲，无平畴及顷者。稔岁犹采蕨、糜、葛，不粒食。”[⑤]原来的富州遭受浩劫，竟然被变成穷州。

歙县名儒郑玉记述：“徽州素不产金，至元间山民淘涧谷得金如糠秕，校所取不

①《元史》卷十六《世祖纪十三》。

②《元史》卷九十三《食货志一•农桑》。

③《通制条格》卷一七《赋役•地税》。

④汪克宽：《环谷集》卷四《唐县尹改正税籍诗卷序》。

⑤道光《徽州府志》卷八《职官志•名宦•许楫传》。

酬劳事，寻已献，利者罔上病民，遂得令，令岁入金以锭计五十有二。郡即不产金，民无从得金，猾吏豪右贸他郡，待民急而售之，又从索费与贾，雠至倍，号揽户。”①不产金的地方，为了应付官府的无端征缴，在徽州出现“人户率于他州买纳，输纳之际又有弊焉”②的奇特怪事。弘治《徽州府志》记载，元廷还在徽州境内不顾实际地超额征收银课，最终因无利可图和人民百姓的极力反对，方才下令罢徽州银场。

徽州上贡任务极重，以贡纸为例。常岁供官有赴北纸、行台纸、本道廉访司纸三种，共有320万张，另外还有诸衙门和买纸、常课日纸、和买经文纸等名目，上供数量“动以百万计，不在常数”。沉重的负担逼迫歙县、休宁、绩溪的大批纸槽户纷纷逃移，使得原本最为发达的造纸业顿时萎缩。至正二十五年(1365年)开征茶课，征法“是于产茶府县点数株数而取其课”。查点结果是徽州共有茶19656102株，课茶共245441斤。因此压榨茶户，为害尤烈，“一郡受其扰累”。

元代在徽州对商税征收苛酷，税务密布，使得商旅畏葸不前。歙县境内共设立岩寺务、松源务、王村务、蛇坑务、牌头务、潜口务等六处税务机关。另在新安江水路码头浦口设场，征收过往木竹商税。

休宁县设在城务、蓝渡务、五城务、江潭务、临溪务五处。婺源州设在城务、高沙务、中平务三处。祁门县设在城务、石门务二处。绩溪县设在城务、大谷务、坑口务三处。这些税务机关其主要职能是征收境内行商坐贾的商税。③

徽籍学者、官居清朝一品总督的毕沅，在《续资治通鉴》中揭露道：至元二十六年(1289年)，户部尚书王巨济，署理江南钱谷时，利用职权，到徽州“乘势刻剥，遣使征徽州民钞，多输二千锭，巨济怒其少，欲更益千锭。总管许楫，诣巨济曰：‘公欲百姓死耶？生耶？如欲其死，虽万锭可征也。’”可见元代贪官污吏搜刮之酷，以致民不聊生，对于逃亡山中者，官府则发兵捕之。

元朝在徽州不但大肆搜刮钱财，同时奖励军士掠夺人口，强迫百姓沦为他们的家奴，供其役使，并且随意贩卖，强迫“衣冠妇女相随俱北”。时人揭露：“是时，江南新附，诸将市功，且利俘获，往往滥及无辜，或强籍新民以为奴隶。”元后至元三年(1337年)，民间传闻朝廷将搜刮男女送蒙古当奴婢，从中原到江南，13岁以上男女，婚嫁几尽。加上此时天灾频繁，徽州“大德六年(1302年)大亢旱，秋收使折其八，民流徙者不可胜计”。因此元朝统治的90年间，徽州人口增长缓慢。至元二十七年(1290年)进行户口统计，“籍江南户口，凡北方诸色人寓居者，亦就籍之”。

---

①郑玉：《颂叶县丞平金课时估诗序》。

②弘治《徽州府志》卷二《食货一•土产•货物》记载：“惟《元史》载徽州路产金，故有金课，实民间买纳，非土产也。”

③弘治《徽州府志》卷三《食货二•财赋》。

当时北方少数民族有不少迁徙江南，与汉族通婚。《新安文献志》载有蒙古人仇自坚（又作仇铉），祖籍大都，又名悬犹太不花，自称达兼善，官徽州路总管府达鲁花赤，有惠政，因居歙。像这样在徽州各县为官的蒙古、色目等少数民族留住娶妻成家的不在少数。包括不断南迁的北方少数民族移民统计在内，徽州路共为 157471 户，824304 口。这个抄自《元史 · 地理志》内载数据，与明代弘治《徽州府志》所载户数可作如下比较：至元十九年 (1282 年) 有户 136993；8 年后，至元二十七年 (1290 年) 户数增加到 157460。上述两个资料中数目相比出入不大，相差仅十户。而这个数据当中，还遗漏不少“逃亡山泽溪洞之氓又不与焉”。

元代至元十九年（1282 年）部分县都、户统计表

表 1–4

	歙县	休宁	祁门	绩溪
户数	31919	27660	15483	12764
都数	37	33	22	15
每都户数	862.7	838.2	703.8	850.9

元王朝政治腐败，对外连年发动战争，对内实行严酷的民族压迫政策，致使国库空虚，加之经济凋零，管理混乱，造成民怨沸腾。在短短 26 年间 (1307—1333 年)，更换了九任皇帝。皇族自相残杀的悲剧频繁上演，严重削弱了统治力。到了末年，更是变本加厉，十年更五帝，宫廷政变如同儿戏般轮番出现，统治阶级内部争权夺利，政治腐败不堪，土地兼并严重，尖锐的阶级矛盾和民族矛盾叠加，全国各地农民暴动起义不断，预示元朝末日来临。

第六节　明代徽州人口

元至正十一年 (1351 年)，红巾军起义烽火四起，湖北徐寿辉，在蕲州称帝，建立天完政权。并于次年建江南行省，把徽州路隶属在内。徐派他的“左膀右臂”邹普胜和彭莹玉，统兵分两路由江西攻入徽州，三月项普略部红巾军攻陷婺源，执元知州张士谦。四月克休宁、黟县、歙县等地，徽州路全境尽为红巾军控制。由于在黟县遭守军阻击，红巾军攻占县城后实施报复，县署、学宫被焚。接着红巾军逼近歙县城下，元徽州路守将八忒麻失里，弃城败走。六月红巾军破昱岭关，入浙江。七月，攻占杭州。

次年数万元军回师反扑，彭莹玉被迫撤出杭州，退守徽州。为摆脱元军围剿，义军北上转战苏南，试图攻打集庆，因元军有备，彭莹玉不得不再次退回徽州。此时江西平章率优势元兵东进攻占徽州，项普略不幸被俘牺牲。由于徽州战略地位的重要，之后邹、彭二将复率领起义军再克徽州。

红巾军在徽州摧富益贫，受到穷苦民众的积极响应，他们“群小鸱张，狼噬巨室”，对地主阶级进行清算，并提出“金珠我有也，牛羊我有也，谷粟我有也”的响亮口号。为躲避起义军和贫民的清算，“豪右之家颇以赀雄乡里者，辄弃走，涂塞耳目，夷灭踪迹”，富豪们纷纷逃离他乡。

为护卫自身利益，徽州境内地主阶级纷纷组织武装进行抵抗，与红巾军为敌。他们捐家资，率子侄，结乡曲，募义勇，捍乡里。弘治《徽州府志·人物三·义勇》中对此多有记载。如歙县罗宣明，至正十二年（1352 年），“蕲黄盗起，攻破州郡，延蔓将至歙。宣明散家赀募兵，保障乡井。”次年，“元帅沙不丁治歙城，以宣明慷慨仗义，俾分筑百三十尺，家计索于用兵”。

歙县郑琏，“至正十二年，红巾蕲贼窃据徽城。琏年三十七，与兄瑢倾赀召募义兵，协助大军克复城池，用心守御。十三年，随福建道都元帅帖古迭儿，克复婺源州，以功擢太白渡巡检。十六年正月，贼复据徽州，琏又与兄募义兵三百五十名，同官军克复。进攻黟县鱼亭蔼江贼寨，又进复祁门县治。守御黟县，屡次杀贼二十余人，生擒伪百户牛子俊、伪千户巴子成数人”。

歙县江铨，至正十二年“蕲黄兵犯徽，驻休宁，铨与兄日新，散财募兵，得三千人，御却之。以功授休宁簿。日新授祁门簿。后蕲兵复至，俱死于官”。

歙县鲍元康，“至正十二年春，红巾贼至饶州，元康与乡人集丁壮结保甲，捐财出粟，以供费用。贼至婺源，官军败走，度民力不可支，使携老幼入山逃避”。

祁门汪同、休宁程国胜、俞茂，等各县地方武装结集乡勇民兵，誓死与红巾军血战，恢复城栅，以保护地方不受侵扰。至正十三年春，在元军和地主武装的拼死抵抗下，占领徽州的红巾军据点逐个失守，歙县也被元兵偷袭破城。彭莹玉只能退守江西瑞州，以后兵败被俘就义。

虽然有这些对抗红巾军的民间武装，当然也有支持配合起义军的武装力量，如休宁县万户吴讷率部与浙东元帅李克鲁胜利会师于歙县昱岭关，随后设义兵万户府于休宁境内，与元军抗衡对峙。①

至正十五年(1355 年)，天完政权重建复振，又乘势攻占徽州，以至于歙县江铨兄弟

①元朝廷寄希望于地主武装抵挡农民起义军，规定富民愿出丁壮义兵5000名者为万户；500名者为千户；100名者为百户，仍降宣敕牌面。

在“蕲兵复至”时，“俱死于官”。蕲兵占领徽州这个战略据点后，得以从昱岭关入浙江，在江南取得优势地位，与其他各军对抗。不久又被元兵逼退，弃守徽州。这三年攻守拉锯战，对徽州破坏严重，人口伤亡很多。

公元1355年，朱元璋从江北濠州率部渡江占领南京后，自称吴国公，利用元朝无暇南顾之机，1357年7月派邓愈、胡大海，由宁国下绩溪、歙县、休宁，攻取徽州，元守将八尔思不花，兵败逃窜。9月，元婺源州元帅汪同，黟县尹叶宗茂，祁门元帅马国宝，归顺迎降。1358年初，元徽州路一州五县之地尽属朱家军占领。于是改元朝的徽州路为“兴安”府，立“雄峰翼元帅府”，以邓愈领兵守之。并以此作为“畿辅之地”，徽州人民终于从元人铁蹄下彻底得到解放，无不额手相庆。

1358年12月，朱元璋赶赴徽州，召见朱升等故老耆儒贤士，访以民事。采纳“高筑墙，广积粮，缓称王”的九字忠言良策，加以精心经营，以徽州为战略后方，向浙东扩张，进而扫平江南群雄，作为夺取全国的根据地，蓄势待发。

朱元璋从江北引军占领南京后，其东北面是占据苏南、浙西的张士诚；西边是占据长江中游地区的陈友谅；东南还有占据温州、宁波一带的方国珍；南边则是占据福建和江西部分地区的陈友定；在四川有明玉珍。更主要的强敌元军，在北方还有相当的战斗力，蒙古铁骑令人生畏。在江南，朱元璋并无军事优势。陈友谅弑杀徐寿辉后称帝，兵力最强大。张士诚在苏州称王，踞财赋之区，经济实力最富有。朱元璋处在强敌环伺的险境当中，迫切需要壮大自身力量。

朱元璋手下的“淮西集团”，武备有余，文化素质不高，仅有谋士文人李善长（祖籍歙县人），勉强应付。所以，具有独到的非凡战略眼光的朱元璋，渡江南下的首要任务是招贤纳士，大量吸收如朱升、唐仲实这些徽州著名儒士。他公开宣布：“贤士吾礼用之。”并宣称自己是朱熹后裔，与朱升同宗，尝言：“眷我同宗之老，实为耆哲之英。”他每日手不释《四经集注》，口不离朱子之言，这就极大地获得江南民众的认同。与之同时，积极争取吸收原来的地方武装部队加入部下，婺源的汪同、休宁的程国胜、俞茂，祁门的马国宝等将领率乡兵归附，对朱家军以后的战斗，都发挥了重要作用。很多徽州子弟自此追随朱元璋南征北战，略地戍边。

元末明初人口回升 1364年朱元璋改称吴王，定年号吴元年（1367年），针对元朝租税过重，及战争破坏而造成的土地大量荒芜，人口锐减等问题，朱元璋制定税法，对徽州的徭役税赋实施减免，大力恢复地方经济。1365年下令：“凡农民田五亩至十亩者，栽桑、麻、木棉各半亩。十亩以上者，倍之。其田多者率以是为差。有司亲临督劝惰，不如令者有罚。不种桑，使出绢一匹；不种麻及木棉，使出麻布、棉布各一匹。”[①]

①《明太祖实录》卷十六，乙巳六月乙卯条。

一方面他鼓励军队和农民垦荒，“督军士及时开垦”①，扩大粮食生产，广积粮食储备，为前方打仗服务；一方面在徽州等起兵根据地，实施诸如减免田赋等有利于农民的政策，部分满足农民对土地的要求，稳定农民生活水平，提高农业生产积极性。朱元璋亲自安排徽州地方官员人事委派。告诫官员“徽为江东大郡，政繁而赋殷”②，但是“田赋久不均，民不堪命”，要求各级官吏必须尽刷积弊，爱护百姓。当时徽州知府胡善，“修学校，课农桑，民甚德之”。以后在户部上奏各地应贡土特产品名录中，朱元璋特意将徽州应贡的连心菜、马蹄鳖、清水鳗鲡等物品一笔勾销，减轻了当时百姓负担。

徽州在明朝建国之前，获得了十年的宝贵发展时机，每年几乎都受得减免赋租的优惠，农业经济因此而得到很好恢复，当时土地已达到“地无废壤”的程度，因此农村一片“家给人足，居则有室，佃则有田，薪则有山，艺则有圃”的欣欣向荣景象，故有时人赞道：徽州“山有一丘皆种木，野无寸土不成田”。卓有成效的粮食生产有力地保障了人口增长。

朱元璋十分重视水利建设，建国以前就任命康茂才为营田使，负责“修筑堤防，专掌水利”。在政策鼓励下，徽州当时掀起兴修水利新高潮。徽州因地制宜利用自然山水引水灌溉农田。绩溪知县蔡美，见县城南田千余亩，旱则无获，“乃召耆老相视水源，于上三里乳溪口筑堨凿渠，引水灌田，遂得常稔，民甚利之”③。正统间，张魁知绩溪县，规划筑堨，灌田千余亩。在绩溪还有新田堨、荆堨、金竹堨、丰堨等水利工程，由七都洪庆仁开凿，“乡人德之，听其子孙取水灌溉，勿助工役，以示不忘”。永丰新堨，民人胡寿卿，承檄凿，“溉田三千余亩”④。

天顺间，徽州知府龙晋，“开良堨灌田三千多亩，利泽流于民”⑤。休宁五城水出婺源五岭及颜公山，二水合，流于龙湾溪口，溉田4000余顷。南当水出南当山，东流150里，溉田32顷。祁门赤溪水出鱼亭山，溉田42余顷。大共水出大共山，溉田5顷余。卢溪水出梅南山，溉田80余顷。大北港水出历山，溉田17余顷。

休宁县东南有兖山，有河自遂安而来，经过百余里而入浙江。此河至休宁县东南，其水甚急，而其河甚阔，其堨之筑始难为，筑成后也屡坏。里人汪志得，好义而多才，乃向县府建言改筑“程齐二堨”。县令信之，委任其为堨长，正统十三年(1448年)之秋，“乃帅其众，籍于官，计田亩出财力。先事齐堨，堨成，长四十丈”。是冬，修筑程堨，此处其水益下，其流益急，工程难度加大。再后直到天顺六年(1462年)秋，“始伐石筑之”，天顺八年冬“堨成，长五十丈，广三丈”，“二堨既筑，凡溉田五十顷”。不能引水的地方，则修筑陂塘堰坝，拦蓄溪水灌溉⑥。又有新塘，成化八年

①②《明太祖实录》卷十六，乙巳六月乙卯条。

③④⑤弘治《徽州府志》卷四《名宦》。

⑥吴宽：《程齐二堨记》，弘治《休宁志》卷十九。

(1472 年) 胡仕仪，捐资开浚 30 余亩，溉田 500 余亩，“一方民受其利”①。歙县吕堨，溉田 5000 余亩，成化二十一年 (1485 年) 建成，“高下适宜，至今利济”②。

徽州除了休歙盆地因平地较广，池塘数量较多外，其他地方均以拦河蓄水为主。正是因为中央盆地的水利事业发达，充分利用山水资源，所以粮食单位产量仍然很高，以饶沃称于当世。当然，由于地势特殊，水利事业发展很不平衡，平坦的沿河地区，兴修水利的自然条件较为优越，水利工程较多，灌溉面积较大。山区岭峻，溪短流急，易涨易枯，水利工程修建较为困难，因此水利设施相对较少。

1368 年朱元璋在南京称帝，建号洪武元年。发布讨元檄文，以“驱逐鞑虏，恢复中华，立纲陈纪，救济斯民”为口号，广泛吸引召唤人民支持讨伐元朝统治者。同年，中国历史上唯一的一次北伐成功，徐达率明军入大都，宣告元朝灭亡。此后继续北上，长达 20 年里，平定辽东，直捣元上都，中国再度统一。洪武五年，诏令放还奴隶。“因兵乱，为人奴隶者即日放还，复为民。”明初招抚人口、劝课农桑、移民屯垦、鼓励水利兴修、奖励垦荒等一系列与民休息政策的实施，对增加境内人口取得积极的效果。在此基础上，手工业发展迅速，政府采取多种措施：一是改变元代手工业者的奴隶身份，使世袭的手工匠人除定期轮流应役外，大部分时间可以自己制造手工产品在市场出售；二是减轻商税，改旧制关市二十取一、盐货十取一的重税，规定“三十取一”，多收者违例论处；三是有限度开展对外贸易，凭证通商；四是改革役法，实行代役租制，即匠户可以用缴纳一定货币的赋税来代替服差役，将轮差折银，用全部时间从事商品生产。徽州是全国役法改革最有成效的地区之一。

洪武七年 (1374 年)，朱元璋颁旨，“诏徽、饶、宁国等府不通水道，税粮输纳甚艰，今后夏税令以金、银、钱、布代输，以宽民力”③。所谓“不通水道”，是指徽州等江南山区不直通漕运，运粮转输烦难，从而特别批准徽州等地可以金钱布匹代纳夏税，以示体恤民情。这项优惠政策到正统十四年 (1449 年) 出现一次反复，由于明英宗亲率 50 万大军征蒙古瓦剌部也先，“未至大同，兵士已乏粮”，导致土木堡大败，英宗被俘。因此朝廷慌乱，失去方寸，重新又“责徽州所纳折米改作正米。每年差府县管粮官部领粮长运米至临清京通二仓上纳”④。

这一改变顿时使徽州粮运负担加重。徽州田赋所交纳的粮食系就近处购买，“买籴转徙，道里遥远，漕挽艰辛，民有疾首蹙额者”。婺源人汪敬，当时任户部主事，在通州码头监收“京储”，目睹徽州人运粮到通州的艰辛狼狈之状，于是上书朝廷，

①②嘉靖《徽州府志》卷十《水利》。

③《太祖实录》卷八十八。

④ 汪敬：《折运疏》，道光《婺源县志》卷三十六。

要求“将徽州近所改本色粮米豁为折色，改作轻赍”[①]。汪敬在奏疏中阐述朱元璋曾特批徽州折色征赋的往昔情况：“太祖龙飞之时，亲履其地，见其土瘠之若此，民苦之若此，故于粟米常赋以十分为率，三分本色存留府县，七分折收土产绵苎布帛解京。”[②]汪敬又力陈徽州域情特殊困难，“徽非谓不当纳米也，实不能纳也；非有米不纳也，实无米可纳也”。汪敬的上奏最终得到批准，朝廷将徽州田赋仍照旧折色。而汪敬也因此事迹受到徽州人民的敬仰，历代《婺源县志》将其列入本县名贤。赵吉士修康熙《徽州府志》，也把汪敬上书恢复徽州田赋折色当作徽州历史上的一件大事记载其中。

洪武八年，更造大明宝钞，命民间通行。规定不得以金银货物交易。大明宝钞以桑穰为原料制作，规格高一尺，宽六寸，质青色。共分六等：一贯，5 百文，4 百文，3 百文，2 百文，1 百文。每钞一贯准钱千文、银一两；四贯准黄金一两。由于后来宝钞发行量失控，加上钞本不足，币值下跌。洪武二十三年，两浙地区的宝钞每一贯仅折钱 250 文，南方有的地方仅折 160 文，致使钞法阻滞不行。

洪武十三年取消军民嫁娶丧祭和舟车丝布之税，并在南京设立“塌房”，为商人储存货物，令兵马司兼营市司。规范市场经营行为，三日一校勘斛斗秤尺，发行大明宝钞代替金银，便利商业交易，繁荣经济。

明代徽州经济作物大量种植，促进丝织业的发展。永乐年间歙县恢复设立官办的织染局，置立官堂作匠，官买荒丝颜料，价银 2266 两 9 钱 7 分。生产规模由此可见，产量可观。合用荒丝颜料价银坐派六县里甲办纳。这标志着纺织业的生产原料和技术水平都具备相当条件，除了官办的工场，同时有富商自备原料和工具的私人工场，并且扩散委托交给农家，付给工资，收取制成品，利用商业资本直接控制生产，使得资本转化为产业资本，这种原始形态的手工作坊，首先在徽州出现，成为中国最早的资本主义生产关系的萌芽[③]。

棉、麻纺织业，与丝绸业同样迅速发展。“黟、祁之俗织木棉，同巷夜从相纺绩”，祁门“货有棉布”[④]。休宁县苎麻纺织是妇女家计的重要副业。“女未嫁之时，多辑麻织苎，以作奁资。既壮而老，皆不释手”，出现到处姑嫂“共勤女红，比屋皆然”的景象。[⑤]手工业发展使小商品生产者的队伍发生变化，其中少数人上升为作坊主，大多数人则降为雇佣工人。同时，资本主义因素的萌芽在茶业、制陶、造船、采矿冶炼和兵器制作等各个行业均有恢复和发展。洪武十一年 (1378 年)，工部下派任务：徽州府制造甲胄 200、步军刀 1000、弓 1000、矢 110000。洪武二十三年诏令全国工匠轮番进

①②汪敬：《折运疏》，道光《婺源县志》卷三十六。

③弘治《徽州府志》卷二《食货一•土贡•上供帛》。

④万历《祁门志》卷一《土产》。

⑤弘治《休宁志》卷一《物产》。

京制造弓箭，徽州各县积极应诏，抽派优秀能工巧匠到南京服役。除兵器外，徽州并且还有制造海运大船的指令。①

人口普查　在经济不断提升的背景下，早在洪武元年（1368 年）十月，明太祖诏旨“户口版籍”，“已令总兵官收拾，其或迷失散在军民之间者，许令官司送纳”。②说明全国统一之初，明朝廷就十分重视户籍管理，命令各地收集元朝遗留下来的旧籍，暂时利用这些资料掌握人口与土地情况，以便维护社会稳定和派征赋役。

洪武三年 (1370 年)，朝廷下令开展全国性人口普查，力图改变人口管理的混乱局面。朱元璋亲自在宁国府先行试点，动用军队，派兵丁上门登记，“点闸对比”，给每户编制“户帖”，一式两份，填写户主及家庭成员等基本内容，统一格式，规定项目，采集人口信息。这个普查方案是宁国知府陈瓘设计的，具有很高的水平，深得朱元璋赞赏，陈瓘因此成为明朝“第一循吏”。

在试点成功取得经验之后，洪武三年（1370 年）十一月，扩大试点，全国正式开展全面人口普查，实行户帖制度，严格管理人口。史料记载：

“辛亥，核民数，给以户帖。先是，上谕中书省臣曰：民，国之本。古者司民岁终献民数于王，王拜受而藏诸天府，是民数有国之重事也。今天下已定，而民数未核实。其命户部籍天下户口，每户给以户帖。于是户部制户籍、户帖，各书其户之乡贯、丁口、名岁，合籍与帖以字号编为勘合，识以部印。籍藏于部，帖给以民。仍令有司岁计其户口之登耗，类为籍册以进。”③英国学者卡尔津，曾著文赞叹：“此为全世界最早推行人口普查的明证和榜样。”

明代若干年份各县人户统计表

表 1–5

县名 \ 年份	洪武四年（1371 年）	洪武二十四年（1391 年）	洪武二十六年（1393 年）	弘治五年（1492 年）	万历六年（1578 年）	崇祯十五年（1642 年）	元代至元二十七年（1290 年）
歙县	168899 口	177340 口	250000 口	190352 口	—	—	195321 口
	37281 户	38192 户	—	31281 户	—	62131 户	31919 户
休宁	154295 口	174114 口	—	178102 口	179260 口	179719 口	191064 口
	30985 户	36863 户	—	—	—	43991 户	27660 户
婺源	120561 口	137605 口	—	—	—	130850 口	238617 口
	27640 户	31200 户	—	—	—	—	42928 户

①《明太祖实录》卷一一八，洪武十一年五月丙子条。弘治《徽州府志》卷二。《皇明诏令》卷一。

②③《明太祖实录》卷五十八，洪武三年十一月辛亥条。

续表 1–5

县名 \ 年份	洪武四年（1371 年）	洪武二十四年（1391 年）	洪武二十六年（1393 年）	弘治五年（1492 年）	万历六年（1578 年）	崇祯十五年（1642 年）	元代至元二十七年（1290 年）
祁门	30563 口	30749 口	—	43825 口	46690 口	—	56872 口
	6601 户	6943 户	—	6578 户	6941 户	—	15483 户
黟县	21193 口	22061 口	—	—	—	26454 口	—
	4816 户	5079 户	—	—	—	—	—
绩溪	41414 口	39213 口	—	43000 口	—	—	58351 口
	9787 户	13385 户	—	6026 户	—	—	12764 户
全府	536925 口	581082 口	592364 口	557355 口	566948 口	—	824304 口
	117110 户	131662 户	125548 户	96189 户	118943 户	—	157471 户

说明：1. 因缺歙县洪武四年、婺源县洪武二十四年原始数，故由全府总人数中减出补入约计

2. 洪武元年（1368 年）徽州府直隶中书省；永乐元年（1403 年）改属南直隶、应天府，徽州府城距南京 680 里

3. 附元代至元二十七年（1290 年）户口数于表中，以便对照

由于朱元璋立法严峻，工作认真，在大部分地区人口普查取得良好效果。徽州人口统计共有 536925 人，117110 户，每户平均 4.6 人，这是历史上最接近实际的人口数据，应当可以作为黄金标准，用这支标杆去衡量比较前后的人口数量。但是歙县这一年缺乏记载，只得用全府数减去其余五个县数，再按比例给予补齐。过了二十年后，全府增加到 581082 口，125548 户，户均 4.6 人；净增 44157 人，8488 户，年平均增长率 4‰，这个增长率和户均口数，是历史上徽州人口标准基础数据。因为除此之外，再也找不到比这更加完整的可靠数据了。

在徽州六县中，洪武二十四年 (1391 年) 缺婺源县人口数，也如上述用全府数减其他五县数补之。其中绩溪县比二十年前减少 2000 多人，祁门县仅增加 100 多人，都不尽合理。又过两年，洪武二十六年全府增至 592364 人，131662 户。但这二年内增加了 11272 人，6114 户，年均增长率达 10‰，这个增长很不正常，同时六县均无这一年份的人户记载，有人为编造的痕迹，因为各种县志缺乏记载，其中原因不知，只能暂时存疑。

可是从此以后，明代徽州的人口记载数据再也未能超过此数，这并非人口没有增加，而是说明再没有明初时那样认真态度去对待人口管理。很多例子证明以后徽州人口数据荒谬之处，如黟县志载人口数量：洪武九年（1376 年）有户 5075，人口 21 万余 (此可能笔误)，到成化十八年（1482 年）反倒减少为 3630 户，24740 人，而弘治五年（1492 年）更加减少为 3600 户，人口仅有 26117 人。

明弘治时不仅人口统计数据比洪武时减少，而且税田总额也少了半数以上，因为

豪强侵夺民田，田少而人口流失，农民无地可耕，不是远做小本行商，就是逃入深山中，从事开垦。徽州山多，深山之民，难以具册统计。还有那些避入深山里面，“人民多仰取山茶薇葛而食”的无地农民。所以此时登记人口数据减少的原因，除百姓投靠豪门，商贾远徙外，逃窜山林是主要的。

嘉靖《徽州府志》称，自洪武迄嘉靖间，200余年来，“户口登降，大都不下十二三万，与宋之盛时相埒，过隋唐远矣”。长时间承平日子里，户口不可能停留在宋代的水平，仅仅只在十二三万户的数目上徘徊。从各县人口统计数据分析，和平年代人口不会不滋生，不会随着时间的推移不发展增加。人口盈缩，是传统农业社会经济发展水平高低的晴雨表，“户口之登耗，物产之盈缩系焉，而赋役之征胥此焉”。所以说，“出长民者使生齿日繁”，只有人口发展，才会“民可使富，国用可取盈也”。

如果以洪武二十六年（1393年）的59万多人为基数，以每年最保守的增长率2‰的速度计算，二百年后的明万历二十一年（1593年），徽州人口应该在90万人以上。若以正常年景的3‰计，则为110万；以4‰计则为130万。而绝不会是以后《明会典》《徽州府志》和各县志上记载的越来越少的人口数。[①]至于在“服贾者半”“贾人几遍天下”的徽州，“小民多执技艺或贩负就食他乡者常十九”，那些出外谋生和经商的人口，他们大多数人的户籍还没有变更，可以不予考虑。如万历三十七年(1609年)，歙县统计的62131户，25万人口，其中寄籍仅268人。[②]

对照全国人口，同口径比较，明朝初期的徽州人口已将近占到全国的百分之一，如此高的人口比重是匪夷所思的。同时，徽州人口和户数超出周边四州七府很多，当时居然成为安徽境内人户数量首屈一指的州府，占到全部人口的十分之二，这是人们难以想象的盛世(见下表1–6)。所有这些情况足以说明，明朝中叶后徽人大量出门经商，主要原因是人口增长的压力，一百多万人口是当时山多田少的徽州本土根本承载不起的。按弘治《徽州府志》统计耕地数，洪武四年人均耕地为2.75亩，到弘治五年尽管耕地增加了40万亩，但是人均占有耕地量降低到2.5亩左右，已经是“田地少，人口多”。根据当时的生产力水平，上田平均亩产粮食仅400斤，徽州大部分是产量不高的山田，所以人地矛盾、口粮矛盾非常突出。

①《大明一统志》卷七、十四载有明代安徽(南直隶辖下七府)各地区里数：徽州府691；凤阳府609；宁国府481；安庆府245；庐州府220；太平府184；池州府83。从中看出，直到明代中期徽州府的人口数量仍是冠以全省。按照里数增长情况则可以判断当时人户规模。

②张涛、谢陛撰万历《歙志》考卷三《户赋》。

明代安徽境内各府人口数目比较表

表 1–6

府名＼年份	户数			人口数		
	洪武二十年（1387 年）	弘治四年（1491 年）	万历六年（1578 年）	洪武二十年（1387 年）	弘治四年（1491 年）	万历六年（1578 年）
徽州府	125548	96189	118943	592364	557355	566948
安庆府	55573	46050	46609	422804	616089	543476
宁国府	99732	60364	52148	532259	371543	387019
池州府	35826	14091	18377	198674	69478	84851
太平府	39290	29466	33262	259937	173699	176085
庐州府	48720	36548	47373	367200	486549	622698
凤阳府	79107	95010	111070	427303	931108	1203349
滁州	3944	4840	6717	24797	49712	67277
和州	9531	7450	8800	66711	67016	104960
徐州	22683	34886	37841	180821	354311	345766
广德州	44267	45043	45296	247979	227795	221053
合　计	564221	469937	526436	3320849	3413161	4323482

说明：明初全国设 13 个承宣布政使司，下设府、州、县。徽州府直隶中书省；永乐元年（1403 年）改隶南直隶（南京）辖歙、休、婺、祁、黟、绩六县。表中显示，洪武二十年徽州府户数、人口数均超过其他各府很多，户数则遥遥领先二百年之久。此时统计数据较为可信，明代后期各地人户统计数据混乱，不足为凭，列入仅作参考。

资料来源：《明史》卷四十，志十六，地理一。《明会典》卷二十，户部五。文渊阁四库全书本

徽商推动人口流动　明初实行与民休养生息的宽松政策，在一百多年的和平环境下，人口急剧增长，生产力得到前所未有的解放，社会分工不断扩大，商品经济空前发展，为徽商兴起提供了极其有利的外部条件。而工商税比重加大促使赋税制度改变，从金花银的征收和地丁制的推行，使赋税中的折银部分日益增加，逐渐占有税额中的绝大部分。这一变化反过来有力地促进社会分工与市场经济发展。赋税折银征收，迫使农民不得不出售自家的产品，换取银钱，从而密切了农民与市场的联系。以前虽然有过以金银作为货币使用的现象，但是使用的时间和范围都相当有限。到明代中叶以后，由于商品经济的发展，白银才成为全国普遍使用的主要货币，而铜钱仅作为辅币使用。这种变化不但使得国家财政的收支结算、赋税征收、大宗货物交易、房地产转让等等，都以白银为计价标准和支付手段，而且民间日用及小额交易往往也以散碎银子支付。连徽州的穷乡僻壤、交通闭塞之处也都有银秤作为计量白银的工具。白银取代了笨重

的铜钱和价值不稳定的交子、宝钞而被广泛用作主要货币，不仅有利于大规模商品流通，而且对于商业资本的存在和发展本身也具有重要意义。商人只有掌握像白银这样价值稳定的货币，才能真正使它当作资本来发挥作用。徽商的形成，实际上是徽州资本集团的实现。

文化素养较高的徽州商人，饱读经史，熟悉天下途程，了解全国大宗商品集散地和长途商品贩运的起落点，知晓通往工商业发达大都会的道路行径。他们不畏劳苦奔波，早就成为长途贩运贸易的主力军。明代国民经济的长足发展，在市场的引导下投入市场的商品不但数量日增，而且种类也不断加多。由于大量商品往往由于流通不畅在当地积压，难以销售，必须向远方寻求市场，这就大大促进长途贩运贸易发展。尤其是广大农民往往为纳税的时限所迫，不得不以较低的价格出售产品以应急需，人为地使商品的价格与价值相背离，这就为长途贩运商人牟取暴利创造了商机。徽州商人把本地盛产的木材、茶叶等土特产品远销外地，寻求遥远的市场，商运路线也不断延长到边远地区，逐渐形成了趋于完整的商运网络。

歙县首部县志、万历《歙志》称正德以前，民间还是安于垄亩，过着“耕则有田”“艺则有圃”的传统农耕生活。及至正德末、嘉靖初，从商的风习始盛：“出贾既多，土田不重，操资交捷，起落不常。”“今之所谓地少人众者，则莫甚于江东诸县，而尤莫甚于吾邑。吾邑之不能不贾者，时也，势也，亦情也……今邑之人众，几于汉一大郡，所产谷粟不能供百分之一，安得不出而糊口于四方也。谚语以贾为生意，不贾则无生，奈何不亟亟也。”当时邑人洪文衡为该志写序道：“长老称说，成弘以前，民间椎朴少文，甘恬退，重土著，勤穑事，敦愿让，崇节俭。而今则家弦户诵，夤缘进取，流寓五方，轻本重末，舞文珥笔，乘坚刺肥，世变江河，莫可底止。”不仅歙县，休宁也是如此。成书于弘治初年的《休宁县志》记载：“民鲜力田，而多货殖。”

相对应的，外地对徽商活动亦多反映。万历《嘉定县志》卷一记载，该县南翔镇“往多徽商侨寓，百货填集，甲于他镇。比为无赖蚕食，稍稍徙避，而镇遂衰落。”该志书把南翔镇商业兴衰原因归结为徽商的聚散，可见无论是徽州商人自己，还是南翔镇的“无赖”，以及县志作者，他们都已经视徽州经商者为一个群体，把徽商当作整体来对待。更早些的松江府一带，成化年间已称徽商为特定群体。《云间杂识》一书记载，成化末年，有一达官贵人把搜刮所得的大量钱财运回松江老家，当地一位老叟登门道贺，称谢不已。该官员惊问为何称谢，老叟说：“松民之财，多被徽商搬去，今赖君返之，敢不称谢！”松江地区是徽商早年最活跃的地方，“徽商”一词首先在这一带流行是合乎情理的。

严重过剩的徽州人口在本地找不到出路，向本土以外拓展生存空间，属势所必然。徽商大量兴起就在明代成化、弘治年间，发展于嘉靖、万历年间，此前徽州人口以务农为主，经商者所占比例不大，明代嘉万时期大学者王世贞 (1526—1590 年) 称：“新安僻居山溪中，土地小狭，民人多，世不中兵革，故其齿益繁；地瘠薄，不给于耕，故其俗纤俭习事，大抵徽人十三在邑，十七在天下。”[①]也就是说，这时的徽州土地只能养活 30% 的人口，70% 的人口要出门闯荡谋生就食。徽人汪道昆进一步指出“新都业贾者什七八”，出门在外的人口几乎十之七、八都是经商，徽州人“大半以贾代耕”。万历年间，徽州人口已突破二十万户，超过 90 万人，以每户有一名青壮年男子外出经商计算，约有 20 余万人常年从事商业，活跃在全国各地商场。没有这样的规模，是无法与其他各省商帮角逐竞争的，也不可能跻身全国十大商帮之列。从人口压力和徽商成长联系起来看，不难归结出人口与经济的高度正相关性。徽商称雄天下，也必须有充足的人力资源作为基础。

明代后期徽州人口留守在本土和寄寓客居外地的人数比例已经倒挂。徽州人口职业结构这个时段发生重大变化，徽州社会也史无前例地从农业社会转型升级为商业社会。整个徽州的面貌也由于这种转型而以崭新姿态出现在世人眼前。尽管徽州境内的商业一直并不发达，没有较大型人口集中的商业中心城镇，这并不妨碍徽州商帮在本土以外开辟市场，建立商业王国的“大徽州”，在广大的外部空间里充分获取生存、发展所需要的资源。随着徽州商业文化形成，从商人口剧增，资本规模扩大，经营行业拓展，营商手段多样，表现出“贾而好儒”“以义为利”及宗族团伙经商，广泛交结官府，热心社会公益，工艺美术水平显著提高等前所未见的新气象。由此而论，明代中叶是徽州人口迁徙流动的转折点,从原来的正向流动转型为逆向流动。16世纪开始，徽州人口逐渐由境外迁入为主转向大量迁出境域，由贫穷落后的农村迁向富裕先进的市镇。而大量财富则由境外回流进入家乡 ,恰与人口流向相逆。

第七节　清朝徽州人口

公元 1644 年，清兵入关，下令剃发易服，以武力胁逼，放言“留头不留发，留发不留头”，强迫汉族男子剃去前额及四周头发，如满人一样将脑后头发结辫垂下。此举严重伤害了汉族人民感情，江南各地官绅纷纷领导民众抗清，针对性提出口号是“断头留发”。清军则报以残酷屠杀，“扬州十日屠百万民”，嘉定、江阴相继反复被屠。1645 年 5 月徽州闻南京城破，知府秦祖襄及僚属望风皆遁，当时社会一片混乱。推官温璜，挺身而出乃尽摄其印，主动担负起安抚民众、保守城池的重任，召士民慰谕之。维持城防秩序，组织动员民众抗清保境。

①王世贞：《弇州山人四部稿》卷六十一《赠程君五十寿》。

清初人口剧减　休宁著名学者金声，最早首举抗清义旗，他砥砺气节，奋袂抗清，“悬太祖高皇帝像，集士民痛哭起兵”，纠集乡民组织义勇军，分兵扼守山道，配合温璜抗击清军，互为犄角。金声认为，徽州地处万山丛中，“据江南极高之地”，而且“有六岭之险”，地势险要。唯绩溪地形平坦，应重点防守。于是在绩溪城外修筑丛山关，亲率重兵扼守。歙县诸生江天一，黟县诸生项远、洪士魁等是金声门生，积极投笔从戎，参与金声谋划，江韬(即后出家为僧的画家渐江大师)也在抗清义士的队伍中。还有一位武解元黄赓，休宁商山人，力大无比，武艺高强，善使四十斤重的钢鞭。当地人称他“铁鞭王”。他英勇善战，每战都身先士卒，杀敌如麻。“率乡民十九战，皆捷”。后陷敌军重围，鞭折且马跪，于是怒而杀马，与众多清军步战，在杀死多名清兵后方才突围而去。黄赓在义军队伍中发挥了重要作用，兵败后削发为僧，隐身民间。

早在清兵入关之前，农民起义军已经风起云涌，天下大乱。徽州常遭土匪骚扰。金声在休宁家乡已经联结民众，组织乡勇，训练丁壮，守境安民。“募子弟千五百人，扼诸岭隘，休人赖以无恐。其器械衣装视他队鲜明，故金翰林乡兵之名，籍甚道路。”

崇祯十六年(1643年)初，凤阳总督马士英，在老家贵州招募一支黔兵800余人，由贵州经湘、赣入徽。这伙黔兵军纪败坏，所过之处奸淫掳掠，与匪不分。三月进入祁门后，祁门县令赵文光，安排其于城外祠堂歇息。岂料这伙匪兵“强居民房，民已忿怒。停二宿，渐肆掳掠。二十八日，到塔儿头，杀伤居民杨冬等数十人”，终于激发民变。

金声闻讯后，在无法断定是兵还是贼的情况下，决定“与其贼入而后有悔，毋宁御之而无后悔”，率乡勇在祁门堵塞，将黔兵悉数歼灭。此事传开后，朝野大震，所谓“既怪而惨，遂为江南一奇变”。崇祯帝接到马士英奏报后极为震怒，下旨严办。金声面临重惩之际，幸得忠臣史可法，及徽州籍官员士绅的全力申辩，真相大白天下，方得幸免于难。当年十一月，北京军事形势急转直下，李自成起义军已兵临城门。崇祯帝急急下诏起用金声，然而不及赴京，京城已陷落。

许承尧称这件《黔兵案》，对于徽州人口摧残非常严重：“为明季吾徽一大事。徽人之切齿马士英，固不待南都建国后。”其时，兵匪混杂，投戈横掠，莫逆颜行。“民有触锋刃死者、填沟壑死者、投环死者、相践踏枕藉死者，尸盈原野，鬼哭神惊，始知是贼。因是乡人云集，不介而孚，乃贼之死于民者，不十之二三，而逃亡过半。民之格斗而死者，且十之五六，莫可形容。”

金声领导的义军与宁国、宣城等地民众抗清活动一道，有力地阻击清兵虎狼之师，接连着打了好几个胜仗，收复了被清军占领的宁国、旌德、泾县、宣城等失地，声势壮阔，军威大盛。金声坚持两月之久，直到十月因叛徒出卖，绩溪关隘失守，义军终被剿灭。金声、江天一等兵败被执，英勇不屈，慷慨赴义。在押解途中，经过芜湖时，百姓夹道相送。有徽州乡人说：“先生回来时，我们一定再来路旁恭候。”金声笑答：“再回来，我就一文不值了。”他表示了视死如归的决心。当时南京剃发易服已久，而“声等，莪冠大带而入”，引起民众“道路聚观”，影响甚广。金声、江天一、项远等同时殉难南京雨花台。金声的道德文章皆为世人推崇，他毁家纾难，奋袂从戎，抗清捐躯，壮烈殉国，可谓一代英雄，徽州赤子。温璜在歙城破后也被执见杀，英勇不屈从容就义。

值得一提的是，祁门县书生许文玠、文瑾兄弟，他俩是金声学生，满怀报国热情前来投奔参加金声义军，因为池州推官朱盛侬，写信向金声求助，金声就派许氏兄弟率兵前往救援，不料朱攻打池州失利，许文玠急转回徽州途中闻金声已兵败被执，于是转投南明督师黄道周。此时篆刻巨匠程邃也在余杭县的黄道周兵营里，投笔从戎参加抗清。岂知黄大学士书生气十足，轻信门人婺源知县的假降书，受骗引兵深入徽州，结果在婺源遭伏击大败，黄被张天禄所执，殉难于南京。程邃幸免于难，自称“朽民”“垢道人”隐居扬州，誓不与清廷合作，鬻艺谋生，“以诗文书画奔走天下”。

黄道周兵败被杀，对南明政权打击极为重大。许氏兄弟随三千败兵赴闽欲渡海，因为南明军队派系林立，非但不能联合抗清，反而自相残杀。清兵乘势很快就攻入福建，见此情景，许文玠心灰意冷，为了众人免遭屠刀，他单骑一人赴死，被押解金陵狱中三月，效仿恩师金声不屈捐躯。许氏兄弟的英勇事迹，被载入祁门县志，与金声、江天一、渐江、黄赓、程邃等抗清义士一同在徽州人民当中传颂千古。

明末这场抵抗运动中徽州死亡人口不少，士大夫坚持民族气节，英勇献身，百姓身家财产损失极其惨重。康熙《徽州府志》载：“明末徽最富厚，遭兵火之余，逐渐萧条，今乃不及前之十一矣。”所幸的是，清顺治二年（1645 年）六月清兵占领徽州府城后，没有入城骚扰，更没有屠城行动。“是时，清军骠骑及降将武夫，乘机煽虐，所至地毛为洗。惟张天禄为史可法部将，尚有承平节制，营徽州山上，严戒军士入城。比至次春，淫雨浃旬，父老固请，天禄恐骚扰，坚不下山，与三军暴露。徽人感泣。”①因此徽州城破后既未遭屠戮之惨，复未罹扰虐之害，亦云幸矣。

与此同时宁国府属各县士绅起兵，坚持一、二个月后逐步被灭。清顺治二年（1645 年）八月十六日，坚守到最后的泾县在清兵付出很大伤亡代价后，被数倍于己的清军攻破泾县城池，报复性地把守城军民三千余人全部处斩。以至清将报告道：“王师南下，所不易拔者，江阴、泾县合舟山而三。”在惨烈的江阴保卫战中，徽州典当商人程璧，慷慨解囊捐资支持守城军士。此义举被载入江阴地方志。

但是此后抗清斗争并未停息，顺治十六年(1659 年)，张煌言与郑成功，以沿海为根据地，率 17 万水陆大军联合北征，由崇明入长江，直逼南京。郑成功出征前信心十足，

①许承尧：《歙事闲谭》卷十四。

志在必得，满怀豪情赋诗言志："缟素临江誓灭胡，雄师十万气吞吴。试看天堑投鞭渡，不信中原不姓朱。"张煌言率所部至芜湖南下，"芜湖父老争出，持牛酒犒师，扶杖执香，望衣冠涕泗交下，以为十五年所未见"。这时大江南北各府县相率响应，明军发展到有众二十二万多人，清廷大为震动。

徽州府各县也是难忘故国，积极反清，准备迎接明军入徽。《屯溪区志》转载顺治十六年，唐士奇部"乱兵"数千人至隆阜，即是响应反清明军的行动。顺利沿途南下的张煌言，"经郡县，入谒孔子庙，坐明伦堂，进长吏，考察黜陟，略如巡按行部故事"。这就使广大士林文人得以重睹汉人官威而深感欣慰。并且张部军纪严明，受到百姓欢迎和支持。"所过地方，秋毫无犯，偶有游兵阑入摽掠者，即擒治如法。"史书载张煌言曾在芜湖处斩一名违纪侵扰商人的士兵。

正当张煌言即将到达徽州受降之际，不幸郑成功轻敌，中缓兵之计，在南京为清军袭击溃败，张归路被扼，只有退往江西，途中被湖广清军伏击所败，士卒尽散，张一人单骑突围，避入到祁门山中，再抱病步行走到休宁，然后乘船从新安江顺流而下至浙江严陵，复由严州弃舟走山路，最后安全脱险，长途跋涉二千余里，抵达海滨。遂收集旧部，继续在东南沿海坚持抗清斗争。

历史地位与民族英雄岳飞、于谦并列"西湖三杰"之一的张煌言，这段经过徽州历险的行程，从中可以看出，如果没有当地人掩护引导指路，张煌言是不可能孤身一人走出清军包围圈的。徽州人民在明亡十五年后，仍旧满怀对抗清民族英雄的热爱。

顺治五年 (1648 年) 正月，明降臣江西镇将金声桓，聚众二十万，踞南昌反复叛变。二月，其党羽潘永禧 、陈九思、汪伯升等结寨大山，蹂躏徽州诸县。三月，祁门、黟县、休宁皆陷。陈九思自祁到黟，又入休宁，徽州总兵胡茂祯，率军进击，分别在榆村、西溪南接仗。四月，叛军攻婺源，遭重创。九月，陈九思，被追斩于潭口青石。十月，清军收复祁门，歙县吴国桢率众参与叛乱，被清兵擒获。十二月，叛军全线溃败。这一年动乱，徽州遭受损失严重，死亡人口大增。

康熙十三年 (1674 年)，滇、闽、粤"三藩"作乱。耿精忠遣宋标等部将出闽攻陷江西饶州。八月罗其熊，率兵由饶犯徽州。先后占据婺源、祁门、黟县，镇将胡呈祥，在休宁龙湾被击败。之后，休宁、黟县、绩溪、歙县府城并陷落。"其时耿军至徽，乡人士之素负令名者，感思旧君，梦想光复，半皆浆食欢迎，与通款曲。不意一战而溃。耿军退，而徽人乃大受其祸。"[①]九月，朝廷高度重视平藩战事，派江宁将军额楚与巴尔堪[②]，亲自率大军进剿，总督阿席熙、安徽巡抚靳辅，皆遣军会。于绩溪西北击败万余耿军，收复绩溪及府城，生俘宋标，磔之。陆续又收复其余各县，安徽提督王永誉

①许承尧：《歙事闲谭》，卷六"黟兵案"。

②康熙《徽州府志》作巴山，实误。

率所属兵移守徽州。此战斩获降抚甚众。时间虽短至二月余，但是徽州百姓大受其祸。这次战祸，人口死亡情况无载。

康熙年间人口变化 清王朝统治中国后，恩威并施。宣布以明代的一条鞭法征派赋税，并且免除一切杂派和“三饷”，减轻人民负担，规定各地征收田赋一律按明万历年间册籍征收。同时，沿明旧制编审人丁，朝廷令县官通稽境内民数，凡男子16至59岁为丁，造为黄册，60岁以上者则不登册。初始定三年编审人丁一次，后改为五年一审。康熙二十五年(1686年)以五年编期太宽，地方官吏易于从中作弊为由，命令地方按年份上报人口，且与五年编审相辅进行。并且采取多种措施，招徕流亡、奖励垦殖、兴修水利，鼓励发展农业生产，因此人口在战争后逐渐恢复创伤，与日增长。

徽州在清代人口资料缺略更多，地方志中只记载丁口数，全府人口、户数无从查找。顺治十四年（1657年）编审，徽州六县人丁额为206907丁(其中包括婺源县有江西乐平、德兴两县寄庄人丁87丁)。但是这个出自《江南简明赋役全书》中的数据，明显地把徽州府的户口、人丁数弄乱了。细查府属各县名称，把不属徽州的宣城、南陵、泾县、宁国、旌德、太平等县列入，又把属下的婺源、祁门、绩溪、黟县列为池州府名下，因此这个数字是无效的。但除此之外清初无其他数据可参考。

康熙六年(1667年)建安徽省，把原来隶属江南省的这块地区单独划出，取安庆、徽州二府的头一个字组成省名①。从中也可领悟出徽州在省内的地位，安庆是首府省会，巡抚驻地，“安”名列“徽”前面是可以理解的。取名并不难，建省过程却是颇费周折。管理钱粮财政的安徽布政使一直留在江宁，至乾隆二十五年(1760年)才迁驻安庆。不过，终清一代，安徽、江苏两省的科举乡试却始终没有分开。安徽学使署也只能就近设在太平府(当涂)。因此，徽州秀才“秋闱”参加省试要直趋南京江南贡院。

康熙皇帝对越来越大的人口压力有清醒的认识。康熙四十八年(1709年)，他在祈谷的祭文中称：“承平日久，生齿既繁。纵当大获之岁，犹虑民食不充”；又接着祭告：“本朝自统一区宇以来六十七八年矣，百姓俱享太平，生育日以繁庶。户口虽增，而土田并无所增，分一人之产供数家之用，其谋生焉能给足？”四十九年称“民生所以未尽殷阜者，良由承平既久，户口日繁，地不加增，产不加益，食用不给，理有必然”；五十一年又称“米价终未贱者，皆生齿日繁，闲人众多之故耳”②。

鉴此人口与粮食矛盾日渐突出，康熙五十一年（1712年）颁令，废止“五年审丁，老减壮加”的人口管理办法，朝廷把全国的丁赋份额，以1711年的全国丁额为准固定下来，以后额外添丁不再多征。明令“滋生人丁，永不加赋”。雍正初，清廷进一步采取“地丁合一”“摊丁入亩”的政策，把康熙五十年的丁银平均摊入各地田赋银中，

①安徽建省有一个较长时间过程。一说康熙元年；一说康熙十五年。

②《清史稿·圣祖本纪三》。

一体征收。从此往后，丁银就完全随粮起征，成为清朝划一的赋税制度。乾隆三十七年(1772年)又规定，每年只调整“滋生人口”，依照保甲门牌登记，仍循顺治、康熙以来惯例，由户部令各直省督抚按年于十月同谷数造报。这些办法的实施，使得封建国家对农民的人身束缚大为削弱，客观上有利于人口的自由流动和人口增加。也就是这项历史上最重要的人口政策，刺激了中国人口持续高增长，在以后的一个半世纪里，中国人口激增至四亿。

徽州府在清康熙五十年统计：通府原额人丁二十万五千七百八十六丁。自顺治十四年起，至康熙五十年止，共编审续增人丁一万一千七百(零)三丁，共人丁二十一万七千四百八十九丁。

为方便比较，改用阿拉伯数字表示，即是指通府“原额人丁”为205786丁，自1657年起到1711年，54年间共编审续增人丁11703丁，合计为217489丁。

如前所指，出自《江南简明赋役全书》的原额人丁数据属无效数字，因此与康熙五十年的全府丁数并没有继承性。而所谓“原额人丁”，是指明朝留下来的数据，江南基本上是用户籍数乘以两倍替换为丁数。徽州54年间在原额人丁的基础上，增加人丁11703丁，丁数的年均增长率不到1‰。按照丁数与全国丁数同口径对照，此时徽州占到全国的0.88%，比明初人口占全国的比例略有下降，就这个丁数而言，仍然是处于较高的水平，雄踞全省各州府之上。全国人口在明末农民大起义和清兵入关的战争中损失惨重，对以后的发展带来深刻影响。直到康熙年间，耗费一百多年时间，才恢复至明末的人口规模。对此雍正帝曾说过，在那个改朝换代的非常时期，“中国民人死亡过半”。而到道光十四年(1834年)，中国首次向世界公布的人口数目超过4亿，徽州人口数(推测结果为270多万)此时只占全国的0.63%左右。与明初人口占全国0.97%、清初的0.88%的比例加以对照，显而易见，在全国人口高增长的态势下，徽州仍然保持原有的平稳状况，始终以年均低于3‰的增长率缓缓地前移，徽州人口增长步伐大大低于全国平均年自增率8.4‰。

人口长期低速增长，究其原因，对于大量人口从商的徽州社会来说，流动外出造成的机械性人口减少是其中主要因素。自从明代中后期开始，随着人口流出，不少人“多留不返”，入籍客居地的人口不断增多，康熙《徽州府志》十分明确地指出：“徽之富民尽家于仪扬、苏松、淮安、芜湖、杭州诸郡以及江西之南昌、湖广之汉口，远如北京，亦复挈其家属而去。甚至舆其祖父骸骨葬于他乡，不稍顾惜。”[①]这些在大都会事业成功的徽州富民，不仅挈妇将雏、携家带口而去，而且还运送祖父骸骨迁葬异乡，其目的就是要将户口入籍他地，改变自己籍贯，义无反顾彻底告别故乡。

清中叶徽州人口增长　清代地方志中人口数目记载缺失太多，如果按照道光《徽

①赵吉士撰康熙《徽州府志》

州府志》所载的都、里统计表，与明代比较，全府编里数目在二百年间增长 34%。每里原定 110 户，实际上随着人口增长，每里所辖户数也在增加。徽州六县随着人口增长进行过多次调整，每里均超过原来的 110 户标准，明初洪武二十四年（1391 年）即达到每里平均有 159 户之多。

同时全府总的里数必然要随着人户增加而增加，徽州六县从明代初期的 597 里，增加到清代的 797 里。基层组织的里数增长，同样也反映出人口增长速度，只是清代初期人口统计单位用的是“丁”，即全府平均每里已经达到 273 丁。由于丁数与户数无法换算互相比较，因此不能对此作进一步的量化分析。但是从各县的不完整人口统计数据中，还是可以和全府的人口数量相对照。

具体分析各县地方志记载的人口数目：歙县统计道光年间有 114950 户，男女大小总计 617111 口，户均 5.37 人，此时歙县人口达到历史顶峰。而且这次分别统计出男女人数，计算出性别比为 120.7:100，总人口中 16 岁以下未成年人占 35.6%。这个数字较为真实可信，不仅有性别结构，还分析出年龄结构，统计数据比较完整，十分难得。自从雍正初期实行“摊丁入亩”以后，人口数与赋税脱钩，瞒报漏报现象相对较少。

而同治《祁门县志》记载，嘉庆中、道光五年，清查户丁报部实数为 31757 户，大小男妇丁口 470279。每户超过 15 人，由此可以看出这里面有明显的错误，或是人口虚假，或户头隐漏。 据 2012 年新版《祁门县志》称，由于棚民大量涌入造成人口统计数据波动，棚户人口难以确定所致。

黟县嘉庆十五年清查保甲，统计全县有 33605 户，246478 口。其中列有民户 33225，屯户 380。这个数据较为正常，当时全国编写《一统志》，朝廷下令各地都要先修志，调查统计人口，以便全国汇总。官府通过整顿农村基层保甲组织，知县孙维龙，奉抚、藩二宪令，不得不“躬履四乡，清查保甲”。在此基础上清点人户，由于检查督促认真，县令亲自深入乡村，因此统计的人户数目比较准确。这是黟县历史上最可信的人口数据，但每户平均人口偏高，达 7.33 人，显然其中仍然有疏漏之处。

按照全府人口数比较，休宁县人口数据缺略最多，道光《休宁县志》载丁口数漏误百出，在全国、全府人口增长最快的百年间，全县人口居然有减无增，这是很不正常的。有史以来，徽州六县中休宁人口仅次于歙县，远多于其他县。在明代初期，歙县人口占全府的 30%，休宁人口占全府的 27%，明末清初的战争，对两县人口的损失不会相差太大，此外，并没有什么伤及人口的大事件发生。参照《皖省志略》嘉庆二十四年 (1819 年) 所记载政区人口数量表，休宁县此时“额丁”65238，“滋生人口”即总人口为 585051。分析这个缺失户数的人口数据，并且对照行政区划来看，乾隆时期歙县有 37 都 278 里，平均每里 207 丁，全县共 75146 丁；休宁有 33 都 221 里，每里平均 298 丁，全县共计 65931 丁。两县丁数对照比较，休宁丁数为歙县的 88%。两者相差并不大。因此，这个不够完整的人口数据基本上是可信的。

按照上述分析，可以推测，清朝道光年间徽州人口总数极有可能超过 270 万，其中包括侨寓外地经商和从政、从教、从技的人口，他们户籍大多仍在家乡。

太平天国运动失败后，仍然处于战后恢复期间的光绪三十年 (1904 年)，全府 829066 人中，寄籍人口 90191 人，占 10.1%。而这时《皖政辑要》统计的“寄籍”人口是指通过招垦从外地迁入徽州的移民，并非居住外地的徽州人。例如歙县志载统计数，全县 194857 人口当中，包括寄籍 5624 户，25087 人，即是外地迁入的人口，该县寄籍人户所占比重略高于全府平均数。

清代若干年份徽州分县人口简表

表 1–7

县名	顺治十四年 (1657 年)	康熙五十年 (1711 年)	乾隆 (1736—1795 年)	嘉庆 (1796—1820 年)	道光 (1821—1850 年)	同治 (1862—1874 年)	光绪二十九年 (1903 年)	(参照) 1928 年
歙县	72647 丁	75146 丁	约 58 万口	605693 口	114950 户 617111 口	57477 户 309604 口	194857 口	76451 户 343538 口
休宁	63795 丁	65931 丁	约 56 万口	585051 口	约 59 万口	约 5 万口	9687 户 58412 口	40294 户 188606 口
婺源	17701 丁	32998 丁	42853 户 142190 口 (上述有误，应有 53 万口)	553630 口	约 56 万口	约 10 万口	约 15 万口	46831 户 199521 口 (其中男口 111915)
祁门	10269 丁	19572 丁	20519 丁 应有 45.5 万口	31445 户 486734 口	31757 户 470279 口	23136 户 100249 口	约 10 万口	22160 户 98530 口
黟县	32226 丁	12829 丁	22993 户 126145 口 (应有 22.5 万口)	33605 户 246478 口	约 25 万口	19097 户 53967 口	9900 户 40729 口	66432 口
绩溪	10269 丁	11100 丁	171146 口	193161 口	221374 口	约 4 万口	17160 户 86865 口	19588 户 93037 口
全府	206907 丁	217489 丁	2564674 口	2679423 口	约 270 万口	约 62.3 万口	829066 口	984355 口

说明：上表数据抄录各县地方志，并参照《清朝一统志》《皖省志略》予以填补，再有缺略处用推算法补入约数。由于《皖省志略》中分府、县数字误差太大，仅作比较参考。1928 年统计数据列入表中作为对照之用

表内统计数字说明：

(1) 清初前期户籍统计均用“额丁”或“常额人丁”计，此时“丁”代表赋税单位，

并非户口，由于最初的丁数，即“原额人丁”，是用户数折算过来的，所以丁数当中也含有人口，可反映户口的增减变化(当时徽州每丁科银定为一钱一分七厘七毫九丝四忽)。

(2) 康熙五十一年（1712 年）之后，废止黄册五年编审制度，以后又实行摊丁入亩，丁有时与口混用，丁数代表成年男子人口，口数代表成年女性人口。表中祁门统计的丁数，据分析仍是沿用旧丁册记载入志的【歙县、祁门直到乾隆三十一年（1766 年）还在统计滋生人丁，而此时“滋生人丁”在很多表格中又代表全部人口。嘉庆以后则用“滋生人口”代表总人口】。

(3) 清后期统计习惯，简化为用“口”代表总人口，本表中口数，即是全部人口数。

(4) 徽州人口峰值应该在咸丰初年，与全国、全省的人口增加数量情况一致。按照明初标准值推测，以保守的年增 3‰约计，400 年增加 3.5 倍得出 270 万人。参照歙县、黟县、祁门的志载数，道光年间的人口数量已经达到270万之数，同时推算出休宁、婺源、绩溪三县所缺人口数。《安徽通史》(2011 年版)引《中国人口史》推算数，将咸丰初年当时徽州府人口数量复原定为 271.5 万，这是相当保守的数字。即使按照乾隆至嘉庆间 50 年的增长速度 0.8‰推算，道光以后 30 年的增加值也达到 7 万以上，但是始终未搜寻到咸丰年间人口资料，所以这个峰值缺乏各县数据支撑，未予采用。明清之交的人口，受战争影响有所损失，也已估计在内。同时根据歙县道光年人口约占全府比例 30% 的记载，以及祁门、黟县的人口数据加以修正，徽州人口巅峰值志书确定为更加保守的 270 万人。各县人口峰值数同样推测，并参照各占全府比例予以适当调整。

(5) 歙县统计光绪二十九年（1903 年）人口数 19 万多，疑是同治时的数字，前后发生颠倒，与 1928 年统计数 34.3 万人口不相继承，由于尚未查找到可靠资料，上述表格中只能暂时维持原状。

(6) 由于光绪二十九年(1903 年)全府人口总数采录自《皖政辑要》，这个数据来源有疑义，书中记载是确数，因此与有的县是约数无法对应。

清初原排名全省各州府首位的徽州人口，到嘉庆二十四年（1819 年）已跌落为全省八府的第七位，仅高于只辖有三个县的太平府。连池州府也达到 280 万余人口。与相邻的宁国府比较，乾隆时尚少于徽州 20 多万人口，到嘉庆间已超出 70 余万。徽籍学者洪亮吉和凌廷堪合编的嘉庆《宁国府志》中，人口记载较齐整，各县自乾隆三十二年（1767 年）到嘉庆十年（1805 年），纪录有多次人户详细数据。现择太平县两个年份统计数如下：①

①据《皖省志略》记载，嘉庆二十四年(1819)太平县为283563人；1928年人口数为81911。这两个数据可作太平县人口峰值和谷值进行比较使用。数字来源同上。

乾隆四十四年 (1779 年)，太平县 41357 户，男妇大小丁口 250219 口，户均 6.1 口；嘉庆十年 (1805 年)，太平县 42910 户，男妇大小丁口 272677 口；户均 6.4 口。

这些数字也并非无懈可击，不仅疏漏舛误太多，而且如户均人口数较高；在 26 年内人口仅增加 1550 人，年增长率太低。

清道光十四年 (1834 年)，全国人口超过四亿，达到新的顶点。此时徽州人口占全国的 0.63%。咸丰元年 (1851 年) 全国清册人口数更是达到 4.31617 亿之数。只是这个年份徽州人数 (甚至没有一个县记有此时人口数据) 无任何文字资料记载，无法做出比较。但是完全可以确定，徽州人口占全国比例自明清以后在逐级递减，这是历史上无可更改的大趋势。

若干年份徽州占全国人口比重统计表

表 1–8

时　间	全国人口	徽州人口	占比（%）
宋 宣和年间	2088 万户	12.74 万户	0.63
明 洪武年间	5987 万人	58.1 万人	0.97
清 康熙年间	2462 万丁	21.75 万丁	0.88
清 道光年间	40000 万人	270 万人	0.63

清代徽州人口占全省比重统计表

表 1–9

年　份	全省人口	徽州府人口	占比（%）
康熙三十年（1691 年）	1314431 丁	217489 丁	16.54
乾隆十八年（1753 年）	24623564 口	2564674 口	10.4
嘉庆二十四年（1819 年）	34925494 口	2679423 口	7.7
道光三十年（1850 年）	37611000 口	2700000 口	7.2
同治十二年（1873 年）	14500000 口	623000 口	4.3
光绪十八年（1892 年）	20596088 口	829066 口	4
宣统元年（1909 年）	16229052 口	830000 口	5.1

说明 ：上面二表内数据取自《安徽省志•人口志》1995 年版

棚民入迁　清中叶，大批外地贫穷棚民徙举徽州山区，搭棚居住，开矿烧炭、种植苞芦，被称作“棚户”。

由于他们乱砍滥伐，破坏植被，造成严重的水土流失，引起当地士绅百姓的强烈不满。在一片驱棚声中，清廷采取积极慎重的处理措施。一部分棚民最终在徽州各地生存了下来，成为合法的编户居民。他们带来的番薯、苞芦等新作物品种，也在徽州生根发展，得到广泛传播。因为这些农作物耐旱耐瘠，适合在贫瘠瘦土种植，徽州大片丘陵地带乃至山地被开发利用，“垦山为陇，列植相望”。使得土地利用范围更加扩大。苞芦即玉米，可以种在陡峭的山坡上，山区农民用它可抵半年口粮。“山家岁倚之，以供半年之粮”，但是过度垦殖也使徽州山区水土不能保持，造成“童山濯濯，河溪断流”。因此，自然生态系统遭到严重影响。

嘉庆十三年（1808 年）统计，全府符合编户入籍的棚民人数为 8681 丁口。其中祁门县最多，计有 3464 丁口。这里的计数单位“丁口”，应该是指成年男女人口。这部分人口均是盛年劳动力，对徽州山区生产有重要影响。当时徽州强壮男子大多数出外经商，家中只留下老弱病残，妇女小孩居多，非常需要劳动力输入。他们的进迁，正应本地急需。

这批移民应该是徽州历史上迁移入境人数最为集中的一次，其规模、声势超越过去历史上任何一次人口迁徙，对徽州人口状况产生重大作用。前后约五十年间，数十万正值盛年的劳动人口迁入徽州，这是徽州历史上的重要大事件。

清后期人口减少 咸丰初年，太平军在广西金田村起义，咸丰三年（1853）年二月二十四日攻占安徽省城安庆；三月二十九日克南京，建立太平天国，定都天京。咸丰四年（1854 年）二月先后进占祁门、黟县。咸丰五年（1855 年）初，再次攻占黟县，三月二十三日攻破休宁，三月三十日攻占歙县以及各县，由于没有驻军设防，太平天国大军撤离后，徽州又被清军占领。咸丰六年（1856 年）四月，为解天京之围，石达开率大军自江西再次进入徽州，分克婺源、祁门，及其余县。之后，太平军与清军曾国藩部在徽州境内交战达 12 年之久，双方出动十万以上主力军队，寸土必争，你来我往，激烈异常。由于徽州地形险要，是太平天国都城天京的西南部外围屏障，为整个东南地区的制高点，控制这里就能掌握战争主动权。因此，徽州成为两军殊死搏斗的主战场。战争期间，黟县县城十一次被双方反复争夺，祁门县城两军七进七出，休宁县城六进六出，婺源县城三进三出，歙县府城双方多次易手，惨烈战火使徽州受到极度破坏，大片村镇废为焦土，人口大减。

据《安徽通志稿》(1934 年铅印本）统计，战争期间，徽州下辖六县中，黟县、绩溪各被太平军攻占 15 次之多 (《黟县志》载 17 次入黟，并记有进退准确时间）；祁门、婺源各 11 次；休宁 10 次；歙县 4 次。六县共被太平军攻占 66 次之多，平均每县 11 次，远远高出其他战区。由此可见徽州战事的激烈程度和战略地位的重要。

徽人黄崇惺在《凤山笔记》中翔实记录战争情况，文中对战争死亡人数作如下述说：

“庚申之乱，徽人之见贼遇害者才十之二三耳，而辛酉五月贼退之后，以疾疫亡十之六七。盖去其家已十阅月，草间露处，虽大雨雪无所蔽，魂魄惊怖，无所得食，日夜奔走而不得息。当是时，家室流亡之苦，与夫屋庐残毁之痛，犹未暇计及也。比贼退，各还其家，惊悸之魄既定，顾视家中百物乃无一存，而日食之计一无所出；或骨肉见掠于贼，渺然不得其音问。愁苦之气，郁于其中，而兵燹之情，动于其外，于是恤然而病矣。

又贼未退以前，乡村粮食已尽，往往掘野菜和土而食。

贼既退，米价每斗至二千钱，肉每斤五六百钱，日不能具一食。绩溪近泾太之乡村，有至于食人者。于是饥饿而毙者，亦不可胜计。"

从中可知，这场战争直接刀枪杀死的占死亡人口的十之二、三，而死于疫疾和饥饿的占十之六、七。其中死于鼠疫的人数最多。疫情还出现在湘军提督鲍超的兵营中，每天都有成百的兵士抬出营地，鲍超自身亦病。驻徽清军总兵黄庆、道员张运蓝、知府伍华翰、黟县知县张某、皖南兵备道姚体伦，这些大员均染病死于军中。按察使曾国荃部下军士染病者万余，水师统领杨岳斌，亦染病军营，因病减员导致军队战斗力严重下降。

在皖南各个战区，从曾国藩呈文上报中可以看到徽州邻郡战罢的惨状：同治元年"暑疫大作，疾疫殁者十分之二三，患病者十之三四，其能出队者不及四成。宁(国)郡初克，遗民降将不下二万人，商贾及居民入城者数千人，两月以来，兵民疫死者二三万人。行路者面带病容，十居八九，城内外五六里臭腐不可堪忍，沿路尚有尸骸，有的旋埋而掩埋之人旋毙者，城河三里许，漂尸蛆生，或附船唇而上，城中之井近城河水臭浊不可食，食之者辄病"①。又记有"鼠白日出洞，不畏人"，"塘坝边死鼠相枕藉"等。此文中证实徽、宁等地战后鼠疫暴发，湘军染病百分之四十左右，每天都有死人尸体抬出兵营。地方上的无辜百姓更加可怜，尸横遍野，无人掩埋，道路枕男藉白骨，惨不忍睹。

与此相应地，民国《歙县志》有载："同治元年(1862年)大疫，全县人口益减"。歙县县志主编许承尧称："惟咸丰间兵事，歙人受祸实为奇酷，烽燹所至，闾里为墟，幽壑深岩，逃匿无所，全县人口十损七、八，妇女之抗节守义，宁为玉碎者多至不可胜计。"

歙县同治八年(1869年)编造"调查户口灾数表"，57477户，人口总计为309604口，编者称，这个时候的全县人口，经过数年恢复仍不及道光间之半。（实际上此数据笔者怀疑有误，与光绪间人口数前后颠倒，与户数57477对照，这时应为194857人比较合理，尚不及道光间61万多人的1/3）。

全府情况与上述相似，但是人口损耗严重程度则过之。休宁县"人百一存"，减员最多，死亡人数达到90%以上，县城和万安、屯溪等人口集中地经反复争夺，几乎

①《曾国藩全集·奏稿》二十、二十一卷。

夷为平地。《皖政辑要》载，光绪三十四年（1908 年），休宁仅剩 9687 户、58412 口人。这个时候虽然已是经过四十年休养生息，还有不少招垦而来的外地移民入境，人口数量仍然掉入谷底，只有战前十分之一。从此往后，徽州府六县人口数量位次改变，休宁县与婺源县置换，降为第三。战后徽州全府人口由 270 多万锐减至 62.3 万，折损 75%。

徽州经过长时期兵火、疾疫交加，有很多的村庄几乎绝户，无辜百姓非死即逃。“人民惊走，闾里为墟。”“人物凋耗，田土荒芜。弥望白骨黄茅，炊烟断绝。”绩溪县宅坦村，战后人口已经“百不存一。疮痍满目，十室九空”。上庄胡氏宗祠落成时 (道光年间) 全族共有 6000 多人，盛况空前。同治四年 (1865 年) 冬至会祭，查点人口只剩下 1200 人，战后仅存十分之二的村民，一片凋残景象。

战争中妇女的命运更加悲惨，徐珂在《清稗类钞》中写道：“同治壬戌，粤匪难作，江南几无孑遗，徽、宁、池、太等郡男丁百无一二。有妇女随人，不计一文钱，而任人选择者，且有潜藏金叶珠宝于身，以购妇而致富者。先是，皖南山多于田，人习懋迁，重商贾，轻稼穑，俗尚奢侈，家蓄资财，急金银，缓谷米，岁恒仰给于外，稍歉缺，即有钱无食。闻寇入境，恋家而不远徙，坐以待毙，老幼男丁非杀则掳。惟余一二妇女，无所依归，故携其劫掠余资，以苟延残命耳。”

“饥民乏食，家室流离，而各处匪徒遂从中捎贩妇女，贪利昧良，不可究诘。沿至今日，若视为故常。此风于皖南各属为尤甚。”

战乱对徽州经济的破坏极为严重，百姓元气大伤。曾国藩为搜刮饷银，纵军挖掘徽州富家窖藏的金银，多年积蓄被抢掠一空。

而遍布江南市镇的徽商受到的打击更是致命。曾经鼎盛一时、执掌商界牛耳数百年的徽州商帮从此一蹶不振，走向衰败、沉沦。在长江中下游地区、京杭大运河沿岸、赣江入岭南一线，这些徽商经营活动的主要区域，也正是太平军与清军交战最激烈的地区，十多年持续不断的战事，使得徽商在这些区域的传统贸易几乎中止，盐、典、茶、木等徽商支柱产业均遭到严重冲击。在江南市镇的商业经营更是近乎瘫痪。太平军所到之处，抄没富民商铺，沉重打击了资本丰厚的徽商，阻碍了商业的发展。同时，清廷为筹集镇压太平军军费开征厘金，并将其演变成全国性税种；为筹措军饷，徽州茶税也历年递增，大幅提高税率，深为民累。

《歙事闲谭》记称：“徽商满天下，西省厘金半出于徽商。”政府庞大的军费开支，落在商家头上，使得大量商业积累被分割，徽商资本元气大伤。不仅如此，徽州本地富商还要持续为地方团练与驻军捐资助饷。地方团练在保家护族、防止散兵游勇和土匪侵扰以及协助官军抵御太平军上发挥了重要的作用，对太平军的战略部署造成一定的钳制。不过，由于当地缙绅大量逃亡，部分绅商为维护自身实际利益，不愿公开与太平军为敌，因此，徽州团练不如皖北和沿江圩区的凶悍。

逃生寓居绩溪县宅坦村的金陵名士、祖籍歙县潜口的汪士铎，在《乙丙日记》中所记：在绩溪“团练之难，富者不出财欲均派中户，贫者惜性命欲籍贼而劫富家，中户皆庸人安于无事，恐结怨于贼。为官所迫，不得已布旗一面搪塞，官去则卷而藏之，此今日之情形也”。

绩溪文人曹向辰，有诗《徽练难》，更加尖锐地揭露地方团练的弊害：“天下大患患不止，寇氛未近团练起。官和诸绅绅和官，动云奉宪更奉旨。富者出钱剐心肝，百计谋求犹未已。说不尽吸髓与敲肤，苛政直直猛虎耳。捐得白银果奚为，堆来如山用如水。”“耀武扬威括厘毫，可笑贼来善脱逃。”“团练难难难，徽州未曾驱民害，反觉添民残。养兵千日养你抢，为勇即系为盗端。”[①]

皖抚福济，在一份奏折中称：“皖省自军兴以来，各邑绅士往往借团练之名擅作威福，甚且草菅人命，攘夺民财，焚掠村庄，无异土匪。地方官不敢过而问者，以其假托钦差之名，不受牧令约束，以致一切公事掣肘多端。卒之，所办团练尽属虚声，全无实用，徒供其营私肥已，扰害闾阎。”[②]如祁门团练分乡设局，在城曰“梅城”，东乡曰“合志”，南乡曰“一心”，西乡曰“同志”“同心”“敬胜”“义胜”“锦城”；曾国藩驻节祁门时一度于1860年裁撤团练，1863年皖南道复举团练，东乡分二团以合志局总之、南乡分三团以一心局总之、西乡分五团以集成局总之、北乡添设大胜团，每团按户选勇，按村出资，分巡守岭。[③]

太平军初入徽时在休宁颇受民众拥护，据陈霞朱氏、石田汪氏宗谱记载，上溪口石田村就有汪堃麟、汪塾麟、汪坚麟三人，陈霞村有朱宠瑞、朱桂瑞等村民，投奔太平军，入伍随军转战各地，一直未归，下落不明。

《凤山笔记》中写道，在徽州用兵六年时间里，“六邑捐输数百千万”。《徽郡难民公檄》指出：“徽郡六邑，地当冲要，山险民稠。自军兴以来，助饷捐赀，盈千累万。”《休宁县众绅士公禀曾督宪》亦称，徽郡六邑“递年捐资助饷，不下数百万两”。再加上地方团练、散兵游勇、湘军的长时间掳掠，造成全府各家各户世代所积化为烟云，为之一空，徽商财货及商业资本被战火洗劫付之东流。

对此各姓家谱中多有记载，如绩溪胡祥麟，“贾宣城，利市倍，老于贾者谢弗及焉。已而贼至，丧其业”。再如随父经商于淳安的王元奎，“洪杨之役，公侍其父偕兄随湘阴左文襄营。后经商避乱二者并行，以为可保无虞。不意父年迈衰颓，遇匪竟以身殉。是时东南各省，群盗如毛，信息梗阻。公以家人离散，父又死难，痛不欲生，誓死杀敌，

①胡在渭辑：《徽难哀音》中编《诗歌》。

②转引自《安徽通史》《清代卷上》，第407页。

③同治《祁门县志》《杂志•记兵》卷三十六。

以报父仇。既思徒死无益，因勉节哀思，勤理旧业，冀以承先人之志。厥后乱平归里，萧条四壁，不复成家，仰天大痛”。

更有无辜冤枉屈死的，不在少数。《徽难哀音》的作者指出：“(徽商)贸易经营，来往长毛地，途遇官兵盘诘，心惊悸，口语支吾，当作真奸细，屈死孤魂，来受甘露味。”[①]战争造成的创伤，在众多家谱中，诸如“宗族被灭”“祠宇圮坏”“焚烧数百家，伤亡数十人”等语句比比皆是，不胜枚举。

战时徽州府撤销，与江南其他州府合改为徽宁池太道，道衙先驻芜湖后驻宁国，属浙江巡抚暂代管。1855年7月，清廷鉴于“皖南中隔大江，贼氛遍地，文报梗阻，巡抚不复能过问”，旨命暂改安徽宁池太广兵备道为徽宁池太广道，加按察使衔，准专折奏事；并添设皖南镇总兵一员，准其会衔专折奏事。因芜湖及宁国距两江总督、安徽巡抚驻扎处所较远，所有协防筹饷事宜着浙江巡抚暂行督办。同年，因歙籍户部侍郎王茂荫推荐，清廷又指派原江西巡抚张芾，赴徽州驻府城筹办皖南军务。

相邻的宁国府各县如同曾国藩呈文所云，徽、宁两府受祸最重，因战后尸首处理不及时，造成鼠疫流行，最严重的广德县，土著居民几乎全部感染瘟疫，仅剩一个小山村得以保全。《广德县志》载，太平军撤退后，“瘟疫又起，尸体枕藉，道路荆棘，几数十里无人烟，州民旧有卅余万，遗黎六千有奇，生民以来未有之奇灾”。由于鼠疫病情异常严重，“民存者无几，田地荒芜，江督曾侯出示招垦，于是楚豫各省之民络绎来归，坌集境内并入籍与考”。同治四年（1865年）广德县仅剩有2629户、5078人，加上迁入客户383户、1250口人。随后到光绪五年（1879年），由于不断迁入的豫、湘、鄂各地客户方才增至二万多户，十万人口。《宣城县志》载：“洪杨之役，土人丧亡殆尽，厥后湘、鄂、豫诸省及本省巢、肥等县人民迁徙来宣，插草标界，划地垦殖。经年贼扰，田地全荒。”宣城县战后移入客籍农民约占90%。同样如此，宁国县“五月瘟疫流行，全境死亡枕藉，无人掩埋。据老乡言，宁国民死于锋镝者十之三，死于瘟疫者十之七”。这些记载说法基本上与徽州情况一致。

清代以前，国家对瘟疫的救治一般都采取在地方设“惠民药局”，给病人适当的救治。但是清廷并没有继承这一措施，没有下达设惠民药局的指令，仅少数瘟疫之年建有临时施药之所偶尔起点作用。时至咸同以后，国势日衰，内忧外患交困，国家也没有能力给予地方发生瘟疫更多的有效救治，无法及时消灭疫情。所以史书少有记载在瘟疫重灾区采取的救治措施和方法，上述曾国藩的一系列奏折中也未见提出具体救治民众的意见。因此，徽州在大面积瘟疫爆发之后，多半是“百姓逃亡”，任凭患者“自

①胡在渭辑：《徽难哀音》。

生自灭”，黎民饱受疾病之苦。缺少政府救治保障措施，更加增强了瘟疫的杀伤力，加快造成人口大量死亡。

战争期间，对严重流行的疫情，徽州民间士绅自发组织百姓施药救助，掩埋遗骨。休宁县城北街名医叶昶，以治温热病有奇效而闻名，他在休、歙等地自设药局，送医施诊，治愈大量病人，抢救了很多宝贵生命。黟县胡梦龄，精医术，不但医治本地病人，而且“石埭、太平人多避黟。疫大作，梦龄日往诊视。好义者资以汤药，全活甚众”。黟县吴有政，“属子孙行善事。同治二年，避贼山中者资粮不继，裔孙兴岱，以遗资命侄孙宗祐，分济，全活甚众。及寇退，又命侄孙宗苑，监拾白骨三百余石，掩埋义地，立碑时祭”。黟县吴如灿，置本乡义冢。咸丰十年（1860 年），其子吴茂才等在太阳埠捐资捞尸 300 余具，并捐米赈济灾民。①

祁门士绅殷户倡设同善局、勉济局、生生局、恤孤堂，向祁邑旅外商人募捐，筹款对生者施米，病者施药，死者施棺。并且截留外流妇女，收养无依孤童。县人汪承篚在《致汉口各处新安会首》信中说：“干戈未定，瘟疫盛行，施棺日逾百具。”至同治元年，“即棺木一项，计数已五万四千有奇”。随着军事失利，太平天国节节败退，徽州各地先后被清军克复。

战争浩劫过后，徽州人口减少大半，往往数十里寂无人烟，村庄被毁，十田九荒。同治三年（1864 年），清廷谕旨招集流民垦荒，各州县出示晓谕，无论土著、流寓，出具切结声明，年岁、籍贯、户口、人数，邀同本处绅董出具保结，均准认田垦种。同治四年，两江总督曾国藩、安徽巡抚乔松年，奏请朝廷蠲免钱粮、杂税。这些措施使刚刚脱离战火的徽州人民得到休养生息，有利于恢复生产，稳定人口。《皖政辑要》统计，徽州寄籍人口 90191，土著人口 738875，寄籍人口仅占 10.9%，而邻近的宁国府寄籍人口则占到总人口的 36.1%。此处的寄籍即是招募来的外来人口。②

劫后余生者努力重建家园，在抛荒数年的田地上恢复生产，此乃当务之急。同时迅速恢复了宗族组织，在徽州这也是和吃饭一样重要的大事。

绩溪宅坦胡氏重修族谱云：“(太平军与清军)久战于江南，吾乡无一片净土。公私焚如，百不存一。虽同治中叶战难削平，而疮痍满目，十室九空。”不仅本地人口大量减少，而且宗族组织遭严重破坏，“洪杨劫后，死伤流离，数典忘祖者比比，寻坠绪之茫茫，洵戛戛乎其难之”。由于宗祠毁坏，谱牒、亩册多付之一炬，供奉祖先的总牌、单牌也大半遗失，胡氏族人不得不重新考核祖先中的“百世不迁之主”“能干”等对家族有特殊贡献者名字，以及入祠奉祭的普通族人的名字。这件重大事情与

①光绪《重修安徽通志》卷二五五，《人物志•义行》。

②冯煦：《皖政辑要》卷十五，《户籍》。

祠堂重建一样，同属宗族记忆文本恢复工程，而且更为细致复杂。据载："自遭兵乱，祠谱无存，总牌亦遗失大半。辛未年(1871年)迁主之役只得照各门支谱誊作底本，另写总牌。惟仓卒蒇事，多有未惬心之处，更望下次迁主详加斟酌，以臻妥善。"

人口骤减，造成土地充裕，农业生产得到及时恢复，很快使得农民生活水平提高，胡适父亲胡传称，在同治五六年间，徽州农民已经"家有余谷，厨有肉，瓮有酒，餐馔丰盛，时或畅饮至醉，无不尽情重享升平之乐"。此时歙县徽城"唐益隆合记"南货店，选用优质糯米酿制的封缸酒，畅销徽州各地，饮酒红火的现象，也从一个侧面说明农村粮食充足，农民生活优裕。黄宾虹回忆青年时在家乡歙县潭渡村，曾自述："时庚子之祸方酝酿，郁郁归，退耕江南山乡水村间，垦荒近10年，成熟田数千亩。"

绩溪县上庄胡近仁，是胡适小叔，也为童年伙伴，其时写《采桑杂咏》诗云："家住上庄南复西，桑株八百望中齐。不须更听鸠呼雨，叶满新篮手中携。"诗句充满怡然自得的农家乐情调，反映出战后徽州农村生活实景。绩溪县庙子山的寺后古社，经数百年演变发展，其间特别是咸同兵燹的血与火的洗礼，至清末光绪年间，人口过剩的情况根本扭转，乡村士绅生活优裕，心情怡和，这时"稍稍讲经义，通翰墨。潘家潘文波、李家李世恩、八亩丘汪英如、社屋冲汪养吾、胡家说胡润民、庙子山曹健甫诸君，一时并出"。文人雅士沐浴着寺后会社先人的教化遗风，民国《绩溪庙子山王氏谱》编纂者王集成，有无限的感慨，他说："余生逢其会，粗窥诗书礼义微风，晴日好兴，二、三君子徜徉于古社，审视'嗣后'二字，想象当年之所以勖后人归厚德，未尝不低回向往，深自勉焉。"

不过恢复阶段的徽州人口，呈现出补偿性低速增长特征，自然增长率略高于正常年景，也只有10‰左右，依然低于全国、全省(平均14‰)水平。府属六县的人口数量在缓慢上升，从最低点的约62.3万口，逐步增加到民国17年(1928年)的大约98.4万余口。50年间增36万口，增长61%，年均增9.8‰。与外地相比仍旧处于一个较低增长水平。

战事结束后，清廷令湘军大部分解散。其中少量湘军兵士在黟县柯村乡宝溪村的夏家、上湖、王梅等地安家落户，娶妻生子。祁门、歙县、休宁、绩溪等地也有类似情况，其后代语言另具风格，完全不同于本地方言，形成所谓的"军话"。

第八节 民国时期人口

民国建立后撤销府制，徽州府作为地方行政主管权力消失，徽州作为政区的名称也一度暂时销声匿迹，但是人口管理在各个县仍然秩序井然。

民国《歙县志》记载：宣统三年(辛亥)八月武昌革命军起，各省应之。十月徽人开六县会议，原知府许月涵、歙县知县宋灿，皆弃官逃遁去九江。为了维护地方社会稳定，民众公推吴恩绶为歙县县长。“徽人合歙、休宁、婺源、黟、祁门、绩溪六县自办六邑民团，以歙人鲍振炳为团长”。

1911 年 11 月 8 日，安徽省宣告独立，下旬屯溪随之宣布独立，成立屯溪军政分处。是年秋，屯溪地方士绅余德民、程管侯以及汪章瑞、程则裴、汪容轩等人秘密结社，联络一百余志士仁人，谋划在阳湖余家庄举行反清武装起义。因议事不密，为清军侦知，仓促在屯溪华山岭、老大桥、河滩一带与清军激战，起义不幸失败。参加武装起义的还有休宁金慰农、余家榴、黄亚岗等人，黄亚岗力战身亡，壮烈牺牲于新安江畔河滩地。史上称之为“华山起义”。

民国前期人口缓慢增长　1927年春，国民政府在南京成立。并继续北伐攻克北京，因东北改旗易帜，表面形式上完成全国统一。1928 年 5 月 23 日，国民政府通令全国组织人口普查，安徽和江苏、浙江三省率先开展。原来的徽州府属六县，在省政府统一布置下，按照蒋介石总司令电令的时间要求和十四个项目内容进行户口清查，这是民国时期唯一的一次人口普查，取得良好的成果。

歙县统计的人口有 343538 人，较 1869 年增加了 33934 人，59 年间仅仅只增长 10%，年均增长率为 2‰，人口恢复十分缓慢。全县户数达到 76451 户，增加 19974 户。户均 4.5 人，该统计数据较正常。全县男性 181316 人，女性 162222 人，性别比为 111 : 100，两性人口比较均衡。

按年龄组划分，15 岁以下 101189 人；16 至 40 岁 149968 人；40 岁以上 92381 人。平均每年出生婴儿 6750 人，出生率约 19.65 ‰，青壮年平均每年有 5999 人，说明占 88.9% 的儿童能长大成人，约有 11% 的婴孩在童年夭折。40 岁以上占不到四分之一，平均寿命则不足 56 岁。

经过社会调查，歙县登记的寺庙僧道户为 315 户，733 人，平均每个寺院 2.5 人，规模很小，但是庙宇分布较广。全县外出人口 36025 人，占 10.5%，其中主要是成年男子，所以分析推测约有 28% 的成年男性在县外谋生，经商人员仍然占大多数。

休宁县统计的结果是40294户，188606人；其中男性104166人，(包括壮丁46626人，占总人口的 25%)。女性 84440 人。每户平均 4.5 人。比 25 年前 (1903 年) 的 58412 人，有大幅度增加，将近翻两倍。说明战乱之后人口恢复较快，当然主要是外地迁入人口多，不全是自然增长的结果[①]。

绩溪县于 1903 年 (光绪新政) 进行户口调查，全县共有 17160 户，86865 人，其中男子 46866 人，女子 39999 人，户均 5.06 人；性别比为 110。宣统二年 (1910 年) 实

①地方志记载的人口数目与附表中有少许出入，主要是来源不一所致。

行地方自治，选举两级议员，清廷又一次进行户口调查。这次调查，徽州六县仅绩溪县有记载，结果为 19588 户，93037 人，其中男子 50203 人；女子 42834 人。户均 4.76 人。人口数比前 7 年略有增加，尚属正常。通过 1928 年清查结果，与前相比，全县人口增加到 96996 人，18 年间增加 1 万人。但是 1928 年的户数却没有留下记载，暂且用前次调查统计户数替代。

婺源县清查统计为 46831 户，199521 人，户均 4.2 人。其中男子 111915 人；女子较前人口减少。原因不详。

祁门县清查结果有 22160 户，98530 人，也呈人口下降趋势，到 1944 年时减少为 85356 人；而 1949 年新中国成立后全县只有 63083 人。

民国年间黟县的人口出现一种异常波动状况，1928 年统计人口数据为 66432 人，以后 1930 年清查户口全县共有 14507 户，82908 人；较前有所增加，但是以后呈逐年下降趋势。1934 年 16124 户，60816 人；其中，男性 30247 人，女性 30569 人。男女人数基本平衡。以后的人口统计显示，不仅全县总人口逐年减少，而且男子人数减速更快。1939 年按照皖南行署布置，在组织综合性社会调查的同时，进行人口统计，全县共有 11446 户，60282 人；其中男性 29172 人，女性 31110 人。1944 年，统计只有 56761 人。1946 年，县参议会二届二次会佥认，全县人口为 8589 户，43459 人。1947 年，按省政府要求，分乡进行人口清查，由县汇总上报。户口总清查结果为 6571 户，只有 38512 人；与上年相比，不仅人口下降非常明显，其中男性 16544 人，女性 21968 人，统计数据显示男女性别比例严重失衡。

原徽州六县 1928 年人口普查统计数据合计为 984355 人，此时的比重降低到仅占全国的 0.25%；占全省的 0.48%。

表 1-10

民国时期分县人口数目汇总表

年份 县名	民国 8 年（1919 年）	民国 17 年（1928 年）	民国 22 年（1933 年）	民国 23 年（1934 年）	民国 28 年（1939 年）	民国 33 年（1944 年）	民国 36 年（1947 年）	民国 38 年（1949）
歙县	424982	342538	282638	288524	357457	343500	282253	340879
休宁	136084	188606	173096	175161	211859	214447	171831	147411
其中：屯溪	—	—	—	24327	—	37979	—	48983
婺源	245465	199521	177592	180919	198928	152453	143663	141452
祁门	90391	98530	90474	92001	87191	85356	65503	78291
黟县	85032	66432	61093	61842	60282	56761	38512	39207
绩溪	111083	96996	69138	92175	89678	97003	81087	—
太平	128995	81911	74244	75451	80912	70115	—	54298

血吸虫病引发人口减少 由于血吸虫病流行，原徽州各县人口在1928年以后均有不同程度的减少。

1933年统计，歙县人口降低为282638人，较五年前减少6万人，患病死亡人数持续增加。大片村庄无人居住，田地荒芜。据记载，全县病毁村有62个，无人居住房屋1.34万幢，荒田2.4万亩。富堨乡汪家村，咸丰时有700多户人家，民国初期成为无人村。原来有一、二百户村民的下洪塘、杨家畈、潘村、西塘等村庄一片凋敝，遍地断垣残壁。康熙时商业繁盛的桂林乡牌头村，长五里，有“牌头到新馆，十里长街，下雨不用伞”的自我夸耀顺口溜，民国时已残破不堪，人们形容说：这里是“断砖碎瓦铺满街，石板路上长青苔”。只有幸存几户呻吟待毙的晚期血吸虫病人。据统计，全县十五年间共有14万余人死于血吸虫病。1947年全县人口仅282252人，其中男性130134人，女性152118人。性别比开始倒挂，男子减员多于女子。1949年才上升到340879人。但是男子仍少于女子。直到1953年“一普”数为359306人，其中男性172357人，女性186939人。男女性别比例还没有达到正常平衡状态。

绩溪县1947年统计人口已降到81087人，有3万多人死于血吸虫病。清末疾病已在旺川周边的张家、石家、中屯和田干汪等村流行，后蔓延到旺川。张家原来是人口兴旺的村庄，因为血吸虫病传播，除少数村民迁往竦岭下以外，人丁已无孑遗。方家园、黄茅坦、葛山、山下等村原有的百户人家也都因患病败落。由于妇女生育减少，以致全县不少人家到郎溪县去买小孩。

休宁县有36.6%的乡、27.1%的村属于发病较重的疫区，疫区人口达83120人。血吸虫病给疫区人民带来深重的灾难。轻者面黄肌瘦，四肢无力，不能劳动；重者骨瘦如柴，腹大如鼓，完全丧失劳动能力，甚至死亡。休宁疫情严重的西馆村，太平天国以后还有500余户、2000多人口，村里有油坊、酒坊、肉店、杂货店等多家店铺，经济很繁荣，当时人夸“小小休宁城，大大西馆村”。但是血吸虫病魔摧毁了这个富庶的村庄。1930—1949年的20年里，全村就有46户患病全家死绝。1935年一个月内就有13人因病死亡。至新中国成立前夕，全村仅剩33户100多人口，其中13名孤寡老人均为晚期血吸虫病患者。

光绪七年(1881年)，洪田村(今屯溪屯光镇洪田塘)一带血吸虫病大流行，人口死亡惨重，成批村民外迁；至1949年初，原先有一百多户的村庄仅存13户，31人，男子个个肚大如箕，被称作“罗汉村”。

休宁县1933年统计人口为173096人，其中男性94152人，女性78944人。较五年前减少10%，主要原因是血吸虫病蔓延。1934年有172777人，人口持续减少，疫情继续扩大。1938年起，全县人口增加到195395人，其中男性102724人，女性92671人。1939年为211859人；1943年为214447人。这个五年间人口增加，是因为抗日战争爆发后，大批难民入境，军政教育部门迁来后方所致。屯溪当时激增至八万人口，有人满为患之忧。

休宁县这个人口增多的假象，掩盖了因为血吸虫病造成“千村薜荔人遗矢，万户萧索鬼唱歌”的悲惨现实。从1944年始，随着抗战胜利，收复失地，难民逐渐回归，休宁县人口因之回落到185374人。1945年进一步下跌为182534人。1948年继续减为171831人，人口回到原点。1949年末新中国成立后统计人口全县仅37217户，147411人；其中男性73603人，女性73808人。用1953年第一次人口普查（简称“一普”）数对照，普查结果为全县42725户，155003人。休宁人口经过二十多年的起伏不定变化，由于疫情控制，终于迎来逐步稳定上升的正常局势。

祁门县康熙时，琅田、城安（原属石台县）一带已发现有血吸虫病患者，发展到晚清时病情肆行，有十多个村庄人亡村毁。民谣唱道：“琅田琅田，尽是毒田；来人不敢住，住下三五年，肚大如箩箕，神仙都难医。”1928年后全县人口总在逐年下降，1949年初全县减少为65503人。

黟县宏潭是徽、池、宁三府交界处，商业历来繁荣，曾一度发展为山区“万人大镇”。镇上建有徽州、池州、宁国三所会馆，众贾云集，商铺相衔，人户蕃阜。清咸丰、同治年间十载战火摧毁原有的一切，从此宏潭市面凋敝，人口锐减，一蹶不振，镇署也迁往郭村。战后这里血吸虫病流行，疫情最严重的前庄村，咸丰年间原有二百多人，由于血吸虫病肆虐，全村到新中国建立前夕只剩下五户七名妇女，成为有名的“寡妇村”。当时流传一首民谣唱道：“前庄、前庄，泪水汪汪，女儿胀肚，男人死光；十舍九空，田地荒凉。”

新中国建立前的八年内（即1941—1949年），黟县全县人口减少了4875户、21770人。基本上死于血吸虫病。1949年4月29日黟县迎来解放，新生人民政权立即对全县人口进行登记，截至1949年6月22日，黟县共有32748人，其中男性13803人，女性18945人。1949年底，新中国成立后，社会迅速稳定，因战乱外出的人口纷纷回乡，统计全县人口为39207人，其中男性18775人，女性20432人。男子人数虽然稍为回升，但是仍旧少于女子。取1953年“一普”数相比较，全县普查人口54583人。虽然人口下降的势头已经扭转，依然没有恢复到1944年的人口水平。并且男女性别比例倒置的情况，这时还没有改变，直到1973年才完全达到性别平衡。三十年性别比例失衡，这是黟县人口具有的独特现象，其中缘由无法查找，但是血吸虫病的危害应是其中原因之一。

区划调整后人口变化　新中国建立后，重新恢复徽州地名。1949年5月7日皖南区人民行政公署在屯溪成立；同年5月13日成立徽州区行政督察专员公署，简称徽州专区，公署初置歙县。同日成立屯溪市，均隶属皖南行政公署。7月皖南行署迁往芜湖市，徽州专员公署由歙县迁至屯溪，屯溪市改属徽州专区。全区领屯溪一市和绩溪、旌德、歙县、休宁、黟县、祁门六县。婺源县 1934 年划归江西省，1947 年虽然经过各界人士奔走呼号暂时重新回皖，但是为时不久，1949 年仍被划归入赣。

参照新中国 1953 年全国第一次人口普查数据，徽州地区人口数量为 1003664 人，只占全国的 0.20%。可以证实 1928 年以后的人口数量增幅不大，不过此时行政区划已经有了变化，太平、石埭、宁国三县划属徽州专区，成一市九县的格局。

历代徽州人口简明一览表

表 1-11

年代	区域名称	户数	人口	户均人口	资料出处
西晋太康（280-289 年）	新安郡六县（属扬州）	5000	—	—	《晋书 · 地理志》房玄龄等撰
刘宋大明八年（464 年）	扬州新安郡五县	12058	36651	3	《宋书 · 州郡志》沈约撰
隋大业五年（609 年）	新安郡三县	6164	—	—	《隋书 · 地理志》魏征等撰
唐贞观十年（636 年）	江南道歙州三县	6021	26617	4.42	《旧唐书 · 地理志》刘昫著
唐开元年间（713-741 年）	江南东道歙州五县	31961	—	—	《旧唐书 · 地理志》刘昫著
唐天宝元年（742 年）	江南东道歙州五县	38320	269109	6.27	《唐书 · 地理志》欧阳修著
唐元和元年（806 年）	江南东道歙州五县	16754	—	—	《唐书 · 地理志》欧阳修著
北宋太平兴国（976-983 年）	江南道歙州三县	51763	—	—	《太平寰宇记》乐史著
北宋天禧（1017-1021 年）	江南东路歙州六县	127203	192292	1.51	《新安志》卷一《州郡 · 户口》罗愿著
北宋庆历（1041-1048 年）	江南东路歙州六县	124941	231764	1.85	《新安志》卷一《州郡 · 户口》罗愿著
北宋元丰初年（1078 年）	江南东路歙州六县	106584（其中主户 03716，客户 2868）	—	—	《文献通考》马端临著
北宋崇宁元年（1102 年）	江南东路徽州六县	108316	167896	1.5	《宋史》元脱脱等撰

续表 1-11

年代	区域名称	户数	人口	户均人口	资料出处
南宋绍兴十四年（1144 年）	徽州六县	97248	—	—	《新安志》卷一《州郡·户口》罗愿著
南宋乾道八年（1172 年）	徽州六县	122014	—	—	《新安志》卷一《州郡·户口》罗愿著
南宋宝庆三年（1227 年）	徽州六县	124941	—	—	《新安志》卷一《州郡·户口》罗愿著
元至元十四年（1277 年）	江浙行省徽州路五县一州	157474	824304	5.23	《元史·地理志》宋濂等撰
明洪武四年（1371 年）	徽州府六县	117110	536925	4.58	弘治《徽州府志》卷二《食货一·户口》
洪武二十四年（1391）	徽州府六县	131662	581082	4.4	弘治《徽州府志》卷二《食货一·户口》
洪武二十六年（1393 年）	徽州府六县	125548	592364	4.71	《万历会典》卷十九；道光《徽州府志》卷五
弘治五年（1492 年）	徽州府六县	96189	557355	5.79	弘治《徽州府志》卷二《食货一·户口》
万历六年（1578 年）	徽州府六县	118943	566948	4.76	《万历会典》卷十九；道光《徽州府志》卷五
清顺治十四年（1657 年）	徽州府六县	206907 丁	—	—	道光《徽州府志》卷五
康熙五十年（1711 年）	徽州府六县	217489 丁	—	—	道光《徽州府志》卷五
乾隆二十九年（1764 年）	徽州府六县	—	2564676	—	续撰《清朝一统志》
嘉庆二十四年（1819 年）	徽州府六县	—	2679423	—	《皖省志略》
道光年间（1862-1874 年）	徽州府六县	—	271.5 万	—	《中国人口史》推算数
同治年间（1862-1874 年）	徽州府六县	—	62.3 万	—	《中国人口史》推算数
光绪三十年（1904 年）	徽州府六县	—	829066	—	《皖政辑要》冯煦主编
宣统元年（1909 年）	徽州府六县	206748	83 万	4.2	《安徽通志稿》民国 23 年铅印本，成文出版社印行

第二章　人口分布

人口分布是人口的空间形式。

人口在任何时间中的发展，都不可能脱离一定的地理空间，而人口在一定的地理空间聚集、扩散与变动，又绝不会离开一定的历史条件，离不开人口在历史中的发展演变过程。

时间和空间，这是两种人口过程存在的基本形式，是相互联系、相互矛盾的对立统一关系。徽州人口经历了漫长历史时期的传奇式发展，所有发生其中的聚散变迁，都是在特定的地域、特殊的地理空间之内造就的。

徽州的地理空间有着异乎寻常的特殊性，因此造成人口分布的特有的规律性。

第一节　人口空间分布

徽州地跨北纬30度黄金线，地理位置十分优越，亚热带季风性湿润气候造成四季分明，雨量充沛，河流清澈，生物资源多样性，非常适宜人类居住，远古时期就是人们理想的乐土家园。

但是，这里“惟万山环绕”，境内地势高耸，重峦叠嶂，川谷崎岖，交通非常不便。尤其是适合农业生产的土地面积较少，总体人口密度相对毗邻的平原地区要低得多。因此，“郡处万山，百货皆仰于外。陆则肩担顶荷之夫，沿崖陟岭，虽隆东洹寒而汗雨行；水则溯流推挽，从急湍石濑中负舟以上。垄断之子，挟货以射急，其值固已倍他郡矣”[①]。生存环境相对不利，人口发展受限。

正是因为“徽之为郡在山岭川谷崎岖之中”，其地理条件十分特殊，与外界相比，“徽之州在万山中，视他郡最高。昔人测之，谓与天目平，浙江之源发焉。东涉浙江，其滩之险有三百六十；西通彭蠡，其滩之险有八十四，其岭之危有五；南界马金、白际之高，北倚黄山章岭之秀”[②]。

①[清]康熙《徽州府志》。

②[明]弘治《徽州府志》卷一《地理一•形胜》。

古人错觉地观察，“天目于浙江之山最高，然仅与新安之平地等”。作为皖浙两省界山，天目山是浙江省最高的，因此江浙人不由得仰视徽州感叹道，“新安在天上！”

千米以上高山与百米盆地底部的巨大落差，这样一种自然特点对人口分布产生了极大影响，徽州地形的多样性和复杂性，独特的地形地貌把整个徽州人口分布状况划分成三种不同类型的地带。

盆地人口稠密 河流在人类起源和文明发展进程中的作用至关重要，与人口分布状况息息相关。纵横交错的新安江主、支流沿岸及交汇地，形成了众多大大小小的河谷平原，尤其是中上游的休宁—屯溪—岩寺—歙县之间，由海拔高程120米以下的河滩地和一级阶地组成的平原最为宽广。

这里地势平坦，土壤深厚，灌溉便利，易于开垦，是古老农耕时代徽州原始先民生存的摇篮。境内已发现的旧石器时代遗址，都在这个范围里的屯溪、歙县附近。多处新石器和商周时期文化遗址也是以此为中心，散布在周围。

唐宋以来这一带成为农业开发的重点，耕地垦殖程度高，凡是能够垦种成田的土地俱已开垦完毕。休歙盆地内平地较宽广，池塘的数量占有较大比重。在这一带水利工程修筑较多，灌溉条件优越，沟渠纵横，给居民生产生活带来诸多便利，因此自古这里农业人口密集，成为歙县和休宁两个人口大县的粮仓。明代万历年间徽州知府古之贤称：“徽属地方，不系通津聚商之处，俱是本地耕食凿饮之民”。①在明代中期以前，徽州人口以农耕生活为主。传统农业经济结构中，劳动力是社会经济结构中的主要因素，人口数量多寡，虽然并不等于劳动力多少，但是，由于居民户口数目是在籍人口的记载，如果把社会人口和户数两者结合起来分析，则完全可以作为是衡量劳动力多少、生产力发展水平的参考依据。

新安江向东直达杭州，可沟通江浙，转而通航海上；屯溪以下至歙县浦口段称渐江；浙江桐庐以上段称新安江；流经富阳境内段称为富春江；萧山闻家堰以下入海段则称钱塘江。新安江水系众多，流域面积广阔，受沿途山形地势制约，具有河床窄、坡降大、流速快、弯道多、四季流量变化显著等特点，航行条件欠佳。此外，祁门境内有阊江水系，乐安江发源于休宁南部杨坑尖，向西流入婺源，再和阊江汇合入鄱阳湖，这条水路与江西、两湖地区联系密切。虽然“婺源，阻五岭”，对外交通不便，但是“其趋鄱阳径易”，有这一条水路入江西，就把婺源县乃至整个徽州与产粮大省紧紧联系在一起。而饶河粮船如果不至，六邑衣食供应则断绝，民众势必陷于饥寒交迫的境地。由此可见这条水道对徽州居民的生存有直接的影响，简直就是一条生命线，关系非同一般，意义异常重大。

①[明]古之贤：《新安蠹状》卷下《牌稿•行六县禁革娼优》。

此外，绩溪境内生南北二水：徽水向北入青弋江，通往长江沿岸；扬之河向南经歙县入新安江。新安江、阊江构成徽州的主要水上通道。自古以来徽州水路“取道有二，一从饶州鄱、浮，一从浙省杭、严，皆壤地相邻，溪流一线，小舟如叶，鱼贯尾衔，昼夜不息”①，这就是古代徽州凭借多条放射状水路与外部世界交通贸易的生动写照。

从古至今，这些大小河流的沿河地带，人口密度居全境最高，城镇及大型村庄群落最为密集，史上最早形成的原始村落都在这个地带。休歙盆地是徽州最大的平原，这里属于徽州的中央核心地区，历朝历代的政治、文化、经济中心始终在这里不变。有史以来，各个名宗大族都为在此占据空间定居而长期明争暗斗，生存竞争激烈。“黄墩湖，在(歙)县西南四十五里，为水所汇，近及千年，磉石宛然，滨水而列”“湖西北黄牢山下云黄墩，地广衍。黄巢之乱，中原衣冠避地者相与保于此。及事定，留居新安，或稍散之旁郡”②。

黄墩之所以如此受人关注，是因为这个村庄位置特别优越，它背靠富仓山麓，面临新安江水，河流在此拐了一个九十度的大弯。该村依山临水，山势平缓，“发源于黄罗石际，旋西北蜿蜒而来。天马列其前，石壁拥有其右，古宫辅其左。大河前绕，重山后镇，居然一隩区也”③。

民国《歙县志》已经改村名称黄墩为篁墩，地名虽变，但是山水形势仍然依旧：“曰李田山水，出李田山，经王村至篁墩之上入浙江。曰篁墩口水，一由小练，一由石冈，合于罗田。会环山、皋岭、马岭诸支，南流出篁墩口入浙江。”可见来自四周高地众多水流汇潴在黄墩，使这里成为一大片湖沼湿地。

早在晋朝以前，黄墩这个沿河大村曾名汪家墩、姚家墩、长沙里，说明汪姓、姚姓、吴姓家族都曾在这个地理优越的村庄繁衍生息，原属休宁县。晋朝太兴三年(320)新安太守程元谭卒葬于此，程氏子孙便在这里安家。之后，接任太守黄积死后也安葬这里，其子黄寻为父母守墓，遂居家留住，后来黄氏族人多了，占据村庄主导地位，改村名为黄墩。

程氏后人居住在此兴旺发达以后，势头盖过黄姓，明朝时又将村名改为篁墩。这时并已划属歙县[隋开皇十年(590年)划歙]。从此往后，为了这个音同意不同的村名，黄、程两大家族辩争了四个世纪，旷日持久地演绎了一桩梳理不清的历史纠葛故事。

许承尧评论“黄程争墩”之事说：“(程)敏政，改‘黄墩’为‘篁墩’，乃其氏族思想之显著者，盖不欲他姓专此墩耳。吾徽村名颇多牵附，不可猝解，亦由后姓兴

①[清]康熙《休宁县志》卷七。

②[南宋]罗愿：《新安志》卷三。

③[明]《程朱阙里志•地灵志》。

而耻袭前姓之旧，必取谐声字易之，其皆师敏政故智，而不自知偏狭者矣。”[①]

可见，历史上先迁居这里的“前姓”人家，与后迁移来的“后姓”人家，对村庄的名称，总会有不同的看法，主次地位，常常处在交替变换当中。反映出黄墩这一类位置优越的村庄居民，在时代大背景转变的历史进程中的经常流动变迁。这是正常的人口流迁转移，没有必要在村名上多费周章，许承尧委婉地对程敏政等程氏族人这种偏执狭隘的宗族观念进行了批评。

此外落户新安的还有梁武帝时新安太守任昉，民间传说他见歙北许村一带风景秀丽，山水相依，静幽远市。遂辞官挂印，归隐于野，定居山村。成为一段历史佳话，千古流传。而后南朝詹敬任新安贰守，也在黄墩安家后，再迁移到婺源。

唐朝广明元年 (880 年)，歙州刺史潘逢时因避难隐居黄墩。南迁中原衣冠的后代相继从江浙一带辗转迁移，王氏、朱氏、金氏、胡氏、张氏等避黄巢乱徙黄墩。还有曹氏、戴氏为父母守墓居此。学界有人统计，历史上迁徙徽州人数最多的唐末时期，迁入徽州的大姓 20 个，其中 17 个始先迁居黄墩，数代以后再从这里迁向其他地方。

历史上凡是乘船从水路迁移来徽的名族，大都是在黄墩靠岸登陆，就地安置居家。以上这些迁徽士族的后裔人口增多，原有生存空间越来越紧缺，人口密集的地方必然会出现人多地少的现象，迫使他们向其他土地相对充裕的地方继续迁移。这些家族再从黄墩分迁散之各地。

由这里转移出去的移民大多沿河上溯，逐步向开发程度较差的山区扩张。如南朝新安贰守詹敬的后代居住黄墩，历经刘宋、萧齐、梁、陈南方四朝 169 年，其曾孙詹初，已正式落籍新安，为他的子孙后代计，詹初与其弟开始分别由黄墩向外迁移，弟移居不远的潜口，当时他是较早来到那里的客民，俗称潜口大村“先有詹、陈，后有方”，这里的地名“上詹”“下詹”沿用至今。

詹初自己则溯率水而上，经黎阳，沿古驿道，行到上溪口，见两岸谷地平旷，家人劝他留下，但是他觉得两岸房舍临水排列，如同居河中木筏上，遂摇头叹道：“非安乐窝也 !”于是，复循驿道翻越“平分吴楚两源头”的浙岭。沿途所历，山重水复，柳暗花明，目不暇接。及至到了凤凰岭，他与家人居高临下，极目远眺，望去层峦叠嶂，烟云升腾，忖度其间必然幽壑深邃空旷。遂离开驿道，折向东行，绕过一山，前面豁然开朗，观看到有类似《桃花源记》里的境界，十分满意，心喜卜居就地安宅。那里当时是休宁县西南的庐源，之后 (唐开元二十八年) 建县划归婺源。詹初 (尊称黄隐公) 则为婺源詹氏一世祖。

詹氏后裔这段从黄墩到庐源的实地寻踪，对于考察以后其他家族外迁轨迹，具有

①许承尧:《歙事闲谭》卷十、卷三十七。

典型的代表性参考价值。詹氏在庐源定居后家族兴旺，人才辈出，唐代有任杭州刺史者，明初有为翰林学士、吏部尚书者。其后世支属繁多，以庐源为中心，再向四周扩展到察关、虹关、环川、庆源、龙尾、秋溪等山区，清代时这些詹氏聚居的山村都发展成一二千人的大村庄。庆源村口“别有天”古亭，清人题咏：“空山隐卧好烟霞，水不通舟陆不车；一任中原戎马乱，桃源深处是吾家。”生动地反映出这里幽谷深深，几乎与世隔绝的意境，定居在此的詹氏家族历千年发展，椒衍瓜绵，也成为婺源“世业兼有一邑”的富家豪族。

随着詹初的踪迹，由黄墩迁入婺源的还有萧江、江、王、朱、吕、孙、毕、吴、张、郑、“常侍胡”“将军俞”“敦煌洪”，以及项、章、程、潘、戴、汪等诸多姓氏的家族，婺源县的“晓起村”得名，即是源自世居黄墩的汪万武，因唐末兵乱，他一家人连夜逃亡，天刚破晓时到达该地定居，故取村名为“晓起”，用以纪念这次彻夜惊魂失魄之旅。他们的后人又扩大分为“上晓起、下晓起”两村，历史悠长的婺源汪氏，至今仍然聚居在下晓起村。

再者稍后唐朝定居黄墩的潘逢时刺史，其家族于境内分迁各地，在休宁、黟县、祁门、婺源、绩溪、歙县以及屯溪等地建立起多个“潘村”，而且明代以前潘氏子孙就已经开始从徽州迁徙境外，其后裔分布很广。明代万历年间铁腕阁揆张居正曾为他们的家谱作序写道，潘氏“自乌程而闽，自闽而歙，自歙而婺之桃溪，又自婺而池阳、永丰、六安、两淮、光州”，辗转迁移，流播江南，“或自乌程而歙而休，自歙而杭之昌化”，子孙根深叶茂，“散丽于吴越荆楚之间，难以地计”。

更主要的是，从明代成化至万历间，徽州婺源潘氏，给出了“一门十进士，六部四尚书”的骄人科举业绩，驰誉天下。到了清乾隆时，歙县大阜潘氏，又成为科场最辉煌的宗族，前后五代有 6 名进士，金榜题名者多达 35 人，科甲连第，并且朱紫盈门，潘世恩、潘祖荫祖孙军机。该支潘氏族人担任中下级官员及儒学名士不下 50 余人。

一个始祖，两地潘姓，前明后清，簪缨联翩，前无古人，后无来者。特殊的地理环境造化出卓越的人文环境，实为徽州文化中独步天下的奇特现象。

长期以来，沧桑巨变，为了能够在这个富饶的中央核心区域生存发展，类似黄墩村名更迭之争的情况，不止少数。略举几例，歙县瑶村、瑶溪皆由姚村、姚溪变来，原居姚姓人家少了，外姓人家多了，就会更名。颖川原为汪氏单居，当时称颍川，是纪念汪氏祖上曾封号颍川侯，以后别姓多了，有意无意之间，村名变味了，彼“颍”成此“颖”。瞻淇原名章祈，取自最先入住的人名，后来章氏式微，旁姓多了，对村名加以雅化得之。里方村原称方村，由方姓聚居，后钱氏迁入，渐占主导地位，而改村名为里方。其意“里方外圆”，隐喻乃钱也。

能够保留原来的字音，还是对先来者的一份尊重，有的干脆重新命名。歙县雄村原名洪村，是洪氏族人聚居住地，之后明代初期有曹氏由城里南街入赘洪家，曹氏逐渐兴旺发达后，更改村名为雄村，取意“枝分叶布，所在为雄”，以进化论观点名正言顺地取而代之。

在核心区的仅歙县就有郑村、王村、洪坑、江村、徐村、朱村等以姓为名的大村。正如许承尧所说：“歙西各村，村村入画。”休宁县以姓命名的村庄则有180个之多，占全县总村数的36%。仅在屯溪附近的则有毕村、江村、朱村、徐村、范家墩等一姓一村的家族聚落。这些景色如画、风光美丽而土地资源又饶裕的村庄，最宜人居，最称富庶，最是文华藻渥之乡。

随着名宗望族的后裔分布扩大，将原有的一个单姓村拓展成多个村。如歙县在明代就有程村2个，汪村5个，江村3个，叶村2个，方村3个，黄村则多达八、九个。到清代人口鼎盛期，汪村增至8个，而且以“汪”冠名的村庄多达14个，如汪家岭、汪家坞、汪家段、汪云滩、汪旺坦、汪龙坑、汪满田等等。由于村庄是居民人口的载体，从这些冠以单姓的村名，就可以看出这里名宗大族密集的程度。

明代歙县寓居扬州的文士程庭，在《春帆纪程》中写道，“徽俗：士夫巨室多处于乡，每一村落，聚族而居，不杂他姓”。徽州宗族传统习惯聚族而居，即使村里偶有外姓，也或为亲戚，如母舅家族人，或为佃仆等辈。同外地迥异的是，徽州村庄与居住在此的宗族姓氏几乎是同义语，比方称棠樾鲍氏、呈坎罗氏、雄村曹氏、月潭朱氏、商山吴氏、善和程氏、渚口倪氏、文堂陈氏、庆源詹氏、潜口汪氏、上庄胡氏等等，因此便有“相逢那用通姓名，但问高居何处村”。

陌路之人仅从居住何村便可知对方宗姓，徽州人口聚落的地名，内涵实在神奇。与中央盆地情况相似，在黟县的小平原地区，同样有这类景象：“朱陈聚族古风存，一姓从来住一村。”

村庄之名与大族姓氏紧密相连，不能分割。正所谓“千丁之族，未尝散处”，形成这种人口聚族居住俗制的原因，主要是由于地理环境相对封闭，兵燹少及所致，也和日久之后本族势力渐长而极力排斥外姓进入以及“安土重迁”观念密切相关。徽州社会的这种现象，即是成因于自然地理条件，迁演变化于社会人口历史。

丘陵地带人口增多 沿河盆地外缘为浅丘阶地，在海拔150米~500米，坡度15度~35度之间，这个环状地带面积最大，粮食总产量高。新安江众多支流纵横冲积，形成多个河谷小盆地，在坡度小和地势起伏和缓的地方，适宜耕作，也是古代人口聚集地。这里的村庄规模和密度稍次于平原地带，但自古以来作为徽州大宗族聚居之地，不乏“千灶万丁”的大村落。如号称“江南第一村”的歙县呈坎古村，早在唐末罗氏家族迁入之前，秦汉年间就有吕、金、孙等姓族人在此开垦，建立家园。历经长期变迁，然后才成为罗氏为主的独姓村，再经过明代成就卓越的罗氏族人对村庄大规模改造建设，方才以人文超强享誉中外。

再如歙县北乡许村，原来是南梁新安太守任昉辟建，时称“昉源”，唐时改名“任公”村。而这之前，早在秦汉时期，已有多姓村民杂居一处，形成最古老的村落，原称“富资里”。史载“任公尝行春，爱富资山水之胜，遂家焉”。唐末官宦许儒，从中原迁入黄墩后，由于他认为“黄墩之地，避居者众，然异姓群处，势难久居”。于是他将四个儿子各分散居住四处，次子许知稠，迁居任公村。这一支许氏后世繁盛，生齿日滋，明初村里已具有“一千七百灶，三千五百丁”的村庄规模，许氏已占其中大多数人口，遂改名许村。因此又出现了一段“任、许争祠”的公案。

许村人口蕃阜，势必扩展生存空间，于是以一个高阳村为中心，沿富资水两岸向外发展成六个村庄，散落绵延十里，号称“许村十里水”。许氏家族以后分成东支十门，西支八门共18个门派。各门派按实力大小自建祠堂，实力最强盛的邦伯门，还以仁、义、礼、智为序，分出逸庵祠、四义祠、三智祠、敦义堂等4个支祠，门祚康阜，家声远扬。

清代许氏族谱描叙这里是“烟村十里，甲第联翩。王季唐宋元明及国朝，家声无替，族望新安。因祖宗识卓于开基，亦山川之灵秀也”。认为许氏人物衣冠甲于他族，是因为祖先的远见卓识，选择了这块山川灵秀发祥地之故。

不仅如此，随着人户增长，许氏族群于北宋时开始在州境内由近及远向外迁移。外迁人口一部分兴旺后自成一派，如许遂，迁黟县，为“遂支”；许逖，迁祁门，为“逖支”；许宗孟，迁绩溪，为“宗孟支”；南宋嘉祐间(1087年)，许贵一、许贵二兄弟俩因父母双亡，投奔唐模的姑父汪家，以后成为唐模许氏的始迁祖，为“士由支”，其中的代表人物便是许承尧这支后代。

歙县城东派始迁祖是西支17世许暹，于南宋时迁歙县城东形成的，明代“三朝元老”许国是这一支派代表人物。此外，还有“黄姑堂派”“吉阳派”“琶塘派”等等，分别在歙北蕃村、罗田、霞丰、塞下、道溪、许家坞，歙南许川、许家坞，歙东篁墩、桂林，歙北罗家湾等地定居。

明清时期，许氏为官、经商，与大多数徽州人一样流动播迁境外，如“邦宪门”迁扬州丁家湾，“祥里门”迁南京，“嘉藻堂”迁江苏太仓璜泾镇。还有江苏连云港、无锡、福建汀州、宁国许村、山东许大家、浙江许村等地，都留下徽州许氏的众多后裔。

与之同时，随着各种历史因缘和机遇，外姓也不断有迁入许村定居的，如歙县富堨汪氏、宁国河沥溪何氏、旌德吕氏、岩寺胡氏、江西南昌徐氏，以及程、吴、陈、范、鲍、蒋、方等等，在历史潮流冲击下，许村作为一个单姓村也就变得徒有其名。当然许姓一直仍是这个美好村庄的主姓，许氏人口始终在这个村里占有多数优势。①

①参见许琦、徐玉基著：《许村》，合肥工业大学出版社2011年版。

黟县西递村历史悠久，北宋时“明经胡”(俗称“李改胡”)第五代传人胡仕良，由婺源前往金陵，途经西递铺驿道，见这里山水形胜，适宜居家，因此举家从婺源迁移西递定居，是为西递胡氏始迁祖。至于村名由来，按照黟县名贤俞正燮解释：“西递在府西，旧为递铺所，因以得名。”明代《新安名族志》则说“其地罗峰高其前，阳尖障其后，石狮盘其北，天马蔼其南。中有二水环绕，不之东而之西，故名西递”。明万历年间，族内出了一位官至胶州刺史的胡文光，西递胡氏家族愈发兴旺起来。到了清道光时，族人胡学梓，经商致富，对村庄大规模投资改造以后，全村建有600多座宅院，两条大街，99条巷弄，90多口饮水井，最盛时居民近万人，号称“三千烟灶九千丁”。

黟县西递作为徽州古村的杰出代表和光辉典范，与黟县宏村同时列入世界文化遗产名录。联合国教科文组织经过专家考察，做出这样的评价：“中国皖南古村落西递、宏村，是人类古老文化的见证，是传统特色建筑的典型作品，是人与自然结合的光辉典范。”同时指出：“这两个村庄的建筑与街道布局上体现了中国相当长的一段历史时期中社会、经济的发展情况。它们的街道布局、建筑装饰、整体房屋及上下水系统都是独一无二的。”①

绩溪的上庄、宅坦两个村庄，是“明经胡”氏族人从婺源考水迁来后的发祥地，胡姓子孙繁庶，逐渐替代原来村中的他姓地位，成为村庄主姓。同为胡姓后裔的这两村人口都在2000人之上，在绩溪是数得着的大村庄，这两个相邻的兄弟村为了谁是老大，也有争端。上庄早年由章氏居住，村中有“章家巷”资证。同时村里还有邓、柯、朱、杨等族姓同住。后来这些姓氏人家门祚衰微，胡姓于是在村里独享风光。

但是绩溪县内缺少平衍之地，大多数是小村庄，据清道光《绩溪县志》统计，在人口巅峰时期，全县200人以下的村占75%，100人以下的村占54%，像上庄这样的千人以上的村仅12个。

这个以低山丘陵为主的中间地带开发稍迟，唐宋以后因为人口增多，陆续由中央地带向外扩张开垦。由于丘陵和低山山体较小，坡度和缓，容易垦殖，很多分布在低山丘陵冲坞间的山田，因为单位面积很小，故常称为“一丘”田，这些冲田多不足一亩。“层累而上”的梯田，又称“高塝田”，主要依靠天然降雨浇灌，受制于气候条件，一遇干旱，往往颗粒无收。正如《新安志》里罗愿笔下曾写道：“新安为郡在万山间，其地险狭不夷，其土骍刚不化，水湍悍，少潴蓄”，更为严重的是“大山之所落，深谷之所穷，民之田其间者，层累而上指，十数级不能为一亩，快牛剡耜不得旋其间，刀耕而火种之。十日不雨，则仰天而呼；山水暴出，则粪壤与禾荡然一空。地之勤民力者如此。”

①参见《黟县志》卷二十《文化遗产》，2012年版。

以上精辟文字描述已经成为徽州自然环境的经典字句，对于这种农田耕作条件不利的情况以后始终没有大变过。

正是由于这些山田地形落差大，降水难以蓄积，不利于水土保持，因而粮食单产不高。但是勤劳智慧的徽州人，大力兴修水利工程，拦河筑坝蓄水，提高水位，扩大灌溉面积。同时扬长避短，利用山田种植耐旱的杂粮油料，因地制宜开辟茶园、果园、桑园，种植经济作物，提高经济效益。

茶园分布在海拔500米至600米上下的幽谷中，徽州山区雨多雾重、山肥避风、土壤微酸性等特点，为茶叶生长创造了得天独厚的条件，因此徽州茶叶片厚、叶脉细、嫩度明，氨基酸和多酚类有益成分含量高，冲泡后色泽辉绿、清香四溢，且香高持久，优异品质使得徽州茶叶享誉天下。

此外，明代弘治《徽州府志》载，这里果品有枣（丁香枣、山枣）、柿、栗、木瓜、梨、杨梅、银杏、桃、李、梅、杏、枇杷、胡桃、石榴、橙、橘、柚等，品种之多，说明果园点多面广。

黟县"为山邑，田少于山，土地瘠埆，高地种菽麦，低地种秔稻、芝麻、芦穄，各适土宜"。即便如此，然而徽州六邑仅有黟县粮食可以自给，这当然是人地相宜，人口规模适度所致。

祁门县境山地最多，田土最少，建置县治也属徽州各县之中最迟。"祁邑在万山中，非有旷野平原名川巨浸可凿长渠溉田千万顷，赖山谷涧水涓涓细流滋润山田"，粮食出产远不足需求，祁门全县民众百姓全靠茶林经济为生。

外围高山林密人稀 徽州"地势斗绝，山川雄深，东有大鄣山之固，西有浙岭之塞，南有江滩之险，北有黄山之扼"。本地民国时期闻人吴日法，描写徽州家乡地形时，进一步解释道："惟万山环绕，交通不便。大鄣、昱岭雄其东；浙岭、五岭峻其西；大鳙、白际亘其南；黄山、武亭险其北。路皆鸟道，凿险缒幽。"①

不过，四周这些高山峻岭成为世人认识徽州的突出标记，大山环绕徽州四面形成厚实的屏障。境域西南与赣、浙相连的界山的山脊在海拔800米以上，最高达1630米，山体高大尖突，坡度陡峭，平均在35度~45度以上，峡谷切割深度达400米~1040米，奇纵深邃，天然造化成特有的山岳风光。最具代表性的黄山莲花峰海拔1864米，为中国东南第一高峰。

黄山横亘于歙县、黟县、太平县和休宁县之间。山境南北长40公里，东西宽30公里，整个山脉占地面积1200平方公里，风景最著名处约154平方公里。莲花峰、天都峰、光明顶三大主峰海拔均在1800米以上，千米以上的高峰有77座，尽显山中王者之风。

① [清] 吴日法《徽商便览·缘起》。

黄山花岗岩体垂直发育充分，形成多异的洞穴、孔道，处处重岭峡脊，变化多端。奇松、怪石、云海、温泉，被世人誉为“黄山四绝”。

秦汉黟、歙两县被称为“南蛮夷中”，如同养在深闺的美女，不为人识。南北朝时开始有京城文人名士沿新安江而上，探寻佳山秀水。萧梁朝首辅沈约，亲身体验过新安山水的神奇壮丽后，写诗《贻京邑游好》，向世人推荐新安奇山丽水，以致梁武帝看到后，发出“新安大好山水”之赞。六朝雅士虽然“摇曳于青山绿水之中”①，但他们的足迹还只在新安江沿岸，并未深入黄山腹地。

唐天宝六年(747年)六月十七日，颁发敕书，赐名“黄山”。书写下影响徽州历史的重要篇章，《新安志》详解认真记录这一史实：“黄山，旧名黟山，在(歙)县西北百二十八里，高千一百八十仞，东南则歙，西南为休宁，西北则蔽于宁国府之太平县”，“唐天宝六年六月十七日，敕改为黄山”。奇秀壮丽的黄山流传有许多传说，罗愿在《新安志》中记载了一个最美妙的传说：轩辕“黄帝尝命驾与容成子、浮丘公同游，合丹于此”。这个传说讲述中国最早的人文始祖黄帝轩辕氏，与他的大臣容成子、浮丘公一同来到黄山，在这里合作修道炼丹的故事。唐宋时期的黄山有“三十二峰”，其中“有浮丘、容成之峰”的命名，即是来源这一历史传说。同时这些传说隐含着黄山是“轩辕黄帝栖真之地”，是神人合一的中华民族祖先炼丹、得道升天之处。

逮及明清，黄山奇景已经众口传扬，尤其是明代地理学家徐霞客，于万历四十四年（1616年）冬到徽州，先登齐云山，游石桥岩等名胜，次年二月登临黄山，游祥符寺和松谷庵等地，撰写《游黄山日记（前）》。两年后的秋天，他再度上黄山登顶，考察天都峰和莲花峰，留有《游白岳日记》和《游黄山日记（后）》各一篇。徐霞客两次游历黄山，留下品评名言和数篇游记，大大提升黄山知名度，他对黄山高度赞美道：“薄海内外无如徽之黄山，登黄山天下无山，观止矣！匡庐、石门，或具一体，或缺一面，不若此之闳博富丽也。”此论断在以后经民间反复流传俗化为“五岳归来不看山，黄山归来不看岳”，这句联语更加通俗地道出了黄山的“闳博富丽”，变化神奇。它兼泰山的雄伟，衡山烟云、庐山飞瀑、峨眉清凉，集天下诸名山精粹于一身，而其神韵又在五岳之上。黄山的绮丽秀奇风光，激发了无数世人的游兴，也吸引天下名僧住山。

明天启二年(1622年)，普门和尚在黄山创建法海禅院，受到神宗皇帝敕赐，扩建护国慈光寺，一时拥有僧侣1000余众。从而开始对山上进行大规模开发，又在山巅建文殊院(玉屏楼)，开山修路，筑成登山盘道四条，使黄山大门敞丽开放。

明代歙县潭渡诸生许楚，入清后弃去，隐居黄山，他于崇祯八年(1635年)写的《黄山游记》，文字清新流利，他对黄山的考察游览，身临其境，见识和感受超越时人，

① [明] 许楚《辑古新安江诗序》，《青岩集》卷八。

在徽州影响深远。作为明代遗老，许楚不愿意屈服于清朝统治者，于是隐于山林。他写的散文《黄山赋》《新安江赋》雄浑而有气魄，表现出受新安山水濡泽的徽州文人所具有的风骨气节，对后世有一定启迪。

明代岩镇富豪潘之恒，力助普门大师开山修路，在黄山汤泉附近筑“有芑堂”，广邀宾朋名士经常游览黄山，沐浴温泉。歙县志载有万历年间一次重大文化艺术交流盛会活动：文坛“后七子”之首王世贞，率三吴两浙文士宾客 100 余人畅游黄山，潘之恒与汪道昆以黄山主人的身份，赁名园数处接待。徽州本地的诗人、画家、琴师、篆刻家、堪舆家、星相家等与宾客对应交流，举行投壶、蹴鞠、剑槊、歌吹等伴对角技比赛。由此引起自命清高的戏剧大师汤显祖，油然生出感慨，负气赋诗云：“欲识金银气，多从黄白游；一生痴绝处，无梦到徽州。”其实汤显祖内心对徽州山水十分倾慕向往，曾自述：“予尝闻海阳之地，松萝奇秀，不让匡庐、九瀑、巫峡，心窃慕之。”因而他在七旬高龄时乘轿登黄山，终于圆了他的徽州梦。

诗句“多从黄白游”中指的“黄白”，即黄山、白岳两座名山。白岳是齐云山，为道教名山，人文资源极为丰富，唐代乾元时便有道士在山上活动。明代嘉万间，齐云山道教发展到鼎盛时期，兴建宫、观、道院、祠、殿及神仙洞府百余处，大小殿宇 47 座。真武圣殿被重修，增建配殿及钟鼓二楼，宫阙壮丽，嘉靖帝敕命为“玄天太素宫”，并亲题“齊雲山”匾额，于是名声大噪。四面八方朝拜信士“冠盖相望，毂击肩摩”。因此嘉靖《徽州府志》称：“齐云与武当雄埒。”

万历九年 (1581 年)，文学家冯梦龙，畅游齐云，记述当时香火盛况：“俗传三月初三为玄君降凡之日，远近进香者填塞道庐。连三日，延弋阳梨园演戏娱神。”但是山下“溪流迅急，惊涛跳沫，危险特甚”。原来的木桥一遇山洪，便交通阻断。

为解决众香客遇洪水被阻于横江对岸的问题，万历十六年 (1588 年) 建成石拱九孔八墩“登封桥”，此桥“洞者九，高四丈，长四十有四丈，广二丈四尺，石厚堑深，栏周址固”，因此洪水无虞，便利游客登山。齐云山群峰如海，丹崖耸翠，与黄山南北相望，风景绮丽，素有“黄山白岳甲江南”之誉。因最高峰廊崖“一石插天，与云并齐”而得名，因此被后来清代乾隆皇帝称之为“天下无双胜景，江南第一名山”。

此外，境内四面诸峰，黄山支脉牯牛降，天目山脉清凉峰，五龙山脉六股尖，海拔都在 1600 米以上，峰峦耸峙，山势陡峻，巍峨雄伟，古木参天，风光秀丽，引人入胜。牯牛降属黄山西脉，古称“西黄山”，主峰 1727.6 米，素有“三十六大峰，七十二小峰，三十六大岔，七十二小岔，峰连着峰，岔套着岔”之说。

这些大山是徽州诸水的发源地，山水相依，共存共荣，紧密牵连着人口发展的生命源泉，滋润着徽州大地，因此而孕育出来的万千生灵，创造出举世瞩目的灿烂文化。

新安江发源于植被丰厚的大鄣山六股尖，山高 1629.8 米，是休宁和婺源两县最高峰，也是当今皖赣两省界山。弘治《徽州府志》称之“率山”，俗名“张公山”，用以纪念南朝新安太守张率，后曾传化为“鄣公山”。因此山下有“率水”“率口”之名。

大鄣山雄踞皖赣（清代以前为江南、江西）两省三百余里，为鄱江水系乐安江与钱塘江水系新安江的发源地。山南“三叠泉”瀑布，为乐安江头第一瀑；山北“龙井潭”瀑布，为新安江头第一瀑。在这两大水系分水岭上，古人撰联叹道：通胜国之遥，泉来一线云衢；溯鄣山而上，源别两江地脉。

光绪《婺源县志》引本地学者江永《大鄣山说》文章云：“大鄣山，有关于婺邑者甚大，不惟山脉来龙胎毓灵秀”，“近则荫一乡之泉源，远则培一邑之命脉”。

徽州这块福地就是仰仗靠枕高山围屏，拱卫环抱着境内人民，因此历史上徽州是“险阻天成，兵戈少至”。同时又依赖这些高山孕育出丰沛水资源，哺育维系一郡人口命脉。

在这个地带海拔千米的山腰平缓处，散布着星星点点的小村庄，聚居着以山林经济为生的山民，经过长期的居住生活，代代相传，相沿成习，山民们养成了对山区环境的特殊适应性。“徽民凿山而田，耕入云者十倍其力。”山村农家“火耕于山，旱种旅谷，早则俱出。扳峻壁，呼邪许之歌，一唱十和，庸次比耦而汗种，以防虎狼”。这里山高地远，空旷人稀，山民居家“门径悉为松萝所翳，每求盐米，晨出夕还，人无知者”。最深邃的边缘高山区，人迹罕至，是各种野生动物的乐园。徽州这个地带占有面积最大，人口密度最低。地名、村名也反映出地形特征，以地理实体如“坑、山、坞、溪、源、湾、坦、岭”等命名的村落为多。从村庄名称就可以看出与山外村庄不同。

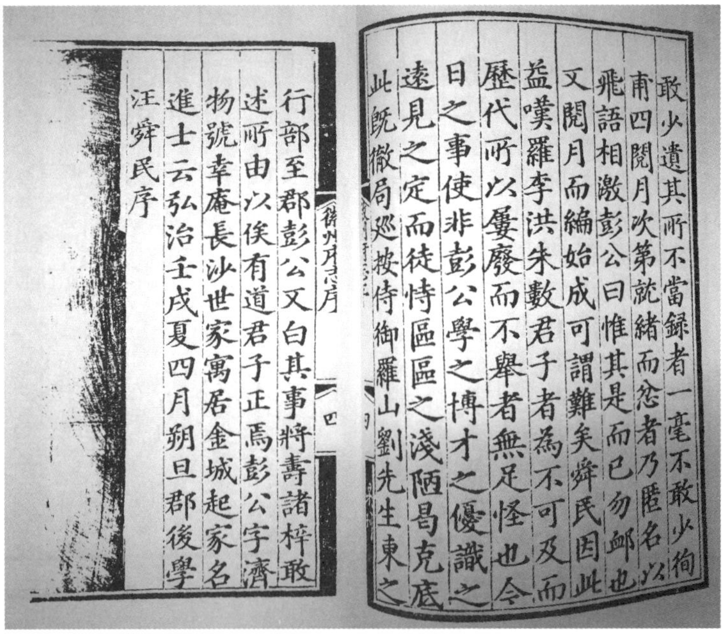
敢少遺其所不當錄者一毫不敢少徇甫四閱月次第就緒而忿者乃匿名以飛語相激彭公曰惟其是而已勿䘏也又閱月而編始成可謂難矣舜民因此益嘆羅李洪朱數君子者爲不可及而歷代所以屢廢而不舉者無足怪也今日之事使非彭公學之博才之優識之遠見之定而徒恃區區之淺陋曷克底此既徽局巡按侍御羅山劉先生東之

行部至郡彭公又白其事將壽諸梓敢述所由以俟有道君子正焉彭公字濟物號幸菴長沙世家寓居金城起家名進士云弘治壬戌夏四月朔旦郡後學

汪舜民序

汪舜民主编明弘治《徽州府志》序页

第二节　城镇人口分布

三环层层相套的地形地貌，造成徽州人口空间分布不均衡，这是自然环境所造成的。在垂直高度的分布上，面积最小的中央沿河盆地，地势低平，海拔100米左右，农耕最利，因此人口最稠密；面积最大的山区，地势高峻，海拔在1000米以上，人烟稀少，人口密度恰恰与地面高程成反比。在一个府级地域范围内，存在如此大的高程差，外地十分少见。这样一种自然特点对人口分布产生了极大的影响，人口密度呈现出从高地向平地逐级上升的趋势。然而人口垂直分布和平面分布是一致的，地势低平的中环区内人口密度相对高，地势最高的外环区域则密度相对低，居民稀疏。在人口密度集结达到一定程度时的产物，就是大大小小的各级各类城镇。

核心区域最早形成城镇　在人口密集的中央核心区，屯溪、岩寺、万安三镇居中，歙县与休宁的县城，分别居于盆地的东西两端。这一带开发时间最早，历史悠久，田畴相连成片，自古就是豪强大族聚居的膏腴之地，对人口的吸引力最大。

这里由于粮食充足，可以供养较多非农人户。因此史上最先在这里出现村庄、市镇和县城。人口集中的地域中心一旦形成，又对社会经济以反作用，产生巨大辐射影响。

在政治上，县城集中了统治者的施政设施，建立衙署、官厅、监狱、仓库、兵营及邮传驿站、递铺等一套完整的行政机构，便于对四周广大的农村加以控制，保证赋税征收和社会秩序正常；经济上，统治者及其家属、官私奴婢、士兵和居民日常生活

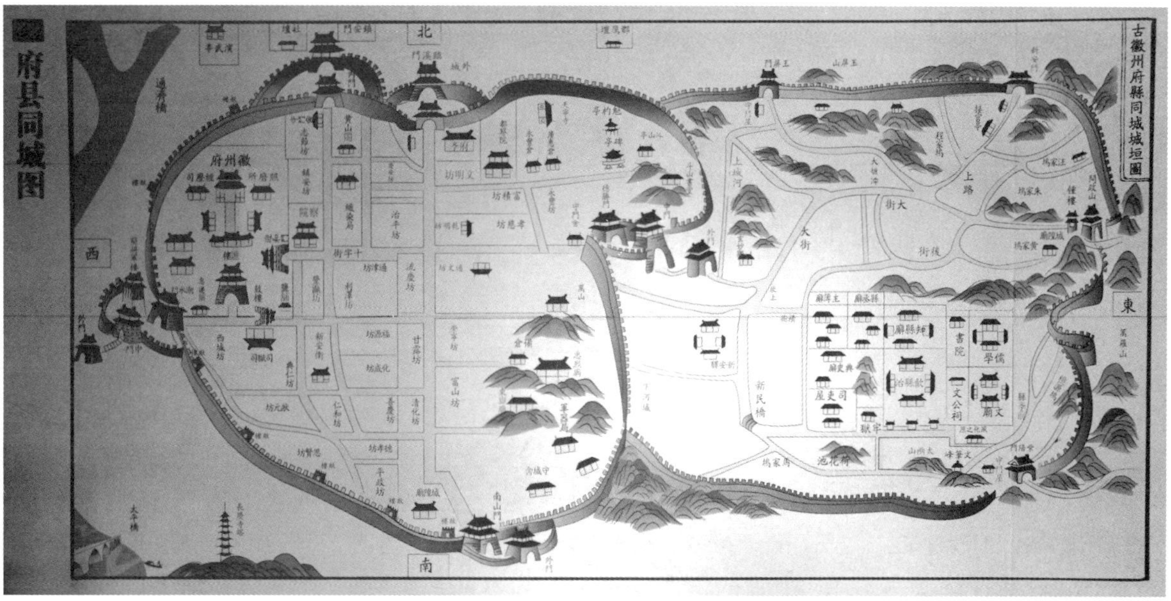

明代歙县府城与新建县城相连全图

需要的服务性行业、手工业得到发展，县城成为以工商业为主的区域经贸中心。并由此开始出现城乡差别，人口分布也从根本上改变了当初的原始状态；在军事上，县城城池选址都会首先考虑防守要冲，依山临河，山作屏障，河为深壕，成为易守难攻之地。歙、休两座县城恰好把守着东西通津，能凭险控制新安江水道，有利于拱卫统治者的安全。

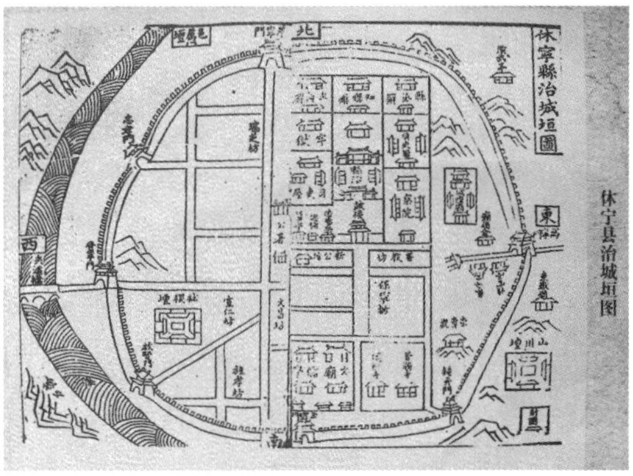

清代人口高峰期的休宁县城图

从汉高祖始令天下筑城起，历经千年变迁，歙县府城及县城，与休宁等五座县城，都构建起雄伟高大而坚固的城墙，有效地抵御冷兵器时代的外侵。“古者四海之内，分为万国，城虽大，无过三百丈者；人虽众，无过三千家者。”“今千丈之城，万家之邑相望也。”明弘治《徽州府志》载，歙县城里街市：“宋绍定中，郡守刘炳，整甃，自西门至三庙门孝义坊，至兴贤坊、州学前。明年春，又于郡治前重甃，共二百六十余丈。历元至今，时加修治，康庄坦然，市肆辏集。”

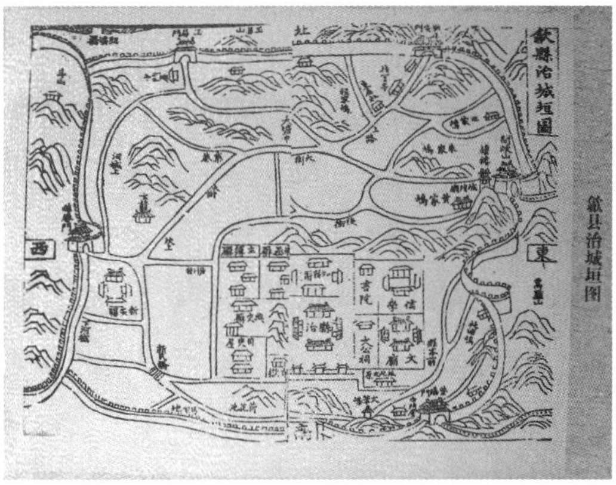

清代人口鼎盛期歙县城区图

早在宋代歙县“即山为城，因溪为隍”，明代歙县府城周长已扩展到九里五十步，设有五道城门，中门与内门之间为月城，或称瓮城，借以伏兵，防守严密。嘉靖年间，因遭倭寇侵袭，为便于城外居民撤入城里，又加筑县城，扩大人口容量，府城与县城两座城墙如双环相交，联如一体。

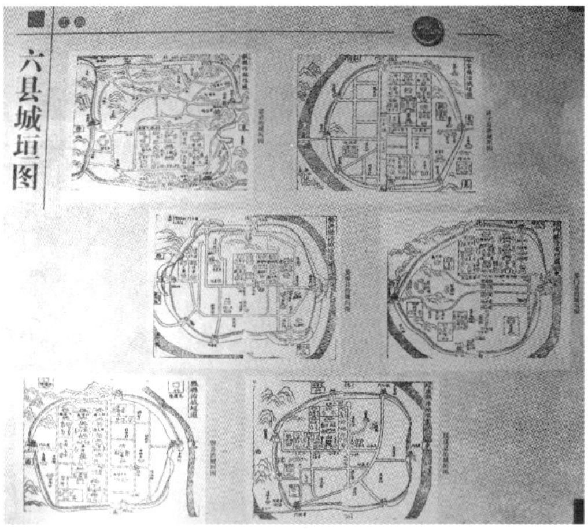

清代徽州府属六县城垣图

休宁县城始于宋，当时城墙周长九里三十步，辟有六门。明初重建，废东南、西南门，只辟四门。嘉靖三十五年(1556年)，为防备倭寇侵扰，休宁知县林腾蛟，在士绅平民们大力支持下再次修城，周长仍九里三十步，城墙高度和厚度均为二丈五尺，辟有万宁、玉宁、齐宁、萝宁、忠孝、钟秀、启贤七门。门上建有高大城楼，并掘池护城，池深一丈，宽一丈五尺。自西北门外引水入池，西流环经西南门汇入横江。护城河池上建有桥梁，进出自如。邑人汪垍写有《筑城记》

讲述其竣工经过，称城墙“沿回十里，计一千七百余丈”。

县治城镇适宜居民生活　婺源县城自唐代建立始筑城，原县治在清化镇，唐僖宗中和二年（882年）镇将汪武迁弦高镇判事，官员不再回到县城办公。杨吴太和年间，升婺源为都制，在弦高镇重筑新城，启升元二门，建东西两市。内部的街道也逐渐达到一定的规模：“五代时南唐检校司空刘津，建东、西两市，宋元及国朝因之。街阔一丈七，东西三百六十丈，转入庙巷四十丈。”

绩溪宋城垣周五里，八百四十一丈，高二丈，城墙厚一丈三尺，设四门。城门街宽八尺，巷宽五尺。

而最小的黟县年代却最为古老，“宋城周二里三百五十步”，以后修建的明城周长也仅730余丈，不足五里，以致“县官打板子，四门都听见”。只是黟县人口少，矛盾纠纷不多，“吏闲讼简”。县城范围大小，直接与城内居民人口多寡相关。

祁门县城内的街市也在不断拓展：“唐置县时，街分田字，历五代、宋元及国朝因之，时加修治，平坦如旧。”

祁门县建置属六县最迟。唐代宗永泰二年(766年)析分黟县六乡、江西饶州之浮梁县置。但是它的建县过程非常具有历史意义，因为这是由本土农民起义军自行建置的。

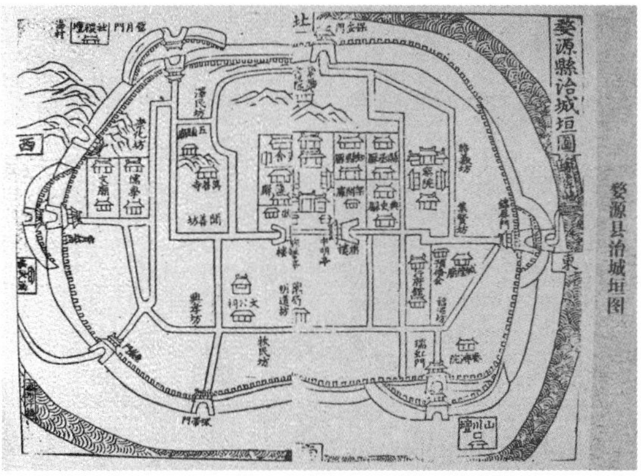

清代人口高峰期婺源县城垣图

罗愿在《新安志》中明确记载了县址的地理特点和历史缘由：“祁门，望县。本黟县地，县西南有两巨石，夹溪相对，号‘阊门’。而东北有涌流，左右云峰削成。其中平坦，周回数顷。唐永泰元年（765年），土人方清，作乱，屯石埭城，因权立阊门县以守之。至明年，平方清，因其垒，析黟县之六乡及饶州浮梁县地，置以为县。合祁山、阊门名之，曰‘祁门’。”

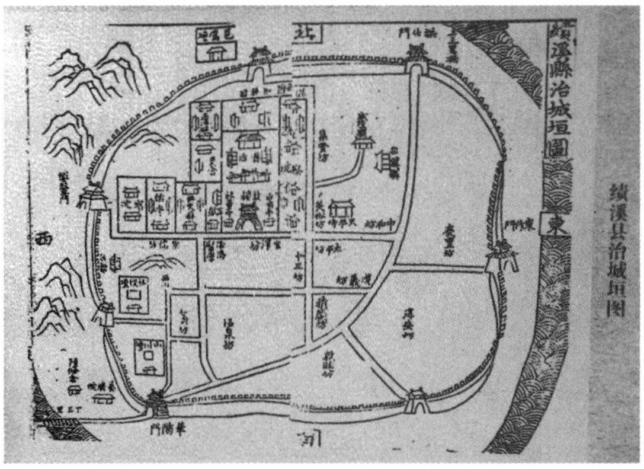

清代绩溪县城图

祁门之所以定位“望县”，是因为唐代开元年间，为加强州县管理，实行全面考核全国州县的等级。朝廷制定考核评定方法，以各个州县纳税的户数、人口多少为标准，划分县级的等第：“以六千户以上为上县，三千户以上为中县，不满三千户为中下县。其赤、畿、望、紧等县，不限户数，并为上县。”同时规定，上县县令享受从六品上阶待遇；中下县县令为从七品下阶。祁门当时人户虽不足六千，全县仅五千四百余户，但是被定为“望县”，即是享受国家“上县”的官员编制和等级待遇，说明祁门县在朝廷心目中的地位和重要性。

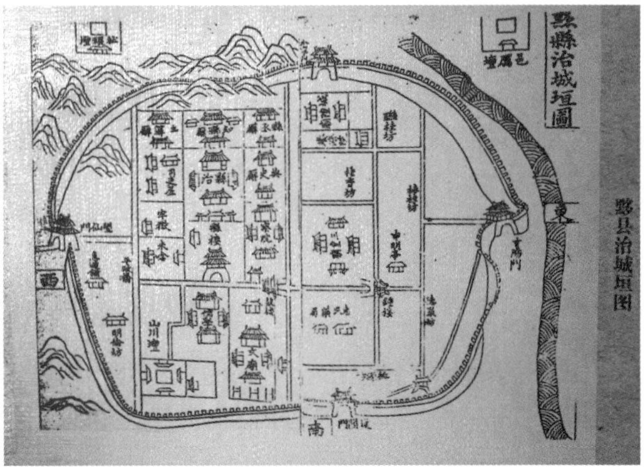

清代人口高峰时期黟县城区图

祁门县的地位之高在于种茶业尤为突出，茶叶经济提高了其政治地位。歙州司马张途，于唐咸通三年(862 年)秋记述祁门茶叶种植和茶叶在当地社会经济中的重要位置。他写道：祁门“邑之编籍民五千四百余户，其疆境亦不为小。山多而田少，水清而地沃。山且植茗，高下无遗土。千里之内，业于茶者七八矣。由是给衣食，供赋役，悉恃此。祁之茗，色黄而香。贾客咸议，愈于诸方”[①]。

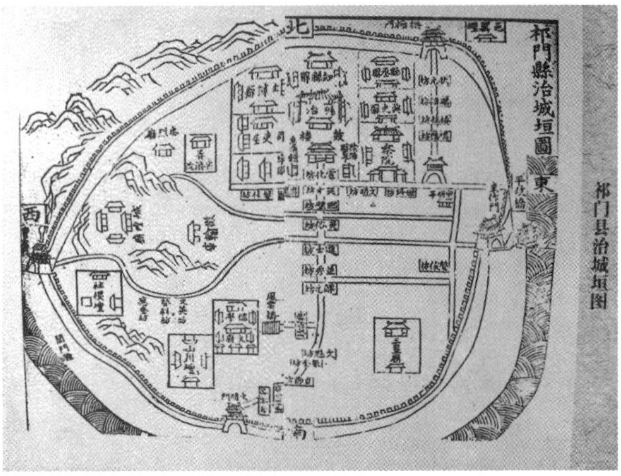

清代人口高峰期祁门县城图

当然不止祁门一县产好茶，歙州六县都是产茶大县，而且品质上佳，各有特色。歙州司马张途，继续在同一篇文章中记述全歙州茶叶的交易情况：四方茶商争求歙州茶，“每岁二三月，赍银缗缯素求市，将货他郡者，摩肩接迹而至”。来自各地的茶商们，将采购到的歙州茶，有的采用陆运，“或乘负，或肩荷，或小辙而陆”，运销山外。有的走水路，“先以轻舟寡载，就其巨艎”[②]。

这就是说各地茶商进山，分散收购，先用小车，或者小船，从山区小道或者浅水溪流舟运出山，然后转装大船“巨艎”，沿放射状的水道远销外地。或者顺新安江而东下，通向浙江杭州一带；也能够水陆兼程，顺青弋江北上，转长江、达中原。祁门茶主要运输线路是通过境内阊江水路，由浮梁南下，入江西鄱阳湖，转运远方。说明整个歙州茶叶对外交易的市场在唐代基本形成，茶叶市场兴旺发展吸引人口聚集，对于唐代歙州人口快速增长作用明显，有力地促进境内城镇建设发展。

明弘治《徽州府志》载：南宋乾道八年(1172 年)，徽州府城四隅有户 1931，人口 10139；其中城里廓坊住有 1281 户，6858 口，户均 5.35 口；城外四关 650 户，3281 口，户均 5.04 口。

①②[唐] 张途：《祁门县新修阊门溪记》，转引自《祁门县志》。

数据表明，居住城里的家族身份地位等级较高，家庭规模大于城外关厢住户（更加高于全县户均4.5口数）。

以后经过了45年，到嘉定十年(1217年)，府城有2337户，9848口。这时户数较前增加406户，而人口却有所减少，其中缘故没有记载，不得而知。

再过十年，宝庆二年(1226年)登记，府城人口猛增到3887户，17702口，增长66%，年均增长率高达6‰。

南宋时期是徽州人口快速发展的新阶段，依托临安皇都京城之利，州府治所歙县此时已成江南大城，工商业十分发达，近似省府城市的人口规模。府城对周边人口的吸纳能力很强，富商士绅云集，问舍求宅，推动房地产业不断扩展，街道向前延伸。而相邻的江南府城宛陵（宣城）、秋浦（池州）城里，当时人口都在万人以下，远不能及此。

歙县商贸繁荣，城镇多处设置税务机关。明万历《歙志》称："税课司，宋置在城税务于大北街口之南，嘉熙四年(1240年)州守郑崇窦，罢之，所有经总制钱四千二百余贯，每年由州认缴，自是在城不设税务。元仍置在城务于故址。明改税课司。洪武九年(1376年)建正厅廪舍。弘治十四年(1501年)毁于火，知府彭泽，重建，寻废。"

明代徽州府城歙县城内建制为18里，4000余户，城里人口2万多，其中民籍1.5万余人，军籍5000人。虽然人户数量比前朝有增，但是增长速度不快。主要原因是元末战争频发，杀伤力大，歙县男女老幼死于战火者近半。

明弘治年间，社会安定，经济繁荣，人口恢复增多，城区扩大，府城西门外建太平桥，横跨练江，凡16孔15墩，计长278米，宽6.6米，为徽州第一大桥。城内街道虽然不宽，但是两边店铺林立，工商业发达，街面一色青石铺砌，店铺门沿砌以卵石，显得格外精致典雅。街市行人络绎不绝，车马喧腾，熙来攘往，一派繁华景象。

休宁县城人口稍次于歙，明代关厢四隅也辖有10里，居民2300户，计有1.1万人口。城里街道巷弄布局合理，呈现"东门牌楼西门店，北门住户南门田"的功能区分格式，当地富豪"汪、吴、朱、夏、何"等大户，住宅多设在北街，庭院深深，幽雅富丽。商业街集中在西门，全长一里多，街宽一丈二尺的街道，全部石板路面。街道两侧店铺相衔，不下200家。人户密集，生意兴隆。

明嘉靖四年(1525年)休宁兴建西门外夹溪河大桥，历经六年完工。桥为10墩11孔，桥面宽6.6米，长189米，两旁青石栏杆高近一米。桥上设置有亭、庙、坊、石碑等附属建筑，正中建一亭，额曰"千秋"，故又名"千秋桥"。桥通行后，西门商业街向城外延伸到一倍以上，与凤湖街连接为一体，店肆增加，商业更加兴盛。并呈现出专业性倾向，城外店铺主要供应广大农村农业生产资料，这里继承徽州冶炼业传统特色，凤湖街有两个铸造厂从事烧铸犁铧等农具和铁锅等生活用品，厂铺合一，后院生产前厅销售，“金日东炉”和“金日馨炉”，这是徽州最大的翻砂铸铁行业。清初金宁远从黟县迁移于此创建“冶坊”，以后扩展到万安的“金日茂炉”、屯溪的“金月林炉”、黎阳的“金日鼎炉”、岩寺的“金日昇炉”等，当地人沿袭称冶坊为“炉厂”。

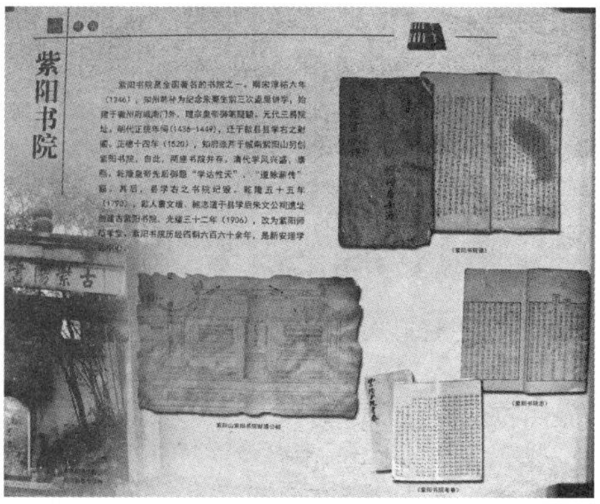

始建于南宋时期的歙县紫阳书院

再次为婺源县城，廓坊8里，居民2000户，9000人口。祁门、黟县、绩溪三县人口规模稍小，县城户口无载。

由于府县两级地方志中清代人户缺失记载，参照江南州府一级的人口规模，在人口巅峰时期，歙县人口达到历史最高值61万多。推测徽州府城人口应该不少于5万之众。徽州其他县城人口当有2万至3万人以上。

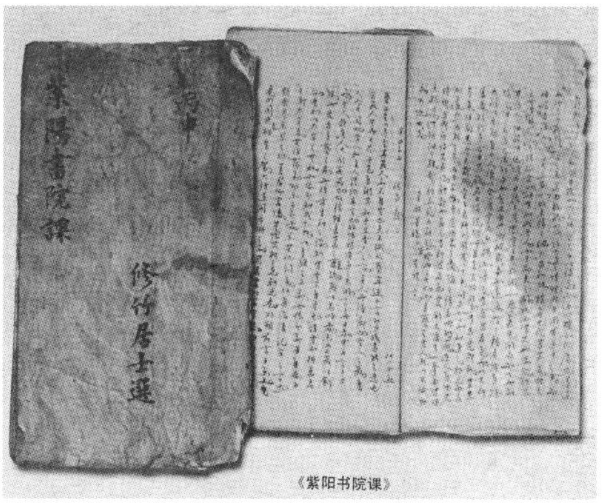

清代歙县紫阳书院课本

徽州各县城内街道建设，如同民居一样独具匠心，胜过其他州县。街巷道路，有统一规划，街宽八尺至一丈二，巷宽五尺。布局合理，功能区分，行政机构设施、商业店铺、居民住宅，各得其所。主要交叉路口建有报时钟鼓楼等亭台楼阁，四隅坊表、祠堂庙宇坐落有致，为“便耕牧樵汲之出入”和“泄行潦之暴涨”而开设的城门、水门位置适当，往来行人与城镇居民生活皆称便利。

特色城镇形成人口密集带 除县城外，周边次级市镇受到辐射随着经济发展而逐渐崛起。市镇的兴起是社会生产力发展的自然产物，农村商品经济发展的必然结果，市镇具有乡村商贸市场中心地的性质，以周边农村腹地为基石，并衬托支持县城生存发展。这主要表现在街镇数量的增加和居镇人口的膨胀，市镇经济意义日趋鲜明，商税大幅度增长等方面。

徽州府学简介

镇，由唐代的军镇和草市发展演变而成。军镇设在遏遮冲要之处，其长官称“镇遏使”。

宋代用“监镇”代替了镇遏使，其职能也由军事改成管火禁，或兼酒税。设置原则也顺应经济市场需求改为以人户多寡和经济实力为标准。

市有两种，所谓草市，指民间自为聚落、私相贸易的集市，以别于由官方建立的市，故名“草市”。四周农村的农民将自己多余的农副产品和手工产品拿到这里市场上来出售，再换回自己所需要的商品。这种农村集市最早出现在南北朝时期，入隋唐后逐步发展，进入宋代以后，随着商业和手工业日益繁荣兴旺，草市也如雨后春笋般在各地大量涌现。草市不是正式的行政建置，属体制外产物，自行生长出来的，所以仍然按照乡村规制编入某一地域(都、图、里、保)，且与四周农村犬牙交错，其称谓因地而异，四面八方各自为政，在徽州或曰店、或曰馆、或曰墟、或曰埠(步)、或曰集、或曰市。屯溪东郊的上草市、下草市村名延续至今。

岩寺　南宋绍兴五年(1135年)，歙县岩寺批准建镇。史载：“歙县西地名岩寺，县东地名新馆，两处商旅聚会。近岁本州差官往逐处拘收税钱，内岩寺去年收到六千三百余贯，新馆二千一百余贯。欲乞将岩寺、新馆以地升改为镇，拘收酒税课利。下本路监司看详，岩寺可升为镇；新馆虽客旅过往，缘本处不满百家，不可为镇。”[①]从中可知，一百户是宋代设立建制镇的最低人口标准。

岩寺地处水陆要冲，距歙县城20里，道路平坦，交通便捷，“物产之多，流布四方”。周围山区土特产如茶叶、木竹、药材等汇集在这里，转运到江浙、苏杭、长江流域等地，而漕盐、粮布等日用品则随船运回，成为商贾辐辏之地。同时这里手工业发达，聚集大批能工巧匠，自古就是徽墨、漆器和酿酒制造中心。唐初即有居民百户以上，建镇当时应当有七、八百户以上人口。

而新馆草市虽然地处交通要冲，商贾过往频繁，每年商税额二千一百余贯，相当于一般州县的上缴额，远超建镇的其中一个指标，但是常住居民人口不足百户，不达标。结果朝廷批准岩寺“升改为镇”，而新馆则因“不满百家，不可为镇”。尽管因为人口不足建镇标准而未批准设置镇治，但是作为商业贸易要冲的地位始终存在，因此新馆长期以来依然是“市井如故”。

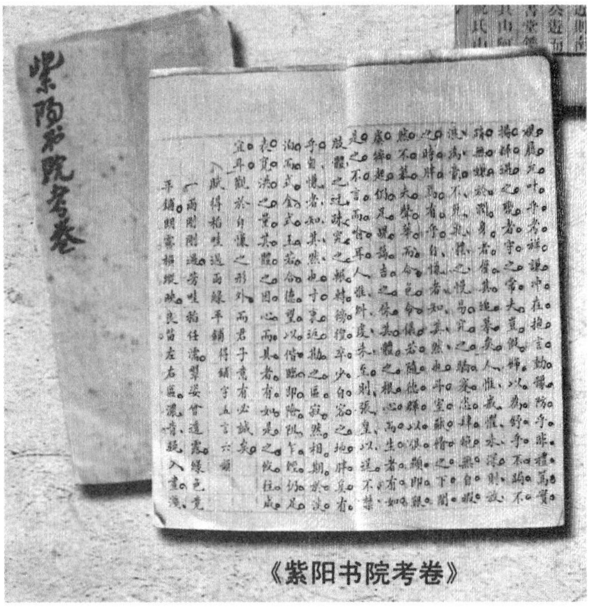

歙县紫阳书院考试卷页

① 《宋会辑要稿》，《方域十二》之九。

古代对镇的传统定义是："民聚不成县，而有税课者，则为镇，或以官监之。"据史料记载，早在北宋期间，朝廷已规定在镇设置文武官，纳入地方行政编制轨道。文官监税，武官为镇将，负责本镇烟火公事，依年商税五百至一千贯为界。

岩寺航运码头近处一条街巷设立税务，因此称为税务巷，沿用至今。"税务巷，宋元时有税务司，今仍存税务井。"①

岩寺处在核心区中央，聚居着方、汪、程、吴、鲍氏等十五个大家族，四周村庄还有二、三十个名族密布。这里交通方便，与县城、屯溪、休宁、万安等街市往来交流密切，农副业经济联成一体，工商业历来发达，对纵深数十里的农村广大腹地吸引力很强。而其他那些星罗棋布的乡村商品小市场形成的短时性草市、墟市，只要常住户口发展到足够的规模，按规定就能升格为镇。

岩寺在唐代初期只是一个百余户居民的村落，"其时居民列平冈之上，仅百余户"。随着人口不断增长，国民经济日趋繁荣，宋代这里因地处交通要道，每旬以三八日会集贸易，开始聚集四周商旅游人，发展成为商品集散中心。政府在此创设税务，对过往商家征收商税。

南宋端平年间(1235年)方师忠，由歙县寒山迁来镇之东街，经商致富，子孙兴盛，世称"半街方"。这个方氏大家族在岩寺落户定居，后来列为七门，七门支派中文人学士、文臣武将、商界闻人、仁义高士层出不穷。

不仅方家雄富半街，更有岩寺吕氏，"邸肆生业，几有郡城之半，因号'半州'"。

元代棠樾大地主鲍昌孙，由农而商，"迁居岩镇，货肆经营"。但是元廷赋税课额浸重，一度曾造成商旅日稀的困境。至大元年(1307年)统计，岩镇税务共征商税中统钞528锭9两1钱5分，税收来源主要取办于漆器等商铺，由于离朝廷规定的税额相差太远，税务官往往以亏课遁逃。至大二年，经过徽州路向江浙行省申诉，获准减免中统钞52锭28两，这笔减免去掉的税收损失，改由"他务稍轻处增入"②。

明代徽商崛起，岩寺重归繁盛。镇上出外经商的多为盐商，致富迅速，携带财富回家建造大量房屋邸肆，聚引周围的地主富人迁居岩镇，经营商业，使得镇上人口激增。岩镇汪德兴，"治鹾于淮，好结多士"③。尤其是"自嘉、隆以来，巨室云集，百堵皆兴，比屋鳞次，无尺土之隙，谚所谓寸金之地也"。④

时值明嘉靖、隆庆年间，正是徽商兴起之初，岩寺这里已经是"居六邑之都会，为九达之通逵，鳞次万家，规方十里，阀阅蝉联，百昌辐辏，则自有明嘉、隆之际始也"。

①[清] 佘华瑞：雍正《岩镇志草》。

②弘治《徽州府志》卷一《地理一•坊市》。

③《新安名族志前卷》《汪》，第185页。

④[清] 佘华瑞：雍正《岩镇志草》。

岩寺每年正月初九举行一次传统庙会，人称“上九”。前后三天，参加庙会并前来赶集趁墟的群众摩肩接踵，进行百货交易，可谓人山人海。南宋时岩寺始立镇，年商税额即达到 6300 余贯，已经超过徽州其他各县城的税款。而歙县在城商税额 (南宋熙宁十年) 则已有 12258 贯 120 文，税收是商品经济发展的晴雨表，直接反映出经济繁荣程度。

明嘉靖二十三年 (1544 年)，致仕乡居的岩寺人郑佐，以社会治安为忧，“今者，天时亢旱，人心忧危，奸党乘机，邪谋窃发。假称借贷，敢拥众于孤村；倚恃强梁，辄囗臂于单弱。白昼公行而无忌，昏夜不言而可知”。他号召倡导镇民组成“御寇”性质的岩镇“乡约”，自行保护乡里，“预为桑土之谋”。郑佐具有非凡组织才能，将“一镇分为十八管，有纪有纲。每管各集数十人，一心一德”。这种乡约，在以后抗倭斗争中发挥了重要作用。

万历年间，岩寺文人潘之恒在《亘史》中记载，岩镇“里中期颐灯社”的盛况，参加者依年序列出“大年诸公”共 142 人。其中年最长者 95 岁，近期颐之年，年龄最低者也有 70 岁。这些古稀诸公“俱里居衣冠世胄，子孙皆能承欢者”。也就是说这些老人并非里中 70 岁以上人口的全部，平民百姓尚不在内。这 142 位老人当中，据统计实载有方、桂、汪、程、王、张、阮、闵、郑、佘、吴、胡、江、周、潘、叶、龚、俞、杨、洪、宋、孙、董、谢、陈、黄、郝、邱等共 28 个姓氏。这份名单充分反映出当时岩镇“鳞次万家”“百氏间处”的人口密集程度。

屯溪　屯溪在原来东汉时期犁阳县治的基础上，宋代应该发展到八百户居民的人口规模，其中非农人口则远不止一百户，大约在岩寺之前已经设镇。

《水经注》云：“率东者，川平山开，诸洲隐见。烟云杳霭，有江湖之想 (像)。”可见这里地势优越，风光旖旎，土地肥美，河阔水深，是理想的人口聚集之地。

程氏是徽州望族，历史悠久，发祥于黄墩，始迁祖程元谭，东晋初期新安太守，其“子孙蕃昌，居他姓什九”。人口蕃盛的程姓后人，支脉众多，在徽州分布很广。但是

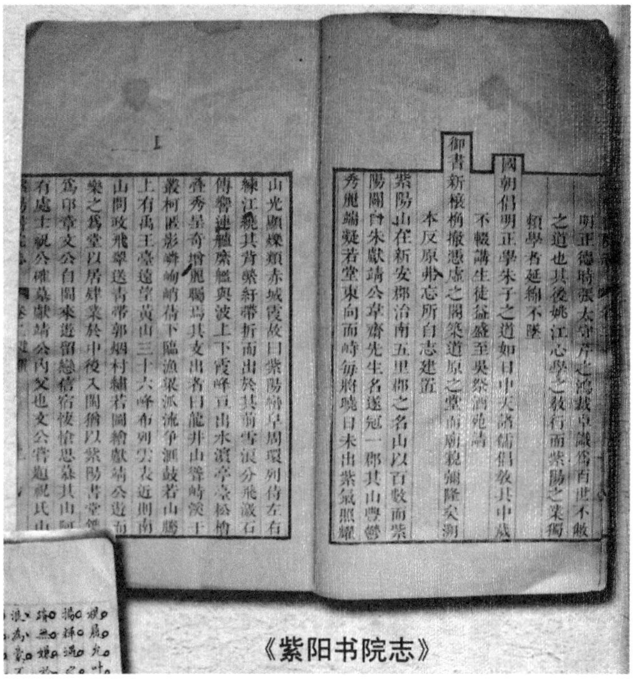

歙县紫阳书院志内页

他们子孙后代主要居住在黄墩周围富庶的中央盆地。

元代末年，尤溪大地主程维宗，是“率东程氏”第十一世孙。第一代是北宋仁宗时鄱阳县令程显，退休后定居于此。二世程永，遁于林泉乡居。三世程赵，宋元祐年间曾任江西余干县令。其后四至九世俱未为官也无功名。其父程观保，“既冠，商游江湖”，做生意致富发家。后弃商从吏，“往役于县”为书佐。

他本人“年十九，尝一赴乡试，不捷而归”，“既而遭时革运，无复荣念，从事商贾，货利之获，多出望外，以一获十都常有之，若有神助，不知所以然者。由是家业大兴”，“且增置休、歙田产四千余亩，佃仆三百七十余家，有庄五所：宅积庄，则供伏腊；高远庄，则输二税；知报庄，以备军役之用；嘉礼庄，以备婚嫁；尚义庄，以备凶年。又于屯溪造店房四所，共屋四十七间，以居商贾之货”。

具有经商天才致富的程维宗，不止于把商业利润全部投资土地只当地主，同时他在屯溪建店屋40余间，自营4间店面以外，余以招徕商贾，仓囤客商货物。这个开发房地产的事例，说明当时屯溪街市元代以前已经具有相当规模。程维宗原配夫人草市孙氏，因为“外家父母垂老，其子商游秦陕忘归，公为之经纪，其家未尝失所”。照顾姻亲及族亲应该是分内责任，他在其他社会救济行善事迹确信很多，对屯溪公益事业建设有一定贡献。

另一支派屯溪率口程氏，据明代名士程敏政在《率口程氏世忠行祠记》一文载：“其别居率口，则自宣议府君讳敦临者始，宣议上距忠壮二十有四世。其先业尝一迁新屯，再迁兖山，戾止靡常，众心芾宁，乃十宅于率水之上居焉。当宋之季，业已复振，税之以百计者三百余。宣议四传，有孙二十有二人。”

这里所指的程敦临，是南朝程忠壮公灵洗的二十四世孙，他经过多次境内迁移搬家，最终定居率口。作为屯溪率口程氏这一支的始迁祖，其子孙繁阜，家业得以重振，后裔增多又分为“渠东”门和“柏树”门，其中渠东门下在明代出了一代珠算宗师、数学家程大位。

屯溪濒临新安江中游，地势平坦，横江、率水两大支流在此汇合，水面开阔，历来是山区木材的集中扎成排索外运囤积地。上溯五里的闵口，河道宽敞，依山转弯，形成天然之坞，是木材停泊的理想港湾，休宁、祁门、黟县和婺源山区砍伐的木材多由新安江各支流放运集中到此。另有一条运木河道专用运输歙县南乡石门等山区木材，则经黄口运至率口“许家墙”处河边停泊。因而屯溪从闵口到率口，十里沿岸，为木商云集场所，木行林立，贸易兴隆。木竹交易方式是每天上午举行茶会，由卖家（行话称上山）、买家（俗称水客）和中介人三方洽谈协商，每当此时，来往商人拥挤不堪，热闹非凡。据称，每年屯溪销往外地的木材均在十多万两左右（中段围径九寸的木材，每五十根为一两）。吞吐量之大，足以令人想象。

自从明代人工栽培香菇方法传入徽州后，在山区得到大力发展。徽州地处亚热带北缘，四季分明，热量足，温暖湿润降水多，春秋短，冬夏长，昼夜温差大，相对空气湿度高，加上地形垂直变化显著，地貌差异复杂，拥有大面积的中低山丘陵地带，优越的地理条件为香菇生长提供了良好的生态环境。同时由于木材资源丰富，适合香菇栽培的树种，如枫、楮、麻栎、青冈栎、茅栗、罗浮栲等200余种均有，并且存量充足。

这些优质树木作为菌种培养基，使香菇生长具备充足的物质基础，因此徽州蕈菇产量大幅度提高，明清时期屯溪黎阳街成为徽州香菇最大的交易市场。二里长、丈余宽的街道上，人流如织，几十家菇行吸引着山里来的“香菇客”。山货行老字号如“程同福”“鸿大行”“周恒大”等最著名。他们专门代客收购，为过往菇贩、菇农提供食宿，帮助介绍山场，传达信息，洽谈租价，并向无本的菇农放贷，垫付判山种菇的生产资金。这里干菇市场交易量达到数万斤，已经占到全国总产量的三分之一。其中，大部分产自祁门。

徽菇以其特有的色鲜味浓、肉质厚嫩、香气沁人心脾和较高营养药用价值独成品系，历史上被评为全国四大名菇（其他三个为赣州菇、汀州菇、北江菇）之首。徽菇作为山蔬珍品，鲜美可口，香味浓郁，历来为徽州菜肴中的上等原料，不论作主料食材还是辅料伴配，红烧、清炒、炖汤皆宜，深受人们喜爱。包装徽菇用竹篓裱上防潮纸，内衬箬叶，挑到水埠头上船，沿新安江运到杭州、上海、武汉，转销全国各地和海外。屯溪黎阳也成为徽菇的品牌产地著称世界。

明代弘治年间，屯溪是山区土特产总汇和各地茶叶集中加工装箱的场所，商业中

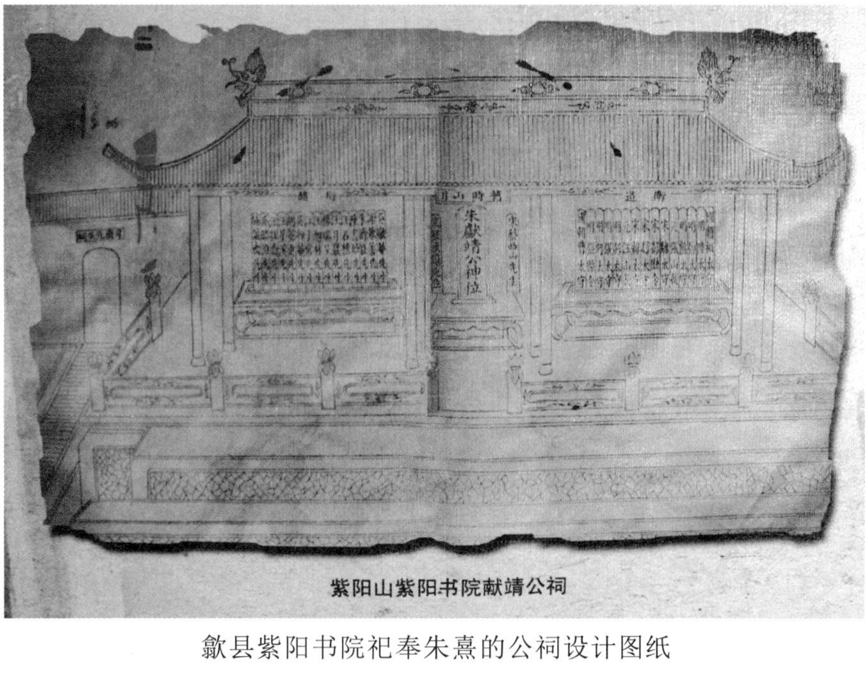

歙县紫阳书院祀奉朱熹的公祠设计图纸

心最初形成在黎阳与西镇街一带。西镇街店铺集中，南来北往的山客携带各种货物交易频繁，随着居民人口不断增加，徽州对粮食、盐、布等日用品需求量激增，多仰外地供应。“徽郡仰给江浙”，“屯溪系一邑总市，商牙辏集，米船络绎相继”。[①]由于徽州土不给食，严重缺粮，“粒米是急，日仰给东西二江，旬日之艘未至，举皇皇枵腹以待”[②]。

道光《徽州府志》更加言重地指出：“一日米船不至，民有饥色；三日不至，有饿莩；五日不至，有昼夺。”屯溪水道成为徽州百姓民众的生命线，一日不可或缺。贸易兴盛使街市逐渐沿新安江向东扩展，沿河建起多个水运码头，俗称“水埠头”。按其用途又分别专称“米埠头”“渔埠头”“盐埠头”等。

嘉靖十五年(1536年)，跨三江口的屯溪“镇海桥”建成，从此联结沟通横江两岸街道为一体，从黎阳到屯溪发展成为“一邑总市”，商业中心趋向沿河码头，数百艘船舶长年停泊大桥下渔埠头至盐埠头一带，帆樯林立，时人称“屯浦归帆”为一大景观。

河中舟楫如梭，岸边摊贩云集，大桥桥面上亦成闹市，靠桥栏两侧搭满棚铺，古玩工艺，各种小吃食摊应有尽有，商家炫奇斗胜，行人攒拥不开，桥头两端人声鼎沸，成为最热闹的集中交易场所。

到了清康乾年间，《休宁县志》称：“屯溪街，县东三十里，镇长四里。” 这个时期商业繁荣，人烟盛极。屯溪以茶兴市，由于“屯绿”茶叶声名鹊起，逐渐开始外销，初期运送“集中江西铅山县河口镇，沿信江转入赣江，再南下大庾岭，以人力担过梅岭关，再由南雄沿北江”，最终运达广州出口，远销到东南亚和英、俄、美洲等地，享誉世界。

咸丰时，对外开放“五口通商”，当时“自五口既开，则六县之民无不家家蓄艾，户户当垆，赢者既操三倍之价，绌者亦集众腋之裘”。徽州各地茶叶产量骤增，屯绿于是转沪出口外销，经新安江至杭州转口，水运上海或宁波，较前运广州大为便利，销量快速增长。同治元年(1862年)屯溪因茶业大盛，茶叶品种规格繁多，每年运出七、八百种茶庄的茶叶。由此在《清史稿》上留下“茶务都会”之誉称，以茶为生的人口大量聚集，就业机会增多，形成茶市繁盛的小都会，城市气象倍显。

屯溪作为徽州水运中心的地位，是由特定的地理环境所决定的。清人徐卓写的《休宁碎事》记载，从新安江下游杭州来的船舶，“溯严陵而上，其为滩三百六十，雇役挽舟而人假水以赁食者，尝近千人，舵师呼之‘纤板官’。初至酒一盏，肉二脔劳之。过此，糜饮三干饭，一或以盐沃箸苦菜蒸食之，甘如饴。山与水曲，舵师呼纤板官曰‘左’，则左之；曰‘右’，则右之。绿蓑烟雨，上下如猿猴，抵屯溪获俸钱而归”。在过歙县渔梁坝时换乘的大帆船到屯溪截止，继续上行到万安、休宁、黟县渔亭等地

①② 道光《休宁县志》。

的客商和货物在屯溪码头再换乘小篷木船逆流行驶。

当年屯浦码头上，常见满载茶箱的二百石大篷船顺流直下运销杭沪，从下游上溯新安江抵达屯溪的盐、米船队逆流而上，扬帆归来，遇到逆风时候，十多壮汉组成的纤夫队列，在岸边背拖纤绳，奋力拉纤逆水行舟，码头上人来人往，喊声喧天，一派繁荣景象。大桥下桅樯如林，号称“无船三百只”，盛极时停泊两岸的船只达千余艘之多。时人有诗赞云：“一片遥帆势若奔，客舟来集此云屯。”

云集屯溪的各地茶商往来络绎不绝，有很多的投资者在屯开设茶号、茶栈、茶庄。这种“茶号”集收购、加工、运输、销售于一体，形成完整的精制茶叶的加工体系。茶号利用多种渠道从产茶区各地收购的初制茶叶，进行筛、炒、拣等环节操作，装箱外运。以至民谣唱道：“未见屯溪面，十里闻茶香；踏进茶号门，神怡忘故乡。”

光绪二十二年（1896 年），经过太平军与清军惨烈战争洗礼，此时商市逐渐恢复，屯溪有较大规模的茶号 136 家，年销售量近十万担。镇上设有茶务总局，开办茶商公立农校、茶业讲习所，招收小学毕业生，授以种茶、制茶技术，以适应茶叶贸易发展的需要。每逢茶市来屯溪打工者达 1.5 万人，其中大半是女工，为妇女就业大开门路。与之配套的茶叶包装锡罐制作业有 9 家，常年生产 1.05 万只装茶锡罐，从业人员超过百人。制作杉木茶箱工厂 17 家，工人 300 名，年产 8000 只茶箱。木箱外层除贴绵纸刷涂料外，还用竹篾编织最外层包装，中间夹以箬叶隔离，防水防潮，适应长期海上运输的需要。实践证明，这种茶叶包装经海水长期浸泡，也不能渗透到里面的茶叶中。竹编包装材料厂家有十数个，工人 200 多。茶叶外包装材料充分利用山区特产，尽显徽州人经商才智，延伸了茶产业链条，美观坚固外包装与高香内质的精品茶叶相得益彰，使“屯溪茶”声名远播海外。

茶业兴旺带动屯溪商业、服务业和手工业迅速发展，街衢从西镇街到八家栈，从上马路到中马路、下马路，一直延伸到柏树、率口及阳湖、隆阜一带。平行于新安江的沿水埠所形成的河街是屯溪最古老的商业街，有轾轩错落的弄巷 18 条，呈“非”字形，连着后街相通后来新发展的主街道，即现今的“老街”，街巷纵横，形成完整的街道格局。一些商店、货栈还散布在这种细弄深巷内，青砖黛瓦，木檐重阁，雕花槛棂，如梧岗巷、还淳巷、海池巷等都很知名，将街区划分为一个个街坊，街坊内有小巷深入到达每家每户，民宅多为院落式或者天井式布局。

街市商品有 60 种类别，行业齐全，交易活跃，各种大型店铺共有 400 多家，从业人员达 4300 余。镇海大桥东头的“八家栈”曲尺形街道，成为屯溪高端商业精华区。这里的街道虽然不长，道宽不过六尺余，全以青石板铺设砌成，但是整洁平坦，两旁屋宇古朴，店肆密集，临街店面全是板壁门，多是销售珍宝古玩以及高档生活用品的南北货栈与弥散菜酒香味的饭馆酒楼。每逢节日，街市倍加热闹，四乡游人踵接肩摩、熙熙攘攘，满街充溢着城市繁华气象。

咸同兵燹使屯溪遭到极其惨重的破坏，敌对双方数次在屯溪恶战，同治三年(1864年)太平军占领屯溪。不久清军重新占据优势，卷土重来，战争结束后，浩劫之余，人口凋零，“百不存一”。

同治十三年(1874年)，祁门文人谢荣光咏叹《屯溪感怀》：“当年水木复清华，浩劫曾余数百家；尚有风烟消不尽，夕阳满眼望天涯。”原本水木清华的屯溪，遭劫特重，战争风烟散尽过后，社会秩序恢复迅速。清末徽州知府刘汝骥写道：“休宁之富，在于屯溪。局卡林立，商贾辐辏，故善举最易组合。同仁会，以掩埋路骼为目的；公济局，以施药、送棺、送婴、施牛痘为目的；华山惜字会、培文惜字会，以敬惜字纸为目的；阳湖登善集、万安停槥处，以暂安旅榇为目的，此社会之最有价值者也。”在经济繁荣的基础上，屯溪的社会公益慈善组织相当完善，涉及人口的方方面面，生老病死都有一定的保障设施。

此后屯溪的商务繁盛一直保持始终，民国《中国经济志》载：徽州“水运以屯溪为中心，由东港(即横江)上溯，小篷船可达至渔亭，自渔亭以上只能行筏；自南港(即率水)上溯，小篷船可通至上溪口，以上也只能行筏。上水船筏均须牵拉，每日只行一二十公里。下水较便。上水多以载货为主，乘客极少，下水时附有少数乘客。屯溪以下水深河宽，经长干塝、篁墩、柘林、朱家村，至浦口与练江相合。东下经深渡、街口、直入浙江，可行大篷船。所有徽州各县货物、旅客，均取道于此。

当时，浙江快船公司，有12舱大篷船4艘，专门行驶于屯溪深渡之间，为乘客服务。每日上、下行船各一艘。下水一天，上水一天半至两天，沿途各大村镇，均可靠停上下，甚为便利。

本地大多是小篷船，大篷船较少。小篷船装载量不过四五十担，往来于屯溪与歙县、屯溪与上溪口及渔亭之间。大篷船装载量达二百担左右。往来于杭州与屯溪之间。水位低时只到歙县朱家村，另由小篷船代运。自杭到屯，水大时约两三天，水小时约五六天。运费视水之大小及货物价值而定。由屯到杭，一般每千斤四五元，上水约加五成。下水以茶叶、松板为大宗。上水以食盐、煤油、卷烟、面粉、布匹、洋广货、南北货为大宗。”

民国时期，屯溪有船行多家，还有“健飞”“飞快”两家商办水陆联运公司，备有快船45艘，屯溪至淳安等地有定期客班，屯杭之间年客运量2万人次。屯溪河街开设有“德泰”“万通”“仁泰”“永和”“汝良”“广泰”“义源”等七家过载行，俗称“船行”。常年船舶有二百艘以上，船夫约二万五千人。时人形容河街上夜以继日的热闹繁荣景象道，“喧闹晚市明灯火，渡头沽泊聚黄昏”。

与此同时，屯溪在接受近代进步和传播科学文化知识方面，领先于徽州各地。民国以后，屯溪经营和刊印发行新文化图书的商店门点越来越多，不计分销处和代销店，就有三元书店、邓明（信）记书店、竞智书店、东南书店、皖南书店、萃文书店、世界书局、科学图书社屯溪分社、利生书店、利文书店、三友文物社、天都文物社、中国文化服务社安徽分社等十余家。随着新文化运动的发展，一些书店半公开出售《新青年》《每周评论》等新潮进步书刊，积极传播新思想、新知识。

由上述内容可知，屯溪以水运中心的辐射力带动山区大小集镇蓬勃发育，促进整个徽州农村市场趋于繁荣，正是屯溪经济、文化地位的重要性，带来政治地位的提升。民国初徽州府撤销后，地区行政中心从歙县顺理成章转移到屯溪。

清光绪三十四年（1908 年），安徽巡抚朱家宝向邮传部报告，称“宁国府及徽州之屯溪，商务均称繁盛，惟向未设立电报，消息难通”，“徽州物产殷富，屯溪尤为商务荟萃之区，清分筹展设，以利交通，至设线经费，仍照旧案，部省各半摊认”。

随后派员勘验，芜湖经宁国府达屯溪线路共长 480 里，“木杆、线料、运费工资，并施工器具、设局机科暨薪水用资伙食各项，统共估洋二万八千五百零五元九角六分二厘”。宣统元年（1909 年）八月，清廷邮传部批准，屯溪设电报房。次年，芜屯电报线路全线竣工，屯溪赶上历史机遇，在辛亥革命前夕，迈出了现代化传输信息之旅的脚步。

抗日战争时期，1938 年 4 月 15 日，安徽省政府在屯溪成立皖南行署，下辖 22 县。同时第三战区长官司令部、薛岳的前敌指挥部与安徽省主席行署、国民党安徽省党部等三、四百个大小军政机关以及各级各类学校纷沓迁入屯溪，一时间屯溪人口骤增至 20 多万，市场呈现畸形繁荣，被称作“小上海”。

抗战胜利后这些机关单位逐渐回迁，屯溪人口大幅波动之后复归正常。但是屯溪作为皖南地区政治经济中心的位置并没有变动，对山区土特产经营户仍然具有强大吸引力，到屯溪开店设铺的富豪依旧削尖脑袋往里面钻。

1944 年统计，屯溪一镇四乡，下辖 40 保、436 甲，除公共户与军警外，民户 8090 户，居民 37979 人。屯溪此时虽然仍是休宁县辖属镇，但是一直保持着徽州地区政治、经济、文化中心的地位，人口不断增多。直到新中国成立后，终于升格建为城市。

万安　明弘治四年刻本《休宁志》记载，“镇市有四”，即万安街、屯溪街、临溪街、五城镇。到了万历年间，休宁已有九大街市。增加了凤凰街、蓝渡街、珰坑街、上溪口街、流口街五个。直到清代休宁首镇都是万安，其地位无可替代。除此之外，休宁还有很多规模大小不一的山口集市，联结着城镇与四乡广大农村僻壤。

古镇万安从三国东吴永安元年 (258 年) 起，曾作为郡治及县治 470 多年，政治中心转移后，经休宁县城万安作为商业经济中心的地位并未改变，反而随着地域经济的发展，更加强势凸显。这里依畔横江水运干线，舟船顺流直达屯溪、歙县以及浙江，上溯连接黟县渔亭。这条水路是万安镇沟通外地的生命线。

横江，为新安江主要支流，源于黟县境内白顶山，沿途会合东亭河、龙源河、紫溪河、夹源河，经休宁县城在万安富来桥会合琅源河，众多支流汇聚后再东流至屯溪，与另一大支流率水汇为新安江。

万安陆路地近县城，下通屯溪、岩寺，上至黟县、祁门、婺源，远往安庆及赣、浙、闽等地，自古万安就是水陆交通要冲。这里很早就有先民在此聚族而居，在长期历史变迁过程中，万安出现过多个世家名门大族。明天启六年(1626年)的《休宁名族志》罗列出俞、汪、任、吴、何、闵、戴、黄、邵、曹、游等十一大姓定居万安。并对这些家族迁移繁衍的历程作了详细的介绍，随着时间的推移，沧海变桑田，彼消此长，这些明代昌盛的大族以后有所变化。

如东晋迁入徽州的余姓家族，后代有余大信者，宋明以前从歙县余岸迁居万安，家人聚居地以姓配地名，称“余头村”。而且记载有余氏出仕者、在太医院任职的名医的后裔。然而这个余头村后来莫名消失，余氏在万安也无影踪可寻。

历史悠久的万安集镇发展历经三个阶段：早期居民集聚是在东端的旧市街，旧市紧靠万安山，即东吴至唐休宁县治所在地，中唐县治迁到海阳镇以后，遂得名为旧市。街分上旧市、下旧市，一度商业繁荣，人户稠密；中期在东晋大兴二年(319年)，高僧天然禅师在水南村募建南山寺，寺院规模恢宏，为“一乡祈祷之地”，隋唐时期这里围绕庙宇形成街市中心；后期的万安街发展是在唐玄宗天宝九年(750年)，随着县治西迁海阳，旧市街渐趋衰落，新商业区沿江兴起。

唐代歙州由三县扩充成六县，新政区祁门、婺源县治的增置，万安这一带往来人口陡然增多，带来西路山区经济繁荣。

明弘治《休宁县志》载：“万安街，在县东五里。”万历《休宁县志》称“万安街，长三里；旧市街，长二里”。明清时期，万安进入全盛阶段，不但与旧市街联结一起，而且上街延伸到车田村，与休宁县城东街几乎衔接，乾隆时车田村口竖起一座四角牌坊，上书“万安街头”四个大字，成为万安街道的起点。下街则联通旧市街、涨山铺，整条街道全长近十里，当地故有十里长街之说。

不仅如此，万安还带动潜阜、梅林等专业集市产生，专以槽坊、皮坊、孵坊闻名远近各乡村。

万安处于中央盆地休宁东乡平畈区，地势平坦，土壤肥沃，水源充足，素有“休宁粮仓”之称，大批粮油原料农产品汇集这里交换、加工、转运，与粮油产品有关的行业和作坊应运而生。

万安附近的金佛山、松萝山、榔源山及金竺山等广大山区，竹、木、茶叶等土特产品都集中这里制作、销售与转运，使万安成为休宁县的重要商埠和水运码头。经过几百年的发展，最终形成长达五里的商业街道，比屯溪街长一里，街市户口当时不少于屯溪，明清时期曾列为休宁九大街市之首，屯溪街排在万安之后，只能屈居次席。

由此看来，万安建镇也不会迟于屯溪。镇上五里长街，两侧店铺作坊林立，鼎盛期沿街有 50 多个行业的 140 多家商店，更有“吴鲁衡”罗盘、日晷名闻天下。当年万安罗盘店多达十余家，知名的有方秀水、胡茹易、胡平秩以及朱、余、黄氏等，都有年产罗盘万只，日晷二万余件的生产规模。

万安罗盘产品远销海内外，在国际上享有盛誉，是中国最早在国际上获得大奖的产品之一。罗盘既是一种能用于航海辨别方向又能用于民居建筑风水占卜的传统器具，也是体现徽州特色的精美工艺品，凡是来到徽州的游客，都会带上罗盘、日晷及徽墨、砚等作为纪念品，因此万安罗盘也是徽州的一张名片，一个特色标记。万安也因罗盘成名，只是休宁人习惯称万安为街，不称镇，万安用方言称“望街”。民间谓言“小小城里，大大望街”。其声望之高，镇超县城，小超大，下超上，新超旧，这既是商品经济发展、就业机会增多衍生出的令人眼花缭乱现象，又是人口繁衍速度加快、新生人口增加，人口向中心城镇汇集，打破原有分布格局的普遍规律。

旧市清代改称旧墅，旧市赵氏家族是徽州赫赫声名的世家望族。唐中和间避黄巢之乱，出身官宦之家的赵思，由陇西迁徙休西蓝渡龙源山区，其十四世孙赵汸，为元末明初徽州很有影响的理学名贤者。其曾孙赵淳，入赘万安金氏，于是迁居旧市。中明之后，赵氏族中多人经商发迹，业贾有成，“世业计然，箕裘不替”。赵汸后代出了一位引人瞩目的奇士文人赵吉士，康熙《徽州府志》的主纂，《寄园寄所寄》的作者。赵吉士晚年从京师回到旧市老家，康熙四十五年 (1706 年) 去世，归葬故里。

城镇交通发展影响人口分布　核心地带人口规模达到一定程度后，必然会产生向外围辐射作用，在中央盆地边缘，唐代歙州开始在婺源建城立县，婺源县有二市，县城原定在清化镇。自唐中和二年 (882 年)，镇将汪武，开始至弦高镇决断政务，此后地方官员不再到县城办公。由于不服从吴王杨行密管理，天祐初年 (904 年)，歙州刺史陶雅，出兵攻江西，途经婺源时，趁势执押汪武，留下 3000 人马镇守，改换“以朱瓌为新县，制置巡辖婺源、德兴、浮梁、祁门四县，改旧县为清化镇”。浮梁县是唐朝全国知名的茶叶集散地，婺源与祁门、德兴三县也以茶市闻名于世，升婺源为都制置茶院管理四个县，征收茶税减少漏失，是当时地方政权力图控制茶叶市场兴盛带来的可观经济效益而采取的行政措施。从此以后，弦高镇由军镇演变成商业中心，进而发展为一县的政治、经济中心。

之后，大和年间 (929 年)，吴王杨行密升婺源为都制，在弦高镇西湖重筑新城，“启升元二门，建东西两市”。清化镇赋税单列，至于建置两市的原因，因为是“茶货实多，兵甲且众，甚殷户口”，人口是市镇的基础。在此以后，南唐升元二年（938 年）

检校司空刘津，带领1500名关西兵卒镇守县治于弦高，建立县衙。刘津及他带来的兵将以后长留落户婺源，县城西街刘氏都是刘津后裔。

婺源县五福镇也是一处商贸要津。唐末战乱中，婺源镇将罗芰抗御外侵阵亡，汪武继任后在这里设镇寨，组织当地汪、黄、梁、董、倪五姓居民联防，故得名“五福”。

明清时期，商品经济前所未有的发展，人口猛增，徽州各地街镇的繁荣也达到顶点。传统社会中，集镇总的经济意义，主要是根据它向其周围经济区域提供商品的作用、它在连接经济区域中心地的销售渠道结构中的地位、在运输网络中的枢纽位置，由这三个方面因素所决定。

于此可以把集镇划分为传统型、交通型、专门商品流通型三类。其中有些街镇三者兼具，但在其中某一方面表现比较突出。由于乡村集市市场增多，区域之间人口联系愈益密切，交通显得尤其重要。人口分布也会随之合理流动而渐进改善，进一步促进徽州境内位于交通要道处的区域性市镇兴起和发展，如交通运输型的“递铺镇”，即是因传邮而问世诞生。

受到商业繁荣的影响，徽州道路交通系统在古代十分发达，设施完善。驿站是整个陆路交通系统中的一个不能缺少的重要元素，占有特殊的地位。按照接力赛跑的原理，各种信息一站站交接连续下去。正如唐代诗人岑参《初过陇山途中，呈宇文判官》描写道：“一驿过一驿，驿骑如星流；平明发咸阳，暮及陇山头。”

宋代驿传出现“急递铺”，“递”是宋代所有公文和书信的机构总称。“急递”的马项上配有铜铃，疾驰时发出叮叮当当响声以警示路人，如果行人不避让或是避让不及，一切后果自负，而递员无责。急递要求日夜兼程，白日挂铃，夜晚举火，铺铺换马，数铺换人，风雨无阻。南宋抗金名将岳飞当年即是被“急递铺”的十二道金牌从前线召回，以后惨遭杀害。驿传服役的驿丁、驿卒、驿夫，从属国家服役制度。实际是官驿民办，地方上摊派“驿足”“驿夫”，称之为“捉驿”。规定驿站应提供官员宿食，因而“每驿侧近，置私客馆一所”，备有馆舍，专供朝廷贵人及官员使用。

宋建隆二年(961年)起，各地由驿改铺，每个递铺设司一人，铺兵四人。驿为马递，步递则为铺。徽州府城设有嘉宾馆，又设北行衙、观风驿，并有转运使行衙，后改“新安驿”，专为来往信使、官员提供水陆路交通工具及中途食宿，传报军情、转运军需等项之用。

元代徽州府驿有递送马户25名，船户21名，递运夫499名，水夫22名，馆夫6名。颇具规模。歙县设递铺共25铺，每隔十里一铺，共有铺司兵98名。

明代，徽州递铺一律称“急递铺”，一般传马日走四驿，乘驿马日走六驿，按每三十里一驿计，日行120至180里。遇有急件快递，要求日驰十驿，相当于跑300里。更急的，如送赦书，则日行500里，约过十六驿。其设置与元代同，基本上沿袭旧制。

洪武二年，徽州府前总铺设在南谯楼之南正厅内。里面有正厅三间，东西偏屋各一间，左右厢房各三间，邮亭一所，墙门一间，铺司 2 名，铺兵 16 名。歙县县治设县前总铺，作为全县递铺中心。

徽州府城地处核心盆地之中，四周高山围绕，古代有九条驿道通向外面，俗称“九龙出海”。这些通道对于必须外出谋求生存的徽州流动人口具有非凡的意义。出西门有徽婺、徽开、徽浮、徽安、徽池五条古道；出北门有徽泾、徽宁、徽青三古道；出南门有徽杭古道。除外其他小路，“皆取道山间，攀援不可舟车之地”。

徽杭古道是徽州府至杭州府的主要驿道，素称“杭徽大道”。自歙县往东北行，经渔梁、鲍家庄、呈村降、北岸、霞坑、苏村、杞梓里、三阳、竹铺、昱岭关，至浙江昌化县城，通往杭州。全程 100 多里，路宽 1.5 至 3 尺，多为石板铺筑。昱岭关段古道辟建于南宋年间，因岳飞进兵江西，途经徽州时遇洪水阻道，命众开辟昱岭山道。昱岭关遂成为古道上的重要关隘，扼山之隘口，地势险要，历来是兵家防守要塞。民国 22 年（1933 年）改建成杭徽公路。

徽开古道是徽州府至浙江开化县的主要驿道。自歙县城西行，经太平桥沿丰乐河行至岩寺，向南行经篁墩、草市至屯溪，再南行经阳湖、稽灵山、五里亭、临溪、汊口至璜源，翻越马金岭至浙江开化县城。此道是屯溪南部山区的经济要道，也是军事通道。宋代马金岭筑有关塞，防御外敌入侵。后修有屯开公路。

徽浮古道是徽州府至江西浮梁县主要通道。自歙县县城西行 60 里，经冷水铺、岩寺、茆田铺、长充铺、涨山铺、万安街至休宁县城。出休宁县城西行 55 里，过夹溪桥，经川湖街、蓝渡、岩脚、界首至黟县渔亭。再西行 60 里，经路公桥、侯潭、塔坊、平里、程村碣、店铺滩至祁门县界一心岭。越岭前行 130 里至江西省浮梁县城 . 此驿道横贯徽州西南部，连接江西“饶州大道”，是古代江南一条重要的交通干线。大部分路面用石板铺筑，其中蓝渡桥南沿横江至岩脚段古道尚存，路面 7.5 尺，用 5 尺长的石板横铺而成。

徽青古道是徽州府至青阳县城的通道。自歙县城西北行，过万年桥，经富堨至许村，转向北行，经五猖庙、茅舍、茶坦至箬岭，过箬岭关入太平县境，经文雅、谭家桥、感梓里、仡溪桥、梅兰地、三口至仙源，再西行至甘棠，转向西北，经浮丘坦至广阳，往北经陵阳至青阳县城，全程约 280 里。此道为徽州府往池州府的捷径，路宽 3 至 6 尺，石板路面。其间箬岭古道人文意义最为深厚，据民间流传，隋末汪华曾受命率兵士来此开山凿道。道光《徽州府志》载，清代学者洪亮吉写有《重修箬岭古道记》，极力表彰扬州盐商程光国(程音田之父)的修路义举。其中描述道路修前之险峻难行情况:“岭界宣、歙间，为歙、休宁、太平、旌德要道。其高径二十里，逶迤倍之，险涩道南北合百里，丛莽涧水，荦石碍路，穴蛇虺狼虎，伏贼盗，一岁中颠而踣及遭噬攫、利刃、白棓毙者，常接踵，人视为畏途。然舍是无他道。”

道路修整畅通之后，大大方便行人来往。许承尧在《歙事闲谭》中高度评价说道："吾歙四出皆岭，而箬最峻，余每过此，抚石坐憩，辄念前人功德。求旧碣已无有，嘉庆至今，岁才及百，而邑人不能举程君名，非此记则永湮矣。”程光国的名字应当与箬岭古道一样传之千秋万代。明代天启年间设箬岭巡检司，清顺治四年（1647年）于岭头建关。箬岭关海拔998米，居歙县、太平、旌德、绩溪四县交界处，历来为军事要道。

徽泾古道是徽州府至泾县通道。自歙县城东行，经吴山铺、牌头、新馆入绩溪县境，经临溪、雄路、至绩溪县城。再向西北经高村、翚岭、镇头、浩寨至分界山，行经版书、七里铺至旌德县城。出旌旗县城西北行，经新桥、柳山铺、三溪铺至浙溪入泾县境，再北上经柳桥至泾县城。歙县城至绩溪县城60里，道路平坦，石板路面，路宽6至9尺。绩溪县城至旌德县城80里，其间翚岭路段，岭峻路陡，宋代曾在此岭头设"翚岭关"。嘉祐三年（1058年），37岁的王安石从江西临川老家经徽州赴宁国府路过此道，赋有"夜过翚岭月明中"诗句。清代康熙年间宣城诗人施润章多次到徽州，写作散文《游黄山记》，影响广远。同时写有《过翚岭》诗，描述翚岭沿途民间风俗、山水风貌，写出了翚岭艰险难行的羊肠小道和俯视云霞的高耸。旌德县城至泾县界47里，其中三溪路段为石壁山道，这条古道是自唐宋至清代官员来往徽州的官道之一。

徽宁古道自歙县经临溪、雄路至绩溪县城，向东北行，经十里岩、杨溪至丛山关，出关向东北行，经金沙、关英桥至宁国县城。歙县至丛山关90里，路宽6~9尺，石板路面。丛山关是徽州、宁国两府交界隘口，古来为军事要冲，依山筑成关塞。明末金声、江天一率乡勇守卫丛山关抗御清兵。民国初，北伐军与北洋军曾交战于此。古道贯通绩溪县南北，连接徽州、宁国两府，通往芜湖、南京，是江南的一条重要干道。明成化十四年（1478年），时任礼部右侍郎的徽州才子程敏政，回故乡过丛山关赋有《龙丛山》诗："江南江北路迢迢，马上朱颜觉渐稠。今日故乡初入眼，丛山关下巧溪桥。"并且写下著名散文《夜渡两关记》，记述他回乡省亲时夜过两关的情景。短短不足700字的文章中紧扣时值夜晚、地处深山的特定环境，从自己"离亲之久"而省亲心切，以至"诸所弗计，冒险夜行"和同行者的心理情状着笔，把夜渡两关的经历写得惊心动魄，令人看过如同身临其境。

徽安、徽池古道则是从祁门县城北上，经胥岭、大坦、大洪岭至雷湖，转向西北，经琅田、古楼墩、金钗培入石埭县境，经横船渡、七里、矶滩至唐家渡，再分两条路：一路经塔坑、尤里，贵池县十字路、牌楼、吴田、黄溢至安庆，全程270里；另一路北上经沟汀、鹧鸪，贵池县虎子渡、高坦、殷家汇至贵池县城，全程250里。

徽州府至婺源县有两路，一是经屯溪、黎阳、闵口、鬲山铺至小溪桥，再过瑶溪、新村、霞阜、龙湾、五城、茅坦铺，越新岭、塔岭、对镜岭、羊斗岭至婺源县江湾，沿溪行，经汪口、鹤溪、樟木至县城，全程190里，多为石板路面，宽3至4.5尺，这条是古驿道，婺源县和休宁县西南山区的茶叶等土特产即由此驿道运往屯溪集散；另一路由休宁县城出西门至蓝渡过溪，南行经渭桥、上溪口、花桥、梓坞、樟前，越浙岭至婺源清华镇，再经思口、前坦到婺源县城，全程约200里。

清袭明制，置驿视道途之远近冲僻，适中设之。清初顺治时，歙县城乡设急递铺28铺，县内两铺之间约隔十里或十五里，与外县相隔约二十里或三十里。清末同治时，县额增加设32铺，分布在县内各地。从县城府前总铺和县前铺为起点：

东至吴山铺、牌头铺、新馆铺，与绩溪县交接；

西至冷水铺、岩寺铺、环山铺、罗田铺、篁墩铺，与休宁县交接；

北至富堨铺、许村铺、茶坦铺，与太平县交接；

东南至稠木铺、章岐铺、大阜铺、七贤铺、山后铺、蛇坑铺、苏村铺、杞梓里铺、中岭铺、胡子铺、老竹铺、新桥铺，与浙江省昌化县交接；

南至五渡铺、深渡铺、白石铺、小沟铺、山港铺、汝滩铺、街口铺，与浙江省淳安县交接。

各铺铺司1名，铺兵4名，县前总铺配备马7匹，马夫4名，差夫10名。

休宁县的驿道如下：

出东门经关帝亭至万安涨山铺，由石岭到长充铺20里入歙县，经过茆田铺及岩镇冷水铺至府城为60里；经万安、屯溪、临溪汊口至璜源，越马金岭到浙江开化为200里；

出西门由绿溪铺经蓝渡、岩脚至界首入黟县，再经渔亭到黟县城为80里；从黟县渔亭经乡岭入祁门到祁门县城为115里；由蓝渡过溪，南行经渭桥、上溪口、花桥、梓坞、樟前，越浙岭至婺源清华镇，再由此经思口、前坦到婺源县城，约200多里；

出南门经朱村铺50里至五城，再南行80里至璜源，越马金岭到浙江开化县为200里；

自屯溪经黎阳、闵口、瑶溪、龙湾、下溪口、茅坦铺，越新岭、塔岭、对镜岭、羊斗岭、谭公岭等5岭，至婺源之江湾，复沿溪行，再经汪口、鹤溪、樟木到婺源县城，全长190里。

自屯溪东行至草市、篁墩入歙县境，经王村、森村、黄备、小洲，折向东南，至歙县边界街口，越界前行至浙江淳安县威坪（今淹没千岛湖底），全程180里，路宽3至4.5尺，大部分石板路面，间有石子路面。此路是休宁及屯溪、王村等地商旅至淳安县的要道。屯溪至淳安虽有新安江通航，但滩多流急，枯水季节船行滞缓，远不及此陆路便捷。

上述驿道均用石板或石条铺成，久经风霜，有些路段至今完好如初，充分体现徽州山区道路有世间无可比拟的特色。

由休宁县城通往所属各都的古道，除上述驿道外，多为狭窄小路，宽约3至5尺不等。运输货物全靠人力肩挑背驮，或以骡马牲畜驮运。尤其是边缘山区如璜尖、白际、岭南、冯村、蓝田等地，山高坡陡，多为羊肠小道，有“蜀道”之难。山里人家编成民谣道：“家住深山窝，出门就爬坡，行路靠双腿，肩挑加背驮。”虽然山路难行，但是都有石板铺设。无处不在的平整石板道路，成为徽州道路优于其他地方的明显特征之一。

休宁于宋建隆二年在县前街之西南设“万岁驿”，后改名“良安驿”；在县城南25里设“五畲驿”；县城南95里设“憩贤驿”，后改名“皇华驿”。到明代，以上诸驿均已废弃。

万历《休宁县志》载，明代设县前总铺，下有急递铺15所。以县前总铺为中心：

向东10里有涨山铺、长充铺，过去20里入歙县境内，接茆田铺；

东南30里有朱塘铺、高枧铺、鬲山铺、瑶岭铺，接歙县篁墩铺；

向南20里有朱村铺、黄柏铺、五城铺、磨石铺、茅坦铺、塔坑铺(正德八年易名镇东铺)；

向西10里有绿溪铺、尚田铺、桥东铺(西出达黟县祁门)、半流铺。

清初驿站配设马7匹，马夫4名，差夫10名。至雍正六年(1728年)，仅设马3匹，马夫2名，差夫8名。乾隆二十三年(1758年)，马匹马夫全部裁撤，仅留差夫8名。至咸丰年间，全县共有急递铺17所，铺司兵71名。光绪二十二年开办邮政，急递铺废弃。

屯溪在明弘治以前就设有朱塘铺、高枧铺和鬲山铺，占休宁县总铺15处的五分之一，突出显示交通中心枢纽地位。通过这几条驿路，屯溪东联歙县，西接婺源，以后逐渐成为贯穿徽州府东西、往来浙赣之间的阳关大道。它以当时老街的八家栈为中心，往西路程：

上过屯溪桥(渡)经高枧、鬲山，出雁塘，过江湾到婺源县；往东路：从华山岭脚沿河至新屯，经东关到岩寺。

这条横穿徽州中央核心区的主要交通要道上往来的商旅，基本上靠肩挑驮载和骡马车轿，因此，沿途一些街坊与集镇设立的马铺、轿行，基本是上下相连的。

古代除了官府设置的驿路传邮以外，还设有军用的烽火台，专为报警和传递军情信息。屯溪建有四处烽火台，分别位于高枧的凤霞、三门呈的门口店、黎阳的西镇桥头和长干塝的许家墙，均设在沿河一线，视角宽广，极易遥望。这些烽火台，汉代称为“烟墩”，街市繁荣以后，它的军事作用消失，民间对这种遗留下来的古老建筑物历史不甚了解，都以“三官殿”“三姑殿”或“三观殿”称之，替代土地庙敬奉香火，还有惜字会专门在此用来焚烧字纸，上刻四字：“敬惜字纸”。

黟县于宋徽宗政和二年(1112年)，县令张瑜，在城创设“临黟驿”，元末毁于兵。明初恢复后又增设渔亭驿。清初驿站有马7匹、差夫10名。后渐次裁减，乾隆二十四年马与夫全撤。之后设急递铺。境内有官驿道三条：

县前总铺向南十里设西递铺，沿渔亭古道向前，每十里设一铺，有桃源铺、渔亭铺、界首铺，与休宁急递铺衔接；县前总铺向北二十里设广惠（际村）铺，沿宁池古道再向前二十里设朏曙（榧树下）铺，与太平县递铺相接；县前总铺向西十里设陈闾铺（后废），沿西武岭古道向前十里，设武岭铺，过岭与祁门县递铺相接。

清同治二年，急递铺全部裁撤，仅留两处腰站（驿站的中间站），一置县前，一置渔亭。至宣统时，腰站全裁，由邮局代之。

然而，官府所设的驿站仅供传递军报公牍之用，“民间私人书缄，一无投递之设备，偶遇紧急事故，则必遣人远道传书，信札来往，或请旅馆嘱托四方旅客、商人、车夫或榜人寄递，但彼等行踪无定，莫济缓急”。

对于大量外出的徽州人来说，民间信件传递非常迫切重要。家里人嗷嗷待食，靠亲人汇款生活，吃“信皮饭”的人口很多。因此民办信栈，以及民信局应运而生。

明初徽州在外地的会馆、同乡会等组织，都举荐诚信可靠的商行担当“信客”，通过民办“过塘行”乘船或轿往来传递信件包裹，付给酬劳，及后演变成民信局。据说全国最早建立民信局的是宁波商帮，永乐年间也因商业发展需要应运产生。

徽州府城和水运码头，几乎所有运输、商行，都为商人与外地通信提供服务。传送书信，均以“酒资”或“脚力”名义取酬。如歙县渔梁运输行老板何连本，即是靠此起家致富。他的运输行有木船数只，专门为各类商家运输货物和信件。由于讲究效率，严守信誉，因而生意兴隆。各地民间镖局或镖行则承担“出镖”或“走镖”任务，按行程远近、货物价值、风险程度等，收取不等“镖利”，只要双方达成共识，即可签订镖单，画押签字后，由镖师保证货物完好无损地运送到目的地。

由于历史资料缺乏，各地记载均有些小出入。其他地方的情况难以一一进行具体分析。

经历咸丰、同治年间战火，徽州街镇经济惨遭摧残，百业凋敝，人口锐减，大量街镇衰败不堪。据不完全统计，到光绪年间，社会生活稍有恢复，徽州各县共计有73个街镇，具体分县数目如下：歙县11个；休宁12个；婺源16个；祁门20个；黟县7个；绩溪7个。

街镇随着居民人口变化，处在不断变化当中。战乱过后，祁门、婺源的街镇恢复发展最快。康熙时商业繁华的歙县牌头村，长五里，有“牌头到新馆，十里长街，下雨不用伞”的民谚，这里从宋代起就是商旅聚集地，重要递铺驿站，人口繁盛，商业兴旺。经过咸同战火破坏，遍地瓦砾废墟，满目荒凉。

休宁县的西馆村，自古人烟稠密，商家林立，太平天国战乱劫后余生者还有500余户、2000多人口，村里有油坊、酒坊、肉店、杂货店等多家店铺，经济很繁荣，当时人夸“小小休宁城，大大西馆村”。

黟县宏潭地处徽、池、宁三府交界处，宋代建制为镇，设有巡检司。先后曾划属太平、石埭辖制。商业历来繁荣，曾一度发展为山区“万人大镇”。镇上建有徽州、池州、宁国三府的数所会馆，众贾云集，商铺相衔，人户蕃阜。咸、同年间战争以后宏潭人口锐减，街道逐渐萧条，镇所也转移到太平县郭村。

渔亭自宋代建镇，并设有巡检司和驿站。原称作鱼亭，《太平寰宇记》载：“鱼亭山在县南二十五里，每岁西江鱼船至祁门县，舍舟登陆止此山，东水次淹留待船，故云鱼亭焉。”

源自黟山的漳河流经这里汇入横江，陆路四通八达，以水陆交通便利而成商业街镇，“远山近贾或肩舆之劳，或取水道船载，每每辐辏云集，桅樯如林”。自古这里是黟县食盐、粮油、布匹及各种山货的主要集散地，也是邻近省县贸易交流的转接点。沿河西镇街分布有十多个水埠头，通往镇内九条商业街道，镇上有大小商店 170 多家。周围四乡民众日常生活用品，大多靠船只从杭州、屯溪等地水运至渔亭登岸，然后从陆路运往各销售地。

渔亭往东经休宁、过屯溪，可通往江苏浙江；向北经英川、石门、横冈至黟县县城；往西经楠木岭至祁门县，可转水路抵达江西、湖南、湖北、福建、广东诸省，故古代渔亭有“七省通衢”之称。每当春茶夏汛、秋收冬藏之时，以及各地佛道信士到齐云山、九华山进香季节，这个商埠更显得愈加热闹活跃，五方四处的车水马龙，人来人往，舟楫如林，川流不息。

南宋诗坛领袖吕本中，到渔亭因此吟咏道：“竹密如云不见天，好山无数簇溪田。只因黟县溪山胜，尽在鱼亭驿舍前。”

歙县深渡是新安江下游重要码头，距县城 45 里。南乡各山区的出产和日用物资，都在此集散。深渡宋初时姚姓人家迁居这里，成为一方大族。史载元末名儒姚琏在深渡“风池书院”讲学，可见这里文风已盛。以后陆续有詹、鲍、胡、余、吴五大姓相继迁入定居，街市渐趋繁荣。明末镇上已有四条街道，店铺数十家，户数百。尤以茶叶为大宗，其中吴裕记茶号，拥有炒茶锅 360 只，技工 50 余人，焙拣筛工 300 余人，年制干茶 3000 多石。这种茶叶生产规模在徽州已经算较大的作坊。

清末战乱过后，人口分布有了重新配置，新安江下游这一带村庄数量猛涨，深渡茶业经济有新发展，镇上茶号有十多家，产茶二万多箱。周围的昌溪、定潭、岔口、查川、佛坑、棉溪、响坑、绵潭、漳潭、小川等山村受到辐射影响，均开号制茶，茶市中心就在深渡。

1910 年屯溪电报局开通后，随即在深渡设电报分局，为歙县最早使用电报通讯的地方，电报分局的设立，就是因为这里外埠茶商多，通信业务频繁的缘故。不过当时电报费用甚高，一个字收费一角银圆，相当于16斤大米或者三十多个鸡蛋，普通人家根本用不起。

人口分布与道路交通直接关联，人们往来顺畅，便利人口活动，促进人口布局合理调整。在完善的交通体系当中，桥梁是一个极其重要不可或缺的枢纽环节，尤其是徽州各地溪流纵横，阻隔交通，因此长虹卧波之景处处可见。徽州石桥外形弧线优美，与四周自然景观交相辉映，是人口与自然高度和谐的杰作。人行桥上，水流桥下，各行其是，互不相干。而小桥流水人家，完美构成一幅绝色图画。有诗云："半规浮水半规沉，试上青山瞰碧寻。游客不知桥倒影，只疑明月浸溪心。"徽州堪称桥梁博物馆，丰姿绰约的众多石桥，体现出建筑艺术之美和工匠技能之巧，组成特有的桥文化，每座桥梁背后都有一篇感人故事。与江南水乡不同之处，徽州石桥依山烘托，显得格外雄浑厚重。黟县挹秀桥有联："踞浙水上游，驷马高车过此定多题柱客；入桃源深处，渔夫樵夫登临尽是问津人。"充分表达出这种由桥梁构成的山水与人互相交融的醉人美丽景观。

歙县在清代道光年间保存有212座大桥，其中最大的万年桥坐落郡北郭外，为达省要津。古时初为木桥，明代万历元年（1573年），徽州知府崔孔昕、歙县知县姚学闵倡建石梁。于是，江村人江希文等助资兴筑成这座万年桥。桥东北岸立坊曰《砥柱中流》，西南岸曰《源头活水》。岁久圮坏。清顺治七年（1650年），邑人姚叙伦等输金重造。凡九洞，于北岸建亭一座，迎面石额曰《北钥云龙》，知府祖建衡题。向桥石额曰《道岸津梁》，协镇都督佥事胡茂桢题。康熙十五年（1676年），邑绅江演修造南岸靠城二洞，易以青石，居民于桥口建立圈门，协镇姚宏信题曰《北关通津》。乾隆五十五年（1716年）圈门毁，居民重修之，题额如旧。[①]

为了保护这些与民众生活息息相关的道路和桥梁，文化底蕴深厚的徽州民间采取了多种措施。

休宁齐云山下的登封桥北端立有乾隆年间的保护《禁碑》："严禁推车晒打，毋许煨曝秽污；栏石不许磨刀，桥脚禁止戳鱼；倘敢故违有犯，定行拿究不饶。"

歙县太平桥南桥头有《禁渔》碑："龙王潭上自麻坑桥下自碎月滩。光绪壬辰冬月河西合村重立。"

歙县紫阳桥上的新安第一关内墙上，镶嵌一块石碑，内容有禁止在桥上"酗酒聚赌，打架生事"等，勒石以禁，晓谕民众，共同遵守，千秋永久。

①《橙阳散志》末卷《备志》。转引自《歙事闲谭》卷十六《乾隆前之万年桥》。

第三节 人口变动与结构

人口地域分布随着时间的推移，经常变易不定。由于人口自然繁衍，迁移流转造成一系列变化，因此不会固定不变。徽州人口分布的状况，是前段人口自然增长、机械增长以及其他人口过程长期演变共同作用的结果，同时这种分布状况又是以后各种人口现象演变过程得以展开的前提。

人口的自然增长与人口在地区间的流动迁移，不断改变人口分布。人口分布和人口流动相互联系又相互影响。当县城及周边地区的人口规模基本定型后，其数量增加或减少的途径只有两条，人口自然增长和机械性增长。

农业人口转变为商业人口 地理环境为人口分布提供了自然条件基础，但是人口分布的实现还是要靠人类自身的社会经济活动。历史唯物主义认为，生产力的发展水平及其地区分布决定着人口地区分布。所以人口分布并非仅仅是一种简单的自然现象，而是一种十分复杂的社会现象。受到社会经济、政治、文化思想和科学技术等因素的直接或间接影响和制约，并且有其运动的历史惯性。自然条件对人口分布的影响，主要是通过社会生产方式来实现。社会生产发展的不同阶段，生产方式不同，人口分布的特点和趋势也不同。原始社会时生产力低下，人们只能靠采集和渔猎为生，人口分布必然稀疏零散。随着生产力的提高，人口便逐步集中到农业发达地区。在手工业和商业不断发展的基础上，人口分布便从根本上改变了原始状态，出现了城乡差别。

县城对人口的吸纳能力，并不完全在于地盘大小或人口疏密，而在于经济机会的多寡。在农业社会中，土地就是最大的经济机会，人口劳动力必定向土地宽裕的地区流动。在工商业不断发展的基础上，歙县作为州府所在地，城里非农人口迅速集聚增加，就是由于就业机会增多的缘故。人口向地域中心迁移，属于“内聚型”流动。

南宋以后，徽州抢抓朝廷迁都机遇，传统的制墨、造纸行业适应当时文化发展需要，产量品质得到很大提升，生产技术工艺水平都超越历史。早在唐代歙州的澄心堂纸、汪伯玄笔、李廷珪墨和枣心砚逐渐发展成驰名天下的一方名品，誉称“新安四宝”。自宋代以后更加长足发展，此外，与之同时徽州漆器也声名远播，凡江浙南畿之境，油漆器皿屋料等“皆资于徽”。徽州漆器中的精品螺甸漆在宋代被誉为“宋嵌”，而菠萝漆在南宋时曾经作为贡器。到明代时徽州富家增多，对于油漆装饰要求提高，大者如屋宇，小者如器皿，无不讲究称心悦目，而徽州又盛产油漆原料，取材方便。“杉、漆、桐油，徽人树此为业”，桐油“各县皆出，惟婺源、祁门为多”。当时社会趋奢靡之风，漆工艺人投富人之好，新奇斗巧，精益求精，涌现很多髹漆能手。漆器工艺空前发展，雕漆、漆画、金漆、雕填、戗金、螺甸、百宝镶嵌等技法形式争奇斗艳，蔚为大观。

明末清初桐城学者方以智，著述的《通雅》云："近徽吴漆，绢胎、鹿骨灰磨者；螺钿，用金银粒者，皆佳。"[①]他并且指出徽州吴氏制漆用绢作胎，用鹿角灰磨光，工艺极其考究，大受皇室、王公大臣青睐。

徽州漆器与中国传统工艺漆器一脉相承，使用的主要原材料有：生漆（植物树漆）、桐油、木材、麻布、贝壳、各种天然色彩的玉石、金粉、金箔、金丝以及牛骨、瓦灰、绵纸、猪血等。镶嵌漆器是用产自全国各地的天然彩石、贝片、牛骨、蛋壳、珍珠等，通过锯割、雕刻、开纹而嵌合在漆版上。纯粹在漆器地色上用彩色绘制图案的，称为彩绘漆器。只用贝片镶嵌在漆版上，与地色一样平整的，称为平磨螺甸漆器。

明中叶，歙县漆工程以蕃，以善制螺钿漆器驰名天下。其制法有银胎、嵌甸、红黑退光各种。即便寻常百姓家用漆器，也必以竹木为骨，络以丝枲，布漆其上，雕镂各种花纹，光泽鲜妍，体质坚韧，器无大小，人立其上，不见损坏。徽州黄成所著的《髹饰录》一书，则是中国古代唯一流传至今的漆工专著。

清代徽州髹漆业继续发展，随着人口趋向巅峰期，社会需求急剧增加。乾隆时，扬州大盐商徐赞侯，其弟徐履安，身怀多种特殊技艺，工篆刻，人呼为"铁笔神针"；于髹漆一门，也具绝技。他为徐赞侯装饰庭园，在杉木对联上，用黑漆为地，针刻字画，傅以金箔，光彩夺人。[②]

咸丰时，漆工徐定亮，由南昌迁移歙北许村，世代以漆匠为业。至光绪时徐开富，开创"徐怀和"油漆店，声名在外，拥有伙计40余人，承包庙宇菩萨开光和祠堂油漆彩绘业务。该店传下一套完整的油漆彩绘图案底本，包括两套完整的门神图案以及其他多套小件木雕摹本，从中可见徽州油漆工艺水平。

咸丰、同治时期，歙县虬村张立夫兄弟的髹漆技能并称杰出。他们制作的漆器，举凡钟鼎籀篆文字，花鸟虫鱼图形，绘画磨刻，均不爽毫发。徽州巨族的居室、宗庙祠宇，所悬名人书撰的对联，多有他们兄弟的手迹，"涂金镂灰，穷极华丽"。展现出他们作为画家、刻家、漆师，三位一体的杰出才能。随着徽商经营油漆的商贾增多，类似这种漆器工艺师当时在徽州为数不少，从业人员更多。

明代中后期，徽州的矿山冶炼业得到充分发展，冶炼技术日臻成熟，行业规模越来越大，内部管理分工则非常细致。大学者顾炎武在《天下郡国利病书》中称：徽州民间冶坊从探矿、采矿开始，"凡取矿先认地脉，租赁他人之山，穿山入穴，深数丈，远或至一里。矿尽，又穿他穴。凡入穴必祈祷于神，不幸而覆压者有之。既得矿，先必烹炼，然后入炉。煽者、看者、上矿者、取钩沙者、炼生者，而各有其任，昼夜轮换，

①方以智《通雅》卷三十四。

②李斗《扬州画舫录》卷十四。

约四五十人。若取矿之夫，造炭之夫，又不止是。故一炉之起，厥费亦重。或炉既起，而风路不通，不可镕冶；或风路虽通，而镕冶不成，而未免重起。其虽如此，所得不足以偿所费也”。由此可知，冶炼时有鼓风、测温、加料等岗位炉前操作工四五十人，昼夜轮班，各有所任，职责明确，分工合理。为保证质量，不惜成本消耗，即使亏本也得返工重起。如果加上从事前段工序的采矿者，为冶炼提供薪炭者，这种作坊的用人规模则更为可观。正是由于在家乡掌握着先进的冶炼技术，外出的徽商多在异地利用原料，就便取材开办冶坊。如休宁汪以振在芜湖，朱云霈在福建经营矿山致富。

元代徽州路设官方织染局，置立官堂作匠，官买荒丝颜料。丝棉纺织规模都相当可观。织染局位置在歙县城内北隅酒务基，另在南关练江东岸建有打线工场，当时纺织业空前发展，有土帛机 50 张，人匠 862 户，每月织造生丝 42 疋，岁造深青、黑绿、丹矾红，生帛三色光素苎丝共 724 疋。合用荒丝颜料价银坐派六县里甲办纳。后改造熟帛、丝铀六色。洪武六年改造绸绢，每月额织造绢 292 疋，绸 25 疋，共 317 疋。织成后上解工部。

除官办以外，民间明代织造绢帛绸缎的原始手工作坊，首先出现在徽州，比苏杭还要发达。由于工商业高度发展，所以歙县府城里非农人口几乎达到城市的规模。但是随着市场变化，丝织业逐渐萎缩，从上千户从事丝业减小到不足百户经营，仅生产本地的竹筛专用罗绢。由于供求关系不断变化，徽州产业类型总体转向文化产业，大批手工业人口转换进入到具有深厚传统的文化领域就业。

明代商业经济的迅速发展，带动文化事业的空前活跃。尤其是徽商崛起，使徽州刻书与印书的商业化程度达到高峰。徽州府一跃而居全国刻印书中心的至尊地位，并持续一直保持到清代，始终是全国四大刻印图书中心之一。

印刷术在中国发明，对中华文化传承发展具有无可比拟的重要作用，由手工抄写变为快速印刷，因此大量书籍普及流传。印刷业发展所需的纸张、笔墨等物质条件，和精细刻印的工艺技术，都是徽州人的强项。徽州特产松烟墨既是优质的书写原料，也是印刷的上佳着色材料，印刷出来的字迹清晰整齐。中国原来没有油墨，主要使用烟墨，直到清代仍然盛行木板雕刻印刷。而本地产纸质量上乘，故优质纸墨印制的书籍为书林所珍重。

木刻印刷一般选用纹质细密坚实的木材为原料，虽然刻字费工，需要大量人力，但是木刻工艺简单，成本低廉，印刷便捷，同时可以容纳众多劳动力就业，因而得到广泛推广和流行。宋代雕版良工大多荟萃杭州，精致的宋版书深受人们珍视。徽州受到濡染，北宋时就有新安刻本传世，不过经营出版业要得到政府批准，私刻和未经批准的坊刻禁断。

南宋时刻印书则全面开放，嘉熙三年（1239 年）《方舆胜览》，淳祐十一年（1251 年）《朱子语录》都刊印于徽州。朱熹的《诗集传》，魏了翁的《仪礼要义》也有南宋的徽版。

朱熹为了宣扬理学，四处讲学，广收门生弟子，因此自己在家动手刻印著作。由他本人编辑校对，儿子负责刻印，学生负责财务，销路不愁。朱熹在刻书过程中对原来的木刻立体地图加以改进，创制出胶泥做成的立体地图，比木刻的简便和优越，这也是他对人类文明做出的新贡献。

宋代徽州私人刻书最出名的当推黟县碧山人汪纲，他是宰相汪勃的曾孙，为政多有善绩，为学多闻博记，凡兵、医、农、卜卦、阴阳、律历诸书，无不精研，因此被《天禄琳琅书目茶宴诗》列为有宋七大刻书家之一。他刻印的陈敷《农书》3卷、秦观《蚕书》1卷、叶适《习学记言》50卷、东汉赵晔《吴越春秋》10卷、东汉袁康、吴平《越绝书》15卷、后蜀彭晓《周易参同契分章通真义》3卷、《明镜通诀》1卷，自己著述的《恕斋集》《左帑志》《漫存志》等，均为传世不朽之作。他还将原来分刻于会稽和鄱阳两地的洪迈《万首唐人绝句》前46卷和后55卷合而为一重刻，使之终成完璧。而休宁则出现程大昌、金青松、吴琯、宋松年、汪一龙、程珌、程卓、程明等著名的刻印藏书大家。淳熙四年(1177)，名儒程大昌写成《禹贡论山川地理图》5卷，淳熙八年刻书，为国内乃至世界上有确切记载、有刊印年代的第一部印刷地图册，价值非凡。元末，朱升、程文海、陈栎等硕儒都是藏书名家。休宁大儒朱升先后刻自辑《小四书》4种5卷，《四书》《五经》旁注9种，及《地理五行书》《墨庄率意录》等。程景山辑刻《洛水集》60卷。

在歙县，元代学者方回的虚谷书院刻《筠溪牧潜集》7卷，《天原发微》5卷；名儒倪士毅刊刻《四书辑释大成》36卷；郑氏丛桂堂刻《通鉴续编》24卷；名宿郑玉的师山书院刻自撰的《春秋经传阙疑》45卷、《师山先生文集》11卷及宋罗愿撰《鄂州小集》6卷、《附录》2卷。还有歙县刻工黄叔安与吴俊甫合刻《全相平话五种》。

元代婺源元帅汪同曾在休宁浯田创办商山书院，这是全县私家刻书活动的一个中心。该书院曾于至正二十年到二十四年，主持刊刻本院山长赵仿撰《春秋属辞》15卷、《春秋师说》3卷及《附录》1卷、《春秋左氏传补注》10卷。

绩溪人汪梦斗，至正九年刻印《西园康范诗集》等4种4卷。

明代徽州墨业在市场化的推动下有了长足发展，表现在众多制墨专家相继问世。制作高手们总结自己造墨经验，刊印理论著作，号称“四大墨谱”，即万历年间的《方氏墨谱》《程氏墨苑》《方瑞生墨海》和《潘氏墨谱》。《万历野获编》一书中记载：“新安人例工制墨，方于鲁名最著。汪太函司马（指汪道昆）与之联姻，奖饰稍过，名振宇内。所刻《墨谱》，穷极工巧。”

在徽商的强力拉动下，明隆庆、万历朝以后，随着商业发展，全国图书市场空前发达，不但官刻、家刻兴盛，而且在这个大背景下，徽州坊肆刻印骤兴，发展迅猛，“家能著书，人知挟册”，读书、藏书、著书、印书蔚然成为社会风气，徽州刻印图书产业逐渐发展壮大成为全国坊刻市场的一支主力军。休宁程敏政家刻自撰及先贤著作200余卷，编辑刻印徽州第一部地方文献总集《新安文献志》，他被称作明代徽州最富有的藏书家。

当明之时，北、南两京是全国雕版印刷中心，徽州书商和刻工聚集在那里从中起到很重要的作用，同时带动家乡的刻印水平提升。通过徽商开辟的“大徽州”地域向外惊人扩张，刻印工艺技术与江浙一带的传统坊刻相互渗透，徽州刻书很快取得同行业领先地位，徽州府本地坊刻印刷行业空前繁荣。嘉靖《徽州府志》称，歙县“刻铺比比皆是，时人有刻，必求歙工”。徽人善贾，工多妙手。从此往后，徽州府众多的刻铺及坊刻图书业，主要由吴、程、汪、黄四大姓控制。

吴氏：著名的有吴勉学的“师古斋”，吴管的“西爽堂”，吴元维的“树滋堂”，吴元满、吴昆的“亮明斋”，吴鄃的“石香馆”，吴养春的“泊如斋”，吴继仕、吴怀保的“熙春堂”，等等。

程氏：主要有程荣，程百二，程应衢，程一枝，程大位，程好之、程概之兄弟，程大约，程大宪，程嘉祥，程一础等人的家刻。

汪氏：主要有岩寺汪济川的“圭一斋”，汪以成的“经义斋”，汪应魁的“贻经堂”，汪应鼎的“流翠山房”等。

黄氏：早期主要有成弘年间的黄文敬、黄文汉；万历后主要有黄之采、黄正位的“尊生馆”，黄尚文、黄嘉育、黄嘉惠、黄晟、黄正达等人。

此外，还有周氏所的刻《天梯故事》、徐氏所刻的马致远著《半夜雷轰荐福碑》，休宁海阳风逸道人根据张羽刻本重新刻印的古本《西厢记》等。特别值得一提的是通行的一百二十四回本《水浒全传》，最早的刻本是出自明代徽州。据刘尚恒《徽州刻书和藏书》统计，明代徽州本地私家刻书计33姓氏258人，包括汪氏48人、程氏46人、吴氏25人、潘氏16人、方氏11人、江氏11人、黄氏10人，所刻印书籍计377种，图书门类繁多，有经、史、子、集、丛书，图书选题来源既有郡贤、乡贤、先祖、本人著述，其中也不乏经典之作。

这些刻坊雇用大批优秀刻工，其中以歙县虬川黄氏家族最负名望。元代木版画刻工黄叔安，与吴俊甫合刻《全相平话五种》。从明正统元年(1436年)到道光十二年(1832年)，近400年间，黄氏刻工有名可考者达三四百人，还不包括具有相当数量的女工，现已发现刻书270余部，这远不是黄氏历代刻工丰硕成果的全部。黄氏作品，刀法隽永流畅，线条清晰，即使摹刻画家的原稿亦极其逼肖，在中国版画史上具有极高地位。

另外不能忽略的是仇氏刻工。明中叶以前歙县虬川仇姓人氏从事刻书业的很多，从流传下来的所刻书籍中，有名可考者20多人，而且仇氏和黄氏两姓曾合作同刻过不少书籍。但晚明时仇氏刻工渐少，原居地村民不知所向。虬川原名仇村，即是仇姓居民为主，以后黄姓占多，还有张氏、项氏也出刻工高手，众姓集居，于是改村名用谐音“虬”替换“仇”。该村应是那个时代的专业雕刻村。

汪氏刻工当中，著名的有汪忠信、汪士珩、汪文佐、汪成甫、汪楷、汪文宦、汪应鹏、汪跃龙、汪栋等等。

还有很多其他姓氏的徽州刻工，他们活跃在本地各个刻坊，并且带动周边邻县如旌德、泾县、宣城、宁国等地刻工参与其中，因此毗邻的宁国府刻工镌刻风格类似于徽州。

徽州刻印书对安庆、池州等地影响也很深，这些周边地区刻印书籍的发展，都体现出徽州在全国刻印书行业的中心地位，凸显出徽州雕刻能工名手的影响带动作用。同时侨寓南京、杭州、苏州等其他重要刻印书中心城市的徽州书商，如明末在金陵的汪云鹏“玩虎轩”、郑思鸣的“奎壁斋”、汪廷讷的“环翠堂”、胡正言的“十竹斋”，这些知名徽州大牌书商在寓居住地的各个刻坊中，都聘用大量徽州刻工，以致分布在外地的徽州刻工比本地的刻工人数还要多得多。

徽州悠久的雕刻传统，造就心灵手巧的能工巧匠，同时文化素养对此起到了重要的基础作用。所谓“学技必先学文”“通天下之士农工贾，三教九流，为工技艺皆当作如是观”，这是因为“天下技艺无穷，其源头止出一理。明理之人学技与不明理之人学技，难易判若天渊。然不读书不识字，何由明理？故学技必先学文”①。雕刻是徽州灿烂文化中的一枝奇葩，也是人口聚居和技艺传承分布的直接反应，世代流芳。不仅刻印书画，而且雕刻艺术广泛运用在家居生活和建筑工程上，闻名遐迩的“徽州三雕”，即木雕、石雕和砖雕，普遍使用于民居、祠庙、园林、屏联、笔筒、果盘等场所器物，与精美的建筑物相得益彰，充分展示出徽州工匠的艺术天才。

在徽州三雕之中，砖雕推为首。这是用质地坚细的青灰砖，经过精致雕镂而成的建筑装饰，用于徽州城乡的门楼、门套、门窗楣、屋檐、屋顶、屋瓴及照壁等处，使建筑物显得典雅、庄重。

历史悠久的砖雕，由东周瓦片、空心砖和汉代画像砖发展而来。汉代画像砖是墓室预制构件的大型空心砖，它是先在湿泥坯上用印模捺印各种图像然后烧制而成。北宋时形成砖雕，成为大型墓室壁画的装饰品。元代墓室砖雕逐渐衰落。至明代，砖雕由墓室推广发展为建筑装饰砖雕。因此砖雕艺术水平提升，有平雕、浮雕、立体雕刻三种。题材包括翎毛花卉、龙虎狮象、林园山水、戏剧人物等等，具有浓郁民间色彩。清代砖雕风格渐趋细腻繁杂，注重情、景、形及构图，透雕层次加深，组刻与较大场面的戏剧题材增多。

徽州砖雕的用料与制作极其考究。歙县博物馆藏有一块灶神庙砖雕，见方仅尺的

①李渔：《闲情偶寄》卷二十二《文艺》。

砖面上，雕刻着头戴着金盔、身披甲胄、手握钢锏的圆雕菩萨，据考证这块精巧绝伦的砖雕花费了 1200 个匠工的心血，堪称徽州砖雕艺术的经典之作。砖雕的制法大致分两种：一种是黟县做法，先用泥坯雕成，再进窑炉烧制；另一种则是如歙县，先选泥，再阴干，雕刻的图案贴在砖坯上，用石灰水刷白，然后用图纸拓印，再用笔描画。

石雕在徽州城乡分布很广，类别亦多，主要用于寺宅的廊柱、门墙、牌坊、墓葬等处装饰，属浮雕与圆雕艺术，享誉很高。徽州石雕题材受雕刻材料本身限制，不如砖雕与木雕复杂，主要是象征吉祥的动植物形象、博古纹样和书法，如龙凤、云鹤、狮虎、瓶象等，至于人物故事与山水则较为少见。

著名的歙县许国牌坊是徽州石雕艺术水准的代表作，坊上雕有虬龙、狮子等图案，无不栩栩如生，形神兼备，还有龙飞云天和瑞鹤翔云图案，寓天下太平之意；再有鱼跃龙门，寓意坊主许国科举入仕，金榜题名；又有凤凰和麒麟，寓意太平盛世；飞舞的雄鹰，谐武英之意，指坊主许国为武英殿大学士；三只猛豹仰望一只喜鹊，谐三报喜，意指坊主仕途上三次升迁。整个牌坊由两座四柱三间合并成一个立体，成八角牌坊，匹配精美绝伦的石雕，加上图案寓意贴切，充分显示出徽州智慧。在雕刻风格上，徽州石雕中的浮雕以浅层透雕与平面雕为主，圆雕整合趋势明显，刀法融精致于古朴大方。没有砖雕、木雕那样细腻烦琐。

徽州木雕，作为建筑物和家具上的主要装饰，遍及城乡各地家家户户，分布之广，为全国首屈一指。宅院内的屏风、窗楹、栏柱，室内日常使用的床榻、桌椅、书案和文房用具上均可看见精美木雕的风采。徽州木雕的题材广泛，有人物、山水、花卉、禽兽、虫鱼、云头、回纹、八宝、博古、文字楹联，有戏剧人物，也有民间传说、神话故事以及各种吉祥图案等。徽州木雕是根据建筑物体的部件需要与可能，采用圆雕、浮雕、透雕等表现手法。木雕基本上不饰油漆，通过木材自身的色泽和纹理，显现雕刻的细部工艺。木雕装饰中，花草、虫鱼、云朵及回纹变形较多，民间地方风情浓厚。

始建于宋、大修于明嘉靖年间的绩溪龙川村胡氏宗祠，里面的木刻花雕艺术就是典型代表作。祠堂内部木雕采用浮雕、镂空雕和线刻相结合的手法，除了梁勾、梁托和门楼的雕龙画凤、历史戏文之外，整个落地门窗的木雕布局有“荷花、花瓶、百鹿”三种图案。各俱形态、千刀细刻、精致美观。徽州木雕寓意深刻，荷花图意味着和为贵，教育后人清白做人做事；荷花下面雕刻的螃蟹，寓意和谐；百鹿图意在祝愿祖祖辈辈延年益寿，同时鹿与禄谐音，比喻家庭财产富足；花瓶图案象征着世世代代享受平安生活的憧憬。

徽州工艺美术水平之高，与民间重视工匠艺人的传统风俗密切相关，与匠人分布地点有直接关联，实质上也是自然条件和人口居住产生的结果。一种工艺的发展，自有它的社会根基，有当地自然物产资源作为基础。所以《考工记》述：“知者创物，巧者述之，守之世，谓之工。”技能技巧的传承，主要得之于先世遗留，通过聚居一处的人们相互交流，得以形成一村一品的现象。

正是徽州经济的不断发展，生产力布局的变化，以及生产力和生产水平的地区差异，持续地影响和改变着人口的地区分布。

人口转移改变人口布局　相对于内聚型而言，人口“外延型”的转移流动更加普遍。自古以来，在和平年代，随着生齿日滋，人户增多，徽州中央盆地的过剩人口逐渐向周围丘陵地带蔓延转移，通过不断聚集次第形成新的经济中心，从秦朝置歙、黝两个县级行政区域开始，陆续新建为六县。新县治设立带来一轮接一轮的筑城建廓，一次又一次地改变着人口分布。

徽州程氏自东晋程元谭始迁黄墩，“子孙遂以为桑梓”。传十三世，出程灵洗。程灵洗生二十二子，分支派迁徙各地。

朱熹曾写道：“盖新安、鄱阳、信安诸程，皆出梁镇西将军忠壮公灵洗，其家婺源者，又自歙之黄墩徙而来。”不仅婺源，程氏在徽州各县散居四方者，其源皆出黄墩。也不仅限徽州，遗泽分布全国皆是。据雍正初年(1723 年) 记载，黄墩程氏在徽州各地的共有 116 派，分别居休宁、歙县、绩溪、婺源、祁门等县城及附近大村。道光《休宁县志》载，程氏在县内主要聚落有 148 处，占全县 499 村的近三分之一。程氏宗族大部分人口位于县城、屯溪、万安一带富饶乡村分布集结，占据优质自然资源，富翁众多。也有少数族人散播迁入外围山区地带，成功定居建立人口群落。其中，祁门善和程氏即是著名一族。

祁门善和村位于县城西北 10 公里处，四周高山环绕，和溪从村前流过。唐末，程灵洗后裔一支名程仲繁，从歙县迁徙到此开基，定村名“善和”，寓意很深刻。之后程仲繁移居江西浮梁，留第三子程令洭，奉母还居善和。程令洭生三子，长子程承津，留居上村，次子程承海迁居中村，三子程承潜迁居下村，程氏族群很快适应当地环境，从一个村扩充为三个村，三村相距里许，犹如邻舍。同时又以这三个村为中心，在周围形成多个小村，多系旁姓居住，村民或因入赘程氏，或为程姓庄佃、仆人居家。

到宋代时，程承津、程承海兄弟亦官亦商，富致巨万，号称程“十万大公”、程“十万二公”，远近闻名。其家产田地从本村拓展至外地，甚至远达石埭县和太平县。南宋程鸣凤，文武全才，考中武状元，为祁门县历史上唯一的科举状元。曾任广东德庆知府，政声卓著。从此以后官商一体的善和程氏家族成为祁门著名大族，逐渐分为松山、圭山、学山和仁山四大门派。其中仁山门人丁特别兴旺，世代绵延，族人繁多，成为善和程氏宗族主体。

元代善和里扩大成六都。仁山门祖程弥寿，跟随朱元璋征战江西，镇守景德镇，后任浮梁县令。其孙程新春，别号窦山，“辛勤起家，日益饶裕”，程家在他治理下，原来日渐衰颓的宗族“不数年间，家给人足，阖邑遂成乐土，又能革去华糜之习”。

程新春带领族人，一面苦心经营，开发山场，一面加强家族内部管理教育，“至于治家，则肃然有仪，尝谕乡人，必以孝友为先。故乡之子弟，非玩嚣弗率之太甚者，未尝不化为佳弟子也”。程新春所生五子，分成五大房，都有成就，明代出了三个进士。尤其正德年间的程昌，官至四川御史，致仕归里后，着力于程氏宗族精神文化和管理制度的建设，编纂《窦山公家议》以及家谱、村志等，同时致力村庄基础设施营造，一举修建宗祠17所，牌坊15座，培植山场林木召养佃仆二三百人，赢得了“小小祁门县，大大六都村”的美誉。

在居住地的不断调整过程中，徽州各大家族人口日益繁衍增多，从原居地向外延展迁移，开辟新聚居地的洪流一浪高过一浪，世代不绝。“善和程氏”这个开发山区的典型例证具有广泛代表性。

当边缘山地开发潜力已尽，再次出现人口饱和时，徽州人口便势不可挡地冲出群山屏障，如建瓴之水一般向山外广阔世界逆向流动迁徙。明代中叶，徽州人口迁徙方向发生大逆转，由原来的外部迁入境内人口为主，开始转变成以人口迁出境外为主。在不同历史阶段的正向、逆向大流动过程中，不仅直接影响人口地域分布，使本地人口和劳动力数量发生变化，而且影响境域内部优秀人才的流入流出，人口不间断地产生流动，对人口的年龄、性别、职业等结构还将发生一系列积极改变。徽州人口分布的三环相套格局基本定型后，人口分布表现出静态的一面，三个环形地带保持着的人口密度级差，从中央向四周，由密渐疏，逐次过渡。

随着历史进程，境内人口分布不停发生变更，扩散到中央核心区以外的家族，经过一代代繁衍，总不甘于置身局外，一旦有了机会，就会奋起争夺更加优越的生存空间。在盛行科举考试的时代，徽州人充分发挥聪明才智，培养弟子连连登仕入第，“朝为田舍郎，暮登天子堂”。或者外出经商致富，“出门包袱雨伞，回家黄金万两”。仕商成功，名利双收，改变了身份地位的各类人才，都会创造条件在州、县城立足。从很多家族分支的迁移历程中，可以找出经典例证。

徽州吴氏源自江南贵族，春秋时吴被越灭亡后，吴王夫差的长子吴鸿流放到后来婺源境内湖山，建立读书草堂，召近处山民就读教化，他应该是徽州吴姓始祖，同时也是徽州历史上最早的启蒙教育家，死后葬于婺源吴山里。

徽州另有一支吴氏源自汉高祖六年（前201年）长沙王吴芮，他奉旨率兵定闽，途径赣南金枝山病殁，安葬在婺源西乡镇头冷水亭西南鸡山，他的后裔发展为遍布徽、饶的吴姓家族。汉代在黄墩曾有“长沙里”的地名，这应该是当时这支吴氏后裔聚居的社区，他们以先祖吴芮封号为荣，立地纪念。

历史上先后有多支吴氏从邻近地区入迁徽州，其中最有名的当属唐朝初期监察御史吴少微，他是徽州历史上第一个通过科举考试中第的进士。自他定居休宁县城西郊以后，家族人口兴旺，其后裔不仅为官，而且“皆以资雄于乡”，有势有钱，是徽州最具实力的显贵家族之一。许承尧主编《歙县志》时说：“吴、汪之富，在明称盛。”不仅歙县，整个徽州都是如此。也不仅明代，这两个大姓历来都一直长盛不衰。

吴少微离世后二百年，他的后代中有一支从休宁迁入歙县，这支后人又分出六支，都定居在自然条件好的核心地带。据族谱分析，以吴少微为始迁祖的徽州 20 个吴氏分支中，有 13 支位于核心地区，有 2 支定居绩溪县城，只有 5 支迁出核心区。例如其中的吴暄，由休宁石舌山吴里迁居婺源桃木岭，在边缘山区繁衍生息。

唐末另有一支出身平民的吴氏家族，因避战乱由江西浮梁迁至休宁边缘山区，历经五百年后，这支吴氏的后裔也不断有人登科出仕、经商发达，从而跻升休宁名族。其分支大部分迁往更为偏僻的山区，只有少数几支成功地迁入核心地带。清乾隆四十年 (1775) 状元吴锡龄，休宁县大斐人，出身贫寒农家，自小放牛砍柴干农活。稍长，父母患病离世，成为孤儿，全靠族人救助长大。后自学成才一步步考上秀才、举人、进士，殿试时，乾隆皇帝策问国计民生大事，他挥笔立就，洋洋洒洒数千字，写出农民盼望的国泰民安愿景。皇帝看罢大喜，钦点他为该科状元。消息传回县里，乡亲大张旗鼓祝贺，为他在县城重建新居，他的亲人也成为城里富贵人家，彻底改变穷困命运。

陪郭吴氏也是其中突出的一支，明清时期，陪郭吴氏占据休宁县城商业中心位置，不仅在休宁县城开设多家店铺，而且把生意拓展到京城和苏、浙、赣、皖的很多城市。陪郭吴氏宗祠建在休宁南门大街，每逢祭祀，子孙满堂，气象非凡。

清末咸丰、同治年间的战火，使休宁城里南门一带成为废墟，陪郭吴氏家族也无法幸免，损失惨重，存活的各支房人口纷纷四方逃难。其中一房排行老四的吴启昆，带着娇妻幼子避居离城十余里的偏僻之处溪头村。吴老四当时是个年轻儒生，尚无功名，靠着祖遗家产，课子度日。三代以后，家业复兴，吴启昆的孙辈在江西乐平的布店、酱园、粮店、钱庄、茶庄等生意做得风生水起，成为当地商界翘首。

溪头村原来是王氏家族世代聚居的古村落，王氏在明朝曾经十分兴旺，村中建造的“三槐堂”和王氏宗祠气势恢宏，名震徽州。自从吴氏迁入村里后，王氏家族日渐衰微，吴家七大房几十口人聚居，成为村里主宰。以致后来休宁人只知溪头吴家，不知道溪头王家。

方氏是《新安名族志》收录的 78 个知名宗族中最早移民徽州的中原仕宦家族，生前显赫、死后神化的东汉章帝建初间方储，被列为统宗世系第一世，其后代分布很广，在整个江南都极有势力。徽州方氏与其他大姓一样，多择居中心盆地内。歙西的临河、茆田、联墅等大村，都是以方姓为主。由于派系众多，支脉散布城镇乡村各个角落，各县都有以姓命名的方村，而且不止一个。歙县就有三个方村，南乡北岸方村，全村

100 多户，400 多人，皆为方姓。

宋代以后人地矛盾凸显，迫于生存空间拥挤，歙县方氏以“真应庙”为主祭的第十二派分支，开始由中央核心区向偏远山区迁移，“散处四方”。其中方储第四十世祖方忠正，迁往苏村，开创“苏磻派”的新天地。其子方桂，“承父遗业，服贾青溪万年镇，即今威平，得膏腴产于帮源，曰‘姑婆宅’，因挈家帮源居焉”，为帮源“桂林派”的始迁祖，北宋农民起义军领袖方腊，即是方桂的后代。

元末明初的社会动乱，迫使“苏磻派”的一支后裔方天泽，带领家人从歙县苏村徙往更深的山区磻溪，被奉为“成性祠”始祖。二百年之后这支方姓衍生出十大房，到第六世时已有男丁 300 多人，取代原居磻溪的韩姓等家族，方氏由客姓变成磻溪主姓。多年后支派又各建支祠顺德堂、百顺堂、成善堂、易善堂以及分祠十余堂，族内人口激增。

磻溪距苏村三里，旧时只有山间小道可出入。群山环合之中，一线源于浙江的昌源溪水穿过这里注入新安江，磻溪村庄便坐落这条河谷旁。明初方天泽，率领族人在这里拦河筑坝，建造四道石堰，这些水利设施枯水期可以储水防旱，平时则提高水位，方便生活和灌溉，从根本上改变了迁居地的生产生活条件。

清同治间奉旨在此建造忠节祠，祭祀死于太平天国战火的绝户亡灵。战后重建的村庄，由于村民密度骤减，人居环境转优，全村掩映生姿，文化韵味浓郁。方天泽后裔重振家声，宗族人口繁庶蕃盛，从第三代起，便又重新开始新一轮的分迁，向更深邃的山里扩散，在海拔 700 米的高山坡上，辟建起坡坦村等新的方氏居民点。

从以上这两支吴氏、方氏家族的分支迁移过程，可以看出徽州名族之间，在核心区争夺生存空间的竞争是异常激烈的。正是这种有序的自然竞争，形成内聚、外延交叉反复型的人口迁移，促进了核心区域人口密度的增加，使得人口分布由核心区向外环递减的格局在动态变化中能够保持不变。

人口密度 衡量人口分布的主要指标是人口密度。据历史人口资料分析，清代徽州府鼎盛期和低谷期若干年份的平均人口密度计算如下（以境域面积 11560 平方公里为例）：

乾隆四十一年 (1776 年) 为 200 人 / 平方公里；

嘉庆二十五年 (1820 年) 为 220 人 / 平方公里；

道光、咸丰年间 (1821—1856 年) 为 240 人 / 平方公里；

同治、光绪年间 (1862—1908 年) 为 58 人 / 平方公里；

宣统年间 (1910 年) 为 71.2 人 / 平方公里；

民国 17 年（1928 年）为 80 人 / 平方公里。

以上人口密度数值所反映出来的人口分布之疏密程度，从宏观上清晰地显示不同时间段内人口数量分布的特征和规律性，从中可以认识到人口数量分布的地区差异。

人口是时间的函数,随着时间的推移不仅数量会经常变动,而且随着行政隶属变更调整、境界盈缩不定，还会造成人口密度的变化。

徽州在清中期人口顶峰时，于全国已属于人口次密集区，但是人口密度低于省内其他州府。清代后期受太平天国起义的战争影响，直接刀枪杀害和疾病流行，造成人口折损十分之八，人口数量从 270 多万人锐减到 62.3 万人，密度也从 240 人降低到仅有 58 人 / 平方公里，急速降级为全国人口稀疏区的行列。从此往后，徽州人口数量虽然从谷底缓慢恢复上升，但是无论如何再也达不到清代中期那么高的人口密度。

由于清代地方志只记载丁数，缺乏人口数，以上数据是根据有关资料推测得来。对于上述以总人口和总土地面积为基础计算出来的全府总的平均人口密度，以及各县统计算得的平均人口密度数据，它只能一般性反映徽州人口与土地的关系，从宏观上说明各县哪里人多，哪里人少，但它往往掩盖着人口和土地资源的真实关系。除了纵向前后对比和横向与外界比较，并不能详细表明内部人口分布变化情况。只有进一步计算出境内三个不同类型地带的人口密度，才能更真实地反映人口与土地、资源和经济的依存关系，准确显示人口的数量分布状态。

都、图与里的人口容量　以“都”为地理单元的人口密度，是利用都属下的里、图相通，以每里 110 户为一图计算求得。徽州府各县下面“都”的地域区划，由于特殊的地理环境，从明初到清末历 500 余年非常稳定，几乎没有变动，而都以下的“里”与“图”，则随着人口的消长而有增减。从里与图的数目增减变化中，可以发现存在着人口分布的客观规律性。因此各个都下面，里、图的密度即是反映人口密度。

在人户稠密的河谷两岸，“都”以下在编里、图数多；偏僻的山区，“都”下里、图则少。府、县地方志中提到：“图所以统甲与户也，亦谓之‘里’，统于城与都。村皆统于都。”并在《舆地志》内记载了每个县所辖里的总数和每个都所辖图的数量。

里，是明代农村基层户口单位，初始定每里 110 户；图，是地域单位，在编制鱼鳞图册时则以 110 户为一图。两者在户口单位上相通。图起初仅指一里居民所拥有的耕地，反映土地占有和变更的地籍状况，渐次也泛指一里居民所居住的地理范围，成为都以下的行政地理单位，二者只是从两个不同角度（户口与土地）来表示同一行政地理单位。乡、都、里图的层层设置，使得县以下政区变得井井有条，十分便于统计管理。

里与图是最小一级行政管理单元，基本上不超过三个自然村。但是历史上人们对于里和图却常混用，并不在意两者的不同含义，汪道昆在万历《休宁县志》中就这样写道：“邑二百有十里，里为图，图有正，则以驯谨者一人职之。小事从隅、都质成，大事专达。郭以内，合一里而各为隅，隅有四。其外入二百里而各为都，都三十有三。隅正治隅，都正治都。小事则稽于众而决定其成，大事专达。然必择可而使，务得端靖长厚者一人职之。”汪道昆认为，之所以“里为图”，是因为“里正”就是“图正”，他们是同一个人。因此，里即是图。这样表面地看问题，难免对其内涵分辨不清。

虽然明代规定全国每里 110 户的标准，实际上在徽州则超出很多。据明弘治《徽州府志》记载，六县共有 159 都，597 里，通过计算平均每里有 221 户，约 800 余人。

而清道光《徽州府志》统计，康熙年间共 159 都，797 里，每里则有 278 丁，相比 208 年前的明初统计数，里的数目增加 200 个，增加幅度为 35%。如果仍然按原来每里的平均户数计，徽州全府人口数量仅只增加 20 多万人。

但是，因为编里之下的户数也是与日俱增的，里数增加了，说明就是人户在增加，清代人口数量绝对不会停留在明代的水平，所以增加 20 多万人只是一个最低估计，还并没有把每里溢出的户数考虑进去。

实际上，按照历史上一般年份的人口增长速度，徽州应该处于年均增长 3‰至 4‰的水平。在这段全国人口激增的时期，徽州并没有发生特大自然灾害，除明末战火和“三藩之乱”耿精忠部入徽，造成一定破坏之外，以后百年之间境内没有其他大的战争，人口不可能只增加区区 20 万。康熙《徽州府志》和道光《徽州府志》之间相隔 128 年，而里、图竟未增反减。这些地方志中里图统计的内容只能说明，清代康熙以后的“里”“图”数，已失去户口统计的意义。清代实行“摊丁入亩”“永不加赋”的赋税制度，取消人头税，赋税对象逐渐由土地和人口两项改变为土地一项，这时的“丁”，只是一个赋税单位，它成为“照田地计丁”“照粮计丁”的产物，同时仍然存在原来的“照人计丁”。所以地方志当中统计的人丁数是户口、土地、粮食及银钱的混合体，人丁既不代表成年男性人口，也不能作为壮丁，丁与户相互也无法折算。尽管有的县志将丁数乘以 4.99 这样一个系数，得出一个人口数据，其实并没有可靠的依据证明。实际上用乾隆、嘉庆间的“原额人丁”“滋生人丁”相比较，一丁则相当于十口，大大出乎人们的想象。

所以，清代每里下面的户数不能确定，这里暂且放弃清代的人口统计数据，采用明初的户口数目。虽然对于清代来说，明代人口总数要少一大半多，相对境内不同地形区域的密度分布，以明概清，采用明代人口数据，还是可以说明里、图密度的级差问题。

考虑到这些因素后，参照唐力行计算绘制出的《三邑人口相对密度分布图》，对图中显示出的五个不同层次，分别用明初人口数代入（为方便起见，以全府六县共计人口 60 万人为基数）：

第一层次的人口密度为每平方公里 0~40 人；

第二层次为 40~100 人；

第三层次为 100~200 人；

第四层次为 200~300 人；

第五层次为 300 人以上。

第一层次属人口极稀区；第二层次属稀疏区；第三层次属中间区；第四层次属次密集区；第五层次属最密集区。由于使用的是明代洪武年间人口数据，可信度较大。

对应前述的三环地形带，中央盆地核心区属人口最密集区，密度为每平方公里 300 人以上；二环中间地区属次密集区，人口密度在 100~300 人之间；三环外围山区属稀疏区，人口密度在 100 以下，最边缘高山区，密度在 40 人以下。按明代当年全府约 60 万人口，一百五十多平方公里的中央核心区分布有 20 万人，在不到 2% 的面积内，居民占总人口三分之一；二环区分布有 35 万人；而面积最广大的外环区仅只 5 万人。这个结果与实际情况基本上是相符合的。

由此可以得出，徽州三个层次不同的环形地带，人口数量的级差比例为中央区域：二环：三环 = 4:7:1。

以这个比例套用清代以后的人口数量，仍然是足够准确的。在道光、咸丰年间的人口顶峰时期，270 余万人分布在三个地带的状况即是：

中央区域 90 万人；二环 157.5 万人；三环居住人口为 22.5 万人。

明初徽州府都、里数统计表

表 2–1

	都	里	户	口	平均每里（户）	平均每里（口）
歙县	37	208	40064	177304	192	852
休宁	33	160	36863	174114	230	1088
婺源	40	129	28027	137701	217	1067
祁门	22	51	6943	30749	136	602
黟县	12	24	6380	22001	265	916
绩溪	15	25	13385	39213	535	1568
合计	159	597	131662	581082	221	973.3

说明：表中数字根据弘治《徽州府志》列出

《大明一统志》卷七记载，明嘉靖、万历时，徽州里数由明初 597 个增至 691 个。里数增加的幅度，充分说明明代人口增长速度较快。

清初徽州府都、里数统计表

表 2-2

	都	里	丁数	每里平均丁数
歙县	37	278	75146	270
休宁	33	221	65931	298
婺源	40	155	32998	213
祁门	22	52	17701	340
黟县	12	56	12829	229
绩溪	15	35	11100	317
合计	159	797	215705	271

说明：据道光《徽州府志》

第四节 村庄分布

村庄是自然形成的农村人口聚居地，故称自然村。徽州地处山区，山环水绕的地理环境，决定了村庄必然是呈现出背山面水的布局和结构，或依山，或傍水，借助山水组景，美化人居环境，同时方便村民生产生活。

不仅仅如此，徽州人的传统观念中，一个村庄的风水，直接影响家族的发达和人口兴旺。村庄选址必须按照当地的现有地形条件确定，在自然环境的基础上，加以人工改造。同时，在堪舆风水信仰盛行的徽州社会，村庄的选址还十分注重精神的理念，以所谓“卜居”方式来选择村庄的基址与布局。

村庄基址的理想模式是枕山、环水、面屏，即前有朝山和案山，后倚来龙山，水口处有两山夹峙把守，河流溪水从村基前绕过，似金带环抱。所谓：“阳宅须教择地形，背山面水称人心。山有来龙昂秀发，水须围抱作环行。明堂宽大斯为福，水口收藏积万金。关煞二方无障碍，光明正大旺门庭。”

英国学者李约瑟，在《中国之科学与文明》中说道：“再没有其他地方表现得像中国人那样热心体现他们伟大的设想”，而且“城乡中无论集中的或散布在田庄中的房舍，都经常地出现一种对‘宇宙的图案’的感觉，以及作为方向、节令、风向和星宿的象征意义”。

建村卜居 在徽州人口发展的历史进程中，新增居民建立村庄几乎无村不卜。

“卜居”的含义就是运用风水理论选择村庄的居住环境。各大宗族的谱牒里，大都记录有该族始迁祖最初选择居住地及宗族繁衍的内容。“自古贤人之居，必相其阴阳向背，察其山川形势。”古代先贤们从物质环境和精神象征两个基本点来判断，前者关系到村庄形态的发展以及总体环境的利弊条件，后者关系到村庄及家族人口的兴衰。可以看出这两个基本点的核心，都是以人为本，体现人口的主体地位。

丰南村　歙县丰南吴氏始迁祖唐代吴光，懿宗咸通元年（860年）由浙江迁歙州，即从三处可供选择的村址中，选中一块较为理想的村址，世代居住并繁衍下来。这三处备选村址分别是：一曰莘墟，地刚而隘，山峭而偏，居之者主贵，而不利于始迁；一曰横渠，地广而衍，水抱，居之者主富，而或未蕃于后乱；一曰丰溪之南，土宽而正，地沃而肥，水辑而回，后世大昌也，遂家焉[①]。

经过精心比较，从莘墟、横渠和丰溪之南三处基址中，吴氏先祖最终确定了丰南为居住地方案。

该村自唐始，经过数十代吴氏族人精心营造，开垦田地，种五谷，明礼仪，训子孙，很快达到卜算预期效果。南唐出了进士吴逸后，族人渐繁。丰南村在明代发展成著名大村。村庄东西走向，坐北朝南，以街为经，以巷为纬，东西贯通，南北畅达。

全村引丰乐河以三条水系为动脉，街依水行，屋缘街建，鳞次栉比，两岸夹峙，村宽二里，长五里，人口容量大，夙称“千灶万丁”。吴氏子孙支派繁多，村中除统宗大祠堂外，建有支祠十八座。诸祠建造各具特色，规模宏伟。明清时期人口蕃盛，吴氏业盐称雄商界，代有文人官宦，外部资源大量输入村中，巨贾显宦耗资在故里修建宅第祠堂，池楼亭榭，“十大名园”和“十二楼”等宏丽建筑群错落有致，名流雅士慕名而来，咸集于此。明代剧作家汪道昆，在这里频频会友觞咏，留下大量名篇佳作。书画大家董其昌，在这里鉴评古代碑帖，手书题签。江南才子祝枝山，相传是吴家外甥，曾在这里写下《溪南八景》长诗传世。地灵人杰，自然典雅，丰南村是徽州人在中央盆地内成功地选择村址的典型代表。

宏村　而在二环丘陵区内的黟县宏村，也是经过反复精心选择才最终确定建成的。

早在北宋大中祥符二年(1009年)四月，歙县唐模村人汪仁雅，客居金陵经营木材生意，不数年即大发致富。但是突然遭遇一场特大火灾，汪的数万家产在这场意外火焚中损失殆尽，他迫不得已携家带口从南京返回徽州。

途经黟北时，由于职业习惯他敏锐地发现渔山一带杉木繁茂，为免羞见家乡诸父老，决定不如暂且留居于此，以便重操木材生意，复振原来家业，待东山再起，方可衣锦还乡。这时又值夫人方氏不幸途中病故，于是落脚祈墅，续娶屏山舒氏为妻。

①《歙西南吴氏世谱》（明刊本）。

然而，也许是受到打击太大，汪仁雅不但没有如愿重出江湖，反而一病不起，最终却命丧于祈墅临时居所家中。到了南宋绍兴年间，原来只打算暂时寓居黟县祈墅的汪氏子孙又遭兵乱火灾，全村三百多间房屋焚毁一空。

汪仁雅六代孙汪彦济，无奈“捧祖像，怀家乘，率妻孥，偕老幼”，缘流而上，通过选择比较，举家迁移雷岗山下，“购求宅基地几亩于雷岗之阳，卜筑数椽，旋竖楼，枕高冈，面流水”。开始汪氏家人只有数间楼舍，随后“转瞬二十年，披荆辟艾，亦既树楼十又三间”。汪氏建成十三间楼房居住，这说明家中人口已经增加不少。

该地原有居民谢、韩、董三姓，估计村民不多，这里原村名为谢村，后又改为韩村。汪氏安定以后，这三姓人家却不知因何故全部迁出，汪氏一门独享村庄，先取村名“弘村”，后避乾隆皇帝弘历名讳，才改称“宏村”。

鉴于祖上两次失火教训，在规划建房时，汪家十分重视水系安排，以水克火。并且卜筑村庄依雷岗山、傍西溪水，选择地势高爽，朝向良好，无山洪暴发冲击之危。

到了明代永乐年间，族人汪思齐，发现村中一窟天然泉水，无论冬夏泉涌不息。于是有了改造村庄的灵感。他三次延请当时号称国师的休宁风水大师何可达，与族中贤达一起，遍览山川，详审脉络，周密制定了扩展宏村的村庄建设规划。

按照何可达的观点认为：“牛卧马驰，莺舞凤飞，牛富凤贵。”于是，乃依村中发现的一处天然窟水和宏村地形，并引邕溪水转东绕村屋后流出村庄，同时依天然窟水建池塘，以蓄“内阳之水”，建成牛胃模样，使整个村庄呈牛形分布状，用水剋“丙丁之火”。

之后，万历年间族人捐资，建成了九曲十弯的牛肠水圳和半月形月沼池塘，即称“月塘”。使流水穿过家家户户门口，完成宏村水系建造的初期工程。

再后，村里人户增加，急需扩大住处。汪氏支派各门已有 16 名族长，于是族人又倡议集资开辟村外建成百亩面积的“南湖”大水域，这才基本完成牛形水系工程。

南湖呈大弓形，弓背湖畔栽杨植柳，弓弦铺设石板。四顾诸峰，浮光倒影，水天一色，浓荫翳地。这样，一座完整的牛形村庄便基本建毕。

宏村的选址，的确贯彻了“气乘风则散，界水则止”的堪舆风水理论，不失为一处既是自然、更是人工雕琢的人与自然和谐相处的村庄典范。因此得到联合国世界旅游组织的专家高度评价：“宏村是非常和谐地利用当地自然山水，在儒家文化和徽州当地文化思想影响下的东方传统村落的人居环境的代表，是独一无二的。”

“宏村堪称中国古村落的典型。宏村拥有美丽的南湖景观，许多一流的古民居、宁静的古街巷，以及完美的自然背景。南湖周围的景观可同意大利的威尼斯、荷兰的鹿特丹相媲美，但它们都是大城市，像宏村这样美丽的乡村水景观可以说是举世无双。”

后人有诗赞曰：“青山绿水本无价，谁引碧渠到百家？洗出粉墙片片清，映红南湖六月花。”①

呈坎村　呈坎古村则是按罗盘八卦式的特殊格局要求，突出左宗右社，即在村庄左侧建宗祠、右侧建社屋，其他民宅围绕这组主体建筑，自由组合。以原河东一街为基础，按八卦格局将河西的住宅区规划成三街九十九巷，并凿两条水圳穿村南流。

两水圳因街道宽窄不同而时隐时现，穿村过户，自北向南汇合。每条街巷都有流水经过，家家户户门前流淌着源源不绝的清水。又将穿园而过的河水改道，从北面园口筑石坝将河道拉直，再筑七道拦河坝，将潀河水引向村前南流，成为一个完整的八卦图形，这就大大丰富了水口园林景观。

进行规划改造后，使村庄定位于藏风聚气的最佳位置，整个村子坐西向东，以避肃杀之气，迎春阳之和，前有朝山溪水长流，后倚来龙，背山面水，充满“万物负阴而抱阳”的风水理念，将良好的天然空间与人工环境融合为一，营造出一个理想的风水宝地。

罗氏族人正是经过周密审慎选址后，在原村庄基础上进行改造，建成美好家园，体现了“聚水如聚财”“纳四水于村中”的传统理念，以示财源广进，有节有流。对于宗族人口蕃息，含有源远流长，川流不息之意。

正是通过这样精心设计规划，精心营造建设，把实用功能与村人的精神追求完美地融和结合，因而得到朱熹、张旭、欧阳修、苏轼、王十朋、文天祥、方勉、李孟等历史文化名人，对呈坎的高度赞赏，尤其是朱熹在呈坎讲学时题词：“呈坎双贤里，江南第一村。”这幅联对，更加使得呈坎美名远扬。“呈坎双贤”指的是罗颂、罗愿兄弟，都成为永载史书、千秋留名的旷世奇才。

龙川村　绩溪登源龙川村可以作为三环区的代表，这里东有龙川之口，大源之水，“东耸银屏，此为龙峰秀丽，此东方文星之妙也；南方文星天马，贵人北西耸。施如水浪而不高，山居于水口，正如执笏之状”。正是这样一个山环水绕之风水宝地，西晋时才为始迁祖胡焱选中，当年称“荆林里”，成为“镇守胡”氏宗族世代栖居之地。

村庄不仅风景秀丽，更是人文荟萃，史载村中曾建有明代牌坊25座，其中《奕世尚书坊》，记录明成化十四年(1478年)胡富一举中第，考上进士，被授予南京大理寺评事，此后历任弘治、正德两朝南京大理寺卿、户部右侍郎，因卓越的治理才能，正德七年(1512年)擢升为南京户部尚书，嘉靖元年（1522年）卒后被赠谥太子太保。嘉靖十七年(1538年)龙川胡宗宪随之金榜题名，高中进士。胡宗宪相继就任知县、巡抚、总督和兵部尚书等职，一路迁升。最终成就了平息倭寇巨患的历史功勋。龙川胡氏宗族亦因胡富、胡宗宪等人的政治地位不断上升而日益显赫。有了“奕世尚书”之声誉，

①《黟县志》卷二十四，《艺文》2012版。

耸立在龙川村头的高大牌坊，是龙川胡氏宗族在明一代辉煌历史的见证。

此外，另有一位“太守胡”，东晋成帝咸和年初，新安太守胡育，卜居古黟，为横冈始迁之祖。他的六世孙胡明星在梁朝任太常卿，主管礼仪，后弃官致仕居横冈，其后代被称为“太常胡”。唐代诗仙李白题诗于胡氏宗祠云：“十里无余姓，田庐共一村。四时瞻庙貌，尽是太常孙。”

胡姓是黟县仅次于汪氏的第二大姓，县内聚居于横冈、牌楼里、潭口、忠信坊、西递、南山、汤蜀胡村、横川胡村、瑶山胡村、梧村胡村、宏潭胡村、柯村胡门村、湖田村、宝溪上胡村、联光胡村等。这些多得令人惊叹的胡村，足以表明有如此多的“太常孙”成为村庄人口，胡氏遗泽遍布全县各地。

在风水理论看来，水口和龙山是一个村庄及人户繁盛的标志。“水口者，一方众水所总出处也。”水口具备多种功能，不但是一座村庄的边界门户，是活水入村的起点，同时被赋予村民的理想追求，与村民的命运、前途联系在一起。

据说水主财，水流入村要开敞，寓意财源广进；水流出村当封闭，寓意所聚之财富用之不竭。为保护涵养村庄的水口，村民在天然的山川地貌基础上，对水口专门植树庇荫，加以人工营造，融入多重人文元素，按照自己对发展家族人口的理解，进行规划，人们相信通过主观能动努力，可以弥补自然环境的某些先天不足。

在天、地、人三者关系中，人是处在核心位置，天和地必须满足人们的心理需求。有些大村不惜花费在水口上精心建筑水口桥梁亭阁，塔寺庙宇，既增加了村庄的锁钥之势，又能体现出当地精神文化特色，以壮村威。创造出既崇敬自然，维护生态，又富于生机活力的人居空间。雄村、唐模、上庄即是徽州水口亭榭园林建筑的精品杰作。寓居扬州的歙邑人方西畴有一首《竹枝词》诵咏徽州水口：“故家乔木识便楠，水口浓郁写蔚蓝。文着红亭供眺听，行人错认百花潭。”

唐模水口建于村东，既有水口，又有园林，以桥、堰作为关锁，以亭、庙、坊为镇物，以古树、花草为背景，形成徽州独特的具有代表性的水口园林，命名为“檀干园”。民国《歙县志》记载：“檀干园在唐模。昔为许氏文会馆。清初建，乾隆间增修。有池亭花木之胜，并宋明清初人法书石刻极精。鲍倚云馆许氏双水鹿喧堂时常宴集于此，题咏甚多。程读山诗注言：‘檀干园亭涵烟浸月大有幽致。’鲍瑞骏题二额，俗称‘小西湖’。今重修，改公园。”[①]檀干溪和进村的古驿道穿园而过，河溪两岸数十株百年古树浓荫蔽日，造园者充分利用天然湖山坡地，因地制宜，将山水、田野、村舍联为一体，空间接景组合独到，整个园林连同村庄，主次分明，体现出徽州古村落高超的水口园林设计风格。檀干园利用造园时掘塘之土堆叠成山，很少用石，山上“桃堤烟

①民国《歙县志》卷一《舆地志`古迹》第6页。

柳”，园区“门楼合稼，廊庑连芸”，意境雅苑，极少人工造园痕迹。亭中悬挂长联：“喜桃露春浓，荷云夏净，桂风秋馥，梅雪冬妍，地僻历俱忘，四序且凭花事告；看紫霞西耸，飞布东横，天马南驰，灵金北倚，山深人不觉，全村同在画中居。”唐模水口堪称徽派园林建筑的典范。

与水口相对，龙山则是一个村庄的主要依托，称为村庄的龙脉，这是村民的最高希望所在。

《易经》称“山发人丁，水聚财”。所谓“山厚人肥，山瘦人饥；山清人秀，山浊人迷；山驻人宁，山走人离；山雄人勇，山缩人痴；山顺人孝，山逆人亏”。龙山不仅构成了村庄环境的主体，而且其山脚又往往是该村的发源地，体现出与人口发展的紧密关系。在徽州，村庄的水口林和后龙山林，如同绿色屏障护佑村庄，远远眺望，只见林木，不见房屋。有道是：村庄林茂，烟雾团绕，吉气所钟；林木尽伐，风吹气散，未有不败。大树有荫，福荫村民子孙兴旺发达。村子周围的风水林被赋予神圣的精神内涵，“藏风聚气”，就是保留住村民的人气、财气、地气，使得人口兴旺，世代不衰。因此人们必须认真养护看管迁基林，要求村里家家户户世代维护，视为佑村之神，绝对不准砍伐，否则断了村庄的龙脉，就是断掉村民的前途，那可是村民万万不能容忍的。

村民结构演变　古代先民逐水而居，选择河湾和河流交汇处居家，利于生产生活，便于交通联络。这些得天独厚的地方最早出现村庄，如率口、黄口、溪口、流口、潜口、浦口、坑口、胡埠口、南源口、镇口、街口，以及渚口、历口等；还有江潭、冰潭、月潭、樟潭、绵潭、潭渡、深渡、屯溪、临溪、临河等等。

临河而建的大村，多为名宗大族聚落，“徽居万山中，而俗称易治，缘族居之善也。一乡数千百户，大都一姓。他族非姻娅，无由附居，且必别之曰客姓，若不使混焉”[①]。

聚族而居，是徽州村庄分布的主要特点，同样可以视为徽州宗族最突出的基本特征。“新安各姓聚族而居，绝无杂姓搀入者，其风最为近古。”[②]居住这里延绵千年的名宗大族，因历史久远，世代延续性长，村、地名极少变易。随着人口不断增加，支脉分散，村庄内部的人口结构也在不断变化之中。

村民结构发生变化，是个长期而且复杂的历史过程。对应于村庄名称，其中大致可以分成两种情形：

一是某村原来由某姓单独聚居，后来有了他姓迁入，并且逐渐昌盛而成主姓，原姓不但不再作为村庄主姓，甚至有的索性外迁他村，于是村名随之相应改变。如上述所列举的歙县瞻淇村，原由章姓居住，村名章祈。南宋时有汪氏迁入，历经数百年后，章氏则因故完全迁出，该村成为汪氏聚居之地，到了明末，发达了的汪姓家族援引《诗

①②赵吉士：《寄园寄所寄》。

经》“瞻彼淇奥，绿竹猗猗”，改谐音为村名。再如雄村，原名洪村，曹姓先祖迁入后，子孙兴旺。而洪姓后代却逐渐迁出，村民由曹氏占主要地位。于是取《曹全碑》中“枝分叶布，所在为雄”之意，这是十分典型的彻底改名。

另一是不改原名，这种情形更多。某个村庄，尤其是中央盆地的不断扩展而规模大型的村，原来某氏一姓居住，后来有多姓陆续迁入，虽然各姓有发展程度差异，诸姓之间此消彼长，主次关系发生变化，但是最终演绎成一种“异姓同居”“多姓共处”的格局。例如唐模村，即具有鲜明地代表性。

唐模村较早期的居民是程氏，由黄墩迁此，曾名程村。唐代元和元年(806 年)，汪氏 55 世祖汪思立，与唐模程氏联姻，迁居入村。汪氏后裔逐渐赶超程姓家族。南宋以后，相继又有吴氏和许氏迁入。这些大姓同居一村，而且又是姻亲关系，相互容易谐调，因此“唐模”这个村名可以看作是大族之间妥协的产物。

村庄名称所指之意，即是当年唐朝规模，以盛唐气象为目标。其中既包含有某种历史的情怀，又寄托有现实的期待。村名没有冠以任何姓氏，就意味着村庄是所有村民共同的家园，有利于村庄的可持续和谐发展。

历史上某些家族兴衰变化，地位升沉，每个阶段都会交替出现，该村早期为程氏一统；唐宋时期村中汪氏最盛，时称“汪氏唐模”；明清以后村庄以许氏为胜，世人又称“唐模许家”。村民结构的变更，都不影响发展的步伐，唐模村已不断演变成为一个典型的复合型村庄，成功地突破了聚族而居的历史局限。除上述四大姓外，还有黄、鲍、蒋、章等等二十多姓人口聚居村里。长期以来，各姓村民融融怡怡，不分高低彼此，共谋幸福愿景。

而在三环外围山区的村庄，居民人口少，村名多以自然实体、自然环境及姓氏命名。归纳起来可分为：

以山命名。村庄依山而建，或位于山麓，或地处山顶，或坐落山坞。村名多与山有关，如山、岭、坞、尖、包、岗、岔、坦、顶、岩、岳、峡、降、脚、架等。

以水命名。三面临水为湾，临河、坐落河沿为河边，两河交汇口为双河，两山夹一坞的流溪为坑、潭等。

以地形命名。利用形状特点，喻为家禽野兽、用品物件、蔬果人们熟悉的形象。如簸箕岩、筲箕湾、箬笠岭、斗笠尖、扫帚尖、竹筒坑等。

以动物命名。丰富的野生动物品种为想象提供灵感，蛇、乌、猴、猪、猫、狗、狮、虎及象征性的龙、凤等，如猴坑、龙川、虎村、左龙、右龙、承狮、凤霞等。

以树命名。柏树、栗树、樟树、柳村、枫林、榧子树下、楠木岭等。

以茶命名。茶山、茶坑、茶亭、茶源、茶棵、茶窟、茶庄、茗洲、茗滩等。

以其他植物命名。莲花、黄藤、蕨萁、白茅、茅草棚、荷花、黄瓜、萝卜、葫芦、葛头、蒿子、箬坑、箬皮、棉花、菖蒲、瓜田等。

以数字命名。三姓、五里、十里、十字、十都等。

以朝向方位命名。上下左右、内外前后，东南西北中，头、背、顶等。

当然，山区以姓氏命名的村庄也不少，如祁门县《地名录》记载内有 103 个姓，被用作 601 个村名。其中，用同一个姓命名的单姓村庄，10 处以上的就有 19 个姓氏；20 个以上的单姓村有 6 个姓氏，以汪氏命名的村有 44 个，全县最多。例如，汪家 7 个、汪村 6 个，还有称上汪、下汪、里汪、外汪等；其次，叶氏有 28 个，称叶家的 11 个，叶村 6 个。由于同姓村重名太多，只得用方位加前缀来予以区分。这说明山区村庄人口容量小，而新村庄发展空间则余地很大。此外，还有取名为三姓村的，概由三个姓氏的村民组成；而二姓组成的村名较多，如：汪陈、刘沈、陈吴、陈黄、黄杨、黄章、饶郑、雷胡等。

满目平衍的中央盆地人口稠密，村墟相望。村庄大而密，所谓“一望二三里，烟村四五家”，相邻的村与村隔地不远，鸡犬之声相闻，形容的即是这里的人烟兴旺的生活场景。传统农村经济是一种自给自足的半封闭经济，男耕女织，丰衣足食。有谓“家给人足，居则有室，佃则有田，薪则有山，艺则有圃。催科不扰，盗贼不至，婚嫁依时，闾阎安堵。妇人纺织，男人桑蓬，臧获服劳，比邻敦睦”[①]。这里自然条件优越，使得理想化的田园生活模式成为人们回归自然的普遍追求。

这些大村由若干住宅建筑群聚集构成，粉壁、黛瓦、马头墙式的民居，是村庄的外部表型特征；砖、木、石三雕为内部装饰特色；高宅、天井、大厅为居家特点。村内多条巷道曲折将住房分割，巷弄狭窄，庭院幽深，显现村落安详宁静。

村庄建筑布局多以宗祠为中心，四周围建民居，如众星拱月一般。祠堂作为宗族成员议事、行使族权、祭祖奉祀的场所，坐落于村庄中心或显著位置，方便族人集中，加强村民交往，增强家族的凝聚力。

村中道路大都用青石或麻石板铺砌，平坦整洁，“晴不见土，雨不见泥”。街头巷尾多置石墩、石凳，供人休憩。这些非常具有人性化特点的设置，使人充分感受到家乡的温馨。

大型村庄建有一两条街道和多条巷道，街道贯穿村庄首尾，巷道则与其相交错，形成叶脉状街巷结构。街道两旁建立店铺，形成商业街。满足村民日常生活需求。窄窄巷道呈放射形通往村外，连接山野田园。一些富商巨贾或高官名流居住的豪华深宅庭院，与寒门小户的板壁房或茅草屋，形成强烈的对照。

但是，徽州村庄住宅，多为两层楼房，这种建筑风格，主要是地理环境限制所致。

---

① [明]万历《歙志·风土》。

明代作家谢肇淛比较全国各地的居住习俗以后，云："吴之新安，闽之福唐，地狭而人众"，"余在新安见人家多楼上架楼，未尝有无楼之屋也。计一室之居，可抵二、三室，而犹无尺寸之地"。[①]正是由于山多田少、人众地狭的地理条件所限，人均耕地面积过少，使得徽州的民居向空中发展，住宅呈立体式结构。同时为了防火防盗，徽州楼房四周专门砌以高过屋顶的砖墙，俗称"风火墙"，墙角略有翘起，呈马头状，故又被称为"马头墙"。房内外墙壁均粉之以白色石灰，形成白色外墙，屋顶覆盖黑色小瓦。远望错落有致的徽州民宅，黑白相间，精美雅致。

程且硕在《春帆纪程》中不由得击节赞叹道："乡村如星列棋布，凡五里十里，遥望粉墙矗矗，鸳瓦鳞鳞，棹楔峥嵘，鸱吻耸拔，宛如城郭，殊足观也。"粉墙黛瓦马头墙，已经成为徽州村庄的独特标识。清代黟县经学大家俞正燮的《黟山竹枝词》道："几层小楼傍山偎，六尺地重三户开；游客不知人逼仄，闲评都说好楼台。"

楼台住宅与村落环境互渗互融，村人尽最大能力扩展和美化自己的生活空间。

这些大型村庄表现在历代的基层组织管理上，则是都一级辖内的里甲数目多，里图密度高。

"里"是户口单位，"图"则是土地单位，都下面在编里图数高，则说明该都的人口户数多，田地面积大。明代初期歙县共37个都208图，位于核心地带的七、九、十、十五、十九、二十二、二十三、三十七都，所辖的里图数都在10个以上，其中九都辖16图，25村，为全县之最。

歙县西乡十九、二十二、二十三都，地处丰乐河两岸，方圆数十里平原，盛产粮食，村庄密集人口众多。丰南村早在唐朝就是吴氏宗族定居地，《新安志》载该村"人口有五千余户"，在南宋时期的人口背景下，这里绝对是徽州最大的超级村庄。此外，江村"烟户三千余，地分三村"，同样堪称大村。

这些大型村庄除单独成图以外，还将剩余人户划分属另外几个图，如丰南、潜口，除单成两个图，之外还与其他村共为两个图，呈坎也是如此。

清代休宁处在中央盆地的十八都，辖12图38个自然村，列举如下。

一图：隆阜、屯溪桥、新屯；

二图：珠里、奕溪淇、上桥头；

三图：下林塘、蓝如桥；

四图：闵口渡、高枧、范家墩、观音岩、汪家巷；

五图：屎缺吴、孙打渔、霞下；

六图：油潭、水磨湾、前山；

---

① [明]谢肇淛：《五杂俎》卷四《地部二》。

七图：博村、后塘；

八图：黎阳、金墩、茅山里、许坑榜；

九图：黎阳、孙打渔；

十图：隆阜、前山岭、前朴；

十一图：隆阜、前山岭、千秋寺；

十二图：隆阜。

从中可以看出，大村属数图，戴震故里隆阜是个大村，分属一、十、十一、十二等四个里图。

这里地理位置优越，上游从休宁、万安流入的横江在此汇入新安江，形成三江口冲积平原。“休之四隅，山多崛吻，水多溃洑，至余家所托处，独衍为巨野。”①

隆阜地处中央盆地，人烟稠密，除单独编为十二里图外，余下人户分别编入其他三个里图，形成一村属四里的罕见现象。大村分属数里，是中央盆地区域的普遍情况 。但是一般的大村都只是分属三里以下，少有分属四里的。

与此相对的是， 在边缘山区，人户稀疏，耕地紧缺，数个小村则合为一里图。由于地域区划和以人户标准编制的里甲组织不一致，因而出现了这样的离奇怪状。这也就充分反映出徽州特有的地理环境，造成村庄分布不均衡性。

歙县的四都、三十二都只辖 2 图。都下的村庄人户稀少，有的一个图含 4 至 7 个村。

休宁清初全县共 221 里图，自然村共有 499 个。边缘山区的九都、十都皆只辖 2 里，却均有 19 个村，近十个小村才合编一里，平均每村约 20 户人家。

更偏远的祁门、绩溪、婺源山区，几乎没有耕田，象祁门五都、十三都、十四都，每个都下面仅只辖一里，说明那里的村庄人户更少。

黟县是全徽州的人户最少的，对应的行政区划也少，全县仅十二都。因此极易被人记诵：“一都，历下(县背岭)；二都，蓬下(四岭)；三都，石门下(松岭)；四都，官路下(长岭)；五都，争树下(赤岭)；六都，株林下(长演岭)；七都，岩下(楠木岭)；八都，阜岭下(严岭)；九都，高山下(金家岭)；十都，岭下(梓岭)；十一都，榧树下(羊栈岭)；十二都，西山下(方家岭)。”

这样咏诵，古黟人犹嫌意未尽，民国期间又进一步把它形象化：“一都，城内冷清清，二都，田多少人犁；三都，萝卜赛雪梨，四都，白菜似粉皮；五都，农家扁担勤，六都，西递水如金；七都，来往最便利，八都，讲话又一类；九都，出柿又出栗，十都，剩匪把民欺；十一、十二，山边临，田薄坦瘦难旺兴。”

这首民谣把各都特点体现得淋漓尽致，也说明“都”这个行政区划在人们心目中

①[明]崇祯《休宁戴氏族谱》。

长久记忆。至于“都”的下面，情形则不同了。

明代黟县由原来的24图增加到43图，村庄共有256个；到清代中叶，全县人口达到24万余，比前朝翻了一番多。但全县图数仅增加8个，从中可知清代每图下面户数已经比明初升溢出一倍多。同时全县村庄增至619个，也翻倍加半，这就从一个侧面充分反映出清代黟县人户的增长速度。

这种村户增多的情况并非黟县一个县如此，整个徽州都以这样的速度递增。只是分布有所不同，三个环形地带，增长速度也有不同变化。在边缘高山区，都属下里甲数目少，村庄稀散，往往“十里八里无人家”，在那些坐落在海拔千米高山坡上的小山村中，人口都很少，超过百人就算大自然村了。

村庄数量变化影响人口分布　休宁县在明清时期的村庄很稳定，变化不大。表现在人口增长速度上相对缓慢。经统计，康熙《徽州府志》中所列该县村庄，到道光年间存有率达99.1%；道光时新出现的村名117个，占道光《徽州府志》所列村庄数的25.27%，其余74.73%的村庄，是从明嘉靖(1551年)年间延存下来的。

相比之下，歙县村庄的存有率低于休宁，这说明歙县村庄发展的稳定性低于休宁，而发展速度则大大高于休宁。

休宁县道光三年隅都、图、村数列表

表2-3

隅都	辖图数	辖村数	都	图	村
东北隅	3	12	十二都	2	7
西北隅	2	7	十三都	4	11
东南隅	3	10	十四都	11	14
西南隅	2	8	十五都	6	8
一都	7	25	十六都	8	14
二都	7	22	十七都	7	18
三都	10	17	十八都	12	12
四都	12	28	十九都	5	2
五都	7	17	廿都	7	8
六都	3	13	廿一都	5	12
七都	5	19	廿二都	8	11
八都	2	15	廿三都	9	16

续表 2-3

隅都	辖图数	辖村数	都	图	村
九都	3	11	廿四都	7	21
十都	2	19	廿五都	7	18
十一都	3	10	廿六都	6	15
卅一都	3	8	廿七都	5	9
卅二都	4	15	廿八都	9	11
卅三都	7	15	廿九都	11	14
合计	217 图	499 村	卅都	3	7

歙县道光年间都、图、村数统计表

表 2-4

都	图	村	都	图	村
一都	6 图	43 村	十五都	12 图	84 村
二都	3 图	25 村	十六都	5 图	36 村
三都	6 图	20 村	十七都	5 图	48 村
四都	2 图	27 村	十八都	7 图	73 村
五都	4 图	35 村	十九都	11 图	103 村
六都	5 图	33 村	廿　都	7 图	66 村
七都	10 图	59 村	廿一都	6 图	42 村
八都	8 图	43 村	廿二都	11 图	58 村
九都	16 图	40 村	廿三都	14 图	51 村
十都	12 图	92 村	廿四都	9 图	46 村
十一都	5 图	40 村	廿五都	6 图	70 村
十二都	8 图	55 村	廿六都	7 图	57 村
十三都	5 图	107 村	廿七都	6 图	42 村
十四都	5 图	43 村	廿八都	9 图	33 村
廿九都	5 图	39 村	卅五都	6 图	29 村
卅都	9 图	147 村	卅六都	5 图	54 村
卅一都	3 图	103 村	卅七都	10 图	102 村
卅二都	2 图	77 村			
卅三都	5 图	101 村			
卅四都	5 图	63 村	合计	260 图	1407 村

绩溪县1551年村庄仅有28个，1699年增至210个，1827年再增加到361个。发展速度很快，但存有率偏低，历代保留下来的村庄仅占44.32%。

尽管绩溪的村庄绝对数比歙县、休宁少得多，但是新出现的村庄比率却是最高。村庄数目增加速度反映出绩溪在乾隆至道光的100余年间人口增长快速，达到23万多人的峰值，同时经济社会得到长足发展。

著名的上庄，村名即是晚清得见。乾隆时称上川，再往前称杨林、后岸、章家巷。早期上庄村落分布在常溪河南岸，由于河水山洪冲刷，逐渐迁至北岸。自明经胡氏迁入后，与原来村民柯、朱、邓、杨、章等姓氏一道共谋开发，形成“千灶万丁”的“十里杨林镇，五里后岸村”。人口稠密，商贾云集，物产丰硕，远近闻名。

百年之后，因为遭受元军的大肆洗劫，十室九空，元气大伤。明代兴替以后，才由胡氏作为村庄主姓，清代才改称上庄。原来村中有一处公共祠堂，俗称“五姓祠”，为村里胡、汪、程、柯、王，五姓共有。胡氏反客为主以后，村中土地落入胡氏之手，由于其他各姓村民多是胡氏的佃户，因此沦为“小姓”，这些村民当中无论年纪多大，胡姓人都称呼其为“哥”，而不尊称“公”。

此外，胡家的祭祀、越主及婚丧时所需的“祝活”，均由小姓担任。在宴席上，“祝活”只能坐在宗祠“厢堂”，不能坐“正堂”。表现出大姓和小姓之间的等级差别，经济地位高低导致社会地位的悬殊。

歙县明代万历间有262图265个村，与嘉靖间相比增加26图、新出现39村，同时消失36村，改名31村；

到清代顺治间又增加13图、13村，改名8村；康熙间改名5村；乾隆间迅增349村，改名46村；道光年间全县猛然增加到1407个村，达到巅峰期，其中新增780村，改名17村。

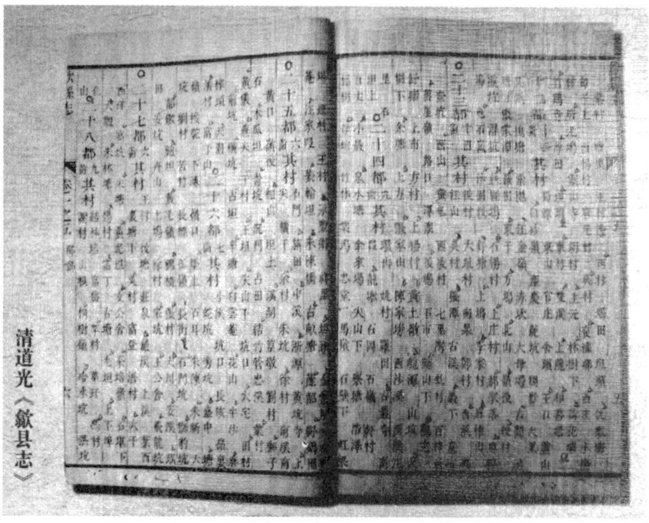

道光《歙县志》内页

然而到民国初，经历太平天国战火，人口凋残，锐减为886村，减幅达40%；其中新出现161村，消失681村。

累计歙县在400年间共出现新村名1134个，到1937年存有873个，其中的261个村庄先后消失，占比23%。

以上数据表明，一方面在历史进程中，有大量的新村庄在新址上拔地而起，另一方面又有不少古老村庄从地面上悄然消失。这种新陈代谢表现出的村庄不稳定性，透露出歙县在这段人口跌宕起伏的曲折历史时期，社会内在变化的活力强度。

虽然咸丰、同治年间战火摧毁了大批村庄，但是恢复的速度也较快，新的居住地迅速建立起来。这种交替变化，也反映在村庄名称上发生的演变。检索晚清歙县村庄名称，以汪名村者凡八见，各处村名以汪冠首者多至十四个，如汪家岭、汪家坞、汪家段、汪云滩、汪旺坦、汪龙坑、汪满田等等。而从上述村名中也可看出，均含有地理实体的特点，这些村落基本上都位于外环高山地带。

清代歙县人口激增，道光年间超过 61 万人。人口数量达到历史巅峰，相应地村庄数目也达到最高顶点，为 1407 个。

村庄增加的地带，主要是边缘山区，尤其是新安江流入浙江境界的一带山区。

那里的三十都，原有 9 图 87 村，道光时新增 60 村，增幅为 70%；三十二都原有 2 图 42 村，后新增 35 村，增幅达 80% 以上；三十三都原有 5 图 58 村，后增 43 村，增加 72%。

在这些村庄变化之中，传递出大量历史人口信息。不仅如此，由于全县总体里图数目增幅不大，当然每图的人户也会有升溢。

自然状况发生的变化，也造成一部分村庄改变。在中央盆地的歙县十八、十九都，位于丰乐河流域，由于洪水冲刷改道，使沿河村庄发生衍变。例如，河北岸古有项氏大家族在此定居，曾号称“九里十三村”，人口异常繁盛。但是清代这里村庄莫名消失，少数村尚剩有遗址可寻，相当多的古村不知去向。原住项氏后裔多迁徙他乡。

从丰南到潜口中间的潘村，古时有潘氏族人在此生息，一度曾很兴旺。到清代时，这里仅是一大片水田，不见村庄痕迹。

战争、瘟疫、流行病，一方面使得历史上曾经很兴盛的村庄有不少消失，另一方面人口补偿机制又使得更多新生村落兴起。总之，历史上旧村新庄更替频频，这表明歙县人口增长速度和社会经济变化的活力强于休宁。这种表现在两县人口数量的变动上，综合地反映出来。

如表 2–1 中所示，明代弘治二十六年统计，歙县有 208 里，40064 户，177304 口。休宁有 160 里，36863 户，174114 口。两县人口相差仅 3000 多人。到清代道光年间，两县人口数量拉大差距。歙县已增加到 114950 户，617111 口；而休宁人户记载在县志上的数据，一直徘徊于明末的水平。其中缘故主要是人为因素，即漏报隐瞒人户，数字不实，这是无可置疑的，据有的史料分析推测，休宁在道光年间人口数量应为 59 万多，要高出邻县很多，但仍然与歙县的差距在不断扩大。

村庄分布与人口密度　明清时期资料表明，徽州的村落分布是与人口密度相对应的，有规律可循。村落数量的增长呈放射状，由中央平原核心区向周围二环丘陵地带、再向三环山区逐步推进。

这个过程大致可分两个阶段。明代为第一阶段，此时村庄密度的增加，主要是二环区域内。由于中央核心区，包括其他小盆地在内，经过明代二百多年和平时期的深度开发，生存空间已经潜力殆尽。这里聚居的家族，在人口不断增加，分支增多时，就近缺少新的空间，必须向相对宽松的外环山区迁移。

休宁西乡珰溪村，处率水上游山谷盆地，水丰田沃，严氏家族世代居此，以种田、打鱼为生。河对岸的阳干村金氏，人丁兴旺，世代登科入仕，仗着族人官势财富，不断向外延扩张。他们越过河在珰溪村大量买田置地，使严氏族人感到沉重压力，于是在明代正德年间，严氏全族被迫主动向三华里外的塘源村迁移，不得不让出临河的优越故居家园，向生活条件较差的山里搬迁。

在塘源岭顶的严氏家庙内，留下“正德庚辰春，珰溪旧故里”两行镌刻大字，向人们诉说着内心的无奈与不甘。同时提醒后代子孙永远铭记昔时的珰溪故园，期望有朝一日复辟归里。

祁门左田黄氏是唐朝从黄墩迁移过去的，左田位于县城东部 18 公里处，原来村名“蛇景”，取意为地形蜿蜒起伏类似蛇状，早年是叶姓人家世居地。黄氏家族迁入后人丁日渐蕃庶，叶氏族群却逐渐衰落，黄氏成为村庄主导后，其子孙认为村名不雅，改为“社景”，后又演绎为“左田”。这支黄氏后裔在这里不断繁衍生息，以后又分成 18 支派，分迁各地，是徽州黄姓人口的重要子发源地。

第二个阶段在清代中后期到民国年间。此时村庄增加，主要是三环边缘区。其特征是，中央核心区的村庄进一步收缩，二环区内村庄饱和，三环区村庄剧增。

中央区域村庄缩减，主要是因为太平军入徽，与清兵在这里血战多年。长期残酷的刀兵相加及疾疫横行，给予富足徽州以灾难性地毁灭，人口、房屋、财产及其载体的村庄，都遭到重创。

战后通过官府对外招垦，外地贫民纷纷迁徙到徽州各县。他们多数在偏僻山区安家落户，歙县村庄增加最多的是东南部边缘山区，特别是新安江注入浙江的交界区域。

祁门、休宁、婺源等县与江西交界的界山区，原来随着清代中期人口的增加，开发程度进一步深化，村庄密度提高。战后恢复期，招募而来的外地贫民，也就在这些山区定居。

同治五年（1866 年），由安徽省安庆、庐江、凤阳、颖上等地和浙、赣的流民大批进入绩溪县，总数约 5000 多人。在扬溪、临溪、高迁等乡山庄，从事伐木、烧炭和帮工，临溪乡的移民占到 40% 人口。至民国年间统计，全县移民人数已占到总人口的 14% 以上。

只是三环区尽管增加很多村庄，但是由于村庄规模小，人口密度仍然很低。

第五节　徽州棚户

徽州人口分布的极稀疏外环带，面积最大，纵深数十里，开发程度较低。明代徽商崛起，“十三在内，十七在外”，十家之中有七家有人出外经商。出门在外的主要是青壮男子，村庄多是妇孺老者在留守家园，因此严重缺乏劳动力。

省内安庆及浙闽赣的外来经营者，乘虚逐渐进入徽州山区，就地简易搭棚居住，在山坡开垦荒地，种植高产作物玉米、山芋，同时烧制石灰、开挖矿产。

据嘉庆《黟县志》载，乾隆年间“有江西窑匠邹国仲等于芙蓉障山下窵僻之处，县龙正身地方觅租北向地业，将来龙山塝劈入，造窑烧砖，火灼龙脉。又在来龙山上塝下租挖泥土，做造砖瓦”。

黟县乡族强烈反对窑匠在此地烧砖，并向知县呈报。知县发布《保县龙脉示》，令“邹国仲将窑拆去，地业交还汪姓”，并在指定的区域内“永远不许开窑动土”。外来客民还在黟县租山开采石煤，也遭乡民强烈反对。他们“或开垱凿石，或租种苞芦，草木不留，山石立断，一邑之生灵受害”。为此，县衙发布《禁开煤烧灰示》，明令予以禁止。①

著名学者江永，在《大鄣山说》一文中对婺源的伐木开山情况写道：“按大鄣山有关婺邑者甚大，不惟山脉来龙胎毓灵秀，当永禁凿石烧灰，即山中数百年巨木，近则荫一乡之泉源，远则培一邑之命脉，亦宜世世保之。土人或以己业为口实，招诱外邑之射利者，伐木烧炭，泉源涸而命脉伤，大为民病。如乾隆三年泾邑张某某等聚三百人昼夜戕伐，山几至童，阖邑惊骇。鸣之于公，邑侯郭驱之不去；通详列宪，虽檄行驱禁，暂散复聚。”②

绵延三百余里的大鄣山，为鄱江水系乐安江与钱塘江水系新安江的发源地。山南“三叠泉”瀑布，为乐安江头第一瀑；山北“龙井潭”瀑布，为新安江头第一瀑。皖赣两省山水相依，源远流长。所以江永指出，大山近则荫一乡之泉源，远则培一邑之命脉，宜世世保之。保护大山上的林木，生态意义十分重要。江永在这里只仅从婺源一县的角度而言，实际上，又何止是关系区区一邑的命脉呢。

棚民入徽起因　清中期面临人口压力带来的社会危机，乾隆皇帝与各级地方政府，开始在全国范围内推广美洲旱地作物，玉米、番薯是主要的进口品种。乾隆五十年(1785 年)，皇帝意识到“番薯既可充食，兼能耐旱，必使民间共知其利，广为栽种，

①嘉庆《黟县志》卷一一《政事•塘》，《禁开煤烧灰示》，《乾隆四十六年知县顾保县龙脉示》。

②道光《婺源县志》卷三五，江永《大鄣山说》。

接济民食，亦属备荒之一法”。

为了鼓励民众垦荒种植番薯，达到乾隆皇帝希望的“野无旷土”“民食益裕”的目标，朝廷和各级地方政府制定了各项优惠政策，对于新开垦的贫瘠山地、丘陵及零散地块“永不升科”，即永不征税。而这些土地主要用来种植玉米、番薯。在政策的推动下，玉米、番薯逐渐在全国得到推广。根据史料记载，乾隆四十一年（1776年），在全国266个府级政区中，还有118个没有玉米种植，到嘉庆二十五年（1820年）降为72个，咸丰元年（1851年）则仅剩余有40个，80%以上的府级政区已经推广种植这些美洲作物，徽州应是最适宜种植这种耐旱耐瘠作物的早期政区之一。

在这个大背景下，各地棚户蜂拥而起，开山垦荒掀起高潮。进入徽州的棚民起初数量不多，尚未引起地方官府注意，而且从上到下的官员们对于开山毁林后果也是普遍认识不足。

清朝宣城名士梅曾亮，有《书棚民事》一文，其中写道，当他替安徽巡抚董文恪做行状时，遍览其奏议，见有请准棚民开山的奏折，说是棚民能攻苦食淡于崇山峻岭，人迹不通之处，开种旱谷，有裨民食，和他告讦的人，都是溺于风水之说，至有以数百亩之田，保一棺之土的，其说必不可听。梅氏说：“予览其说而是之。”又道：“及予来宣城，问诸乡人，则说：未开之山，土坚石固，草树茂密，腐叶积数年，可二三寸。每天雨，从树至叶，从叶至土石，历石罅滴沥成泉，其下水也缓。又水缓而土不随其下。水缓，故低田受之不为灾；而半月不雨，高田尤受其灌溉。今以斤斧童其山，而以锄犁疏其土，一雨未毕，沙石随下，其情形就大不然了。”梅氏又说：“予亦闻其说而是之。”

前后互相对比之下，梅氏认为：“利害之不能两全也久矣。由前之说，可以息事。由后之说，可以保利。若无失其利，而又不至于董公之所忧，则吾盖未得其术也。”

由此可见，当时皖南一带山区对于保护山林的长远利益，官府上层并不重视。以后蔓延开来，在清代乾隆年间迅速发展，伐木毁林，垦山种植，大面积山地植被遭严重破坏，民间舆论哗然，官府这时才不得不出面干涉。

道光《徽州府志》云：“郡地势高峻，骤雨则苦潦，旬日不雨又苦旱。自皖民开种包芦以来，沙土倾泻溪堨，填塞河流，绝水利之源，为害甚大。”

各县对此情况也有记载，嘉庆《绩溪县志》云：“乾隆年间，安庆人携苞芦入境，租山垦种，而土著愚民间亦效尤。其种法必焚山掘根，务尽地利，使寸草不生而后已。山既尽童，田尤受害，雨集则沙石并陨，雨止则水源立竭，不可复耕者所在皆有；渐至壅塞，大溪旱弗能蓄，潦不能泄，原田多被涨没。一邑之患莫甚于此。”

道光《祁门县志》云：“今日徽郡之患不在水碓而在垦土”，“祁自棚民开垦，河道日高，水在沙下，舟不能达，货物不至，盘运翔贵，是以闾阎日即于贫苦”。

民间阻止棚民迁移 徽州民间地方上很多有识之士，都认为林间山地不宜种植玉米一类作物。种植玉米必先铲除地面草木，锄地疏松泥土。山地不比平原，地面植被遭受破坏后，一经雨水，砂土随水流向下注泻，造成壅塞溪流，波及农田、塘堨，以至河道交通，影响到地区整体生态环境。

休宁时人方椿楚在《颂山房杂著》中指出："郡处万山之中，田本有限"，"自棚民租种以来，凡峻嶒险峻之处无不开垦，草皮去尽则沙土不能停留，每一大雨，沙泥即随雨陡泻，溪涧渠堨渐次淤塞，农民蓄泄灌溉之法无所复施，以致频年歉收。今沿山田亩俱被壅涨，更数十年岂堪问乎？此其有害于民田一也。又一郡日用之需，皆取给于外，而米粮一项本地即年登大有亦仅三月之储，尤恃外来接济，一线溪河实百万生灵所系，山沙陡泻，既填淤溪涧冲入经河，河身日高，河流日浅，船只挽运愈觉艰难；断雨经旬，即物价翔贵，米粮不能接济，人心汹汹，无岁无之，此有害于水利二也"。①

黟县大学者俞正燮，对这种现象发表看法，写有诗曰："两般腾贵米与钱，大业从来说垦田，人众真难为造物，苞芦已植到山巅。"黟县孙学治作《竹枝词》云："腊腊包芦满旧蹊，半锄沙砾半锄泥，沙来河面年年涨，泥去山头日日低。"他在诗后自注："棚民租山种包芦，休宁、祁门皆受其害，黟近亦有之。有山业者慎无贪小利而贻大害也。"②

玉米在本地方言中称为包芦，上述这些徽州知识分子的代表人物，对棚民租山垦荒种玉米忧心忡忡，带动群众舆论沸沸扬扬。当地居民与棚户的矛盾也不断升级，争讼械斗时时发生，发展到最后终于酿成人命官司。以致官府不得不出面干预。

《乾隆四十六年祁门县告示》中，对祁门县三四都八保盘坑、美坑、田坑、晏坑等地山场接连稻田，由于有人将山场租佃给"异民"锄种苞芦，以至于"卸沙塞田，坑租无产"，知县吴开元为此发布告示，不准租山者种植苞芦等杂粮。但是山高林密，棚户又居无定所，因此府县的峻法重典，只能管一时，收效不大。

祁门六都村民针对外来棚户开山"垦种苞芦，以至山倾石泻，涨塞河道，山上坟茔尽行挖掘，山下田庐皆受其害"，采取措施自行阻止。于是在官府支持下，组织驱棚行动，拆棚54座。

祁门善和程氏族人特意撰文《驱棚除害记》，勒石立碑，列举垦山种植的九大危害，翔实阐述驱逐棚户除害兴利的过程。

棚民分布特点 棚户租山种植，有的属殷实富裕户携带大量资金，种植规模很大，雇工多人。如乾隆四十年（1775年）间，怀宁人胡宗义到休宁，"在左枧源等处搭棚开垦"；丁云高"在吕洞汰等处搭棚兴种"，这两个棚户所垦山地横跨数里，种植规模相当可观。

① 道光《徽州府志》卷四之二《营建志》附录。

② 嘉庆《黟县志》卷一六《艺文》。

嘉庆初年，潜山人方会中等至休宁县西南“浯田岭、江田村、岭南、牛岭、青山、方圩、璜源等七村”，租山雇工种植玉米，周围二十余里，搭建山棚92座。“除雇工人外，棚民丁属共有六百余口”，共计租银2635两有零，租期30年。

他们“千百成群”，倾家迁来，组织规模更加惊人。这些农场主，预交租金有多达2000两银以上，租期长达30年，雇工数十多人。有谓：“荒山百亩，所值无多，而棚户可出千金、数百金租种。棚户亦因垦地成熟后布种苞芦获利倍蓰，是以趋之若鹜，或十年，或十五，或二十余年至三十年，迨山膏已竭，又复别租他山。”

实行这种掠夺性经营，其后果令人不寒而栗。

当时这种现象并非一地孤有，徽州也有这种承包山场的农场主，带着雄厚资本，在外地充当棚民。如歙县丰南吴荣让，自幼丧父，家中仅有薄田三四亩，祖父母年迈力衰，靠母亲劳作维持家庭生活。16岁时，吴荣让随族人行商松江，节俭积累，攒集资本，然后自己独辟蹊径，到浙江桐庐购买或承租荒山，招人垦殖，种植茶、漆、山楂、板栗等经济果木，到他36岁时已凭借山场之出，成巨万之富。20年内开发荒山致富，可以想象他的经营规模一定不小，而且其中利润空间很大，能够“获利倍蓰”。

此外，到江西、湖北等山区去租山垦殖经营的徽州殷户富绅也有见诸史书记载。

与吴荣让这种购置山场、开发林业，有长期计划的农场主不同，外地棚户到徽州来主要是用价承租，买断年限，雇工种植当年生草本作物，或粮食，或靛青，经营若干年后，待地力已尽，即徙之他山，易地再租。由于不作长久之计，所以只建临时性的简易住房。这是徽州历史上前所未有的大规模移民形式，也是被称为“棚户”的最突出的特点。

棚户种植的作物和企求短期获得较高利润，使得棚户对垦地只租不买，即使租价超过买价，他们也不愿买地而承受长期缴纳赋税。

这种短期行为造成严重水土流失的恶果，破坏了山区的生态系统，所以民怨沸腾，驱棚声势浩大，以致酿祸成为人命案。此类土著居民与客籍移民的大规模矛盾纠纷，其性质严重性已经超出一般的土客冲突事件，官府当然不能等同视之。

朝廷处置棚户问题 嘉庆十二年（1807年）一月，朝廷根据地方大员的汇报，下达处理棚户问题的谕旨：“地方外来游匪聚集多人，扰害居民，自应随时禁止，但此项搭棚垦地游民。”皇上也有投鼠忌器的顾虑，因此“若一时概行驱逐，恐办理不善，失业者众，或别生枝节，转属不成事体。着初彭龄（时安徽巡抚），即选派廉明晓事文武大员前往查勘，或设立禁约，责令逐渐迁移；或勘定界址，就近妥为安插，不致无籍之徒愈聚愈多，日久为害地方，亦不致驱迫过骤，激成事端”。其目的是“以期永杜事端，辑安民业为要”。

皇帝旨意明确对棚户加以禁止，同时强调对棚民区别不同情况，妥善安排，以宁民生。由于棚户涉及面很广，遍及江南数省，加之清廷对各地因生活所迫的游民处理非常慎重。按此精神，安徽本省巡抚订了如下几条具体办法：

一、棚户租约立有年限者，期满勒令退山回籍。

二、年限未满，所有租价银两按年分摊，将未满年份租银退还棚户，令其拆棚还山。

三、契约未载年限者，以十二年为断，期满后一概退山回籍，毋庸退还租银。

四、絜家承佃与山主分租的佃户，立有年限者按限期一半，期满退佃回籍；未立年限者，限二年内退佃回籍。

五、来徽年久，与本地人结婚、已经编入保甲者，以及在山自行开垦，种植苞芦杂粮，就近搭棚居住者，应听其便，不在禁例。但不准再种苞芦。

六、以后如有再将山场出租棚民垦种者，比照子孙盗卖祀产例治罪；承租者比照强占官民山场律治罪。①

有了这些条框，从嘉庆颁旨后，直到道光初年，在省、府县官府的协调下，徽州棚户问题才基本解决，民间舆论暂时告一段落。各县按照上述条文分别告示，做出处理。那些不在禁例的棚民，即已经在徽成家编户的，从此取得了合法的永久居住权，成为徽州人口的一个组成部分，这些人大部分居家边缘山区。

黟县嘉庆十六年(1811年)七月颁布《禁租山开垦示》：“照得郡境多山，近有外县各人租赁开垦，搭棚居住，日久蔓延。赖租抗赎，构衅结讼，滋生事端，最堪痛恨。前奉抚宪委员清查，饬令各棚滋事者，退山回籍，并谕令改种蔬果茶柯树木，不得种植苞芦，亦不得再行召租开种。如有公共山场，一家私召异籍之人搭棚开垦，即照子孙盗卖祖遗祀产例，分别充军徒；承租之人，亦照强占官民山场例拟流，为从拟徙在案。”

据嘉庆十三年（1808年）统计，各县在编的棚户数量如下表：②

分县棚户人口数量统计表

表2-5

县名	棚数	棚民（丁口）	平均每棚人数（丁口）
歙县	334	1415	5.98
休宁	395	2522	6.4
祁门	579	3465	4.2
绩溪	172	915	5.3

①道光《徽州府志》卷四之二《营建志·水利》附《道宪杨懋恬查禁棚民案稿》。

②道光《徽州府志》卷四之二《营建志·水利》。

续表 2-5

县 名	棚 数	棚民（丁口）	平均每棚人数（丁口）
婺 源	74	295	4.0
黟 县	9	69	7.7
合 计	1563	8681	5.55

表中“丁口”应指成年男女人口。如果写明男女大小丁口，则是指全部人口。在清代中期以后的地方志中常会出现这样的记载方法。这里的统计数只是官方最后留在徽州各县的编户丁口，与以往一样，实际人数则会远大于此，而且被驱退回籍的人数更多。

另据高廷瑶《宦游纪略》称，徽州府所属各县棚民超过二十万人。祁门县因为距安庆较近，棚民尤其众多，不下八万人。由此带来祁门乃至徽州人口大震荡，相比历史上多次流徙入境的移民人数，无论何时数量都没有这次多，时间也没有这么集中。

但是因为下层棚民受歧视，不能和衣冠士族相提并论，登不了大雅之堂，棚民以后在此生活的景况，缺少资料记载，鲜为人知。不过，在短短五十多年内，数十万境外人口进入徽州，这样的迁徙规模和流动声势，确实是历史上罕见的现象。

表中数据显示，当时迁入祁门、休宁的棚民最多，这对以后该县人口分布和结构产生较大影响。据不完全统计各县以“棚”为村名的有 51 个，如汪家棚、王家棚、姚家棚、叶家棚、桂家棚、吴家棚、周家棚、邱家棚、方家棚、洪家棚、孙家棚、黄家棚、张家棚、程家棚、钱家棚、曾家棚、倪家棚、杨家棚、李家棚、曹家棚、里曹家棚、外曹家棚、下叶棚、许棚、安庆棚、三十六家棚等。由于来自安庆地区棚民中占多，以致祁门、休宁这两县通行安庆方言，有的村庄初始人口全部是移民，整个村子都操安庆口音，他们把原籍风俗习惯也保留下来，比如在徽州流行较早的黄梅戏。这些民俗现象当和棚户大量入境有关。

棚民就地入籍 到清同治年间，由于战乱使徽州人口锐减，棚户再起。只是与先前进山租地开荒种植不同，这时入境徽州的籍外之民大多数以做杂工为主，分散于各地。所以从此后也不再有棚户之称。

吴克俊主编《黟县四志》称“咸同兵燹，荒秽滋甚”，在官府授意下，田主“每召籍外之民垦殖，议三年获不责纳，佃益横狡，届约(期)辄毁舍盗木弃而之他”。

上述记载说明，太平天国战争造成的破坏，死亡民众遍地，加上战后瘟疫蔓延，徽州人口数量骤降，人力资源严重缺乏，到处是荒芜的田园，衰败的村庄，本省安庆、庐州、凤阳、颍州及浙赣等 9 省 13 县 102 姓的流民纷纷应招入境，散居乡间做长工，他们在山区伐木烧炭，有些居住城镇，从事搬运、轿行、旅店、理发、浴室等业，在繁忙的茶季也做临时短工。

仅绩溪一地移民就有 5000 余人，该县临溪乡的 40% 人口是安庆移民。由于客籍人口占有相当比例，那些客民保持原籍方言土语至今。

1947 年绩溪县统计人口籍别，其中本县 70353 人 (其中男 33596，女 36757)；本省他县 10166 人 (男 5233，女 4933)；外省 1248 人 (男 845，女 403)；外国 1 人。移民人数占全县 14%。这并非绩溪一县的孤立现象，整个徽州乃至江南都是如此。

外地移民流入，对于战后人口恢复起到重要的作用，同时改善了山区人口分布，新的人力资源注入为开发山区增加了充足的劳动力。

第三章　人口流动

人口流动是人口在不同的地理空间迁徙转移的统称，包括定居型流动和非定居型流动两种基本类型。

流动是人口的常态，从世界上最初出现人类开始，就同时有了最早的人口流动。特别是原始时代，人们严重依赖于大自然的恩赐，原始群落根据自然资源的丰缺程度，辗转迁徙就成为经常性的活动。“为了一张嘴，跑断两条腿”，原始人群的迁移造成了原始人口的地理分布，为以后人口分布和民族形成奠定了基础。古代中国人口流动有一定的规律，往往与经济地理变化的走向大致相同。人口流动主要方向依次为东进、南下和内地向边疆迁徙扩散。人类历史上的多次大规模流动，对世界人口的分布和文化交流发展起到至关重要的作用。从公元三世纪开始，历经三个世纪的欧洲“民族大迁徙”，最终推翻古罗马帝国的奴隶主统治，建立了封建制度的生产关系。

近代移民浪潮以历史未曾有过的规模不停顿地进行着，资本主义原始积累时代的“地理大发现”，使欧洲资产阶级用物质生产力改变世界经济面貌的同时，也改变了世界各大陆人口分布的地理面貌。

第一节　人口流动模式

人口流动的一般形式　中国人口流动发展的历史中，主要有两种形式：一种是由官方组织的人口迁徙。这又可分为政府强制性迁徙和政府号召组织、由民众自愿参加的迁徙。历代强盛的王朝都或多或少地干预人口迁徙。秦始皇统一中国后，即推行迁徙富豪及徙民实边的政策，“徙天下豪富于咸阳十二万户”就近控制，便于监视。不仅如此，还徙“大越故民”迁移深入山区建立歙、黟等新县治。隋炀帝“营建东京，徙豫州郭下居民以实之，又诏徙天下富商大贾数万家于东京”。武则天“徙关外雍、同、秦等七州户数十万以实洛阳”。这种强制性移民在以后各朝代也屡见不鲜。封建王朝往往还把罪犯等贱人流放遣迁边疆，或进行各种名目的军屯、民屯。汉初梅鋗率部来到他的封地祁门一带，兵士复员就地安置。三国时东吴进军灭山越，战俘强者当兵，弱者为奴，被强迫带到各地。这都是属于政府组织的一种人口流动形式。

但是从宋代以后，商业获得极大发展，社会开放性和流动性显著增强，政府干预人口流动的主要方式是组织和号召民众自愿参加的迁徙。明初，朝廷采取一系列措施，鼓励移民，以缓解人口分布不均衡的状况。如“均浙直之民于江淮齐鲁”“均八闽之民于两广”“移中土大姓，以实云南”，山西洪洞县大槐树移民等等。明朝招集移民也往往给予各种优惠条件，洪武三年(1370年)六月，徙苏州、松江、嘉兴、湖州、杭州五府无田业农民四千多户去凤阳种田，发给牛具、种子，三年豁免其税。一时凤阳人口猛增三倍，升格为府，并命名为“中都”。朝廷多次实施移民填实政策，使明代长江两岸人口的再分配，对各地人力资源开发和重新配置、人口稳定增长起到重要作用。

在朱元璋诏征下，大批徽州子弟从军入伍，朝廷赐予免事牌面，很多徽州人跟随国公沐英征南戍边，他们世代隶属兵籍，其中不少人以武弁起家。这些军户后代大都居住卫所，融入当地土著，落籍云南、贵州。休宁梅林人汪灿，为汪华三十三世孙，是第八子汪俊这房后裔，定居贵州安顺场吉昌屯，这一带九屯十八堡都有徽州儿女的子孙，他们一直保留徽州生活遗风，在居住地建“汪王庙”，保留“迎汪王”的节日习俗，形成安顺独特的“屯堡文化”。休宁县城南门胡原奉从军后征战东苗立功，世袭贵州前卫百户之职。休宁程仁圻在清雍正年间定居贵阳，他自述祖籍篁墩，是率川支派宣议公的二十一世孙，“予家本率川，因先世从戎，侨寓贵阳，凡数世矣。”歙县棠樾鲍福保随军将祖传“鲍家拳”带到贵州鲍家屯。鲍家拳法里108套徒手、棍棒、单刀、双刀、长枪等秘籍至今已经在鲍家屯传承22代。明清时期，那里方圆几十里的屯堡村寨，数鲍家屯武功最闻名，因此在贵州当地流传“喝酒吃肉九溪坝，拳打脚踢鲍家屯”的说法。

清朝少数民族征服统治汉人，满族大军入关南下，本身就是一次人口大迁移，因此朝廷更加重视鼓励内地人口向边疆地区迁徙，开发边疆。

人口流动的另一种形式是民间自发的迁徙与移民。导致民众自发迁徙的原因很复杂，兵燹战乱常驱使百姓逃亡迁移，在东汉末期、三国纷争时期，西晋“永嘉之乱”后，中国北部陷入战乱割据和北方游牧民族的侵袭之中。北方汉族居民为逃避战乱、饥荒和民族压迫，大批渡江南迁。移民南下的浪潮持续时间达百余年，涉及人口一百多万。唐代“安史之乱”以后和宋辽金元等时期，北方中原人口遭受战争洗劫，大量向南方迁徙，也多因于此。而战争本身其实也是一种人口流动，军队占领地盘后，驻扎时间稍久，就会产生移民。典型的例子，如金、元、清兵士入关南下，使得蒙、满族人大量迁移南方。太平天国起义时，湘军驻扎徽州，战后有不少湖南人留居本地。

维持生计的经济需要是导致人口流动的重要原因之一。历史上以流民等形式的人口迁徙频繁发生，清代山东等地民众不顾清王朝禁令向关外闯入，都是因为原居住地区缺地少产，被迫冒险离家向外流动的。

人口流动的规律性　古代中国人口流向有一定的规律，往往与政治军事、经济地理变化的走向大致相同。简言之，主要流向则是依次为东进、南下和内地向边疆迁徙扩散。

先秦及汉，人口流动的主要方向是东进。以西北渭河流域为统治中心建立起来的政权，大都以征服扩张、部落殖民和强制性移民等方式，将人口向东偏南的方向迁移。

汉代以后，中国人口流动的主要方向为南下，东进则已成尾声。南流人口主要经历了东汉末、三国战乱时期，西晋“永嘉之乱”后，唐“安史之乱”后，宋“靖康之难”以后等多次大规模的北人南迁高潮。随着政治中心迁移，南方获得大量高素质的人力资源，社会文明发展加快。通过不断地迁移流转，南宋以后中国人口布局发生根本改变，南方人口开始超过北方，最终完成了中国人口重心以及经济文化重心自黄河流域向长江流域的转移，从此中国社会就进入了一个南盛北衰的历史新阶段。上述明初戍边云贵的军事活动，虽然是政府组织的移民，实质就是名为“填南”的人口流动。

在清代，特别是康雍以后实施的人口政策，刺激了人口大量增长，以长江流域为主体的内地人口进一步增加且更加密集，这时，人口流动的主要方向变成由内地向边疆四散扩展，内地人民向西南边疆的川、云、贵地区，西北的新疆、内蒙古、东北关外地区，东南的台湾等地流动。著名的“湖广填四川”即是。从清末开始，直到新中国成立，中国人口流动形成了以“走西口”“闯关东”“下南洋”为主的三大流向，更使中国人口流动在规模和广度上达到顶峰。

境外人口流入徽州　最早记载的徽州移民流入，是秦始皇强迫迁徙“故大越民”来到黟、歙二县。这些原居住沿东海地区的越人被迫迁进山区，后被史书称作“山越”。此后的外地移民流入徽州的情况逐渐增多，据明代嘉靖三十年（1551 年）程尚宽的《新安名族志》记载徽州 78 个名族，其中两汉时外地迁入徽州的仅方、汪两族。之后中原士族迁徽集中在三个阶段，即两晋、隋唐五代及宋元时期。

第一阶段是两晋之交。中原地区因“永嘉之乱”，造成人口南迁高潮。中原高门士族跨江南渡后，又因东晋小朝廷内部动乱连绵，江南残破，庐舍为墟，在民不聊生的形势下，因此有九姓家族便径直避迁徽州。

第二阶段是隋唐五代。“安史之乱”后，藩镇割据，黄巢起义，中原动荡，四海不宁，迫使更多士族南下避难。此时迁入徽州定居的 24 族，其中近 20 族迁自唐末。这个阶段的移民中不可忽略的特点是，他们中的大多数并非是直接由北方南迁进入徽州的，而是辗转从邻近地区迁移过来。据当代人口学者吴松弟对唐宋文献记载的 743 名北方移民的资料分析研究，这些移民在江南分布很广，以苏、常、升、杭、越和宣、歙等州最为密集。其中苏州 16 个，杭州 13 个，歙州 11 个，宣州 8 个。在这个抽样调查的样本数据中，迁入歙州的移民人数位列前三，与号称“人间天堂”的苏杭之地不相伯仲。

第三阶段则是两宋之际。“靖康之耻”，金兵南侵，大批北方世家大族涌入江南，形成全国人口南迁的第三波高潮。这一阶段来徽州定居的共有15族，其中11族来自两宋之交时期。

1989年《徽州地区简志》和2010年新版《黄山市志·氏族》(卷三十四)有关篇章中，对历史上从外地流入徽州的57个族姓进行分类统计分析，其迁徙时间，与上述基本上相似，大致分为四个阶段：

第一阶段是汉代，有吴、方、汪三个大姓的家族先后迁入徽州；

第二阶段是两晋，有程、鲍、俞、余、黄、任、詹、胡、郑等九大姓迁入徽州；

第三阶段是唐末，共有陆、陈、叶、孙、洪、罗、舒、姚、张、赵、戴、康、施、冯、夏、李、朱、潘、谢、曹、毕、王、吕、江、许、廖等二十六姓迁入徽州；

第四阶段是两宋，共有柯、宋、周、阮、杨、蒋、刘、饶、马、滕、孔、徐、韩等十三姓迁入徽州。

该志书还进一步分析上述这57个族姓的原住地望，可知他们分别来自中国三大区域：

其一是中原地区，主要在河南一带，分别为方、汪、朱、詹、陈、毕、何、饶等九姓，他们多数在晋、唐时期两次迁入徽州。

其二是黄河下游的河北、山东一带，共有13姓，其中程、俞、张、许4姓来自河北南部；鲍、柯、任、胡、孙、洪、曹、孔、冯9姓来自山东，而其中又有5姓来自青州。

其三是江南一带，共有26姓。其中浙江9姓，江苏5姓，江西7姓，安徽省邻近各县5姓。

具体地进一步分析，从浙江淳安、开化两县迁入4姓，金华、东阳迁入2姓。江西乐平、浮梁迁入3姓。合肥、滁州迁入5姓，这些移民且经过二次以上徙居，最后定居徽州。

由此可见，上述数据证明境外入迁人口中一半来自北方中原地区，另一半则来自江南邻近州县。这个结果与《歙县志》所述，邑中各姓“半皆由北迁南”，是大体一致的。并且这些移民当中“又半皆官于此土，爱其山水清嘉，遂久居之，以长子孙焉”。

《黄山市志》综合境外人口迁移入徽过程进行解析，判断推测他们主要出于以下三个原因：

一是徽州城垒般群山环抱的地理环境和南北交接的地理位置，使之成为战乱时北方人口南渡的理想避难之所；

二是徽州大好山水常让外来任职的官员迷恋，往往因此留居不归；

三是失意仕宦或贬谪文人，将山清水秀、相对封闭的山区，选作自己的隐居之地。

由上述分析得知，境外人口来到徽州，主要原因是在这里居官任职的官员，留恋这里山水清秀，环境优美安全，适宜生活，“以长子孙”。他们首选安家地便是歙县和休宁两县之间的沿河平衍地带，这里交通最为方便、经济最易开发。正是因为徽州的安定生活环境和秀美丰饶山水，使得历史上一批又一批的外来客民不避艰难，或攀行于山间鸟道，或挽舟逆水而上，源源不绝地携家带口络绎于迁移途程。

第二节 徽州人口向外流动

徽州人口流动，明代以前基本上是以境外客籍人口流入为主，境内本籍居民则是由人口密集的中央核心地带向外层人烟稀疏地区扩散，从中央盆地流向地广人稀的深山区；而周边山区的居民又不断努力向中心地带的府、县城聚集。如此反复不断地流动迁徙，进行境域内不同地区之间人口重新分配。直到16世纪以后，徽州人口流动在明代嘉靖、万历时期逐渐逆转流动方向，随着徽商经营的成功，大量境内过剩人口纷腾向外界流动。在人口数量快速增长的形势下，流量、流速相应地不断加大，向境外迁徙流动目的地首选交通便利、生活优裕、财源茂盛并且文化昌明的江南市镇。

徽州人口流动范围之大，《休宁县志》称："籍怀轻赀遍游都会，因地有无以通贸易，视时丰歉以计屈伸。诡而海岛，罕而沙漠，足迹几半禹内。"万历《歙志》具体指出："今之所谓都会者，则大之而为两京，江浙闽广诸省；次之而苏、松、淮、扬诸府；临清、济宁诸州；仪征、芜湖诸县；瓜洲、景德诸镇。"

民国《歙县志》进一步明确，徽州"田少民稠，商贾居十六七，虽滇、黔、闽、粤、秦、燕、晋、豫，贸迁无不至焉。淮、浙、楚、汉又其迩者矣。沿江区域向有'无徽不成镇'之谚"。上述记载中的全国诸多地名，都是徽州流动人口的长久驻足地。

范围与规模 历代府县地方志将徽州人口流动迁徙出境外的分布状况，大致上划分出三个密度不同的地理带：

远者，达塞北岭南、东南沿海、西南边陲，几乎伸到国境界沿，在这样大面积的地域内，都有徽州流动人口的足迹。有的胆略过人，深入到"山陬海埂，孤村僻壤"，与少数民族杂居一处。更有人甚至涉洋过海，与日本、泰国（暹罗）、葡萄牙（佛郎机）、波斯（大食）等外国人进行贸易。

《闽书》记载："安平一镇尽海头，经商行贾，力于徽歙，入海而贸夷，差强赀用。"说明在当时福建沿海走私交易最重要的港口城市，中国海上丝绸之路的起点——泉州安平镇，徽州人于此高度麇集。如徽商程汝概，"尝涉齐鲁燕赵之郊，其后逾瓯越至闽海，历漳泉，与蕃舶贸货而还"。明嘉靖中，歙县海商许谷"贩缯航海而贾岛中，赢利百倍"。徽州人口为谋生计在这样大范围内流动，同样这也就是徽商开拓经营发展的远端线路。

明代休宁学者金声进一步总结说："尽天下大通都大邑及穷荒绝徼，乃至外薄戎夷蛮貊，海外贡朔不通之地，吾乡人足迹或无不到。”[①]

相对于距离长远之处，江浙、两湖各地与徽州相距较近，但是这一带地区面积相对小些，因此徽州流动人口在江、浙、赣、鄂、湘等省的密度较大。这些省份的大中城市及其周围的卫星市镇，属于徽人迁移活动的中间地带；

而沿江区域，即长江中下游的中心城市及周边大小市镇，是徽州流动人口高度密集的核心地带，已达到“无徽不成镇”的程度。

沿江区域活跃的经济，便利的交通，聚集的财富，历来吸引着无数商人。徽州虽然群山阻隔，却有三条放射状的水道将它与沿江地带沟通：北面有长江水系青弋江流至芜湖；东面顺着新安江至严州，然后沿浙江直达杭州，再转由南北大运河抵扬州、苏州等地；西面阊江、婺水直通鄱阳湖，再入长江。徽州商人依托水运之便，早在宋代就把沿江区域作为商业经营活动的大本营。出现“程十万”大公、二公，以及肩贩卖油致富的吴十郎、王五郎等等一批富商。因此，在沿江与运河纵横交叉的地带，这里成为徽商最集中、密度最高的地理范围。

徽商是指明代中期形成的地缘性商帮集团，主要特征体现在四个方面：一是此时徽州各县从商风习基本形成，有的地方几乎全民经商；二是徽州人以血缘、地缘关系结伙外出经商的现象已经相当普遍；三是外出流动的商业人口数量达到相当大的程度，而且抱团经营，能够以一州一府之商与全国各省商帮抗衡竞争。“徽”字与“商”字已经相连成词，成为表达一个特定概念的名词，被时人广泛称呼应用；最重要的四是，作为徽商主干力量的徽州盐商已经在两淮、两浙盐业中取得优势地位。

徽州商人在沿江区域的苏、杭、松、嘉、湖地区的经营活动，虽然早在北宋时期已见记载，源远流长。但是由于元代逆转，并未真正形成气候，直到明代正德、嘉靖年间，商业经济长足发展，资本主义萌芽并且获得发展，给徽州传统社会带来深刻影响，时代潮流强烈冲击旧有思想观念，社会风尚变化促使社会转型，经商不再是受人轻视的行为。同时人口与耕地矛盾日渐突出，过剩人口急于寻找谋生出路。内因与外部环境共同作用，导致从商人口大幅增加，经商已经成为地方风习，因而出现举族外出经商的普遍现象，家家户户的男孩子，“十三四岁，往外一丢”，形成徽州人自幼敢于闯荡天下的风俗。

歙县作为徽州首邑，人口最多，生活压力最大，人们经商的历史最早。汪道昆说：“吾乡业贾者十家而七。”有些乡村的比例更高，丰南吴姓“贾者什九”；虬川黄氏“予邑编氓，贾居十九”。这里整个村庄几乎全部投入经商。

休宁为第二大县，境内百姓“强半经商”。因为“邑中土不给食，大多以货殖为恒产，

①《金太史集》卷八，《建阳令黄侯生祠碑记》。

因地有无以通贸易，视时丰歉以计屈伸”[1]。很多宗谱有载：“徽歙俗多业商，在休宁者居半。”

婺源为第三大县，境内山多地少，耕种为艰，而苦志读书，走科举之路又十分不易，以致人们大多“挟谋生之策，成远游之风”，从而形成“喜远商异地”的习俗。总体上是“士农之家五、商之家三、工之家一”[2]。

祁门人虽然一向是“君子好礼让，小人自安耕凿，恭俭质直，有先民遗风”，君子们“守以淡泊，布衣暖，菜根香，笃志诗书，手不释卷”，小民们素“以山樵野牧糊口”。但是经商历史悠久，早在唐朝“业于茶者七八矣”，“贾客咸议，逾于诸方”。宋初时就有经营木材致富的“程十万”大公、二公，成为邑人榜样。明代以后民风大转，“服田者十三，贾十七”[3]，大多数平民百姓投入经商行列。

黟县向来被视为古朴之地。“黟山古四塞，人情乐古丘”。明代正德以前，这里人们“读书力田，无出贾者”，一听到有人劝说外出做生意，则相戒摇手，认为这是做不得的事。明代中后期，当时已是“徽商遍天下，而黟县独事耕作，鲜经营”[4]。但是到了晚明以后，受到本府邻县影响，风俗大变，民间开始重视经商。男子成童以后即服贾四方，出门做生意成为家族支持的正当行为。清代康熙时，由于“徽地多山少田，丈夫操商于外者强半。（黟县）与饶接壤，故聚于饶者尤多”[5]。

绩溪经商风气形成也较晚，邑人“惟守农业”，因为地处“宣、徽之脊”，桴不下浙江、水不通鄱阳，民间“俗极俭而安守本分”，以至于“穷困至死，不肯轻弃其乡”。金陵名士汪士铎曾在《乙丙日记》中援引绩溪冯经甫言：“绩溪人比他处不同，世治则出而贸易，世乱则归家。家各有田，多者几十亩，少亦数亩，风俗俭朴，力耕可以自给。”人口意识超前的学者汪士铎进而指出，“经商者亦绝少，即为商，亦负贩小经纪，年必家居半载。加上地不当孔道，不通舟车，商贸者寥若晨星”，或断断续续出现几个名不见经传的小人物，因此乾隆《绩溪县志》称绩溪“无富商大贾”。

在人口向境外涌动、热衷经商的大潮中，由于徽州商人特别重视血缘、地缘关系，他们一旦在某个市镇站住脚跟，其族人乡党便随之移徙，蜂拥而至。然后凭借人力、财力上的优势，建立对城镇市集或某行业的垄断。太湖流域盛产湖丝的市镇，均为徽商辐辏之地，他们在这里不仅收购周围农村的蚕丝，还发展为开车缫丝，生产丝织品，

① [清] 康熙《休宁县志》卷一《方舆·风俗》。

② [清] 光绪《婺源县志》。

③ [明] 万历《祁门志》卷四《风俗》。

④ [清] 嘉庆《黟县志》卷一六《艺文》。

⑤ [清] 康熙《黟县三志》卷一《风俗》。

销往各地市场。“衣被天下”的松江府，早已为徽商势力所控制。辖治下的传统棉布重镇南翔，“往多徽商侨寓，百货填集，甲于诸镇”①。而邻近的罗店镇后来居上，“今徽商凑集，贸易之盛，几埒南翔矣”。钱门塘市在明万历时所产丁村布名震一时，“徽商僦居里中收买出贩”，因此这里“俨然若小都市，几与南翔埒”②。在著名的苏州周庄镇，就有绩溪盘川王氏进行多种经营：“我祖泰邦公，作贾在吴中；设市周庄镇，居然端木风。春季市茶叶，冬季海货通。”③

瓷都景德镇是徽州的紧邻，也是徽商聚集之处。瓷土与薪柴均来自徽州，祁门、黟县与饶州接壤，河道相通，历来聚集鄱阳、景德镇的祁黟人尤多，以至鄱阳县通行祁门话，景德镇则流行黟县方言。

民国《龙游县志》认为，“遍地龙游之说，久不闻矣。万历壬子志以为积习可慨，嗟夫，今又安得有此积习也。为商贾者说不轻去其乡，所业则细微，其稍大之商业，皆徽州、绍兴、宁波人占之，乌在其能商贾也”。可见明万历间，徽商无论是人数上还是资本规模上，已经超过历史悠久的浙江龙游商帮。

日本学者臼井佐知子写的《徽商及其网络》一文，十分精辟地指出，徽商由于经营的需要，“建立起一张几乎覆盖大半个中国的商业网络。一些重要的商业大都会，如北京、山东临清、南京、扬州、汉口、苏州、杭州、广州等，都是徽商麇集之地，它们是网络的枢纽和基点。网络从这些基点再散衍到周边的村镇”。凡是徽商经营的地区，理所当然是徽州移民的迁居地。

徽州府、县地方志总结出徽商的特点是：“其地无所不至，其货无所不居，其时无所不鹜，其利无所不专，其权无所不握。”明代学者归有光非常形象地写道：“猗顿之盐，乌倮之畜，竹木之饶，珠玑、犀象、玳瑁、果布之珍，下至卖浆、贩脂业，天下都会所在，连屋列肆，乘坚策肥，被绮縠，拥赵女，鸣琴贴屣，多新安人也。”④从这些具体地描述里，充分反映出徽商在天下众多都会所在地，连屋列肆，成家立业，留居不返，他们挈家带眷流动范围之大，超乎想象，足以令人惊叹。

人口流向 徽州人口流动方向在空间上先是主要由南向北，后转向由东而西。在时间上自明至清，空间位置的地域发生改变，同时间的流逝形成相辅相成、密不可分的关系。

徽州人口群体流动的方向，从时间上划分为明、清两个时期，主要从两条线路流

① [明]万历《嘉定县志》卷一《市镇》。

② [明]崇祯《外冈志》卷一《市镇》。

③摘自绩溪《盘川王氏家谱》。

④[明]归有光《震川先生集》卷一三,《白庵程翁八十寿序》。

向全国各地：

其一是明代，这时人口流向主要沿南北运河，先入大都会，把沿线的两京、江、浙、闽、广诸省，以及诸府、州、县、镇连接成线，再进一步扩展到周边小集市，形成北京、南京为中心，直、鲁、江、浙、闽、广遍布的南北走向格局。从嘉靖至万历间的家谱资料中，可以看到很多这方面的记载，足以印证。例如嘉靖时歙商黄镛，“商游闽、越、齐、鲁者三十余年，十一取赢，资大丰裕”；正德、嘉靖时歙商黄仕政，“以雄资懋迁，有声吴、越、齐、鲁间”，其子黄明芳辅助乃父，“往来南北，心计之妙，素号老成者有所不及”，以至“盛冠乡里”。[①]江希贤“挟资游二浙三吴，不辞艰劳”[②]。程其贤“年十六远服贾，往来闽、越、荆、豫间，诚信自矢，不罔利，而业日振”[③]。此时参与南北流动的大多是歙县、休宁两个大县的人口，他们经商起步最早，境内土地压力最大，其余四县此时则少见外出经商者。

其二是继南北方向迁移，形成气候之后，清代徽州流动人口则主要是溯长江上游远涉两湖、四川、云南、贵州诸省，并且继续向江西和江苏、浙江、福建等长江下游各省，沿着长江两岸按东西方向流迁。由于清代长江成为全国物资流通的黄金水道，徽商通过航运贸易各地物资，逐渐发展成为商业主流商帮。随着六县徽商从坐贾、行商发展为海上贸易的大商帮和对盐业的垄断，南北向与东西向的交汇处，则是徽州人口流向的核心地带，也是徽商经营活动的大本营。

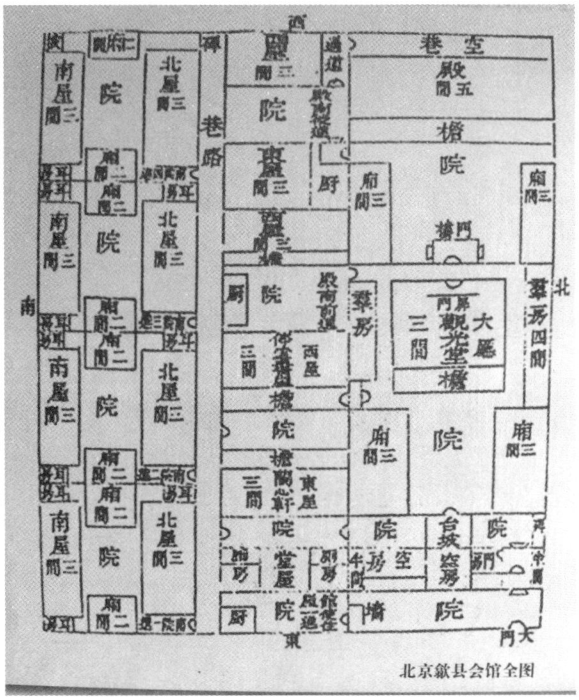

规模宏大的北京歙县会馆布局示意图

向大运河沿线聚集　连接南北交通的运河沿线，是明代徽州流动人口主要聚集地。京杭大运河在元代修成，纵贯河北、山东、江苏、浙江四省。但有些地段由于地势较高，水源不足，因此运河全线并没有真正通航过。洪武年间，由于黄河决口，会通河淤塞，南方运往北方的漕粮一度改行海运。只是海运危险多，缺乏保障，永乐十年(1412年)，明成祖举全国之力，征

① 歙县《潭渡黄氏族谱》卷九，《松涧黄处士传》。

② 歙县《济阳江氏族谱》卷九，《明处士希贤行状》。

③佘华瑞：《岩镇志草》（抄本）。

发30多万民工，重新疏通会通河，第二年竣工，漕粮停止海运，全部从运河北上。明代中期以后，由于国内商品市场基本形成，南北贸易日益增强，因此“燕、赵、秦、晋、齐、梁、江、淮之货，日夜商贩而南；蛮海、闽、广、豫章、楚、瓯越、新安之货、日夜商贩而北”①。带着新安之货的徽州商人，夜以继日地向北方挺进，南北贸易沿途各大都市以及交通枢纽，因此都成为徽商活跃之地，也即是徽州流动人口的驻足寓居地。

北京　明初大运河全线疏通后，成为南北运输的大动脉。明王朝营建北京的条件日趋成熟。永乐十四年（1416年），全国工匠、民工云集北京。永乐十八年（1420年）北京雄伟壮观的宫殿告成，都城规模宏大，分内城、皇城和紫禁城三个部分。次年正月初一，一切准备就绪，明朝廷正式迁都北京。明成祖朱棣为了尽快使新迁都城繁荣起来，将江南富户和工商业者强行迁至北京。因为北京被少数民族“胡化”四百多年，与江淮文化隔膜已深，由此引发一次全国人口震荡，百万南京人进驻新京城，一时北京城里流行南京官话。不少徽籍官员、士子及商人随之入京定居。《歙县会馆录》记载，仅歙县商人在隆庆中期，聚集京都之下者已经达到成千上万计的程度。

嘉靖三十九年(1560年)，歙县会馆在京城菜市口中街建立，这是最早的徽商组织，初名“崇义堂”，为三进九室宏宇。此属京城首家，比名噪一时的粤东会馆早六年建成。会馆聚集旅京邑人商议行情及其他事宜，供给进京应试徽州士子居食。它的成立，具有里程碑意义，标志着徽商从此冠名。建造会馆的捐款者很多，高官名流许国、汪道昆均名列其中。北京歙县义庄，位于永定门外石榴庄，旧名下马社，创设于明嘉靖四十年，与会馆同时建立。“规制甚宏，厅事高敞，周垣缭之，丛冢殆六七千，累累相次。”①仅歙县一地，客死他乡的流动人口竟然达到六七千人之多，还不包括那些扶柩还乡的灵魂。后经隆庆、万历两朝又不断加以扩建，规模越发宏大。

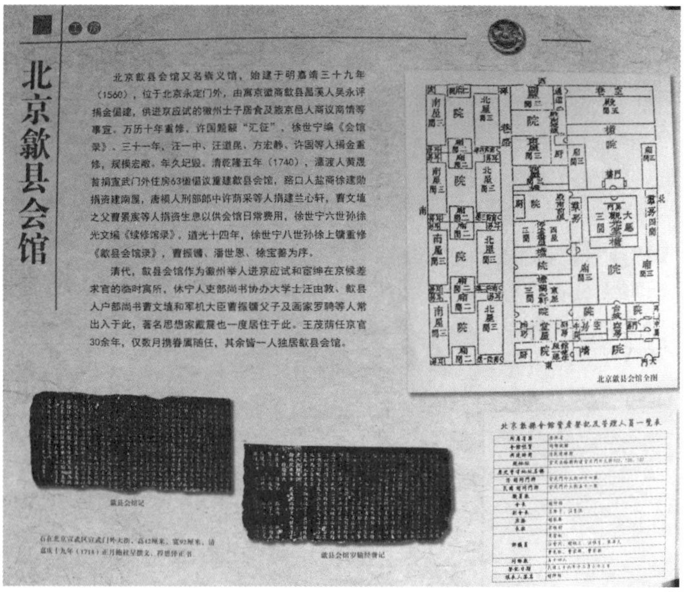

明代北京歙县会馆

会馆兴建、扩建费用的主要来源是在京歙商以及在朝徽州官员的捐赠，其中取于茶商为多。

① 参见[明]李鼎：《李长卿集》卷一九

京城饮茶成风，茶馆林立，茶叶市场十分旺盛。茶商大量捐资，这说明徽州人经营茶叶在京城蔚成风习，茶商人数多，资本雄厚。以后发展到清代乾隆年间，在京仅歙人开设的茶行各字号共166家，银楼6家，徽州人在京从商之盛可想而知。徽州茶商已成“北达燕京，南极广粤”之势。

明末崇祯时，休宁人汪箕官居京城，又开典当行数十，家产数百万。李自成入京，箕自忖家产不保，即奏一疏，乃下江南策，愿为先锋，率兵前进，以效犬马之劳。自成喜，问军师宋献策云：“汪箕可遣否？”宋曰：“此人家赀数百万，典铺数十处，婢妾颇多。今托言领兵前导，是金蝉脱壳之计也。”自成顿悟，发刑官追赃十万，三夹一脑箍，箕不胜刑，命家人取水，饮三碗而死。[②]

“今徽商开当，遍于江北。”其时京师已是“无典不徽”。在全国财赋之区的首都，适应大量富贵人家的需求，从事典当行的徽商因此多不胜计。

除此而外，由于北京周边地区经济欠发达，需要南方粮食、布匹与日用百货通过漕运数千里供养京师，徽商因此在京城经营行业门类繁多，例如歙县谢定五等人在前门外打磨场开设“汪成祥”布店，从南方贩运棉布一次达银三千两，在京转运销往关外辽东。可见其资本充足，这样大的经营规模当时十分惊人。

在京城的强大辐射作用下，沿运河各重镇迁来大量徽商。见识过人的徽商在京城这一带市场处处抢占先机。

山东临清　该地是运河咽喉，位于两河交汇之处，商业异常繁荣，有“繁华压两京，富庶甲齐郡”之誉，在明代是山东全省最大的商业城市，在华北，以至全国也占有重要地位。临清周围逾三十里，而一城之中“绅士、商民近百万口”。弘治二年(1489年)，随着人口猛增，临清升格为州。到了隆庆、万历间，“北起塔湾，南至头闸，绵亘数十里，市肆栉比”。街市延伸到城北三里以外。除官方百万粮仓、粮店以外，民办商铺百店林立。号称“冠带衣履天下，人仰机利而食”。

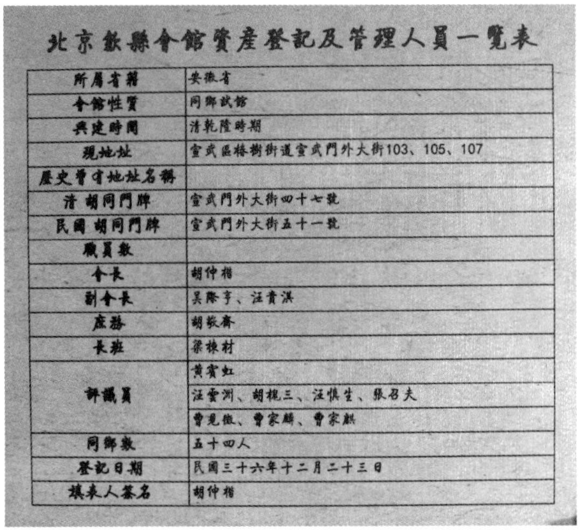

北京歙縣會館資產登記及管理人員一覽表

所屬省籍	安徽省
會館性質	同鄉試館
興建時間	清乾隆時期
現地址	宣武區椿樹街道宣武門外大街103、105、107
歷史曾有地址名稱	
清 胡同門牌	宣武門外大街四十七號
民國 胡同門牌	宣武門外大街五十一號
職員數	
會長	胡仲楷
副會長	吳際亨、汪貴淇
庶務	胡敬齋
長班	梁棣材
評議員	黃賓虹
	汪雲洲、胡槐三、汪慎生、張召夫
	曹見微、曹家驥、曹家麒
同鄉數	五十四人
登記日期	民國三十六年十二月二十三日
填表人簽名	胡仲楷

北京歙县会馆资料

徽商在这里由来已久，人多势众，大部分已经获得商籍，从而占籍临清，子孙就地参加科举考试，世代留居不返。“山东临清

①许承尧：《歙事闲谭》卷十八。

②[清]计六奇：《明季北略》卷二十三《富户汪箕》。

十九徽商占籍。商也籍也。往有一学使苦欲逐之，且有祖父皆领山东乡荐，而子孙不许入试者，尤可笑也。”①

在极盛期，明万历三十年(1602年)，临清城内绸缎店32家，布店73家，杂货店41家，当铺百余家，瓷器店20多家，纸品店24家，茶叶店数家，多数为徽商开设。徽商把江南棉布通过运河大量运到临清作为集散地，或自销，或转手辽东、山西布商。明成化、弘治间，歙县郑富伟兄弟“东游吴松，北寓临清，逾四十年，累资甚巨”，他俩长途贩运棉布、杂货40年，长盛不衰。

清初这里人口尚未恢复到明代一半，“至于临清州两河交会，五方杂处，在城有十万人户，在册止有一万五千六百余丁”。但是商业仍然繁盛，不失其中心地位。“两省典当，旧有百余家，皆徽、浙人为之。后不及其半。”

以后清乾隆三十三年(1768年)，歙县洪琴人汪永椿在临清开设“东南汪济美”酱园，生产酱油、食醋、腐乳，并配制金波玫瑰红酒、状元红老酒、葡萄绿酒，兼并当地有名的“远然斋”酱园，生意兴隆。道光后，济美产品畅销华北乃至全国。民国9年(1920年)，济美豆酱销往日本，20世纪30年代济美甜酱瓜和济美包瓜获南京国际贸易大会嘉奖。济美商标一直沿用到新中国成立后，经久不衰。

临清是徽州方氏的聚集地，宗谱记载，方氏柘田派第五十五代赵童(1362—1414年)“洪武间诏济边储，时甫弱冠，资装赴甘肃易粟输公”②。这是方氏以边商身份开中纳粟业盐最早的一例。边地遥远，初期方氏为边商的尚少。弘治间开中折色，内商兴起，迁徙于扬州、江都、泰州、仪征及山东临清等城市的方氏业盐人数很多。歙县方氏联临派承庆门五十、五十一世的诸多子弟“俱迁临清”；另有新屋门四十五世、慎业门五十世也“迁居临清”。方氏入籍临清参加科举考试成功者仅明代就有2名③。

淮安　府城处南北要冲，黄河、淮河交汇之地，在明中期已形成商业中心城市，历来是淮北盐业的集散中心，其盐岸包括皖、苏、豫三省沿淮河四十二州县，一直是朝廷河、漕、盐关重地，城内有贸易市场多处。城西北关厢之盛，独为一邑冠。西湖嘴为徽州富商聚集区，尤其繁盛。光绪《淮安府志》称：“自府城至西北关厢，由明季迨国朝，为淮北纲盐屯集之地。任鹾商者，皆徽、扬启赀巨户，役使千夫，商贩辐辏；夏秋之交，西南诸省粮艘衔尾入境，皆泊于城西运河，以待盘验牵挽，往来百货山列。”

徽州盐商早就在这里役使千夫，财大气粗。其他行业也是徽商占据主要地位。淮安清江浦为南北孔道，“距二十里即湖嘴，乃淮北盐商聚居之地。再五里为淮城，乃

① [明]谢肇淛《五杂组》卷一四。

②《方氏会宗统谱》卷一四，《柘田派分罗田》。

③《方氏会宗统谱》卷一七，《科第录》。

漕船所必经者”。有徽人汪已山，侨此二百年矣，家富百万，列典肆，俗呼为“汪家大门”。汪家与本地人不通婚姻，“惟与北商程氏互为陈朱而已。程氏有字水南者，以名翰林隐居，有曲江楼、菰蒲一曲获庄诸胜，诗画皆臻绝诣”[①]。徽州汪氏迁居这里开设典当行，明代初期就形成气候，二百年长盛不衰，是名副其实的百万富翁。汪氏与同为徽商的程氏结成姻亲，两大家族联手，财势在淮安一带更加无人可敌。

明代最早的北京歙县会馆碑记

这里依托运河之利，漕运畅通，水陆繁荣，河道与漕运两大总督衙门设立在此，一时高官显宦、巨商富贾、文人名士往来频频，茶楼酒肆相应密布，淮安迎来城市繁盛的机遇。造成万商之渊，繁盛空前。富有无堤，甲于诸镇。当其盛时，夹河二十里，居民十万户。乾隆四十年(1775年)，淮安人口达到54万，俨然大都市的规模。这时“舟车麟集，冠盖喧阗，两河市肆，栉比数十里不绝”。淮安街市繁荣被时人形容为“肩摩毂击，袂帷汗雨，南船北马，九省通衢”。运河上只见漕舟云集，万艘漕船，舳舻蔽水，两岸市井稠密，达到全盛阶段，与扬州、苏州、杭州并列为运河沿线的“东南四都”。

徽州两淮盐商先后迁移入居淮安的有歙县黄、程、汪、吴、曹等望族子弟。之后其他行业的各县徽商陆续迁入，到康熙年间，淮安西北三里河下徽商聚集，许多街巷以徽商店铺字号为名，如王字店巷、仁字店巷、文字店巷、亘字店巷等。从中可见，淮安的繁荣与徽州富商大贾在这里经营密切相关。淮安城里河下地区的园亭有65处，仅徽商程氏所建的园林即占三分之一。歙县岑山程量越是最早来淮安定居的始迁祖，他在两淮盐场打开局面以后，成为“两淮诸商之冠”，程氏家族络绎不绝地沿新安江水路从家乡移居淮扬。程氏后人承祖荫在淮安、扬州很有势力，相继考上进士的有程梦星、程沆、程晋芳，饱学之士程名世、程茂、程志乾等文名享誉天下。其中程梦星

① 徐珂：《清稗类钞•豪侈类》。

弃官后定居扬州，主持东南文坛数十年。

明嘉靖二十年(1541年)，流寓淮安河下竹巷的休宁西门外凤湖街人沈绅高中状元，淮安和休宁两地满城轰动。沈绅父亲在淮安居官，家住河下的竹巷，名声不错，而沈绅也没有少爷和状元派头，一直与平民吴承恩（名著《西游记》作者）交好，两个人还联手组织乡勇抗击倭寇，名震淮扬。不料此举为地方官嫉恨，竟诬陷沈绅“私练乡勇，图谋不轨”，被折磨而死。淮安民众为纪念沈绅，特地在姚家荡修建一座“报功祠”。

道光十年(1830年)盐制改革，在淮北盐场实行票盐制，这对长期把持这里盐运的徽州盐商来说是致命打击。作为淮北盐业集散地的淮安，改纲为票后，不仅盐商不振，街市萧条，连累其他行业诸商皆败，河下地区昔日精致的园亭因此变得“零落殆尽，园亭瓦砾，池沼邱墟。惟麦畦菜圃，疏柳苍葭，点缀荒寒，聊免枯寂而已”。

仪征　又称仪真，南临长江，东有运河沟通扬州，历来就是淮南盐运的重要枢纽。洪武初，明廷将负责盐税征收的淮南批验所设于瓜洲。仪征因此“掣盐渚上，冠盖络绎，商贾繁盛，居民殷阜，第宅蝉联，甲于扬郡”。到嘉靖时更加达至盛极，史称“仪真东南偏邑也，然其地居江淮之会，近接吴楚，远极蜀黔，水浮陆走，贡筐漕艘，货贾鹾商，竹箭木材，麻丝布绮，粳粟器殖所转输，东南际万里，寸产尺供，辐集京师，莫不于是焉达之”。

清前期作为淮南盐运中枢，仪征仍保持明代繁盛，时人形容运河“转运半天下焉，唯仪征绾其口，列樯蔽空，束江而立，望之隐若城郭”。作为盐运码头，人烟稠密，“仪征捆工人等，不下数万余人”，这里盐业人口达25万，包括服务于盐业的各个行业商人。徽商占其中相当大比例，明代徽州方氏子弟以仪征籍参加科举考试中第者即有二人，说明仪征与临清同是外迁方氏的重要聚居住地。此外，歙县江村江氏在仪征业盐很早，大盐商江春祖上即在淮西南圩头寓居，而且在此入籍，江春自己年轻时是仪征诸生。

仪征是扬州属县，两淮盐运司所在地设扬州。两淮盐场规模全国最大，以盐商为支柱的徽商中心地就在扬州。

扬州　扬州府城历来是“自南入北之门户”。早在唐初即呈现出“十里长街市井连”的繁华。官员所经，朝贡所入，盐舟南行，漕粮北上，皆由此过。万历《扬州府志·序》称：“扬，水国也，聚四方之民，新都(徽州)最，关以西(陕西)、山右(山西)次之。”可见万历以前在扬州寓籍的徽州人已经是最多的客民。同书对扬州内商的组成情况介绍说：“内商多徽、歙及山、陕之寓籍淮扬者。”商人数量也同样是徽州居榜首。

流寓淮扬多徽州人，类似记载很多，为人熟知的如《五石脂》称：“徽人在扬州最早，考其时代，当在有明中叶，故扬州之盛，实徽商开之，扬，盖徽商殖民地也。故徽州大姓，如汪、程、江、洪、潘、郑、黄、许诸氏，扬州莫不有之，大略皆因流寓而著籍者也。而徽扬学派，亦因之大通。”但是最早来扬州的歙县呈坎罗灌宗，于明成化年间即在扬州业盐，后在扬建罗氏宗祠，祖孙五代数十人在扬州经营。该书对罗氏却未提及，可见遗漏的徽州大姓还有不少。

从明嘉靖时到清乾隆时移居扬州的大盐商共有八十名，而徽州人就占六十名。在顶尖的富豪十八人中，徽商占十六名，“作为豪商而著称于世，已达到不许他人涉足扬州盐业的地步”，从而控制了淮盐的产运供销。并且徽州盐商还掌握浙盐的巨额引票，一举垄断了长江中下游六省二百五十余州县的食盐销售市场。因此“新安大贾，鱼盐为业，藏镪有至百万者，其他二、三十万，则中贾耳”。

到清代中期，徽州盐商的资本继续膨胀，大贾“以千万计，其次，则以数百万计”。民国《歙县志》称：“两淮八总商，邑人恒占其四。”歙县盐商千万富翁有汪应庚、汪廷璋、汪硕公、张颂贤四人；百万富翁有“程之歆、江春、江昉、鲍志道、鲍淑芳、黄晟、黄履暹、黄履炅、黄履昂、程梦星、吴家龙、吴僖祖、徐景庆以及祁门的马曰琯、马曰璐等二十二人”。这些富商为国捐输不遗余力，备受皇帝嘉奖，多次议叙加顶的总商前后多达数十人。

徽州富豪在扬州的居所都是极尽奢华的园林，如江春继承父亲为两淮盐业总商达四十余年，富可敌国，“以布衣上交天子”，他在扬州共有五处林园，其中的“康山草堂”，曾经在这里两次接待乾隆帝。与其毗邻而居的徐景庆，家有“睛庄”“墨耕学圃”“交翠林”等著名园林，接御驾时，江春借徐家园林为康山退园。黄氏四兄弟建有“易园”“十间花园”“容园”“别圃”，向称“四大元宝”。此外，鲍家建有“西园”，程家“筱园”，郑家“休园”，吴家“片石山房”，祁门“二马”的“个园”等，皆雅冠天下。《扬州画舫录》记录有扬州园林上百处，其中指明为徽州人所建的几乎占到一半。“天下三分明月夜，二分无赖是扬州”，创造巨大财富的徽州移民，在唐代扬州之盛的基础上，又为之添加绚烂光彩。

民国《歙县志》称，在扬州的歙县籍富商，各姓代兴，有“江村之江，丰溪、澄塘之吴，潭渡之黄，岑山之程，稠墅、潜口之汪，傅溪之徐，郑村之郑，棠樾之鲍，上丰之宋，唐模之许，雄村之曹，蓝田之叶”等名门望族，他们先祖世居在扬州都成为著名的姓氏。世代业盐的徽州望族吴氏，寓居扬州者达2000人之多，支脉繁衍，即以所居之村为派。吴氏在扬州“内收宗党，外恤闾巷”。《扬州画舫录》称：“吴氏为徽州望族，分居西溪南、长桥、北岸、岩镇诸村，其寓居扬州者，即以所居之村为派。”保存至今的扬州市中心泰州路上吴氏大院，即是徽州吴氏所建。该建筑群占地面积十二亩余，大小厅堂、楼舍厢房书斋近百间，规模庞大，结构精巧，布局整凑，砖木雕刻精致，更引人瞩目的是宅第内建有读书堂、藏书阁及恢宏宽大的独立藏书院落“测海楼”，充满了浓厚的文化气息，体现出徽州特有的风格。主人吴引孙、吴筠孙兄弟，是迁移扬州的吴氏第五代嫡传，晚清名士。该楼仿宁波“天一阁”藏书楼格式，声名在外，因此吴氏与宁波范氏、上虞“铜剑楼”瞿氏、聊城“海源阁”杨氏，并称中国藏书“四大家”。正如书家评说，吴家祖上致富以后，“在扬则盛馆舍，招宾客，修饰文采”。

徽州第一大姓的汪氏支派，“散衍天下，其由歙侨于扬，业鹾两淮者则尤甚焉。居扬族人，不能岁返故里，以修瀹祀之典，于是建有公祠。凡值春露秋霜之侯，令族姓陈俎豆、荐时食，而又每岁分派族人专司其事。数十年来，人物既盛，而礼文器具未尝稍弛”[①]。迁徙扬州侨寓的汪氏族人众多，虽然年久仍不忘先祖，感念故乡，长期以来按照宗族祖制兴建宗祠定时祭祀。

此外，歙县岑山渡的程慎吾，带领五个儿子：量人、量能、量爽、量衡、量越在扬州业盐，其子孙也大多成为知名盐商，有的坐上总商座椅。程上慎（量人）为淮南盐务总商，其长子之韺，“为商总二十年，康熙十三四年间，军兴旁午，商众捐赀助饷，悉取办于之韺。三藩平，御史郝浴上其事，优叙者三十余人，之韺特赐五品服，为诸商冠”[②]。除此之外，乾隆时方西畴，祖上“侨居广陵（扬州），未能即归故里。乃建宗祠、置祭田于扬，聚族之商于扬者，恪修祀事”。乾嘉间“总司鹾事十余年”的郑鉴元，“先世以盐策自歙迁仪征、迁江宁、迁扬州，皆占籍焉”，反复迁移于仪征、南京，又在扬州宅后修建“亲乐堂”，供“子孙以时奉祭祀”。

明代徽州典商在市场最繁华的扬州已独擅其利：“质库无土著人。土著人为之，即十年不赎，不许易质物。乃令新安诸贾擅其利，坐得子钱，诚不可解。”[③]歙县丰南吴尊德，世代业盐，同时经营祖传典当行，人称“吴老典”，说是他“家有十典，江北之富，未出其右者”。对于典当行业产生的巨额利润分析，明代著名的大学者宋应星有谓：“商之有本者，大抵属秦、晋与徽郡三方之人。万历盛时，资本在广陵者不啻三千万，每年子息可生九百万两，只以百万输帑，而以三百万充无妄费，公私俱足，波及僧道丐佣桥梁楼宇。当余五百万，各商肥家自润，使之不尽，而用之不竭。”[④]百分之三十的高额利润率，足以吸引徽州人前赴后继地前往扬州淘金，大批徽商在扬州长期安营扎寨。

镇江　地处南运河北端，“京口瓜洲一水间”，与扬州隔江相望，历来是中国重要商埠。京口号称“运河第一闸”，运河经京口闸连通长江，遇长江枯水期，江水位低，行船困难。祁门郑璬，“商于瓜渚，见运河为官民要道，遇粮运辄阻商行，涪捐金别

---

①《汪氏谱乘·序》。

② 佶山著：嘉庆《两淮盐法志》卷四十四《人物·才略》。

③[明]万历《扬州府志》·《风俗志》。

④[明]宋应星：《野议·盐政议》。

浚一河，使官运无碍，商不留难，至今赖之”。这种大型水利工程，没有雄厚的资本支持，是绝对无法做到的。来往徽州木商运输木簰过闸更加麻烦，有时要经过五道水闸，逐级提升，方才能够通过。因为运输频繁，闸门经常损坏，婺源木商集体筹资修建。“丹徒江口各有横、越二闸倾坏，后水势横流，船簰往来，迭遭险扼。道光年间，大举会馆。董事请伸筹画筑二闸，并挑唐、孟二河。比工告竣，水波不兴，如涉平地。”[①]这是依靠商帮群体力量通过会馆组织完成的巨型水利工程。说明在镇江一带婺源木商拥有的强大实力。婺源程应鸿少攻举业，后舍儒就商业木，经常运木京口，见到沿途关卡每多勒索，应鸿愤而上书官府，请宪立石除弊，得众木商拥戴。[②]

镇江是朝廷铸币重地，时人称为“银码头”，别号“润州”，因此成为大批垄断典当行业的金融徽商聚集地，《吴氏自徽迁润宗谱》《黄氏自徽迁润宗谱》等记载着这些家族迁徙镇江的世代拼搏奋斗历史。

无锡　大运河横贯穿城而过，这里是国内重要的棉布集散地，虽然无锡当地不产棉花，但是太湖流域周围农村盛产棉花，通过徽商收购，运到无锡供应农民加工成棉纱或者棉布，农户自己置织机纺纱织布，再用产品换回原料加工。这种新型生产关系在明代已经出现。万历时朱国桢在《涌幢小品》中描述家乡情况道：“商贾从旁郡贩棉花，列肆我土。小民以纺织所成，或纺或布，侵晨入市，易棉花以归，仍治而纺织之，明旦复持以易。”

类似记载很多，所谓布有三等，划价交易，“坐贾收之，捆载而贸于淮、扬、高、宝等地，一岁所交易不下数十百万，尝有徽人言：‘汉口为船马头；镇江为银马头；无锡为布马头’”。徽州人能够这样概括这些码头的特点，充分反映在无锡、镇江和汉口这一带的徽商之多，以及形成专业化港口城市过程中徽商所起无可替代的作用。

《迁锡许氏宗谱》记述歙县许氏祖上迁徙无锡的艰苦历程时，写得更加细致生动。许氏世居歙县东门，康熙十八年(1679年)迁移无锡的许如绣，最先来到无锡。如绣原在家乡习儒，因仕途无望，于37岁变卖家产携妻儿到无锡经营布业。

无锡的棉布分为三等规格：一以三丈为匹，称“长头”；一以两丈为匹，称“短头”；这两种布是农民织成后用来换棉花作生产原料的，不卖钱。第三等布，以二丈四尺为匹，称“放长”，这才是用来易米与钱的。有文化基础的许如绣善于计算，他雇了几个伙计，以贱价收购棉花，再去换“长头”“短头”布，这样比一般布店直接收购“放长”要多几分进息。

自幼读书习儒的如绣兢兢业业，不辞辛劳，早起晏息，以善贾手致千金。许家中供奉“团花之神”，岁时祭祀，月月上供，只求神灵保佑发财。然而团花神并没有格

①光绪《婺源县志·人物·义行》。

②光绪《婺源县志·人物·义行》。

外特别眷顾他。如绣操劳过度，在 48 岁时就英年早早离世了。其子右良却不善经营，没几年便把家业败光。右良子烈忠、烈忠子廷元、廷元子云高。许氏这五代人中除了廷元稍有起色，其余都是走巷串户，肩布市售，苦苦挣扎。

传到第六世星湖，许氏才有了转机。星湖年十五弃儒习贾，性勤慎，执业无敢怠玩。年二十娶詹夫人。詹氏祖籍广东饶平县，祖上也以商起家，由粤而闽，复由闽来，至无锡已有数世。星湖与詹氏相商，肩布市卖终无出头之日，不若倾资与亲戚合股开店，或发家有望。岂料亲戚持银搭船去采办布匹，银子为船家所窥，黑夜里被缚于铁锚上，沉于水底。星湖不独资本折尽，还欠下一大堆债。詹氏只得将陪嫁的簪珥衣物典卖一空，这才勉强还清债务。

当时无锡的布匹全靠水路运出，运河里樯帆如云。船只的缆绳皆取给于苎麻，故麻业独盛。星湖有一个姑妈，嫁给了北门开苎麻店的汤家，汤氏夫妇没有子息，见内侄窘困之状，便邀他到店里来帮忙，许家的生计才有了着落。星湖是个明白人，想到祖上如绣从歙县迁来已六代，180 余年，却始终未能立住脚，原因何在？不是没有机遇，不是没有努力，而在没有靠山。

于是星湖夫妇含辛茹苦，省吃俭用，延师课子。许如绣的第七代许珏青云有路，攀得丹桂，当了大官，还被任为出使意大利国的大臣。靠着许珏的权势，许氏在无锡棉布行业中名声大震，不久，在无锡建起了许氏宗祠，岁时祭祀始迁祖许如绣，这才完成修撰歙县东门《迁锡许氏宗谱》的使命。

苏州　万历十年 (1582 年)，意大利人利玛窦称苏州“是这个地区的最重要的城市之一，以它的繁华富饶，以它的人口众多和以使一个城市变得壮丽所需的一切事物而闻名”。为这个商业大都市城市提供服务功能的，主要是徽商。

苏州的米、布、茶、木、丝绸、颜料等行业，都由徽商操纵。早在明初永乐时，歙县王福奴、程实在就在苏州经营木材、粮食，把家乡的木材运出，换回大米归返。正德、嘉靖年间，徽商麇集蜂萃。歙县程澧商游苏、扬、松，北抵幽、蓟，营销布、盐数十年，并带领诸程子弟同起。

徽商控制棉布号，善于经营，据《三异笔谈》中记载：“新安汪氏，设‘益美’字号于吴阊，巧为居奇。密嘱衣工，有以布号机头缴者给银二分。缝人贪得小利，遂群誉布美，用者竞市，计一年销布以百万匹。论匹赢利百文，如派机头多二万两，而增息二十万贯矣。十年富甲诸商，而布更遍行天下，二百年间，滇南、漠北无地不以‘益美’为美也。”①树立品牌，设置商标，巧制广告，这些做法都是当时新鲜事件，属于徽商首创。

苏州棉纺织业发达，“郡城之东，皆习机业”，“大户张机为生，小户趁织为活”，“自

①[清]许元仲：《三异笔谈》卷三。

漂布、染布及看布、行布，一字号常数十家赖以举火，惟富人乃能办此”。棉布字号简称布号，是专门从事棉布的趸售、加工及批发贩运贸易的商家。一般农户所织棉布往往都要经过进一步染踹加工，质量方为上乘。染即染色，踹即踹布。《木棉谱》记载：“有踹布坊，下置磨光石板为承，取五色布卷木轴上，上压大石如凹字形者，重可千斤，一人足踏其两端，往来旋转运之，是布质紧薄而有光。”①经过这样加工处理的布做成衣服，在西北风高日燥之地，不易沾上风沙，运到北方十分畅销。

徽州商人兼工场主的这种资本主义生产关系，使商业资本侵入生产领域，变为产业资本。到清代，苏州有色布字号数十家，大都徽商开设，所产青蓝布行销全国。康熙三十二年(1693年)统计，苏州城里布店81家，其中徽州汪氏、程氏开设的30家，另有朱、金、吴姓等开的数十家。汪家“益美”字号年销售达百万匹，历二百年长盛不衰，其规模可想而知。

在苏州不得不提到潘氏族姓。歙县大阜潘氏因经商定居苏州，形成“富潘”“贵潘”两支。“富潘”入贾而富；“贵潘”入仕而贵，指的就是祖孙军机大臣潘世恩、潘祖荫一门。

《北京歙县会馆观光堂题名榜》记载清代歙县寄籍进士165人，其中寄籍苏州及府属各县23人，约占14%，从入籍参加科举这一个侧面，充分反映迁居苏州的徽州移民聚集程度。

杭州　邻近徽州又有山脉相连的杭州府城，凭借新安江水道直接联通，两地历史渊源最久。唐初杭州建立吴山汪王庙，与徽州当地的歙县乌聊山汪华忠烈庙、休宁乌龙山越国公庙、绩溪桃花岭汪王庙，四座官方认可的庙宇同时祭祀徽州最高的地域神汪华。吴山汪王庙也演变成神庙，在杭州地位与岳王（飞）庙、钱王（镠）祠并峙。雍正《浙江通志》记载：“在吴山大观台之麓，王讳华，唐高祖时以保障有功，封越国称王，使持节歙宣杭睦婺饶六州诸军事，明洪武间封广济惠王。”由于这是汪氏宗族的财产，既是徽州汪氏子孙追念祖先祭祀的祠堂，又是杭州汪氏族人的宗庙。长期以来这里不仅是移居杭州的徽州汪氏族人聚会地，而且是汪氏与社会各界人士交际的公众场所，因此徽州汪氏以杭州为中心，流动迁移于江浙沪各地，他们在血缘关系的基础上，建立起与本地人的婚姻网络，以及地缘、业缘、跨行业缘的网络，多年来重重叠叠、繁繁复复地联结成一张覆盖全国的强大人脉网络，因之而产生的社会影响十分广泛。

明代天启年间，歙县吴宪最早争得了杭州商籍，通过入籍取得秀才功名，在杭州有了一定的社会身份地位，以后并在杭州建立书院，为族人和家乡弟子在杭州定居创

①[清] 褚华纂：《木棉谱》，光绪农学丛书本。

造条件。明清时期，徽州人入籍杭州成风，并且一直保持移民势头至今。比如歙县叶道传，在杭州“创宗祠于虎跑山下，捐资置义产，族党感德”。

旅杭徽商最多，在杭州由来很早，势力甚大。万历《杭州府志》记载“杭州南北二山，风气盘结，实城郭之护龙，百万居民坟墓之所在也。往时徽商无在此图葬者，迩来冒籍占产，巧生盗心。或毁人之护沙，或断人之来脉，致于涉讼，群起助金，恃富凌人，必胜斯已”，“此患在成化时未炽，故志不载。今不为之所，则杭无卜吉之地矣”。可见在明初成化年间以后，徽商在杭州已经人多势众，为了入籍杭州，他们必须在这里拥有坟地田产，因此与当地人屡屡发生矛盾而引起诉讼。

明代设两浙盐运司于此，徽州盐商聚集这里，捷足先登。入清后势力更大，嘉庆《两浙盐法志》记录的35名客地盐商中，徽商即有28名，占决定性地位，体现出地理位置的优势。歙县江才，原本在杭州做小商贩，后改业盐致富；休宁吴良儒，原是典当商，挟千金从上海至杭州业盐，再发展到挟万金到扬州经营淮盐，商业资本在盐业经营中成十倍递增，生意越来越大。休宁月潭朱茂然在万历间迁浙江定海、镇海业盐致富，他带领朱氏族人“往来两浙间，与时俯仰，业骎骎起”。两浙盐场以歙县新馆鲍氏最为显赫，明代鲍雯就在杭州业盐，鲍柏庭“业浙鹾，家颇饶裕”，发展到清代有鲍元贞、鲍立然、鲍润直、鲍易简等多人，均腰缠万贯。乾隆间鲍姓在杭更加兴旺，其中一支分迁绍兴、江山等地。汪姓在杭经营浙盐的商人最多，汪道昆称：“吾家自曾大父以上，率孝悌力田，自大父亢始宗盐策。世大父亦贾北贾，与大父俱相与起瓯括，徙武林，业骎骎起。”[①]另外还有，黟县宏村汪廷俊，“事亲孝，以业盐侨寓钱塘，晓达鹾政，为台使所倚重。慷慨好施，以缓急告者靡不应”[②]。宏村汪方锡，“业浙盐时父老弟幼，经营十年，积巨资，与弟分之，不有私财”[③]。与汪氏世代通家联姻的徽州程氏同在杭州业盐，势力很大，亲缘加地缘加业缘，造就徽州盐商在两浙盐场的垄断地位。

此外，徽州茶、木、典、粮、丝绸等传统行业商人云集这里，钱塘江畔徽商登岸之处，久而久之即称作“徽州塘”。杭州海月桥至南星桥，十里江岸，木行林立。乾隆五十一年成立“徽州木业公所”，会员有各县木商达数百之多。《徽商公所征信录》记载，“乾隆间创自婺源江扬言先生，其子来喜又于江干购置沙地，上至闸口，下至秋涛宫，其计三千六百九十余亩”。徽州木商在杭州开木行数百家，其中仅休宁木商开设的木行就有五六十家，有名气较大的江锦山在闸口的木行、张彦昭的乾记木行、程友恭的三三木行，他们的经营资本都超过数百万两银。

①汪道昆：《太函集》卷三十九，《世叔十一府君传》。

②③嘉靖《黟县志》卷七《尚义》。

最负盛名的张小泉剪刀厂和胡庆余堂药店，是杭州的金字招牌。张小泉，明末黟县人，从小随父学手艺，在家乡打制剪刀为生。以后逃难到杭州，在繁华的大井巷附近搭棚设摊，由于质量过硬，很快声誉鹊起，在杭州站住脚。张小泉的儿子张近高，继承家业并加以发展，清代张小泉剪刀被作为贡品，选入宫廷内使用，因此名声大噪。这个与百姓家家户户日常生活相关的日用品，经历数十代至今久盛不衰。至于晚清胡雪岩创办的“胡慶餘堂國藥店”闻名中外，故事更多。

杭州不仅建有位于鼓楼外十五奎巷的徽州会馆，江干木业公所，还在江干海月桥里街乌龟山脚下临钱塘江建造“新安惟善堂”，建筑群规模宏敞，为上万旅杭徽州人死亡后棺木临时寄厝存放之所。另外，上城柴垛桥建立的“安徽同乡会”也是以徽州人为主，会馆还附设一所安徽中学，民国时校长朱声即是徽籍子弟。

道光《黟县续志》记载，乾隆年间“徽州人以商贾为业，宏村名望族，为贾于浙之杭绍间者尤多，履丝曳缟，冠带袖然，因而遂家焉。至于仕于其地者，一举手摇足，无不视为利薮，所谓利而商也。民之凋瘵举不关其心”。杭州汪氏振绮堂就是其中一支，其先祖明代即迁入杭州。另外杭州附近还有多支黟县宏村汪氏后代，如汪学沅“自七十六世煦公由徽州迁浙省闻堰镇。该镇有汪氏宗族，全镇大多汪姓”。

这些徽州移民在杭州繁衍多代后，由杭州转移迁往附近各地者，典型代表为休宁月潭朱氏，天启年间就有族人在两淮盐场崭露头角，朱茂然在两浙盐场则为时更早，“于万历中有茂然者迁浙之定海，后又迁镇海，清康熙中有明仪者迁浙之桐乡，后又迁平湖，此二支皆祖月潭，而镇海以商著，平湖以宦显，人文蔚然，与本支相辉映”。朱明仪迁桐乡后，以输财仗义录入《桐乡县志》，所生八个儿子，有三个入县志《文苑传》，一子入《孝友传》，成为桐乡县城朱氏著姓。以后其子朱英再迁平湖，朱英孙子朱为弼嘉庆十年中进士，累官至漕运总督，以清操著称记入《清史传》，从杭州迁出的新安朱氏，通过三代辗转迁徙遂成平湖望族。

广州　明代广州就是海外贸易的重要港口，朝廷在广州及宁波泉州设立市舶司。徽商到此尤多，嘉靖三十五年(1556年)，广东海道副使汪柏“乃立客纲、客纪，以广人及徽、泉等商为之”。所谓客纲、客纪，实际上就是牙行组织中牙人的称呼，牙行是独立的商业性团体。而汪柏本人，出生地在江西浮梁县，他祖籍“推本于歙”，与徽州关系密切。从中可知，居家广州的徽商在对外贸易中势力之大。徽州茶叶出口，原来都要“集中江西铅山县河口镇，沿信江转入赣江，再南下大庾岭，以人力担过梅岭关，再由南雄沿北江到广州出口”。水陆转运，尤其是翻越秦始皇时修建的连通赣粤的大庾岭古驿道，非常费时费力，茶叶运到广州城西十三行街，才能与外商贸易。尽管路途艰辛，水陆转运烦难，但利润可观。向有歙人说，到广东去做茶叶生意，赚钱像在河里捡卵石一样容易。婺源人詹万榜业茶广东，后落户南海，中国最早铁路工程师詹天佑即其曾孙。因此徽州人“漂广东”“业茶粤东”“赴粤售茶”的记载很多。

早先在嘉靖十九年（1540 年），歙县海商汪直与乡人叶宗满等就在广州造巨舰，收购硝石、硫黄、生丝及棉布运往暹罗、东南亚各国贸易。嘉靖二十一年（1542 年）首航日本，以中国的湖丝与日本人交易。后来他们逐渐沦为海盗勾结倭寇骚扰、掠夺中国沿海地区。

嘉靖年间，徽商程君经商两广，广泛集资合股，“门下受计出子钱者恒数千人”，“而程君为大贾，其族人无不沾濡者”。组织族众抱团闯市，正是徽商发展壮大成帮的闪光亮点。

向长江两岸扩展　清代长江成为主要航道，徽商在长江沿线活动更加引人瞩目。沿江地区活跃的经济，便利的交通，历来吸引各地商人。徽州虽然群山阻隔于江南一隅，却有三条放射状的水道将它与沿江区域沟通。尤其是婺源、祁门、黟县和绩溪，入清后人口猛增，本土生存空间越发狭促，不得不改变风俗，跟随歙、休两县开辟的商道足迹四方外出谋生。四县均有水路直奔长江，势力大增的徽商依托水运之便，把沿江区域作为经营活动的大本营，由此向全国各地拓展。尤其是运河与长江交汇处，成为徽商密度最高的地方。民谚“无徽不成镇”，深刻体现出人口城镇化的发展规律，精炼地概括出徽州人口流动对沿江区域的市镇发育成长起着至关重要的作用。

南京　从南北朝以来，六朝故都南京一直是中国最大的商业中心城市，人口规模超大，这里与徽州渊源尤为深远。梁武帝在此发出“新安大好山水”的礼赞，金陵怀古也成为历代文人吟咏不绝的诗词歌赋主题。南宋诗人杨万里任江东转运副史时驻南京，曾经写有“金陵江水只咸腥，敢望新安江水清”之诗句，两相较量水质以怀念新安。明初迁都后，实行“两京制”，南京除了没有皇帝，没有内阁，仍然保留一整套中央政府的官僚机构。作为留都，六部、都察院、五府及内廷，一应俱全。其中徽籍官员很多，最著名的如成化时南京兵部尚书程信（休宁人，程敏政父），南京工部尚书洪远（歙县洪坑人），正德时南京户部尚书胡富（绩溪龙川人）等。两京同职官员级别一样，虽权力不如北京，但也决非闲职，所辖南直隶（入清后改为江南省，包括徽州在内）14 个府、州，都是丰腴地乡，提供天下赋税三成以上。所以，南京的经济地位依旧不可动摇。梁武帝时建造的“南朝四百八十寺，多少楼台烟雨中”，从中可以想象城市规模之大，其人口始终保持在百万以上，而南京也成为徽州移民的稠密集聚之地。

江南贡院是全国规模最大的科举考场，明清两代的徽州秀才都要赶赴这里参加“秋闱”乡试。其中发生很多科举故事，如许国曾经六次应考不第，成为愈挫愈勇、百折不挠的读书榜样，为徽州学子输送极大正能量。当然也有少数不肖子弟泄泻负能量，如康熙五十年 (1711 年) 九月二十四日“江南科场案”，即是歙县贡生吴泌，贿银

8000两赂买副主考赵晋等，靠作弊被录取为举人。案发后考官及受贿者分别处以斩、绞、流放谳刑，牵涉面之大，处理之严厉，影响之广泛，史上罕见。

由于路途较远，徽州考生往往提前一年来到南京，先要参加"上江考棚"的预试。因此众多徽州富人在南京买房置业，以便家族子弟大比之年赶考，乡试对秀才来说至关重要，决定一生枯荣。扬州盐商徐景庆、徐景镛兄弟，不但捐江宁巨宇给安徽学使署，[①]他们还投资兴建金陵试院、书院、全婴堂，为应试乡亲提供方便。歙县郑鉴元、鲍勋茂等两淮盐业总商在南京建学堂，购学田，资助贫家弟子。其他一般徽商也都有所建树，如黟县汪世禧置宅于南京，供族亲子弟秋试者住宿。婺源木商程肇基，在南京"为亲朋造寓舍、兴圮田"[②]。婺源李焯春善举累累，"凡里中乡试者，均住其家，旅资不敷，量力资助"[③]。婺源洪立登父子长年在宁经营木业，出资购地增置贡院号舍及提调公馆。

南京是明清时期长江上游木材运往江南各地的最大中转站。"徽多木商，贩自川广，集于江宁之上河，资本非钜万不可，因有移家上河者，服食华侈，仿佛维扬，居然巨室，然皆婺人。"徽州木商不畏艰险远赴江西、湖广、四川开拓木材货源，扩大贩运范围，利用长江水运之便，把上游各地的木材运达南京，上百家木行云集在上新河一带，作为经营贸易中心。其中以婺源人居多，知名的有金大坤、金照、程肇基、俞盛、洪大诗等，都在南京经营木业，是"拥雄资者，高轩结驷，俨然缙绅"。因此而常年居家在上新河，把家乡风俗也带到这里。"徽州灯，皆上新木客所为。岁四月初旬，出天都会三日，必出此灯"，因此引来"合城士庶往观"，成为当时金陵一景。

《金陵琐事剩录》卷三中记载，晚明时南京"当铺总有五百家，福建铺本小，取利三分四分。徽州铺本大，取利一分二分三分，均之有益贫民。人情最不喜福建，亦无可奈何也"。婺源李大祈，"知留都为江南要据，爰居积于市，权子母以便民"；婺源李大鸿原经商龙都，业务不旺，便转移到南京，他说："余尝过江宁，睹江宁为南部重镇，四方会集，贾而不就都会以罄其怀，何徒局促尺寸为哉？"于是"乃罢龙都，而贾江宁"，他的经营地点调整方向后，"未逾十年，而遂足当上贾矣"。

《续金陵琐事》说："万历癸丑年（1613年），新都人开一茶坊于钞库街，此从来未有之事，今开者数处。"明代休宁松萝茶，与苏州虎丘、杭州龙井并称上品茶之三鼎甲，休宁茶艺大师闵汶水在松萝炒青茶的基础上，创制珠兰松萝花茶，号"闵茶"。

---

①安徽建省后，本省诸生仍然要在南京参加乡试,学使署就近设在当涂。见民国《歙县志》卷九《人物•义行》。

②光绪《婺源县志》卷三四。

③光绪《婺源县志》卷三五。

他在秦淮河桃叶渡开设茶坊，大学士董其昌为茶坊题额“云脚间勋”，名扬天下。引得当时名流以结交闵汶水、品“闵茶”为荣。入清后茶庄、茶号和茶栈、茶行更加普及，徽州人在南京经营茶业者愈发增多。

会馆是商人聚会议事的场所，“金陵固东南一大都会也，上下江之商旅凑焉，绅士聚焉。故凡州邑之隶籍于兹省者，莫不建有馆舍，以为会聚之所。所以联乡情而议公事，非虚设也”。南京太平栏杆桥和上新河各有徽州会馆，马府街有歙县会馆（又称新安会馆），钞库街有新歙会馆，还与毗邻相近的宁国府商人在油市街共同合建的安徽会馆。南京处处可见徽州符号，徽商势头在这一带为之首屈一指，无可匹敌。

汉口　作为后起之秀的城市，明代以前这里还是一片荒芜的芦洲，从武昌黄鹤楼放眼望去，只见“晴川历历汉阳树，芳草萋萋鹦鹉洲”。明成化年间由于汉水改道，汉阳与汉口被清晰划分开来，这里形成天然良港，之后渐渐有了固定居民，因此汉口才成为汉阳府辖下小镇。长江沿岸经济发展给汉口繁荣创造了条件，商贾聚集，人口增加，镇内增设居仁、由义、循礼、大智四坊，形成“汉口几万家”，约有5万人口。叶调元《汉口竹枝词》道：“此地从来无土著，九分商贾一分民。”《海关十年报告》也指出“汉口的人口不是纯粹的本地人，由于该港的诱惑，他们来自远近各地，居民成分复杂”。

万历年间，两淮盐商获得世袭经销权，汉口成为淮盐外销的一个最大周转码头，在徽州盐商的作用下，又将汉口变成漕粮储存和转运中心，大批徽州商人涌入经营相关行业。明后期汉口成为长江中上游重要的船码头、新兴商业重镇。号称“九省通衢”，一跃而成全国“四大名镇”之首。从此超越同为“武汉三镇”的武昌省会和汉阳府城，发展速度十分迅猛。其时“驻节有馆，送使有舟，可见其民人之盛。其始行货者肩负，居货者蓬庐。至是连舻縻舰，百货云来，重屋累栋，五金山积，日易数千缗犹未艾”①。并且“不特为楚省咽喉，而云贵、四川、湖南、广西、陕西、河南、江西之货，皆于此转输”②。徽商在“吴楚贸易”中，以吴越所产的盐、布、丝等运销川楚，又利用长江黄金水道把川楚盛产的木、粮、漆等运往吴越，大批徽商“多游于吴越荆楚间”。

《汉口紫阳学院志》刊载，清初居住在汉口一镇的徽州移民已达千人以上。徽商在汉口建有栋宇宏敞的“新安会馆”，当时还准备修建“新安巷”和专用码头，“后遭土人阻之，兴讼六载，破赀巨万，不能成事”。直到雍正十一年（1733年），在当地当官的歙县人许登瀛，“倡首捐输，得一万五千金，置买店房，扩充径影，石镌‘新安街’额，开辟新码头，兼建‘奎星楼’，一度为汉镇巨观”；同时，“更收买附近会馆房屋基地，造屋数十栋，以为同乡往来居止；并设经学、延师儒，以为同乡子弟

①②[清]刘献廷撰：《广阳杂记》，《续修四库全书》第1176册，上海古籍出版社2002版。

旅邸肆业之所”。[①]

徽商在汉口经营盐、粮、茶、棉布、丝绸、徽墨、漆、典当、药材、杂货、酒楼、银楼、珠宝等等，各行各业都有徽商参与。明末歙县叶文机，自江苏溧水迁汉，创办“叶开泰”药材店，批零兼营，经过几代人传承发展成为中国四大国药店之一。

清康熙、乾隆年间，歙商程廷柱弟兄四人继承父业，经营盐业、油业、典当及田庄等，从汉口辐射至玉山、杭州，金华、兰溪、龙游及本乡丰口等处，长兄廷柱任总理，驻留汉口，二弟、三弟坐守杭州、兰溪，四弟则往来江汉间。兄弟合伙生意十分兴隆。

湖广是徽州盐商最活跃的地区，汉口是淮盐行销总岸，两淮盐商在汉口几乎都有同宗作为代理商。有的成为汉口盐商首领，仅乾隆一朝见于记载的就有江承平、江承东、江昉、江禹治、洪淑鉴、吴钟、吴炳、吴美当、吴长庚等多名。乾隆五十一年暴发大水，歙县洪淑鉴时任汉口盐业总商，重金捐恤饥民，被人称作“洪善人”。徽商子弟吴正治、叶名琛，取得功名后青云直上，先后任武英殿和体仁阁大学士，被称为“武汉两相国”。

汉口的休宁人同样很多，曾有休人放言：“天上九头鸟，地上湖北佬，不怕你湖北佬刁，徽州人买断你汉口的腰。”财大气粗，可见一斑。除典当行称盛外，汉口的棉布、杂货业为休宁人垄断。著名的汉正街商业店铺几乎全由休宁人开设，其中“汪玉霞糕饼杂货店”从明末清初至今，历二百多年长盛不衰。休宁北山胡伯英创办的“积厚长”信托代办行，号称“武汉一条街”。汉口后花楼街徽商开设的“朱谦益”“鲍云轩”“四达瑞”茶庄，也都是久负盛名的老字号。

汉口是茶叶销售的集散地，运向中亚、俄罗斯及欧洲的茶叶，沿汉江北溯转运。入清后，绩溪旺川曹耆瑞、曹继发父子在汉口开设“瑞馨泰”茶号五爿，成为武汉三镇的茶叶巨商。光绪八年(1883年)，祁门胡元龙试制成功品质上乘的红茶，运往汉口试销，立即引起众多茶栈青睐。从此“祁红”横空出世，备受世界关注。每年茶季，祁红经水路运达汉口口岸码头时，汉口茶栈闻讯，茶商蜂拥而至夹道欢迎，鞭炮鼓乐震天动地。同时茶栈大开中门仪式隆重迎接祁红，可见其声誉之高。

芜湖　这里原来只是长江边一个蕞尔小县，城池周长仅六里，商店都集中在西门外。元末战乱后当地仅余居民83户，连城墙都没有了。经过明初休养生息，芜湖逐渐恢复成沿江重要港口商埠。时人黄礼写道：“芜湖附河距麓，舟车之多，货殖之富，殆与州郡埒。今城中外，市廛鳞次，百货翔集，文彩、布帛、鱼盐襁至而辐辏，市声若潮，至夕不得休”，“芜湖濒大江，据要冲，受廛而居者鳞攒星聚，舟车之辐，货贝之富，达官贵人之往来，悉倍他邑”。城里“楼台森列，烟火万家”。[②]

①[清]许登瀛纂修：《重修古歙东门许氏宗谱》卷九，乾隆十年（1745）刻本。

②[清]康熙《芜湖县志》。

芜湖地处青弋江入长江汇合口，交通便利，与徽州历来联系密切。徽商受廛而居此人数众多，经营盐、茶、木、粮、布、药、文房四宝和陶瓷杂货等，或列肆于通衢，或营运于作坊。热闹的中长街有“徽州码头”“徽州会馆”，气势恢宏。休宁汪一龙在明代万历时来芜，于“西门外大街创‘正田药店’，字号‘永春’，垂二百余年，凡九世皆同居。慎选药材，虔制丸散，四方争购之，对症取服，应效神速”[①]。他的药材生意做得很大，驰名全国，产品远销海外。“每外藩入贡者，多取道于芜，市药而归。”在芜湖经营木材生意的徽商和临清木商云集，在江边共同堆放木材的场地宽阔，气势非凡，被人们称为“徽临滩”。

阮弼，家居岩镇，自幼习儒，日诵数千言，科场不第，后又从医不利，明嘉靖时具资到芜湖经营浆染业，以高质量产品，开辟全国市场，他在芜湖设立浆染总局，在各省重地商业要津设有浆染分局，业务遍及吴越荆楚、燕豫齐鲁。使得芜湖一举独占全国浆染业中心的地位，全国皆传“浆染尚芜湖”[②]。

棉布质量的好差，不仅取决于织布机，也取决于浆染工艺。而浆染的质量则取决于碾石优劣，优质碾石在浆染时不易发热，浆出来的布缕紧不松。[③]芜湖市郊大、小荆山的石头是制作碾石的最佳材料，但开采困难，价格昂贵。阮弼凭借雄厚的经济实力，购买大量优等碾石用于浆染生产，他所浆染的布帛丝绸和纸张等产品，质量上乘，颜色鲜明，销路尤其顺畅。后来他不断改进技术，染出来各种彩色布帛，并在芜湖立局，招募技术精湛的染匠，“无庸灌输，费省而利滋倍，五方购者益集”。他开设的工场规模可观，还大量雇佣外国人，有“中外佣奴各千指”。而且多种经营，浆染生产兼批发零售布、纸，并在芜湖设米行和当铺。

阮弼是一位大智大勇的侠士，“芜湖故无城，守土者束手无策”。明代中期当小股倭寇长驱直入街区，烧杀抢掠时，负有守土之责的官兵望风逃窜，于是阮弼挺身而出，组织商人刑牲盟誓，冒死坚决抗击。“嘉靖中倭寇芜湖，二尹遇害。弼首倡义勇御之，斩首一级，倭遂惊溃。”原无城墙的教训警醒人们，于是居民共同助金建芜湖城，其中不少徽商捐献。而阮弼独资包工修西门门楼，建成后乃名为“弼赋门”。

他在芜湖购置田地，造屋百栋，家中凿挖池塘养鱼，浇灌菜园种植瓜蔬，日常饮食所需皆自足。家居也敦宗睦族，优礼亲朋。其弟阮佐早夭，遗二幼子，弼抚之如己出，竭力培养，使之富厚。有汪氏族母将积蓄数十缗私下委托阮弼经营取息，后族母亡故，弼携本金归其子。他的族人因此聚集芜湖，其仗义疏财的事迹很多，在芜湖传诵久远

①见康熙《芜湖县志》。

②汪道昆：《太函集》卷三五，《明赐级阮长公传》。

③宋应星：《天工开物》卷上，《乃服第二卷•布衣》。

感人至深。

芜湖冶炼业自古发达，民谚“铁到芜湖自成钢”。富有冶炼传统的徽州人，纷纷云集来此大显身手，明嘉靖末休宁汪以振在芜湖，“大募工治铁冶，指挥百人，斩斩有序，工罔弗效”[①]。募工百人开矿冶炼钢铁，这种规模在当时可谓首屈一指，蔚为大观。

入清后，各种行业徽商在芜湖更多，沿青弋江岸的十里长街几乎都是徽州各县商家。康熙时祁门人洪映衡，在芜湖长街开设“裕隆泰”钱庄，凭借资本雄厚，入股各大商号，安排大批家乡人在各店铺帮工，洪姓族人居多，一时有“红(洪)半边街”之说。直到清末，洪映衡后代洪沛棠、洪善先等，先后在长街开有“永丰裕”“同兴”“同福”等绸布店，知名度很高。民国时洪文彬在芜开设百货公司，为声援“五四运动”，他专营国货，抵制日本商品，深为群众称道。芜湖茶庄数百，大茶号有12家，著名的“广裕”“泰丰裕”“杨德泰”等，皆徽商，资本额都达四五万两。

休宁人吴昂，清初侨居芜湖，见长江西侧有一石矶，因江水涨落而形迹难测，过往商船深以为患。雍正六年（1728年），地方士绅商议于石矶上建造标识，因耗资甚巨而未成。后来吴昂挺身而出，禀报县官独家出资在石矶上垒石为台，建庙竖旗，于雍正八年三月竣工完成，并命名该石矶为“永宁”，从此商旅舟楫无忧，矶上庙宇香火不绝。

1877年第二次鸦片战争后，芜湖辟为对外通商口岸，发展成为中国“四大米市之首”，徽商聚集更多，清末统计，芜湖知名徽商38人，其中一半歙县人，其他五县共占一半。

上海　鸦片战争之后，开启五口通商，地处长江三角洲入海口的上海，资本主义生产方式得到迅速发展，上海一跃成为远东大都会，是中国最大的商业港口城市，长江流域的诸多大中都会，惟上海马首是瞻。“沪邑濒海，五方贸易所聚，宣、歙人尤多。”旅沪徽商人数日增，经营行业随着对外开放，与国外接轨而日趋多元化。

徽商在这个转型过程中，积极应变，抢占上海市场。尤其是属于金融业的典当行，典商组织成立的上海典业公所共有69家典当行，徽人居多占30家，其他典铺也多聘请休宁朝奉，因此各典铺通行休宁土话。以后他们又兼营银典，兑换金银，并转换成钱庄。民国初期，上海每九个钱庄资本家中就有一个徽商。上海典铺还多与衣庄联号经营，所当衣物期满不赎立即交付衣庄标价出售，这种经营方式属徽商首创，为晚清沪上衣庄一景。黟县在“沪有三卿”，关麓汪蟾卿、瑶山郑良卿、姚村余鲁卿，皆以开设布店闻名沪上。民国初统计，仅黟商在上海开的各类店铺计54家。

徽州茶叶此时对外出口贸易也改由上海口岸进行，较去广州运输便利许多，有力地促进徽州茶业产销两旺。整个徽州“自五口既开，则六县之民无不家家蓄艾，户户当垆，

①休宁《汪氏统宗谱》卷一一六，《汪尚权墓志铭》。

赢者既操三倍之价，绌者亦集众腋之裘”。茶叶外销的高利润一度使得很多徽商改行，从其他利润低的行业转向业茶。徽商在上海开设的茶庄一度猛增至千余家，著名的有“汪裕泰”“吴裕泰”“程裕新”“老嘉泰”等。绩溪人程有相于道光十八年（1838 年）在沪创建“程裕新”茶号，历经七代不衰。而“汪裕泰”茶庄就有六个分号，被誉为上海“茶叶大王”。光绪《婺源县志》记载当时的上海著名茶商就有程泰仁、齐彦钱、宋球、金烈光、李汝霖、孙华梁、戴维城、李绪树等人。

徽商经营的其他布匹、瓷器、杂货、文房四宝、酒楼菜馆等行业，很多商号在沪上久负盛名。如南京东路上的“老介福绸缎庄”，炒货布匹业的“成旭号”“祥泰号”，笔墨庄的“曹素功”“胡开文”，酒楼业的“四时新”“八仙楼”“大富贵”等。徽商前后出现了上海“纸边大王”方德宣、“茶叶大王”汪立政、“油漆大王”周宗良、“地皮大王”程霖生、“照相器材大王”詹励吾等商界精英。其中歙县岩寺曹氏开设的“曹素功墨庄”驰名四海，为保证墨品质量，曹家在黄山脚下的潜口设炼烟房，精选黄山松为原料，炼成烟油运往上海制墨。由于选材地道，技艺高超，墨质精良，广受沪上文人墨客和书画名家赞美，创出上海滩金字招牌。

直到民国时，虽然早已衰落的徽商风光不再，仍然余威犹存，《上海春秋》一书中称：“本来独霸上海吃食业的，既不是北方馆子，也不是苏锡馆子，更不是四川馆子，而是徽州馆子。我们且看近百年的笔记或小说，就会明白长江流域市场，包括苏、杭、扬、宁、汉、赣在内，茶叶、漆、典当，都是徽州人天下。”①

在沿岸这些大城市的周围，星罗棋布的小市镇，到处可以看到徽州商号的字幡和徽州朝奉身影，成为“无徽不成镇”的实实在在的佐证。所以，徽州人口因经商而流动迁徙的方向，在空间位置上往往与区域社会经济的变动相关，在时间顺序上，徽商的走势与当时商品经济的发展、江南市镇的兴起是同步的。

文化精英引领的人口迁移形式　徽州人口流动有别于其他地区的主要特征，是由有文化的知识分子在带动引导。与其他地方过剩人口流迁外出情况迥然不同的是，一方面徽州人口流动绝非单零的个人行为，而是大规模的有目的、有组织的群体行动。同时另一方面徽州流动人口中极少目不识丁的无业“流民”“盲流”及乞丐等底层百姓。徽州读书人比例高，文风炽盛，尤其是那些文化精英人士，他们具备广博的知识，旷达的眼光，熟知舆地之学，天下事了然于胸，遵循“读万卷书，行万里路”的修身途径，走出家门并非仅仅追求温饱为目标，他们目光远大，以天下为己任，勇于承担社会职责和历史使命，要在外部世界广阔舞台上展示才华，实现个人理想抱负。他们外出既是谋生存，更是谋发展，以创立新事业，开辟新天地为人生更高目标。

①曹聚仁：《上海春秋》（茶楼），第237页。

士的领军作用　徽州知识分子是被称为“士”的人口群体。作为读书人，经过科举制度的筛分，一方面是官员的后备人才库，他们关心天下事，以天下为己任，在家乡协助官府维持地方社会秩序，调解民事纠纷；一方面又是民众百姓的领头羊，在群众中拥有楷模声望。“士居四民之首，禔躬行与庸众不同。”绅衿言行，足以表率乡里。他们所掌握的文化知识使得他们领悟时代风气的反应敏锐，他们具备的卓越才能使得他们行事成功率很高，“所求无不遂，所欲无不得，易学得计然术，能全操胜算”，因此有文化水准的商人，“获利如操左券”。所以，徽州儒贾或贾儒经商，在外出流动中的倡率作用毋庸置疑。有成功的榜样在前面引领，大批“挟其技能以食力者，莫不趋之若鹜”。

明代中后期，“是时海内平乂久，江淮为京南北中，天下所辐辏，擅赢利其间，号素封者林积”。歙县黄崇德无疑是徽州盐商的智囊代表和领袖人物，他善于把握形势，分析利弊，博览群书，精研法律，第一个坐上两淮盐业总商的位置。歙县《竦塘黄氏宗谱》记载，他早先于成化末经商于山东，“一岁中其息什一之，已而升倍之，为大贾矣”。但他并不因致富而满足，而是“修猗顿业，治鹾淮海，治生之策，一如齐东，乃赀累巨万矣”。两淮盐场的经营规模和利润前景早就吸引了他的目光。家谱这样形容他：

“公生闲雅静默，机神爽悟，风仪秀整，言笑不苟。事当利害如曹操临阵，神开气定。尝谓治生有经，猗顿师于陶朱，陶朱师于计然。若乃贪贾昧昧然罔识贵贱上极下极之原，数致贫困，亦可羞也。

乃公则善治生，不惟任时，且惟择地。淮海为都会之地，鱼盐之饶，于是挟资之淮海……一岁中其息什之一，不数岁致万金，以赀雄于新安淮南间，堂宇田园日增于旧。公复折节为俭，无以富故矜夸。诸贾人饰冠剑、连车骑为富贵容者，见公束修瑟缩汗出，更相师效，如猗顿师陶朱焉。

复倚公为纲，凡盐法有议，心正于公，是是非非，得公一言而决，上官亦莫之夺。书曰‘如网有纲’，非耶？公复率其子弟宗人商于淮南，子弟宗人皆能率公之法而为廉贾。于是竦塘黄氏胥富等千户侯，名重素封矣。”①

在他的带动下，黄氏宗族如网有纲，纲举目张，迅速追随业盐致富，在明代成化、弘治年间出现了一批徽州最先号称“素封”的富豪。

作为领军人物的黄崇德，“博览多通，上至《春秋》《管子》之书，东汉盐铁论，唐宋食货之志，明兴大明会典，讲求周悉。乃监司下询，则条陈利害，言论侃侃。监

①歙县《竦塘黄氏宗谱》卷五，《明故金竺黄公崇德行状》。

司辄可其议，下其法于淮之南北。夫淮海诸贾多三晋关中人，好唾奇画策，见公言论，皆削稿敛衽从公，推公为纲”。他利用明廷盐策开放的时机，作为先行者，不辞艰辛，长途跋涉，历经商海磨炼，终于“以赀雄新安淮海间”，然后跻身于稳当得利的盐业其中，成功后带领族人扩大盐商队伍，把家族经商资本转入盐业，使竦塘黄氏在两淮盐场形成一支与山陕盐商竞争的生力军，独领风骚一时。紧随其后的歙县潭渡黄氏，嘉靖时黄长寿“少业儒，以独子当户，父老去之贾。以儒饬贾事，远近慕悦，不数年赀大起，驻淮扬理盐策，积蓄益浩博。”[①]

由于业盐的高额利润，风险小，对商人吸引力极大，明代开中法实施伊始，在黄氏之后，其他徽州大姓势必不甘落后，随之即有歙县汪氏、吴氏挺进两淮盐业，相递而起，皆有数十万以汰百万者。再后各姓代兴，造就“全国金融几可操纵”的徽州盐商垄断局面。

又如歙县汪玄仪，是汪道昆曾大父，自幼习儒，在家中经济拮据“亡资斧”的窘困情况下，不畏风险，外出经商。“聚三月粮，客燕代，遂起盐策，客东海诸郡中。”随着他业盐成功，汪氏“诸昆弟子姓十余曹，皆受贾”，他们在汪玄仪成功的指挥下，参与盐运，“凡出入必公决策然后行”。汪玄仪致富发家，并且成为盐商祭酒，而汪氏子弟也跟着发财致富，“或者且加公数倍”[②]。

再如歙县程金吾，“父老倦游，夺之儒而命之贾”，被迫弃儒从商后，“君既捆载入河西，赢得过当，遂都河西，主转毂浸起不赀，诸程鱼贯从之，人人起富”[③]。原来在家学儒的程金吾，外出投身商海获得成功后，带动族内子弟鱼贯从之，也都成功致富。

显然，徽州各个家族都有其领军人物，而且他们都是文化积淀深厚的杰出智者。不仅盐业，各行各业都有弃儒从贾的带头人。略举其时，万历年间歙县吴彦先，他有暇辄浏览史书，与客纵谈古今得失，即宿儒自以为不及，因而博得群商拥戴，一切营运必奉其筹划。他既膺众望，更能“权货物之轻重，揣四方之缓急，察天时之消长，而又知人善任，故受指而出贾者利必倍”[④]。他指挥有方，判断准确，这是与他博览群书，知识面广博分不开的。

汪尚信，早年刻意经史，后因科场失意而弃儒从商。“有商于四方者亦奉公筹划，为时良贾，以是家益振。”[⑤]他所具有的文化素养和成功经验，使得四方商人都投奔他，信任他，听从他的运筹谋划，有这样抱团经商的环境，没有不富的道理。

①歙县《潭渡黄氏族谱》卷九《望云翁传》。

②汪道昆：《太函副墨》卷一，《先大父状》。

③汪道昆：《太函集》卷五八《明故南京金吾卫指挥佥事歙程次公墓志铭》。

④吴吉祜：《丰南志》第五册,《明处士彦先吴公行状》。

⑤《汪氏统宗谱》卷三一。

潘汀洲，“家世用陶，公独与时逐，或用盐鹾，或用橦布，或用质剂，用游江淮吴越，务协地宜。邑中宿贾若诸汪、诸吴，悉从公决策受成，皆累巨万”。他早年习儒，从商以后，虽托于贾人而儒学益治。他曾自矜：“吾能事无虑累百，其可市者三：以儒则市甲第，以贾则市素封，以弈则市国手。”[①]他智商超凡，不仅知识渊博，还是弈林高手，有他指导决策经营，获利如探囊取物，家乡的诸汪、诸吴等商贾，必然会跟随着他游走江淮吴越，去业盐、业布、业典。

休宁程季公，“东出吴会，尽松江遵海走淮扬；北抵幽蓟，则以万货之情可得观矣”。在掌握南北东西各地市场行情的前提下，他以旷达眼光“坐而策之”，指挥族人同时进行多头的贩运贸易，“东吴饶木棉，则用布；淮扬在天下之中，则用盐策；吾郡瘠薄，则用子钱。诸程聚族而从公，惟公所决策”。如此行之十年，“诸程并以不赀起，而公加故业数倍，甲长原”[②]。这类事例各姓宗谱里太多，无须再举。

明代景泰、弘治年间，徽商许孟洁在“淮泗通津”的重镇正阳关经营二十余年，事业渐入佳境，许氏族人纷纷前去投靠，许“尤睦于亲旧，亲旧每因之起家”，人多势众的许氏，渐渐形成垄断市面的态势；“故正阳之市，因公而益盛”；许孟洁客死正阳时，“挽者近三千人，观者万人皆叹息，以为商而感人如此，虽达官贵人未之有也”。[③]不光是歙县有这样一大批英才俊彦，徽州其他各县都有杰出之士，以“素封”驰名。休宁西门“凤湖汪氏，世以诗礼传家，文人高士，抱节明经，代不乏人。有以计然致富者，有以盐筴起家者，连檐比屋，皆称‘素封’”。其中汪福先是佼佼者，他带领宗族子弟“贾盐于江淮间，船至千艘，率子弟贸易往来，如履平地。择人任时，恒得上算，用是资至巨万”。千艘货船的庞大舰队，所用之人成千上万，规模之大，可想而知。还有休宁汪叔义，族人俱称其为儒士，经商“握奇赢，拮据不遑，发无不中，动无不获，计然之术，孰有过此者”。休宁孙从理在浙江吴兴业典，“什一取赢，矜取予必有道，以质及门者踵相及，趋之也如从流。慎择掌计若干曹，分部而治”。他带领众人逐步扩大业务，“岁会则析数岁之赢增置一部，迭更数岁，又复迭增”。每隔几年将典当利润集中起来又投资增加一典，不断重复采用此法递增，把典当行扩张开遍江浙。[④]休宁程锁“结举贤豪者得十人，俱人持三百缗为合从，贾吴兴新市”。明末休宁吴天衢，“以信义交易，运筹数载，贾业大振，遂称‘素封’”[⑤]。

婺源洪辑五，“幼习举子业”，以后“弃而就商，其为人也，轻货财，重然诺，

①汪道昆：《太函集》卷三四，《潘汀洲传》。

②汪道昆：《太函集》卷五二，《明故威将军新安卫指挥佥事衡山程季公墓志铭》。

③歙县《许氏统宗谱•处士孟洁公行状》。

④《太函集》卷五二《南石孙处士墓志铭》。

⑤《休宁名族志》卷一。

义所当为，毅然为之，不挠于俗论，有古君子风。故人咸敬爱之，推为群商领袖”。[①] 正是因为徽商有这样高文化层次的中坚力量作为经商领军者，所以在两淮盐场迅速崛起，投靠而来的族人、乡党、姻亲越来越多，后来的跟随者又逐渐居上，成为新一代的引领者。跟随者与引领者的角色变换，反复带动使这个雪球越滚越大。到晚明时，原来称雄的晋商，在徽商的发展壮大过程中每况愈下，世人究其原因，都认为是地理因素所致，在盐业政策频繁改变的状况下，边商竞争不过内商。但这只是个表面现象，根本原因在于，晋商不重视读书，在文化素质上不如徽商。

清人刘于义曾在一份奏折中写道：“山右积习，重利之念甚于重名，子弟俊秀者多入贸易一途，至中材以下，方使之读书应试。”雍正帝阅后批谕：“山右大约商贾居首，其次者犹肯力农，再次者入营伍，再下者方令读书。”[②]

山西人上才从贾，庸才业儒，其结果必然是从贾者缺乏文化知识，因而对他们的商业经营带来不利影响。如此晋商与贾儒结合的徽商相竞争，自然会此消彼长。因此万历《歙志》云：“今之所谓大贾者，莫有甚于我邑。虽秦、晋来贾淮扬者，亦苦朋比而无多。”在当时中国十大商帮中，徽商显然具备文化优势，因而使得朋比众多，在激烈竞争中胜出。

所以，徽商的不断壮大是文化精英引领的必然结果。而徽州人口在这样的经商洪流中不断扩散向全国各地。

书籍的指导作用　徽州文化人善于从自身实践中总结经验，提升到理论层面，编写各类教科书指导平民外出流动，利用书籍传播商业地理知识，普及经商的技能技巧，拓宽视野，扩展境界。图书蕴含的丰富内容于百姓产生的导向影响更广、更深，作用更大。在徽州人口大量外出流动，从商人员激增，以至本地农业社会向商业社会转型的过程中，书籍对几代徽州商人的引领教育作用无疑是居功至伟。

侨居江苏的休宁书商黄汴，明隆庆四年（1570年）编著《天下水陆路程》一书，根据各种程图和路引，详细记载了北京和南京到十三布政司的水陆路程、两京和十三布政司到所属府州的路程；北京至东北、西北和北方沿边一带的主要路程；部分州府和全国重要城镇之间的路程。全书8卷共记载路程143条。值得提出的，此书专门记载了以徽州（含各县）为起讫点的路线14条，即：祁门县至湖口县水路；休宁县至杭州府水路；休宁县由几村至扬州水路；徽州府至婺源县路；徽州府至崇安县路；徽州府至湖广城路；黟县至南京路；苏州由广德州至徽州府水陆路；杭州府至休宁县齐云山路；仪征县由宁国府至徽州府水陆路；弋阳县至休宁县路；芜湖县至徽州府路；饶

① 《太函集》卷九一，《明处士休宁程长公墓表》。黄山书社2004年版。

② 《雍正朱批谕旨》四七。

州府至婺源县水陆路；饶州府由景德镇至休宁县水陆路。

黄汴是休宁人，上述路程以休宁为起终点的占多条就可以看出来。他自述“余家徽郡”，“汴弱冠，随父兄自洪都至长沙，览洞庭之胜，泛大江，溯淮扬，薄戾燕都。是年河水彻底，及就陆引，自兖至徐。归心迫切，前路渺茫，苦于询问，乃惕然兴感，恐天下之人如余之厄于歧路者多也。后侨居吴会，与二京十三省暨边方商贾贸易，得程图数家。于是穷其闻见，考其异同，反复校勘，积二十七年始成帙，分为八卷”。[①] 该书卷一、卷二详细记载了北京和南京到十三布政司的水陆路程；卷三分别记载了两京和十三布政司到所属府州的路程；卷四记载了北京至东北、西北和北方沿边一带的主要路程；卷五至卷八记载了若干州府和重要城镇之间的路程。

黄汴花了 27 年时间，留心收集各种程图和路引编辑成书，极为不易，显示出他对家乡子弟的关心。书中内容对于初次出门闯荡的徽商子弟非常具有指导价值，如祁门至湖口水路：“祁门县，一百十里倒湖，一百三十里浮梁县，三十里景德镇，八十里狮子山，九十里饶州府。”另加注：“饶州至江西，水少，亦由饶河口，五十里至康郎山而去；大水由鸡林、蛇尾、袁岸而出。湖中风、盗宜防。饶州牙行用筐子船接客，好恶难分，切不可上。”然而“饶州至祁门，自景德镇之上，是处可宿，无风、盗之忧。”再如“饶州府至婺源县水陆两路。自饶河经乐平县走乐安河至婺源县，还可至古坑、汪口，船止于此。若再往休宁等地，则惟有陆路。”并且加以指点，“水远路近耳，无风、盗之防。”

另外还有憺漪子辑《天下路程图引》一书也是出自徽州人之手，此书记载全国交通路线 100 条，其中专门记载了以徽州为起讫点的路线 15 条，即：徽州府由徐州至北京陆路；徽州府由严州至杭州水路；徽州府由景德镇至武当山路；徽州府由金华至温州府路；徽州府由开化县至常山陆路；徽州府由青阳县至池州府陆路；徽州府由玉山县至崇安县陆路；徽州府由常山县至建宁府路；苏州由泗安至徽州府陆路；丹阳县由梅渚至徽州府陆路；南京由芜湖至徽州府陆路；芜湖由太平县至徽州府路；饶州由乐平县至徽州府路；湖广由安庆至徽州府陆路；仪征县由宁国府至徽州府水陆路。

以上两部书记载了近 30 条以徽州府及下属县为起讫点的水陆路线，值得注意的是，其中以边运省份和边疆地区为终点的路程竟多达 18 条，可见远赴“山陬海埂，孤村僻壤”这些地方经商的徽商人数不会少。书中所记至少还可以说明两个问题：

一则说明这些路线都是众多徽商来往经常所走的道路，足以反映出徽商在全国各地活动的范围之广大；

①[明]黄汴：《天下水陆路程》卷七、卷八，杨正泰校注：《天下水陆路程•天下路程图引•客商一览醒迷》，山西人民出版社1992年版。

二则说明徽商走出深山不是循着一条路线，而是呈四散辐射状的多条线路向四面八方行去。既有水路，也有陆路。

这两部书里记载的 243 条路线以及涉及的无数的城镇，应该都是徽商曾经驻足或是活跃的地方。而且是作者亲身或是他的同伴到过之处。书中不仅记述全国各地沿线交通要道和里程、途中安全状况，还附有各地土特产名称，实用价值很高。行商一书在手，便可合理安排货运路程，以最低的成本去赚取最高的利润，并尽可能避免盲目行货造成的不必要的损失。

明天启六年（1626 年）刊行的《士商类要》，作者程春宇是个自幼外出、奔波四方的徽商，他在自序中云："早失所天，甫成童而服贾，车尘马迹，几遍中原。"

程春宇从小服贾，一生在中原大地流动经商，经历异常丰富。作者在该书中总结各地徽商的经商经验，对于在经商过程中遇到的复杂变化给出应对建议，对南北各地时令节气差异和物价高低涨落动态予以纪录，涉及商品存放、待客态度等方面也都提出妥善处理的原则。

在众多的商业书籍中，最著名的教材是数学家程大位写的教科书。

程大位通过自己多年往来江浙鄂赣的经商实践，"参会诸家，又具独见"，写成名作《算法统宗》，"风行宇内"，从此中国发明的算盘真正得到前所未有的大普及，凡是学习计算的人，"莫不家藏一编"，影响之大，在中国数学史上是罕有的。他在书中自述，在原有算术基础知识上，为了提高水平，走出家门，"弱冠商游吴楚，遍访明师"，在外面广大世界博采众长，潜心研究，从而能够集珠算之大成。书中收集的 595 道应用题，很多例题，大都来自民间生活，记载徽州家乡特产商品很多，是从现实需要出发而列举在册的。

例题一："假如今有元、亨、利、贞四人合本经营，元出本银二十两，亨出本银三十两，利出本银四十，贞出本银五十，共一百四十两。至年终共得利七十两，问各该利若干？"

例题二："假如今有赵钱孙李四人同商，前后付出本，赵一于甲子年正月初九日付出本银三十两，钱二于乙丑年四月十五日付出本银五十两，孙三于丙寅年八月十八日付出本银七十两，李四于丁卯年付出本银九十两，四人共本银二百四十两，至戊辰年终，共获利银一百二十两，问各该得利银若干？"

这些例题的正确解答，就是对商业基本技能的训练。达到经商时能持筹握算，较量锱铢的要求。同时反映出徽州人在经商过程中合资共营、出外抱团成帮的的重要性。

此外，徽商自编自刻的其他商用书籍还有很多种，谢国桢《明清笔记谈丛》一书介绍的三种商业用书，其中两种可以确定是徽商所编：《五刻徽郡释义经书士民便用通考杂字》《新刻增订释义经书世事通考杂字》。另有，吴中孚自序的《商贾要览》、吴日法编《商贾便览》等，这些商业用书从天文、地理、全国通商里程和道路、风俗、语言、物产、异国土产、算法、书信契约，以至防骗、商德等无所不包，既具实用性，又具科学性。通过这样实用技能的教育，对徽商达到专业精通，在激烈的竞争中胜人一筹，起了重要作用。

清末同治年间，休宁县一位名不见经传、侨寓浙江塘栖镇的小商人汪玉衡，春分时节从杭州登船，溯水而上，回归故里，途中辑录《路程编歌》，生动具体地描述了沿途过滩抵铺、歇息住店的情景，通俗有趣，商人的心态和生活习性与两岸美景交融相映，跃然诗中，难得一见。

作者小序云："甲戌之春既望，玉衡自浙旋里，由杭登舟徽上于途，节属春分，喜值春和日暖，到处春明景媚，时闻鸟语花香，回望青山苍翠欲滴，一溪绿水幽隐东流。坐卧舟中，纤帆而上，豁眸瞻眺，一派春融景丽，快目怡然，舟次徘徊，信可乐也，因辑路程编歌以记之。"

整篇《路程编歌》有370多句，为手写稿本，据汪顺生《溪口——新安江源第一埠》书中记述，由杭州逆流而上，滩多流急，船只行进速度很慢，沿途经过的每一个城镇和村庄，景致特色，诗句记录得非常详尽。从上述诗篇中可知，汪玉衡此行上溯到屯溪就足足花了八天时间。因为这条黄金水道是徽商外出最重要的途径，是徽州的经济命脉，途经之处的诸多地点与徽州千百年来有千丝万缕的联系，诗文所记载的情景非常具有考察价值。

德清县塘栖镇距离杭州不远，有京杭大运河穿过，自古就是杭州水上门户，临河两岸市肆萃集，商业繁荣，人烟稠密，为苏、沪、嘉、湖水陆要津。《塘栖风土志》云，塘栖"镇去武林关四十五里，长河之水一环汇焉。东至崇德五十四里，俱一水直达。而镇居其中，官舫运艘商旅之舶，日夜联络不绝，然巨镇也。财货聚集，徽、杭大贾，视为利之渊薮，开典顿米，贸丝开车者，骈臻辐辏"。该处以及周边地区，如杭州、崇德等水网地带，早就是徽商鳞集的重要据点，象汪玉衡这样客居镇上的中、小商人有很多，还有不少典当巨商大贾，富绅名媛，长期居住这里，世代绵延不绝。明初成化、弘治年间，徽商在江浙开设粮行、丝绸作坊，作为富豪工场业主，雇工缫丝，孕育出国内原始资本主义形态，他们的子孙后代在外乡异地不断演绎出"无徽不成镇"的商业神话。

刻印图书产业促进作用　徽州知识分子在人口流动过程中的引导带动作用，还突出地表现在刻印图书等文化事业高度发展上。

明代商业经济的迅速发展，带动文化之窗——图书事业的空前活跃。尤其是徽商崛起，经营活动对图书的需求以及刻印图书的巨额利润，使徽州刻书与印书的商业化程度达到高峰。徽州刻印图书事业萌芽于南宋，繁盛于明清。其发展过程，与人口向境外流动相呼应。明代徽州府一跃而居全国刻印书中心的至尊地位，并保持繁荣到清代，始终作为全国四大刻印书中心之一，充分显示出文风之昌盛。任何地区的自然资源总是有限的，唯有文化能够生生不息，徽州灿烂的文化发挥出无限的功能。

造纸和印刷技术的发明，起到中华文化传承发展的重要作用。印刷行业的发展所必须具备纸张、笔墨等，都是徽州的重要特产。中国原无油墨，主要使用烟墨，直到清代，社会上仍然盛行木板雕刻印刷。宋代雕版良工大多荟萃杭州，浙江绍兴、建阳等地印刷业都很兴盛，所印出精致的宋版书深受人们珍视。徽州受到邻近地区辐射濡染，在物质条件充足的基础上，加上“人多善贾，工多妙手”，早在唐代就有《歙州图经》和《歙县图经》刊本，北宋时有新安刻本传世，如官刻《祥符（歙州）图经》与《黄山图经》等，但是当时经营出版业要得到政府批准，私刻和未经批准的坊刻禁止营业。

南宋时期刻印书则全面开放，嘉熙三年(1239年)祝穆出版《方舆胜览》，淳祐十一年(1251年)王佖编的《朱子语录》都刊印于徽州。朱熹的《诗集传》，魏了翁的《仪礼要义》也有南宋的徽版。身在福建的朱熹自己刻书出售，由他带领儿子和学生亲自动手，销路畅顺。并且朱熹在刻书实践过程中对原来的木刻立体地图加以改进，亲手创制出胶泥做成的立体地图，比木刻的简便和优越。宋代徽州私人刻书最出名的当推黟县碧山人汪纲，他的曾祖父汪勃，任过宰相，因此迁家占籍钱塘，他曾被纪晓岚的《天禄琳琅书目 · 茶宴诗》列为宋代七大刻书家之一，为挽救珍贵文化作品做出不可磨灭的突出贡献。

明清时，两京是全国雕版印刷中心，文脉深厚、资本雄厚的徽州书商和身怀绝技的徽州刻工蜂拥而至，聚集客寓，与全国各地高手交流，对当时印刷技术提高起到很重要的作用。在商品经济的强力拉动下，明代隆庆、万历朝以后，全国图书市场空前发达，不但官刻、家刻兴盛，而且坊刻骤起。在这个大背景下，宿儒硕学辈出，带来徽州坊肆刻印骤兴，发展迅猛，“家能著书，人知挟册”，读书、藏书、著书蔚为风气，逐渐发展壮大成为全国坊刻市场的一支主力军。通过人口流动开辟的“大徽州”地域向外惊人扩张，刻印工艺技术与江浙一带的传统坊刻相互渗透，内外交融，徽州刻书很快取得同行业领先地位。徽州府本地坊刻印刷行业空前繁荣，也成为境外刻印产业的后方基地，内外开花，齐头并进，互动发展，异彩纷呈。

嘉靖《徽州府志》称，歙县“刻铺比比皆是，时人有刻，必求歙工”。善贾的徽人，妙手的工匠，强强叠加在一起，天时地利人和。因此中明以后，发展更快，质量提高，“歙刻骤精，遂与苏常争价”，“剞劂之精者，不下宋版”。徽州府本地众多的刻铺坊刻图书主要有吴、程、汪、黄四大姓经营，随着人口流动同时他们还大量向外扩张发展，凭借充裕资金和精致图书质量，内外互动，协同齐进，与苏州、常州、杭州等地书商在全国市场展开激烈竞争。

吴氏刻书著名的有吴勉学“师古斋”，吴琯的“西爽堂”，吴元维的“树滋堂”，吴元满、吴昆的“亮明斋”，吴馝的“石香馆”，吴养春的“泊如斋”，吴继仕、吴怀保的“熙春堂”，等等。尤其突出的是吴勉学，计刻有《古今医统正脉全书》44种、204卷；《河间大书》8种、24卷。还有《礼记集说》《资治通鉴》《宋元资治通鉴》《两汉书》《性理大全》《二十子》《近思录》《世说新语》《文选》《唐诗正声》《花间集》等。以明代的纸价和低廉工资，他刻书就花费十万银之钜，“尝校刻经史子集数百种”。他家世代经商，本人又儒又贾，自编自刻，自印自销，是徽州书商的突出代表人物，影响广泛。

程氏刻书主要有程仁荣、程百二、程应衢、程一枝、程大位、程好之和程概之兄弟、程大约、程大宪、程嘉祥、程一础等人的家刻。平民布衣程百二与岩寺制墨名家程君房为同族伯仲，通过外出经商与著名学者焦竑、胡应麟以及意大利人利玛窦素有交谊往来。万历三十八年（1610年），他总编并刻印《方舆胜览》18卷，另附《外夷》6卷，特别是刊载利玛窦的《世界舆地全图》，为引入西洋地图之先。“是书在明季地学书中，开等之先声”，“所以较它书为可贵也”。

汪氏刻书主要有寓居南京的休宁汪廷讷的“环翠堂”、汪济川的“主一斋”，汪以成的“经义斋”，汪应魁的“贻经堂”，汪应鼎的“流翠山房”等。汪济川于嘉靖二十四年(1545年)刻《伤寒论注》10卷、《明理论》3卷、《论方》1卷。汪应魁于天启七年(1627年)刻《远西奇器图录最》2卷，此书为我国最早中英文合著的图书，十分珍贵，影响深远。汪应魁还刻有《周易传义》24卷、《春秋四传》38卷等。汪应鼎辑刻《流翠山房辑选八大家论文要诀》8卷。

黄氏刻书，早期主要有成弘年间的黄文敬、黄文汉；万历后主要有黄之寀、黄正位的“尊生馆”，黄尚文、黄嘉育、黄嘉惠、黄晟、黄正达等人。黄尚文刻自编《女范编》3卷；黄之寀刻《六子书》21卷；黄嘉育刻《刘向古列女传》7卷、《续列女传》1卷；崇祯年间，黄嘉惠刻《史记》130卷、《董解元西厢记》2卷、《东坡小词》2卷、《东坡题跋》4卷、《东坡尺牍》2卷。另外如黄正达刻《新刊徽郡原版校正绘图释魁字登云注故事》4卷；黄正选刻《新刊徽郡原版校正绘图释魁字登云注日记》4卷；黄裔我的“存诚堂”刻《新刻魏仲雪先生批评投笔记》2卷、《鼎镌吴宁野选四民切要时制尺牍芳归》4卷等。黄汝清刻《堪舆论气正诀》2卷，黄德时“还雅斋”刻《新编女贞观重会玉簪记》2卷、《“宝古堂”重修宣和博古图录》30卷等，在全国各地图书市场占有重要地位。

除此四大姓之外，徽州其他坊刻还有，周氏所刻《天梯故事》、徐氏所刻马致远著《半夜雷轰荐福碑》，休宁海阳风逸道人根据张羽刻本重新刻印的古本《西厢记》等小说故事，在全国都有极其广泛的影响。特别值得一提的是民间通行的一百二十四回本《水浒全传》，最早的刻本就是出自明代徽州，并通过商业渠道很快流传全国各地。这些文艺作品迎合市民消闲需求，发展潜力无限。

明代印刷术的一大突破就是套版印刷，这是徽州印人的特出重大贡献。明万历三十至三十五年（1602—1607年），歙县程渭等人用朱墨套色印刷的《闺范》10集16卷，其墨版即是程启龙绘制、黄应瑞刻的《女范编》原版，而有批语和圈点的朱版则是新刻的。另有万历三十三年（1605年）的程氏《墨苑》、万历三十四年（1606年）黄一明刻的《风流绝唱图》，都是套版印刷的。套版印刷技术在徽州发明以后，由徽州刻印技工带到湖州，吴兴的凌、闵二家因此出版了大量的套版印刷书籍，迅速风行全国。并且由胡正言传到南京，把套版印刷法推向一个新的阶段。

徽州这些分布全国的刻坊雇用大批优秀刻工，其中以歙县虬川黄氏家族最负名望。元代木版画刻工黄叔安，与吴俊甫合刻《全相平话五种》。在明正统元年（1436年）到道光十二年（1832年）的近400年间，黄氏刻工有名可考者达三四百人，另有不包括在内的相当数量女工，现已发现刻书270余部，这还远不是黄氏历代刻工的全部成果。黄氏刻工的作品，充分利用传统的砖、木、石、竹四雕和徽墨、歙砚的雕刻技艺，精益求精地钻研刻印技术，把中国水印版画艺术推向更高层次，使书籍插图逐步发展为中国版画艺术中的主要内容。他们刀法隽永流畅，线条清晰，即使摹刻画家的原稿亦极其逼肖，在中国版画史上具有极高地位，深受时人欢迎，是当时杭州刻印市场的骨干力量。

至于仇氏刻工，则四处流动频繁。中明以前歙县虬川仇姓人氏从事刻书业的很多，从流传下来的所刻书籍中，有名可考者20多人，而且同居一村的仇氏和黄氏两姓，曾合作同刻过不少书籍。但晚明时仇氏刻工渐少，原居地村民转移迁居外地，不知所向。虬川原名仇村，即是仇姓居民为主，以后黄姓占多，还有张氏、项氏也出刻工高手，众姓集居，于是改村名用谐音替换。

另外汪氏刻工人数也很多，著名的有汪忠信、汪士珩、汪文佐、汪成甫、汪楷、汪文宦、汪应鹏、汪跃龙、汪栋等等。

其他姓氏的知名徽州刻工还有不少，他们将徽派刻书风格发扬光大带到各地，与其他地区的刻书风格相互影响、相互交融、相互提高。并且带动旌德、泾县、宣城、宁国等地刻工参与其中，毗邻的宁国府刻工镌刻风格就类似徽州。徽州刻印书对安庆、池州等地影响也很深，这些周边地区刻印书籍的发展，都体现出徽州作为全国刻印书事业的中心地位，凸显徽州雕刻能工名手的影响带动作用。

明代徽州刻印技术达到极高水准，首先是活字印刷技艺有了突破性提升。2005年11月屯溪发现一件集版画、活字于一体的明代印刷品，残页尺寸46 ×28厘米，其中版画尺寸20×12厘米，使用了单个活字、长句活字条、版画雕版等多种不同规格的活板，这是目前国内所能见到年代最早的，将版画与活字混合拼版的图文共版活字印刷品。这是活字印刷工艺发展进程中最具有创新意义的一次飞跃，标志着传统活字印刷跳出了纯粹“字”的框框，把“活字”的概念扩展到了版画艺术、美术纹饰、书法艺术、印章篆刻等所有艺术形式，极大地丰富了活字印刷的内涵。[①]其次，把套版印刷与版画艺术结合起来，形成彩色版画印刷术，为中国雕版印刷术放出极其辉煌绚烂的光彩。尤其是在南京开设“十竹斋”的胡正言创制了饾版、拱花印刷术，刻印了《十竹斋画谱》《十竹斋笺谱》，使中国印刷术别开生面，把雕版套版印刷彩图的艺术推向历史上的顶峰。

再者，书籍装帧精美。徽州刻书不仅数量多、部头大，而且刻印的书籍大都图文并茂，无论从字体、版框设计，还是图文装饰，堪称精良华美。由于刻印工匠有的具有较高文化水平，甚至能诗文，善书画。他们兼与书画家通力合作，从而能够使书籍装帧技艺达到极致。如歙县著名刻工黄应组与画家汪耕合作的《人镜阳秋》《坐隐图》，刻工黄建中与画家陈洪绶合作的《博古叶子》《九歌图》，刻工黄应瑞与画家黄应澄合作的《状元图》，胡正言的《十竹斋画谱》《十竹斋笺谱》等，均装帧精美，为世人所珍。

在境内本土印刷业高度发达的基础上，侨寓南京、杭州、苏州等其他重要刻印书中心城市的徽州书商大显身手，如明末在南京的汪云鹏“玩虎轩”、郑思鸣的“奎璧斋”、汪廷讷的“环翠堂”、胡正言的“十竹斋”等。这些书坊所刻图书绝大部分为戏曲、小说、时文、笔记之类，与那些经史子集相比而言，投资小、读者多、销售快、盈利大。他们为了吸引读者，注重书籍装帧的美观，凡书必配插图。

如寓居南京的休宁人汪廷讷，创“环翠堂”刊刻戏曲图书《义烈记》《彩舟记》《狮吼记》《西厢记》等，重金聘请画家汪耕、钱贡为之作画，延请徽州名刻工为其镌刻。书中插图多采用双面连式，富丽堂皇，纤细入微；图版空白处，往往以细密的图案花纹相补充。“环翠堂”的刻书特色，得到了读者的广泛欢迎，从而推动了南京刻书版画由粗放向细腻精致的转变。

同是客居南京的休宁人胡正言的“十竹斋”，聘请十多名刻工，研制出餖版、拱花等印刷技艺，采用五色套印出《十竹斋画谱》和《十竹斋笺谱》，达到画、刻、印三绝，书中花卉羽虫，色彩逼真，神韵生动，栩栩如生，成为学画的范本，当时从南京行销全国各地，为世人争购。

杭州刻书版画“殆无不出歙人手，绘制皆精绝”。其中以黄姓最多，所刻之书也最著名，他们成为杭州刻书行业的重要支柱。万历时“起凤馆”刊本《王李合评北西厢记》《王李合评南琵琶记》，书中图文皆黄一楷、黄一彬所刻。万历时黄应光先后刻《精选点版昆调十部集乐府先春》、“香雪居”刊本《校注古本西厢记》、“容与堂”刊《李卓吾批评玉合记》《李卓吾批评琵琶记》诸本，当时社会影响很大，是明代刊

①摘自2005年11月7日《黄山日报》。

刻戏曲图书中较有特色的作品。其他如：万历间黄一彬、黄桂芳、黄端甫等刻杭州刊本《青楼韵语》，黄鸣岐、黄端甫、黄吉甫、黄翔甫、黄应淳等黄氏族人刻的“七峰草堂”刊本《原本牡丹亭记》，黄应光、黄礼卿、黄端甫等刻“臧氏博古堂”刊本《元人百种曲》100卷，这些图书图版宏富，绘刻精丽，都堪称中国古代戏曲版画中的瑰宝。

此外，在扬州有歙县人黄瓒、黄崞、郑元勋、吕清兄弟；南京还有潘之恒（歙县）、余懋学（婺源）；杭州胡宗宪（绩溪）、汪道昆（歙县）；嘉定李流芳（歙县）、程嘉燧（休宁）；金坛王肯堂（歙县）；山东登州潘滋（歙县）；南昌毕效钦（歙县）等，他们因居官、游学、经商，长期旅寓外地，在私家从事刻印书籍活动，不以赢利为目的，只在执着的文化追求，在于传承文化、实现功德传世的愿望，他们因此注重版本质量，“有据宋元旧本精审校雠者，至今尤为藏家所珍弆”，这也成就了他们为明代徽州刻印名家。刘尚恒在《徽州刻书与藏书》一书中著录明代徽州本土私家刻书计33姓258人，其中包括汪姓48人、程姓46人、吴姓25人、潘姓16人、方姓11人、江姓11人、黄姓10人，所刻书籍计有377种，图书门类繁多，包括经、史、子、集、丛书，书籍选题来源既有郡贤、乡贤、先祖、本人著述，也有经典著作。①

这些徽州书商本身文化水准就高，有的自己一面著书一面刊播，他们在境外寓居住地的各个刻坊中，都聘用大量徽州家乡刻工，以致在外地的刻工比徽州本地的人数还要多得多。

清代徽州刻印书籍流风未歇。歙县西乡长塘人鲍廷博，其父鲍思诩娶杭州顾氏移家杭州，祖上皆业盐，并开设冶坊，鲍廷博后定居浙江乌青镇，建著名的“知不足斋”藏书楼，刻印《知不足斋丛书》30集，每集8册，共207种，781卷，是一部以精善著称的综合性丛书。他的贡献特别在于，当时名著《聊斋志异》完稿后，搁置收藏在作者蒲松龄家里，因贫困无力付印，到了乾隆三十二年（1767年），才由鲍廷博为之挽救印出，即三十六卷、四百二十一篇的通行本。除外其他还有汪氏刻《秘书》22种；鲍崇城的《太平御览》1000卷；张霞举堂刻《檀几丛书》；鲍康的《观古阁丛书》；墨商曹素功刻《墨林》、汪近圣的《墨薮》；黄氏“廷古楼”也刻印不少丛书。光绪年间，黟县李宗楣在沿江地区经商致富后，也成为当地刻印图书大家，他重金访求刻印徽州前贤遗作，如南宋罗愿的《新安志》、明代金声的《金正希集》、汪文台的《七家后汉书》等，并出资万金捐刻邑人余正燮《癸巳存稿》15卷556篇等及其他先贤著作。

徽州发达的刻印书籍事业，拉动人口流动的作用是显而易见的。与刻书密不可分的收藏图书事业，同样是徽州知识分子在大、小徽州内外互动互补中作出的重大贡献。

徽州藏书家蜂起　明代徽州的刻书家大都是藏书家，如胡正言、汪廷讷、吴勉学、

①刘尚恒：《徽州刻书与藏书》，广陵书社2003年版，第60页。

吴瑄、鲍宁等，皆家藏万卷图书。收藏书籍而成为大家必须具备非凡的条件。他们首先要好学敏思，博观约取，勤于比勘，精于鉴别。他们的志趣，始于册籍而终于学问。他们的收藏量于财力而乐于分享。他们或非学术的原创者，但必须是学术的识途老马。他们善于总结经验供后人借鉴，乐于刻书，善于刻书，深刻了解唯有书籍才能将史实连成链索，才能让庞大中华人口产生凝聚，才能给广阔的国家长存文明的火种，由此产生坚韧不拔的毅力。不仅如此，他们必须有足够的资财可以搜集书籍；又必须行迹四方遍访各地寻觅散落每个角落的版本；还必须有极高的文化素养，对各种书籍的价值反应迅捷敏感；有清晰的管理智慧，从建造藏书楼屋到设计书橱箱柜都要有精细思考；必须周密安排借阅规则，采取防火避湿措施；还要深远谋划如何使自己的子孙后代把藏书传承下去。当这些难能可贵的品质集于一身时，他才有可能成为一位藏书大家，历史赋予藏书家必须具备上述这些苛刻的条件，否则绝成不了藏书家。

《韵石斋笔谈》总叙明代藏书大家，独称"篁墩程敏政"是藏书最富之家。程敏政利用自己丰富的藏书，编辑刻印第一部地方文献总集《新安文献志》，影响非常广泛，因此被时人称为明代徽州最富有的藏书大家。大学者黄宗羲晚年好聚书，四处搜抄稀有书籍，他于宁波鄞县范氏"天一阁"以外，特地到歙县"丛桂堂"向郑侠如借抄古籍，可见明代歙县程、郑两家藏书之多。

清代徽州藏书家蜂起，歙县鲍廷博生平酷嗜书籍，不仅大量刻印图书，而且在浙江乌青镇居室建著名的"知不足斋"藏书楼，所藏书既多且精，大学士阮元称他"家藏万卷，博极群书，虽隐僻罕见著录者，问之，无不知其原委"。年逾八旬，仍好古积学，老而不倦，因此四库馆开时，他能够捐献藏书六百余种。

歙县汪启淑寓居杭州小粉场，名其居曰"飞鸿堂"，他经营盐业致富，雄于资财，有嗜古奇癖，喜藏古今文集书画，尤嗜印章，所集秦汉魏晋唐宋元明清诸印，多至数万纽，遭邻家火灾失去一半，以其余，编《讱庵集古印存》三十二卷，雕拓精美，好古家视同珍宝。又别辑《枕宝印萃》四册，《飞鸿堂印谱》三集，时《贤印谱》四十余卷，及《汉铜印丛》《退斋印类》等。未刻的还有《飞鸿堂鼎炉谱》一卷、《瓶谱》一卷、《砚谱》二卷、《墨谱》二卷。汪启淑本人虽非精于鉴别，但所印以上各种图籍，对考古贡献很大。他不但收藏了那么多的印章，还进献四库馆家藏珍集五百余种，而且自己著有《焠堂录》《水曹清暇录》《小粉场杂识》等书。

祁门马曰琯，家世业盐，筑"小玲珑山馆"于扬州，收藏古金石书画极富。家刻书《许氏说文》《玉篇》《广韵》《字鉴》等书，号称"马版"。朱彝尊的《经义考》，也是由他刻印出来的。马氏收藏至多，足与鲍廷博、汪启淑比富。四库馆征书，其子马裕献出七百七十六种，评天下第一。

黟县汪宪，宏村人，占籍钱塘。家有"振绮堂"，为藏书治学之所。他与浙江学者兼藏书家的“小宛堂”赵昱、“飞鸿堂”汪启淑、“瓶花斋”吴焯、“知不足斋”鲍廷博以及朱文藻、严可均等交往密切，畅谈经史疑义，彼此相互借书抄录、校雠，交流心得，因此收藏宋椠元钞不下数十百种。闲暇里，众人则投壶赋诗，以为娱乐。汪宪博雅好古，邃于经学，尤长校勘目录。其子汪汝瑮承父遗书，进呈四库馆家藏秘籍 219 种。其孙汪诚编制《振绮堂书目》5 卷，共著录藏书 3300 余种、65000 余卷之多。曾孙汪远孙尽发家中藏书研读，颇具心得，奋力著述。重梓刊刻多种史籍和亲友诗文集。杭州“振绮堂”自汪宪始，一直延续四代，至咸丰初，藏书名声已“甲于浙右”。龚自珍题诗赞叹：“振绮堂中万卷书，乾嘉九野有谁如？季方玉粹元方死，握手城东问蠹鱼。”

休宁吴铨，幼随父迁居松江，后又迁苏州，于渎川建“遂初园”，家藏书逾万，不乏宋元珍本秘籍，以故里命名其藏书楼为“璜川书屋”，以志不忘家乡，世称“璜川吴氏”。吴铨有二子，长子吴用仪亦嗜典籍，在父收藏基础上复购书数万卷于其中，多宋元善本。次子吴成佐，藏书处曰“乐意轩”，亦富收藏。其孙吴志忠云：“我祖懒庵先生重自搜罗，书楼三楹，环列四周。其中亦不乏宋元佳椠。”

吴氏第三代传承家藏典籍者，有吴用仪二子吴泰来和吴无润，都是乾嘉时期吴中重要的藏书家。泰来中进士后不赴官，后应毕沅请主讲关中书院、河南大梁书院。与洪亮吉、钱泳诸士饮酒唱和不断，并与惠栋等被举为“吴中七子”之一。《清史列传》云：“泰来家有‘遂初园’，藏书数万卷，寝馈凡十余年。”

第四代以吴成佐孙吴志忠最值得称道。志忠好藏书，长于目录校雠之学。家藏珍籍有吕衡州文集、中吴纪闻嵇康集等，后多经名家递藏。藏书之外，志忠喜刻古人未刻之书，所刻以经义为多，故总其名曰经学丛书，并撰璜川吴氏经学丛书缘起，为后人留下了十分完备的璜川吴氏藏书史料。璜川吴氏藏书递经四代，直到清末方全部散出。

休宁寄籍浙江海宁的吴骞，家有“拜经楼”，藏书达 5 万余卷，多为宋元善本。浙江桐乡的汪文桂、汪森、汪文柏三兄弟，祖籍休宁，以文著称，同时以藏书而名闻天下，时称“汪氏三子”。文桂家有“裘杼楼”，汪森有“碧巢书屋”，文柏有“古香楼”和“藻之堂”，收藏珍本秘籍数万卷。其后裔汪如藻在乾隆年间献书“四库馆”137 种。

此外值得一提的是，休宁商山布衣吴翌凤，也是苏州乾嘉时期著名藏书家。他酷嗜异书，尝自述其藏书经历：“忆自出就外傅，略晓文义，残编断简，即宝藏之，不四、五年，率满一椟，自以为始有书矣。乙亥饥馑，尽斥以易米，后复稍稍收集。己卯岁假馆城东，又遭劫箧之厄，而案无一书矣。戊子以后，与同志创买书之会，遇有善本，不惜典衣购之。尝有故家，以古书数种求售者，谋诸妇，典双跳脱往购，则已为多财翁买置高阁，惘惘者数月。每逢暇日，浏览书肆，有零星小本，不论价，易之归。若巨部累数十百本者，力不可竟者，然梦寝不能释也。迩年来传抄颇广，于吴则青芝堂张氏、滋兰堂朱氏、抱蜀轩王氏、甫里严氏，于浙则抱经堂卢氏、知不足斋鲍氏、拜经楼吴氏，俱不吝以善本相饷，早夜，遂成目眚。近惟督门徒馆童成出资倩人书之。”

吴翌凤因家贫无力多购善本，故发愤自己抄书。状元石韫玉赞叹他“获一未见书，必手抄，所抄书盈笥箧，皆雠校精核，无一讹字”。黄丕烈称赞：“郡中吴庵先生多左书善本，皆手自抄录或校者。”吴翌凤由此所藏手抄本达一万二千余卷，实为书林罕见。

乾隆五十二年(1787年)，吴中大饥，吴翌凤应湖北巡抚姜晟之聘课其子。嘉庆元年(1796年)至湖南浏阳，掌教南台书院。嘉庆十七年(1812年)归返苏州，此时他已七十余岁，依然家徒四壁。但吴翌凤并不歇手，继续收集和抄写书籍。潘曾昕在《吴翌凤事略》中高度评价道：“老见异书，虽病必起，殚力抄写，夜尽一烛为率，精致完整，冠诸收藏家。”

一介布衣寒士，如此殚精竭虑注意继承前人文化遗产，痴情于收藏图书，无怪深为士林推许。从吴翌凤身上，可以看到徽州迁居外地文化人的精神和对于当地文化事业做出的贡献。

至于知名刻印藏书大家马裕，是马曰琯之子，其父建“小玲珑山馆”，藏书十万多卷，甲大江南北，家设附印工场，不惜千金刻朱彝尊的《经义考》300卷，花费二千金资助书法家蒋衡装裱《十三经》。又校刊许慎《说文》《玉篇》《广韵》《字鉴》等古籍，世人谓之“马版”。

还有歙县鲍漱芳，其父鲍志道为两淮盐业总商，在扬州建有西园别墅，设“安素轩书斋”，藏书万卷。鲍漱芳酷爱书画，毕生致力搜集唐、宋、元诸贤书法墨迹，经鉴定评跋，择其精者于嘉庆四年间(1799年)邀名篆刻家钩摹镌刻《安素轩法帖》，直到其子冶亭、约亭继承父志，至道光九年(1829年)刻毕，费时30年。计刻唐宋元明墨迹62册共12卷，其中：唐代8册；宋代22册；元代24册，内集唐人临《兰亭序》、李北海楷书《诸葛孔明出师表》、米芾小楷《千字文》、董其昌行草书、唐诗等，是一部内容极其珍贵宏富的书法丛帖。

据史料记载，明清两代徽州六县知名藏书、刻书大家多达130余人，这个数字超过历史学家吴晗所著《江浙藏书家史略》一书中的杭州地区，而居全国之首。

徽州流动人口对外地文化事业的贡献　徽商经营的行业多种多样，对文化事业的影响也是全方位的。徽商与文化互相渗透，互相促进，徽州历史上很多知名学者都和商业有解不开的渊源，连文化圣人朱熹都亲自做过刻印书籍的生意。徽州很多学者出身于商业家庭，数学家程大位、博物学家汪肇龙、书法家汪梦龙都直接参加广泛流动的商业活动，并从中汲取营养，提升自己的素质。著名思想家戴震不但生活依靠经商，就是本身的哲学思想和治学方法，如考据学，也多受商业技术的熏陶。

徽商经营的纸业、墨业、图书印刷业，都直接对中华文化进步做出很大贡献。至于人们津津乐道的巨商富贾，他们出点余资，参与文化建设，主要目的还是为了发展营业，赚取更大利润。他们的子弟受到家庭熏陶往往成为文人学者，对文化事业也不无影响。休宁汪士慎被列为“扬州八怪”之一，诗书画印皆精绝，存世作品甚多，影响深远。另一位年龄最轻的“八怪”是歙县呈坎人罗聘，乾隆二十二年（1757 年），24 岁的罗聘拜“扬州八怪之首”的 71 岁金农为师，从学七年，“无日不追随杖屐，执业相亲”，除学习诗画外，还积极为老师整理刊印《冬心先生自度曲》《冬心自写真记》《画佛题记》等著作。作为后起之秀，罗聘画作笔法新颖，构思精巧，有“描来影欲飞”之赞誉。同时他的诗文传世，《朱草诗林》《香叶草堂集》等，都表现超脱潇洒风采和自然山水野趣。其妻方婉，女罗漱芳，久居扬州，皆当世知名画家。

流寓外地文化徽商一览表

表3–1

时代	姓 名	籍贯	行业	与学术关系	备考
明代	查鼐（号十八）	休宁	商人	学琵琶于寿县钟山，成为当时第一名手	与唐寅（伯虎）、文徵明为布衣交
明代	罗龙文（字小华）	歙县	墨商（兼制墨业）	收藏古器、法书、名画甚多	与海外经商的汪直、徐海有联系，胡宗宪招降汪直、徐海，由他串通
明代	程大位（字汝思，号宾渠）	休宁	行商	著《算法统宗》集珠算大成	因到江、浙、鄂、赣等省经商，留心珠算资料，写成此书
明代	程君芳（字士芳）	歙县	墨商（兼制墨业）	用红黄印《墨范》十二卷，为彩色套版的起源	画家丁云鹏、吴左千、郑千里绘图
明代	程仁荣	新安	书贾兼刻书	刻印《汉魏丛书》	
明代	吴勉学	歙县	书贾兼刻书家	刻《古今医统正脉全书》二百四十卷以及《资治通鉴》《文选》等书	以明代纸价和工资的低廉，花去刻书费十万之多
明代	吴养春	歙县	盐商	建崇文书院于徽州，刻宋紫阳全书十六种，又印《博古图》、黄德时刻图	因被控侵占黄山案，死狱中
明代	吴继壮		书贾	摹刻宋版《六经图》	
明代	汪光华	徽州	书贾	他的“玩虎轩”刻《琵琶记》，插图甚精	

续表3-1

时代	姓 名	籍贯	行业	与学术关系	备考
明代	汪廷讷	休宁	词曲家兼书贾	设“环翠堂”于金陵，所刻诸传奇，插图精工，印有《滑稽余韵》《梨云寄傲》《可云斋稿》《秋碧轩稿》、《月香亭稿》《义烈记》《坐隐先生棋谱》等书	刻工多为徽州名手
明代	吴 琯	新安	书贾兼刻书家	印《古今逸史》	
明代	汪济川	歙县	书贾		圭一斋
明代	汪世贤	新安	书贾兼刻书	刻《汉魏六朝名家十二集》	省吾堂
明代	汪梦龙	休宁	米商	书家，真草隶篆无不精	
明代	（字山来）				
明代	黄尚文	歙县	刻工兼书贾	用朱色套印《古今女范》，为中国套印之始	
明代	程起龙				
明代	黄应泰				
明代	黄应瑞				
明代	方于鲁	歙县	墨商（兼制墨业）	印《墨谱》十二卷	画家丁云鹏、吴左千绘图
明代	汪东之（字长信）	歙县	家世业盐	万历五年进士，著有《台中草》《廷中草》《抚黔疏》	

续表3-1

时代	姓 名	籍贯	行业	与学术关系	备考
明代	胡正言（字曰从）	休宁	书商（兼出版业）	创饾版法和拱花法印《十竹斋画谱》和《十竹斋笺谱》	现在北京荣宝斋用此法复制的画谱、笺谱驰名国际
清代	郑侠如（字士介，号俟庵）	歙县	家世业盐	家有休园，极楼阁亭台之胜。文震孟、徐元文、童奋光诸人，曾游憩其中	明代郑家以科甲著名的甚多，郑氏丛桂堂藏书很丰富
清代	蒋士集（字根生）	歙县	明季监生，五世业盐	能诗，著有《苏门四草》《聊尔吟》诸集	
清代	程文正（字笏山）	歙县	世为盐商	康熙三十年进士，著有《仁庄集》十卷、《水部遗诗》一卷	
清代	程梦星（字午桥）	歙县，寄居扬州	盐商（官僚兼营盐业）	家有筱园，收集图籍书画甚多。请文人方世举（息翁）、韦谦恒（药仙）替他校书。鉴古家张鉴（方谷）为他鉴赏书画，印朱彝尊《经义考》，著《今有堂诗》及《平山堂志》	又筑猗南别墅，为诗酒之会，主东南坛坫数十年
清代	程晋芳（字鱼门、蕺园）	歙县	世为盐商	在扬州购书五万卷，招致四方学者，相与讨论。本人为考证家，兼长古文，著有《尚书古文今释》、《勉行堂文集》等书	
清代	程瑶田（字易畴）	歙县	子程培（伯厚）经营盐业	著有《通艺录》	曾客于盐商徐赞侯家
清代	程　鸣（字友声、号松门）	寄居仪征	盐商	画家兼诗人	

续表3-1

时代	姓 名	籍贯	行业	与学术关系	备考
清代	程 沆		盐商	诗人	程梦星之侄
清代	程 槚（字宾梧）	歙县	经营盐业、富甲两淮	居乡里，与荐绅先生为诗酒之会	
清代	程 浚（字葛人）	歙县	业盐	辑《两淮盐法志》	
清代	程 增（字维高）	歙县	父朝聘业盐	因父业盐，研究河槽盐务诸书，并善绘图，著有《碧吟诗抄》、《闽游草》	
清代	吴尊德（字宾天）		世业盐商	弟增梅（字载玉）工诗词	
清代	吴 绮	歙县	家世业盐	善属文、工骈体，曾谱杨继盛乐府，著有《林惠堂集》二十卷	
清代	吴 苑	歙县	父业盐	康熙二十年进士，著《北黟山人集》	
清代	吴绍浣（字社村）	歙县	家世经营盐商	收藏字画甚多，多得名迹	与弟绍灿（澄野）兄弟翰林。徽州吴氏在扬州经商的有数十家，有的能诗、能文，有的兼善书画
清代	汪肇龙	歙县	初习商贾，后弃商学篆刻	从江永读书居不疏园，力治经学，于训诂地理、乐律、算数，算韵均有研究	
清代	汪廷璋（字令闻、号敬亭）	歙县	先世盐商起家，廷璋继承其业。父交如、叔父允俶及诸从兄弟商于扬州者数人	收藏古玩甚富，以千金廷黄尊古为之鉴别	桐城书家方贞观（南堂）、歙县画家方士庶曾馆其家

续表3-1

时代	姓 名	籍贯	行业	与学术关系	备考
清代	汪　焜（字景炎，号亭山）	歙县	经营盐业	工诗、书法亦佳	
清代	汪梧凤（字在湘，号松溪）	歙县		家有“不疏园”，藏书甚富，江永、戴震、汪肇龙都曾诵读其中，本人著有《楚辞音义》	
清代	汪启淑（字慎仪）	歙县（寓居杭州）	盐商	刻《许氏说文系列》、郑樵《通志》及飞鸿堂古今《印谱》多种	藏书甲江南，乾隆三十七年应诏献书，进精醇秘笈五百余种
清代	汪　中	歙县，居江都	少时曾为商店学徒，遍读经史百家，后做书画古董生意	经学家，古文家，著有《述学》二卷、《广陵通典》十卷	家有“问礼堂”，收藏宋版书甚多
清代	汪应庚（字上章，号云谷）	歙县	盐商（千万巨富）	捐五万余金修府学宫，重修扬州平山堂，又在扬州辟万松岭	
清代	汪懋麟（字蛟门）	休宁	家世业盐	康熙六年进士，入史馆与修“明史”，手订郑樵《通志》，著有《百尺梧桐阁集》十六卷、《锦瑟词》二卷	程文正、史申文、顾图河皆出此门
清代	汪　铨（字简臣）	歙县	业盐	因经商，特致力管，商诸子及河渠盐法	
清代	汪　楫（字次舟）	休宁	家世业盐	早年读书“八桂亭”，与孙枝蔚、吴纪嘉并称邗上三先生，著有《中山沿革志》、《使琉球杂录》、《悔斋集》、《山间正续集》等书	兄玠（字长玉）亦工文词，著有文集
清代	方士庶（字洵远，号小师）	歙县	家业盐，颇饶	画家（善画山水）；工诗（学于黄尊古），著有《环山诗稿》	
清代	方士庹（字右将）	歙县	士庶同母弟，盐商	著有《白华楼诗钞》四卷	在扬州北郊筑西畴别墅
清代	方必遵（字道行）	歙县	业盐	因经营盐业，往来庐州、凤阳、江西、湖广，遍访名儒，讲求学问，著有《不愠日录》、《圣学宗传》、《警惕语》诸书	

续表3-1

时代	姓名	籍贯	行业	与学术关系	备考
清代	黄利中（字义先）	歙县	刻工兼书贾	初刻童蒙读物售于乡里，后凡经史古文诗赋八股文无不刻售	初为农民，后为刻工书贾致富
清代	黄启高（字云景）	歙县	家世刻工兼书贾	设延古书楼，藏书甚富。从事校勘补正，来往多淹博学者。子五人，都经营书业。延古楼刻书甚多	初为农民，兼做小书贩，挑书到各乡村售卖
清代	黄启梓（字敬斯）	歙县	初学商业，后为刻工	常与通儒硕士往还	
清代	黄鼎瑞（字辑五）	歙县	刻工兼书贾	设古香书店于歙县城内，从事藏书、印书、售书	
清代	黄履暹（字仲升，号星宇）	歙县	盐商	叶天士、王晋三、杨天池、黄瑞云诸名医在其家订药书和药性，刻《圣济总录》，又为叶天士刻《叶氏指南》	黄晟之弟，号二元宝
清代	黄晟（字东曙，号晓峰）	歙县	盐商	刻《太平广记》、《三才图会》	
清代	黄奭（字右原）	歙县	祖父黄筠（个园）道光时为两淮商总	家富藏书，辑汉学堂丛书二百余种（民国初版犹存，经王龛延搜补复全），通小学	
清代	黄圣臣（号素功）		墨商，兼制墨业，传程氏造墨法	集一时投赠诗，印《墨林》二卷	
清代	曹振镛	歙县	家世业盐（子曹占其仍为盐商）	清朝纂修《明鉴》、《河工方略》、《皇朝文通》、《全唐书》等书，振镛皆为总裁	振镛与父文埴均为清朝宰相
清代	（字俪笙）				
清代	鲍廷博	歙县	盐商（祖及父都经营盐业）兼冶坊	收藏及鉴赏家，刻《知不足斋丛书》三十集及《聊斋志异》	乾隆三十七年征书，鲍家献出珍书六百多种
清代	（字以文）				

续表3-1

时代	姓 名	籍贯	行业	与学术关系	备考
清代	鲍漱芳（字惜芬）	歙县	盐商	印有《安泰轩丛贴石刻》	
清代	鲍志道（字诚一）	歙县	盐商（为两淮商总）	兴修徽州“紫阳”、“山间”两书院（四子鲍树棠藏古今书画名迹甚富，工四体书）	长子鲍漱芳，嗣为扬州总商
清代	鲍方陶	歙县	盐商	精刻《论语》、《孟子》等书	诚一之弟
清代	鲍崇城	歙县	盐商	从阮元借得精校本《太平御览》又进行了校勘、刻印	
清代	江　立（字玉屏，号云溪）		盐商	与江昉并工诗词	
清代	江　兰（字芳谷，号畹香）		盐商	工诗文	
清代	江　春（字颖长，号鹤亭）	歙县	以盐业起家，为扬州商总四十年（祖江演、父江承瑜皆以盐业起家）	筑“秋声馆”结纳文士，延请金兆燕（号棕亭）、蒋宗海诸名流于馆中，品题书画，学诗于桐城方贞观（南塘），建“春台班”召名旦杨八官、郝天秀入班，合并秦腔，创造京剧	江氏从江春在扬州以盐业起家，兄弟子侄由商而学而官者数人，如江立、江兰、江炳等，或精于金石考古，或擅长诗文书画
清代	江　昉（字旭东，号砚农）	歙县	领湖北盐业	建紫玲珑阁，会聚任大椿、齐召南、王谷原、厉鹗等学者，一时称盛，著有《晴绮轩诗》、《练溪渔唱》	江春同祖弟
清代	江　洵（字禹九，号蔗畦）	歙县	家世业盐	做新泉知县，建白沙、东洲两书院，振起人文，与子德量（秋史）并好金石书画，收藏甚富	兄江昱（宾谷）以经学名家，著有《尚书私学》

续表3-1

时代	姓 名	籍贯	行业	与学术关系	备考
清代	马日琯（字秋玉，号嶰谷）	祁门	家世业盐（祖父马承运即在扬州经营盐业）	建修梅花书院，乾嘉学者，许多主讲或肄业其中，刻《许氏说文》、《玉篇》、《广韵》、《字鉴》等书，号曰“马版”，又刻朱彝尊《经义考》，著有《沙河逸老集》六卷、《嶰谷词》一卷、文集若干	乾隆三十八年征书，献珍籍七百七十六种。弟日璐（字佩兮，号半查）筑小玲珑馆收藏金石图籍，甲大江南北，全祖望、陈少章、蒋士铨、厉鹗、金农等尝客其家，为之鉴别品题
清代	查士标（字二瞻）	休宁（寄居扬州）	侄查弘道商人	画家（收藏古铜器及宋元人真迹甚富）	与孙逸、汪之瑞、弘仁（汪韬）称海宁四大家
清代	徐赞侯		盐商	刻方成培《雷峰塔传奇》	家有“水竹居”，结构极扬州林园之奇巧。学者程瑶田、齐召南，画家金农（字寿门，号冬心），书家方辅（密庵）都做过徐氏家客
清代	凌延堪（字仲子，又字次仲）	歙县（寄居海州）	父贾于海州	精于乐律、天文、数学，并善属文，著有《燕乐考原》等书	
清代	巴慰祖（字禹籍）	歙县	兄巴源绶（金章）、侄树恒（士能）均经营盐业	书家，工八分，收藏金石甚富	
清代	戴　震（字东原）	休宁	初为布商贩	徽派经学领袖，对徽派经学的发展，影响甚大	
清代	金怀玉（字式如）	休宁	家世业盐	顺治十五年进士，著有《碧山草堂文集》	
清代	洪征治（字魏笏）	歙县	盐商，子肇根、肇柞都经营盐业	孙洪锡豫工诗	

说明：表中材料取自李则刚《安徽历史述要》（下册），安徽省地方志编委会办公室编印

上表虽说遗漏很多，如明代“嘉定四君子”之程嘉燧、李流芳，“扬州八怪”之汪士慎、罗聘等等，但凡对琴、书、画方面的人物都已提到，唯独没有棋坛名流。需要补充的是，徽州弈棋高手在全国享有极度盛誉。明代国手婺源汪曙开创新安派，与永嘉派、京师派三雄鼎立。之后歙县程汝亮驰誉棋坛，奠定徽派围棋在国内的领先地位。王世贞《四部稿》评论当时天下鲍、程、颜、李四大名家棋艺特点：“譬之用兵，鲍如淮阴侯有搏沙之巧，李则武安君横压卵之威，颜则孙吴挟必胜之势，程则诸葛修不破之法。”他将程汝亮的棋艺和孔明用兵相提并论。万历年间，徽派围棋阵营随着人口流动大军不断扩大，征战四方，所向披靡，出现方子振、江用卿、汪绍庆、吕济、苏之轼、汪廷讷、李少梅、雍皞如、过百龄等一大批著名的弈林明星，挟技行游天下，不仅以棋会友，争胜赢利，而且还著书立说，发挥徽州人的特长，如汪廷讷写的《坐隐先生棋谱》，苏之轼写的《弈薮》，雍皞如写《弈正》，人以书传，书以人显。更加现实的是，其中相当一部分人以下棋作为职业，藉以谋生，养家活口。

清代歙县又出现更多围棋大家，先有汪汉年，与来自江苏的顶级国手周东候齐名，两人曾相会于扬州，手谈几十回合，不分伯仲，难解难分。以后两个弈道高手又与程仲容、盛大有会于杭州，四人相互角逐，并且刻谱刊行。其中汪汉年与盛大有的一局棋，拟就太极图布局，传为棋坛佳话。之后又有汪幼清，曾从钱谦益于行营中冲锋陷阵，又在秋猎场上马张弓，勇不可当。他的棋风有侠气，“出奇制胜，横纵背触，譬如骏马追风，饥鹰洒血”。更为神奇的是，由于他自视艺高，与人对弈时常轻敌，却总能在险中出奇制胜。所以弈林中人说汪幼清的棋，小误则小胜，大误则大胜。到清中叶，随着一代名家程兰如的问世，徽派围棋盛名达到高峰。歙县槐塘人程兰如二十岁时已闻名于世，他作为后起之秀在北京与年过花甲的徐星友对弈十局，全胜而归。因此他得以与梁魏今、施襄夏、范西屏并称清代围棋四大家。乾隆十九年（1754 年）他偕同韩学元、黄及侣拜望前辈大师高东轩，在晚香亭授先与韩、黄对弈 15 局，集成《晚香亭弈谱》传世，为后代弈者必读教材。延后到了近代歙县的过旭初、过惕生兄弟承继先祖过百龄、父过明轩遗风，将祖传棋艺发扬光大到极致，从家乡走向北京，成为新中国围棋的领军人，培养出如聂卫平等一批国手。

此外，客居外地的新安医家闻名遐迩，已知者 40 余人，并有 30 部医作传世。如迁居浙江嘉兴的王有礼（更名沈三五），著《尊生内编》《尊生外编》；迁居江苏泰州的罗慕罨，著《医宗粹言》40 卷；迁居扬州的王于圣著《慈航集三元普济方》；迁居浙江衢州的程芝田著《医博》《医约》；迁江苏虞山镇的罗东逸著《内经博义》；迁吴中的叶朝采，在当地世代医名，其子叶天士承家学，有《温热论》《痛症指南医案》传世，在苏州一带号为神医；至于寓居杭州的胡雪岩创胡庆余堂药店更是声名远播。

徽州人口的大规模转移流动造就了徽商，事业有成的徽商作为人口流动的产物，对徽州文化的发展有着不可估量的影响。反之，具有相当文化素养的成功徽商从中引导带动，对百万徽州从商人口在大范围远程流动中起着重要的推波助澜作用。沿江大都市的繁荣，很大程度上得益于徽商在当地的活跃，他们凭借灵活的经营技巧与独特的商业理念，对于大江南北诸多城镇的商业、文化消费起了莫大作用。尤其是对文化的推崇，把各地的建筑园林、学术、书画、戏曲艺术等文化创造推向高峰。徽州人口大流动实质上就是以自己人力资本的优势，弥补本身自然资源的不足。因此，徽州人口流动的壮观之处在于徽商的辉煌业绩，这种业绩的取得就在于知识的力量。

第三节　永久融入客居地

徽商在各地经营成功后，“日久他乡成故乡”。相当一部分人口“多留不返”，在客居地娶亲生子，融合到当地居民之中；或者建立“两头大”家庭，两边都繁衍子孙，分别沿袭世业。而那些“富二代”，再经过三四代以后，久而久之长年在外地，逐渐蜕化为该地土著。这些远离原籍的商人后代，与家乡关系日渐疏远，如果不是政策规定参加科举考试必须填报原籍，家乡的原籍对于他们来说已经不存在实际意义。

康熙《徽州府志》卷二《风俗》记载：“徽之富民尽家于仪、扬、苏、松、淮安、芜湖、杭、湖诸郡，以及江西之南昌、湖广之汉口，远如北京，亦复挈其家属而去。甚至舆其祖父骸骨葬于他乡，不稍顾惜。”

《海阳纪略》卷下记录休宁人口向境外迁徙情况指出：“休宁巨姓大族，今多挈家存匿各省，如上元(南京)、淮安、维扬(扬州)、松江、浙江杭州、绍兴，江西饶州、浒湾等处。”

他们跋涉千里之外，“水航陆辇，山负海涵，转贸而行四方，名都会衢，浩穰巨丽，下至绝陬遐聚，险昧幽阻，足殆遍焉”①。明代中后期，随着徽商成帮活跃在全国市场，徽州已经转型成为商业社会，多数农业人口变身为商业人口，举族经商蔚然成风。很多村庄成为专业村，家家户户从事商业经营，大部分男子出外经商，有的留居客地。《新安歙邑西沙溪汪氏族谱·凡例》称：“吾族有经商为客，有携家侨寓，有置产迁居”，向以农业为主的西溪村民中，“株守里门者四之一，迁徙流寓者四之三，散居八省”。②有四分之一的村民留守家园，四分之三迁居外地，这个比例在歙县有一定的代表性。

由于徽州崇儒重教，视科第功名为人生最高目标，在迁入地最重要的大事莫过于入籍。在外地生活已久的徽商后裔，回乡应试往往有“冒籍”之嫌。明初没有专门的商籍，

① [明]王慎中：《遵岩先生文集》卷三十二，《黄梅原传》，康熙刊本。

②摘自歙县《西溪村文化志》。

商人多是民籍，也有少量军、匠籍人口从事商业活动。为了便于对没有专籍且离开原籍的商人进行管理，政府建立商贾在应承原来籍役之外，还必须在经营地区占行户籍的制度。商人被要求按照行业不同“注籍”，从而拥有在城市居住和开业的资格。这样，官府借助铺籍管理，获得商人提供的差役，即是提供店铺货物或者为官府采办物料。明中期全国县城都形成“非占商籍不许坐市廛”的成规，商人占籍范围得以逐渐扩大。同时规定，参加任何一级科举的士人必须填报原籍，为了应童子试，商人子弟往往不远千里，赶赴原籍报名考试。

针对这种实际情况，财大气粗的两淮盐商开始争取设立专门“商籍”，以获得迁入地考试合法权利。万历十三年（1585年），朝廷特许在两淮盐商所在地增拨“学额”，异地盐商子弟于是获得在经商地考试的资格。而后两浙盐商起而仿效，也获得“商籍”。

入　籍　由于经商的艰难，“吾乡业贾者十家而七，赢者十家而三”，众多的徽州人踏上经商的道路，成为流动人口。然而经商失败者占十分之七，是大多数。少数经商致富成功的徽商，为了自己后代规避风险，多寄希望子孙登第仕宦。“九州四海尽皆歙客，即寄籍者十之四、五之列”[①]，这说明在明代中后期歙县以及其他五县的徽州人口寄籍他乡者已达到将近一半的程度。寄籍是指离家乡而改用旅居地的籍贯，其主要目的很明确，“吾州人多客游于外，往往即寄其地之籍，以登第仕宦者，京师歙县会馆题名，以本籍列于前，寄籍列于后，此例可谓至当”[②]。

历来的封建王朝统治者都要采取各种措施把农民固定在土地上，便于征税服役，不希望农民变成商人，到处流动。明代商品经济空前发展，已经成为一种不可逆转的历史潮流。徽州文人领受外界信息，反应灵敏。在这些精英人才引领下，形成举族经商的社会风气。大批徽州人口在商场闯荡，由至亲血缘、乡土地缘关系结帮成团，于是有了“徽商”的称号。“徽州俗例，人到十六就要出门做生意。”实际上很多人不到十六岁就在商海里谋生，更有十二三岁就跟随族人进店学徒。

经商并非人人都会的简单事情，它需要掌握多种知识，融会贯通加以综合，更需要有实践经验的积累，年少时越是早一点接触商务活动，哪怕是在商铺为店家“惟供洒扫”充当学徒，通过耳濡目染，师傅耳提面命或偷师学艺，也能早些学到商业知识，为今后独自经商打下基础，所以很多成功的徽商都有童年涉足商海的经历。在这种大环境下，徽州家庭很早就将孩子遣送出门学生意。“十三四岁，往外一丢；包袱雨伞，夹着就走”，已经成为徽州的社会生活习俗。因此到清代以后，寄籍外地的人口比重应当超过籍贯仍在乡里者。有人统计徽州汪氏在杭州寄籍者已占四分之三，而山东临

① [明] 万历《歙县志》。

② [清] 黄次荪：《郡志辨证》。

清比例更高，“十九皆徽商占籍”。

科举成绩也从另一方面印证，北京歙县会馆观光堂“题名榜”记录清代进士共296人，其中寄籍170人，占60%，超过本籍进士人数。实际上还有寄籍者遗漏，如洪亮吉，祖父就入赘武进赵家，他在名录中就未注明寄籍，没有列入。这些寄籍进士多在江浙，即是徽商最集中的地区，而入籍与科举关系则是紧密至极。籍贯仍在乡里者，有一部分人在徽州本土已先有过县与县之间的迁徙，而在本地内部迁徙的大多数人口，是由边远县份向中心地带徽州府治歙县及各县治城里进行内聚型流动，这样不断改变境内人口分布，促使本地商业城镇发展繁荣。同时吸引外地浙商、赣商及本省各府商人也陆续进入徽州，他们也因此获得商籍。这种双向互动，使徽州转型为商业社会，从而加入全国商品流通大市场。

从隋唐开创科举选拔人才的制度以来，各地录取比率高低不一，徽州文风炽盛，教育发达，是考生最密集的地区，每个县里“虽十家村落，亦有讽诵之声。向科举未停，应童子试者，常至千数百人”。朝廷对于应考书生的籍贯控制十分严格，如有冒籍、跨籍、跨边、侨籍，处罚非常严厉。在清代人口巅峰期，每县学额仅20名以内。[①]而应考者百倍之，要想考上秀才进入学堂绝非易事。

为子孙长久之计，往外地迁徙首要任务是取得移居地的籍贯，入籍是移民生存和发展的关键一步。在严格控制籍贯的中国传统社会，有关入籍的条件很复杂。

《大清会典》规定：“呈请入籍者，寄籍地方官先确查该生室庐以契税之日为始，田亩以纳粮之日为始，扣定二十年以上准予移会原籍，令原籍地方官据文立案，应试本生及子孙自改籍以后，再不许回原籍跨考，具文移交寄籍地方官，由寄籍申请督抚，咨明学政，准其入籍考试。”“凡民之著籍，其别有四：曰民籍，曰军籍（亦称卫籍），曰商籍，曰灶籍，其经理之也，必察祖籍。如人户于寄居之地有坟庐逾二十年者，准入籍出仕，令其声明祖籍，回避。”

《盐法通志》亦称：“其实有田产、坟墓在江南，与入籍之例相符者，准其呈明于居住之州县入籍。”

徽人非常重视培养子弟读书擢第，以登仕途，家家将此列为“首务”。但是徽州文风太盛，科举竞争最为激烈，客寓外地的子弟回乡应试，把握不大，于是他们想方设法获取商籍，以便把子弟转移到经商地应试。休宁西门汪太学的父亲汪一龙，是芜湖著名的富翁，在“西门外大街创‘正田药店’，字号‘永春’，垂二百余年，凡九世皆同居。慎选药材，虔制丸散，四方争购之，对症取服，应效神速”[②]。药材生意做

①清初规定具体各县生员名额为：府学25名、歙县20名、休宁20名、婺源20名、黟县20名、祁门16名、绩溪16名，以后有小调整，幅度不大。

②见《芜湖县志》。

得很大，驰名全国，远销海外。“每外藩入贡者，多取道于芜，市药而归。”他在万历年间“以资游芜湖，人兢兢挽之，因家焉”。而汪太学“十三应童子试，较艺本籍，群试之脱彀，旋芜数数不售，太学念休巨邑也，当具队壁而战者近万人，即士有语言何能及有司目。又计程往返千里，以千里之程而希近万偶一之获此实难”[①]。

为避开这种激烈的竞争，于是汪一龙决定另辟蹊径，把儿子的学籍从休宁迁出，入籍芜湖，他选择长江对岸的小镇。“南雍距芜才二百里，扬帆仅一衣带间，舍乡学而取国学，亦足有为”，这个策略十分奏效，汪太学得以芜湖商籍成为诸生，“于是遂游成钧，谒先师，退就班列，明堂钟鼓得与省考焉”。[②]

所以，在事关荣宗耀祖的科举问题面前，迁居外地的徽州人把争取入籍当成家庭头等大事。歙县吴宪，明朝天启年间自歙迁入杭州，为迁杭吴氏始祖，杭之有商籍乃宪倡之。

“明天启中，吴氏有名宪者，始自歙迁于杭，为杭始祖。宪字叔度，一字无愆。明制设科之法，士自起家应童子试必有籍，籍有儒、官、民、军、医、匠之属，分别流品，以试于郡，即不得就他郡试。而边镇则设旗籍、校籍。都会则设富户籍、盐籍，或曰商籍。山海则设灶籍。

士或从其父兄还役，岁岁归就郡试不便，则令各以家所业闻著为籍，而就试于是郡。杭为南方一大都会，故未有商籍，宪与同邑汪生文演上书当事，力请，台臣以闻，报可。于是宪遂得试于杭，而为商籍诸生。杭之有商籍乃宪倡之也。”[③]

吴宪最早争得了杭州商籍，通过入籍取得秀才功名，在杭州有了一定的社会身份地位，以后并在杭州建立尊文书院，为族人和家乡弟子在杭州定居创造条件。休宁民族英雄金声，早年“随父商武昌，以嘉鱼籍中天启甲子乡试”，他在寄籍地轻松得中举人功名。据《明清进士题名碑录索引》记载，明代徽州府共考上进士 411 名，其中寄籍 43 名，仅占十分之一强。具体各县名额如下：

歙县	原籍	159 名	寄籍 22 名
休宁	原籍	44 名	寄籍 17 名
婺源	原籍	89 名	寄籍 3 名
祁门	原籍	44 名	寄籍 3 名
黟县	原籍	13 名	寄籍 0
绩溪	原籍	17 名	寄籍 0

在徽州《方氏会宗统谱》卷十七《科第录》中，可以看到方氏子弟在移居地占或以科举成功的纪录。自嘉靖十六年（1537 年）至乾隆九年（1744 年）的 208 年当中，

①② 《休宁西门汪氏宗谱》卷六，《太学可训公传》。

③许承尧：《歙事闲谭》卷二十九。

登第方氏分布情况：

山东籍2名，顺天籍2名，江都籍4名，仪征籍2名，湖广籍2名，江西籍1名，江苏丰县籍1名，浙江籍1名，安徽全椒籍1名，颍州籍3名，怀远籍1名，共21名。

在这些人数当中，还可以进一步划分出，明代科举成功者共54人，其中占籍或离籍者仅占5.56%。清代则有很大变化，100年里，方氏入第者共34人，其中占籍或离籍者达18人，占总数53%。从这一个姓氏的籍贯变化里可见，从中明开始的人口向外地城镇迁徙的趋势，到清代前期愈益发展。

入清后，有了商籍，入籍移民增多，寄籍进士层出不穷，歙县寄籍进士比例已经超过本籍。“一门九进士”的歙县大阜潘氏，明崇祯前就已业盐钱塘，九传后，世代皆以商籍，补杭州博士第子员。以后潘氏迁任苏州，传至潘奕隽时，他虽出生在寓居地苏州，仍是借用“浙江钱塘”的商籍参加科举，年谱记载他十六岁考上钱塘县学第七名。二十三岁在杭州乡试中式，并且“由余杭陆路赴歙县原籍祭祠上冢，居‘博乡堂’一月，仍由陆归”。三十岁公车进京，考上进士[①]。其侄潘世恩则以寄籍吴县中第状元，但他担任浙江主考官时，特地上书请求让本宗潘氏由“商籍”入学应试的考生予以回避。[②]由此可见大名鼎鼎的潘氏后代在杭州居留者很多，且已入杭州籍。

但是对于如何办理入籍过程的，史料却缺少记载。最为难得的典型例子当属黟县宏村汪氏为了入籍杭州，积极创造条件，对三代先人进行四次不同的营葬活动的记述。

第一次，汪氏子孙将曾祖父母的遗体从杭州送回家乡安葬，这是正常的做法，说明当时到杭不久，尚未站稳脚跟，无墓地可葬。第二次，祖父母的遗体也同样运送尸骸回家。第三次汪氏则是把父母安葬于杭州，这时汪氏在杭州已经在灵隐购置有墓地，应该考虑到要把入籍列为议事日程。第四次再将已经葬于徽州的祖父母迁坟杭州，此举则属非常行为，目的很明显。这四次营葬过程清楚地反映汪氏这支脉由定居到占籍的变化。汪氏第三次把父母葬于灵隐莲花峰时，便决定要入籍侨寓地。只是对照法律规定的条件尚不具备，即缺少祖坟。两年后，再将祖父母墓茔“自黟而迁浙”，就是为了加快入籍的步伐，创造条件既成事实。

汪氏最早迁居杭州的始祖在明代万历年间，经过上述第四次将祖父母迁柩重葬以使自己符合入籍的要求，这样一来，汪氏迁杭第四代子孙可以理直气壮地宣称，“以业盐故，自黟县宏村迁居杭州，先后四世皆葬于灵隐，并晴山麓建筑宗祠”。前后二百多年，直到符合入籍条件，这支汪氏家族在康熙末年终于获准入籍杭州，成为杭州振绮堂派始祖。而这时也正是徽人迁居杭州的高潮期，这支汪氏的整个入籍过程颇具代表性。

①参见《清代徽人年谱合刊》，《三松自订年谱》。

②见《清代徽人年谱合刊》，《思补老人手订年谱》。

不仅苏、杭等大都会，江浙的大部分市镇也都有汪氏迁入，休宁西门除上述汪一龙入籍芜湖的例子以外，还有族人汪可镇，明末赴浙江经商，定居嘉兴府桐乡县城，在那边形成汪氏一大支派，以后入籍当地，清康熙间有拔贡汪森、汪文桂、汪文柏，人称“汪氏三子”，著述等身，以文垂世，为嘉兴最知名的藏书、刻书大家。之后这一支有汪孟鋗、汪如葆、汪如洋、汪如渊及汪世樽等先后登进士第，汪如洋则高中状元，成就“一门五进士”寄籍科举佳话。严州闻堰镇全镇大多汪姓，皆徽人，他们都通过这样途径入籍客居住地。

浙江兰溪是钱塘江上游重要的水陆码头，地处新安江与富春江三江之汇，商贸繁荣，聚集徽商众多，他们世代居家于此，其中不少子弟在此入籍。道光四年(1824 年)，浙江兰溪童生郑绍文在参加县试时，临场被人举报，怀疑他是冒籍混禀，因而进不了考场，经过知县调查，郑家已符合入籍兰溪的条件，于是通过一系列手续程序，办理入籍给予补考。事实上，郑绍文的高祖父郑佩鸣在顺治年间从歙县来到兰溪经商，死后葬于兰溪，具备入籍基本要求。郑绍文的父亲郑瑞元为澄清此事向县衙报告申诉呈请入籍：

“具呈郑瑞元，为呈请入籍叩恩俯准事：切身五代祖佩鸣原籍安徽歙县，于顺治年间迁居宪治，葬前塘边，坐落横山后，坟粮系郑佩鸣户完纳。四代祖尚周捐纳职衔，系徽州本籍，葬包家坞。三代祖正模亦葬包家坞，父大庆葬万古桥，坟粮均在大庆户完纳，俱有实收可据。故父大庆于乾隆五十三、四等年，契买十都一图陈家井庄等处田亩，系陈起增等户，出粮六钱一分零。身于五十四年契买十都二图并三十五都三图等庄田亩，系盛鸣皋等户，出粮一两二钱零。均有印契官册可验。现在居住房屋亦系身手自置，身现年六十三岁，祖孙七代居兰，历传清白安分经纪，邻保可结。原籍歙县并无远近亲丁。身生四子一孙，长、二贸易，三、四业儒，诚恐将来应试往返不便，为此申明：高祖迁居以及父、祖坟墓、庐舍置产，各年代是否合例，伏乞大老爷俯赐恩准入籍，公侯万代顶德上呈。”

从中可见，郑瑞元户一是迁居兰溪已百余年；二是父、祖三代坟墓均葬兰溪；三是在兰溪的房屋田产是他自家置办；四是在兰溪完粮纳税已逾二十年。为了老三、老四这两个儿子的前途，所以郑瑞元必需写申请报告入籍兰溪。但是县里还无权批准，又申文上报：

“据此查得，郑瑞元自五代祖郑佩鸣，由徽州府歙县于顺治年间迁居兰溪寄籍，计今百有余年，久经置产立户输粮，吊验印契粮串年份确凿，坟墓、姻亲又在卑县地方，似与土著无异，与入籍之例相符，应请准予入籍，俾其子孙得以应试报捐。”

这份申文除呈报金华府外，还要转报给省级各有关衙门，并由兰溪知县移文歙县：

“浙江金华府兰溪县为呈请入籍等事：道光四年三月初二日，据敝县三坊民郑瑞元呈称，为呈请入籍叩恩俯准事，切身五代祖佩鸣原籍安徽歙县，于顺治年间迁居宪治，葬前塘边，坐落横山后，坟粮系郑佩鸣户完纳。四代祖尚周捐纳职衔，系徽州本籍，葬包家坞。三代祖正模亦葬包家坞，父大庆葬万古桥，坟粮均在大庆户完纳，俱有实收可据。故父大庆于乾隆五十三、四等年，契买十都一图陈家井庄等处田亩，系陈起增等户，出粮六钱一分零。身于五十四年契买十都二图并三十五都三图等庄田亩，系盛鸣皋等户，出粮一两二钱零。均有印契官册可验。当经饬查吊验契串，去后，旋据投呈，并该保邻出具切结前来。据此敝县复加查核无异，除照例通详外，拟合移查，为此，合移贵县，烦查来移，希即饬差查明，郑瑞元家是否由其高祖郑佩鸣迁居兰溪，并有无跨考情事。移复过县，以凭注册，案关通祥，望勿有延，须至移者，案申各宪。道光四年四月口日 礼房唐鸿羽承。正堂乐。”

到了五月十五日，护理浙江巡抚黄某批转这份入籍报告，要求布政使衙门审核此事，并等候闽浙总督批示。

六月初四日，金华知府景某，接到署布政使司伊某的宪牌，六月二十二日金华府把这个宪牌转饬给兰溪知县，宪牌要求：“仰县官吏文到立即遵照，取其里邻亲族甘结，该县加具印结各七套，另详送府查核转详，毋得违延。”

七月初八日，兰溪县的乐县令呈文给金华府，再次附送印甘结各七套，由府衙转呈各级衙门审批。布政使司接到呈文后，除依例再转呈总督、巡抚备案外，批复“查郑瑞元呈请入籍，经府衙奉抚宪移咨察院并原籍立案”，同意入籍呈请，对于“伊子绍文等应准其考试，准随场补考可也”。[①]

至此，历时半年繁文缛节的郑瑞元入籍手续终于办结。由此看来，入籍真不是个简单事情，必须县、府、省层级上报，经布政司审核报送总督批准方可。

社　交　为了对付竞争，移民在客居地要尽量开展交际，构建良好的人际关系，以求更加顺利地融合到当地的社会中去。徽州人一贯文化素养较高，“虽为贾者，咸近士风”，他们大多数幼习举业，少时习儒，流动到移居地后通过舞文弄墨，诗文唱酬，和当地缙绅交往，毫不吝惜花费扩大社会交际，利用自身特质所长，不断提高社会地位。

以徽州移居江苏干巷的朱姓为例，迁入上海金山县“四巨镇”之一干巷镇的始迁祖朱元大，清初自休宁月潭到这里开典当行，为进入当地上层社交圈不吝财力，煞费心机，他在新来伊始租房安身时便虑及长远，此后在当地买房时对宅第选址作了精心的安排，选择当地首望曹氏宅第与园林中间的位置，与曹宅比邻。

经过数代人与曹氏“接纳倾家”的努力，朱氏逐渐为地方势力接受。朱元大发挥自己诗文特长，与当地四大家族往来唱和，他以文章道义自许，又有朱熹后裔的背景，受到客居住地的文人尊重。有了这四家“莫逆交”，也就有了从事金融业的信誉，有了防范不测的靠山。朱氏从事高利贷经营，易与贫苦百姓发生冲突，更需要地方权势

①参见《徽州社会科学》2013年第10期，蔡予新：《清代徽州人入籍兰溪事件》。

的庇护，通过士绅引荐，由此进一步交结官府，依靠封建政权支持，他的后代朱栋终成官商。干巷朱氏五代人，历经一百六十年，由以儒饰贾，到弛贾张儒，再到弛儒张贾，典型地反映出徽州人迁居活动的基本特点。

画坛巨匠黄宾虹的父亲黄定华十四岁即去浙江金华经商，宾虹回忆作为儒商的父亲时说："诸凡能文之士，宦游名公，恒相过访，亦莫不礼接之，书问往来无虚日。府君推襟送抱，扬榷今古，出其暇豫，喜事吟咏，有所著诗，不自收拾。"他不仅以文交友，而且还擅长书法绘画，"工擘窠大书，晚岁尤喜作画，写竹竟日可数十纸；又画梅，繁枝丛萼，自拟王元章、杨补之，横墨飞翰，积楮盈箧，不以示人"。这也是他交际广泛的一个重要内容。①

《松园偈庵集》记载，嘉靖至万历年间徽商程汝概，"既冠，从父商游。独好书喜事，其临财廉，取与让，所至交知名人士。尝涉齐鲁燕赵之郊，其后逾瓯越至闽海，历漳泉，与蕃舶贸货而还"②。

歙商凌和贵在武汉，"自达官绅士及氓庶无不以礼相接，与地方长吏过从款洽"。凌仲礼在南京，"一以结客四方，名大噪江湖间"。方勉柔在大梁，"虽贵倨如周藩及诸戚畹，亦且折节下交，争相引重"。许文林"生平孝友，儒雅喜吟，数以佳辰结客觞咏竟日夕，其志不在贾也"。吴自宽"贾山东淮海间，折节为俭，居常不通宾客，其所绍介则皆有名公卿，乔尚书宇引处士为布衣交欢甚"。

大盐商江春本来就是儒生，他"工制艺，精于诗，与齐次风、马秋玉齐名"。族人评价江春"为人含养圭角，风格高迈，遇事识大体。居南河下街，建'随月读书楼'，选时文付梓行世"，"自著有《水南花墅吟稿》"。他的这种儒商大家风范，在扬州以至全国商界赢得极高声望，连任两淮盐业总商四十年之久，"以布衣上交天子"，成为乾隆皇帝最信任的盐商，历来为人赞叹，"同业中无不以为荣焉"。

除歙县外，"祁门二马"，名声远播。早在明末，马承运自祁门县城里迁移扬州东关街薛家巷，开始创业之路。到雍正时，马曰琯承继祖业，经营食盐业务更加发展，成为百万富翁。"扬州诗文之会，以马氏小玲珑山馆、程氏筱园、郑氏休园为最盛。"马家蓄养多达数十人的曲班和乐仆，在扬州广结词人墨客，吟诗唱和、赏画会友，凡有"名士过扬者，款留觞咏无虚日"，"适馆授餐，绝无倦色"，因而四方名士过扬州"不踏其庐为阙事"。③

吟诗唱和、咏诗结社、刻诗结集，是徽州富商大贾显赫儒雅豪情的体现，同样地，一般徽商也不乏咏诗交友者，徽州族谱里常有这类记载。郑月川"其所历吴越江淮齐

①黄宾虹：《潭渡黄氏先德录》。

②程嘉燧：《松园偈庵集》。

③李斗：《扬州画舫录》卷6。

鲁之间，虽以贾行，所至遇文人魁士，往往结纳，多为诗文以交之”[①]。程锁，于“暇日乃召宾客，称诗书，其人则陈达甫、江氏莹、王仲房；其书则《楚辞》《战国策》《史记》”[②]。

客寓外地徽州人凭借文化素养甚至与外国人交朋友，平民刻印书家程百二与意大利人利玛窦交谊深厚。他辑刻《方舆胜览》18卷，另附《外夷》6卷，特别是刊载利玛窦《世界舆地全图》，为引入西洋地图之先。“是书在明季地学书中，开等之先声”，“所以较它书为可贵也”。

其他如婺源洪辑五“幼习举子业”以后“弃而就商，其为人也，轻货财，重然诺，义所当为，毅然为之，不挠于俗论，有古君子风。故人咸敬爱之，推为群商领袖”。这种实例很多，不胜枚举。

联　姻　徽州移民在外地“拥吴女、侍越姬”，甚至有的迁居更遥远的北方“拥赵女、侍胡姬”，通过跨区与当地士绅结亲联姻，把那些以文会友诗词酬和建立且加深的情感用婚姻的纽带固定下来。

徽州大族的婚姻历来注重政治上的等级、门第，把婚姻作为攀龙附凤、提高自己地位的手段。比如绩溪汪氏与胡氏“世为婚姻”：胡氏居县东街崇仁坊，汪氏居西街墩礼坊，两家东西角立，世为婚姻，所居之地各占半县。

汪道昆的《太函集》里集中反映汪氏的姻亲汪道昆的母亲即“胡之自出”，称胡氏“里中世家”，对叔舅“席故饶，务豪举”感到很自豪。汪道昆与制墨名家方于鲁联姻，为《墨谱》一书做宣传而“奖饰稍过”。明代汪氏与歙西的吴氏通婚，与程氏由商业合作而联姻。并指出程、吴两家在徽州地位很高，当属豪富，“其婚姻皆郡中名公卿”。汪氏还与商贾辈出的孙氏是姻亲。“休之东略兖山距歙五里而近，汪长公系出越国，是为吾宗。草市夹岸而居孙氏最著，二姓秦晋匹也，世为婚姻。”徽州第一大姓汪氏依据自身利益选择婚配的例子举不胜举。

而在客居地与名门大户联姻的效果显著，不仅交际圈能扩大一倍以上，对经商者来说，婚配带来的原始资本进一步充实。《丰南志》记载，歙商吴“公，字烈夫，洪武初，溪南有宋鲁公者，富而敦义。传三世至父野茂公，俶傥豪逸，雅好觞咏，不事家人生业。公乃挟妻奁以服贾，累金巨万，拓产数顷”。扬州盐商江春家族与两淮著名歙商联姻尤为突出：江春小姑嫁小溪项氏；其堂兄娶岑山程氏女；堂弟娶潭渡黄氏女；一胞姐嫁潜口汪氏，另一姐嫁路口徐氏。

歙县盐商程嗣功，将自己的七子一女分别许配于本县赫赫有名的盐商世家，棠樾

①歙县《郑氏族谱》。

②休宁《程氏宗谱》。

鲍氏、竦塘黄氏、丰南吴氏、潜口汪氏、上理殷氏、岩镇方氏、洪源洪氏等，程氏和他们都是徽州名族，世代通婚，同时又都是著名两淮盐业巨富家族，联结婚姻的结果，彼此势力得以更加增强。众多族谱中关于“脱簪珥佐公充什一资”“公乃挟妻奁以服贾”“尽出奁具授之”的记载叙之不尽，不乏得益于联姻促成强强联合的故事。

汪孺人出生杭州城中，自小在父亲店铺中长大，耳濡目染，使她精于筹算。这位娘家“以不资倾郡”的汪孺人，与“家拥素封”的徽州吴次公结婚后，积极参与商业决策，“诸与次公共事者，孺人有所臧否，厥后屡中”。又如大盐商之女胡氏嫁张处士后，“胡氏母绝贤，自阃内主计盐策，骎骎起富。二子修故业致不资”。

再如家居扬州的吴、黄二氏，“俱歙名族”。分别居住在西溪南、长桥、北岸、岩寺等地的徽州吴氏，在扬州经营盐业“历二百余年”，据《扬州画舫录》记载，吴氏“其寓居扬州者，即以所居之村为派”，可见其人多势众。竦塘黄氏自明代初期即业盐两淮，最早取得总商的头衔，在扬州世代延绵不绝。万历《歙志》称：“邑中之以盐筴祭酒而甲天下者，初则黄氏，后则汪氏、吴氏，相递而起，皆由数十万以汰百万者。”清代以后这些盐商更加强势，《清稗类钞》称黄氏财势居“两淮八大盐商之冠”。吴、黄这两大豪门在扬州联姻，溪南吴氏女归竦塘黄氏后，“泉布出入，不假簿记，筹算心计之，虽久，锱铢不爽”，于是“处士即得孺人，无内顾虑，专精乘时，致资巨万。处士卒，子濡继其业，资益大殖”。因此，不少徽州商人坦率地把“起家累千金者”，归结为“孺人内助之功不少也”。

对于移居异地的徽州人，进入定居地的婚姻圈是必然的，也是他们融入定居地社会必需的重要通道。从金山县干巷朱氏族谱中可看出，移居这里的朱氏，前两代人的婚姻尚限于原来故乡地缘圈，婚配对象分别是休宁榆村程氏、五城黄氏、休宁县城王氏，瑶溪戴氏等。而从朱氏第三代起，婚姻圈突破这个格局，朱氏这时在客居地与同为徽州移民的朱泾程氏结为亲家。

客居在外地的朱、程两姓联姻，说明他们都是松江府金山地区事业成功的徽州人，结亲联姻的结果大为巩固朱、程家族在客寓地的生存基础。干巷朱氏进而与当地的名门望族通婚，分别有平湖王氏、青浦胡氏、干巷曹氏和陆氏等，而当地原有的婚姻圈，亦为缙绅望族的联盟。朱氏成功地融入更大范围的婚姻圈内，这对后代家族群体不断持续增长和人口素质提高的意义至深至大。

休宁浯田程氏是移居朱泾镇历史悠久的徽州人，朱泾作为金山县治所，人户过万，市面较干巷要繁华很多。早在明代中期徽州人在此经商，街面逐渐繁荣，朱泾开始由一个不知名的农村发展为小集市，号称“居民数千家”；到清初时已是“人烟万井”；乾隆间更是“烟火稠密，商贾辐辏，有城市气象”。金山新县治迁移到这里，是经济发展的结果，也是徽商的人为聚集作用。因为有人口气象在先，再后才升格成为县城。

实际上，朱泾拥有万户人口规模，已超过当时的一般县城，甚至大于有的府城。这才可能取代旧金山县治，被立为新县城。

徽州休宁浯田程氏是这里的首富，在金山朱泾一带有无可争议的上层地位。程文彝、程文锜一门三进士，出身官宦世家，都具有徽州人特有的高雅绅士风度，他们有功名，却又止于虚名，从而追求一种超脱的散淡生活。“成名不仕，以母养老”，“母患心疾，弃官归养”。之所以有这种境界，除了较高的文化素养外，因为家境富裕，他们耻于同一般商人为伍，形成儒家道德规范的士绅风范，为世俗民众仰慕，又为上层精英人士笼络，他们“工吟咏，喜宾客，慷慨好义”。关心徽州故里的变化，积极参与家乡宗族活动。同是徽州休宁的朱、程两家联姻之后，家声愈益隆昌，以致成为金山县顶层社交圈核心。休宁程氏家族对于众多旅外客寓的徽州人而言，非常具有代表性。

徽商在激烈的市场竞争中，加强合作，抱团经营。而合作的纽带之一便是各大家族之间的联姻。其实，徽州宗族之间出于商业需要彼此通婚者，很早就有先例，但是这种婚姻在古代士族眼中很不屑。封建传统观念“重本抑末”之下，徽州士大夫的婚姻注重的是政治上的等级、门第，所谓“婚姻论门第”。互结秦晋之好成为他们攀龙附凤、提高宗族在地方特权地位的重要途径。

随着徽商的兴起，财富滚滚而来，徽州家乡风俗被潜移默化地改变。人们的价值观念也因此发生剧烈变化，“昔为末富，今为本富”。传统的农本经济思想受到金钱猛烈冲击，价值观念的改变，反映在婚俗上，就是陈腐不堪的“俗重门第，贫富不论”婚配观念被彻底抛弃，财富和商业利益被放到首要位置。这种观念上的变化，是徽商在客居住地编织社会网络的社交活动中缺之不可的重要一环。

商业性联姻，最直接的效果就是商业资本的来源进一步扩大。同时婚姻结亲使宗族血缘纽带大大延伸、交叉、融合，巩固了各个商贾集团在经营活动中的合作。徽商既含有地域性概念，又具有浓厚的血缘特色。内部互通婚姻造成徽商的一个重要特征，就是徽州六县具有各自突出的骨干行业。

比如，歙县是“杂商五，鹾商三，典仅二”，其中盐商居多；而休宁典当商多；婺源多木、茶商；祁门则瓷、茶、木商居多。造成这种各县各有主干商业的原因，除地理、物产诸自然因素外，主要是社会因素的作用，传统习俗各大家族联姻所织成的血缘网络，覆盖面往往仅及一县。由于家族之间崇尚“世为姻亲”，通婚范围不大，少见越县联姻，青年男女婚姻基本上不出县，有的甚至不出村。

所以虽然同为徽商，各县主干行业却各有侧重。这样在客观上有利于各地徽商集团互不干扰地在外发展，建立垄断。同时，各个血缘网络又互相交叉，各县在主干商业之外，百业俱存、无货不居。这种婚姻习俗，随着移民流迁自然而然地带到客居地，重新复制出同一样的，以家族血缘为基础所构筑的同乡地缘和亲戚重合的血缘关系，因此通过联姻与之相结合的商业网络，不断地世代传承巩固发展。

立　信　在迁居地建立信义是立足根本。首先徽州人善于用儒家道德规范约束自己，强调“以信接物”“以诚待人”“以义为利”“仁心为质”，尽力博得当地民众的好评。

休宁商人程家第，在南京河口开店，他经营讲究信义，货真价实，公平交易，获利不多。与之相比，当地有的商人采取投机取巧，假冒伪劣，以次充好，获取厚利。有人劝说程商：“信义固然重要，但有时也难免要运用心计。”程坚定地说：“我只求信义，赚钱少无所谓。”对那些伎俩不屑一顾。他懂得，信誉是商业之灵魂，是无形资产，重承诺，讲信用，恪守以信接物的商业道德，是财源不竭和长久取胜的成功之道。他死后，儿子程之珍承父业，坚持讲信义，薄利经营。而那些投机渔利的商人得逞于一时，却失去了顾客的信任，他们中有的破败了，有的站不住脚离开河口了，而程氏最终在河口牢牢地扎下根。经过历代人的不懈努力，程氏店铺在远近顾客中树立起自己的招牌，生意越做越大，发展成为河口规模最大的、名声最好的店家，这是个很平常的范例。

明代社会风气受到商品经济的冲击，日趋浮躁，造假欺诈现象层出不穷，在经济发达的杭州，明中叶人田汝成在《西湖游览志余》中描述了弄虚作假的“杭州风，一把葱，花簇簇，里头空”；一些奸商“又其俗喜作伪，以邀利目前，不顾身后，如酒搀水，鸡塞沙，鹅羊吹气，鱼肉贯水，织作刷油粉”。与杭州并称“人间天堂”的苏州，不仅杭州的那些市井伎俩种种皆有，而且造假技巧更加花哨。时人叶权在《贤博编》里揭露：“今时市中货物奸伪，两京为甚，此外无过苏州。卖花人挑花一担，灿然可爱，无一枝真者；杨梅用大棕刷弹墨染紫黑色；老母鸡毛插长尾，假敦鸡卖之。浒墅货席者，术尤巧。大抵都会往来多客商可欺。”

入清后，造假欺诈手段较前有过之无不及。乾隆十二年（1747 年），大学士纪晓岚在京城一家小客店中买来一支蜡烛，居然点不着，原来蜡烛是泥巴做的，仅在外表敷层羊脂而已。纪晓岚在京城还买过 16 锭号称为明时徽州名家罗小华制的墨，装在一个旧盒子里面，回去一用，竟是泥土做的，只是表面染成黑色。当时罗小华墨“一螺值万钱”，名墨比银子贵三倍。事后纪晓岚自嘲道，受骗的人要么是贪便宜，要么是图方便，受骗是有原因的，骗子掌握了人们这种心理，所以屡屡得逞。

在这样市场环境中，徽商以儒道经营的商业道德是值得称颂的。在徽州程朱桑梓之邦，由于朱熹理学对儒学的系统倡扬，使得儒家的思想道德在这里占有比别处更高的地位。崇儒重道，乃是徽州人恪守不变的传统。徽商自小生长在儒风独茂的社会环境之下，加上从小多曾接受儒学教育，长期受到儒道的熏陶并深入骨髓之中。因此儒家的道德说教，自然而然成为他们立身行事的指南。所以徽商虽为贾者，咸近士风，犹不失儒者气度，处处讲究以儒道经营。强调忠诚立质，主张以诚待人，宁奉法而折阅，不饰智以求赢。这方面记载很多，如歙县江应万“历游吴、越、闽、海诸地，以诚信交人，同事无少欺隐”。

成功的徽商以仁心为质，以义为利，存仁爱之心，乐于施善，重义轻财，积极参与客居地的市镇建设。明代休宁查杰迁居芜湖，“岁饥输粟三百石，置石硊渡，砌石埠于姑孰、南陵道百里”。歙商方如骐“石甃金陵孔道，以达芜湖”。祁门郑璥“商于瓜渚，见运河为官民要道，遇粮运辄阻商行，涪捐金别浚一河，使官运无碍，商不留难，至今赖之”[①]。婺源詹文锡“承父命往蜀，至重庆界，涪合处有险道，名‘惊梦滩’，悬峭壁，挽舟无径，心识之，数载后，积金颇裕，复经此处，殚数千金，凿山开道，舟陆皆便。当事嘉其行谊，勒石表曰‘詹商岭’”[②]。

除了在客居地投资修路铺桥等善举义行之外，徽人擅长文化事业建设。歙人鲍廷博“少习会计”，“以冶坊为世业，而喜读书，载籍极博”。他后来移居乌青镇，建立“知不足斋”藏书楼。乾隆修“四库全书”，他家献书626种。两淮盐务总商鲍志道，慷慨解囊在扬州建12门义学，供贫穷子弟就读；铺设康山以西至钞关抵小东门砖石路面；又在北京建扬州会馆，为往来商旅安排食宿，存放货物。其长子淑芳继任总商后，同样以义行名闻朝野。鲍家在扬州建有“西园”别墅，设“安素轩书斋”，藏书万卷。鲍漱芳酷爱书画，毕生致力搜集唐、宋、元诸贤书法墨迹，经鉴定评跋，择其精者于嘉庆间(1799年)邀名篆刻家钩摹镌刻《安素轩法帖》，直到其子治亭、约亭继承父志，至道光九年(1829年)刻毕，费时30年。鲍志道于嘉庆十九年（1814年）受皇帝表彰，御题“乐善好施”匾额，在故里棠樾建坊旌表。其次子勋茂在扬州出资助修千里河堤；造混江龙铁筏子百余具疏通海口，在南京江南会城建崇义堂资助诸生考举，建集英堂教育贫困子弟。旅居扬州的鲍氏父子热心文化事业的种种义行显迹素来为世人称道。

世居扬州的歙商汪应庚，在乾隆元年（1736年）见扬州学府江甘学宫“岁久倾颓，出五万金亟为重建”，建后辉煌轮奂，焕然维新。又以二千金制祭祀乐器，无不周到，以一万三千金购腴田一千五百亩重归诸学，以待岁修及，助乡试资斧。又捐资兴修平山堂蜀冈及冈左观音阁、冈右司徒庙；建造万松岭，植树十万株；修建五烈祠、贞节墓、栖灵寺等等，汪应庚的慈善活动很多，早在雍正年间，每次海啸成灾，他在灾区赈济灾民达三月之久，运米数万石施救，设立药局治病，“施棺柩，给絮袄，设药局，济回禄，拯溺舟，育弃婴”，义举迭出，扬州当地百姓感激涕零，传诵不息。

除巨商富贾以外，默默无声的一般徽商在迁徙地也大有作为，如汪涛在台州“建育婴堂全活甚众”。其他无数客居徽州人在外地的置义学，建义冢，赈贫、恤孤之类善行则多不胜计。总而言之，“欲把名声充宇内，先将膏泽布人间”。流动在各地的

①同治《祁门县志》卷三十，《人物》。

②光绪《婺源县志》卷二十八，《人物·孝友》。

徽商凡足迹所至，膏泽洒遍天涯，做到经商一地，润泽一方，造福一片，这样不仅提高了经商知名度，而且也把徽商的美誉传播久远。这些义举善行同样也是一种市镇建设，徽州人用泽被他乡的实际行动在客居地取得受人尊重的地位，经商也有了良好的社会背景。这在各地人口稠密的市镇，尤其是小市镇人口流动性不大的传统“熟人”社会，每天“低头不见抬头见”，人们互相熟识，知根知底，非常不容易获得口碑，良好的社会环境，对于子孙后代扎根在外地无疑是受用不尽的资源。

无论是在外地做官、从教、行医、业技和经商的徽州人，尽管谋生方式形形色色，各有不同，都是通过入籍、社交、联姻、义举等综合过程，在迁居地编织成巨大的社会关系网络，世代扩张加固，永久融入当地。这种史诗般的人口流动，促进各地文化交融，对人口数量增长和人口素质的提高，起到极其深远的作用。有资料显示，徽州人寄籍在外地的世代发展速度高于本地。同时徽商资本产生的利润源源不断输回故乡，不但保障家乡父老生活之需，而且有力地促进徽州文化教育事业蓬勃发展，故里村庄道路桥梁建设得以提升，人居环境大为改善，非常有利于本土人口持续发展。

第四节　社会影响

本土人口不断向境外流动对徽州社会产生的深刻而久远影响，是无法估量的。具体从人口的角度，可以列举以下几个方面现象概略揭其一斑。

人口迁移版图扩张　胡适提出：“县志应注重邑人移徙经商的分布与历史。县志不可但见小绩溪，而不见那更重要的‘大绩溪’，若无那‘大绩溪’，小绩溪早已不成局面。新志应列‘大绩溪’一门，由各都画出路线，可看各都移殖的方向，及其经营的种类。如金华、兰溪为一路，孝丰、湖州为一路，上海为一路，自绩溪至长江为一路。然亦有偏重，如面馆业虽起于各村，而后来成为十五都一带的专业；如汉口虽由吾族开辟，而后来亦不限于北乡。然通州自是仁里程家所创，他乡无之；‘横港’一带亦以岭南人为独多。”①

绩溪人举族移徙全国各地经商，在一些城镇市集聚合成帮，尤其是经营饮食面馆业著名中外，营销网点占据了长江沿线各大城市。这些地方都成为小小绩溪县的流动人口客居地，他们流动迁移向外部大范围扩张而形成“大绩溪”。作为徽州六邑当中最小的绩溪县，这种扩张模式实际上也是整个徽州人口向外扩散的缩影。因此对于全国、全省而言，小徽州以外则有人口版图扩大到全国的“大徽州”。徽州人口流动形成经常变易不居、内外流动的社会，十分有利于大、小徽州这两个区域的互动互补，互相吸纳，从而推进本土和寓居地经济文化的进一步繁荣，形成独步天下的绚烂徽州文化。

①《绩溪县志馆第一次报告书·胡适之先生致胡编纂函》。

胡适祖上举族迁徙外地经商的历史，在绩溪《上川明经胡氏宗谱》中清晰地反映出来："吾族自十三世以前，经商者颇少，其后则文阑公于闽，兆孔公于上海，汉三先生于广，其商业皆焜耀一时。逮道、咸间，端斋公起，遂以开文墨业名天下。同时族人列肆上海者，又有万字招十三肆，皆兆孔派也。鼎字招九肆，皆志俊公派，而余派亦称是。同、光之际，则上海有贞海公之'鼎茂'，玉庭公之'万生端'，贞春公之'松茂'。南京有方揩公之'恒之'，三溪有先大父荫林公之'景隆'，踋鄂相衔，业并素封，故旅遂以善贾名……又吾族旅食以上海一带为最多，率常数百人，闻始商上海者即兆孔公，然则今沪地族侨，宜祀公为哥伦布矣。"①

绩溪上庄胡氏聚族而居，胡传在自编年谱中述及，族人"(在家之)老幼男女约八百余口"(上面括号内三字为胡适加注语)，"阖族为工商于外者四百余人"，全族总数约是1200余人，三分之一于外为工商业者。这是咸同战乱后所幸存的整个胡氏家族人口，当然不止上庄一个村。胡传说："大乱之后，族中丁口十只存二。"可见战前人口鼎盛时，达6000人口的胡氏，经商在外的人数应有2000之多。

胡适在《我的家族——绩溪上庄胡氏》一文中这样说道：

"所以离井撇乡，四出经商，对我们徽州人来说，实是经济上的必需。家人父子夫妇数年不见也是常事。同时家人的日用衣食以至于造房屋、置田产，也都靠远在外乡的父兄子弟汇款接济。

不过在经济的因素之外，我乡人这种离家外出、历尽艰苦、冒险经商的传统，也有其文化上的意义。由于长住大城市，我们徽州人在文化上和教育上，每能得一个时代的风气之先。徽州人的子弟由于能在大城市内受教育，而城市里的学校总比山区的学校要好得多，在教育文化上说，他们的眼界就广阔得多了。因此在中古以后，有些徽州学者——如十二世纪的朱熹和他以后的，尤其是十八九世纪的学者像江永、戴震、俞正燮、凌廷堪，等等——他们之所以能在中国学术界占据较高的位置，都不是偶然的。"②

精英人才的出现与成长，得益于大小徽州间聚合和扩散的功能，对此，当代学者叶显恩总结道："大、小徽州内外交流互动，有利于精英激发其活力和创造性；有利于人才保持蓬勃的生机和活力，避免因循守旧和蜕化变质；有利于大、小徽州之间互相吸纳而推进文化的繁荣。"③

同时进一步指出，"徽州以自己人力资本的优势，弥补本身自然资源不足的做法，在当今社会是屡见不鲜的，犹太人、日本人就是这方面的能手。难能可贵的是数百年

①绩溪《上川明经胡氏宗谱》下卷，《拾遗》。

②唐德刚译注：《胡适口述自传•故乡和家庭》。

③叶显恩：《徽州文化全书•总序》。

前的徽州人已经懂得这么做了”[1]。

人口大量向外地流动，使古老闭塞的徽州转型变成开放的社会，这样就可以通过内外流通交换达到社会资源共享，推进文化空前繁荣。例如排在“徽州八大姓”“新安十五姓”之外的邵氏家族，其先祖唐末邵好礼由洛阳迁浙江，六世孙邵显再转迁歙之贵溪；北宋政和元年（1111 年）十世孙邵万成始迁居黎阳，南宋嘉定三年（1210 年）邵德迁移阳湖。二百年间邵氏在徽州境内不断迁移，始终默默无闻，直到清初邵嘉祚由黎阳始迁江苏常熟后，他的后裔邵齐焘（1717—1768 年）在乾隆十年（1748 年）中进士，授庶吉士，一鸣惊人，并与其兄齐烈，弟齐熊、齐然、齐鳌，合称“五凤齐飞”，传为常熟盛事。以后乾隆三十一年，邵齐焘主讲常州“龙成书院”，洪亮吉、黄景仁等文彦俊杰皆门生。这个实例典型进一步说明精英人才在内外互相流动中能够得到更好成长。

道光《徽州府志》概括地指出，徽州“人文辈出，鼎盛辐辏，理学经儒，在野不乏”，并且“人文郁起为海内之望，郁郁乎盛矣”。[2]明清时期徽州六县不但科举成绩在全国居领先地位，以才入仕者惊人之多，而且以文垂世者名震天下，徽州文人学士的著作也是蔚为大观。据史料统计：徽州明代经 162 部，史 185 部，子 337 部，集 514 部；清代经 310 部，史 185 部，子 278 部，集 579 部，两代著述总计共为 2486 部。[3]这就是人口流动带来思想文化内外交流创造出来的空前效应，在这五百多年里，徽州人才济济，名臣循吏、富商巨贾、学者名儒、文坛才俊以及能工巧匠、科技群彦等等，不绝于史。儒林文苑，百态千姿，从而产生了“新安学派”“新安医学”“新安画派”“新安刻书”及“新安棋派”等神奇的文化现象，层出不穷的徽州精英人杰，都能够以自己卓越的学识和精湛的技艺，在各个领域里自树一帜。其专长涉及人口、政治、经济、哲学、经学、文学、艺术、科技、工艺、建筑、医学、雕刻、印刷、绘画、戏剧、饮食等等，无所不能。

清代鼎盛期编纂《明史》，休宁人汪由敦（寄籍常州），以“立心忠厚、学识淹通”，在尚未释褐之时，（他参加乡试中举前一年）即被吏部尚书歙县人徐乾学（寄籍昆山）上奏举荐，充任明史馆纂修官，以后受史馆总裁张廷玉青睐，托付以负责成书之重任。汪由敦凭着出众文采和渊博文史知识，广征博引，稽古钩沉，他在总结了《宋史》《元史》等官修史书的弊病基础上，提出一系列史学编纂的创新主张，出色地保证《明史》的修纂质量，流芳千古。汪由敦因此升迁翰林院侍读学士（从四品），入值上书房，以后又晋升正二品尚书，入值军机处，成为皇帝身边肱股近臣。

---

①叶显恩：《徽州文化全书·总序》。

②③道光《徽州府志·艺文志》。

乾隆三十八年（1773 年）《四库全书》的编纂过程，更加反映出数量庞大的徽州学者的集体智慧。从应征献书开始，在京徽州籍官员有黄登贤、汪如藻、程晋芳、程景伊、戴震、汪承霈六人，其中黄登贤献书 299 种，居安徽省之首，在全国私家献书排名榜上占第七位。汪如藻献 183 种，居安徽第二，全国第八。程晋芳献书 153 种，程景伊、戴震各 2 种，汪承霈 1 种。而寓外的徽州藏书家献书更是达到 3000 种之多，其中马裕、鲍士恭、汪启淑位列全国私家献书前三名。马裕献 776 种、鲍士恭献 626 种、汪启淑献 524 种。总体算计，徽州人进献的图书占全国私家献书总数的 60% 多，占全国总的采进书籍数量的四分之一，成为《四库全书》的重要书源。

不仅如此，历代徽州文人的大量著作，在质和量上都大大充实了《四库全书》内容，显现出徽州丰厚的文化积累和学术特色。《四库全书》收编历代著作 3461 种，录入存目 6793 种，总目合计著录 10254 种。其中徽州人的著作共 451 种，内有经 110 部，史 70 部，子 131 部，集 140 部。最后编入《四库全书》195 部，入存目 256 部，占到著录总数的二十三分之一。休宁县入选著作 187 种，作者 73 人，其中宋 8 人，元 4 人，明 39 人，清 22 人，居全省前列。婺源县有 83 种，1345 卷著述被选入，时人很自豪地说："我婺之在新安，论户口、财赋，不敌歙、休。第自建邑以来，钟间气而笃生朱子，遂使地以人重；南国之有星江（婺源代称），犹东鲁之有曲阜也。"

《四库全书》修撰，历时 10 年，在这项规模浩大的古书辑佚文化工程中，徽州歙县籍人文渊阁大学士程景伊（寄籍武进）和户部尚书曹文埴充当正副总裁，负责馆内一切事务，总揽全局。程景伊、汪永锡（寄籍钱塘）是总览官，负责审阅所有进馆书籍，提出处理意见。曹诚、戴衢亨、张焘以及萧际韶则充当提调官，负责提取翰林院书籍。汪如藻、程晋芳为总目协勘官，协助总纂官编订全书总目。除以上几位重臣之外，另有十二位徽州人担任缮书处的分校官，他们是：金榜、汪永锡、戴心亨、洪梧、程昌期、汪学金、许琅、王照、吴绍浣、汪日昌、潘奕隽、谢登隽。还有校勘《永乐大典》纂修兼分校官有黄轩、戴震、汪如洋三位休宁人。这些徽州精英俊彦有破格入馆者，有科举状元、探花等，成为四库馆中地位突出、才识优异的群体，上述这一大批杰出人物显现他们的总体学术水平达到全国最高，集中展示出徽州人才喷涌而出、鼎盛辐辏的壮观局面。

人口外移疏解本土生存压力 徽州人口在南宋时达到第一个历史峰值，超出十二万户，达 50 万口以上，这时人口与土地的矛盾日渐突出，缺粮情况已初步显现。淳熙初年（1174 年），史料中就有徽州人向舒州、池州等地迁徙的记载。遇到自然灾害，更有大量人口向外流迁。休宁县在南宋"淳熙七年大旱，民饥，流淮郡者万余"；元代"大德六年大亢旱，秋收使折其八，民流徙者不可胜计"。迫于生存压力，缺少耕地的过剩农业人口不得不向有地可耕处迁移。同时，到了明朝中叶，徽州人口职业结构开始变化转型，大量农业人口转向工商业，“以贾代耕”挟技艺走四方者日益增多。

据统计，明洪武四年（1371 年）徽州农业耕地 1476391 亩，人均 2.75 亩，这个时候的人口数据最为接近实际值，可作为标准对照。过了一百年，弘治五年（1492 年）徽州人口应该增加达到 70 万以上，而人均耕地面积则降为 2.668 亩。此时耕地面积稍有增加，是进一步开发山田的结果，多属于下田。徽州的上田集中在河谷和山间盆地，称为畈田，约只占土地总面积十分之一。上田亩产平均 500 斤谷加上旱粮收 100 斤。宋以前，徽人的粮食主要来源靠这些畈田，以后人口激增，仅靠这些畈田出产的粮食已满足不了需求，于是开山种粮，势在必行。对此，正如罗愿《新安志》生动描述那样：“新安为郡在万山间，其地险狭不夷，其土骍刚不化，水湍悍，少潴蓄”，“大山之所落，深谷之所穷，民之田其间者，层累而上指，十数级不能为一亩，快牛剡耜不得旋其间，刀耕而火种之。十日不雨，则仰天而呼；一遇雨泽，山水暴出，则粪壤与禾荡然一空。地之勤民力者如此”。这的确是徽州山田的真实写照，直到明清时期农业生产条件仍然没有太大改善。地方志记载与此论近似，但是人们谋生出路的方式则有了根本性变化。嘉靖《徽州府志》记述得非常准确详细，可与上述《新安志》引文作对照：

“徽郡保界山谷，土地依原麓，田瘠确，所产至薄，独宜菽麦红虾籼，不宜稻粱。壮夫健牛，田不过数亩，粪壅缛节，视他郡农力过倍，而所入不当其半。又田皆仰高水，故丰年甚少，大都计一岁所入，不能支什之一。小民多执技艺，或贩负就食他郡者常十九。转他郡粟给老幼，自桐江、自饶河、自宣池者，舰相接肩相摩也。田少而直昂，又生齿日益，庐舍坟墓不毛之地日多。山峭水激，滨河被冲啮者，即废为砂碛，不复成田。以故中家以下，皆无田可业。徽人多商贾，盖其势然也。”

到清代康熙年间，《徽州府志》主编赵吉士进一步指出：“徽之山大抵居十之五，民鲜田畴，以货殖为恒产。春月持余赀出贸什一之利，为一岁计，冬月怀归，有数岁一归者。上贾之所入，当上家之产；中贾之所入，当中家之产；小贾之所入，当下家之产。善识低昂，时取予，以故贾之所入视旁郡倍厚。”[①]“然多雍容雅都，善仪容，有口才，而贾之名擅海内。然其家居也，为俭啬而务蓄积。贫者日再食，富者三食，食惟橁膻粥，客至不为黍，家不畜乘马，不畜鹅鹜。其啬日日以甚，不及姑苏之间诸郡，产相十而用相百，即池阳富人子，犹不能等埒，而反以富名，由为贾者在外售虚名云。”[②]

徽州地理位置优越，自然灾害较之“十年九荒”的地区要少得多，但是十年一遇的水旱灾难则难避免，康熙《徽州府志》指出：“郡处万山，百货皆仰于外。陆则肩

①赵吉士注：“徽人居于维扬、苏松者未尝贫，但其生平不一至故乡，而居徽地者反受富名之累，不惟贫民，并官于此土者，亦且累于地方之虚名。留心民瘼者，尚其念之。”

②赵吉士注：“明末徽最富，遭兵火之余，渐逐萧条，今乃不及前之十一矣。”

担顶荷之夫，沿崖陟岭，虽隆东洹寒而汗雨行；水则溯流推挽，从急湍石濑中负舟以上。垄断之子，挟货以射急，其值固已倍他郡矣。一旦饶河闭粜，则徽民仰屋；月舟不至，六邑无衣；荒旱偶乘，死亡立至。恤下之政，吾民所为望泽者，岂不急急哉！一日米船不至，民有饥色；三日不至，有饿殍；五日不至，有昼夺。”①

民以食为天，在人口激增的清代，口粮问题更加严重地威胁着人们生存。徽州境内居民食粮以大米为主，但“土不给食”，本地所产远远不能满足所需，必须依靠邻近产地运入商品粮。历来主要是“取道有二，一从饶州鄱、浮，一从浙省杭、严，皆壤地相邻，溪流一线，小舟如叶，鱼贯尾衔，昼夜不息”。但是如遇不测，“一旦饶河闭粜”，或者新安江下游无船上行，粮食供应不上，饥饿死亡就会立至。称：“粒米是急，日仰给东、西二江，旬日之艘未至，举皇皇枵腹以待。”②黟县“农人终岁勤劬，亩收不给，多远取于池、饶；贫不能负者，仰采薇、葛以充”。歙县“所出粮不足一月，十九需补给，远至江广数千里，近自苏、松、常、镇数百里而至”③。

徽州群山环绕，运输粮食主要靠水路。从浙江来的粮船溯新安江而上，进入歙县；从江西来的，循阊江北上达祁门；沿乐安江和婺水东上达婺源。从芜湖来的沿水阳江而上达绩溪；自池州沿池口河而上达祁门。清朝道光年间（1821—1850年），徽州人口数量达到新的高峰，超过二百七十万，平均每人不足1亩耕地。此时新垦田很少，地力已尽。粮食生产已无潜力，更加依赖从境外输入。同治《祁门县志》称，县境山多田少，历史上“及丰年，谷不能二之一”。崇祯十四年(1641年)曾经出现“浮盗阻河，舟楫不通，粮食腾贵，斗米银三钱，人掘土以食，俗名‘观音土’，食后多有死者”的惨剧。至道光初，祁门人口剧增，达到四十七八万人的历史顶点，以致“粮食盛销，殷富之户多以贩粮为生涯，阊江中运粮船只近万”。

光绪《婺源县志》称：“岁概田所入，不足供通邑十分之四。”徽州山场的土特产品可以容纳部分转业就业人口，“山多田少，率以贸易以供国需，其贸易大卒种杂树及杉木为屋料，熏野味及猪肉为食品，采茶为饮，绩苎为服，捣桐为墨，抄树为纸，煎油漆为器，剥乌柏为烛。其余棕毛及药物之类亦不遗余力”。在本地有限的空间内从事农副业和手工业以解决生活出路，这只是杯水车薪。“今之所谓地少人众者，则莫甚于江东诸县而尤莫甚于吾邑。”④过多的剩余农业人口在本土无法生存，于是徽州人四出流动，寻求就业机会，大部分“小民多执技艺，或负贩就食他郡者常十九”⑤。向本土以外拓展生存空间，就食他郡，势所必然。

---

①康熙《徽州府志》：《蠲赈》。

②[明]万历《休宁县志》。

③《歙事闲谭》卷六：《明季县中运米情形》。

④⑤ [明]万历《歙志》：《货殖》。

清朝初期，歙人许楚分析徽州人口就业变化的原因，指出：由于徽州人口蕃庶，土地贫瘠，粮食不能自给，因此，“民生其间，势必轻去其乡，以贾代耕”，“即士之上者，亦未免出走而耕砚，次耕术，又次耕技。夫砚与术、技皆田也”。[①]士之上者，即徽州知识分子群体。他们领头闯荡世界，走出书斋，到杭、宁、扬、苏等大都市“耕砚”“耕术”“耕技”，发挥自己一技之长，利用徽州传统产业优势在文化领域就业。典型的代表如休宁人胡正言，明末清初寓居南京，创设“十竹斋”门店，一面经商，一面进行版画艺术创作，发明创造出“餖版”和“拱花”的彩色套印技术，把中国的版画艺术水平推向新的境界。其他从事文化产业成功的例子,在以上各章节中提到很多。即使经商起步较晚的黟县，饱学士子也大都“以塾师自给，馆外邑不惮劳”[②]，发挥本身文化特质之长，用辛勤笔耕、舌耕的脑力劳动，藉使谋生。

正因如此，在那些文化素养较高的“士之上者”带领下，更多的徽州人投入到经商的潮流中。明代黟县诗人黄士骐在《记邑中风土》诗里写道：“新安多游子，尽是逐蝇头；风气渐成习，持筹遍九州。”[③]

晚清邑人吴日法指出：“吾徽居万山环绕中，川谷崎岖，峰峦掩映，山多而地少。遇山川平衍处，人民即聚族居之。以人口孳乳故，徽地所产之食料，不足供徽地所居之人口，于是经商之事业起。”[④]大量由农业人口转型为商业人口外出流动，追逐蝇头小利谋求生计，不仅减轻徽州境内人口压力，更加重要的是，在经商活动中获得巨额利润，其中相当一部分与人口流动互成逆向地流回到家乡故里。这些财富实质上就是为家乡源源不绝地输入外部资源，这就在很大程度上缓解徽州本地的粮食、布疋等生活用品资源短缺。所以明代休宁学者金声指出：“歙、休两邑民皆无田，而业贾遍于天下。自寇乱，破家荡产者大半。夫两邑人以业贾故，挈其亲戚知交而与共事，以故一家得业，不独一家食焉而已，其大者能活千家、百家，下亦数十家、数家。且其人亦皆终岁客居于外，而家居者亦无几焉。今不幸而一家破则遂连及多家与俱破。”[⑤]业贾大者如千万、百万富豪，他们“挈其亲戚知交而与共事”，带动家族共同经商，养活千百家人口当然不成问题。而且这些富商有足够的能力回乡构筑祠堂、增置祭田、纂修族谱，投资家乡各项公益建设，改善故里生活环境。

人口流动为徽州地域社会的生存和发展创造了新的机会，由徽州知识分子引领的人口流动潮流，大为缓解人口对本土的压力。徽州人口就业途径的广泛性，使得徽州这个偏僻山区，和全国乃至海外的广阔社会更加紧密联系融合在一起。

---

①[明]许楚：《青岩集》卷八。

②③[清]顺治《黟县志》卷一《风俗》。

④吴日法：《徽商便览•缘起》。

⑤金声：《金太史集》卷四《与歙令君书》。

本地出生人口减少　大量男性人口向境外流动，直接抑制徽州妇女生育，导致本地人口增长率长期低迷。统计数据表明，明初徽州人口数量雄居安徽省各州府之首，在历史上是占全国、全省的人口比重最高的巅峰时期。而此后全国人口增长速度最快的阶段，徽州人口反而增长缓慢，逐渐落后于其他州府。到清代中期，虽然徽州人口数量达到顶峰，但是在全省各府中却是垫底，不仅大大低于宁国府，连池州府也反超越过。从此往后，徽州人口占全国、全省的比例节节下降。

徽州人口增长速度低于其他地区，原因很明显，大量男子长期流出，直接抑制生育。一方面明代中期后，随着人口不断向外流动，严重冲击旧有婚俗，彻底改变“婚嫁依时，闾阎安堵”的惯习，造成徽州家庭夫妻之间的年龄差距较大，男子比女子平均要高 7.9 岁（详见第四篇）。另一方面，徽州人虽然自古有早婚习俗，“徽州俗例，人到 16 岁就要出门做生意”[①]，青年男子 16 岁出门谋生之前就完婚，新婚后即要离家出走，可是一出远门，外面的陌生世界变化莫测高深，要回家探亲就难上加难了。一般地，“徽商有三年一归之旧制，游子天涯，赖有此尔。惟吾徽道途梗阻，交通乏便”，“旅之往来，殊非易事。前所云三年一归者，且有历数三年而未一归之商人”。[②]清朝文士魏僖指出：“徽州富甲江南，然人多地狭，故服贾四方者半。土著或初娶妇，出至十年、二十年、三十年不归，归则孙娶妇而子或不识其父。”[③]《新安竹枝词》这样唱道：“健妇持家身作客，黑头直到白头回。儿孙长大不相识，反问老翁何处来。”

更有甚者，新婚之别，即成永诀。《新安女史徵》记述的悲凉故事，“吾乡昔有夫娶妇甫三月即远贾，妇刺绣为生，每岁积余羡易一珠以记岁月，曰此‘泪珠’也。夫还，妇殁已三载，启视其箧，积珠已二十余颗”。这个故事充分反映出，新安节妇、贞女之多，与徽商的财富互相对称。胡适对此说得更明白：“我们徽州人通常在十一二三岁时便到城市里去学生意。最初多半是在自家长辈或亲戚的店铺里当学徒。在历时三年的学徒期间，他们是没有薪金的；其后则稍有报酬。直至学徒（和实习）期满，至二十一二岁时，他们可以享有带薪婚假三个月，还乡结婚。婚假期满，他们又只身返回原来店铺，继续经商。自此以后，他们每三年便有三个月带薪假期，返乡探亲。所以徽州人有句土语，叫‘一世夫妻三年半’。那就是说，一对夫妇的婚后生活至多不过三十六年或四十二年，但是他们一辈子同在一起同居的时间，实际上不过三十六个月或四十二个月——也就是三年或三年半了。”[④]

①艾衲居士：《豆棚闲话》。

②吴日法：《徽商便览》。

③魏僖：《魏叔子文集》卷十七，《江氏四世节妇传》。

④胡适：《我的故乡和家庭》。

然而有的徽商执着追求，不以在外奔波为苦，至老不肯放弃。例如“资财甲于乡，为大贾人”的许秩，他童年即外出经商，“去家二十年，及归，比两月，复为行计。或妮之曰：‘公老矣，即田里亦足自乐，何苦历彼险阻也。’公拂然曰：‘男子生而桑弧蓬矢以射四方，明远志也。吾虽贾人，岂无端木所至国君分庭抗礼志哉？且吾安能效农家者流，守镃基、辨菽麦耶”。[①]

徽商之所以有家难归，除道途远阻的原因外，更为重要的是出外经商的风险巨大。汪道昆指出“吾乡业贾者十家而七，赢者十家而三”[②]。这个估计是客观的，经商失败者占十分之七，是大多数。“徽俗，商者率数岁一归，其妻孥宗党全视所获多少为贤不肖而爱憎焉。”[③]在家乡父老面前，失败者的命运十分可悲。如有歙县程氏兄弟“挟重资商于辽阳。数年，所向失利，辗转耗尽”[④]，远赴东北做生意折本，“程兄弟既皆落寞，羞惭惨沮，乡井无望。遂受佣他商，为之掌计以糊口，二人联屋而居，抑郁愤懑，殆不聊生”[⑤]。有十分之七的徽商下场类似，发财致富的只是少数。歙县人许朴幼时，其父出外往湖南经商，走后杳无音信。他长大成人后，其母要他去荆州寻父，辗转数月，多方打听才找到潦倒龙钟的父亲，父子相见却不相识，于是报籍贯，道姓名，问年龄，两人抱头痛哭，悲喜交至。再如程世铎的父亲出门经商一去16年无音讯，他26岁时外出行程万里寻父五年，最终在四川乌蒙山找到其父。“比见，两不相识，以数庚申，通籍贯，道姓名而知，盖父离乡已二十一年。”[⑥]能够生还的幸运者毕竟还是少数，各地方志及家谱中载有多则孝子远涉万里寻父的事例，有的只是“觅得遗骸”而已。至于“新婚别”就外出经商，无后没有子嗣，客死他乡者更是不计其数。

明嘉靖间，歙人许尚质走南闯北大半生，“负担东出吴门，浮越江南，至于荆，遂西入蜀。翁既居蜀，数往来荆湖，又西涉夜郎、牂牁、邛笮之境”。老来致富归里，俭朴如初，不忘本色，“翁为人淡泊，不竞芬华，归既富厚，乃犹日竞竞力作，衣敝食蔬，强步五十、六十里如贫时。采山灌园，莳瓜芋，树梨栗，并亲诸仆妾事，无少倦”。他用亲身经历告诫子孙“乃公竭力起家，非以娱心志、悦耳目也。间自念曩入蜀时，迷失道，伛偻扳崖谷，行冰雪中，至今使人毛竦骨竖，乃公谁为哉？若等念之”，并且将自己“平生艰辛苦状，勒石堂右，以语子孙，大都筋力纤啬之事，而要归于礼义”。[⑦]

更为凶险的是海上，官方统计，嘉靖初往来中日的海商，被飓潮风浪迫离航道，

①歙县《许氏世谱》第五册，《平山许公行状》。

②汪道昆：《太函集》卷十六。

③魏僖：《魏叔子文集》卷十七，《江氏四世节妇传》。

④蔡羽：《辽阳海神传》。

⑤⑥民国《歙县志》卷八，《人物志·孝友》。

⑦歙县《许氏族谱·朴翁传》，转引自《明清徽商资料选编》，黄山书社1985年版。

漂流进入朝鲜国境的前后共达千人以上，这些贩缯航海的商人免遭灭顶之灾实属万幸，其中有相当多的徽商。海洋贸易遇海盗劫掠则是常事，歙县许谷“舟薄浯屿，群盗悉掠之”①。鲍文玉“行贾于外，转徙瓯粤间。是时市舶出洋，遭劫掠者无算，文玉数往来，属有天幸，独不遇”②。大凡徽商所集之处，都有徽人义冢，收葬同乡遗骸。北京歙县义庄，创设于明嘉靖四十年，与会馆同时建立。“规制甚宏，厅事高敞，周垣缭之，丛冢殆六七千，累累相次。”早在明代隆庆年间，歙人聚都下者已以千万计。到清代乾隆年间，在京仅歙人开设的茶行各字号共有166家，银楼6家，加上其他行业商号、众多京官以及其余各县各行各业寓居首都的，聚集之盛可想而知。徽州人在京从商致富的背后，则是一部悲催的血泪史。发达富有的店家老板无数，与之相对应，更多的是那些店员、伙计及家乡弟子学徒等勉强温饱的下层各色人口，死于客乡外地不能归葬者更是多不胜计。

在众多徽州家谱中常看到“生卒不明”或“有生年而无死亡”的记载。如祁门方氏一脉五世中，生卒不详或生详卒不详的竟达46.7%，另一脉方氏也高达41.46%。由于修谱有“详生卒”的规则，谱主的生卒年月如果有谬，是对祖宗的大不敬，因而一时弄不清楚的宁可存疑，绝不会杜撰。他们的生卒未详，只能说明其背井离乡，音讯久绝，不知所终。虽然没有记载说明他们从家乡流出的原因，但是在十有七八的人口为商贾的徽州，可以推断他们中多数是因经营失利而落魄异乡羞于回家者。上述方氏两个支脉生卒不详在总人口中所占的比例，与汪道昆所指明代徽州人经商失败者十家而七的比例基本吻合。

总之，适龄男子过早地外出经商，三年（甚至更长）一探亲的习俗，由于经营失利，羞归故里乃至客死他乡，因此造成徽州妇女晚育、少育甚至不育的比例高过外地。这是徽州人口的又一显著特点，明清时期徽州人口增长率长期远低于全国、全省平均水平的重要原因在此。从很多家谱中可发现，徽州本地的元配妻子生育率多数不高。而在外地娶的侧室因为同居时间长久反而生育子女多，这也部分说明留守本地人口增长速度低于流出寓居外地的家庭。

家庭规模缩小 明代中期的商品经济快速发展，带动了徽州人口向外流出的速度，经商事贾的人越来越多，像滚雪球似膨胀，商品大潮强烈冲击徽州传统社会。家庭是社会的细胞，首当其冲。万历《歙志》称：“成、弘以前，民间椎少文、甘恬退、重土著、勤稿事、敦愿让、崇节俭。”

明代初期这种传统农耕时代原始的田园风光，一百年后到正德末、嘉靖初“则稍异”。再过七十年到嘉靖末、隆庆间“则尤异”，为时不久到万历时“则迥异”。出现这种

① 《重修古歙东门许氏宗谱》卷九，《许全善传》。

② 《歙棠樾鲍氏宣忠堂支谱》卷二一，《鲍君文玉传》。

愈演愈烈的社会变化，被徽州文人形象地比喻为四季时序自然变化：弘治前为冬至以后、春分以前，徽州家庭生活平静，社会稳定。“婚嫁依时，闾阎安堵，妇人纺织，男人桑蓬；臧获服劳，比邻敦睦”，这是一幅典型的男耕女织农业社会的画面。

嘉靖初为春分以后，夏至以前之时，气候渐暖，经商风气开始升温。随着“出贾即多，土田不重”，因而出现“能者方成，拙者自毁，东家已富，西家自贫，高下失约，锱铢共竞，互相凌夺，各自张皇”。商业社会的财富至上，相互攀比，从而替代了“闾阎安堵”“比邻敦睦”的和谐社会局面。

至嘉靖末、隆庆间，为夏至以后、秋分以前之时，社会竞争不断激烈，追逐财富逐渐达到白热化程度。此时“末富居多，本富尽少。富者愈富，贫者愈贫。起者独雄，落者辟易。资爰有属，产自无恒。贸易纷纭，诛求刻核。奸豪变乱，巨猾亲牟”。于是“诈伪有鬼蜮矣，讦争有戈矛矣，芬华有流波矣，靡汰有丘壑矣”。

再之后到万历年间，则为秋分以后，冬至以前，气候转寒，人情变冷，两极分化明显。此时“富者百人而一，贫者十人之九。贫者即不能敌富，少者反可以制多。金令司天，钱神卓地。贪婪罔极，骨肉相残”。春夏秋冬四季自然更替，冷暖转换的规律，象征着徽州原有大家庭在时代变化中被瓦解破裂的现实。

才识不凡的黄宾虹对潭渡黄氏宗族中出现的这类现象认识很深刻，他总结性地指出：

“我族自唐宋以来，极盛于元明，徽人商业创始于有明嘉靖。其初读书耕田二者而已。耕者足以仰事俯蓄，克勤克俭，世世相守；有贤俊子弟，俾之入学，学成入仕，以为绅衿。绅衿之言行，足以表率乡里。以一族统八门，每门统每分，以及于每家，莫不皆然，故风俗淳美，人民富足，其根本然也，积五、六百年之久。

至于明季，商业大盛，始由木商而典而盐，非不饶富生色，为各省各郡邑所羡称。然而人情之浇薄，风俗之衰敝，已基乎此。故盐商起而村党之穷民多，子弟依赖父兄，亲族依赖姻娅，其初犹有耕读礼教之遗风，所谓睦族恤姻之谊，惟恐未周。一再施予，受者拳矣，而施者未厌，以至人民之廉耻，与风俗之俭朴，荡尽无余。

巨富之切削既多，虽欲好施，而力已不逮。其平日之习懒滥费游荡无行者，势不讹索不止，谚云‘打辫搓索’之类，此毒由一二而传染，于每村每乡皆有之。而富室之不倾弊，与迁徙异域，弃乡里而不顾者，能有几哉？况夫盐章改法，洋务又来，徽商一败涂地。而各村党之萧条，虽无洪杨浩劫，其必不能久安也。

我村嘉庆以后即已衰败，至于咸同而极，不可谓先人积德累功之厚，否则早已浩村，路口为不如也。”①

他认为，潭渡村在明中期以前，村民耕读守礼，村风淳朴美好。以后潭渡黄氏族

①黄山市政协文史资料委员会编《古代商人》第195页，李维：《黄宾虹与潭渡商人》。

人开始从事木商、继而典业、再盐业，越来越富的同时，负面效应相伴产生，村民知廉耻、求俭朴的风俗逐渐消失。富者侈傲、穷人潦倒的两极对立日渐加剧，村风败坏，人情浇薄，精神颓萎。由于社会自身腐朽，经不起风暴打击，古老的纯朴风俗终于无可奈何花落去。

民国《歙县志》代表着徽州有识之士同样的观点："彼时盐业集中淮扬，全国金融几可操纵，致富较易，故多以此起家，席履丰厚，闾里相望。其上焉者，在扬则盛馆舍，招宾客，修饰文采；在歙则扩祠宇、置义田，敬宗睦族，收恤贫乏。下焉者，则但侈服御居，处声色玩好之奉，穷奢极靡，以相矜炫已耳。奢靡风气创于盐商，而操他业以致富者，群慕效之。今其所遗，仅有残敝之建筑，可想见昔年宏丽而骄惰之习，不幸乃中于人心，养尊处优，饱食安坐而不事事。

虽中更咸丰之乱，百业衰替，人口凋减，生计迫蹙，而其遗风犹若未能尽革，俗所谓盐商派，诚为弊俗，是在有识之士倡勤勉节啬，以自救其乡矣。"

社会公序良俗败坏，也反映在各个家族当中，如祁门《方氏族谱》里，对族人列有"友兄弟"和"代父职"二个原则要求，其一为："兄弟犹手足也，毋得伤情失谊以贻父母之忧。然阋墙之变有二：非听信于枕边，即溺情于财产。夫争财之心生，足致败亡之祸；枕边之言人，顿起离间之端，家门之大不幸也。嗣后余族兄弟当念同气连枝之重，思古人推梨让枣之义，勿起争端为外人笑。"其二为："凡代父执掌家务者，无论冢子、庶子，择其贤能者，使之每日钱谷出入都要至公至慎。登载账簿切不可存私利己，伪陈增除以欺父兄，更不宜大秤小斗并用，以伤阴骘。若有犯者，一经败露，举家责罚。纵不败露，天地鬼神讵能瞒昧乎？"

这些劝世箴言透露出，利益至上的商业社会，家庭中兄弟阋墙是普遍现象，古人的推梨让枣之义已难重现。原有的大家庭结构处于不断的分裂之中。《歙事闲谭》有一则"许翁散财"的故事，可以透视看出古老的大家庭是怎样一步步破败的。

歙县唐模许氏"家故巨富，启质物之肆四十余新，江浙间多有之，至翁犹然"，许翁"其子弟中，则有三、四辈，以家侈自喜，浆酒霍肉，奉养逾王侯。家僮百数十人，马数十匹"，"炫耀于乡间。一日忽郡吏持官文书来，太守以其豪横欲逮问之，乃凶惧，上下行赂求免，所费无算，始寝不问"。这些子弟在家乡受到管束，于是出游江浙，"凡其家设肆之处，无远不至。至则日以片纸至肆中，取银钱无餍足。主者或靳之，辄怒曰：'此故吾家物，何预公事！'使所善娼家，自至肆中，恣所取"。许翁闻讯，自知不能约束其子弟，决定关闭所有的典铺，发给上下伙计2000余人遣散费。结果"许翁之钱罄矣。十数世之积，数百万之资，一朝而尽，亦可骇也"[①]。整个家族十几代人辛苦创业的积累，就这样顷刻间被不肖子孙付之东流。

每当大家庭房系人口增多时，兄弟析财的事就会多起来。如休宁大盐商汪应亨，

①许承尧：《歙事闲谭》卷十七《唐模许翁》。

"父令析著，先诸兄弟而后其身"。婺源汪方锡，"业浙鹾，时父老弟幼，经营十年，积巨资，与弟分之，不有私财"。但是，家谱中记载的大都是有教育意义的正面形象，而现实里更多的是因析财不均而兄弟构讼。明万历年间歙县西溪南吴养春兄弟分家析财时，为争夺黄山山场2400亩对簿公堂。到天启间，宦官魏忠贤利用黄山旧案兴起大狱，勒索巨款助工，吴养春父子三人俱死狱中。由于析财不均而构讼，可知兄弟同居不存私利己，在现实生活当中是很难做到的，尤其是社会风气变化的时期更是如此。

商品经济造成社会风气变化，人口众多的大家庭难以维持。由于整个社会人口过程是各个家庭的生命活动的总和，家庭是人口生产和再生产的基本单位。每一个人的生育、成长、养老、死亡等生命活动都是在家庭范围内进行的。所以每个家庭的人口行为对整个社会的人口过程都会产生影响。徽州历史上各种不同类型的家庭受不同生产方式的作用，承担着不同形式的物质资料生产职能，而这些不同的生产力水平和生产方式，对劳动力的需求水平有所不同。因此人口出生率在不同的历史时期、不同的家庭类型就会有所不同。

传统的农业家庭规模较大，是由家庭的双重职能决定的。小农经济的家庭既是人口的生产和再生产的主要单位，又是物质生产的主要单位。而家庭人口生产和再生产的职能，是由物质资料生产的职能决定的。自然经济下农业社会的生产水平低，手工操作，靠天吃饭，要求劳动力的数量多，组成小规模的协作成效也明显。在一家一户的生产中，五个分别只有单个劳动力的家庭远远比不上一个拥有五个劳动力的家庭生产效能高。与此相适应的劳动力，不要求很高的文化和劳动技能，一个劳力的再生产周期只要十三、四年。农村孩子很小时就能成为辅助劳动力，而农村多生一个孩子几乎不需要增加多少成本，吃饭时多添一双筷子而已。加上农业社会里人口平均寿命短，儿童死亡率高，人口生命周期短促，所以造成劳动力资源紧缺。

明代以前的徽州农村，自耕农（包括佃农）一般占到半数左右，平均家庭人口规模较大，以每户5人为典型家庭。由于本地耕田稀缺，新增劳动人口十三、四岁，年少者无力耕田，而成丁青年无田可耕，留在家里徒费饭食，不得不让少年人走出家门，求食四方，以减轻家庭生活压力。

在人口快速增长，进行长距离大空间流动迁徙的形势下，家庭规模的缩小是必然的结果。由于小家庭男女初育年龄推迟，孩次间隔期长，直接致使小家庭的妇女生育率不高。而家庭规模变小，也是历史的必然，是人类社会发展的大趋势。同时，在经商的环境下，析财分居不仅可缓和家庭内部矛盾，而且有利于商业经营。兄弟分家后，各自独立经商，能最大限度地调动起商人的积极性。而且这样并不妨碍兄弟之间的合作，可以灵活地合资经营。

这方面事例在各个家谱里很普遍，如婺源人董棰照，分家后，与兄合资业木姑苏，生意越做越大。歙县高应鹏兄弟，“合钱千，乃受贸”，兄弟成了合作的股东，利权分明，各司其职，业绩良好。明代休宁程锁，“结举（本族）贤豪者得十人，俱人持三百缗为合从，贾吴兴新市”。合股齐心，族人都发了财。休宁汪福先，掌握庞大船队从事盐业运输，“贾盐于江淮间，船至千只，率子弟贸易往来，如履平地。择人任时，恒得上算，用是资至巨万”。他们都是把兄弟、族人和子弟的关系变成了商业伙伴，或东家与伙计的雇佣关系，按照经济规律行事，从而避免了大家庭中劳逸不均和利益不均所造成的矛盾。不吃“大锅饭”，缩小家庭规模，正是顺应商品经济发展的需要。

宗族群体人口增长 徽州人口流动一方面瓦解大家庭结构，作为生育补充，另一面又扩大并加固宗族群体。宗族是数个同姓家庭的总和，是更大的人口组合，宗族属于男人世界。这个由男性血缘关系的各个家庭组合而成的社会人口群体，在徽州具有特别重要的意义，形成社会的基本架构。在男性天地里，姓氏是宗族的标识符号，也是宗族的黏合剂，对人们生育行为的心理暗示作用极大，有着促使宗族群体人口加速增长的神秘作用。

所以，族姓的号召，夫权的统治，家产的诱惑，宗族意识加强了男性家族的凝聚力。这种传统反映出了强烈的重男轻女、传宗接代的观念，由附有姓氏的男性人口积累而成的整体人口积累，造成人口快速膨胀。传统的父姓世袭制度代代相递，枝分叶散，不断加强以男子为主体的姓氏地位。

徽州人口同姓率之高世所罕见，由于家庭规模在人口流动大潮中不断缩小，大家庭分解成若干小家庭的过程中，一方面增加了小家庭数量，另一方面则意味着宗族势力的扩大，同姓人口增多。随着人口增长和不断向外流动，一代接着一代的小家庭散布空间越来越大，正是通过宗族这根血缘纽带将他们联结在一起，无论迁徙到天涯海角，每个人的姓氏，都是宗族烙在他们身上的印记。正如胡适所说：“徽州人正如英伦三岛上的苏格兰人一样，四出经商，足迹遍于全国。最初都以小本经营起家，而逐渐发财致富，以至于在全国各地落户定居。因此你如在各地旅行，你总可发现许多人的原籍都是徽州的。例如姓汪的和姓程的，几乎是清一色的徽州人。其他如叶、潘、胡、俞、余、姚诸姓，也大半是源出徽州。当你翻阅中国电话簿，一看人名，你就可知道他们的籍贯。正如在美国一样，人们一看电话簿，便知道谁是苏格兰人，谁是爱尔兰人，谁是瑞典人、挪威人等一样的清楚。”①

徽州的强宗大族形成，主要是经历了历史上多次各种类型的人口流动，流入流出，反复迁移，不断融合，到宋元时期逐步基本定型，到明清时期得到空前繁荣发展。诚如赵吉士所云：“新安聚族而居，绝无一杂姓掺入者，其风最为近古。出入齿让，姓各有宗祠统之，岁时伏腊，一姓村中，千丁皆集，祭用朱文公家礼，彬彬合度。父老

①唐德刚译注：《胡适口述自传•故乡和家庭》。

尝谓新安有数种风俗，胜于他邑：千年之冢，不动一抔；千丁之族，未尝散处；千载谱系，丝毫不紊。”《歙县志》载有类似说法：“邑俗重宗法，聚族而居，每村一姓或数姓各有祠，支分派别，变为支祠，堂皇闳丽，与居室相间。家构祠宇，岁时俎豆间。”

整个徽州人口都是笼罩在家族的掌控之下，无一能够幸免。离开宗族就意味着灭亡，失去族人扶持则无法在社会立足生存。

黟县南屏村至今仍保留全族共有的宗祠，某姓支派所有的支祠和一家或数家所有的家祠等三种类型的祠堂十余座。

在绩溪，既有“会祭有万丁之祠”的统宗祠，也有一般小姓的“香火堂无宗祠”，“祠各有规约，族众公守之。推辈行尊而年齿高者为族长，执行其规约。族长之能称职否，则视乎其人矣。祠之富者，皆有祭田，岁征其租，以供祠用，有余则以济族中之孤寡”。

各个宗族的族长是封建王朝统治者行使基层统治权的代表，发挥着维护社会治安作用。族长之下是各房的房长或家长，他们出席由族长召集的讨论和商议族中重大事务的会议，拥有对某人某事的话语权。

再之下则是本宗族有血缘关系的宗族成员，也即族众或家众、族丁。成为族众的途径只有出生和婚姻两条。而出生则是主要途径，一般族谱中都有详明的规定，那就是预先设立红簿，统一格式，婴孩一出生或某一特定时间即予以填写，并由族内祠堂人员监督公证。

歙县棠樾鲍氏宗谱规定：“设立红、白二簿，置各派祠匣内。其红簿定于春祭前三日，凡去年至今春诞子之家，开明某人第几子、婴孩名讳及生年月日，送司祠公处登载于簿。如有犯祖讳者，可令更名。娶来新妇姓名，出某处某人之，又生年月日，亦如是。”一旦登记入簿，即成该族成员。

清代嘉庆年间祁门善和的《衍庆录》，也是出生登记红簿的标准样式，其内容净是每家出生婴孩、新娶媳妇之姓名登记。并对如何填写作出统一规定。以便于以后修谱之用。对于抱养、过继入族的，限制较多。歙县呈坎罗氏宗谱规定：“继子同宗相应者，小传内所生父下则书：‘本某之第几子继某为子’。其继异姓者，书曰：‘出继某姓’，其支派不续。异姓来继者，旧谱书：‘来螟他姓子’，今悉不载。”而歙县方氏规定：“继嗣必以序承，间有世系差紊者，已从改正。”对于“异姓承祧，无稗宗祊，徒乱宗脉者，已削不录”。祁门历溪王氏宗族向以“一脉流传，清白传家”自居，严格声明：“义子、异姓不得紊乱宗支。”清代咸丰年间，族人王清池抱养异姓子，即招来“控告在案，不能入谱”之祸。

徽州宗族结构中，处在最底层的是各类仆人，如称为佃仆、庄仆、世仆、家仆、僮仆和奴婢的，有的虽称父子，其实也是卖身投靠为奴，尽管这些仆从身份不尽相同，有的常年甚至世世代代与主家宗族成员生活在一起，大多改姓主家之姓，而成为族人。

他们与主家并无血缘关系，地位卑贱。如休宁茗洲吴氏，对公、私仆人，专门订有《御仆条规》："葆和堂众仆，各家已仆，所有本身及父母，并一切祠堂正务者，家主从其宽，尔等守其分，毋犯上、毋怠慢。采山耕田，安举乐土，亦主家之所深望焉。"这些奴仆也是徽州人口流动大军中的一员，家谱里有不少例子涉及。如程某"课僮奴数十人行贾四方，指画意授，各尽其材，橐中装赢于向时矣"。孙某"贾吴兴，长公有心计，额瞬目语，遇事筮可否，锱铢不爽，所部属多纪纲之仆，毋能试一狎语"。吴某"课诸臧获，贾于楚、于泗、于广陵之间"。还有的奴仆经商营私，甚至叛逃，如黄某"遣仆鲍秋，掌计金陵"，仆从鲍秋却背叛主人，"干没巨万，自焚邸舍以绝踪"。程某用仆人为掌计，"故竖窃资亡匿"。更有许某"独之临清，值叛奴起衅，橐金耗竭，遘恙弗瘳，遂殁"。当然也有义仆救主的事例，最知名的当是奴仆阿寄，代主母经商的故事：明嘉靖间，某户三兄弟分家，三房颜氏居寡，受到大房、二房欺凌，仅分给她一个老仆阿寄。颜氏把陪嫁的首饰变卖作本钱，交给阿寄去做生意。阿寄善于经商，"历二十年，积资巨万，为寡妇嫁三女，婚二子，赍聘皆千金。又延师教二子，输粟为太学生。自是寡妇财雄一邑"。而忠心耿耿的阿寄临终时对女主人说："老奴牛马之报尽矣。""既殁，或疑其有私，窃启其箧，无一私蓄。所遗一妪一儿，仅敝缊掩体而已。"

人口大流动造就了徽州商帮，徽商的经营活动与宗族的关系极为密切，徽商的兴盛得力于宗族势力的支持。人口与土地这一对矛盾，必然使宗族聚居难以长久维持，因此宗族对于外迁业贾的行动积极支持。不少族规、家典上明文规定：族人"业无所就，令习治生理财"。对于"族中子弟不能读书，又无田可耕，势不得不从事商贾者"，要求"族众或提携之，或从他亲友处推荐之，令有恒业，可以糊口"。徽商的原始资本，大多来自宗族的支持。凡"官有余禄"或"商有余资"者，往往资助族人业贾。徽州典商"某之先世，微时来扬投其戚属"，"至扬州，戚属各助以资，置质库中"。也有委托族贾，附资经营的，如歙商江国政在淮阴开店，"亲友见公谨厚，附本数千金于公"。还有族人合资经商的，以妻奁为本钱的，都很普遍。明代天顺间歙人许积庆，"委财利为外物，九族贾而贫者多惠贷，不望其息"。

徽商乡党互助、结帮经营增强竞争实力，经营行业呈现地域性和宗族性相对集中的倾向。通过传帮带，一姓一族集中经营同一行业的现象非常普遍，尤其是徽商在建立行业垄断时，宗族视此为扩充本族，排挤外姓的重要手段，极力支持。如"典商大多休宁人"，从北京到南京，"质铺几遍郡国"，"凡典肆无不有休人者，以专业易精也"。他们的竞争策略，是族人乡党从事同一行业，凭恃雄厚资本，采取一致行动，降低典利，挤垮本薄利高的异帮典商。在南京，"当铺共有五百家，福建铺本少，取利三分、四分。徽州铺本大，取利仅一分、二分、三分，均之有益于贫民，人情最不喜福建，亦无可奈何也"。

明代在上海开典铺的汪处士发财后，又在附近各县扩张增铺，分派宗族子弟掌计，“处士与诸子弟约：居他县，毋操利权。出母钱，毋以苦杂良，毋短少。收子钱，无人奇羡，毋以日计取盈”。他的这种经营策略收到奇效，结果是“人人归市如流，旁郡邑皆至，居有顷，乃大饶，里中富人无出其右者”。汪氏教育族人以薄利吸引贫民，这样扩大了经营规模，总利润因此大增，宗族凝聚力随之加强。

又如浙江平湖县“城周广数里余，而新安富人，挟资权子母，盘踞其中，至数十家。世家巨室，半为所占”。江苏泰兴，“质库多新安人为之，邑内五城门及各镇皆有”。常熟县有姓名可考的徽州典当商就达37家。遍及江浙各地这些市镇的大小典铺都是用宗亲族人，世代相传，讲方言，写暗语，传递秘密信号。以此手段，长期保持行业垄断。

“徽郡贫瘠，特以灌输，茶叶兴衰，实为全郡所系。”茶叶是徽商传统经营的特色货物，茶业更是被垄断的行业，历来由少数几个徽州大宗族操持。其收购、加工、运输、销售一体化的经营模式，要求各个环节由可靠族亲掌控。如歙县方氏经营的“方大有”茶号，在江浙设多个分号，业主方达甫坐镇杭州分店建立采购经营中心。歙北许氏在桐乡创建“元隆茂”茶号连锁总店，另有6家分号，资本雄厚，规模之大、销量之多，都超过当地浙江茶商的茶号。徽州茶商为维持垄断地位，只用徽州职员，技术不传外人，学徒都从徽州招来。学徒成年后，大多回乡娶妻成家，家小不带身边，按规矩，职工探亲假为“三年一归，一归三月”，老板除带薪休假外，发给路费。职工年老后有退休制度，一般都回徽州原籍养老，只有少数在当地安家。

婺源、祁门多木商，发迹都很早。木商采购徽州本地木材要抓季节，“于冬时砍到，俟至五六月，梅水泠涨。出浙江者，由严州；出江南者，由绩溪。顺流而下，为力甚易”[①]。

木材经营若是错过雨季桃花汛，资本就搁置一年。其中营销环节很多，都需建立自己的经营网络，必须得到宗族支持。明代歙人王子承在四川经商，收购当地木材，由于新安运货至川，路途远，时间长，如果不能很快脱手，商品贮在榻房，还要纳税，资金难以周转。于是王子承在川代同乡销售，并贷款给他们采购当地货物。[②]

至于盐业，是徽商称雄天下的龙头主干行业。“天下之赋，盐利居半”，盐商则以歙县为代表，百万富翁比比皆是，千万富豪也不少见，盐商家族世代相传，子承父业，兄终弟及，以至“全国金融几可操纵”。其他各县业盐人数也不在少数，如休宁盐商汪福先“贾盐于江淮间，船至千只，率子弟贸易往来，如履平地。择人任时，恒得上算，用是资至巨万”，“识者谓得致富之道，里人争用其术，产能起家。数十年来，乡人称富者，遂有西门汪氏”。[③]能够拥有千艘船队运输食盐，他的致富之道，就是“择

①赵吉士：《寄园寄所寄》卷一一。

②汪道昆：《太函集》卷一七，《寿域篇为长者王封君寿》。

③《休宁西门汪氏族谱》卷五，《盖府典膳福光公暨配金孺人墓志铭》。

人任时”，最能信任的帮手，自然是亲族。这是一条重要的致富经验，里人争相采用，助推汪氏成为休宁首富。

明代歙人吴良友在外开店，“宗人从叔贾，历年滋多”[①]。吴德明“起家坐至十万，未尝自执筹策，善用亲戚子弟贤者，辄任自然不窥苟利”，“平生其余亲族之贫者，固事推任，使各德业”。[②]族人乡党只要谨于职守，“以身得幸于大贾”就是“分身而自贾”的希望。经商刚刚起步时小本经营，大多单独执业，当资本雄厚扩展业务后，则必须选择帮手为己所用。用人之道是徽商发财致富的诀窍，善于使用宗亲乡党则是徽商的特色。

遍行各省的徽州会馆就是各个宗族势力联合的产物，堪称宗族联盟，体现出宗族组织在外地延伸的作用。全国凡有徽商活动的城镇，几乎都有会馆和徽商行业会所、义园、旅享堂、思恭堂之类的公共设施，有的地方甚至不止一个。据陈联《徽州会馆概况》一书统计，清代徽州在全国各地的徽商会馆 (不含试馆) 达 118 处。尤其是在京杭大城市，会馆汇聚了更多的徽州宗族，同乡在这里“叙桑梓，联乡情”，互相帮助，这是加强徽州流动人口凝聚力的地缘标志。各地徽州会馆“专祀徽国文公”，尊奉朱熹，无一例外。会馆房舍还兼为“朱子堂”“文公祠”。朱熹制定的《家礼》，是徽州各个宗族“家典”“族规”的统一蓝本。作为维护宗族统治的思想利器，被推广运用到维持会馆内部的封建秩序上，因此非常奏效。

北京休宁会馆创建于明万历间，“京师为万方辐辏之地，风雨和会，车书翕至，缥缨纡组之士于焉，云集景从，遇乡会试期，则鼓箧桥门，计偕南省恒数千计，而投牒选部需次待徐者，月乘岁积于是，寄庑僦舍，迁徙靡常，炊珠薪桂之叹，盖伊昔已然矣。时则有置室宇以招徕其乡人者，大或合省，小或郡邑区之，曰会馆”[③]。

由于休宁同乡因各种原因流动来京者越来越多，原来的会馆房屋显得狭小，“湫隘不可居，歙乃别营会馆，吾亦欲为吾邑营之”[④]。在歙县会馆扩建的影响下，乾隆十七年 (1752 年) 秋，由当时皇帝最宠幸的大臣休宁人汪由敦发起倡议，与太常寺卿金德瑛等休籍朝廷诸位重臣，率旅京众多休宁同乡，“驰书故乡姻友，期共成之。不数月，远近乐输者麇至，乃得蒇事”[⑤]。遂买下北京绳匠胡同著名的学人幕府——“碧山堂馆”改址重建而成。宅院前后大小共 94 间房，由十几个院落连缀构成。屋宇相连，鳞次栉比，是京城各省 380 多所会馆中规模最大者。

事后，汪由敦在《休宁会馆记》碑文中记述，休宁会馆建成“皆出自吾乡望族巨宗缙绅逢掖之，廊庑庖厩库之次，与几榻箕帚锜釜筐筥之需，无不次第完具。并籍识

①②吴吉祜：《丰南志》第五册，《良友公状》《德明公状》。

③④⑤道光《休宁县志》。

其余置闲侣不资，阛阓不籍”[①]。

稍后，乾隆五十九年（1794年），黟县宏村人汪暲久居京城，见原黟县会馆位置不便，倡议邑人筹资，另置会馆于宣武门外南半截胡同。

吴江县盛泽镇是江苏首镇，人户超过万家，商业异常繁华。号称“天下衣被赖之”。道光十二年（1832年）《徽宁会馆碑记》称：“吴江县治南六十里，曰盛泽镇。环镇四五十里间，居民皆以丝绸为业。凡江浙两省之以蚕织为业者，俱萃于至。商贾辐辏，虽弹丸地，而繁华过他郡邑。皖省徽州、宁国二郡之人，服贾于外者，所在多有，而盛泽镇尤汇集之处也。”这里的徽宁会馆，建造于嘉庆十四年（1809年），由徽州六县与宁国府旌德县绅商捐资共建。史载“徽宁会馆，两郡七邑所建也，起于嘉庆十四年间”。两府商人自称：“徽宁两郡，本属同省，今又同邑经营。古云：四海之内，皆为兄弟，何况毗连邻郡耶？众擎易举，合成徽宁会馆，谁曰不宜？”[②]在会馆里面“殿之东建造行馆，供奉紫阳徽国朱文公”，同时在正殿“正供威显仁勇协天大帝神座，东供忠烈王汪公大帝神座，西供东平王张公大帝神座”[③]。朱子和汪华、张巡同时受到祀奉，再加上关公的威望，充分说明徽州寓居外地的人口群体归属感和宗族归属感是紧紧黏合在一起的。最富有或“德行”高的商人被推到“宗主”的地位，领导徽商与外帮势力竞争，这是徽商特别强固有力的重要原因。

他们在寓居地复制家乡宗祠，而故里徽州宗祠的繁盛，更需要外地徽商资本的反哺。“在歙则扩祠宇、置义田，敬宗睦族，收恤贫乏。”[④]徽州富豪们斥资构筑祠堂，增置族田，纂修族谱，周济族亲，为宗族聚居地提供物质保证。

歙县棠樾鲍氏，以乾嘉年间任两淮总商的鲍志道、鲍漱芳父子，为首倡捐，动员在扬州业盐的本族商人出资，共置族田二千余亩，每年可得租谷三万余斗，用于族人“哀鳏寡，恤孤独，赈穷困，补不足”[⑤]

歙县岩寺佘少文“少艰窘，服贾，择节纤俭”，在外地经商致富后，“构义屋数十楹，买四百二十亩，择族人领其储，人日铺粟一升，矜寡废疾者俗之。半年散其余，无年益贷补乏，岁终给衣絮。又度田二十五亩，作五音冢于岩溪之堧，听乡里之死者归养焉”。[⑥]

徽商资本源源不断输回家乡资助宗族组织，不仅加固宗族凝聚力，增强与其他宗族竞争的能力，而且扩大宗族血缘人口组合群体。徽州宗族凭借祠堂和族田的物质基础，以族产收入来惠泽族人，救贫济困，通过对贫苦族人生老病死、衣食住行全面抚恤，

①《休宁会馆记碑》现存休宁县状元博物馆。

②③《明清苏州工商业碑刻集》第355页，《吴江县盛泽镇徽宁会馆缘始碑记》。

④民国《歙县志》。

⑤歙县《棠樾鲍氏宣忠堂支谱》卷二一，《中宪大夫肯园鲍公行状》。

⑥[明]嘉靖《徽州府志》。

这种最低生活保障措施，明显地降低了人口死亡率，特别是饥饿死亡率和疫病死亡率降低，整体人口平均年龄有所提高，使社会再生产及人口再生产得以持续进行。汪、吴、程、胡、方等少数名宗大族人丁因此愈发兴旺，居高不下的同姓率成为徽州人口有别于全国、全省的一大特点。

徽州第一大姓汪氏全族人口，包括迁移外地的据说在宋代时达到47万，约占当时全国人口的0.6%，排名《百家姓》第32位；明代时约62万，占全国人口的0.67%，排名第28位。而汪氏在徽州本土则占总人口10%左右，更有甚者称“十姓九汪”，“支祠以数千计”。胡适就说过，徽州是“四门三面水，十姓九家汪”。并且流传有“天下汪姓出徽州”的说法，在安徽各地，长江南北的汪氏都以汪华为先祖，立庙建祠奉祀。如庐江县万丰村有“汪圣公祠”，汪氏子孙“立坛立庙敬酬公”；太湖县赵河村有“汪圣庙”，祈“越国家声世泽长”；芜湖县方村镇“汪氏宗祠”大门的对联为“平阳望族，越国世家”；安庆市各县都建有大量“汪氏宗祠”，多把越国公作为显祖，宣扬“依然越国旧冠裳”，“越国纲常传万古”。自唐代汪华以后，徽州汪氏不仅人丁兴旺，更是英才辈出，共产生8位文武状元，100多名进士，有3位丞相。唐代有汪世美、汪琦、汪凝绩祖孙三代中进士入翰林的辉煌；宋代有汪震、汪宗颜、汪谷、汪藻、汪淑詹、汪恺、汪若海、汪鸿举一门七进士的盛况；清乾隆年间有汪廷屿、汪学金父子探花的殊荣。徽州汪氏的确是“子孙济济，咸在朝列。由是汪芒氏苗裔，日益繁衍，遍歙郡矣。且其俗重商，四出行贾，多留不返。故东南郡国巨族，往往推本于歙”。

再者，最早南迁入徽的中原士族方氏，在徽州世代久、族裔繁，散居四方。婺源方氏的迁始祖为唐代婺源令方起，定居婺源清华以后，其后代子孙“播迁星散”，流动四方。随着时间的推移，大宗之下又派生出几多小宗、支派和房系。开枝散叶，他们之间往往“迁徙不相闻”。直到明代嘉靖三十九年（1560年）六月，由于族人在外经商致富予以的资助，这些星散各地的小宗、支派的代表，才得以会聚于始祖所居地清华镇，合修包括全宗族的宗谱。这些居住东西南北的族人如今相聚一堂，不由得深切感叹道：“寥寥六百余年，今一旦而有合修之举。”在此之后，方氏族人于乾隆九年（1744年）、嘉庆十七年（1812年）、光绪三十一年（1905年）三次重修《尚书方氏宗谱》，也是由于流动外地族亲徽商的财力支持。这就把婺源方氏分布全国各地的众多后裔，在共同始祖的神位下联结起来，宗族血缘的群体在不断流动中大大扩张，并牢牢加固在同一个姓氏之下。

共同的姓氏促进家族羽翼即成渐丰，徽州众多小家庭的流动迁徙由于得到大宗族的援助，他们在迁居地繁衍后，又按照大宗族的模式复制出新的宗族组织，作为同姓大宗族的小宗、支派。从而周而复始，环环衔接，无论迁移何方，行不改族姓，使得徽州同姓率居高不下，在更广大的生存空间，构成超越本土人口群体的“大徽州”社会。

通婚范围扩大　由于人口长距离、大范围的流动，使得徽州人遍及各地，如同水乳融合入四面八方的各类人口之中。他们的婚姻同迁徙地域结合在一起，娶吴姬越女，不再局限于同乡籍贯的社会关系网络，子孙后代的血缘也因此愈发远离徽州故里，遗传距离随着地理距离渐行渐远。现代优生学揭示，夫妻双方血缘关系越远，后代的体质智商越加优秀。

婚姻作为一种社会行为，是建立家庭，使人口生产再生产合法化的前提。没有两性之间的婚配，也就没有家庭、宗族，没有人类的延续。婚姻不仅“合二性之好”，满足个人生理、心理需要，而且“上以事宗庙，下以继后世”，实现个人价值、培养高质量后代，具有无可比拟的重大社会意义。因此，这是全家乃至整个宗族最重要的大事，择优选配的姻缘尤其为世代徽州人所重视。

然而在明朝以前，与全国各地农村情形一样，徽州受地理环境和经济水平制约，形成聚族而居的习俗，通婚圈半径非常小，新娘花轿朝发夕返，一般不超过25平方公里的地域范围。

明代中期开始的徽州人口大流动，使得徽州人口版图极大扩张，徽州与全国各地融合一体，“十三在内，十七在外”，大多数徽州人寓居客地，娶外地女子为妻，在客居地建立家庭，生儿育女，繁衍后代。经过长期流入迁出，随着时代反复变化，徽州人口的通婚半径长短交替地不停顿地在发展改变。当然也有少数保守思想顽固的，如休商陈乐在清康熙年间“创业吴门，结亲于此”，他认为“在外联姻，虚费实广，皆不合宜。乘余在堂，归乡安顿，奉祀之分，轮流值年，田园薄产，不致荒芜，嫁娶省费，不致过奢。本乡之女能知稼穑艰难”。因此告诫儿子：“苏俗繁华，穷奢极欲，决难久居，不若本乡人士节俭，贫富皆可度日。”丰南歙商吴烈夫，通过与本村富婆婚姻，“挟妻奁以服贾，累金巨万，拓产数顷”。歙县大盐商程嗣功，常年在外，却不愿与外地人结亲，他的七子一女分别和当地棠樾鲍氏、竦塘黄氏、丰南吴氏、潜口汪氏、上理殷氏、岩寺方氏、洪源洪氏等势豪大族联姻。上述这些村庄相距不远，都在中央盆地之内。

这种守旧思想代表了一部分家乡观念浓重的人，虽然他们久居外地，已经在异乡娶妻生子，也许是婚姻不顺，家庭失和，片面感到娶妻容易养妻难，不愿意儿子再重蹈自己旧辙。但是大多数人跟随时代脚步，大胆改变传统婚姻习俗，留居外地不返。著名学者洪亮吉的祖父，即是从歙县招亲入赘到江苏武进赵家，因此洪的籍贯及出生地应该都是武进。休宁明代洪武年间状元任亨泰，是一个高智商的知名人物，徽州任氏始祖可以追溯到萧梁时期的新安太守任昉，休宁古楼为其一支脉息，任亨泰的祖父，早年在湖北襄阳经商，落脚于彼。任亨泰的父亲在元末娶蒙古女人为妻，定居襄阳，而任亨泰自己受父母影响也娶了一房蒙古媳妇。与异族通婚，其后代遗传血缘相距更远。

再以绩溪县宅坦村为例，根据《宅坦村志》统计，自从明代以来，村民婚配一般均局限在本都 10 公里范围内，最远不超过 80 公里内的歙县、旌德、宁国等邻近各县，而以本都的余川、瑞川、旺川三个村庄为最多，这些地区与宅坦村民通婚的姓氏仅有 31 个。清代以后，随着宅坦人旅外经商的增多，在外埠（上海、江苏、江西、浙江以及福建、湖北等。其中沪、苏、浙为最多）娶妻妾者比比皆是，通婚圈半径延伸至 800 公里。嫁来宅坦的外地女子的姓氏则有 90 个之多。其中以曹、汪两姓最多，分别占外来嫁女的 16.8% 和 14.4%，其次，程、王、冯三姓列三至五位，分别占 11.6%、10.1%、6.5%，其他的 80 多个姓氏占 42.6%。

宅坦古名龙井，与同为胡姓为主的上庄村接壤，位于绩溪西部崇山峻岭中，村域面积近 7 平方公里。宅坦村历史虽是悠久，但是自古以来与外界的联系十分不便，村民外出都全靠步行，要翻过几重高山才能抵达歙县和旌德的水码头，然后沿新安江去杭州，再转水路至金华、衢州及江西的玉山、铅山；或是沿徽水经青弋江北溯至芜湖，再经过长江去南京、苏州、上海和武汉等地。

宅坦居民主要是胡氏，而这个胡姓是李姓改过来的。《新安名族志》称："其先出陇西李唐宗室之后。朱温篡位，诸王播迁，曰昌翼者逃于婺源，就考水胡氏以居，遂从其姓。同光乙酉以明经登第，义不仕。子孙世以经学传乡人，习称为明经胡氏。"

胡昌翼劫后余生，心灰意冷，遂不出仕，隐居在四面青山环抱的考川，冷眼旁观五代十国争纷战乱，怡然自得，一直活到 96 岁。他潜心涤虑钻研学术，很有建树，一生倡导明经学问，后世尊称他"明经翁"。南宋时朱熹曾拜题考川为"明经学校，诗礼人家"。从胡昌翼遗留下来的一首诗中，可以看出他当时的心境：

"家住乡庄深僻处，就中幽景胜他人；
林园满月犹堪玩，丘亩当门渐觉新。
醉乡往往眠芳草，归路时时送夕阳；
倘若异时咸得志，林泉惟愿莫相忘。
绎思斋中寻古义，畅清池上钓金麟；
人生但得长如此，任是湖边属汉秦。"

胡昌翼生有三个儿子，小儿子留居婺源考川，长子、次子分别迁居绩溪和歙县。长子入仕后，任绩溪县令，因宅坦有书院，便将儿子胡忠送来这里就读。宋景德三年(1006 年)胡忠因此迁移到宅坦定居，是为宅坦胡氏始迁祖。胡氏来到宅坦后，不断地改造环境，在这块闭塞的山村土地上创造出傲世的古代文明。

宅坦村没有溪水流过，地理条件有先天缺陷，因而外村人流传说："有女不嫁宅坦村，挑水要到外村去"。这种自然环境，肯定对村里人家娶亲讨媳带来不利影响。村民为了解决饮用水困难，先后打了四口井，其中南北龙井是著名的古井。但是胡氏迁居村里后，子孙繁盛，随着人口增加，日渐迫使村民设法拦截山水，他们在村庄西北营造了一口蓄水八千立方的大塘，然后开沟渠引水入村，相继在村中开挖出170多口水塘。各塘均配套建明暗水道相通，定期换水。这些星罗棋布的水塘和沟渠既方便洗涤、灌溉，又具有消防功能。从此村庄自然环境大为改善，全村掩映在绿荫碧波当中，这项水利工程都是胡氏入迁后设计建造的。

宅坦在群山环抱中，耕地只有一千多亩，人口达到饱和以后，不足的粮食只能依靠从相邻的旌德县运输进来。这种生存状态逼迫村民走出大山，出门经商谋生。

和其他徽商一样，胡氏宗族具有深厚文化传统，族内子弟掌握一定的文化知识，不乏领军带头人物。这就有助于他们在经商时分析市场形势，观察供求关系的变化，从而在取予进退之间不失时机地做出决策，以获取最大利润。同时，随着商业经营规模的扩大，行业内部以及行业之间的交往联系日益密切，这又需要一定的管理组织才能。宅坦的胡氏商人正是具备这些市场知识和经商才干，因此在商场上大显身手。他们主要从事的是造纸、百货、茶叶、徽墨、国药等行业；主要分布在江苏常州、苏州、宜兴，浙江衢州、兰溪，江西铅山、玉山，以及歙县、芜湖等商埠，涌现出一批知名徽商。

在经商风气兴盛时期，村里男子大半投身加入徽商行列。他们正如名儒顾炎武所表述的形象，艰苦勤俭创业，“短褐至骭，芒鞋跣足，以一伞自携，而吝舆马之费”。或子佐父贾，或翁婿共营，或兄弟联袂，或同族结伙，在崎岖的山道上艰难跋涉，“服贾四方”外出寻求谋生之路，从此“以商为命”。青年人走向山外世界，扩大社会交往，领略见识缤纷多彩的都市风情，同时收获自己的感情。

史料记载明代成化、弘治以后，徽人业贾越来越多，如同滚雪球一般，越发膨胀。只要有一个徽州人在外地经商，他的族人、同乡就会前去投靠他，而这个滚雪球膨胀的过程，也是宗族血缘群体汇聚的过程。从而徽州“业贾者什七八”，外出徽商经营的领域不断扩大，“海内无不至”。徽商在激烈的市场竞争中，加强合作，以众帮众，而合作的纽带最重要的便是各大家族之间的联姻。

实际上，徽州宗族之间出于商业缘由互相通婚者，早已有之，前面所举的众多实例足够证明，通过丰厚嫁妆转化为经商资本，是增强自身经济实力的有效手段。这是徽商形成的最重要的基本条件，其商业原始资本的获得，往往由婚姻来实现。但是这种婚姻为古代世家望族所不齿，在“重本抑末”的封建传统观念支配下，徽州名宗望族的婚姻注重的是政治上的等级、门第，所谓“婚姻论门第”。婚姻是他们提高宗族在地方政治特权和社会地位的途径。随着商品经济的发展，徽商的利润源源不断输回家乡，炫目的财富使徽州风俗如同四时节气一样发生变化。人们的价值观念发生巨变，传统的经济思想受到猛烈冲击，“昔为末富，今为本富”。价值观念的改变，反映在婚俗上，就是陈腐的“俗重门第，贫富不论”观念被抛弃，男计奁资，女索聘财之风成习，财富和商业利益被放到首要位置。这种意识形态上的变化，是徽商能以一府之人力在三百年的长时间里执国内商界牛耳无可或缺的一个前提。

商业性联姻，最直接的效果就是商业资本的来源进一步扩大。同时使宗族血缘纽带大大延伸、交叉、融合，由此加强了各个商贾集团在经营活动中的合作。徽商既含有地域性概念，又具有浓厚的宗族性血缘特征。因此形成徽州六县各有其主要操持的骨干行业，经营行业相对集中，这成为徽商的一个重要经营特点。

如众周知，歙县以盐商称盛；休宁以典当商闻名；婺源出木、茶商；祁门则瓷、茶、木商居多；绩溪出厨师，携带一根擀面杖行遍天下。形成这种各县各有主干商业的原因，除了地理位置、传统物产等客观自然因素以外，主要还是社会因素使然，徽州各大家族联姻所织成的血缘网络，覆盖面往往仅及一县。由于知名势豪大家族之间崇尚“世为姻亲”，造成通婚范围狭窄，越县联姻较少，他们家庭子女的婚姻基本上不出县，甚至不出村。

同为徽商的各县主干行业各有侧重，这样在客观上有利于各地徽商集团互不干扰地在外发展，建立垄断。同时，各个血缘网络通过姻缘关系又互相交叉，强化了徽州商帮内部的牢固，并且这种牢固的商帮内部相互结合，反过来又强化了家乡区域社会的血缘、地缘、姻缘关系。随着近代社会变迁，人口流动频繁，迁移距离远伸，徽商的社会网络在不断向外拓展，在更多层面上寻求有助于自身商业经营的社会资源。在徽州流动人口的客居地，姻亲戚友的血缘关系所构筑的社会关系网络，成为徽商经营活动中最重要的社会资本。所以各县在主干商业之外，由联姻形成的行业同盟之间互相渗透，造就徽商百业俱存、无货不居的局面。

这种婚姻习俗也自然而然地带到客居地，复制出同样的以家族血缘为基础所构筑的血缘与地缘相结合的商业网络，不断地世代传承发展。民国年间，宅坦村人旅外经商做工的仍多，通婚半径较清代又有较大延伸，达1500公里。村人娶四川、湖南、湖北女子者并不鲜见。宅坦村的西邻便是著名的上庄村，这两个村都是胡姓聚居的古老大村庄，人口均超过千人，历史上人文荟萃，英才辈出。

通婚圈由小变大的渐进过程，反映出社会的进步，男女青年可以在更大范围内选择优秀人才婚配，避免近亲繁殖，符合优生科学要求。新的遗传基因进入，必然带来族群人口兴旺，生命质量随之不断提高。深山之中的居民，由于出外谋生，他们从自己的出生地前往谋生地，“求食四方”，“寄命于天下”，向1500公里以外的广阔天地迁移流动，从而将通婚范围的半径大大延伸，人们的婚配也不再囿于狭小空间，后代的血缘因此渐行渐远，这就使得后代各种杰出名人层出不穷，人口的身体素质也得到了先天性保证。

第四章　家族宗室

人类社会是由各种各样规模大小不等的人群组合而成。每一个空间里的人口，按照各种社会关系和约定俗成的规则组合在一起共同生活。其中，血缘关系组合最为核心，同一个姓氏、共一个祖先的人们，集结为一个族群，组成社会基本结构。在历史悠久的徽州，子民们承载数千年文化血脉，不间断地繁衍发展，这里的人口组合呈现出与外地异样的鲜明特色。

第一节　徽州家庭

家庭是社会的细胞，是基于婚姻关系、血缘关系及收养关系联结而形成的人口组合，家庭也是人口生产和再生产的基本单位。每个家庭中个别生命过程的生产、再生产，共同构成全社会的人口生产、再生产。而每一个人的出生、成长、养老、死亡等全部生命活动，都要在家庭范围内进行，任何人必须依附家庭而存在。所以，整个社会人口过程的变迁，都是通过各个家庭的人口行为实现的。

自从有了人类之后，家庭形式几经长期演变，从最初的血缘家庭形式，即具有同一血缘关系的原始人口群体，逐渐过渡到氏族家庭，再后才演变成对偶制和一夫一妻制(以多妾为补充)单偶家庭。这些形式不同的家庭，在人类历史上，既是生产单位，又是消费单位。总之，家庭是经济上的一个单位，所以古人说家庭是尽相生相养之道的。而所谓相生相养之道，就是说老人需要奉养，孩子需要抚育。因此，家庭结构、规模、类型是影响人口再生产的主要因素。

随着中国农业经济的发展，以家庭为本位的农业社会日益发展进步，“家”在农业经济的发展和社会稳定等方面所起的作用和功能日渐突出。“家”是“国”的根基，“国”由“家”组成，有“国”才有“家”。家国同构一体，唯其“家和万事兴”，因此历代帝王“治国”必先“齐家”。所谓皇家朝代，无非是某个姓的一个家族在掌权，所谓改朝换代，实际上就是掌权者换了姓，这个掌权姓氏的家族又被另一个姓氏的家族夺走了政权，仅此而已。修身、齐家、治国、平天下，也成为每个士人心中的生存逻辑。从宋朝开始，在“家”与“国”的辨证关系上，突出了“孝”的理论核心作用，并将其置于“忠”的前面，这不能不说是与时俱进的一个创新。而这一历史性的创造，又是与徽州籍理学大师朱熹的贡献分不开的。

家庭类型 徽州传统家庭的类型，主要分为联结家庭、复合家庭、直系家庭、核心家庭及特殊家庭五种。

联结家庭 累世同居共炊、户至百口的大家庭，在同一个祖父母主持下，四代以上数代同堂。这是封建统治者一直提倡的典范家庭类型。史料记载，“昔张公艺九世同居，后人相传以为懿事”。这是唐朝初期的事，受到唐高宗的表彰，有“百忍堂”之说。唐宋时期这种“义门”最盛行，以后逐渐减少。清代赵翼写的《陔余丛考》中，尝统计正史孝义、孝友传，内载五世同居，九世同居，一门百口等共祖大家庭：《南史》三人；《北史》十二人；《唐书》三十八人；《五代史》二人；《宋史》五十人；《元史》五人；《明史》二十六人。不过欧阳修编撰《新五代史》中记载，南唐包括歙州在内的“州县言民孝悌五代同居者七家，皆表门闾，复其徭役；其尤盛者江州陈氏，宗族七百口，每食设广席，长幼以次坐而共食，有畜犬百余，共一牢食，一犬不至，诸犬为之不食”[①]。

徽州五代时称歙州，属于南唐，史料记载的家庭成员最多的则是婺源王氏：“以义同居者四世，合门三千二百余指，鸣鼓而后食，此其最盛者也。其世益远，其人益繁，东西相望十余里，皆王氏所居。”[②]这个唐代迁入徽州的太原王氏族裔，不愧是超级钟鸣鼎食之家，比上面提到的江州陈氏家口更多数倍。到清代婺源沱川有两家五世同堂，一是余时履，“道光十年亲见七代，五世同堂”；另一是余培仁，“同治十年，寿八十有九，亲见七代，五世同堂，请旌建坊”。[③]

更早些的南朝歙人鲍安国，一门“富甲一方，田置六邑，宗族三百余口同炊”。鲍安国兄弟三人与堂兄弟七人合居，十房共三百多人，家有千顷良田，时人称棠樾鲍家为“十安堂”。以后明代歙县岩镇程相，其家“数百余指同炊”。汪通保，家有“一堂五世男妇大小百余人”，这种规模也算不小了。直到清代，歙县方统来，仍保留“五世同居”的大家庭。“汪天禄，住居山僻，地名汪满田。耕织营生。自其祖汪其叶起，传汪僧保、汪福寿、汪善德、汪社兴、汪伏贵至天禄，已经七世同居，未尝分灶。”[④]民国《歙县志》称，清末全县五世同堂的大家庭共存有18家。

这种联结型的大家庭，只能是官僚士大夫和富豪才拥有，历来被公认为是最符合

①《新五代史》卷六十二，《南唐世家·李昪》。

②明代《婺源武口王氏统宗世谱·隆庆四年序》。

③光绪《婺源县志·寓贤》。

④乾隆《歙县志》。

儒家伦理、最理想的家庭类型，得到各个朝代官府提倡。明代大儒顾炎武说：“程朱诸子，卓然有见于遗经。金元之代，有志者多求其说于南方，以授学者。及乎有明之初，风俗淳厚，而爱亲敬长之道，达诸天下。其能以宗法训其家人，或累世同居，称为‘义门’者，往往而有。”①

在大家庭内部，除血亲之外，还包括众多非血亲的奴婢、僮仆，即“贱口”在内，另外还有一些异姓的姨舅亲戚寄居在一起。

优越的经济条件、传统的家族世系以及得以免除赋役的特权，是这类特大家庭存在的主要因素。在徽州众多古民居厅堂正梁的装饰木雕上，内容大部分取材“郭子仪拜寿”，郭家三千多口，数代同堂、子孙绕膝的情景是令人向往的。也有的就近取典，采用明代浙江浦江郑义门“九代不析炊”的事迹。但是，要维持这么多人的居住饮食，必须要有雄厚的经济基础，非显宦巨贾不可。

随着徽商大量外出，社会急剧变迁，从明代中期以后，这种大家庭不断裂变为较小的家庭，家庭成员之间在财产方面的纠纷矛盾，使得理想家园无法保存。连徽商起步最晚、性格“真老实”的绩溪，也出现“我绩析产者十之八九，共产者不过百分之二三”的现象，“然兄弟叔侄之析产者，商铺仍合赀。不肖者彼此妒忌，大都貌合神离”。②

在大量遗存文书中发现，有关析分财产的案例，从历史上的进程来看，是逐渐减少的。由此可以推断，徽州这种累世同居共炊的联结大家庭是在日益衰落。而且，随着大部分人家经商，徽州由农耕社会转型成商业社会，生育习俗随之移性变化，人口代际间隔越来越大，以代际间三十多岁的年龄差，使得四代同堂都难以实现。

历史上徽州家庭户均人口一直在五口上下之间波动，虽然统计数据不够准确，家庭与户的概念难以界定廓清，但是可以肯定，多口大家庭占有率是很低的，而且随着历史的步伐走向近代，联结型大家庭是越来越少。

复合家庭　系指父母和两个以上已婚子女及其配偶、后代所组成的家庭。此类家庭中，共祖父母的成员三代同堂，子孙多合籍、同居、共财。复合家庭的世代组合少于联结家庭，人口规模缩小，家庭生活较易维持。

但是，如果第二代兄弟众多，家庭人口也会很多。明代休宁汪志德，“统属诸弟，家至百余口，恬恬愉愉，内外无间言，家业愈兴”③。这样的大家庭也只有家业兴旺的显宦和富豪，才能养得起众多家口。在一妻多妾媵的背景下，优势的妇女生育率是产生兄弟姐妹众多的原因。明代汪道昆妻妾五人，儿子九个。红顶商人胡雪岩积财千万贯，

①顾炎武：《日知录》卷十三，《分居》条。

②[清]刘汝骥《陶甓公牍》卷一二，1911年夏安徽印刷局校印。

③《汪氏统宗谱》卷四二《行状》。

富可敌国。多情好色的他一生共娶过三十五房妻妾，在杭州元宝街的豪宅大院“芝园”，明廊暗弄十三楼，在鸳鸯厅楼上辟十二厢房安排爱妾居住，发妻彭水莲坐大堂另居别院。其子孙因此多不胜数，连他自己也弄不清楚到底有多少个。

一般的徽商家庭，三房五房妻妾都属平常。他们往往在家有一房正妻，是早年时在家乡娶的。当他们在外面致富发迹后，再娶客居地女子为妾，另外组成一个家庭，后娶的小妾反而能长年与丈夫一道生活，享受夫妻乐趣。留守在家中的正妻，她们却要过着孤独的生活，承担着侍奉公婆，抚养子女，看管祖屋，祭祀祖先的繁重家务。《黟县竹枝词》云:“少小离家别样愁，杭州约伴到苏州。妾心难逐郎心去，折柳年年到白头。”反映的正是这种夫妻分居两地产生的离愁别绪。

因此，徽州诸多家谱中关于嫡子、庶子，正室、侧室的记载，处处可见。锦衣玉食的富豪家庭占有多个妇女，而且早婚早育，他们多子多孙，家族庞大是毫不足奇的。

直系家庭　以直系亲属为家庭成员，包括一对夫妇及其父母、未成年或未婚子女等。直系家庭与复合家庭的区别，在于第二代的兄弟分家析产，各立灶头。

其中如果祖父母双双健在，则家中有两个核心，共同管理家务；如果祖父母一方已殁，则家中只有一个核心。少数无子孤老，依靠女婿家养老。但是以上这两类家庭都是扩大的家庭形式，家庭人口较多，与自然经济相联系的传统生育观影响深，妇女生育率较高，是他们的共同点。在徽州这种类型的家庭比较常见，其数量仅次于核心小家庭。

核心家庭　成员包括一对夫妻及其未成年或未婚的子女，也有的仅是一对夫妻，还没有生育子女。其成员关系单纯，流动灵便，只有一个核算中心，消费方便。这种类型是亲属的最小组合，也是上述大家庭分解裂变的最终结局。

核心家庭规模的大小直接关系到人口再生产，也反映出人口再生产的各个方面。一般情况下，核心家庭规模大，就意味着这对夫妻的初婚年龄早，并且他们的寿命相对较长，生育的孩子多，这些孩子在婴幼儿期间死亡又少。相反地，初婚年龄晚必定使这对夫妻在有效育龄期内，不能生更多的孩子;夫妻中如有一方早死即会使生育中止，如果婴幼儿死亡增加，自然存活至成年的孩子则会减少。

特殊家庭　除上述四种主干类型外，还有残缺（失独）家庭、单身家庭等特殊类型。这种不完整家庭处于不生育状态，其比重愈大，社会人口增长速度相应趋缓。

明清以来，经商惯习成风，徽州家庭占主导地位的是直系型和核心型的小家庭。要说明这些家庭所占比例多大，以及家庭内部成员的年龄、婚龄、初育龄、世代组合情况，必须要对家庭人口数量表现和数量关系，作微观的量化分析，将在本章第四节专门加以说明。

家庭内部成员

家长　古代徽州是典型宗法社会，是家长制特别盛行的地方，十分强调一家之长的权威。家庭以男子为主，因此家长只能是男性。家里用具一律书写男主人姓名，父母墓碑只铭刻男性子孙名。家长对内管理家庭成员的共同财产和生活秩序，保持成员之间和睦相处；对外，以家庭名义处理各种日常事务及与邻里间纠纷，承担官府的赋税和差役。家属以及寄养本家的仆役，一律在家长的统一管理下，按尊卑、长幼、男女的等级次序行事。家长不仅掌握家庭的田宅、钱物，决定家产归属，控制家庭成员的经济行为，而且支配着儿女的婚姻大事。

子女　长辈对幼辈、父母对子女要“慈”，所谓父慈子孝，兄友弟恭，长尊幼卑，是对家庭成员的基本要求。慈与孝是相对的，具有双重性。它既表现中华民族敬老爱幼的传统美德，又被帝王统治者所利用，作为愚弄人民的一种工具。

徽州家庭对于未成年的子女，要求家长的慈爱体现在教育上，须用心训导孩子，强调“小成若天性，习惯如自然”，“培养德性，当在少年时”。“课男读书，督女纺织”；“课子业儒，尊师重道”；“延名师硕儒，以储养子侄”；“读书者可望争气做官，治家者可望殷富出头，就是命运稍薄者，亦应立身学好。如树木枝干栽培不歇，则所结果子种之别地生发根苗，亦同甘美，是光前裕后第一件事也”。[①]

为了使少年儿童从小就受到良好的教育，养成自觉遵守礼仪、循规蹈矩的习惯，朱熹专门编写了《蒙童须知》一文，其中有“凡为人子弟，须是低声下气、语言详缓”，吃饭时“于长上之前，必轻嚼缓咽，不可闻饮食之声”，“凡侍长者之侧，必正立拱手”，如此等等。

读书应试、出人头地，是关系到整个家族兴盛的大事，徽州人家都以异乎寻常的执着，不厌其烦地殷殷嘱咐子弟必须珍惜韶华，切莫蹉跎岁月。“子孙自六岁入小学，十岁出就外傅，加冠入大学。当聘致明师，训饬以孝悌忠信为主，期底于道。若资性愚蒙，业无所就，令习治生理财。”[②]

婺源詹赞元《立秋日示子》诗，代表了父母的这种迫切心情：“飒飒秋风到芰荷，光阴又是半年过。窗前岁月全非昔，案上读书读几何？得意每因功黾勉，无成只为学蹉跎。青衿近日酬多士，未识吾儿也想么？”

对于成年男子，或读书入仕，或经商力田，总之以各按生理为要。

对女子，家长要教以闺门礼仪，严男女内外有别，做到“男不言内，女不言外。非丧非祭，不相授器。男女相渎，便非佳事。须要慎闺门、别嫌疑，非同父子侄，不

①[明]隆庆祁门《文堂乡约家法》。

②[清]雍正《茗洲吴氏家典•卷一家规》。

得穿房入户”[1]。

总之，对子女的家庭教育，徽州各地普遍加以重视，把培养人才，端正家风，作为家里第一等要务。

继子　在古徽州，若是自己没有儿子，选择亲兄弟、堂兄弟或同宗亲戚的一个儿子作为继子收养，以延续香火，继承家业，这种形式称为“过继”“过房”。由于传统观念中只有男子才能传宗接代，所以过继直接关系到家庭财产继承和转移，关系到家族血缘关系的纯洁与否，因此过继行为普遍受到整个宗族的关注重视。历史上围绕过继问题不断发生争执纠纷，严重的甚至诉诸官司或发生械斗。

立嗣过继主要有三种形式：一是，将孩子自小过继上户，与继父母共同生活，由继父母抚养教育成人。二是，已经长大成人过继，由继父母为之完婚，生子则随继父姓，作为继父母孙辈承接香火；两方父母称谓亦可随意，孙辈称继父母则面称“爷爷、奶奶”。三是，伯叔父母年老膝下无子，由族中议定某子侄承继；有的老人亡故后才议定，俗称“顶门户”。有的家庭弟兄数人，只有一子，孩子则兼祧数家之香火，俗称“一支开几门”。

凡过继则要立继书，继书上写明过继人、过继原因，明确过继后接承宗祀、永接宗祧。继书主要内容是过继后继父母家所遗田地财产及什物等概归继子所有，他人不得涉及。最后还得写上“愿从兹子孙昌炽，瓜瓞绵绵”等吉祥语，并由族内诸公伯叔作证签字后，过继方可得到宗族认同。

对立嗣过继问题，有史以来，徽州各地每个宗族都有明确规定。

首先，继子必须是同族同辈之子，不能长幼失序，混淆辈分。首选的自然是血缘最亲近的同胞兄弟。假使兄弟两家只有一家有儿子，也有采取两家共一个儿子的形式，称“兼祧”。而且抱养继子，还必须经过族长及族人的同意。然后签订协议字据，交宗祠注册方可生效。否则，极可能引起纠纷。

不过，由于世俗争继，其实口在宗祧，心存财产。所以清代乾隆朝时立兼祧之法，依律例：“大宗子兼祧小宗，小宗子兼祧大宗，皆以大宗为重，为大宗父母服三年，为小宗父母服期。小宗子兼祧小宗，以本生为重，为本生父母服三年，为兼祧父母服期。此所谓大宗，指长房，所谓小宗，指次房以下。”世俗有为本生父母及所兼祧父母均服三年的，则与律例不合。

如清代光绪二年（1876年），屯溪人方起林，过继给叔父为继子，立继文书经过族人方起瑞等商议同意后，方才订立为继。这样等于经过了宗族的公证，方起林便正式合法地被过继到叔父的名下为继子，并享有继承叔父即继父财产的继承权。[2]

①民国《平阳汪氏族谱·卷首家规》。

②卞利：《徽州民俗》第十章第二节，安徽人民出版社2005年版。

其次，关于合法立嗣继子在族谱中的书写规范。《棠樾鲍氏宗谱》规定："凡本人无出，以兄弟及族人子入继者，有配氏，则书'未嗣'，以某人第几子如绍；无配氏，但书以某人第几子入绍。"①

呈坎罗氏宗谱规定"继子，同宗相应者，小传内所生父下书曰'出继某人'，所继父下书曰'以某之第几子入继'。其继子名下则书'本某之第几子，继某为子'"②。

歙县方氏族谱规定"继嗣必以序承，间有世次差紊者，已从改正。于本生父下书曰'嗣某后'，于所后父下书曰'某子承继'"③。

总之，对合法出继的本宗同姓的继子，符合宗族的过继原则，徽州各个宗族都大度能容。

再次，对于族中出继或抱养异姓子（称异姓继子为"螟蛉子"）为继者，徽州各地宗族有着不同的处置规则。一种是认为此行为紊乱宗支，予以坚决反对，并不予入谱。歙县方氏宗谱规定"其有异姓承祧，无稗宗祊，徒紊宗脉者，已削不录。盖我祖不歆非类，律例亦乱宗。以后更有犯者，其支并削。"罗氏宗谱规定"其继异姓者，书曰'出继某姓'，其支派不续。异姓来继者，旧谱书'来螟他姓者'。今悉不载。"相比之下，绩溪仁里胡氏对本族出继异姓和抱养异姓为继子，则采取了相对宽容的态度。"其有异姓来继者，传代已久，仍旧书之，但注其所出之实。本族出继异姓者，注其名实于所生父下，庶异日得所据以归宗复姓，不列为图。其未能归宗者，本族后世不得与之结婚。"

除上述过继惯制外，还有一种以购买方式，收养贫穷人家子家中弟，称"义男"。明代万历十七年，歙县十一都四图人郑黑儿，立下一纸卖身契，将自己卖给十一都三图程家为义男。这种以出卖方式的过继，实际上是卖身为奴仆的性质。

由于立嗣过继行为涉及宗族血脉的纯洁，宗族对此严加限制。徽州历史上，偷偷抱养异姓子和过继家仆的现象，在贫苦而无子之家很是普遍。对这些未经宗族准许，私自抱养继子的人家，一旦被发现，即会引起轩然大波。严重者甚至涉讼，引发冲突。因此，这种过继承嗣的纠纷案例在徽州历来的民事纠纷与诉讼中占据一定的比重。明末歙县知县傅岩，在《歙纪》中就是这样指出"民讼多山木、坟茔、嗣继。"

清末祁门历溪王氏家族内，发生了族人王清池，违反规定抱养异姓继子事件，于是立即遭到被"控告在案，不能入谱"的严重惩处。

老人　家庭的天职，就是奉养老人、抚育儿童。孔子曰："百善孝为先"。对老辈人要善待以孝，使其颐养天年。徽俗重长上，尊敬耆老，子固当孝。对长上要尊敬

①[清]乾隆《重编棠樾鲍氏三族宗谱·卷首凡例》。

②[民国]《罗氏历代宗谱·卷首凡例》。

③[清]乾隆《歙淳方氏柳山真应庙会宗统谱·卷一凡例》。

而推崇之，要恭顺退逊，不敢触犯。凡是以少犯上，以卑凌尊者，执而笞之。封建国家强调“以孝治天下”，把孝道、孝行作为立身教民之本，建国治邦之基，历朝历代不断地褒奖孝子，宣传弘扬其事迹，总结出“二十四孝”典型。儒家经典《孝经》是士子读书入仕的必修科目。

朱熹写的《孝经刊误》，以宣扬孝、悌、忠、信的道德规范，用来达到“明人伦”的目的。徽州人家因此更是对儒家“孝”文化贯彻不遗余力，代代相传，用以明确“生我是谁？育我者谁？择师而教我者谁？虽生事葬祭，殚力无遗，未克酬其万一。苟其或缺，滔天之罪，尚何可言”[①]。

绩溪龙井胡氏祠规有“彰善四条”，即忠、孝、节、义。其中“训孝”条对族内子孙这样强调要孝：“众之本，教曰孝，其行曰能养，其养必兼之能敬，而将之以礼，始无愧为完人，乃得称为孝子。啜菽饮水，但求能尽其欢；夏凉冬温，又在不违具节。而且丧祭有礼，庐墓不怂。有此仁孝子孙，生则颁胙，殁则给配享，仍为公呈请，旌以教孝也。”

同时具体规定“敬耆老”措施：“年之贵乎，天下久矣。朝廷尚有敬老之礼，乡里可无尚齿之风？今酌立定制，年登七十者，春冬两季颁其寿胙。八十以上渐次加倍，其式详载规例谱。且筋力就衰，举动艰苦，入祠拜祖，初祭时，四拜跪毕，退坐西塾，值事仆奉茶水以安之。敬耆老也。”并且强调“卑幼不得抵抗尊长，其有出言不逊、制行悖戾者，姑诲之，诲之不悛，则众叱之”。

《平阳汪氏宗谱》在《家规》中强调：“益年养老，帝王亦然，况乡党莫如？齿理宜尊敬，彼与我祖父非属，雁行则在诸父之列。”

祁门文堂乡约有《孝敬父母》诗：“父母生来有此身，一生吃尽二亲辛；昊天罔极难为报，何事尔曹不顺亲。”用以教化乡民，晓谕孝道，倡导德治。

妇女 妇女在家中承担繁重的家务，史料记载中，徽州妇女劳动勤奋，吃苦耐劳。她们不仅操持家务，洗衣做饭，亲操井臼，相夫教子，而且还要直接参加田间生产，如种菜浇园、上山采茶、养蚕摘桑及砍柴舂米等。在徽州各地，采摘茶叶基本上是妇女承担，养蚕更是男人不能沾手的劳动。尽管女人整年劳累，享受的待遇却最差。

在歙县，“妇女尤勤勉节啬，不事修饰，往往夫商于外，所入甚薄，数口之家，端资内助，无冻馁之虞”[②]。整个徽州的妇女生活状况皆如此：“女人犹号能俭，居乡者数月不沾鱼肉，日挫针治缝纫绽。黟、祁之俗织木棉，同巷夜从相纺绩，女工一月得四十五日。徽俗能蓄积不至卮漏者，盖亦由内德焉。”[③]不仅明代商业初兴之时如此，

①绩溪《武口王氏统宗世谱·庭训八则》。

② 民国《歙县志》卷一《舆地志·风土》。

③嘉靖《徽州府志》卷二《风俗》。

以后到清代仍然保持这种传统，以致康熙《徽州府志》也同样照此转述记载这段风俗。

延至清末，经历了血与火的战争洗礼，徽州人口凋零，家庭生活有了天翻地覆般剧烈变化，光绪年间徽州知府刘汝骥在《陶甓公牍》中写道：“黟之女子尤号能俭，居乡者数月不见鱼肉，襁负馌耕、负薪担粪皆女子任之。”不论经济环境怎样变化，徽州妇女一以贯之，对照以上这些记述都是非常真实不虚的。

休宁月潭流传一首民谣：“有囡怕嫁月潭郎，月潭媳妇苦难当，三寸金莲种菜地，挑着粪桶摇晃晃；扑在地上除小草，跪在畦边栽菜秧。”[①]勤苦耐劳的妇女形象跃然纸上，小脚女人一般都出生在富有的大户人家，可见无论大家闺秀还是小家碧玉都有内德，体现出徽州妇女的不平凡人生。

休宁类似的民谣还有：“有囡不嫁潘家郎，潘家媳妇最难当。上碓舂米下碓量，赖我窃米给爹娘。爹娘不是贫苦人，也有大屋高门墙；东边有厅好请酒，西边阁下好乘凉。”[②]这些极其生动细致的记述，就进一步说明在徽州，即使是大门高墙里出来的富家女人，并非都是那么娇贵，她们有的一样能勤力苦做，承担繁重的家务活。歙县棠樾大盐商鲍志道富可敌国，在扬州的他家“拥资巨万，然其妻妇子女，尚勤中馈箕帚之事”[③]。

所谓的小脚女人，即是缠足的女人。女子缠足，又称裹足，包脚。一般人家的女孩，小则三、四岁，大则七、八岁，就要开始缠足。古代徽州俗尚缠足，脚被裹缠得越小越好，越尖越美，时称“三寸金莲”。缠足方法非常残忍，是用一块很长的布条，将女孩双脚除拇趾之外的四趾，硬生生地压入掌底死死缠住，扼制其生长，有的还将碎瓷片裹挟其内，女孩子常因脚趾破烂、趾断，不能站立行走，痛苦不堪。缠足直到拇趾下垂，四趾弯折脚底，脚背隆起成小船形状才告结束。

徽州男子在外界奋斗取得的所有成就，都是与徽州妇女勤俭持家的内助分不开的。虽然对家庭如此有贡献，但是仍然得不到社会承认。妇女一直处于与男子不平等的地位。徽州家庭形成顽固习俗，凡是嫁娶过来的新妇，称呼家族亲戚不能与丈夫平等，必须降低一级，只能同自己的子女一样称呼族人。而且所有家规无一例外地歧视妇女，认定“女子小人，最能翻斗是非”，为家里女人设立许多清规戒律。

歙县潭渡黄氏《家训》中教训妇女，要她们“安详恭敬，俭约操持。奉舅姑以孝，侍丈夫以礼，待娣姒以和，抚子女以慈。内职宜勤，女红勿怠，服饰勿事奢华，饮食莫思饕餮，毋搬斗是非，勿凌厉婢妾，并不得出村游戏，如观灯、玩灯、朝山、看花

①录自朱世良：《徽州月潭朱氏》。

②《休宁县志》卷三十，2012年版。

③李斗：《扬州画舫录》卷六。

之类，倘不率教，罚及丈夫”。

休宁茗洲吴氏《家典》同样规定，家中妇女“必须安详恭敬，奉舅姑以孝，侍丈夫以礼，待娣姒以和。无故不出中门，夜行以烛，无烛则止。如其淫狎，即宜屏放。若有妒忌长舌者，姑诲之，诲之不悛，则出之。妇女宜恪守家规，一切看牌、嬉戏之具，宜严禁之，违者罪家长”。

即使到了民国时期，《平阳汪氏宗谱》《家规》仍有“严内外”的条款，对妇女的行为作了严格的约束限制：“内则云，男不言内，女不言外。非丧非祭，不相授器。男女相渎，便非佳事。要甚闺门、别嫌疑，非同父子侄，不得穿房入户；奴仆无令，不许进中堂；妇女无事，不得出外游。至于入寺赛愿并观演剧，尤宜禁绝。”

这些条条框框,直接源自程朱理学思想,尤其是朱熹关于“三纲五常”“三从四德”“夫为妻纲”的教条，所谓在家从父、既嫁从夫、夫死从子，使得妇女终身处于男人权力和意志支配之下，缺乏基本的自主与尊严，永远不能翻身做主。妇女们政治上无权，经济上依附，社会上无地位，婚姻上不自主，过着没有独立人格的悲惨生活。妇女始终被男人当作奴隶，妇女的价值在传统社会看来，不过是一部生孩子的机器，即便如此，她们连这种生育价值也得不到社会承认。

奴仆（包括婢女）　他们长年与主人生活在一起，虽然与主人并无血缘关系，但他们也是家庭重要成员，承担着各种繁重的劳务、家务。同时被要求严格按尊卑等级、主仆名分行事，因而地位卑贱，没有人身自由，生活在社会最底层。

徽州人口中古来就有主仆之分，奴仆的称呼也有多种，如家人、家丁、家仆、世仆、僮仆、奴婢、使女等等，他们一旦沦为奴仆，子孙永世都打上烙印，不能挣脱。正如《黟志》云：“严主仆之分，数世不更其名，一投门下，终身听役。即生子女，一任主为婚配。盖亦微有正名之思焉。”奴仆世袭，世世代代侍奉主家。在徽州各地，世仆称老年、壮年主人为“老爷”，称少年为“少爷”；称老年妇女为“奶奶”，女孩为“姑娘”。

遵循朱熹“僮仆不可不恤”的家训，“奴婢不可克减其衣食。然家法虽极严，食足然后可致法，法行然后知恩。不用命者，惩戒不悛，宁减价转鬻之。朴实者令其相依自食可也”①。要求家人也要关心他们的生老病死。对于结婚成家的，安排房屋供其居住；愿意从事农业的，佃田供其耕种；参加服务的，给其酬劳；家庭遇到困难时，为其助力解决。只有让世仆安居乐业，才能使之世代听命顺服。否则，奴婢就会逃亡、造反，带来家庭不安。

关于徽州奴仆起源，早在三国时期就有记载，贺齐讨伐山越，掳掠大批越民，强者为兵，弱者“仆户”，分配给当时有功将领充当奴隶。战俘为奴隶的起源，以后罪

①引自万历《檀几丛书》。

人也为奴隶。东吴实行世袭领兵制度，带兵将领多系世家贵族，常拥私属部曲数千，称家兵家将。诸葛恪一次俘获山越4万，自领万人，其余分给部将。当时江南各地，战事紧张，百姓不能安心耕种，粮食缺乏，陆逊建议“令诸将增广农亩”，孙权采纳后，“亲自授田”。东吴诸将都受有土地，使部下为其耕种。被掳山越，虽名为补充军队，其实主要是为将军耕种领田充当屯田客。这些人已沦为奴隶，没有人身自由。大将陈武在一次战役得胜后，孙权奖赐他二百家奴隶。这些奴隶的来源，完全有可能是山越或其他战俘。

古代战争的目的之一，就是掠夺人口，人口多寡决定国家的张大程度。军士是人口中的精锐部分，将战俘转化为本国军队和奴隶，这是古代所有国家的常规做法。自从吴人平山越以后，古徽州那些被迫沦为奴隶，压在社会最底层的贱民们，反抗地主的斗争一直没有停息过。

东汉末年，天下大乱，军阀混战中，出现“部曲”这个群体。上述山越人俘虏即是为东吴将领的部曲。“典有宗族部曲三千余家”[①]，这就是说明，战时的部曲，平常则跟着将领生活，或者受他豢养或者替他工作。部曲的女子，谓之“客女”。

晋灭吴后，王公以下，都得到荫人为衣食客及佃客的特权。其租调赋税及力役等，均入私家。门阀制度就是这样渐渐固定，这也就是所谓的九品中正制，官品之外，封爵仍就。中原衣冠之族，在本地方，人人都知道，不需自行申报。然而战乱期间，播迁到别的陌生地方，就行不通了。如琅琊王氏是世族，别处的王氏则不然。

所以家族迁徙到新的地方必须声明郡望，我是琅琊王氏而非别地的王氏。正是因为门第不同，享受待遇不一样。当时判定世族资格的条件，则是要有证据，秦汉以后世家大族所以要有谱牒，以便人证物证俱全。然而，家族谱牒全由私自保管，不免有散佚及伪造等问题存在。为了维持这种门阀制度，官府就必须设立谱局，与私人家谱相核对，“有司选举，必稽谱籍而考其真伪”。

东晋初期，北方人口流徙江南，多沦为奴隶。“中原子女，鬻于江东者，不可胜数。”江东的豪门世家，当时蓄奴的数量都很多。其中有部分世家名门，又辗转迁入徽州，家中奴仆自然随之而来。

据史书《清稗类钞》记载：“徽州之汪氏、吴氏，桐城之姚氏、张氏、左氏、马氏，皆大姓也。恒买仆或使营运，或使耕凿，久之，积有资，即不与家僮共执贱役。其子弟读书进取，或纳资入官，主之不禁。惟既已买身，例从主姓。及显达，即不称主仆，而呼主为叔矣。盖以同姓不婚，杜后日联姻之弊也。”[②]

①《三国志•李典传》。

②徐珂：《清稗类钞》第三十九册《奴婢类》。

对家奴的严格管制措施，一代一代传下来，唐宋以后，“取士不问家世，婚姻不问门阀”。九品中正制度在隋朝即已废除，从此往后，门阀制度成为一个空壳，徒有虚名而已。

但是，元朝异族统治带来历史倒退，汉人被掠入奴籍甚多，因此明代奴仆之数骤增。同时，随着商品经济发展，贫穷两极分化严重，明代中后期，江南土地兼并严重，失地农民增多。贫困无奈只有投靠地主官家为奴，买卖奴仆成为社会普遍现象，徽州乡绅富豪因此大量蓄奴。入清以后仍然没有大的变化。“家多故旧，自唐宋来数百年世系，比比皆是。重宗义，讲世好，上下六亲之施，村落家构祠宇，岁时俎豆其间。小民亦安土怀生，即贫者不卖侲子流庸。婚配论门第，治袢裳装具，量其家以为厚薄。重别臧获之等，即其人盛资厚富，行作吏者，终不得列于辈流。”①

臧获，即奴隶的代称。古人称平民娶婢为妻生子曰“获”，奴隶娶平民女子为妻生子曰“臧”。实际上这种界限很难严格要求，一方面有脱离奴籍的奴隶，一方面又有沦为奴隶的平民，变数不定。随着时代的发展，战俘、罪人为奴的渐少，经济原因造成的因贫穷而鬻卖的渐多。自唐宋以后，原来依附于门阀世族的私属贱民，即部曲、奴婢，他们本是属于私人的财产，可以像货物畜产一样进入市场交易，徽州家庭的奴仆基本上是穷人卖身为奴而来。

康熙《黟县志》中有尚祥卿《箴言论》记载:“严主仆之分，数世不更其名，一投门下，终身听役。即生子女，一任主为婚配，盖亦微有正名之思焉。”《黟县乡土地理·风俗》也指出：“自古以来，民多纯良，守法律，娴礼教，聚族而居。惟主仆之分素严。考试时代，为此争讼最多。”

康熙《徽州府志》又云：“主仆之严，数十世不改，而宵小不敢肆焉。”并且府志作者赵吉士还向地方政府提出建议：“世俗至今犹然，脱有稍紊主仆之分，始则一人争之，一族争之，并通国之人争之，不直不已。民牧者当入乡随俗，力持风化，万不可以他郡宽政，施之新安，否则政如龚(遂)、黄(霸)、鲁(恭)、卓(茂)，而舆论沸腾，余无可观矣。”

事实上，明清以来，社会上除官宦富豪之家所蓄的世代家奴之外，新生富户通过价买，贫困人口卖身投靠，以及奴隶生育的后代，整个奴仆人群的数量依然不少。清代吴敬梓在小说《儒林外史》中描写徽商程明卿的书童万雪斋，由于弄窝子(盐引)发了十几万大财。程后来破产回了徽州老家，就在万雪斋娶翰林女儿为媳的婚礼上，程恰巧来到，万雪斋一见老主人，不由自主地跪地迎接，花了一万两银子才打发走旧主子。小说的这一情节，生动表现出当时的主奴关系，虽然主人穷困潦倒，仆人风光发达，

①康熙《徽州府志》。

但是富奴的名分，仍然不能改变，当时的社会现实就是这样。有谓“徽俗重门第，凡仆隶之裔，虽显贵，故家皆不与缔姻”。只是小说里这个翰林女儿并未计较万子的身份，不知道作者何意。当时一旦身为奴仆即使日后致富或入仕，其仆人身份和地位都不能改变。[①]

奴仆的主要任务是进行家务劳动，少数亦从事农林生产，其中有的别居，不与主人住在一起，但是人身仍然依附主人，没有自由，主人有权处置奴仆。所谓别居并不表明脱离奴籍，也不能编入户口。奴仆从事的农林生产，是主人派遣，使之耕凿，而并非租佃关系。

为追求自由解放，一代代奴仆奋起反抗，多次发动“奴变”，官府则毫不留情地残酷弹压诛杀。“歙俗，故以家世相役仆，而逆节渐萌，令君(歙县令姚某)谓闾右：藉是以庇其家长民者，藉是以保其土，分定故也。渐不可长，率诛跋扈，以正名。”[②]奴仆的斗争事迹在徽州历史上书写了浓重的一笔。

佃仆　佃仆不同于奴仆，并不是家庭成员，但是其身份一直没有明确界定。乾隆三十四年(1769年)，安徽按察使贤善，在一份奏折中写道：安徽省徽州、宁国、池州府属地方，自宋、元、明以来，缙绅有力之家，招募贫民佃种田亩，给予工本，遇有婚丧等事，呼之应役，其初尚不能附于豪强奴仆之列，累世相承，称为“佃仆”，遂不得自齿于齐民。

徽州的佃仆是一种特殊的佃户，既不同于奴仆，“不能附于豪强奴仆之列”，又不同于一般佃农，身份很难界定。这种以佃为仆的制度在明清时期徽州农村社会十分盛行，非其他别处可比，对徽州社会与经济发展带来极其深刻的影响。

由于徽州人文化素质高，社会上普遍流行使用契约合同，因此农村租佃关系发达。不仅有相对自由的佃农、佃户等租佃关系，还有因“葬主之山、佃主之田、住主之屋”而沦为佃仆的非自由租佃关系。[③]佃仆的身份地位高于奴仆而低于佃户。这种细微的差别，从古至今都被人忽视。徽州众多家谱中常混淆不清，误导了很多人。如休宁“率东程氏，增置休歙田产千余亩，佃仆三百七十余家”。这里所说的佃仆，实际上是指佃农。

佃仆制主要盛行在祁门和休宁等县山区，单纯农业区域则未见。这说明佃仆制与林业的密切相关性。至于佃仆的成因，主要有以下两个方面：

一是因为生产林木的山场，距离村庄较远，“向来立庄置仆看守”。祁门江氏《家规》云：“里水碓新路旁竹木，召佃安童照管长养。”召佃仆种树，订立契约，写明山场四至、

①赵吉士：《寄园寄所寄•泛叶寄》。

②汪道昆:《太函集》卷六十九《姚令君生祠碑记》。

③高廷瑶：《宦游纪略》卷上。

栽树品种等一系列有关内容。要求佃仆不仅要负责种养树木，而且在砍伐和运输过程中也要无偿劳动。

二是“徽俗重坟墓”，树木草石“都不准动分毫”，要做到“千年之冢，不动一抔土”，这就必须立庄召佃有专人看护。明代万历年间，祁门郑氏合议文约云：“祖坟干系甚重，且住僻非一人能守，墓冢广阔，若非多人住守，难免侵害。”所以，就有一些无地缺房的贫苦农民前来投佃。其时，佃者必须签订投佃文约，承担一定的劳役，从而形成主仆关系。

嘉靖二十四年(1545 年)成书的祁门《窦山公家议》中道：“计议佃仆，昔称繁庶，今渐落落，殊可慨也。”但是，当时已渐衰落的六都程氏家族的庄佃，书中统计还有24处，佃仆 47 户。如果在从前“昔称繁庶”的年头，佃仆的数量还不知会超出此数多少。同时期歙县退休官员方弘静，在《素园存稿》一书中写道：“以千人之家，其仆佃之数不啻如之矣！咸臂指相使非一朝一夕也，有事则各为其主，主则饮食之，以为恒，此皆子弟父兄之兵也。”①

因为“住庄屋”而沦为佃仆的事例很多。明嘉靖年间祁门五都黄毛，在文约中写明他是“承租投到房东陈姓火佃庄屋住歇”而成佃仆的。万历十三年（1585 年）许毛、许三保等在文约中写道，他们兄弟是“承租住房东谢庄屋基地”而成佃仆的。汪乞祖是因“上祖”投到郑姓“墓庄住歇”而成佃仆。汪兴广是“带同妻子投到房东郑氏名下庄屋一所，前去住歇，看守坟茔，耕种田地”。为了召佃，很多地方专门在山里建造数间“庄屋”供仆居住。祁门环砂村的村里、庙下莫家和小姑山，都有一些庄屋，村民称其“庄户”，青壮年庄户主要为程氏家族的婚丧事务与节庆、祭祀等活动，提供抬轿、背新娘、治丧、修墓以及吹奏唢呐等劳动服务。而庄户可以得到与庄屋配套的若干田地用于耕作，维持日常生活；也还可以从为村民服务中得到相应的酬劳。

因为无地安葬父母，有的被迫沦为佃仆。明嘉靖年间，祁门五都潘九“因父病危，思无葬地，俯求洪大升山内塘边旧坟前暂借浮厝”，承诺“日后洪家挂扫、迁坟，自当应付使唤，不敢躲拒，如违，听自陈理”。最为典型的实例是祁门胡氏，明代成化年间，第一代胡氏因父亡无地安葬，为求得洪姓地主供给的两穴山脚墓地，甘愿沦落为佃仆。订立文约中写明：“自葬坟以后，但有洪家到于黄岗，一应事务听自使唤，以准山租。”直到万历三十二年(1604 年)，这个佃仆身份的胡氏家族历经六世，已发展到四大房数十口人。洪姓地主增造房屋五间供其居住，胡氏承诺：“递年每人应付工夫二工”。此处“二工”乃所增加房屋租值的代价，胡氏佃仆在这里明确以劳役抵代葬地的租值。②

①方弘静：《素园存稿》卷十九《谕里文》、卷十七《郡语》下。

② 刘和惠、汪庆元：《徽州土地关系》附录二《明代祁门胡氏佃仆文约》。

佃仆系子孙相承，故有“世仆”之名。如果佃仆死后，其遗孀招赘，入赘者也成为佃仆，而且世代传承。上述祁门胡氏佃仆从成化时起，历经140年连续六代皆为洪家佃仆。

佃仆承佃的土地主要是山场，虽然也有承佃农田的，但是一般数量不多，处于补充的部分。明代祁门五都洪氏地主大约拥有二百亩山场，据其《洪氏誊契录》所载43件租佃契约，租佃者绝大多数为佃仆。明代祁门六都程氏地主约拥有1500亩山场，《窦山公家议》载有31户佃仆承佃。祁门十一都李氏地主拥有100多处山场，约3000亩左右，康熙五十八年（1719年）《李氏禁约合同》载：“本族自前朝以来，广买山场，为子孙风水之计，多置庄仆，看守坟墓，长养苗木。”

佃仆承佃山场，均须签订租约，写明山场所在、四至、产品分成比例等，并没有应役条款，除个别用词外，与一般租契约无二。

佃仆是山场种管林木的主要劳力。象林业这样大量使用佃仆，在农业生产上是绝对见不到的。农业劳动力从事的农田佃耕者大都为一般佃户。明末歙县胡氏祠堂，有田40余亩，佃户共有43名，均有姓名可考，无一佃仆。清初休宁黄氏祠堂，先后共有十一姓40名佃农，也无佃仆。即使在祁门，清代李氏祠堂拥有60余亩农田，先后有佃农115名，无佃仆。林业和农业在租佃关系方面的差别，与各自生产特点相关。徽州林业生产与农业相比，不同之处在于：

第一，林木生产周期长。徽州山场出产的树木，主要是杉树。“凡栽杉以三十年为期方可伐”，明代祁门人程昌在《窦山公家议》中云：“田之所出，效近而利微；山之所产，效远而利大。今治山者递年所需，不为无费，然后利甚大，有非田租可论，所谓日计不足，岁计有余也。”山林经济效益高，种植林木成本低，但是培育树木需时久，即使是生长快的杉木，也得30年才能见到利益。这样一来，劳动力与林业生产匹配上也是长期的，甚至需要两代人的劳动付出，才能见到收获。

第二，山场劳作艰苦。林木栽苗三年后，进入长养期，防火防盗为要务，一年四季，不管严冬酷暑，都要在山林中巡行，有时还会遭到偷盗者和野兽的伤害。“早出偕耕于山，耦樵于林，以警虎狼，暮则相与荷锄负薪以归。”“火耕于山，旱种旅谷，旱则具出。扳峻壁，呼邪许之歌，一唱十和，庸次比耦而汗种，以防虎狼。”

第三，山上生活条件差。长期远离村庄，与世隔绝，享受不到家庭温暖，没有天伦之乐，令人精神上难以忍受。

因此，徽州山场劳动力严重不足，只有贫困之极，无路可走的人，在住屋、葬地的诱惑下，被迫到此就范。他们一旦签约投佃，便被永远束缚在山场上，没有“撤佃”“换佃”和迁移流动的希望。而徽州田地少，农业劳动力严重过剩，田主不必担心没有佃户，反而可以利用租佃者的竞争，利用撤佃、换佃作为提高地租和勒租的手段。比如《黟县四志》云：“昔日地狭人稠，欲佃不得，于是纳金于田主，田主收其金，则此田永远由其耕种。”通过两相比较，一个是林业劳动力来源缺乏；一个是农业劳力大量过剩。农林业生产这一明显反差，无疑会使租佃关系和形式，产生不同的影响。

佃仆制是一种严格的人身依附关系，佃仆与主人有严格的主仆名分，逾越这道鸿沟则要受到惩罚。通过订立契约以及历代相沿的地方俗制，佃仆要为主家承担各种差役，如看守坟墓、夜巡村庄、替主人抬轿、晚上行走为主人举火照明等。身为佃仆就被永远捆绑在地主的庄屋，不能擅自移居别处，不能与大族通婚，不能应试入仕，不能入编户，与房东地主保持着森严的等级关系，不敢“僭越”一步。“平日起居不敢与同，饮食不敢与共，亦不敢尔我相称。”山上林木产品，佃仆虽然可以获得一笔可观的力坌价银，但是没有自由处理的权利，房东地主具有优先购买权。因此，主佃之间矛盾日益突出，纷争不断，逃离事件愈发增多。

随着佃仆人口繁衍，需增加庄屋、葬所和耕地，长此以往，佃仆生活不能维持，外逃谋生势所必然。如上述祁门胡氏佃仆，经过一百四十多年六代人的繁衍，已有四大房数十口人，洪氏地主则为此陆续增建住房，佃与土地，每一次增加房屋土地都要重订文约。其间共立有七次文约，屡次反复重申应付服役关系。正是由于地主随着佃仆家庭人口一代代的增加和代谢，不断增加住屋，佃与葬地，佃仆制方能延续下去。一旦地主无力继续提供需求，那么佃仆子弟就不得不到外地谋生，或者逃离。

休宁茗洲吴氏《葆和堂需役给工食定例》中写道，佃仆“今人丁繁众，谁多山场足供斫伐？谁多田园足供耕种？谁多屋宇足供居住”。这一系列问号说明，佃仆人口增多，生活需要量加大，带来根本无法解决的实际问题。在主佃冲突不断激化的背景下，地方官府只有逐级上报，终于在清代雍正五年(1727年)，皇帝发布“谕旨”：“近闻江南省中徽州府有伴当，宁国府则有世仆，本地呼为细民。其籍业下贱，几与乐户、惰民相同。又其甚者，譬如二姓丁户村庄相等，而此姓乃系彼姓伴当、世仆，凡彼姓有嫁丧之事，此姓即往服役，有如奴隶，稍有不合，加以捶楚。追究其仆役起于何时，则茫然无考，非实有上下之分，不过相沿恶习耳。此朕得之传闻，若果有此等之人，应于开豁为良，俾得兴奋向上，免致污贱终身，累及后裔。着该抚查明定议具奏，钦此。”①

安徽巡抚魏廷珍遵旨议奏：“江南徽宁等处，向有伴当、世仆名色，请嗣后绅衿之家，典买奴仆，有文契可考，未经赎身者，本身及其子孙，俱应听从伊主役使。即已赎身，其本身及在主家所生子孙，仍应存主仆名分。其不在主家所生者，应照旗人开户之例，豁免为良。至年代久远，文契无存，不受主家豢养者，概不得以世仆名之，永行严禁。”②

但是这个办法在实施过程中，却受到徽州地方官员及地主乡绅的百般阻挠。雍正七年正月，休宁知县在给徽州知府的公文中，以“徽俗向来如此”为借口，提出新的开豁条件“种主田，葬主山，住主屋三事”，“有一于此，俱在应主之例”。除非“倍

①②《清世宗实录（一）》卷五六第863~864页。

价退田还业”，否则不予开豁。这些搪塞之词都得到府衙的认可。直到嘉庆十四年(1809年)，政治环境稍微宽松的“开豁令”，才正式成为大清政府的法律。嘉庆皇帝下旨谕：“该处世仆名分，统以现在是否服役为断，以示限制。若年远文契无可考据，并非现在服役豢养者，虽曾葬田主之山及佃田主之田，著一体开豁为良，以清流品。”①

刑部遵旨颁布条例，其中涉及佃仆开豁问题，规定：

安徽省徽、宁、池三府民间世仆，如现在主家服役者，应俟放出三代后所生子孙，方准报捐考试。若早经放出，并非现在服役豢养及不与奴仆为婚姻者，虽曾葬主家之山，佃主家之田，均一体开豁为良，已历三代者，即准其报捐考试。

嗣后，直到道光年间，又进一步在法律上明确“佃”与“仆”的区别，当时徽、宁、池三府一时“开豁”者达数万人之多。徽州大批佃仆摆脱了“仆”的名分，佃仆制随时代前进而逐渐消亡。徽州人口的这种特殊群体，从此退出人口构成，从某种意义上说，佃仆制消亡也是人口规律的作用。

家庭生活俗制

重家修谱　良好的家世是一个家庭、一个家族的优质无形资产，世代受用不尽。历史传统悠久的徽州人非常重视家世，用各种方式追念先世显赫，以证明自己血统的高贵。每家厅堂普遍高悬匾额，上面大书诸如“累世簪缨”“世代书香”“父子进士”“同胞翰林”“状元及第”“大夫第”“进士第”“以家政贾”“悬壶济世”等等，作为家庭房屋的堂号，用以标志着家世优越，以及身份地位和文化修养不同凡响。

徽州人重视家世，首先表现在尊祖敬宗上。人们心目中，祖先就是木之本、水之源，而且祖先已经升天羽化登仙，被视为是天上神灵，无时无刻地注视着后辈，既会庇护子孙，荫泽绵延，同时又在监督他们，激励上进。例如家世悠长的方氏，世望河南，西汉末年方纮“因王莽篡乱，避居江左，遂家丹阳。丹阳昔为歙之东乡，今属严州，是为徽、严二州之共祖也”②。方纮在明刻本《新安名族志》里收录的78个名族中最早移民徽州的。迁移入徽后，传三世方储，“吾鼻祖演戏封方山，因以为民，于诸姓为最先。适后望河南衍江左，至汉黟侯诸公，凡百十二世，谱牒昭然，人世可考，嗣是而下，本根茂则枝叶繁，其蔓延于歙睦间，或以功德，或以文章，或以宦业，称世家则巨族”。方储在东汉和帝时，以贤良方正对策为天下第一，任博士、迁议郎、洛阳令、太常卿，死后追赠尚书令、黟县侯，葬淳安城内，立祠享祭。以后又陆续追谥，逐渐被神化，“(储)升平之日，羽驾乘空，仙游之时，蝉蜕而去。咸以公为仙化，莫知所归，共建祠堂，以时祭享”③，方储祠堂后被称为方仙翁庙。生前显赫、死后神

①光绪十四年《大清律例汇辑便览》卷二七。

②[明]程尚宽：《新安名族志》前卷。

③[明]程尚宽：《新安名族志》前卷。

化的方储，虽不是方氏始迁徽州第一人，但由于仙翁庙被宋徽宗赐以“真应庙”额，从而成为方氏子孙崇拜的偶像。“每岁仲春三日诞辰，子孙陈祭行三奠礼，读祝升歌，罗拜其下，祭毕聚饮，欢洽而散。”[①]

徽州人都把自己的祖先作为楷模榜样，定期祭祀，顶礼膜拜。如黟县南屏奎光堂正厅悬挂的对联所书：“慎终追远万代子孙继德馨，经传文章百年后世之典范”。正因为祖先的伟大，徽州人对祖宗的敬仰崇拜才愈加虔诚。所谓“重宗义，讲世和，上下六亲之施，村落家构祠宇，岁时俎豆其间。”

绩溪宅坦胡氏用《祖系纪略歌》，把明经胡氏从一世到二十世先人的名字和生平事迹编成歌谣，让族人从小朗朗上口，终身传诵，永世记忆不忘。“一世明经公，唐代昭宗子。避难居婺源，胡姓从此始。寿元九十六，同光登进士。《易》学以传家，隐居而不仕。卒葬锡子桥，墓载婺源志。夫人系詹氏，笃生三令嗣。长派绩宅坦，次迁歙紫阳。三仍居川水，三处发其祥。二世延进公，宋初为绩令。后知严州军，年老卒于任。夫人亦詹氏，合葬在桐江。一子复回绩，营墓衣冠藏。三世讳忠公，始迁宅坦里。建立桂枝院，墓在蟹形里。孺人汪柯氏，笃生三令子。行三昉公传，长二迁他地。二十世中公，行一娶洪氏，合葬在庵前，笃生三令嗣。长子尚仁公，祠祭为宗子，在族称上门，豫格堂斯起。次子尚义公，前中两门是。三子尚礼公，后门自兹始，从此瓜瓞繁，宅坦族以启。庶生尚智公，外迁垂后裔。次派文中公，世居在下门。五门共祠宇，逊亲堂以兴。”[②]

其次，修纂家谱不遗余力。所谓“谱者，家之大典。姓氏之统于是乎出，宗祖之绩于是乎章，自姓之绪于是乎传，宗法于是乎立，礼义于是乎兴”[③]。为了纪世系，叙昭穆，辨亲疏，明确后裔辈分及其尊卑嫡庶等级，徽州各大家族不惜代价编修家谱。每个家庭都可以在记载世系昭穆的谱乘中找到自己的位置，熟识家族的渊源和延续历程，了解族人之间的行辈次序，从而增强家族的凝聚力和向心力。

每届修谱，家族要专门成立编纂班子，设立谱局。谱局一般遴选家族里贤才组成，少则十余人，多者几十人。谱局成员负责筹集资金、搜集资料、组织撰写和印刷发放，“小修只本抄誊，大修则醵资刊刻”。谱牒修毕后，编定字号，通常在祠堂里颁发给各家，要求妥善保管，不得损坏、丢失，更不能轻示于人或贪财出卖。违者，将被严厉处治。乾隆《歙淳方氏柳亭山真应庙会宗统谱》明确规定：“不肖子孙，或奉守弗谨而失之，或贪牟货利而鬻之。如此者，众申其罪，追出原谱，仍逐出祠。”

①《方氏会宗统谱》卷一七、一八《庙额•敕赐黟县侯庙额》。

②摘自民国绩溪《明经胡氏龙井派族谱便览》第一卷。

③程一枝：万历休宁泰塘程氏《程典》卷首《序》。

徽州家谱的内容十分丰富，其中既有相对比较简单的叙述式“谱书”，又有俗称“谱单”的图表式家谱。一般谱乘大体包括谱序（含旧序）、凡例、家规、辈分字号、世系图、祖墓图、列传、著述、后序（跋）等内容，有的家谱还在卷首录有皇帝恩荣、诰命等文字，其记载文武科第录、祀典、庙额、宸纶，以示家族辉煌历史。祀产登录家族财富；其阳宅、地胜夸耀桑梓之地；其碑记、茔志、记事、合同是家族档案文件；其家传、行状、墓志铭是为家人树立的楷模。因此，一些有实力的家族往往会由族内缙绅出面，请求官府给予家谱钤印。如上述歙县柳亭山真应庙方氏家族统宗谱的卷首，便是徽州府台为家谱钤印的批文《宪给印牒》，官方文书记载了该家族的“光荣家乘，历年一千七百阅世六十有余”。

由于明清时期徽州社会经济和宗族发展异常繁荣，官刻、院刻、坊刻和家刻等多种类型的图书刻印事业高度发达，因此有不少谱乘别开体例、充实内容、注重质量，以使家谱真正如同官方正史和地方志那样，形成与国史、府县志并列的体例完备的家族史志。如明代万历时程一枝纂修的休宁泰塘程氏家谱《程典》，就是以“典”的形式来显示家乘的威严，“典，法也，在上所奉，程可预者。夫能亢其法于家，于是亦所以助上为政也，虽谓《程典》，夫何不可？”因此该典广征博引，别出心裁，采用史志体例，编成拥有序、凡例和系谱4卷、表4卷、世家2卷、列传6卷、志9卷、图4卷、录3卷及附录等多卷在内的体例完备、内容丰富、风格独特的泰塘程氏家谱。其他如休宁《茗洲吴氏家记》《茗洲吴氏家典》等谱牒，都是著名的徽州家谱。

徽州民间家谱的《凡例》一项，规定了编纂时必须遵循的准则。徽州各个家族谱乘的《凡例》原则上一致，但是详许、表述均有差异。大体上，要求谱牒世系清晰，对于谁人能上谱，谁人不能上谱作出规定，对族人的行为规范已有最低限度的要求。如祁门《方氏族谱·凡例》中所记述：“支蕃派衍，长幼温无可辨，故立行第以序之，庶几长幼秩然有序。至一派之中有出家为僧、道貌岸然者则削其行，为其忘乘不孝也。女子不入行第，内夫家而外父族也。又有原系本枝在外散落，后考果系嫡派，亦许标名书入。若非系真派，不许用计伪托附合。”对于在家庭成员为僧为道这方面，歙县《柳亭山真应庙方氏会宗统谱·凡例》则要宽容得多：“支下有出续异姓者，有出为僧道者，有随母他适者，有赘居外家者，书之，不忍弃也。既未归宗当比无传例，其失考者，世远年遥踪迹湮没，未核其实，不敢径书无传。若暧昧未明，源流不经，概当屏绝，毋玷家乘。”但是祁门《方氏宗谱·凡例》规定的“严嫡妾、别续嗣、详生卒”以及迁寓、葬瘗等条，都是所有家谱应遵循的硬性原则，丝毫通融不得。其中“迁寓”条云：“凡先人之迁于殊方，后裔之徙于别处，因而成族、成家者，必详其郡邑地里，注于本人行第内，使后之观者得以溯其源流之同，别其枝派之异，亦为他日会宗合族张本。”这一条编纂原则，对于大量人口向外流出的徽州家庭而言，是非常具有针对性的，为后人研究历史上的流动人口留下了非常珍贵而又真实可靠的资料。

徽州家谱不仅在谱序、凡例、家规中大力提倡朱熹《家礼》，而且在有关家族冠、婚、丧、祭等四项主要活动以及人们起居、言语、出行等日常生活细节的具体礼仪上，也一遵《家礼》，并要求严格执行。如婚礼，要按照议婚、纳采、纳币、亲迎、见舅姑、庙见等程序依次进行；长者去世，则应该有沐浴、设灵、铭旌、小敛、大敛、成服、迁柩、发引、下棺、成坟等具体环节。从而通过家谱的编修，达到以礼收族，以礼化俗的目的。对有官衔的祖先和名家则是要大写特书的，为之立传，永垂后世，使得家人读取产生敬重之心，有利于强化家族的凝聚力。《柳亭山真应庙方氏会宗统谱·凡例》云："人生生寄死归，然不与草木同朽者几何？而新安名家祖冢多有千余年祭扫不绝者，吾方氏自纮祖过江东墓在今之淳安雉山故址犹存。若雄祖、储祖以下历有可考，故作茔志详记之，附以十二派始迁祖丘垅并传不朽。"祁门《方氏宗谱·凡例》有"爵典"条称："凡授职任事者，书授某职，所以朝廷禄位之荣也。不司事者，亦书其散佚。有以齿德膺荣宠，如乡饮其耆翁，是亦圣朝尚德劳老盛典，各据实书之以彰恩光之贲也。"《桂林方氏宗谱》卷之一《人物考小引》将忠、孝、节、义作为褒奖的标准："为臣尽忠，为子尽孝，出可以捐躯赴君国之难，入有以承欢答两亲之恩……若乃烈女刚肠，存孤矢节；素封沿义利物，为心尤有可取焉。爰录其名置之篇首，使观者披卷晓然，知所向往，其志传则别有攸存。"

《柳亭山真应庙方氏会宗统谱·凡例》还将节妇与入仕并重："学而入政，名登金榜；闺闱挺秀，巾帼完人，并为国家所重，宗祊之光。兹谱分支分门以下未续后图，不及尽载，统作科第录、节孝志，用彰既往，以励后来。"

作为纪录家世家史和家庭人口状况的文本，家谱起源于先秦，当时为适应门阀制度的需要，使氏族等级制度化，必定要为皇家宗室、外戚、贵族、勋臣找出神圣显赫的祖宗，以证明其血统的高贵、门第的上品。他们十分重视谱牒的修撰，并且只在豪门中通婚，以保持高贵的血统纯洁性。"自隋唐而上，官有簿状，家有谱系。官之选举必由于簿状，家之婚姻必由于谱系。凡百官族姓之有家状者则上自为官，为考定详实，藏之秘阁，副在左户。若私书有滥，则纠之以官籍；官籍不及，则稽之以私书。所以人尚谱系之学，家藏谱系之书。自五季以来，取士不问家世，婚姻不问阀阅，故其书散佚，而其学不传。"①

为此有的不惜篡改或编造历史，只要找出同姓的圣贤、帝王、名流，就不管历史上是否一家，只需按时间先后排列，统统认作本姓本族的祖宗。最典型的如刘备冒称"皇叔"；李世民认老子(李耳)、武则天认周文王、赵匡胤认赵公明、朱元璋认朱熹为宗。

---

① 郑樵：《通志•氏族略序》。

这种风气渐渐迢递到民间，愈演愈烈。连清高的诗人李白、李贺、李商隐等人也不能免俗，攀龙附凤地自称是老子（李耳）的后裔，并信奉道教。胡适在为绩溪《旺川曹显承堂族谱》写序时曾经尖锐地指出：很多家族“都去认黄帝、尧、舜等等不相干的人作远祖”，谱牒中充斥附会夸饰之辞，是十分不靠谱的，表明胡适自己对撰修谱乘的观点。休宁《月潭朱氏宗谱》明确写道：“惟谱牒之修，联世系，志祖德，其意于宗法庶几为近古。然今日之谱牒，或自耻其家之衰落，则皈授望族而强附之；或欲侈其族之繁盛，则搜罗异派而杂编之。所以谱牒之修，名虽存而实又亡。”揭露修谱弄虚作假的歪风。

徽州人遵循朱熹教诲：“三世不修谱，罪莫大焉。”以后进一步升级，说是30年不修谱，就是不孝。所以，“隋唐世家，历历可考，且家各有谱”。并且强调“家之有谱，如国之有史，所系非轻”。徽州家谱数量之多，冠绝全国，举世公认。[①]每一家或一族，若是没有谱写家族的历史，那么后果是相当严重的。休宁海阳吴氏族谱称，如果家谱“无之，将见贵不齿贱、富薄其贫，吾恐昭穆不分、尊卑失序、宗法不立、嫡庶奚明？势不至等，亲又为陌路，而视陌路为亲亲者，几希矣。吾知谱之所系非细也。然则家之无谱，不犹国之无史乎？国无史无以纪历代，无以征文献；家无谱，无以明世系，无以溯渊源。谱之时义大矣哉”[②]。《平阳汪氏宗谱》明确提出修谱年限：“谱之修，为人第一件事。苟代远年湮，生卒莫考，何从汇稿？今议嗣后三十年一小修，五十年一大修。”[③]

三十年大体上是一代人，谱载世系，序昭穆，别尊卑，关系后代子孙命运。对于如此重要神圣的大事，绝不可以等闲视之。于是徽州家庭把家谱奉为至宝收藏，一般都将家谱装在特制的樟木箱中，平常秘不示人，这也充分表明人们对自己家世的关注度。祁门善和程氏制定《验谱规例》，“每岁腊祭之期，各捧所编业字号到宗祠验看一遍，祭毕照前封锁，仍各带回收藏，如有鼠侵、油污、摩坏字迹，在族长同族众在祖座前，量加惩戒，另择本房收管，登名于谱，以便稽查。倘有不肖辈，窝谱卖宗或誊写原籍，致使混乱宗支，不惟得罪族人，抑且得罪祖宗，众共点之不法，追谱治罪不贷”。

再次，家世体现出社会等级制度。在徽州这个宗族等级社会的大背景下，官宦与商贩、地主与农民、主人与奴仆、长辈与晚辈、男子与女子、族长与族众之间，地位悬殊，等级森严。尤其宋明以后，在朱熹理学思想指导下，各个宗族进而整个社会都被纳入一个壁垒森严、尊卑有别、秩序井然的等级社会之中。在家庭之上的宗族内部，

① 据《北京图书馆古籍善本目录》记载，该馆馆藏善本谱牒中，徽州谱牒占据50%以上，这些徽州善本谱牒大多数为明代所修。

②崇祯《海阳吴氏族谱•序》。

③民国《平阳汪氏宗谱》卷一《家规》。

这种等级制度丝毫不容僭越。社会最底层的奴仆，地位卑贱，其家世一般很难改变，永远世袭。

在徽州各地，“严主仆之分，数世不更其名，一投门下，终身听役，即生子女，一任主为婚配，盖亦微有正名之思焉”。因此说“即其人盛赀厚富，积行作吏，不得列上流”。徽州这种顽固不化的家世观念，严重阻碍社会进步与经济发展，使世仆失去进取的意志，以致有“仆生不值半文”的民谚。

为保持家庭社会地位长久不衰，增强竞争力，徽州各个家庭把目标锁定在博取功名和发财致富上，从婚姻择配、科举登第、外出经商等方面，寻求机会，努力进取，以求成功。

家教家法　对子女严和慈是并行不悖的，所谓严父慈母，则是指双管齐下，才能出效果。徽州人家普遍注重子女的早期教育，把培养弟子读书列为家庭“首务”。人们认为，“富而教不可缓也，徒积资财何益乎？”“养子不读书，不如养肥猪”，“积财万千，无过读书”。天下第一等好事就是读书，书中自有黄金屋。各个家庭对子女读书学习的教育都给予特别的关注。休宁茗洲吴氏就在《家规》中明确要求：“子孙自六岁入小学，十岁出就外傅，加冠入大学。当聘致明师，训饬以孝悌忠信为主，期底于道。若资性愚蒙，业无所就，令习治生理财。”

《平阳汪氏族谱》在《家规》中告诫家长要训导子孙，“小成若天性，习惯如自然。身为祖父，不能教训子孙贴，他日门户之玷岂是小事？但培养德性，当在少年时。平居无事，讲明孝悌、忠信、礼义、廉耻的道理，使他闻善言又戒放言、戒胡行、戒交匪类，无使体披绸绢，口厌膏粱。其有天性明敏者，令从良师习学。不然，令稍读书，计力耕田亩，毋误终身可也”。

祁门文堂陈氏《教训子孙》条：“孝顺、尊敬、和睦之事，既知自尽，又当以之教训子孙。蓋我的父母即子的祖、孙的曾祖，我的兄弟即是子的伯叔、孙的伯祖，我今日乡里，即是子孙他日同居的人。一时易过，百世无穷。既好了目前，也思子孙长久之图。故古人说道：一年之计，莫如树谷；十年之计，莫如树木；百年之计，莫如树人。若人家有子孙者，用心教训，则孝敬、和睦相沿不了。读书者可望争气做官，治家者可望殷富出头，就是命运稍薄者，亦肯立身学好，如树木枝干，栽培不歇，则所结果子，种之别地，生发根苗，亦同甘美，是光前裕后第一件事也。”众多徽商家庭奉行“富而教不可缓也”的宗旨，延名师购书籍不惜多金。

明代歙县凌珊，“早失父，弃儒就贾”，经商致富后，他“恒自恨不卒为儒，以振家声，殷勤备脯，不远数百里迎师以训子侄。起必侵晨，眠必丙夜，每日外来，闻咿唔声则喜，否则瞋。其训子侄之严如此”，“一日语室人曰：‘儿虽幼，已为有司赏识，吾与尔教子之心当不虚。异日者尔随任就养，必教儿为好官，以不负吾志乃可’”。[1]凌珊望子成名之心如此之切，训子读书如此之严，目的是希望儿子将来“为好官”，这个事例是具有代表性的。

富裕的徽商他们急不可待地延师课子，是向往子弟擢第，登仕籍，光耀门楣。清代徽商江肇岷，有子练如，“性颖悟，好读书，以家事浩繁，服贾瓜渚，公思振家声。复命归读，名振胶庠。康熙戊寅贡成均，克付公期望之意”[2]。徽商许万竹，有四子，“功课以儒业，宾名师以训之”，目的也是“擢高第有俟焉”。[3]有的人到了晚年乃至临终之际，仍念念不忘勉励子弟着儒服，实现“大吾门”的目标。歙商汪名镗，曾“去海上业贾”，临终对诸子谆嘱寄语：“吾家世着田父冠，吾为儒不卒，然箧书未尽蠹，欲大吾门，是在尔等。”[4]类似上引记载，徽州众多家谱史料中俯拾皆是。

徽州家教富有鲜明特色。方法内容上以《朱子读书法》为原则，“居敬持志，循序渐进，熟读精思，虚心涵泳，切己体察，著紧用力”。要求闭门读书，皓首穷经。雍正休宁茗洲《吴氏家典·序》指出：“我新安为朱子桑梓之邦，则宜读朱子之书，取朱子之教，以邹鲁之风自恃，而以邹鲁之风传之子若孙也。”目标十分明确，就是要把朱子的桑梓之地，建成江南的嗣孔孟之统的礼仪之邦。所以，传承儒家伦理道德教育的朱子家礼，是每个徽州家庭恪守不渝的生活规范。正如道光《休宁县志》所载：“新安自南迁后，人物之多，文学之盛于天下。当其时，自井邑田野，以至远山深谷，居民之处，莫不有学有师，有学史之藏。其学所本，则一以郡先师朱子为归：凡六经传注、诸子百世之书，非经朱子论定者，父兄不以为教，子弟不以为学也。是以朱子之学虽行天下，而讲之熟、说之详、守之固，则惟新安之士为然。”光绪《婺源县志·风俗》云：“至朱子得河洛之心传，以居敬穷理启迪乡人，由是学士争自濯摩以冀闻道，风之所渐，田野小民亦知耻畏义。”

朱熹之后的新安理学家特别注重对少年儿童的启蒙教育，对朱熹著作进行注疏，予以通俗化，使幼童从小就能接受理学。程若庸著《性理字训讲义》，将朱子之学中的性、命、义、理等理论简明扼要地归纳为183条，如“天理流行，赋予万物，是谓之命”等，对教育8岁以前尚未入学的幼童尤为适合．其他如胡炳文的《纯正蒙求》，胡方平的《易学启蒙通释》，胡一桂的《〈易本义〉附录纂疏》等此类蒙学读物，有助于朱熹学说的深入传播，对新安理学人才郁兴，起到重要作用。乡绅江登云所写的《歙风俗礼教考》，

---

① 凌应秋：《沙溪集略》卷四。

② 《济阳江氏族谱》卷九《清侯选经历肇岷公传》。

③ 《新安歙北许氏东支世谱》卷五。

④ 《汪氏族谱•处士镗公传》抄本，藏歙县博物馆。

赞美徽州农村社会秩序井然，“里仁之美，不信然哉”，究其原因是社会公众素质高，家庭教育有效。“大憝巨猾，绝未之闻，间有作慝者，乡党共耳目之，奸诡不行焉，则非其人尽善良也，良由聚族而居，公论有所不容耳。”

道光年间徽州知府程怀憬，行于村野时，但见“比户习弦歌，乡人知礼让”，不禁发出这样的感叹：“此其俗化之厚，与其乡先生教泽之长也”。①

徽州“人文辈出，鼎盛辐臻，理学经儒，在野不乏”。略举几个为人熟知的经典例子：明代神童休宁程敏政，自幼家教严格，每日庭训，读书过目成诵，能文善对，因而被里人称为“神童”。十岁时文名远播，成化丙戌年(1466年)被英宗皇帝诏命面试，作《瑞雪》诗和《经书义论》，在朝廷大殿上应对裕如，大受赞赏，破格荐入翰林院读书。“政生十龄，粗守庭训，误蒙诏命，远赴京师。惟时我公实司帝制命题试我，喜溢长眉。”其父程信，累功官至南京兵部尚书，虽为武官，但是进士出身，饱览经书，谙熟诗文，不仅自己每天坚持读书学习，而且经常写诗教育启发儿子，对子女要求严格，“严而有法”。正是由于庭训方法正确，成就程敏政早慧之才。成人后，由于他博览群书，精研历朝典籍，皇帝称之为先生。史称他“学问赅博，为一时冠”。

绩溪龙川胡宗宪，从小“生而颖异，志气不群，少年即有大志，经史过目成诵，功课必先诸生，稍迟辄终日涕泣不食”。他自幼受到良好的家教，五六岁时，胡母即授予纸笔，“训以千文、小学”并“每以古今哲人饬励之”。至七岁以后，父母还专门“筑室为延师”，不惜重金聘请名师授业，强化教育。形成他不甘人后、拼搏进取的坚强性格，终于成就一番抗倭大事业，为最终平定倭患做出贡献。

歙县文宗汪道昆，三岁时，受到家庭文化濡染和长辈的细心教育，“从海上谢宾客归休里中”的祖父，口授唐诗百首，皆能成诵。六岁时延请老师授书，他就能够“一目十行下”。自小在家就打下坚实的文学基础，为他一生创作活动提供丰富营养。

胡适幼承庭训，童年父母教认方字，四岁已识700多字。他说：“我小时候很得父亲钟爱，不满三岁时，他就把教我母亲的红纸方字教我认。父亲作教师，母亲便在旁做助教。我认的是生字，她便借此温她的熟字。他太忙时，她便是代理教师。我们离开台湾时，她认得了近千字，我也认了七百多字。这些方字都是我父亲亲手写的楷字，我母亲终身保存着，因为这些方块红笺上都是我们三个人的最神圣的团聚生活的纪念。”

胡适父殁后，母亲冯顺娣兼任严父，管束训练他做人。每当犯错后，母亲夜晚关门训诫，先责备，后行罚，或罚跪，或拧肉。训练儿子九年，影响一生。胡适自述：“我母亲二十三岁就做了寡妇，从此以后，又过了二十三年。这二十三年的生活真是十分苦痛的生活，只因为还有我这一点骨血，她含辛茹苦，把全副希望寄托在我的渺茫不

①道光《重修徽州府志•序》。

可知的将来，这一点希望居然使她挣扎着活了二十三年。”“如果我学得了一丝一毫的好脾气，如果我学得了一点点待人接物的和气，如果我能宽恕人，体谅人——我都得感谢我的慈母。”①

九年的家教，奠定胡适人生的基础。他说：“做人的本领，从母亲、奶妈、仆役……到整个社会，家庭占的成分最大，因为‘三岁定八十’是不磨的名言。”

以上数例说明，徽州历史名人，几乎都是在良好家风熏陶下成长的。所以，家风正是在家庭中一代又一代人，通过家教，长期营造沉淀下来的优良家庭风气。首先是家庭长辈们以身作则，言行垂范，用身教树立起来的。同时家风形成后，进而推动家教。

家规家法是治家教子、修身处世的重要载体，是中华民族特有的传统文化重要内容。通过这样施教，家教效果显著，从早期起开发儿童智力，为今后的终身教育打下坚实基础。同时以学为人，育德育才并行，这样就能直接净化了社会风气，促进社会进步。毫无疑问，一个自幼懂得孝敬父母、尊兄友弟、忠信待人、礼义处事、固守廉耻的人，无论以后身处何地，无论是平民百姓或是为官经商，都必然是一个正直的人，一个爱国、爱家、爱人民的守法公民，一个对人类社会有所贡献的高尚的人。孩子将来是成就大圣贤、大英雄、大才子，或是沦为大奸大盗，都在这“家庭教育”四个字上分别出来。

在崇文兴教的同时，每个家庭都订立严厉的家法约束家庭成员，家法以敬祖宗、举祭祀、孝父母、序长幼、友兄弟、教子孙、别夫妇、尚勤俭、植贞节的一整套儒家伦理纲常，规范族人行为。《汪氏统宗正脉》记载：“君子惧其族之将圮也，思有以维持安全之，于是作为家规，以垂范于厥宗。”“大凡家法不立则事务难成；义方不训，则子孙罔淑。”

各种家法主要内容无非是圣谕当遵，孝顺父母，和睦乡里，尊敬长上，名分当正等这一套。如果违犯，从严处置，轻则在家里斥责训诫、屈膝罚跪、执而笞之，重则送到祠堂执法，笞杖制裁，在大庭广众之下受到体罚。最严厉的处罚是革出祠堂。徽州人家视族籍为生命，革出祠堂即是开除族籍，这是人生最大的耻辱，将无颜立于世矣。

尤其是《桂林方氏宗谱·凡例》对家族婚娶问题详加规定，只有嫁、娶名门望族者才能上谱。嫁娶若是非门当户对者，女与婿的名字就上不了谱。嫁娶下贱者，连父名也要削去。其中强调：“凡婚男嫁女，不论贫富，必择名门巨族，方可缔好。故娶者必书配某里某氏，嫁者必书迁某里某婿。若嫁女非门第相对者，则削其女与婿名。甚至许配下贱者，则并削其父名。有娶室而右族者，止书配某氏而不书某里。至有惜聘礼贪厚奁取下贱女为室者，止书氏而不书姓，死后毋许入祠。元配器而再娶室女系右族者，书继配某里某氏。有娶再醮者，止书娶某氏。纳妾者则书侧室某氏。所以正

①胡适：《四十自述》。

人伦励名节也。”同时还指出：“吾族子孙如有内行不修，亡作非为，结婚下贱，及为僧、为道、为奴仆隶卒、为偷儿，非跛癃残疾而甘为乞丐者，并削其名。”

祁门《方氏宗谱·凡例》规定有“六不书”条：“一曰弃祖。卖祖坟地于异姓，与夫货鬻族谱并诰敕遗集，等于非族谓弃祖；二曰叛党。前人叛逆抄没而余党敬全姓命也者，谓之叛党；三曰刑犯。积世瓷恶，代遭刑狱者，谓之刑犯；四曰败伦。彝伦渎乱，男女无别，廉耻不顾，禽心兽行，谓之败伦；五曰背义。不思祖宗义重，惟图苟活全躯，甘为人下者，谓之背祖；六曰杂贱。不肖无耻，甘与下贱为婚，与夫投营投宦，为娼为优，皆为贱属。以上六者皆为玷祖。有一于此，黜而削之。”六不书，即是不能上谱的标准，也是开除族籍的标准。

众所熟知的有休宁《茗洲吴氏家典》、祁门程氏《窦山公家议》、陈氏《文堂乡约家法》等。这些家法为当地官府认可，府衙县衙给予宗谱钤印，并且有批文《宪给印牒》，具有一定的民间习惯法性质。其内容涉及家庭和宗族的生产生活各个方面，对于维系尊卑长幼等级秩序、教育子弟、和睦乡邻、扶贫济困，惩治危害社会行为等等，起到重要的作用。

民居建设 徽州民居建筑风格足可称道，极富地域特色。所谓“几层小楼傍山限，六尺地重三户开；游客不知人逼仄，闲评都说好楼台”[①]。徽州山多地少人家逼仄，“地狭人稠”，人均耕地面积十分有限，平衍地更少，房基地紧缺而显得异常金贵。

《休宁县志》称：“乡田有百金之亩，廛地有十金之步，皆以为基，非黍田也。”徽商致富者回乡大肆“筑室”，“益治第宅”，导致原本紧张的宅基地价位更加看涨。明人叶茂桂说道，徽州“有屋基、风水，税不上亩，而价值千金者”。那些上无片瓦，下无寸土的贫民对此根本无法企及，唯望屋兴叹而已。建不了房屋遮风挡雨、御寒避暑，无处栖身的穷人，只有去投奔“庄屋”甘当庄仆。这点也是徽州佃仆兴盛的客观原因之一。

徽州家庭为了增大居住空间，在有限的土地上，必定使得民居多向空中扩展，呈立体式结构。明代的文人谢肇淛，考察各地风俗后，在《五杂俎》一书中指出“吴之新安，闽之福唐，地狭而人众”，“余在新安见人家多楼上架楼，未尝有无楼之屋也。计一室之居，可抵二三室，而犹无尺寸之地”。在居住习惯上随着时间的推移也有演变，明代时，人们基本住在楼上，而到清代则主要以居住楼下为主。因此徽州明清民居又有些不同之处。

徽州房屋建筑艺术别具特色，体现出鲜明地域风格。

特色之一，外观色调朴素淡雅。外观上，高墙封闭，粉墙青瓦，整体效果是黑白相间，给人一种朴素淡雅的美感。掩映在山麓水畔，点缀于古木幽篁之间的古老宅院，

①俞正燮：《黟山竹枝词》，转引自《黟县志》。

外墙上部多设置小洞窗，下部开设长条形射窗，既有防风、防火、防盗的实际作用，又是符合“暗室生财”的风水理念。

特色之二，山墙造型别具一格。马头山墙高于屋顶，超过屋脊，以水平线条状的山墙沿收顶，使山墙面高低错落富于变化。尤其是进深长的高大房屋，多建成五叠式的俗称五岳朝天的马头墙。不仅节约材料，而且有利于防止火患蔓延，故又称“封火墙”。

特色之三，平面布局规整灵活。徽州民居多为多进院落式集居形式，布局以中轴线对称分列，面阔三间或五间，中为厅堂，两侧为室，厅堂前称天井，采光通风，院落相套，造就出纵深自足型家族生存空间。天井两侧设厢房，徽州人称为“过厢”。平面布局体现出灵活自由、生动活泼的面貌。

以天井院落为中心，适应不同形状的基址拼接组合。加接的单元大都有单独的出入走廊和偏门贯通。用高墙隔离，把宅居平面分割成小空间，如果隔成独立小院，则形成各单元互不干扰的单门独户。此外，有的还充分利用屋角圳旁、巷弄夹角的有限基址，造成多边形梢间，设置小厅堂、小书房、小楼雅室等，构思巧妙，美观实用。

特色之四，天井庭院功能卓异。天井是徽州民居布局中另一特色。这是由正屋和高墙围合而成的面积很小的方形露天空间，具有通风、采光、排水和晴日家居活动等功能。天井又是连接室内过道、通廊、房间等的枢纽地带，与厅堂共同合成了屋内重要的活动空间。天井汇聚雨水，导入屋内下水道排走，民间称为“四水归堂”。这种设计附会人们盼望“招财进宝”的心态，喻义“四方财源滚滚而来”，“肥水不流外人田”。同时又包含有祈愿家族繁衍源远流长滔滔不绝，丁财两旺。所谓“家有天井一方，子子孙孙兴旺”。

天井的设计，无形中使人与自然更加亲近，人在厅堂坐，透过天井，夜观星斗，晨沐朝霞，足不出户就能把日月星辰、风雨雷电一览无余，实现“天人合一”的美好向往。

宅前、后庭或侧旁空位，被利用布置成小小庭院，或置花坛、鱼缸，培植花草盆景，大户人家的庭院面积宽松，则叠石为山，流泉成瀑，建水榭回廊，饰漏花明窗，成为花园。

特色之五，梁架结构奇巧多变。梁架更是体现出徽州建筑艺术，外露明造，不加遮挡。有谓“扎架竖柱，用车盘梁。纽竿摆列，伺候上梁。钉椽岱屋，盖瓦成堂”。梁架构件巧妙组合和装修，线条流畅。一般家庭的梁柱不事雕饰，只刷桐油防护。正梁呈点圆形，俗称“冬瓜梁”，实际上不起支撑承重作用，只是具有特殊的装饰性和象征性，历来被家家户户视为“屋神”，所以从山上选梁材开始，自始至终皆以神灵对待，容不得半点亵渎。上梁要举行隆重的仪式，披红挂彩，燃放爆竹，发利市品，吸引村民，以求吉利。有钱人家还要请鼓乐班子助兴，把喜庆气氛推向高潮。工匠把正梁上好后，站在屋架上撒五谷，东南西北中，五向撒遍，各有一番赞词，众人齐声帮腔“接口彩”，不断叫好。这种上梁仪式与徽州建房习俗是配套的，成为一道独特的风景线。

特色之六，雕刻装饰优美精致。一般家庭房屋不事雕饰，只有富家大户正屋多为石制门楼，门檐为翚飞式，下有砖雕；次等人家只在墙上绘画松鹤、八仙等图案。石雕多用于装饰宅居的柱础、石栏板、粉墙上的漏花窗等处。木雕则广泛运用在宅居的木构件中。，

特色之七，室内陈设古朴雅致。房屋内部布局合理，

厅堂面对天井、大门，呈半敞开式，是家庭用以祭祀、庆典、议事、会客、品茗饮宴等集中活动的场所，是家居仪礼中心，比较高敞明亮，最能体现一个人家的文化素质。所以厅堂是家庭内部陈设布置的重点。富裕人家有前后厅堂，后厅堂多为供养长辈和女人的活动场所，属于相对私密的空间。一般的中等之家，厅堂明间正中设“太师壁”，上方高悬黑漆金字堂号匾额，每家房屋落成之后，都取有一个固定的堂名，作为名片式效用的堂名挂匾，标示着家族亲属的组织，或代表一个复合大家庭，或者代表着同胞兄弟的组合，所谓的“堂”，比一般的直系家庭要大，比一族的支派要小。犹如支祠、分祠之下的一个小型祠堂。

这是一个展示家族文化的绝好机会，所有堂名，无一没有来源，个个都有出处，文字精练，寓意深长，措辞高雅，书法劲壮美观，是室内装饰的点睛之处。堂名其中的文化内涵极其丰富，往往可以体现本堂、本族的价值取向和家风嬗递。如同商店的招牌一样，但是取名更雅致隽永，内容含义更深刻。如“承志堂”“乐贤堂”“履福堂”“惇仁堂”“慎思堂”“俭德堂”等等。一般堂名的大字是请当时的书法家、高官甚至皇帝亲笔题写，书法精湛。堂匾多呈矩形、扇形及书卷形，有平面、阴刻或阳刻，有镏金或金墨饰面等，充分表现主人对人生的理念，对生活的态度，以及写景、言志、抒怀的高雅情趣，与厅堂四周的楹联组合在一起，可以说一块匾额就是一篇高度浓缩的美文，一个堂名就是一组文化，徽州人家丰富的文字装饰，大大提升家庭文化品位。

厅堂中央挂有福禄寿禧之类寓意吉祥，或者山水野逸之类寄心高远的中堂画轴，两侧挂有出自名家书法的对联。中堂字画底下横列一长条木案，条案下摆放八仙桌，左右配放一把太师椅。厅堂两侧设茶几及扶手座椅，壁挂山水字画，木柱面则悬挂木刻楹联。联文内容多样，富含深邃文化意蕴，非常值得玩味思考。如“一等人忠臣孝子 / 两件事读书耕田”；“二字箴言惟勤惟俭 / 两条正路曰读曰耕”；“几百年人家无非积善 / 第一等好事只是读书”，等等。这些警句和格言体现出主人在特定历史环境中的追求向往，对自己人生的深刻反思和对子孙后代的劝谕，充分反映出徽州人耕读传家的传统心理特征，影响久远。有道是：“没有字书画，不是故人家。”休宁书法名家汪由敦撰写的制联：“忠厚传家远，诗书继世长”，是徽州人家流传最广的上品佳作。

大约在明代后期，徽州人家厅堂有一样摆设几乎是千家一律的，这就是在长条木

案的正中，即房屋中轴线位置摆放一架自鸣钟，长鸣谐音“长命”，寓意吉祥。时钟的两边东置一只瓷花瓶，西端放一面插瓶(称镜，后由玻璃方镜取代)。这里又是以物寓意，取“东瓶西镜”的谐音，祷祝奔波流动在外经商的亲人能够安康“平靖”无祸。同时镜子又有团圆之意，条案上的几件物品联在一起，意味着居家“终身平静，合家团圆”。厅堂四周悬挂的对联，摆设的器件，表示出对平静生活的渴望，给予家人以潜移默化的思想文化熏陶。

总而言之，徽州的家居反映出当地的物产资源丰富，人们能够就地取材，只有在充足的物质基础上才能体现出那些奇妙的建筑思想。

家产分割　家产是家庭的私有财产，包括不动产的土地、山场、房屋，动产的金钱珠宝、生产和生活用具。家产是家庭的经济基础，是家庭赖以生存的命脉。家产的多少，决定着家庭的社会地位和社会影响，同时也在一定程度上决定家庭人口繁衍速度。

家产由家长支配。本着勤俭持家，精打细算的原则，省吃俭用，积攒财产。“向徽称富足，民尚俭朴，所服不过布素。”不仅穿着如此，日常饮食“贫者日再食，富者三食，食唯饘粥，客不至不为黍。家不畜乘马，不畜鹅鹜，其啬日日以甚”。明末歙县知县傅岩，这样记述歙县民间风俗习惯：“富家虽拥赀，都从分厘积起。在外者苦挣，在家者勤俭，叫他吃着，尚且惜费焉。”①

《歙风俗礼教考》更加具体地写道：“家居务为俭约。大富之家，日食不过一脔，贫者盂饭盘蔬而已。城市日鬻仅数猪，乡村尤俭，羊惟大祭祀用之，鸡非祀先款客，罕有食者，鹅鸭则无畜之者矣，较他郡绝无宰割之惨。”

随着家长年老，子女成人，支配权力转移，家产沿着由积累而分割、再积累再分割的循环往复曲线，与家庭人口变迁同步不断变化。一家人好比是一棵树，正如俗话所说，“树大分权，人多分家”。在徽州，家产分割继承有诸子均分制、死后书面继承、生前析产分家三种惯制：

诸子均分制　小家庭新建立后，在儿子与父母分居时，必然带走一份家产，有几个儿子就要带走几份，等于把一个父家庭变成若干个子家庭，整体继承变化为析分继承。因为每个儿子都需要纳税服役，承担的负担相同，使遗产分配趋向平均。遗产继承建立在子嗣的基础上，若是没有儿子，对于女儿招赘婿、立嗣继承等继承方法作为补充则应运而生。

赘婿方式主要有以下三种：一是终身在女家，并且改从女方姓氏，子女姓氏也随女方，称为养老婿或入舍婿；二是不改姓，给女方父母养老送终后携带妻儿回原籍，留下一个儿子继承女方门户，称为归宗婿或舍居婿；三是夫妻婚后住在各自父母家，

①[明]傅岩：《歙纪》。

到女方父母去世后，再商定如何安家，称为出舍婿。按照封建法律，自古以来，家产继承必须“父业子承，兄弟均分”。出嫁女儿无份，未嫁女儿只分浮财。《大明令》和《大清律例》规定，“凡嫡庶子男，除有官荫袭先尽嫡长子孙，其分析家财田产，不问妻、妾、婢生，止倚子数均分。奸生之子，依子数量半分。如无别子，立应继之人为嗣，与奸生子均分；无应继之人，方许承绍全分”。《大清律例》还增加了户绝财产的继承《条例》：“户绝财产，果无同宗应继之人，所有亲女承受。无女者，听地方官详明上司，酌拨充公。”在家产继承上，女子的权利和地位是极其有限的，不过因丈夫去世，丈夫在外经商或游学经年不归，或家中发生意外变故等因素的影响，徽州妇女，主要是祖母或母亲等长辈，往往可以代理主持，对家产、特别是土地房屋等不动产进行买卖、转让或分割。

清雍正六年 (1728 年) 歙县胡阿吴，书立的分家阄书中，通过中人吴国咏等将家产平均分给三个儿子：“今因人多事繁，难以综理，凭吴国咏、陈人运、余引祯等，面议分炊。仍见祖遗产业及己受产业、屋宇、器皿，依照肥瘦，品搭拈阄，作天、地、人三阄为定。以后依关书管业，毋得争论。如有恃强不遵关书者，以不孝论。爰立关书三本，各执一本，子子孙孙守之。”[①]这是徽州诸子均分家产的最普遍的形式。

在平均分配的前提下，对一些特殊情况，如对家庭贡献较大者，往往也会得到特别的照顾。清康熙四年 (1665 年)，休宁胡思齐、余氏夫妇相继去世，留下二子一女，其家产分析继承则由余氏之妹主持，按常规应当二子均分，但是姨妈则提出长甥胡应绶，为家创业积累有功，而对他予以特别关照：“姐丈终于吉水 (今属江西省)，姐氏又复殒殁。所存资本一百三十余两，幸我长甥苦心运筹，寸积尺累，颇蓄资财，为弟婚配。余以母党亲属，见其家务纷纭，难效田氏紫荆之义，虽欲勉强同居，尤恐反生嫌隙。是以会诸亲友，谋诸甥族，嘀诸馆宾。计其赀财，则四百有八；计其田产，则前后共置四十五亩，咸谓长甥勤劳营运，合于未分财产之内，拨出本银一百两，田五亩，中间房上下四间，共畀长孙汝辑，以优长甥运筹之劳。余财房屋田地，二分均之。”[②]

此例即是由女性长辈代理主持，分配时家产继承并没有完全遵循诸子均分的原则，而是按照贡献大小进行分配继承。现实生活中，情况复杂多变，绝对平均的诸子均分制只是大多数人一种理想模式而已。

死后书面继承

遗嘱形式　立遗嘱必须在生前进行，有的是临终前完成，由立者自书或口述他人代书。具体内容与形式，在康熙年间祁门善和程原琪的《立遗笔分单》中可详见。该文

①章有义：《明清及近代农业史论集》中国农业出版社1997年版第317页。

②章有义：《明清及近代农业史论集》中国农业出版社1997年版第306页。

最后部分云："我今年七十有五，所欲言者亦宜早言，免后欲言而不得言。尔兄弟各宜遵守吾分派，务要同心协力，永相和好。毋地生端异说，以致效尤，负吾属望之意。如违，准不孝论。今欲尔兄弟唯吾言是听，立此遗笔分单一样四纸，各收一纸，永远存照。"[①]由此可知，立遗嘱者一般都在生前写好，且不立即执行，只有待书立者死后方才生效。

阄书形式　明清时期徽州家产继承，更多的是采用立《分家阄书》的方式进行。阄书既可以由书立者临终前确立，也可以在户主死后委托他人进行。如上述休宁胡氏分家，即是委托姨妈主持的。也有另外情况。

雍正十二年(1734年)，歙县陈姓分家阄书，是由参与分家的陈正第等十一房兄弟所立。这份阄书自序云："立析产阄书人陈正第、征、时"，"田地产业虽经父手分析，立有阄书九册，与予兄弟九人，晚年又立一册与十弟正旸，其间多有重叠桀误。而十一弟正曜，未有阄书，未将产业分拨，诚属缺典。不幸父于雍正五年冬月仙逝，予兄弟中时命不济，至将产业变卖者，遂咎分拨不清，反开阋墙衅隙。为此，请凭亲族对口口口神证盟，翻译父立阄书，搜括无遗，听从亲族眼同品搭，遂将田租、山场、屋宇等项，拨作十一股，分析清楚，照阄执管。仍有石塔山业，除已买股份照契拨清，其余字号口等高低不一，通融作十一股均分凿打。外有园地、零业、厕所各项，尽行拨补清彻。一秉至公，无分嫡庶。爰立阄书十有一册，各执一册，永远存照"。[②]

这纸阄书是在父亲生前书立，但因遗漏第十一子，在父亲死后发生了纠纷，于是，在父亡八年后，由长子陈正第会同十弟，并在亲族的作证下，重新书立分家析产阄书，将已经分过的财产重新合并，再平均析为十一份，不分长幼嫡庶，每人得以继承一份。

这种分家形式，在当时的徽州，具有一定的普遍性。毕竟父母双亡，兄弟妯娌一大家人相处，长兄主持分家，能做到公正持平无私，这是非常不容易的。所以在不少家谱中常常见到，涉及遗产分配所褒扬的"均其资产，秋毫无私"，以及"坐致不资，悉举而与仲中分之，不一钱自私"等赞语。

起初"徽属地方，不系通津聚商之处，俱是本地耕食凿饮之民"。但是明代中叶以后，徽州社会经商成风，大量农民离土别乡，走出家门"以贾代耕""弃农从商"。人口职业结构发生根本性变化，全国各地人们都知道"徽州俗例，人到十六岁就要出门学做生意"，这里虽是泛指，但是其中大多数是农民子弟。从遗存的徽州阄书中，可见不少农民及其子弟出外经商的事例。他们多是小本经营，肩贩担售。正如顺治《歙志》所指，这些农民"春月持余资出贸什一之利，为一岁计，冬月怀归"，他们或受佣于他人，

①[清]康熙《祁门县善和乡志》。

②章有义：《明清及近代农业史论集》中国农业出版社1997年版，第318页。

挣微薄工钱，岁杪寄回家中。由于多了经商这样一条谋生渠道，大大缓解了家庭人口压力，对家庭生活和财产积累有着重要影响，以至“明末徽州最富”。

顺治十一年(1654年)，休宁人汪正科，其父原来“家徒四壁，竭力耕耘，粗衣足食”，是一个自食其力的本分农民。汪正科本人于万历三十九年(1611年)弃农经商，去江西“贸易丝帛”，垂三十年。汪正科“一生辛勤”，逐年所置产业“计租三百零四秤”（约合30亩田）。晚年归里，立下《汪氏阄书》，将家中资财析为五份。这些资财既有汪正科原来接受的遗产——“承祖田地”，也有他“营肆于芝城景德镇，贸易丝帛，克勤克俭。不意世道多艰，寇盗充斥，店业连遭焚劫，货物屡被挂欠，一生辛勤，徒劳无功。但逐年所置并承祖田地”这样所亲手挣下的产业。这五份家产，一份是留给自己以备“养老之需”；三份给三个儿子阄分，并言明“俟后三子均分”；另剩下一份留给嫡长孙。①

这样一来，汪正科由原本的一个复合家庭就裂解为四个核心家庭。如果汪正科夫妇与长子共居，那么就构成为一个直系家庭和两个核心家庭。

又如明末清初休商胡氏，承父基业，“苦心运筹，寸积尺累，颇蓄资财”。顺治十六年（1659年），出门经商，不料运货至镇江时遭遇兵燹，损失殆尽。胡氏“收其焚毁之余，贸易以资家用”，其本人的商业积累陆续置田20亩有零，加上父、祖所遗，共40余亩，康熙四年（1665年）析分与诸子。②

再如清初休商张公路，原来与兄弟共同经营三个不同地方的典当行，家道饶裕。不料世事多艰，先是湖广典铺遭火焚毁，以后景德镇两典又遭兵燹。张与儿子“勤劳数载”，才见恢复，遂置买田地若干亩以备养老。岂知兄弟失和，阋墙争夺，原来富裕的财产店业丧失殆尽。张公路死后，其妻除自留田地10亩外，其余十数亩田和二十多亩山地由五子均分。③

还可以列举一些事例供参照：

乾隆初，祁门人汪某，原继承祖产有田六亩，以后外出经商，“前后所置田租计六百余砠”(约合60亩田)，晚年回家分给诸子。

康、雍年间徽州人许某，“年幼失怙，未冠即糊口楚之潜江，历三十年”，逐年共置田地三四十亩，阄分诸子。

乾隆年间歙县人黄某，“赤手经营”，“一生勤俭，积数十余年之心力，前后所置田园”计30多亩，立下阄书，将田产遗与子孙。

在众多富裕的徽商之家，析产时只分房屋、田地、山场等不动产，经营的店铺一

①[明]休宁《汪氏阄书》，原件藏安徽师范大学图书馆。

②章有义：《明清徽州土地关系研究》中国农业出版社1997年版第24页。

③[清]顺治休宁《张氏阄书》，原件藏安徽省博物馆，2:16645。

般是不阄分的，而是由诸子共业，共同负责经营，分配利润。

如康熙五十九年(1720年)，休宁陈乐，所写的分家阄书中，除将屋宇田产诸子均分外，对自己在苏州经营的店铺财产，实行公存共业的方式。"屋宇田产俱父手分析，店业公存，诸子照阄书收管。予于康熙三十二年到苏，拮据二十余年，代管金宅染坊，徒劳辛苦。至三十八年，迁居开创布业，始得就绪。逐年所得微利，尽为店屋所费，故少余蓄。但基业粗成，子若孙若能照式勤劳，配布不苟，颜色踹石顶真，信行待人，勤俭持家，逐年常利可必。店租为各房家给，万勿弃公业，另创同样生意，各生忌心。万孚、京祥、惇裕、广孚五号，皆殚尽心血操成，一店只可合做分劳，任事得俸，坐正利，分余利，万不可同号分开，则买客比较价目，必致无利亏折。倘欲另开，另打字号，违者以不孝论。"①

上述陈乐的分家阄书有一定代表性，清代前期传统的保守思想还是根深蒂固的存在，虽然这部分人正在逐步减少，随着时代前进，越来越多的徽商在全国各地"多留不返"，他们的遗产继承方式也脱离旧有模式。不过陈乐的乡土观念十分浓厚，在阄书中他还写道，苏州"店中原非住家之所，予因创业吴门，结亲于此，权宜为之。余虑身后人事难齐，倘生意不顺，则有不堪之形。在外联姻，虚费实广，皆不合宜。乘余在堂，归乡安顿，奉祀之分，轮流值年；田园薄产，不致荒芜；嫁娶省费，不致过奢。本乡之女能知稼穑艰难。苏俗繁华，穷奢极欲，决难久居，不若本乡人士节俭，贫富皆可度日"②。

胡适兄弟四人于宣统元年(1909年)阄书分家，立阄书人为胡母冯顺娣，主持析产的是舅父冯敦甫，证人为胡氏本家族人。阄书由前言和每份析产明细表两部分组成。前言中道："吾家祖遗旧产，仅基地一方、菜地一条而已。先夫仕宦十余年，身后俸余亦只数千金。其时稼儿虽已授室，二儿年犹未冠，麇儿才五岁耳。余念家事之艰，诸儿之幼，不惮劬劳，悉心训督，迄于今日已十五年。诸儿均已长成，各能自立，余心殊慰，自维对于先夫亦可稍释其责。"

阄书的主要内容是祖遗家产和债务处理意见，将家中田地和房屋均分搭配，分作四阄，四子"盟于先父之神前，拈阄执业，务求各极其平。其间应坐应贴各款，或体现先人之意，或尽为子之道，或推友爱之情，诸儿各顾大义，出自本心，深可嘉焉"。阄书最后还谆谆告诫："自分之后，愿诸儿相扶相助，亦如未分之前，无少变异，是则余之厚望也。"③

胡适后来在《先母行述》这篇文章中叙说了这次分家的痛苦过程："清宣统己酉，

①《休宁陈乐阄书》转引自章有义：《明清徽州土地关系研究》第29页。

②《休宁陈乐阄书》转引自章有义：《明清徽州土地关系研究》第29页。

③《胡适分家阄书》，原件藏绩溪县上庄胡适故居纪念馆。

诸兄归里，请析产，先母涕泣许之。以先长兄洪骏幼失学无业，乃以汉口店归长子，其余薄产分给诸子，每房得田数亩，屋三间而已。先君一生作清白吏，俸给所积，至此荡尽。先母自伤及身，见家业零败，又不能阻止诸子离异，悲愤咯血。时先敦甫舅已抱病，犹力疾为吾家理析产事，事毕而舅病日深，辗转至死。”

批继形式　批，是指被继承人即立批契人，以书立批契的形式，将家产无偿转移给受批人，即继承人。批继一般多发生在家族内部或亲戚之间，其主要特点就在于它的无偿性。同时，批继也是一种书立人预先处置家产的继承方式，性质近似遗嘱。不同之处在于，批继的对象和范围更广泛。既有批与子侄者，也有批与女儿、女婿、义子和其他亲属者。明代成化二十一年(1485年)，祁门王仕昶的一纸批契如下：“十四都王仕昶，今不幸妻故，生有三女，贤真，许于本都陈仕训为妻。思女年幼母故，无人管顾，自情愿将标分得山一号，坐落本都三保，土名七公坞，共计山十二亩，内取四亩，出契批于女贤真，以准衣被等件，听自女婿陈仕训，永远同共管业。本家子孙即无异言争占，如违，准不孝论。仍依吾批契为始。所有上手文书、老契，本家收留，日后赍出一同照正。今恐无凭，立此批契为用。”[①]在这份批契中看出，王仕昶，他所立批契没有任何前提条件的限制，只是为了女儿和女婿以后能顺利继承。

批契还用在义子的继承权上。批契由于和阄书不同，不必非要平均分配，在某种意义上，批契更像是一种财产的无偿馈赠。因而在明清时期的徽州，为避免家族成员和义子的分配不均，可能导致的家庭不和纷争。对义子的继承家产，更多地倾向于使用批契。清代婺源小桃源觉非山人，在他所撰写的诉讼要诀——《饵笔肯綮》中，直言不讳地告诫人们：“凡与义子之产，只可批于之，不可与亲子立关分之。盖分则当均，以为义子不均，则有后患。批则以我物与之，其多寡随我之意。”

生前析产分家　明清时期法律规定，父死之前是不能别籍析产的。“凡祖父母、父母在，而子孙别立户籍、分异财产者，杖一百(须祖父母、父母亲告乃坐)。若居父母丧而兄弟别立户籍、分异财产者，杖八十(须期亲以上尊长告乃坐)。”正是由于法律规定，才使一向遵纪守法的徽州人，继承家产大都在父母去世后，特别是父亲死后方才进行。

然而，因为家庭人口渐多，兄弟相继成人，违背法律提前析产的记载也不少。如休宁大盐商汪应亨，“父令析著，先诸兄弟而后其身”。休宁西门大盐商汪狮，“年始胜衣，辄当室，遂贾淮海，坐致不赀，悉举而与仲中分之，无德色。母金谓‘仲自而未龀以迄今日，秋毫皆伯氏功，第纳伯氏千金，然后受券’。处士固谢不可，卒中分。母青春年高，处士留居子舍，遂罢四方之事，筑室石渠焉”[②]。对于这些民间提前分

① 《徽州千年契约文书·宋元明编》卷一，第230页。

② 《休宁西门汪氏宗谱》卷六《乡善狮公赞》。

家析产的现象，瞒上不瞒下，官府也不能禁。

汪狮与仲弟所分家产，全是由于汪狮经商所得，能够做到均分实属难得，并且由他奉母养老。如此一来，汪家原来的复合家庭就裂变成汪狮与其母组成的直系家庭，仲弟则独立为一个核心家庭。

婺源汪方锡，“业浙盐，时父老弟幼，经营十年，积巨资，与弟分之，不有私财”。由于兄长姿态高，分家自然顺利。否则，析财不均，会引发家庭矛盾，甚至构讼，后果不堪设想。

明代万历年间，歙县丰南富豪吴养春兄弟分家析产时，为争夺黄山2400亩林场引起诉讼，后被奸宦魏忠贤利用兴狱，父子三人惨死于牢狱。这种由于兄弟反目，造成家破人亡的悲剧，说明兄弟之间“不可存私利己，伪陈增除以欺父兄”。[①]

到了清代后期，父母健在时别籍析产的现象逐渐普遍。清末徽州知府刘汝骥，对所属六县进行实地调查，他指出，歙县“歙民饶于经济，慕张公艺之风，以同居共炊为美谈。兵燹（指太平天国）而后，荡析离散，有孝廉父别居者矣。就目前大势论之，析产者多，共产者少”[②]。休宁习俗，“父母在，不别籍、不异财，休人颇知其义。然兄弟众多、子姓繁衍，析产之事亦贤人君子所不能禁。昔年如南门汪、北门汪互相愆尤，此析产之蓍鉴也”。上述提到的汪正科，面临儿子析产也是有难言之隐，才不得不生前立阄析产分家的。[③]

在婺源，“九世同居之说，吾国史册著为美谈，有矫情以相仿者矣。若婺民则无之，为父母者，及诸子婚娶毕，即为之析产，令自谋生活。已则传食于子，若汉陆贾故事。道光以前，婺邑商战大竞，家裕户饶，抑未始非析产之效，发逆而后，商业衰颓，十室九空，然析产之风则如故也”[④]。

同样地，祁门“贫窭之家以多男而累，富厚之家甚至兄弟构讼，较及锱铢。共产者少，而析产者较多”[⑤]。

在黟县，“黟人析产较多于共产，同居分炊者，则十室而九”[⑥]。

绩溪的情况类似，“我绩析产者十之八九，共产者不过百分之二三，宜其经济活泼而发达矣。然兄弟叔侄之析产者，商铺仍合赀。不肖者互相妒忌，大都貌合神离，至商业倒闭而止。徽商年来不振，半由于此。以性质言之，绩民似喜独立；以表面观之，绩民又类合群”[⑦]。

以上刘知府所列举的六县析产继承情况，大体反映了清末徽州家庭的价值取向，

①吴吉祜：《丰南志》第十册。

②③④⑤[清]刘汝骥：《陶甓公牍》卷一二。

⑥⑦[清]刘汝骥：《陶甓公牍》卷一二。

兄弟在父母生前分家的现象已经十分普遍，官府无法禁止。作为家长，希望子女尽快独立，早日自谋生路，自食其力。作为子女，则希望摆脱家庭约束，早日独当一面，立足社会。这是人口发展的规律，也是时代进步大势必然。

家庭人口结构

家庭人口规模　历代志载户口统计中，徽州户均人口都在6.27人(唐天宝元年数据)以下，多数时候在户均5人上下摆动。以明洪武年间的人户数据作标准，则为户均4.5人。全府各县情况相差不大，由于户与家庭概念混淆，单纯比较不同统计数据中的户均人口，不能说明家庭人口数量表现和数量关系问题。因为家庭与户的含义在不同的历史朝代有不同的规定，界定标准并不一样。

家庭人口规模是指居住在同一户内，与户主有血缘、婚姻或领养关系的成员人数。而所谓“户”，是簿册登记的单位，在籍人口的书面记载，俗称“户头”。有的兄弟虽然分炊而仍同居，一户内实际有数家，东汉时则有数十家、数百家为一户的情况；而有的两户以上则同住一家。所以不同历史时期的户籍管理，有不一样的解释，每一个户头内的成员则是包括了所有居住在一起并且共同分享膳食的成员，含那些没有亲属关系的人员在内，如“寺庙僧道户”“书院户”“军队户”“船户”“渔户”以及其他公共处所集体户籍的人员。这些同住一户的都不是一家人，不能算是家庭。

一般情况下，家庭数量少于户头。兹举人口大县歙县为例：道光五年(1825年)全县统计有114950户，617111口。户均为5.3685口。这是歙县历史上有记载的人口极值，具有相当高的可信度。歙县人口低谷数值出现在太平天国战争以后的同治年间(1862—1874年)统计数为57477户，309604口，户均5.3865口。奇巧的是，顶峰人口和低谷人口两极时期的户均人数，几乎一样。民国十七年(1928年)人口调查数据为76451户，343574人，户均4.4940人。从这三次比较正规的统计的户均人数来看，都要低于当时实际家庭人口数。歙县所调查的家庭人口状况，完全可以作为全府的代表性数据。

家庭人口构成　如果进一步从有关谱志上获取人口信息，可以断定，明清时期的徽州家庭，是以直系家庭和核心家庭为主的。以婺源方氏八十一世方纪佛一脉九世为例，说明从1635年方纪佛出生，到1905年第八十九世方煌志出生，时间跨度为268年。其间跨越了整整八代人，平均一代33年。这九代人口总计81人。其中男37人，女44人。谱中男子生卒年月详细齐全的有17人，平均寿命47.4岁；女子生卒年月详细的12人，平均寿命54.2岁。女子寿命长于男子6.8岁。女子的初育年龄平均27.1岁，因女孩出生日期谱牒无记载，考虑到头胎生女孩的几率可能性，加以修正，可以降低两岁，初育年龄为25.1岁。

徽州方氏四个支脉家庭人口结构一览表

表 4–1

世系	平均年龄		夫妻平均年龄差	初育年龄		核心家庭比例 %	直系家庭比例 %
	男	女		男	女		
婺源方纪佛一脉	47.35	54.16	5.64	34.76	27.08	74.95	25.05
祁门方学良一脉	60	55.8	7.67	36.82	26.22	55.6	44.4
祁门方文禄一脉	54	52	7	30.26	24.69	80	20
淳安方良贵一脉	52.74	58	11.28	36.31	24.7	50	50
平均值	53.5	55	7.9	34.5	25.67	65.1	34.9

说明：表中男女初育年龄统计数据偏高，因为女孩出生年月谱牒当中无记载，考虑到头胎生育女孩的可能性，将男女初育年龄分别降低两岁（取徽商“三年一归”和一年孕期相加的平均数值），即男性 32.5 岁，女性 23.67 岁

由此可知，在九世所有的家庭中，有可能构成三代同堂的只有 12 个。而且祖孙共同生活的时间也不长。高育龄使三代之家只占很小比例。这 12 个家庭当中，只有 3 个家庭三代同堂，其中两个家庭祖父母双全，一个家庭只有祖父在世。其祖孙三代共同一起生活的时间平均为 9.3 年，由于代际间隔在 30 年以上，因此三代同堂被限制在较短的时期内。从代际年龄分析，这九世中没有出现四代同堂家庭的可能性。

而且从中看出，其中核心家庭占 75%，直系家庭占 25%。另外三个世系的统计数据验证了以上数据是可信的。一是祁门方氏前源支派第九世方学良一脉的世系，共一代 27 个男人。时间跨度为 1705—1862 年，计 157 年。生卒年月齐全的男子有 8 人，女子 7 人。有可能构成三代同堂的家庭共 8 个。

二是祁门方氏前源支派第十世方文禄一脉的世系，共 7 世 44 人。因方文禄生卒年不详，只能从第十一世开始统计。时间跨度为 1713—1872 年，计 160 年，生卒年月齐全的男子有 10 人，女子 8 人。有可能构成三代同堂的家庭有 17 个。

三是淳安桂林方氏第二十五世方良贵一脉的世系，共 6 代 31 人。时间跨度为 1612—1875 年，计 263 年。生卒年月齐全的男子有 23 人，女子 12 人。有可能构成三代同堂的家庭为 10 个。

根据上述家庭人口的数量表现，从平均年龄和初育年龄显示出，有可能构成三代同堂的家庭只是少数，这也就证明了在徽州最为广大的山区，明清时期共祖的联结大家庭是很难构成的，大家庭处于极不稳定、不断裂解的状态下，核心家庭占据主要位置，

次之为直系家庭。历代的户口统计数据也表明，徽州家庭人口平均在五人上下。

可以假定，如果在家庭中最老的一代人死亡之前不会分家，参照其他家谱的人口资料扩大样本量进一步分析推断，那么三代同堂家庭存在的可能性：其中有可能经历过三世同堂家庭生活的男子占总体的35%至37%，而有孙子的男子于生前成为祖父的可能性为50%(对于全体男子而言，则不到20%)；少数的富裕三世同堂家庭，平均也仅能维持13年左右。

上述家谱人口资料揭示，决定能否形成多代家庭的条件，主要是人口的婚姻年龄、生育间隔和死亡模式，尤其是后者，人口死亡率与人均寿命，对于形成多代同堂的家庭，更加具有决定性的作用。即使是经济实力雄厚的殷实富裕家庭，寿命如果不够长，也使得老人不能“亲见”多代子孙。

但是，在以工商业为主的徽州城镇富裕家庭中，由于男女婚龄早，子孙代次间隔短，相比之下与上述山区情况有所不同。如绩溪宅坦胡氏，前述二十世中公(参见前节《祖系纪略歌》)胡英定，生有四子，从明永乐九年(1411年)分立四个支派，至1920年，以从政经商为主的前门派已经发展到四十三世，平均每代间隔24年。而在家务农的后门派只是三十四代，平均代隔27年。而且这还是从始迁祖一世明经公胡昌翼算起的，如果从二十世分派时算起，代次间隔相差还要大，这也反映了明代中晚期社会变迁，转型为商业社会以后，促进贫富进一步两极分化的必然结果。

再如休宁陪郭吴氏，从1836年吴启昆出生，到1916年其第五代曾孙吴承志出世，八十年间，整整生出四代人，平均每代二十年。当然吴启昆如果能活到80岁，他就能亲见曾孙了。陪郭吴氏是原本居住县城中心的富家大户，比农村人口的增长速度又要快得多。这又与太平天国后人口锐减的背景有关，当时徽州早婚盛行，人们急于添丁进口，期盼早日恢复战争创伤。①

朱学源是晚明时期休宁县二十七都五图的一个庶民地主，匠籍。朱学源生于嘉靖四十一年（1562年），万历二十年（1592年）继承父亲朱清为户长，而且充当二十七都五图的里长户。朱家只是形式上登记在官府册籍上的一个地主大户，实际上从上辈开始户下已经分居，分成多个独立的子户。万历四十年，他这户之下已发展到40余户，至崇祯年间，又发展到50余户。所以朱学源这一家庭并非是三代同堂联结共居的大家庭，其户下所有子户是朱氏几代人繁衍析分的结果。他们各自在经济上、生活上都是独立的，有属于自己的财产、房屋，各自承担相应的税粮。各个子户之间由于占有土地不同，家庭人口不等，因而负担的税粮差别很大。②从此例当中可以看出，地主大户

① 参见《近代休宁陪郭吴氏家谱》。

②以下从略，参见栾成显：《明代黄册研究》，中国社会科学出版社，2007年版。

人家，人口增长速度较快，从1572年到1642年的70年间，这个家庭繁衍出四代人，由原来一家发展成50余家，增长率达到0.7%。

第二节　宗族社会

宗族是数个同姓同宗家庭的总和，是比家庭更大的人口组合。宗族由男性血缘关系的各个家庭组合成的社会群体，“父之党为宗族”，所以这是单纯的男人世界。

“族”是聚自高祖、曾祖、祖父、父亲，至子、孙、曾孙、玄孙的九代人家庭，一般称“九族”。宗族的标识则是姓氏。姓的起源是氏族的称号，顾炎武《原姓篇》里说春秋以前男子称氏，女子称姓。所以姓字是女偏旁，上古时期著名八姓：姬、姚、妫、姒、姜、嬴、姞、妘，都含有女字，这表明姓由原始社会母系氏族转变而来。氏是表示一姓之中的支派，亦谓之庶姓，与正姓区分开。正姓永远不改，庶姓则随时可改。姓表明血统，氏多是指地域、官职、封邑，如以国为氏的吴、鲁、魏、胡、蔡、韩、赵、毛，以及官职为氏的司马、西门等。

姓氏是祖先留下来的家族符号，是维系血缘关系的纽带，对宗族而言，除了有标识符号功用之外，姓氏对人们生育行为有极强的心理暗示作用，能够促使宗族群体在生存竞争中不断加速增多人口，扩大族群。同时姓氏对人们的自尊心、自信心都会产生巨大的影响，无论是大富大贵，还是穷困潦倒，每个人心中将永远牢记这个与生俱来的姓氏。富贵时自然会对祖先心怀感激，穷苦时又会寻找同姓成功先人作为榜样楷模来激励自己，用祖宗奋斗精神帮助摆脱困境。于是，人们这种潜意识在父姓的号召下，在夫权的统治下，在家产的吸引下，男性家族的凝聚力不断加强。这些封建宗族传统思想，反映了强烈的重男轻女、传宗接代的生育观念。而附有姓氏的男性人口积累而成的整体人口，一代又一代地繁衍，从而造成人口积聚增长。

自古以来，上至帝王将相的皇位爵位，唯有姓氏为基础的血亲关系的男子才可能继承；下至平民百姓，只有附有姓氏的男子才能入泮参加科举考试。反之亦然，父姓的世袭制度，也强化了男子为主体的姓氏地位。所以，宗族制度几乎贯穿了整个中国社会发展的始终。

徽州宗族毫不例外地承袭了这套封建制度的衣钵，经历了史上多次北方世族大举南迁，通过复杂的千年多向交叉、多层联结，迁入人口逐渐与当地居民相融合，在特定地理环境下，完好地保存了中华文化传统，形成徽州特有的强宗大族。这种宗族到宋代基本定型，明清时期得到充分发展，最终徽州宗族甲冠通国。“东南郡国巨族，往往推本于歙。”诚如赵吉士所说：“新安各姓，聚族而居，绝无一杂姓搀入者，其风最为近古。出入齿让，姓各有宗祠统之，岁时伏腊，一姓村中，千丁皆集，祭用朱文公《家礼》，彬彬合度。父老尝谓，新安有数种风俗胜于他邑：千年之冢，不动一抔；千丁之族，未尝散处；千载谱系，丝毫不紊。主仆之严，数十世不改，而宵小不敢肆焉。”[①]

徽州宗族具有鲜明的地域特点，明显不同于外地。

宗族传承 徽州宗族几乎每个姓氏都有清晰地传承脉络，拥有本族的家谱和祠堂，以始祖或始迁祖为中心，以宗族血缘关系为纽带，同族聚居，一村一姓，世代相沿繁衍生息。所谓“千载谱系，丝毫不紊”，这是因为，一方面聚族而居、合作互助、群体依赖，是族人生存的需要；另一方面，又是凝聚族亲的需要，依靠血脉的传承，把一个宗族结成一个牢固的群体。光绪《婺源乡土志·风俗》指出了这一特点：“乡落皆聚族而居，族必有谱，世系数十代。”为了使本族历史由来梳理清楚，加强宗族记忆，谱牒世系必须完备，“立族之本，端在修谱。族之有谱，犹国之有史。国无史不立，族无谱不传”。

理学宗师程颐指出：“谱之要在明一本而浚其源，所以尊祖而敬宗也。究万派而清其流，所以别亲疏之远近也；辨昭穆等降之殊，所以识尊卑之次第也；行吉凶庆吊之礼，敦孝友睦姻任恤之行，所以崇宗族之典礼也。”[②]心学宗师陆九渊对此说得更加明白：“作谱须要明白，如某祖某处分来，某人某处分去。枝干脉络条理不紊，方才是谱。如或相传失真，考求无据，则忘讳忘世，直书无隐，此司马公之图辑，欧阳公之谱例可仿也。”[③]

徽州历史悠久的世家大族历代修纂的族谱，不仅完整地记述了该族世系的嬗递，而且其中的人物传记又记录了本族重要人物的事迹，全面反映了家族延续的脉络和兴衰的历史过程。

一个家族的形成和发展，犹如一棵生长茂盛的大树，从发芽到分杈，再分杈。蓬勃生机的树枝与树枝之间，树叶与树叶之间，都有着千丝万缕的联系。最后寻根究底，总是源于深埋地下盘络交错的根柢。叶落总要归根，所以徽州宗族多以始迁祖为始祖。《新安黄氏大宗谱》称：“士庶人始其迁祖，崇始迁也。祠而祀之，准古别子之义而起为礼者也。”绩溪《华阳邵氏宗谱·新增祠规》称，徽州“士大夫家皆以始迁及有功德者为始祖，其嫡长世世继之为大宗，以准古之别子”。

仍如历史悠久的方氏宗族，西汉时方纮，为避王莽之乱，从河南故里迁至歙县东乡。到了东汉时期，方纮之孙方储，精研《周易》，举孝廉，“对策天下第一，拜洛阳令”。以后“汉明帝赏祠以太宰，追封龙骧将军、黟县侯”，从此往后其子孙定居歙县。不仅仅歙县方氏宗族即奉方储为始祖，整个遍布江南乃至全国大半地区的方氏宗族的子弟全部是该始祖的后裔，他们之间并以父系血缘关系为纽带结合在一起。

① [清]赵吉士：《寄园寄所寄》。

② 《二程集》。

③ 《象山集》。

歙县《托山程氏家谱》称："子孙千亿，其初兄弟也，又其初一人也。犹水之千溪万壑而源同，木之千枝万干而根同。观水不绎其源，观木不寻其根，非达本者也。"所形容的就是上述这个意思，正如乾隆《绩溪县志》所云："奉先有千年之墓，会祭有万丁之祠，宗祐有百世之谱。"

徽州程氏也是位列前三名的世家大族，族内流传一首歌，点明家族的历史："东晋元谭出，新安第赐予；将军程灵洗，徽歙实其间。"通过千年传诵，程氏子孙都会熟记自己祖先。

从程元谭东晋时迁居新安起始，经过十四世繁衍，生出来一个风云人物程灵洗将军，为程氏家族里程碑式地增光添彩。其间世系脉络分明，丝毫不紊，一代一代的传人，连续不断。武艺超群的灵洗战功卓著，屡获加封，从食邑五百户增至一千户，又增至一千五百户，最后增至食邑二千户。因此他的妻妾成群，共生有 22 个儿子，子孙"析派四十有余"，广布大江南北，又分为南宗与北宗两大支脉。他死后谥曰"忠壮"，的确实至名归。明正统十二年 (1447 年)，在屯溪率口建立程氏行祠，"正堂四楹，东西庑八楹，门屋四楹"。前瞰石溪，右临水渠。后又增寝室四楹，广厦回廊，横贯勾连，建筑宏伟，人称"程氏宗祠"。这同样是徽州世系清晰、历史久远、宗族发育健全的最有代表性的名宗巨族。

民国初年代理大总统冯国璋，本是直隶河间人氏，只因他漂泊在外，行伍一生，根本不知祖宗家世。有年清明节前夕，一个侍卫官到总统府附近茶叶店去购买新茶，这家茶叶店老板姓冯，祖籍是歙县鸿飞村人，家中保存有冯氏族谱。冯大总统听说此事后，向茶叶店冯老板借阅了冯氏家谱，仔细看完研究后决定要去徽州认族。民国 10 年（1921 年）秋天，冯国璋委派亲侄子冯殿甲为全权代表，在大批随员和歙县县长陪同下，扛着"正任副总统""代理大总统"的金字直匾招牌和冯国璋亲笔题写的"派别源同"，以及署有"中华民国八年谷旦立，冯氏宗祠""河间派衍十三世裔中华民国第二任副总统行大总统事冯国璋敬题"等字样的巨幅横匾，一路旌旗招展，鼓乐喧天，浩浩荡荡地开进了歙县鸿飞村，在冯氏宗祠大张旗鼓地做了三天三夜的敬神点主等祭事。本来默默无闻的鸿飞村冯姓，立时名声大噪，传遍徽州。据《新安名族志》记载：唐德宗年间冯定之父任歙尹，因家迁歙。冯定是徽州这支冯姓的始迁祖，另有其他支派冯姓子孙以后陆续迁入徽州，显然他们都是平民百姓，没有官职背景。

民国年间政要大人物来徽州认祖拜宗的还有很多，例如国民党元老、南京考试院院长戴传贤，也曾于 1934 年亲自到屯溪隆阜戴氏荆墩祠祭祖归宗，后来戴传贤还出面保护戴氏宗祠，在他的自传中也记载说自己是休宁隆阜戴东原之后。湖南省主席程潜来篁墩程氏宗祠祭祖，声势浩大。黄炎培陪同夫人姚维钧去黟县姚村祭祖，等等。这些事例都说明徽州宗族的源流清晰可寻，源远流长，很多大姓"往往推本于歙"。

宗族管理 徽州宗族组织管理体系非常严密，在明代已经定型。宗子或族长是宗族的最高领导，所谓“究始祖自来之嫡长，而立为大宗子，以统通族之众，而通族之纪纲法度皆其所总理焉。则各族各支得统于小宗，而通族各族得统于大宗，群情合而庶事理，若众指之合于一臂，四体合于一身”①。

宗子即嫡长子，乃“谱系之骨干也”，他“上奉祖考，下一宗族”，可以代表祖宗立言行事。在古代分封制度下，贵族爵位是权力与财产的综合载体，由于权力不能分割，所以世袭时只能整体下传。当长子继承权力后，其他兄弟都得接受长子的领导和分配。对于没有爵位继承的平民，虽是无权力可以继承，但是由于宗法制的约束，嫡长子明显属于家族的主宰，其他兄弟则是家庭成员，即使分家出门，组建自己的小家庭后，仍然只是宗族的族众。嫡长子继承是封建宗法制的核心，宗子不仅主持宗族祭祀，而且集宗族立法、司法、行政、财务等一切权力于一身。他有权制定和修改族规家法，有权处理宗族大小事务。宗族成员违犯族规家法，宗子有权处理和惩罚。宗族的财务大权，最终归宗子掌管。一些宗族因宗子年事已高，或年幼无知，或疾病等，恐难胜任管理宗族之责，因此另行设有族长。

“古者宗法立而事统于宗。今宗法不行，而事不可无统也。一族之人有长者焉，分莫逾而年莫加，年弥高则德弥邵，合族尊敬而推崇之，有事必禀命焉。此宗法之遗意也。有司父母斯民，势分相离，而情或不通。族长统率一族，恩义相继，无不可通之情。凡我族人知所敬信，庶今推行而人莫之敢犯也。其有抗违放犯者，执而笞之。”②历史悠长而支系繁多的徽州宗族基本上可以分成两重层次，即族与房，各设领导班子统率。

族长　随着人口激增，家庭规模缩小，徽州宗族在明清时期达到鼎盛，大家族形成多房多支派的复杂网状结构。“徽州聚族而居，族必有祠。祠各有规约，族众公守之。推辈行尊而年龄高者为族长，执行其规约。族长之能称职否，则视乎其人矣。祠之富者，皆有祭田，岁征其租，以供祠用，有余则以济族中之孤寡。”③

祠堂是宗族活动中心，也是宗族的领导机关。同时，祠堂是个经济实体，除族长外还需要集体班子参加管理。休宁商山吴氏宗族规定：“祠规虽立，无人统摄，乃虚文也。须会族众共同推举制行端方、立心平直者四人——四支内每房推选一人——为宗正、副，经理一族事。遇有正事议论，首家邀请宗正、副裁酌。如有大故难处之事，会同概族品官、举监生员、各房房长，虚心明审，以警人心，以肃宗法。”④

祁门汪氏则主要以户长充任族长：“宗子主祀礼也，或年幼分卑，不能表率。一

①转引自赵华富：《徽州宗族族规家法》。

②《重修古歙东门许氏家谱》。

③民国《歙县志》卷一。

④《商山吴氏宗法规条》，转引自 赵华富：《徽州宗族族规家法》第310页。

族必择才德兼优，为族所重者，立为户长，又于各房择年长者为为之赞焉。合族有事，主持有人。子弟有不肖者，亦得循规惩戒，庶公举有成，家法得申。”汪氏又对这条规进一步阐释道：“户有长，以统一族之众，而后一族有主，犹家有长，以统一家之事，而后一家有主。然族之主，不必徒以年分，须择平素为人端正，刚直不阿，可以统驭一户、协服人心者，以为之长。事有关宗祖、合族利害，彼自分众商榷，不退缩推诿，倾败乃事。”①

总之，族长是宗族中辈分较尊、处事公正而被族众推选出来的一族领导人。族长主持祠堂的各种祭祀，负责制定族规家法，劝导教化族人奉规守法，处理本族对外交往与交涉事务，维护本族成员的共同利益。明代在祁门六都善和里程氏宗族的族长程新春，号窦山，“辛勤起家，日益饶裕，不数年间，家给人足，阖邑逐成乐土”。由于他“尤操履刚正，里或有讼，率众面郡县，唯求公以言决平”，凭着处事公正的作风，程新春赢得族人尊重拥戴，善和程氏宗族由此得以振兴，成为祁门一方巨姓大族。他的后代在正德年间编撰的《窦山公家议》，对宗族制度加以完善，进一步形成严密的管理体系。

在徽州宗族中，担任族长之职的既有缙绅、地主，也有商人和农民，但是基本以缙绅为多，“所举族长，皆系绅衿土豪”②。毕竟宗族祠堂祭田等经济基础主要靠“富室捐置”，贫民族长只是极少数。

族长是封建王朝统治者行使基层统治权的代表，因此，宗族也成为乡村基层组织。为进一步发挥宗族维护基层社会治安的作用，清雍正、乾隆年间都曾专门颁布法令，要求各宗族设立族正，以规范宗族组织改造。所谓“今各祠既有族长，而族长之下又有房长。地近而情亲，分尊而责专。既为房族之长，岂有止司祠祭而于族中之贤否利害不相关之理？莫若官给牌照，假以事权，专司化导、约束之事”③。

封建王朝意识到，宗族在维护统治者利益方面，有着强大的功能。朝廷最愿意看到的是，徽州宗族长盛不衰，徽州地方历久稳定。

清初歙县文士程庭所写的《春帆纪程》中，这样描述徽州农村生活景象：“徽俗，士夫巨室，多处于乡，每一村落，聚族而居，不杂他姓。其间社则有屋，宗则有祠。支派有谱，源流难以混淆；主仆攸分，冠裳不容倒置。至于男尚气节，女慕端贞，虽穷困至死，不肯轻弃其乡。女子自结缡未久，良人远出，或终身不归，而谨事姑嫜，守志无怨，此余歙俗之异于他俗也。乡村如星列棋布，凡五里十里，遥望粉墙矗矗，棹楔嵘嵘，鸱吻耸拔，宛如城郭，殊足观也。”

③民国《平阳汪氏宗谱》卷一，《家规》。

④民国《歙县志》卷一，《舆地志•风土》。

③《清经世文编》卷五八，《礼政五•选举族正族约檄》。

作者长期生活在扬州，见识过人，行遍天下，更知故乡，他的观察体会有很强的比较性和代表性，徽州农村宗族社会特有的等级秩序，确实是江南平原所见不到的。“千丁之族，未尝散处”，这是引起流寓他乡的徽州赤子们怀念故里最重要的心理因素，比起单纯留恋山水形胜要深刻得多。

房长 房是属于族之下、家之上的过渡型人口组合。由于宗族世系过多，人口过于庞大，不便统辖管理，因此同源同支若干家庭组成一个支派，建立支祠，徽州俗称同支为“本家”；同房族人称“亲房”。族长以下是各房的房长，他们出席由族长召集的商讨族中重要事务的会议，拥有议事的发言权。他们和族长一道，共同组成以族长为核心，族副、房长、家长参与决策的缙绅集团。黟县环山余氏宗族规定，由族长为核心组成宗族决策层。“家规议立家长一人，以昭穆名分有德者为之；家佐三人，以齿德众所推之；监视三人，以刚明公正者为之。每年掌事十人，二十以上、五十以下子弟轮流为之。凡行家规事宜，家长主之，家佐辅之，监视裁决之，掌事奉行之。其余家众，毋得各执己见，拗众纷更者倍罚。”

从血统上说，长房的房长即宗子，应该是本族族长，但是他未必有功名，在地方上声望不一定最高。所以徽州宗族一般都规定，族长实行推选制，取消世袭制，而且规定任期，四年轮换。由族人推选乡村缙绅担任族长，是因为他们知书达理，享有崇高威望，又熟知官场行事规则，有利于疏通官府，在地方上便于取得优势位置。徽州教育发达，文风昌盛，乡村不乏科举致仕的退隐官宦，族长的选择余地很大。他们通晓儒家经典，据此制定族规家法，又通过官府认可，使其具有合法性、权威性，借此控制宗族。因此，合格的族长、房长是徽州宗族组织稳定有序的首要条件。

作为维系宗族的主要手段和族谱的重要组成部分，族规家法，包括祖训、家礼、家典、家范、家诫、家议、族约、宗禁等，是宗族统治管理的利器。徽州第一大族《汪氏统宗正脉》记载：“君子惧其族之将圮也，思有以维持安全之，于是作为家规，以垂范于厥宗。”这些族规有的独立成书，成为管理族产和族众的实用手册，如祁门六都善和程氏仁山门东房派的族规家法《窦山公家议》，就是这样性质的著述。

《窦山公家议》就本族内部管理、墓茔、祠祀、田地、山场、庄佃和银谷，一事一议，订立东房派秩下子孙共同遵守的条规。明确规定本族“管理”和“治山”者的产生办法及其职责，使宗族的五房房长、管理者和治山者一起形成严密的管理体系。为了使这个管理系统能够有效地进行管理，特别是防止拥有较大权力的管理者营私，在五房房长之下又设有家众若干人和族内读书人“斯文”组成班子，专门监督管理者和治山者，起到监察的作用。

聚族而居 “徽之为郡，在山岭川谷崎岖之中。东有大鄣山之固，西有浙岭之塞，南有江滩之险，北有黄山之轭。即山为城，因溪为隍。百城襟带，三面距江。地势斗绝，山川雄深。自睦至歙，皆鸟道萦纡。两旁峭壁，仅通单车……水之东入浙江者，三百六十滩；水之西入鄱阳者，亦三百六十滩。”①

前人留下的这些华丽辞藻文字，表达出徽州地理风貌的鲜明特殊性，与外界迥然不同。几乎封闭的独立地理单元并没有把徽州与传统中国的大环境完全阻隔开来，千百年来，天下每一次动乱都会在这里引起回响。徽州与其他区域社会有很多共同点，即都会受到社会整体的制约，受到外界风云变幻的影响，每当天下动荡不安，徽州同样是社会不宁。诚如休宁学者金声在明末时所说：“天下有不幸遭虔刈之处，则新安人必与惧，以故十年来天下大半残，新安亦大半残。”所不同的是，徽州宗族聚居的格局使其对外界变化具有特殊的应变能力，在传统社会的多次变迁过程中，始终保持自身的稳定。与人口稠密的江南平原地区相比，徽州山区的宗族血缘圈覆盖面要大得多，由于高山险阻，地理环境相对封闭，交通信息不便，有可能使得所有农民小家庭，都被宗族组织网罩住。这种特殊的自然地理因素是徽州宗族能够长期维持的又一个重要条件。

中国历史上发生大规模移民潮，北方中原衣冠士族南迁的首选目的地，是长江北岸的交通便利之地，如江淮、扬州一带。但在这些富庶的鱼米之乡，人稠地少，宗族组织一般只限于缙绅家族，普通百姓只是单个小家庭，分散独自生活，难以聚族而居，在那里宗族并没有成长条件发展壮大，反而是以后徽商逆流入迁后在那里聚族建祠，重新复制出一代又一代客居他地的徽州宗族。

北方移民他们当初流迁江淮平原这一带后，只有其中一部分站不住脚的家族才继续南渡，而且仅有很少家族最后迁徙徽州，如郡令方、将军汪、太守程、安定胡、太守胡、镇守胡、别驾詹、郡守鲍、将军俞等，他们是在两汉、两晋时期徽州任职的官员，基本上属一次性迁徙，直接从中原故里迁入徽州的，只是并不像《新安名族志》序中所述：“巨室名族，或晋唐封勋，或宦游宣化，觅形胜而居者，但多也。”这样的巨室勋贵宗族数量实际上并不多，相比以后迁移进来者是比例较小的。而且他们也不是同时代迁入的，从东晋到南唐，在长达千年时间里，屡经乱世，朝代频繁更替，区区这几十个宗族陆陆续续入迁徽州时，以前他们祖上所具有的勋爵头衔经过多代子孙之后早已废弃无效。

唐末乱世迁入徽州的巨室名宗大族最多，约有三十多个。他们入迁过程有一些显著的相似点，其一是经过二次以上迁徙，从中原先迁江淮，定居繁衍数代后再迁移徽州。例如西晋末年，济阳江氏的南迁一世祖江统随朝廷南渡建业，八世江世源迁浙江衢州开化，二十一世江汝刚，“性宽仁，具才干”，考中宋朝天圣年进士，“擢中散大夫，

①《赵黄门郡志略》，转引自许承尧：《歙事闲谭》卷十八。

判歙州军事”，官职任满后，“卜居歙北七里橙子培，子姓蕃衍，以姓名村”。江汝刚就成为歙县橙阳江村江氏迁歙始祖。江氏的祖上在宋代以前一家门社会地位显赫，在苏浙已经繁衍了二十多代，经过多次的迁徙，很早就被南方文化所同化，当江汝刚迁移来到歙县这里卜居时，他早已不是中原氏族，而被当地同化成为地地道道的南方人。

另外一支济阳江氏，始迁祖讳尚质，避黄巢乱，由金陵迁歙之黄墩。其子江洪，复迁于婺源谢坑。这位江尚质本人“世居金陵”，也应该是南京人。

再如朱熹的先祖朱涔，唐末避乱从苏南迁入黄墩定居，成为迁徽朱氏始祖。《朱氏统宗世谱》记载朱涔“居姑苏洗马桥，生子四”。据朱熹自称：“相传望出吴郡”“系出金陵”。[①]且不论朱氏是“望出吴郡”，还是“系出金陵”，他在迁入歙州时都应该是江南人。

而朱熹外祖父祝确，其先祖祝承俊原居江西德兴，其后代唐末迁歙。朱熹撰有《记外大父祝公遗事》一文，说明富于一方的新安祝氏由江陵迁于歙。

余氏源自苏北，东汉余仁瞻渡江迁徙丹阳，百年之后其族裔于晋代才从丹阳迁移至遂安，经过二十多代的江南生活，当然早已经成为吴化的南方人。

吕氏早在汉初就迁移到宣城，赫赫有名的东吴兵马大都督吕蒙就出自宛陵。其后世吕渭，在唐代从朝中被谪为歙州司马，他的儿子吕康年定居歙县，尊父吕渭为迁歙始祖。吕蒙是宣城人，吕渭、吕康年当然是宣城人氏。

再有陈氏，东晋初南迁吴兴，在江南历250多年的生息繁衍，出了一个皇帝陈霸先，代替腐朽的萧梁，史称“江左诸帝皆出庶族”[②]，隋朝兴起后重又沦落为庶民的陈姓在江南可以说是皇室子孙，遍布各地。唐末当陈禧（陈叔宝九世孙）从浙江桐庐上溯迁入徽州时，就已经成为江南豪门。因此他一到有“溪山之胜”的休宁西乡藤溪，就霸气十足地把原村名洪村改为陈村。估计当时那些洪姓村民也没有人敢反对，只有忍气吞声搬家迁出，陈村从此无二姓，成为独姓村。这个村庄易名，实属典型代表性的和平演变。祁门县西之石墅陈氏，也是从桐庐迁黄墩，始迁祖名陈秀。传二世陈贵，乾祐戊申迁祁门。还有很多江南各地的陈氏宗支，当时虽然没有直接迁入歙州，但是居住在附近，为他们的后代更容易迁移创造了便利。如祁门县西竹源陈氏，先祖居江西浮梁，为抵御黄巢军队战死，当地人为他立祠祭祀。传四世陈京，始迁祁门。婺源县城集贤坊的陈家巷居民陈氏也是如此，唐广明间，陈琚避乱迁居饶州德兴，裔孙陈一清，宋嘉熙间任婺源州幕，因家于此。

金氏迁居歙州的支派较多，其中金博道一支原居浙江桐庐，为避黄巢兵乱，迁入

①朱熹：《重修徽建朱氏宗谱•序》。

②《廿二史札记》。

休宁县杉坑。其后世散居休宁梅解、汪溪、杯坑等地。而清代歙县状元金榜自称祖上居杭州，唐末迁歙县，传到他已是二十多代。

还有呈坎罗氏“望出豫章”，也是世代生活在江西的名门宗族，五代时迁移歙州，慕名前来投奔陶雅，以后才定居呈坎。

夏氏出自浙江会稽。夏元康初知杭州，后改任歙州刺史。时值黄巢军队进入歙州、宣州、浙东转战，士民四散避难，夏元康募兵以拒。随后战乱不歇，夏元康疲于应付，对国政信心全失，于是不再为官，安家休宁南门，以后子孙蕃盛，成为休宁县城五大姓之一。

雄村曹氏的祖上是从淮安迁入徽州的。《曹氏迁徽首修宗谱》详尽解说了曹氏迁徽经过：黄巢起义时，唐军领兵渡江追击黄巢的曹翊(天平节度使曹全晸之长子)，在黄墩陷入黄巢部埋伏的包围圈，力战阵亡，葬黄墩北山下。其子曹遇因守父墓于黄墩，后定居歙县城里南街更衣亭侧。曹遇的后代三支分流到婺源曹溪、绩溪曹村及歙县雄村。

另一支曹氏的始迁祖名曹尚贤，从山东青州迁入休宁县城宣仁巷定居。其后裔再向歙县叶西、岑川，祁门曹村，休宁曹村、草市等地迁移。

徽州洪氏有多支，其中“敦煌洪”属“共改洪”，东汉时迁居淮阴，洪昺为迁徽始祖；“毗陵洪”属“弘改洪”一支，西汉时就迁金陵，以后又迁江都、迁丹阳、迁淮阳，在江苏境内播迁多次，之后唐代洪经纶为迁徽始祖。

明经胡氏，又称“李改胡”，按名族志和家谱所说，实际上只是徽州胡氏收养了李姓义子，如果是普通人家的儿子，也许不用另立门户，可是偏偏收养了皇家贵胄，当然与众不同，再和其他胡氏不能混淆一起。于是后来则有“李胡不通婚”之规。

李氏迁徽多支，其中“三田李氏”宗族自述是出唐宣宗之后，也属皇族子孙，唐末避地黄墩，时有兄弟三人，他们的卜居地以田命名，称寓吉田之意，由此，德鹏居祁门之敷田或曰新田；德鸿居浮梁之界田；德鸾居婺源之严田。黟县奕村《三田李氏宗谱》记载，定居祁门孚溪新田的李德鹏，其后代李奕，因南宋时张琪兵乱陷歙，徽州各处盗起，携家迁景溪寒岭，改村名奕村。奕村李氏宗祠门楼有匾，上书“三田世家”四个大字。门楼两侧方柱联曰：“景水钟灵源远流长绵世泽，新田衍庆根蟠秀瑞纵春葩”可见李氏身家不同凡响。

而孙氏本来就是东吴世家，郡望富春，一水相连，紧邻徽州。汪道昆写的《荆园记》说：“孙氏东吴裔也，王江东。其后避地新都，王草市。”这里“王”字是“旺”的意思，屯溪草市孙氏是名门望族，与汪氏、程氏结为世代姻亲。唐末迁入徽州的四支孙姓家族，最有名的莫过于二支：一是孙万登，咸通七年(866年)拜金吾大将军，奉命率部南征平乱，获胜班师回朝时，途经休宁县境闻讯唐朝已经被朱温所灭，遂留驻黎阳之唐田。其十二世孙吴会任常州太守，迁家常州。其子孙观复再迁江苏常熟，这支后代孙承恩高中清朝顺治时状元，身世不凡，为常熟名门。另一支是孙师睦，唐末避乱由扬州迁黟县，“善治生，以致富”，后代宋朝时有孙抗及五子俱登科第，有“一门六进士”的辉煌，王安石、曾巩两位名家先后为黟县古筑孙氏写下墓志铭，家世着实不俗。岂知这支孙氏乃是从江南或者从徽州流寓到山东的。以后明清时期，迁移江浙的孙氏散居各地，皆有谱牒记载。

由于每次外来移民与徽州原来居民土客人数不成比例，移民们只能接受当地风俗，入迁后很快毫无障碍地与当地土著同化融合一体，移民后代从孩提时起，就操徽州当地方言，因此也不存在客家话语，所以徽州各地方言长期以来，变化不大。既没有变同于吴语方言，又留有远古越语的痕迹，也保存中古的汉音，同时又有近古语言的烙印。“六邑之语不能相通，非若吴人，其方言大抵相类也。”①即使是一邑之内，四乡语音也不尽相同，“篁墩草市对溪东，咫尺乡音大不同”。隔山对河方言都有差异，徽州特殊的方言存在，便是地理环境特殊的最好例证。

以上列举的这些移民入迁徽州的共同点之二，是他们首先在黄墩落脚，然后从这里向四方扩散。这是因为黄墩地理位置特殊，它既是新安江中段的一个突出转折点，又处于徽州中央盆地“满目平衍”的核心处，恰恰在歙县、岩寺、屯溪、休宁四大人口集聚地的当中。不论是交通条件，经济环境，或是安全感，都有让远方陌生人心安神定的作用。如吴氏在汉代居住这里，曾名为“长沙里”；姚氏迁入后将这里改为“姚家墩”；黄积的子孙又把这里改成“黄墩”；汪氏定居时，曾改名为“汪家村”；程氏得势后才改名“篁墩”。

这里需要强调指出的是，移民到黄墩落脚或中转，说明他们都是乘船只沿河而上的，这里只是由水路下船登陆的码头，而当时能有舟楫可载的绝非一般平民百姓，其他大量移民仍然是徒步走陆路，从四周沿古道翻山越岭进入徽州的。所以史料记载在黄墩因家落户的二十多个姓氏，这些大姓只会是高门富家。而他们仅只是迁入徽州移民中的少数，多数普通平民迁移入境都是通过陆路驿道在徽州的广大山区就地定居。不过，无论“始迁黄墩”“始居黄墩”，其中大部分家族很快迁出黄墩转移别处，时间长的不过三代，短的只有一二年，甚至几个月就迁走他乡，这里不过是个中转站而已。至于他们的后代念念不忘这个地方，则是为了提高本族的地位，以示身份高贵。

这以后两宋之交即使还有十多个家族辗转迁徙定居徽州，与徽州本土原有十二余万户、五百多个姓氏的土著家族相比，流入人口仍然是极少数，何况整个迁移流动过程相延千年之久，经过了漫长的三四十代人，先期到达的客民已经与土著融合一体。所以每次移民迁入都不会给徽州社会和人口带来多大的波动，原有的聚族而居格局也

①[明]汪尚宁撰：嘉靖《徽州府志》。

不是轻易能够动摇的。这从徽州姓氏始终是“汪、吴、程、胡”为前四位，与全国以及江南的姓氏分布明显不一致，徽州四大宗族的超级稳定性，即可以作为最具说服力的佐证。

徽州“山川复阻，风气醇凝”，而且“歙以山谷为州也，其险阻四塞几类蜀之剑阁矣。而僻在一隅，用武者莫之顾，中世以来兵燹鲜焉，以故故家旧牒多有存者”[①]。封闭的地理环境，造成汉唐以来家族聚居的格局，极少遭到破坏，作为家族记忆文本的谱牒才有可能长久保存。以至于“千年之冢，不动一抔；千丁之族，未尝散处；千载谱系，丝毫不紊。”[②]这些异于外地的人口现象成为徽州社会的鲜明特征。

聚族而居是徽州农村的显著特点。歙县《棠樾鲍氏宣忠堂支谱》有诗描述指出：“吾邑万山中，风俗最近古。村墟霭相望，往往聚族处。”

这种古老风俗一方面与那些名义上的“中原衣冠”聚族迁徙到徽州后，往往定居一处有关，他们这些迁入徽州的客家人与当地土著矛盾并不尖锐，较少发生激烈冲突，“间有一、二人口角之争，为全族械斗之事，但幸不数见耳”[③]。土客籍居民和谐相处，以致比邻敦睦，盗贼不进，夜不闭户，道不拾遗，共同协力建设家乡，使得徽州社会环境能够长期保持安定平静。

另一方面这也是徽州人家安土重迁的结果，“其怀土重迁之风有自来矣”。土著宗族在徽州占据绝对优势，历史上任何一次移民活动都不能打乱这里原来的生活秩序。由于土著势力强大，新来移民只能服从，俯首弭耳，遵从原有习俗与传统，包括学会方言，这样才有生存机会。《新安黄氏大宗谱》记载：“安土重迁，吾徽之常；不忘其本，吾族之奕。”黟县《明经胡氏存仁堂支祠》称：“自来民不土著则生息不长。吾徽古姓旧族，皆土著数千年者。君子爱松榆，小人敬桑梓，井里可不重乎？”因此传统宗法制度下的徽州农村社区生活，呈现出异乎寻常的平静稳定。正如江绍莲在《歙风俗礼教考》中所描述的那样：“家给人足，居则有室，佃则有田，薪则有山，艺则有圃。催科不扰，盗贼不至，婚嫁依时，闾阎安堵。妇人纺织，男人桑蓬，臧获服务，比邻敦睦。”

这些文字在各县地方志里也常见到，被徽州社会普遍认同，使人联想到“大同”社会也不过如此，于“小康”社会则是有过之无不及的。这样一派和谐有序的情景，只有在封闭的世外桃源才可以见到。即使在外界社会动乱波及下，历史上的王朝更替、农民起义、外族入侵、割据战争以及自然灾害袭击等等，短时段的破坏，都没有影响徽州宗族维持原状的自我恢复功能。而长时段的稳定，带给徽州社会持续发展，人口增长平稳，太平天国起义以前大起大落的现象从未有过，历来年均一直保持在4‰以下，

①民国《歙县志》。

②赵吉士：《寄园寄所寄》。

③民国《歙县志》。

远远低于外界水平。从人口变迁的角度来看徽州宗族，完全有理由认定，它并不是所谓的中原士族在徽州的复制品，只能是徽州本地通过移民从正统文化中移植过来的产物，具有鲜明的地域特色。

徽州土著最具代表性的宗族例如吴氏。这是徽州历史上始终位居前列的名门大族，也是唯一列入全国及江南的十个二千万以上人口的超级大姓、同时又是源于江南的姓氏。其始祖最迟可追溯到秦末的鄱阳令吴芮，西汉初年因反秦有功被刘邦封号“长沙王”。其三子吴浅，受封“便项侯”，由于他时常“游于饶、歙之间，见新安山水之胜”，颇为留恋，这种感情作为门风因此传之后世。吴浅后裔五十九世吴良，“唐贞观己酉为歙令，因家问政山”，定居在歙县，终于实现先祖遗愿。吴芮是汉朝唯一幸存的异姓王，他的子孙中有五个世袭封王、九人封侯，散居饶州和歙州一带，世代传承，当之无愧为江南历史最久、地位最高的贵族。

在唐初歙令吴良的子孙中，六十一世吴少微，是徽州第一个通过参加科举考试获得成功的进士，其子吴巩联翩登第，而且在以后三百五十年的南宋期间，吴氏是徽州考中进士最多的名族。此后吴少微后代由歙县迁居休宁城郊吴里，成为休宁县最大的宗族。除吴少微这一支外，至少还有五支吴氏族人从江西、江苏、浙江等江南地区，四面八方迁入徽州，分布各处。据中外学者研究，徽州宗族最初形成期，是这些宗族广泛地参加科举考试的时期。这说明祖先并非中原南迁的吴氏宗族，在徽州宗族中历史最为悠久，具有无可撼动的崇高地位。

再有“江夏名宗”黄氏，东晋大兴三年 (320 年) 黄积，任职新安太守，卒于官，与夫人合葬姚家墩。其子黄寻为父母守墓，遂居家于此，并改地名为“黄墩”。黄氏以其悠久的历史、历代官宦不绝、名士辈出、宗族庞大而列徽州八大族姓之一。除此之外，其余的如，倪、葛、孙、顾、陆、钱等姓氏，皆江南土著名族，迁入徽州也很早，汉晋以前就有，如东晋参军倪玄鉴，由宣城迁新安，后定居休宁倪干、祁门渚口。葛氏由苏南句容因官迁居绩溪。宋代“百家姓”列为第一方阵的“赵、钱、孙、李”，除皇帝赵姓以外的三个姓氏，均有深厚的江南背景。

洪迈《容斋四笔》引宋嘉祐吴孝宗所撰《余干县学记》：“古者江南不能与中土等。宋受天命，然后七闽八浙，与江之西东，冠带诗书，翕然大肆，人才之盛，遂甲于天下。”其实从唐代初期开始，代表人物吴少微，文章名满天下，江南重文辞之风在宋代以前就已经盛行。

徽州独特的自然环境，优越的区域位置，东西分吴楚，南北接江淮，对外来宗族具有强大的吸引力，在战乱时期是理想的避难之地，和平年代的优美山水是人们向往的居留之所。境内的三环相套特殊地势，为宗族发展大大增强了凝聚力。

族产祠堂　雄厚的经济基础是宗族持续发展的必要条件。徽州宗族依赖祠堂和族田两大经济支柱，通过巧妙运作，增收控支，开源节流，不断扩充族产，保证宗族在竞争中生存壮大。《古歙城东许氏家谱》中道："祭之有田，业可久也。传曰无田不祭，盖谓此尔。吾宗祭社、祭墓、祭于春秋，俱有田矣。"

祭田是宗族集体所有的公共族产，所以称为族田。徽州宗族祠堂一般均有数量不等的祭田，用田租收入作为宗族祭祀、集体活动经费开支的最主要的经济来源。此外，许多宗族还拥有公共山场、林地等公共财产。形成"穷村庄，富祠堂"的局势，有宗族的雄厚资产做靠山，使族人从经济利害关系上与宗族紧紧联系在一起，心甘情愿地听命于宗族指挥，俯首帖耳地服从宗族权威。

《歙县志·风土》载："邑俗旧重宗法，聚族而居，每村一姓或数姓，姓各有祠；支分派别，复为支祠，堂皇闳丽，与居室相间。"明嘉靖十五年(1536年)，皇帝采纳礼部尚书夏言的建议，"诏天下臣民祀始祖"，"许民间皆得联宗立庙，于是祠堂遍天下"。得到皇帝许可，民间才开始建祠堂祭祀先祖。徽州各宗族从此名正言顺大兴土木，都建有自己的祠堂，大大小小的祠堂之多难以计数，遍及各个村落，一个村庄甚至有几十个祠堂，仅歙县就有六千座以上。祁门在明万历年间全县各族宗祠有56座，百年之后到了康熙年间，就发展到106座。历史最久的黟县，道光初年人口增长到25万的极值，这时相对应的有祠堂404座。徽州各地祠堂的建设速度，与人口增加、宗族发达同步，不仅象征着"孝"的内涵，也体现出一种严谨而周密的宗族管理结构。

黟县南屏村至今仍保留全族共有的统宗祠，某支派所有的支祠和一家、数家所有的家祠等三种类型的祠堂十余座。《黟县志》指出：黟县虽然人口少、宗族小，经济也比不了歙县、休宁，但是"黟地山逼水澈，族姓至繁者不过数千人，少或数百人或百人，各构祠宇，诸礼皆于祠下行之，谓之厅厦。居室不能散，惟寝与楼耳。族各有众厅，族繁者又作支厅，富庶则各醵钱立会，归于始祖或支祖曰祀会厅，为会惟旧姓世族有之"。

在人口最少的绩溪，既有"会祭有万丁之祠"的统宗祠堂，也有一般小姓的"香火堂无宗祠"。宅坦原先是个人口不足千人的小村，明经胡氏定居后，随着人口增加，子孙繁盛，陆续建起四个支祠，两个分祠和一个统宗祠，构成统宗祠—支祠—分祠，三个层次的体系。

祠堂是宗族孝亲祭祖、聚会议事、进行各种礼仪活动的庙堂，也是宗族组织控制族人的执法场所，其地位神圣不可侵犯。朱熹在《家礼》中道：村庄如遭不测，"或有水、火、盗，则先救祠堂，迁神主遗书，次及祭品，后及家财。"遵照朱子教导，徽州各个祠堂都订立维护祠堂的祠规，祠堂内不许赌博群饮、顿料堆砖、损坏门窗、偷窃器皿，违者公罚。"举宗大事，莫最于祠。无祠则无宗，无宗则无祖，是尚得为大家乎哉？"[①]"崇

① [明]万历《程典》，《卷首•序》。

本支，萃涣散，莫大于建祠。”[①]在当时徽州人的心目中，祠堂不单是宗族关系的物质表征和供奉祭祀祖先的神庙，而且已经上升到一种精神文化的象征，是宗族人口不断繁衍发展的历史见证。

明代汪道昆描述歙县丰南吴氏统宗祠堂规模格局：“中祠为堂，堂后为寝，皆五达。旁为左右翼，亦复如是。改承祠务，为效本祠署。其堂曰敦本。左偏为居室二区，举家之廪者。其后为廪，以廪粢盛。最后为厨，以供鼎赂。”[②]丰南村的祠堂大而多，仅吴氏支祠就有十七个。

明代徽州祠堂的规模随着宗族人口的繁盛和徽商的辉煌，也越来越多，装饰越来越豪华，由于祠堂形制规格有限制，与族人的官阶级别相关，最高为七开间，一般的多为五开间、三开间。但是里面装饰雕琢可以极尽精致，仿效宫殿，这种情景到清代中期达到顶峰。众多高耸壮观的祠堂成为徽州的特有地表特征，祠堂建立在村首或者村庄的中央显要位置，大门口有石鼓相对，门前为开阔的广场、月池，有一长排旗杆座竖立，气势非凡。祠堂是村庄的标志性建筑，也是宗族之间竞争攀比的产物。村民的生活，宗族人口的繁衍、发展与兴衰，与祠堂都息息相关。

“祠，祖宗神灵所依。”祠堂具有多种功能，主要功能则是尊祖敬宗，祭祀祖先，借此维系所有族人，达到收族归宗的目的。在徽州，祠堂不仅仅是一个活动场所，而是农村社会的政治实体和占有土地资财的经济实体，同时也是能够满足本族人们精神需求的文化实体。一个村庄祠堂的数量、规格和气势，完全可以折射出这个宗族人口“烟火”的兴旺程度。与其他地方的“虚拟宗族”有着根本的区别。

祠堂里四壁高悬着族规、家法、家典，这是宗族社会的行为规范，违者要受到处罚。歙北许氏族训分别对仕、农、工、商、学各类族人提出具体要求：“为仕者当清廉，务农者勤稼穑，做工者精技艺，经商者义取利，求学者应勤勉。”并且订立八条族规：“一曰完田粮以实国赋；二曰先孝友以重纲常；三曰谨婚姻以免玷辱；四曰相体恤以联血脉；五曰息争讼以全和气；六曰警非为以安事理；七曰分主仆以别尊卑；八曰节冗费以敦俭朴。”每年初一朝团拜时，族丁集会在祠堂里都要跟着族长反复重温学习一遍这些祖训，借以统一理念、约束家族的行为。祁门《方氏宗谱》族规条：“大凡家法不立则事务难成；义方不训，则子孙罔淑。余族自始祖以来，家敦孝悌，族尚淳良，而忠厚之遗历久弗替。第恐族繁人众，则心志难齐，行履乖违，爰集其有裨人伦，关于风化者，分列条规定，俾通族子孙有所持循，庶几祖宗之流风永存也。如不遵者，男则罚银，女则罚布，顽者则鸣公究治，决不宽恕。”严重违规的还会削去族籍，逐

① [明]崇祯《海阳吴氏世谱•序》。

②吴吉祜：《丰南志》。

出祠堂。在宗族主宰的农村，失去族人资格，则意味着将无立足之地，后果可想而知。

明代朱元璋于洪武五年(1372年)颁布《教民榜文》规定："上以田野之民不知禁令，往往误犯刑宪，乃命有司于内外府州县及乡之里社，皆立'申明亭'。凡境内人民有犯，书其过名，榜于亭上，使人有所惩戒。"

由此可知"申明亭"为里甲仲裁民事、劝谕百姓的场所。徽州"六县自洪武八年共置160所，立于县治并各都甲户之侧"①。据统计，歙县37都，设申明亭40所；休宁33所；祁门县23所；黟县9所；婺源40所；绩溪15所。

光绪《婺源县志》记载，理坑村清初仍然建有申明亭和明善堂各一所，该村余氏宗族规定："凡民作奸犯科者，书其罪，揭于亭中，以寓惩恶之意。"每月朔望日，宗族将鸣锣召集族众，批评或惩处违犯村规民约者。明善堂则是用于旌德，与之配套。"凡民间有孝顺善举等义行，书其实情，揭于堂内，以寓劝善之意。"咸丰元年(1851年)十一月，理坑村呈文徽州府衙，为该村申明亭请得一则批示悬挂亭内。这则"徽州府正堂达示"的全文如下："查申明亭乃教化之所，即前代乡议遗意，例载森严。凡关风化公件，衿耆执事在亭剖决。所有该处居民人等，各宜敬谨凛遵。如有入内喧哗并恃横闯闹不法等情，许该约指名禀报，以凭严拿按法究治。毋违，特示！仰婺源县北乡沱川五约悬挂申明亭毋损。"

批示文件中所谓的约，即乡约组织。余氏宗谱里有《约议》："每月十五日卯刻，约正、副，党正、副及各甲长，传知约内诸执事及约众，齐诣约所讲约，凡在家者必赴。预行洒扫，设恭奉'圣谕牌'、香案、香烛及讲案、讲鼓并椅凳。辰刻，轮直甲长击鼓三通催集。"

前来参加讲约活动的"乡绅、约党及约众，俱着本等服色"，在讲约活动现场，"自始至末，不许科头、赤脚、露体之人与跟随厮养上堂，混者约纠驱逐约外"。讲约过程当中，毋得大声喧嚷，须整肃拱听，违者约纠有权将其逐出，量行戒责。讲约之后接着就是"静听读律"。讲读完毕，村民可就约内近日有真善事应书示劝、有不善事应书示戒，出班北向立言公举，然后由约史分别记入"彰善簿"与"纪过簿"，彰善惩恶，有赏有罚。最后，乡民有"愿歌诗者，歌《国风》《小雅》诸篇，或周、程、邵、朱、薛、陈、王，诸先儒诗，足以畅涤襟怀、感发志意听"。

宗祠在教化和惩治上有这样软硬两手，针对不同情况都发挥了应有的作用。

朱熹《家礼》对于祠堂做出精确设计规定："初立祠堂，则计见田，每龛取其二十之一，以为祭田。亲尽则以为墓田。后凡正位祔者，皆效此。宗子主之，以给祭用。上世初未置田，则合墓下子孙之田，计数而割之，皆立约闻官，不得典卖。"在徽州各地的

①[明]弘治《徽州府志•公署》。

族田，有的属于统宗祠的祠产，有的属于支祠的祠产，多者数百亩，甚而千亩以上。少者不足十亩，一般以数十亩居多。族田的数量多少反映出宗族是否兴旺。《沱川余氏宗谱·祠规》记载："祠田，按弘治甲子(1504年)春，族众敛丁粮银共五十二两有奇，以备生殖。至嘉靖末年(1566年)，田以亩计者六十有八。"族田之外还有山场，用作茔山墓园。《黟县志》载：全县"境内大山多系各族祠产"。明清时期，徽州约百分之六十以上的山林都属祠产。

族田来源有多种渠道：

其一，地主户诸子均分田产时，提留部分土地作为祭产茔地墓田。初始数量有限，但是经过一代又一代的均分，每代提留累积下来，逐渐增多。祁门善和程氏《窦山公家议》中，载有"众存未分田地""承祖未分山场"等；休宁李氏阄书列有"众存田地山塘"和"公堂税粮"；休宁《程氏保祀合同》中，载有"我祖柏岩公立有祀田共计一千一百余秤(约合百余亩田)"等内容。分家存留和先祖遗产，这是族田最普遍的来源。另外也有无子继承的绝灭户财产归公的。

其二，捐赠。宗族号召本族人"或贾有余财，或禄有余资，尚祈量力多寡输入，俾族众尽沾嘉惠，以成巨观"。在宗族的倡导鼓励下，历代捐赠者络绎不绝。

宋元时期徽州族田就有祭田、墓田、义田、学田等类型。北宋时婺源汪绍，"尝于其居之南辟义学，教授乡里子弟，曰'四友堂'。捐田三百亩以膳师生，学者无裹粮束修之费，四方闻风踵至。"[①]以后到元代至元六年（1346年），婺源茶院朱氏族人朱伯亮、朱樵隐、朱桂芳等捐输众存祖坟山计4亩2角30步作为宗族墓田。元至正十一年，黟县四都黄村黄真元，"念祖宗先泽不忍没，效范公法买田六百三十余亩，立庄建祠，祀其先人。自始祖而下，冢木蓊郁，祭燔羶芗，族众百余口，日食岁帛、婚嫁丧祭，给支有等。延致硕师训其子弟，规式凡目，具有条理"。元末休宁率东程维宗，增置族田4000多亩，分布歙、休两邑。这些族田划为五个庄，每个庄的租谷各有不同用途，或供祭祀，或支军役，或纳两税，或资婚嫁，或备荒年。

明代歙县岩镇佘文义，买田百十亩，构义屋数十楹。择族一人领其储，人日付粟一升，矜寡废疾者倍之。丰年散其余，无年益贷补乏。岁终给衣絮。又度地二十五亩，作五间冢于岩溪之堧，听乡里之死者归葬焉。构石梁于文几山侧，济病涉者。歙县吴之骏置义田数千亩，以济族之贫乏者。祁门胡天禄输田三百亩为义田，以备祭祀及族中婚嫁丧葬贫无依者之资。婺源程世杰置义田三百余亩，立义庄，丰年积贮，遇凶祲减价平粜。各县县志人物义行中记载这些腰缠万贯的富豪施舍族人，增置族田，加强宗族的凝聚力。

①[明]程敏政：《新安文献志》卷八七，《暇上丈人汪君绍传》。

清代歙县丰南吴僖祖为两淮盐商，乾隆三年，吴首倡，联络同族富绅，共捐银一万多两，在芜湖湾址购田千余亩，将其租息捐赠族中“颠连无告者，助丧助葬”。

歙县棠樾鲍氏 24 世祖鲍启运，义举善事，捐出 1200 亩田，分“体源”“敦本”两户，用 700 亩田的收入周济族内鳏寡孤独四种穷人，称作“体源户”，也叫“四穷仓”；用 500 亩田仿照朱熹在福建创立的义仓，于每年青黄不接、谷价上涨时，减半价粜给族中贫困穷人，作为岁时俎豆之需，称作“敦本户”。并碑刻规条于宗祠，制定细则，按不同对象公平发放，防止徇情滥给。禁止盗卖、侵占，以冀长期发挥效能。

婺源沱川村人余道生，在康熙十六年 (1677 年) 写的《社仓回呈》中记述“社仓本朱子良法”，“兵荒每难兼济。山多田少，通邑皆然；地瘠民贫，敝里为甚。乡先达曾输薄田数亩，为本祠堂作糜粥之赀。奈莽伏邻惊，昔存备荒者今移备盗，且水冲山涨，昔为熟亩者今作荒丘。清丈以来，册籍可证”，“共存浮稻六秤；虽无实田，岁有常额。除自康熙五年以及康熙十年，已经何文鸿收过票证，续经十三年寇乱，荡废无存”，“今蒙抚台宪檄，生等身先倡导，力为劝输。虽十室九空怅乐义之难，为而升载斗量、庶錙铢之，可积浮稻六秤，喜仍旧额。即附祠内存贮，此后有备无患”。

徽州各地祠堂内附设“社仓”是常例，遇到灾荒之凶年，对扶孤恤贫、济急周乏起到重要作用，为乡村社会救济提供物质基础，客观上为促进宗族稳定发挥效能。

其三，宗祠收费积蓄购置。祠堂祠规中往往订有收费的条款。主要有如下几项：

神主银　神主是宗祠所设亡故族人的牌位。享祭的神主入祠安座，其子孙须交纳神主费。一般以出银三两较多。如果先人多，一次要交付数十两银，甚至百两之多。如歙县城东许氏，曾经为了祖上三十三名先人亡灵享祭，不惜以土地作价，交神主费。据谱牒载，清嘉庆十四年许荫祠，在 160 年间，该祠共进神主 1675 位，共收银 5200 余两，这个数量相当可观。

毕姻银，诞子银　婚姻和出生是获得族籍的主要途径，祠堂规定，娶亲和生子不仅要登记在册，而且要交费。虽然数量较少，只有几分几钱，但是涉及家家户户，长年累月积蓄下来，也是一笔不小的收入。

醵钱生息　祠堂以打“会”为名，邀族人出钱，聚集钱财作为资本，投资运营或放债生息，用以增加积累，这也不失为一条生财之道。

除此之外，各个宗族还订有其他事项的摊派收费。祠堂收入除去日常开支外，余额主要用于添置土地。歙县许氏宗祠公示：“凡是许氏后裔，分支祖有入许氏家祠神主，交银三至五两，聚买祀田，永供俎豆牌位。”这是因为人们普遍认为，“世以力田相遗而能保守不坏”，所以不遗余力地集资买田，扩充祀产，壮大宗族经济实力。

尊祖敬宗收族　宗族依靠上述经济收入，立家庙以荐蒸尝，修谱牒以联疏远，设家塾以课子弟，置义庄以赡贫乏。

具体地每年主要做好祭祀、赡族、助学这三件大事。

祭祀　这是每个宗族的头等大事，是控制宗族的最重要手段。只有尊祖敬宗，才能收族聚族。所谓“祠而弗祀，与无祠同；祀而无田，与无祀同”。置祭田，就是用可靠的收入作保障，使孝亲祭祀持续不断。农历正月初一的团拜是徽州宗族的重大集体活动，以利用这个每年最隆重的节日，加强族群“叙昭穆，秩名分，重本慎始”的观念意识。歙县新馆鲍氏宗族《祠规》对团拜仪式有详尽规定：“黎明，管年者令人满街鸣锣一次。凡老、少、冠者，俱着吉服诣祠。到齐，祠内鸣钟三次。礼生二人，一东一西，唱序立，行谒庙礼。四拜毕，行团拜礼。循世次名份列东西，排班序立，行二拜。至巳时，各家妇人止许髻簪尾冠青布衫，齐赴祠行谒庙礼。四拜毕，行团拜礼，二拜。”

祠堂祭祖是徽州宗族最隆重的礼仪活动。礼仪要求十分严格，称为报本之礼。祭祀之日，都要鸣锣齐集，人人穿着礼服，整衣肃容。祭时，钟鼓齐鸣，香烟缭绕，庄严肃穆，至诚至敬。在这种神秘气氛中，激发宗族成员对祖先的崇拜和敬畏之情。

歙县江村，富有的江氏宗族共有祠堂27座，祭祀极显奢华：“朝献礼，歙东北乡村间行之，然一祭而已，江村则备极丰腆，奇珍异玩，弗惮千里采购，以供飨祀，襄事之诚为诸乡所不逮云。”

富有特色的徽州祭祀分为祠祭和墓祭两种形式。

《休宁范氏族谱》规定“祠堂当展”，“祠，祖宗神灵所依；墓，祖宗体魄所藏。子孙思祖宗不可见，见其所依藏之处，即如见祖宗一般。时而祠祭，时而墓祭，皆展亲大礼，必加敬谨”。祠祭的场面很大，有统宗祠举行的合族祭始祖，以及族中历史名人；有支祠“祀始祖以下神主”。祠祭需要备祭器，办祭品，雇鼓吹，设宴席，聚会族人。大族有的办酒数十桌，靡费开支很大。

徽州祠堂大多建有戏台，请戏班演戏也是祭祀活动内容之一，有的演出连台大戏，连续数日不散。万历休宁《吴氏家典》载：“吾族喜搬演戏文，不免时届举赢，诚为靡费。”嘉靖《徽州府志》云：“歙休之民，于正月三月间，迎神赛会，舆土神及悉达多太子(释迦牟尼)以游。设俳优狄鞮，胡舞假面之戏。”同治《祁门县志》记载：“正月元日，集长幼列拜神祇，鸣钲出行，饮屠苏酒，谒祠宇，交相贺岁，傩以驱疫。”

墓祭有清明、中元、冬至三祭，所谓“事死如事生”。有的大事铺张，歙北许氏春秋二祭，即用“猪胙五十余口，鸡百只、鱼百尾，枣栗时果各百斤。蜡烛百斤，焚帛百端，其他时鲜蔬菜、佳肴、美酒不计其数”。供应这些食品的费用当然不低。

休宁月潭朱氏宗祠，每年农历正月初一，各门各房子孙入祠参加团拜。先向祖先容像行祭拜礼，然后，里外上中四门族长，坐在享堂所设的太师椅上，接受子孙辈敬酒团拜。大型祭祖活动规定在每年清明、中元、冬至三节举行，届时一切祭品和服务费用，均由祠堂支付。

每次祭祖前几日，四门轮流值年的人家，就带着本门世仆(俗称小户)服役人员，在祠正领导监督下，开始祭祀的各项准备工作。如订购人丁白糖馃饼、清洗祭具祭器、安排礼生和锣鼓手等。同时，在全面清扫祠堂各进之后，做好祭礼布置：享堂正上方，横摆一排四张八仙方桌连接起来的主祭席，左右两旁还各摆一条三张八仙方桌连接的旁祭席；左右庑廊居中则各搭一个八仙方桌上加条桌的“通赞礼生”台，左台一旁还设张长桌，置放敬献祖宗的帛、樽、爵、馔等祭品；所有的桌子朝前一方，均系上绣有“朱氏宗祠”四字和花鸟图景的大红缎绣花桌围，祭席桌围之上置有香炉、香筒、烛台(俗称五司件)；下面的祭拜堂，檐前置放一对高大的铁铸烛台和一只木托铁铸大香炉，其后铺有六七排长长的棕垫，供子孙跪拜。

清明、中元、冬至祭祖，均行“少牢礼”(指古代诸侯公卿大夫祭祀宗庙之猪羊祭礼，仅次于“太牢礼”)。祭品相当丰盛，以现宰杀的全猪全羊为主祭品，置于享堂檐口中间两根石柱边的左猪右羊架上。主祭席为始迁祖五服内祖先，以及荣膺封赠、文武仕官、甲第科贡、仁贤盛德、忠孝节义、荣宗耀祖、光前裕后的祖先席位；左旁为祖先中急公输金、修建祠墓、捐纂谱乘、光祖耀宗、对宗族有较大贡献者设的特祭席位；右旁为其他祖先席位。

祭品有一鲜(新鲜全鸡全鱼)，二海(海参、鱼翅、鱼肚、干贝)，三腊(火腿、香肠等腌腊食品)，四素(新鲜瓜菜、豆腐)，还有水果、点心。其中大部分是采购的干、鲜货，也有管护祠堂人员自种、自养、自制的食品，有些自制食品很有特色。如祠堂厨房在清明自制大苎叶馃，要用细小肉丁与豆腐干丁为馅，风味十足；在冬至自制肉丁、鸡汁葛粉大圆，尤为可口；中元祭品与上述不同，全用素食，也自制素芝麻白糖油馃和椒盐芝麻面脆。祭祀所用的祭器极其讲究，大都是铜铸的香炉、香筒、烛台，以及铜铸的象樽、三足爵、高脚碗、馔盘、盥盆等。

祭祀大礼的礼生 15 人，穿戴礼帽、长衫、马褂、长靴。全是加入文会的会员，或是富绅担任。礼生的分工为：主祭一人，陪祭一人。通赞、陪赞、引赞、陪引、司祝、司樽各一人，司爵、司馔各二人，司盥、司帛、司过各一人。

逢祭日，午时过后，值年者即沿街鸣锣通知支丁参祭。三遍锣响应到而未到达祠堂者，以迟到论，祭毕罚胙。参祭者在祠堂门外集合，按昭穆世次排队，随主祭徐徐有序进入祠堂，走向下堂一排排的祭拜垫前等候。

二时祭礼开始。祠堂外面旌旗招展，放过九响冲天铳后，祠堂内鸣钟击鼓，吹响的长喇叭，气氛庄严肃穆。两位通赞礼生首先登上左右庑廊“通赞台”，按照祭礼程序发号施令。祭时，主祭以及各执事礼生，均需至诚至敬地听从通赞礼生的口令指挥，由引赞礼生引导。祭拜者必须严肃认真、行动一致地行祭礼，不得交头接耳、回首四顾、耸肩呵欠、搔痒伸腰。礼生行走时,由引赞礼生在前带了吹着长喇叭的乐队引路。祭拜时,须听到通赞唱“拜——”之声,跟着主祭跪下叩头,俟其声落,陪赞接着唱“起——”,才能缓慢起立。礼毕,也不得拂尘抖衣,一哄而散。必须要徐徐有序地退出祭拜堂。违者,取消领胙资格,并在列祖列宗前罚跪。由司过礼生监督执行,不许循情庇护,失职者议罚。

祭祖礼仪遵朱熹《家礼》行“三献礼”——初献、亚献、终献。祭礼仪节程序极其神秘繁琐,充分显示出礼仪庄严隆重。各支祠也是每年组织祭祀一次,定在腊月举行,唯礼生少些,程序简化,时间短些,规模小些。

宗祠与支祠祭祖完毕,当日皆颁胙。宗祠每次祭祖,规定主祭人羊头一个、猪肉一斤、羊肉四两、丁饼二个;礼生每人猪肉一斤、丁饼二个;参祭支丁每人丁饼二个。为敬老尊亲,凡60岁至69岁支丁,每人猪肉二斤、羊肉四两、丁饼二个;70岁至79岁,每人猪肉四斤、羊肉四两、丁饼二个;80岁至89岁,每人猪肉八斤、羊肉四两、丁饼二个;90岁至99岁,每人猪肉十六斤、羊肉四两、丁饼二个;100岁以上,每人猪一头、羊肉四两、丁饼二个。凡是在宗祠里供奉有自己先人牌位的人家,以及宗祠、支祠管年人家,在祭祖前,每个牌位、每个管年,都分发祠堂自制的食品:清明苎叶馃、中元油馃、冬至圆子,每份均是一斤(四个)。各个支祠祭过后,也都给参祭者分发丁饼。

墓祭每年进行三次。农历正月初三,各房子孙都到自家祖坟拜年。清明“挂纸钱”,冬至“送寒衣”(用纸做衣裤),也是各支祖坟由各房组织本支子孙前往祭祀。其中清明挂纸钱祭礼较为隆重。

奉祀祖先的祭品,由支祠堂管年人家筹办,有香炉、烛台,用锡箔纸折成的金银元宝,有鞭炮、双响,有十碗荤素菜与瓜果等。祭祀开始前,割除墓地周围杂草,由宗族长者向子孙介绍祖宗简历,然后率领子孙三跪三叩祭拜、化燎金银元宝和寒衣、放爆竹。祭毕,先向当地前来观祭礼的大人小孩散发清明馃,感谢他们管护照应坟墓。然后给参祭子孙发清明馃。另外还发钱或物,有的发几个铜板,有的发三个鸭蛋,有的发一双角粽。因此流传“鸭子坟”“角粽坟”的趣称。

据歙县《潭渡黄氏族谱》记载,黄氏自唐代在潭渡定居后,分成八门,黄宾虹祖上这一门称“春晖堂”,一门“号有千人,宗祠报登新娶者,一年或四十余家”,可谓“千丁之族”。明万历二十年三月初五,黄氏宗族举行墓祭,“各派至黄墩,肇举祀典,于是缙绅文学五十余人,仆从车舆骈阗一市,祭奠礼仪森备,炫煌睹听,观者云集”。这些盛大祭祀的耗费,是宗族每年主要开支项目。正如《新安竹枝词》所描绘的清明祭祖景象:“鼓吹喧阗拥不开,牲牷列架走舆台;问渠底事忙如许,唐宋坟头挂纸来。”

清明扫墓是徽州宗族又一种重要的集体墓祭活动。人们认为,祖墓“系祖宗藏魄之所”,或说是“祖宗体魄所在”。墓祭“属展亲大礼,必加敬谨”。所以族人清明必须上坟扫墓,这是尊祖敬宗的重要表现。

沱川余氏祠规中规定："清明举行祭礼，凡与祭人员，务要三日前斋戒。至期先一日，齐诣祭所，习仪质明，肃恭行礼。如不赴习仪及临时违错者，公罚。"这就是说，祭前都会举行礼仪彩排预演，防止出错以免不够敬谨。同时仔细对"祭品祭器备查停当，免致临时缺误"。

"祭品定供祭席十三桌。每桌殽五碟，果五碟，饼五碟，醋、酱油各小碟羹；堂上陈设酥饼一副，吹糖一副，祭盒二担，五谷五盘，红莲花一树，四时花四树，奠帛十三束，猪一口，羊一口，熏肉一肘，熏鱼一尾，鹅一只。凡祭品及酒，俱务精洁，庶灵顾歆。"

祭祀大典由宗子主祭，执事人员依据担任的具体职务，各就各位。所有宗族支丁，"俱要各服本等衣冠，依班次序立在庙，肃肃不得喧哗，违者公罚。凡欲瞻拜者，须穿吉服，毋穿素服"。未成年丁，亦应立于一旁观礼，"俾自幼习知礼节"。祭祀开始，香烟缭绕，钟鼓齐鸣，庄严肃穆，充分表达对祖先的虔诚。整个祭祀过程相当复杂，时间长达数小时，不完成所有规定的程序不得结束。

祭祖仪式完毕，接着散胙、散福和合餕。宗谱记载："旧例祭日叙宴六人一席；猪肉一器，蒸干鱼一器，腐竹一器，酒二瓶，照昭穆坐。"日久族繁，祠堂厅内已容纳不下诸多族人，故于"万历三十九年起免宴，只散胙肉"，"每丁七两"。这种仪式一直延续二百多年，到清嘉庆九年(1804年)时，婺源知县丁应銮，亲自前去沱川观礼后大加赞赏："雍雍穆穆，极合礼仪，无愧于书香大族大家。"

赡族　宗族聚居，子孙繁衍，年久必然会有贫富两极的分化，所谓"富不过三代"，运气变化规律性呈现，"三十年河东，三十年河西"。贫富周期性转换，是社会发展规律。赡济族内贫穷人家，被标榜为"睦族"。上述置义田、义宅、义冢，为贫困族人多少能解决一些切身生活问题。歙县棠樾鲍氏敦本堂《公议体源户规条》载，赡济的对象为本族鳏寡孤独"四穷"和残疾人，每月给谷三斗，按期发放。符合瞻济条件的族人，发给"经摺"，凭此证领取谷粮。各族发放数量不一，歙县许荫祠是每人每年谷一石。这项支出是祠堂长年固定开支，占田租收入的很大比例。歙县棠樾鲍氏，以乾嘉年间任两淮总商的鲍志道、鲍漱芳父子为主，在扬州业盐的其他商人共置族族田二千余亩，每年可得租谷三万余斗，用于族人"哀鳏寡，恤孤独，赈穷困，补不足"。歙县岩寺余少文"少艰窘，服贾，择节纤俭"。经商致富后，"构义屋数十楹，买四百二十亩，择族人领其储，人日铺粟一升，矜寡废疾者俗之。半年散其余，无年益贷补乏，岁终给衣絮。又度田二十五亩，作五音冢于岩溪之堧，听乡里之死者归养焉"[①]。这类记载在地方志和各家族宗谱中多不胜举。

①嘉靖《徽州府志·质行》。

族田原则上不得典卖，朱熹在《家礼》中主张祭田“立约闻官，不得典卖”。很多宗族族规约束“不许私卖私分”，“以垂久远”。休宁洪氏《宗祠祀田记》有云：“后世子孙，即有公用急需，勿得妄动祀田。如弃田，是绝祖宗血食也。”祁门洪氏宗族有少数不肖子孙，企图盗卖先祖传下的坟山祭田，被族人告官。族长洪廷咨出面组织订立《合同会约》，以保护族产日后免遭流失。祁门善和程氏宗族把族内子弟盗卖族产看作是全族“兴衰之机，不可容忍”的恶劣行为，明确而严厉地规定“各房如有不肖子孙，妄将众共田地、山场、祠墓等件盗卖家外人者，管理者访实，告各房家长，会众即行理治追复，或告官治罪，以不孝论”。

由于族规家法严禁，因此族田比掌握在个人手中的田产更为稳定。徽州许多自耕农因为各种原因不得不出让土地，特别是经商风潮席卷时，农民弃耕行贾，只有出卖田产作为商业资本。而这些土地多是转让给了所在的宗族而成为族产，即所谓“倒户不倒族”的转让方式。而留守在家的无地或少地的农户可以优先佃耕本族的族田，这样比佃租别的地主田地可以取得更多的便利，至少在荒年减免租谷时能得到较多的同情。所以族田又这样以出租方式发挥了扶贫功能，减少了本族贫苦农家彻底破产而成为“流民”或到外乡佃租别族土地的现象。

助学　徽州有良好的重文兴教传统，“十家之村，不废诵读”。为鼓励子弟读书致仕，各宗族多设有义塾及学田、膏火田，专门用于补助贫寒弟子灯油笔札之资，赞助应试、奖励举业，建立助学的保障激励机制。

祁门善和程氏宗族专门列有“斯文灯油”费；祁门方氏宗谱有《重斯文》条，强调读书人是宗族的希望：“宗族所赖维持而勿替者，斯文而已。重斯文则族日盛，薄斯文则族浸衰，此古今之明验也。今族中子弟苟有出人头地者，富则优以礼节，贫则资以钱财，名曰‘灯油’。此皆作养养之意，切不可自己无人读书，遂生妒忌。盖诗书不负三代，其人敬重读书人，其家即生诗书子也。”

在休宁各地，“远山深谷，居民之处，莫不有学有师”，“虽僻村陋室，肩圣贤而躬实践者，指盖不胜屈也”。这些老师和学生，靠的也是祠堂之助。休宁茗洲吴氏宗族对资助贫困子弟读书作出规定：“族中子弟，有器宇不凡、资禀聪慧而无力从师者，当收而教之，或附之家塾，或助以‘膏火’，培植得一个两个好人，作将来楷模，此是族党之望，实祖宗之光，其关系非小。”

绩溪明经胡氏《祠规》定有十分具体奖赏办法，“其学成名立者，赏入泮银一两；补廪，贺银一两；出贡，贺银五两；登科，贺银五十两，仍为建竖旌匾，甲第以上加倍。至若省试盘费颇繁，贫士或艰于资斧”，“各名给元银二两，仍设酌为饯荣行”，“会试者每人给盘费十两”。

歙县东门《许氏家规》云：“士之肄举业者，有志于科第者也。业之弗精，而能以应举及第者乎？饥寒困穷乱其心，吾未见业之能能精也。营营内顾之私，衣食之累，悠悠岁月，浪过一生，而终于无成，甚可惜也。今后凡遇族人子弟肄习举业，其聪明俊伟而迫于贫者，厚加作兴；始于五服之亲，以至于人之殷富者。每月给以灯油、笔札之类，量力而助之，委屈以处之，族人斯文又从而诱掖奖劝之，庶其人之有成，亦且有光于祖也。况投我木桃，报以琼瑶，又何惮而不为乎？”凡此种种，说明助学的目的，就是要不遗余力培养族内子弟科举登第，这是与宗族荣耀紧密相连的。光宗耀祖是宗族伦理观念的核心。

徽州宗族凭借祠堂和族田的物质基础，以族产收入来惠泽族人，救贫济困，通过对贫苦族人生老病死、衣食住行全面抚恤，这种最低生活保障措施，明显地降低了人口死亡率，特别是饥饿死亡率和疫病死亡率降低，使得整体人口平均年龄有所提高，多数老年人口能终寿而殁，老人辈分高，影响力大，对社会安定起到重要作用。同时，寿命延长就可以有效地将人生经验和生活技能传递下去，也使社会再生产及人口再生产得以延续进行。这种现象成为徽州人口的一大特点。

与此同时，迁居外地的徽州人，仍尽量保持宗族聚居的格局。如世代业盐的歙县丰溪、澄塘吴氏，在扬州人多势众，“以所居之村为派”，“内收宗党，外恤闾巷”，扩充宗族群体，增强族内凝聚力和族外辐射力。盐商郑鉴元“先世以盐策自歙迁仪征”，他不仅在家乡“修歙洪桥郑氏宗祠、远祖海公宗祠，置香火田”，而且在各经商地建祠设祭。在南京建祖父江宁宗祠，三置祭田，还在扬州“宅后建亲乐堂，子孙以时奉祭祀”。

乾隆时徽商方西畴，“侨居广陵，未能即归故里，乃建宗祠，置祭田于扬，聚族之商于扬者，恪修祀事”。

歙县《汪氏谱乘》载：“吾汪氏支派，散衍天下，其由歙侨于扬，业鹾两淮者则尤甚焉。居扬族人，不能岁返故里，以修瀹祀之典，于是建有公祠。凡值春露秋霜之候，令族姓陈俎豆、荐时食，而又每岁分派族人专习此事，数十年来，人物既盛，而礼文器具未尝稍弛。”在这种祭祖礼仪习俗带到扬州的同时，徽州的饮食习惯也随之传播到扬州。篆刻名家程邃居扬时，交往的文友悉知他善煮笋，戏曲家李渔从王安节处听说后，专程从南京赶往扬州一饱口腹之欲。程邃置笋热情款待这位以“蟹仙”闻名的美食家，李渔食后拊掌称绝，作七言长诗《食笋歌·又赠程子穆倩》，其中写道：“淡极无盐若有盐，香饶似衬非有衬；老饕遇此难矫廉，盈盘食尽还教添。”

棠樾鲍志道，是徽州盐商中的后起之秀，任两淮盐业总商二十多年，富而有仁。他在扬州建12门义学，供贫家子弟就读；铺设康山以西至钞关抵小东门砖石路面；在北京建扬州会馆。为客居地的市政建设做出显著的贡献，对鲍氏家族在扬州的世代发展创造了良好条件。

歙县其他宗族如江村江氏、丰溪与澄塘吴氏、潭渡黄氏、岑山程氏、稠墅与潜口汪氏、傅溪徐氏、郑村郑氏、唐模许氏、雄村曹氏、上丰宋氏、棠樾鲍氏、蓝田叶氏以及呈坎罗氏、桂林洪氏、小溪项氏、大阜潘氏、县城毕氏、柔川张氏、吕氏等，他们在扬州的族人多至上千，聚族而居，建祠堂，置族田义庄，修族谱，办族学，扶贫帮困，在扬州复制出家乡的宗族系统，并且出现与故里相似的人口结构。不仅歙县如此，休宁、祁门等其余各县同样有很多大族聚集扬州及周边两淮各处。因此使得扬州人惊呼，扬州成了徽州的殖民地。《五石脂》中写道："徽人在扬州最早，考其时代，当在明中叶，故扬州之盛，实徽商开之。扬盖徽商殖民地也。故徽州大姓，如汪、程、江、洪、潘、郑、黄、许诸氏，扬州莫不有之，大略皆因流寓而著籍者也。而徽扬学派，亦因之大通。"诚然，殖者，繁衍也。殖民地的财富源源不绝地流回家乡，宗主国人口又如同潮水般涌进殖民地。

徽州人口在外地大量发展，以致迁居外地的徽州人口超过留守本土的人口，这种倒挂现象导致"大徽州"概念的形成。与扬州一样，在北京、南京、广东、两湖、江西、浙江等地客居的徽商，都有大量庇护族人的义行，记于志、谱当中，何啻千百，俯拾皆是。

较突出有代表性的如，歙县叶道传，先仕后商，在杭州"创宗祠于虎跑山下，捐资置义产，族党感德"[①]。婺源木商程肇基，在金陵为"亲朋造寓舍，欲留者，任事给俸；不欲者，归里馈资。借券自数百两至一二千，贫不能偿者，悉召其人，面焚之。至于培植根本，兴圮置田之举，指不胜屈"[②]。婺源李焯春，"尤殷于族谊。凡里中乡试者，均住其家，旅资不敷，量力资助。与戚友交易，或亏折资本，悉焚券不较。其余善举亦乐襄助"[③]。

歙县吴荣让十六岁时，"从诸宗人贾松江"。后发达独自迁移浙江桐庐焦山开创新业，在焦山"立宗祠，祀本宗，置田以共祀事如向法"。同时他继承族人先例，"召门内贫子弟，悉授之事而食之。诸子弟若诸舍人，无虑数十百指"[④]。

由于侨寓异地城镇商业竞争激烈，各个宗族的徽商还联手建立会馆、行业公所，成立宗族联盟，实施合作保障，救助同乡，强化地域关系，提升徽商的凝聚力和竞争力。徽州人口在这种背景下，随着血缘、地缘双重关系宗族愈发加固，人口数量和质量都得到空前提高。据抽样调查资料显示，在外地定居的徽州人口增长速度，超过本地人口增速。

宗族等级 徽州宗族大体可以分为两大类，一般普通宗族和名族。名族又可称作大族、甲族或望族。各个宗族对自身社会地位非常重视，竞争激烈，总是想跻身受人

①[民国]《歙县志》卷九。

②③光绪《婺源县志》卷三四、三五。

④汪道昆：《太函集》卷四七，《明故处士吴公孺人陈氏合葬墓志铭》。

尊崇的名族行列之中。名族的地位不是一成不变，而是随着时间的推移，有盛衰起落之期。

《新安休宁名族志·刻名族志通知帖》中指出："迨兹以降，世远人亡，时移物换，兴废无常，迁徙亦异。昔称乔木之家，今作绳枢之户，不无玉石溷淆，鱼鲁莫辨。"

普通宗族向名族的目标提升，以及名族保持固有地位的努力，这种竞争格局，是宗族社会内在的原动力。《新安大族志》《新安名族志》以及《新安休宁名族志》，是徽州地方志的重要组成部分，是研究古代人口状况的重要历史文献。凡是本身宗族能够名列其中，就足以令族人自豪。其入选名族的标准大致不外乎以下四条：

一是世系久远，族丁兴旺。

族久必繁，宗族迁徽年代越早，繁衍世系就会越多，宗族人口则必众，势力必强。著名的清代思想家龚自珍，于嘉庆十七年在徽州创《氏族表》序中指出："以大姓雄于县而绌于府者有之，雄于府而绌于一行省者有之，雄于一行省者而绌于总知天下掌故之宗所记闻者又有之。徽之大姓，则固甲天下，灿然散著，靡有专纪，是故削竹而为之表。其义例曰：载大宗，次子以下不载，次子之子孙官至三品则书，贵贵也。其有立言明道名满天下则书，贤贤也。自今兹嘉庆之世，推而上之，得三十世以上者为甲族，得三十世者为乙族，得二十世者为丙族。录洪氏、吴氏、程氏、金氏、鲍氏、方氏、汪氏、戴氏、曹氏、江氏、孙氏、毕氏、胡氏、朱氏、巴氏，凡十五族，其余群姓附见焉。"①他在这里提出甲族的三条标准，宗族历史在三十世以上、族人尚贵在三品官以上、多贤立言明道名满天下，这是徽州大多数宗族都能接受的共识，符合甲族标准可以列入这十五族的皆喜不自胜②。若要传承三十世以上至少在六百多年，要追溯到唐朝中期，而上述十五族多数是汉晋时迁移徽州的，属于资格最老的宗族。

对此许承尧在民国《新安月潭朱氏族谱·序》中云："洎清龚自珍作徽州府氏族表，以为徽之大姓实甲通国，则自嘉庆时逆溯得三十世以上者为甲族，列举十五族而朱居一焉。"

他为朱氏能够入列十五个甲族之中而感到荣耀，但是他对自己许氏宗族未列入甲等却大惑不解。许评论说："吾徽最重宗法，定庵言大姓甲于全国，固非夸也。惟所标举十五族，不知何据。若以吾许姓计之，自迁徽祖儒公至承尧，得四十四世，谱系井然可徵，是十五族外，犹有遗漏矣。"

他写上文时距嘉庆朝已过去一百余年，但是认为许氏宗族的历史当时已经超过三十世以上的标准，完全可以达到前十五位甲等宗族的要求，龚自珍没有把许氏列入

①许承尧：《歙事闲谭》卷八，第255页。

②此处龚自珍所列十五族与流传民间的"新安十五姓"有些不同。随着时代发展，宗族之间彼消此长，多有变化，但是"徽州八大姓"，尤其是前四位的大姓始终固定不变化。

氏族表中的甲族，是个重大遗漏。只是他没有考虑到许氏始迁祖许儒只是南唐时迁徽的，资历略浅一些。

不过，迁入徽州最早的中原士族方氏，东汉时就出了像方储这样名人，却是由于子孙没有起到振兴家族的作用，方氏地位反而逊于后迁他族。相比之下，汪氏、程氏由于后代对徽州社会有重大贡献，其地位节节高升。可见历史悠久是作为名族的必然条件，而非充分条件。至于已经上位的甲族，对于排名次序先后也有不同看法。这都反映出各族对地位的重视，而世次益多，人口益盛，历史久远的“千丁之族”，“族居数千人”“支祠以千计”的巨族大姓，自然“家多故旧”，人多则势众，能够符合这些是硬性指标，列入甲等名族则当无可争议。

二是名宦辈出，代不乏人。

“人物为一郡之柱础，乡邦之光耀。”明代岩镇郑佐序《新安名族志》称：“名族志之义有二焉：尚世也，尚贤也。族衍于世，世延于贤。”接着他又对所谓的贤者逐个开列出条件，称：“故尝于夫名族而责之实也，则见其前开后承，或以明道集成而功存著述；或以效忠尽节而迹炳丹青；或惇孝友以遵俗兴仁；或乐恬退而修德守约；或政治暐烨于当时；或文章传颂于后世。凡此，皆其族之由名而弗替之今日也。”可见龚自珍是与郑佐的观点一脉相承的。

虽然功名并非名族排序的必要依据，但是宗族兴旺与科举强势明显地互为必要条件，《新安名族志》中收录的75个宗族，其中有21个，虽然号称名族，从唐朝到明朝嘉靖年间，他们在科举上一无所获，其实力不免式微。可以将这些宗族分成三个阶次：

第一个阶次是汪、吴、胡、程，这四族是徽州科举最强势的名族，七百多年里宦绩异常稳固，尤其是汪氏，“世以诗礼传家，文人高士，抱节明经，代不乏人；有以盐鹾起家者，连檐比屋，皆称素封”，“诚望族也”，名族志的作者这样评价休宁凤湖汪氏。“子姓济济，咸在朝列”，高士与素封，名、权、钱，三者共同构成名族的要素。

第二个阶次是黄、赵、陈、孙、俞、王，这六族在宋代特别突出，而到明代则有下降。仅王氏较稳定，宋代进士10人，明代仍有8人中第。

第三个阶次是朱、潘、唐、方、戴、谢，这六族是在宋、明、清三个朝代当中仅有一次列名的。朱氏在宋代出了11个进士，而明代仅有2名。戴氏在唐代科举有3名进士，当时曾居徽州首位，而宋代则无建树，明代也只有4名进士。

以上16个名族是徽州宗族的核心层次，其他还有38个名族在科场都有成绩，构成次级核心。另外21族在科举榜上无名，虽然因为有老资格而列为名族，但是只能居于外围级别。由于限于条件，《新安名族志》遗漏很多。虽然经过续补，仍是“阅其名家，尚多缺略”。所以上述分析的统计数据是很不完全的。

如被列为次级核心层次的余氏，历史久远，先祖在东汉时避乱南渡迁润州丹阳，百年之后的西晋永嘉初年，其后代余蝉，从丹阳迁移到遂安（晋时为新安郡治新定县），为新安诸余始祖，其苗裔散之于徽州四方各地。到北宋时余道潜，与朱熹之父朱松是政和八年(1118年)同科进士，为避方腊兵乱，微服还新安，隐居婺源沱川，是为始迁之祖。虽然“两宋以上，余姓无显者”，从余蝉落户新安之后很长时间里，余氏默默无闻。但是随着宗族人口快速繁衍，余氏在婺源已然后来者居上，不仅仅族人播迁四面八方，“近集六邑名乡，远集王畿邻省”，广泛分布各地，而且读书业儒之风凸显，宋元时期登进士第者有6人。明代中期开始，秉承勤学苦练家风的余氏后代子孙，在科举考场上成绩斐然，明代有举人14名，其中进士8名；清代考上举人14名，其中进士2名，从而跻身徽州名族(《新安名族志》记载显然遗漏太多)。余氏宗谱自夸“余氏之兴，如深渊大薮”，正是由于儒学昌盛，科举繁荣，余氏宗族才得以“迄今瓜绵椒衍，支派尤多，而名贤科甲接踵其间，抑亦盛矣”。

再如由弘姓改洪的毗陵郡派洪氏，徽州始迁祖经纶，“本淮阳人，唐天宝六年擢进士，官谏议大夫。后左迁为宣歙观察使。时国家多难，赋敛繁重，经纶对之以镇静”。他在公余“稍暇与士人讲论，为歙宣文学首倡”，他促进徽州崇尚文辞风气，其历史地位之高毋庸置疑。开始时初寓休宁之黄石，复与子洪全，游婺源官源，卒葬官坑大墓心。这支洪姓家族广泛散居徽州六县，由于子孙兴旺，从世居地婺源派生出若干分支，迁徙其他地方作为那里的始迁祖，然后又再次分迁，在徽州境内建立起一个又一个的新居民点。

由共姓改洪姓的敦煌郡洪氏，迁徽始祖为洪昮。他生于唐至德丁酉（757年）七月，受业于陆修。贞元十八年（802年）陆任歙州刺史，洪昮从师宦游，因家于歙县。其十六世孙洪皓（1088—1155年）为宋政和五年（1115年）进士。其长子洪适、次子洪遵、三子洪迈并称“三洪”，都是南宋名家。洪适曾任绍兴二十九年至三十一年（1159—1161年）时徽州知州，在歙县州城建立“四宝堂”，专门陈列本地的笔、墨、纸、砚产品，影响广泛。洪遵知太平州，与此同时，洪迈任饶州知州，政声隆誉，著作等身。因此，洪遵曾说：“今严、婺、福、宣、徽、池、饶、抚、温、处诸郡，皆有洪氏。”到了明代初期，敦煌郡洪氏支分派别，散居杭、睦、宣、歙以及饶、抚、池、明、台等地，足见播迁分布之广。以上这两个不同源流的洪氏，迁入徽州后人才辈出，星光焜耀，震古烁今，不同凡响。[①]

但是《新安名族志》记载宋、元、明三代徽州洪氏总共只有15名进士，显然也多有缺略。实际上仅仅歙县一地的这支洪氏在明代就有15名进士，分别是：成化年间的洪汉、洪远；万历年间的洪文衡、洪养蒙、洪都、洪世俊、洪翼圣、洪佐圣、洪辅圣；崇祯年间的洪天擢、洪明伟、洪维翰、洪一新、洪峻。其中“三圣”三兄弟连科蝉联中第，名著天下。如果加上另一支敦煌郡洪氏，清代歙县洪姓进士达22名，其中状元2名（洪

①弘治《徽州府志·寓贤》。光绪《婺源县志·寓贤》。

莹、洪钧）、榜眼 1 名（洪亮吉），贵重显赫至极。龚自珍在氏族表中将洪氏列为徽州甲族之首并非随意之举，有历史事实作依据。

据有关资料统计，明代徽州进士 452 名，清代增至 684 名。上述这个名族科举排名榜到清代又会发生变化，因宗族谱牒中这方面资料不全，无法再进一步论及，暂告阙如。

三是儒学承家，著述传世。

徽州是朱子故乡，理学昌盛，儒风独茂。正如许承尧所说："新安，则里各别姓，姓各有祠，祠各有谱牒，阅岁千百，厘然不紊。用能慈孝敦睦，守庐墓，长子孙，昭穆相次，贫富相保，贤不肖相扶持，循循然，彬彬然，序别而情挚。试稽其朔，固由考亭先生定礼仪，详品节，渐渍而成俗。吾徽人食考亭先生之泽深且远，宜今之旅外者，为馆舍必尊祀考亭也。"考亭先生（朱熹）之后，徽州"先儒名贤比肩接踵"，"肩圣贤而躬实践者，指盖不胜屈"[②]。新安理学渗透徽州社会、政治、教育、风俗习惯各个方面。芸芸儒生们在理学熏陶下，以"读书穷理""格物致知"为职责，以"明道正谊"为一生追求的理想。明清时期，"以才入仕，以文垂世者"愈加喷发而出，有谓"兄弟九进士、四尚书者，一榜十九进士者"，"连科三殿撰，十里四翰林"，"一科同郡两元者"。精英才俊层出不穷，朱熹、戴震和胡适就是其中代表人物，成为我国历史上学术界的巨擘，思想史上的三座丰碑。如前面龚自珍、郑佐所论，在地方上立言明道、立德践行，名满天下者，其宗族自然会拥有一定社会地位。《新安名族志 · 序》强调："言乎才德，则或信义征于乡闾；或友爱达于中外；或恬退著述；或忠孝赫烈。至于州里之镇定，六州之保障，诸儒之大成，宗庙血食，千载不磨，又名族之杰出者。"

这里面又突出新安神——汪华，汪氏宗族因此列为徽州第一宗族，是名族中最杰出者。朱熹作为新安理学创始人，虽然朱氏是南唐时才迁入徽州的，资历不够深，但是他的历史地位和影响，足以使朱姓列入甲族。"朱本吾徽望族，而月潭一支尤踔厉风发，魁硕迭出，其进而树令名，登仕贵，覃泽民社，经纬邦国；退而修内行，秉高节，型于乡而可祀于社者，踵武相接。"

休宁宋代进士吴儆曾指出，吴氏在休宁是最大的族姓，虽然全县没有统一的大宗，但散居县境内的吴姓支派有十多个。大些的支族数百家聚居，小分支也有几十家之多。有的从事工商业致富乡里，成为豪门显族；有的读书登第，光耀门楣，成为名族，尤其是科举成就超过他姓。而隐居不仕或者读书未能考上功名的，也都清风厚德，学问懿行，足以为人师表。[②]

此外，徽州历史上其他但凡文苑、学林、儒硕、隐逸、忠义、守节、殉节、贞烈、孝子、乡善、笃行等方面的著名人物，繁若群星，有文献可征而为之作传者多达 5399 人，他们所在的宗族都成为名族入选的条件。

---

①赵吉士：《新安理学》。

②参见吴儆：《吴文肃公集》卷十一《隐微斋记》，台湾商务印书馆1986年文渊阁四库全书影印本。

四是财势雄厚，富甲一方。

明清时期的徽州转型为商业社会，虽然由于人口密度不高本地商业并不算发达，举族外出经商却蔚为大观，明代中期商业人口就已超过农业人口，到清代人口顶峰时，从商人口已占到职业人口的三分之二。上述名族，都有大量族人在外经商，《新安名族志·序》指出："族居则闾阎辐辏，商贾则云合通津。"而且那些迁移聚居在通津大都会的家族，由于当地财源茂盛，赚钱机会多，因此经商致巨富者又很多。

万历《歙志》载："邑中以盐策祭酒而甲天下者，初则黄氏，后则汪氏、吴氏，相递而起，皆有数十万，以汰百万者。"明代谢肇淛云："新安大贾，鱼盐为业，藏镪有至百万者，其他二、三十万则中贾耳。"许承尧在主纂民国《歙县志》时说："吴、汪之富，在明称盛。若江氏等皆起于清矣。"清代歙县千万富翁大贾相递而起，百万富翁有二十多人。积累的财富惊世，以至"富可敌国"。

财富作为一条名族标准，反映了商业社会重视经济利益的特质，为各宗族共识认同。这些家资巨万的大富商，有的虽无官爵，但是都称为"素封"。"有以计然致富者，有以盐鹾起家者，连檐比屋，皆称素封"。古人对于"今有无秩禄之奉、无爵邑之人，而乐与之比者，命曰'素封'"[①]。

但是，作为儒商，必须讲究儒家道德，社会评价不仅是赚钱多少，更重视钱的用途，族谱中处处可见"居商无商商之心，不效贪商窥窬分毫，然资日饶而富甲里中"。儒商要有儒行，做到"好贤礼士，遇贤士则挥金不断，有李白散金扬州之风"。富有的族人，"乃津津行德施于州闾，泽及乡党"。"竦塘黄氏胥富等千户侯，名重素封。"明末休宁吴天衢，"从信义交易"，遂称素封。光绪《婺源县志》记载唐末张彻"卜居本邑甲道，专务种植，乐善好施，积而能散，遂致素封。"说明张彻不仅开发经营致富，而且以儒家道德伦理体恤民艰，因而被称作素封。

以上名族标准反映了徽州社会的客观实际状况，集官、儒、商为一体，迭相为用，这是宗族的最高追求。如同汪道昆所论："新都三儒一贾，要之文献国也。夫贾为厚利，儒为名高。夫人毕事儒不效，则弛儒而张贾；既侧身飨其利矣，及为子孙计，宁弛贾而张儒。一弛一张，迭相为用，不万钟则千驷，犹之转毂相巡，岂其单厚计然乎哉，择术审矣。"[②]

追求厚利的商人，"虽为贾者，咸近士风"；而那些追求声望名高的士子，"孜孜为名高，名亦利也"。

科举仕宦与经商致富，是车之两轮、鸟之双翼，缺一不可，这就是徽州名族长盛不衰的两个支撑点。官、贾、儒相通，造就徽州既为"商贾之乡"，又为"理学之乡"，更为千年"宗族之乡"。

①司马迁：《史记·货殖列传》。

②[明]汪道昆：《太函集》卷五二：《海阳处士仲翁配戴氏合葬墓志铭》。

第五章　人口管理

封建国家人口管理的意义就是通过各种行政手段，进行人口登记和人口调查，以求得出尽可能接近真实值的人口数量，企望通过数字管理及简单的数学公式，实现庞大人口的国家治理，为统治者安定社会秩序和征收赋役、兵员提供准确的数字依据。

正因如此，作为一个国家的根本，人口是最重要的资源，其重要性历来为统治者关注。早在《史记》中就有“禹平水土，定九州，计民数”之字句，说的是夏代大禹在各地治水的同时，划定九州，也统计各州人口，纪录全国共1355万人口的民数。《汉书》中有“民惟邦本，本固邦宁”之语，成为流传千古的治国安民至理名言。该书中记载，汉平帝元始五年(5年)，全国人口达59594978人，12222062户，统计精确到个位数，虽然不一定就是反映真实的人口数量，但是这样威严而精致的数据，足以说明汉王朝的强大和对人口管理的重视程度。

第一节　早期建章立制

先秦时期建立户籍制度　中国户籍制度最早可以追溯到两千多年前的夏商周时期，“周制，小司冠登民数，自生齿以上登于天府，司民掌登万民之数书于版”。生齿，即指男性八个月以上，女性七个月以上的幼儿。在掌握人口数量的前提下，周朝规定每年举行一次“乡饮酒礼”，倡导“正齿位、序人伦、敬老尊贤、息事端、敦睦乡里”的社会风气。隆重的“乡饮”仪式由地方官主持，60岁以上长者上坐，50岁以下者站立等候，以示尊重敬畏。这种敬老仪礼影响深远，持续整个封建时代。

春秋战国时各诸侯国征战不休，民无宁日，但是各国对老人依然敬重有加，关照70岁以上老人免一子赋役，80岁以上免二子赋役，90岁以上则免去全家赋役。由于赋税、夫役、兵士，皆出于人口，各国人口因之成为最重要的必争资源。

公元前640年的齐国丞相管仲提出：“地大国富，人众兵强，此霸业之本也。”[①]在管仲的政治思想中，人口思想占有突出的地位。他的人口思想和政治主张互为因果，

①《管子•重令篇》。

融合为一，成为管仲治国治民的政治路线的基础。他意识到拥有众多的人口，是王道霸业中的核心竞争力。所以笼络民众，占有较多的劳动力，是统治者最重要的大事。他提出了“争天下者先争人”的战略决策。向齐桓公提出一系列修善理政，以利于齐国人口自然增长的人口政策。其中“老老、慈幼、恤孤、养疾、合独、问病、通穷、振困、接绝”等具体“九惠之教”，都是直接鼓励人口增殖的。[①]比如“慈幼”一条就详细规定，凡家有三个幼儿者，则免去该家一名妇女的赋税；家有四个幼儿者，全家皆免交税；有五个幼儿者，家里不但不用纳税服役，还由国家委派一名保姆，发给两个人的口粮，作为奖励补助。他认为，实施这些措施，是有利于齐国人口自然增长的善政，再配套加上其他有利于国计民生的大政方针，就一定会使齐国的人口快速增加。管仲制定了一系列加强人口调查和人口统计的举措，主要内容是“富民”“分民”“留民”：

“富民”具体内容有：(1) 开荒辟田，发展农业；(2) 限制工商，扶植农业；(3) 提倡节俭，鼓励积蓄；(4) 减少刑罚，薄收赋税。

“分民”则是按照当时的社会和经济结构，把所有人口按职业分为农、士、工、商几类，并以此为序列，要求社会“贵农士，轻工商”，以利于农业发展和鼓励征战。他是中国历史上，第一个把人口划分成四大职业群体的政治思想家。

“留民”则是采用各种措施，防止齐国的居民迁徙他国，同时还要设法从其他国家吸引大量移民。为了鼓励他国民众迁居齐国，管仲提出，凡外来移居齐国者，要分给田地，乡里居民不得歧视排斥。移民生活有困难的，国家要予以解决，使“饥者得食，寒者得衣，死者得葬，不赡者得赈”[②]。

同样地，从“众民”的核心思想出发，管仲十分重视人口数量统计管理，他的做法一直为后世封建政权的管理者推崇效仿。他把人口管理形象地比喻说道：“不明于计数而欲举大事，犹无舟楫而径于水，险也。”管仲对于中国人口思想的发展，起着奠基者的作用。齐桓公在管仲 40 年的辅佐下，从人口资源管理着手，逐步使国家强大，“九合诸侯，一匡天下”，实现登上春秋时期第一个霸主地位的勃勃雄心。此外，管仲提出的“十年树木，百年树人”，“终身之计，莫如树人”等人才培养观点，广为流传至今。

公元前 494 年，越王勾践被吴王夫差击败后，被抓到吴国为奴，受尽凌辱，于是立志报仇雪恨。他卧薪尝胆，秘密实施强国战略，其中一条重要举措就是鼓励国民生育，以快速增加国内人口。《国语·越语》记载，越国制度规定：妇女即将分娩时必得报告官府，由地方官派医生前去助产守护，生育男孩奖励两壶酒一条狗；生女孩的奖赏

---

① 《管子•入国篇》。

② 《管子•轻重甲篇》。

两壶酒一头猪；生育三个子女的家庭，由官府派遣乳母帮助哺养。同时强制早婚，“令壮者无娶老妇，令老者无娶壮妻；女子十七不嫁，其父母有罪；丈夫三十不娶，其父母有罪。”通过这样一系列促进生育、增加国民人口的强力举措，终于以“三千越甲”吞灭吴国。[①]因此当时徽州这块地方忽而属吴，忽而属越。

秦国在商鞅（公元前361年）主政之下，推行“以人称地”的治国理民思想，率先建立严密的户口登记制度。“四境之内，丈夫女子，皆有名于上，生者著，死者削”，并且禁止民众自由迁徙，“废逆旅”，“使民无得擅徙”。百姓不得已外出住店，必须持有官方开具的介绍信，否则客人与店家一块治罪。通过建立严密的户籍制度，秦国获得强大财政税收汲取能力与全民动员能力，终于在争霸战中最后胜出。

商鞅提出：“秦之地方千里者五，而谷土不能处二，田数不满百万。其薮泽溪谷、名山、大川之材物货宝，又不尽为用，此人不称土也。秦之所与邻者三晋也，所欲用兵者韩魏也，彼土狭而民众……此其土之不足以生其民也。”[②]《礼记》是后来在此思想基础上才述及“凡居民，量地以制邑，度地以居民”之说的。

商鞅将秦国人口按壮男、壮女、官吏、商人、读书人、残疾人、老人、孩童等十三类分别统计，史称“强国知十三数”，进一步把人口统计推向新的高度，通过按户、人口征收赋税，为秦国强大的军事力量提供了有力的保障。《秦律》规定了惩治虐待老人的办法：凡是殴打、虐待60岁以上的祖父母、曾祖父母的人，要处以流放甚至死刑。商鞅在制定出攻城破国、争雄立霸的政治路线的同时，还提出“徕民”的人口政策。为了吸引三晋的人民西来入秦，他提出：“秦国自然资源尽为人用。”强调“人众兵强，此帝王之资也。”规定凡入秦定居者，三世不征赋税，不参加征战；凡在秦国山陵、斜坡、荒丘、沼泽低洼之地新垦耕地者，十年不收赋税。

此外，商鞅创立的“什伍连坐”的户籍管理办法，为封建时代残酷统治农民开创了先例。这种办法把乡里每五户分编为伍，十户分编为什，互相监督。一家犯法，邻里告官。凡告发邻居不轨者，如同战士杀敌一样有功。不举报者要处以腰斩极刑。藏匿不报者，与投敌同罪。

再有，商鞅还主张在家庭里，儿子到了一定年龄，就应该和父母分居，防止大家庭各主要成员互相依赖。这样，既增加了国家征收赋税的户数，也促使人们在达到经济自立年龄时，奋发努力，独撑家业。商鞅立足人口的变法获得了巨大成功，为秦统一中国创造了有利的先决条件。

汉朝强化人口管理　汉承秦制，实行全民户口登记制度，将全国的地主、自耕农，

---

①参见《吴越春秋》，《勾践伐吴外传第十》。

②《商君书•徕民篇》。

全部编入国家户籍，出现了“编户齐民”的提法，这是中国自封建制进入郡县制的一大嬗变。国家要求各县每年仲秋，都要进行“案比”，如实登记查验，更造户籍。登记信息包括：户主姓名、性别、年龄、身份、职业、籍贯；家庭成员数量、性别及其与户主的关系；财产(包括奴婢数目)，等等。各地县衙将各家户籍造册上报郡守，然后再汇总上报朝廷。中央则设立“计相”“户曹”官职，主管全国户籍。他们“掌登万民之数，自生齿以上，皆书于版”。所谓“书于版”，即是计入户籍。

汉高祖七年(前200年)颁令“民产子、复勿事二岁”[①]。百姓生子可以免除二年劳役，采取优惠政策大力鼓励生育。汉孝惠帝六年（前189年），刘盈下旨，“女子年十五以上至三十不嫁，五算”，实行处罚政策督促男大当婚，女大当嫁，从正反两面鼓励适时婚姻生育。当时15岁以上、56岁以下的百姓都必须缴纳人口税，称作“算赋”，每人给国家缴纳税捐“一算”，即是120钱。但规定女子在十五岁以上三十岁以下未嫁者，罚税五算，则缴税720钱。[②]用增加五倍税捐款的经济手段来惩罚晚婚晚育者。当时的720钱可买七、八石粮食，至少是一个成年人一年的口粮。这种处罚制度的严厉，反映出汉朝对人口管理的重视，因此使人口数量的增加达到新的高峰。

采取这些奖惩政策的前提，都需要完好的户口管理制度，地方官能清楚掌握谁家生孩子，谁家有女待字闺中。然而，统治者良好的愿望并非都能如意，户籍管理的目的主要是取得赋役，这就涉及人们的切身利益。纳入户籍管理的就必须承担赋役，于是当时逃避管理的隐居人户很多。

《汉书 · 百官公卿表》和《续汉书 · 百官志》有详述：当时制度以十家为什，五家为伍，一里百家，有里魁检察善恶，以告监官。十里一亭，亭有长。十亭一乡，乡有三老，有秩啬夫、游徼。三老管教化，体制最尊。啬夫职听讼，收赋税，其权尤重。人民竟有知乡啬夫而不知有郡县者。从中可知这时候的一个乡分为十亭、百里，拥有近万户人家，就是相当于以后的一个县，户籍管理很难到位，逃户不可避免。无怪乎老百姓只知道乡啬夫这种基层小吏而看不到郡县官员。

汉代推行“以孝治天下”的孝道，更加重视尊养老人，专门颁布尊敬和扶养老人的法令《王杖诏书令》。规定持有王杖的70岁以上老人，享有各种社会优待。同时，对于无亲属、病弱老者，都有明确的照顾政策。汉文帝颁布《授粥法》，规定80岁以上老人每月供给一定量的大米、肉和酒。并且奖励“凡孝于亲者人帛五匹”。反之，不赡养老人者，将被处死，暴尸街头示众。对不尊敬孝顺父母、祖父母等长辈的不肖子孙也要被判重罪。

---

①班固：《汉书•高帝纪》。

②班固：《汉书•文帝本纪》。

户籍制度有两个最重要的功能，一是保障征税征役征兵；二是实现社会控制。汉朝限制自由迁徙，人户要迁移户籍，须经“乡啬夫”批准，脱籍流亡是触犯法律的罪行。所有赋役的征收及社会控制，必须通过完善的户籍制度支持。因此，历代王朝建立政权之后，首先必做的头等大事便是统计、登记全国人口。

东汉建武六年（30年），刘秀下诏：“今百姓遭难，户口耗少，而县官吏职，所置尚繁。”于是大批裁撤地方官，“并省四百余县，吏职减省，十置其一”。建武十五年（39年），光武帝旨令全国度田，清丈土地，核实户口。采取严刑峻法，强制执行。建武十六年，“河南尹张伋及郡守十余人，坐度田不实，皆下狱死”。之后，章帝元和二年（85年），加强生育奖励政策，令“人有产子者，复勿算三岁”，对于“有怀妊，赐给养谷人三斛，复其夫勿算一岁”。生育孩子的家庭免除三年赋役；怀孕妇女给营养粮，其夫免一年徭役。直到献帝建安十五年（210年），尽管此时朝廷风雨飘摇，政局不稳，仍然下诏检括户口年纪，遵建武制度，户品滋殖。只是当时天下大乱，豪强地主霸占或庇荫的大量徒附、宗族、宾客、部曲、奴婢等大都没有列入户籍统计，出现“百户合室”“千丁共籍”的现象，东汉朝廷明知有这些违法行为，但是无可奈何，于是愈演愈烈，人口统计徒有其表，只见减少，不见增加。这个时期出现了累世专攻一经的家族，其门下弟子动辄数百人甚至上千人，他们通过经学入仕，又形成了累世公卿的高门贵族，这批人在各方面享有特权，世为清官，不充庶职，“以贵承贵，以贱袭贱”的门阀制度从此确立。①

三国、两晋时期的人口管理 三国时期东吴使用武力征服山越，设立新都郡，下辖歙、黟等六县，强化对境域内人口统治管理。江东割据后，吸收大量北方移民，人户发展迅速。人口管理初时还认真，只是东吴建国的政权基础是世家豪族，而“势力倾于邦君，储积富于公室”的大家族自立门户，不服从地方管理。“冒荫之事已盛行于三国晚期”，这是因为“盖依附私家、为私家之部曲佃客，不列入国家编户者，当数倍已登记之户口”。②东吴实行世袭领兵制度，带兵将领多系世家贵族，常拥有部曲数千以至数万，这些家兵家将，并由父子兄弟世代袭领，因此史料有东吴“僮仆成军”的说法。

东吴大将贺齐、诸葛恪征讨江南山越取得胜利后，俘获数万山越人，都被分配给各级军士，强者为兵，弱者为仆。无论是兵是仆，都属私家所有，不入国家编户。以至当时的私家户口与屯户、兵吏户等已超过编户齐民几倍。再加上土地所有制上升，都集中在豪门贵胄手下，广大农民因为逃避赋役而流亡的逃户、漏户，沦为地主依附

①范晔：《后汉书》注引《帝王世纪》。

②《三国志》。

者的数量就更多。

晋灭吴统一中国后，“更制户邑，皆中尉领兵”，实行军事化管理民政户籍。废除原来的屯田制，把屯田客收编入户，当时“民多隐冒，五十、三十家方为一户”，通过编户，顿时全国户数增加67%，人口数量增加110.7%，总人口达到894万余口。晋代行《户调法》，在授田时，把田租和口赋两项合并为一。当时男子一人，占田七十亩；女子则占三十亩。另外，丁男课田五十亩，丁女二十亩；次丁男半之，女则不课。丁男之户，岁输绢三疋，绵三斤。女及次丁男户半输。人口承担税收的比重仍旧很大。

“永嘉之乱”以后，东晋南渡，在102年间，江南没有发生太大的灾难和战事，人口得以稳定增长。由于北方流迁的移民很多，形成迁徙高潮，南渡后涌来的北方移民，成为新的劳动力资源，非常有利于新安郡以及整个江南山区开发。因此江南各个地方政府忙于安置流亡，整理户籍。分配给流民无主土地，迁入指定地区，或者允许百姓自由垦复荒地，给予借贷粮食、工具，免予追交原欠赋税，取消奴婢或罪犯的失去自由的身份，采取各种办法使流亡移民重新编入户籍。这些管理办法的有效实施，使得南方人口有大量增加，也使得各级政府在赋役上获益。

“江左承西晋，诸王开国，并以户数相差为大小三品。”①但是，社会制度不公，贵族、官僚享有形式不同的减免赋役特权，一批士族渐渐演变成垄断了政治权力，享有经济特权与特殊社会地位的门阀世家。他们十分重视家族谱牒的修撰，并且只在豪门之内通婚，以保持高贵血统；而另外一批失去土地与财产的平民百姓，则沦落为依附于门阀之家的部曲、奴婢，丧失了人身自由和独立的法律地位。这些所谓“贱民”的弱势人口群体，虽然也像是先秦时候的贵族私属关系，但是魏晋、南北朝的“第二次封建化”，并非是国家建制，只是表现为一种社会结构而已。

这样一批享有特权的世家大族，有的还可以荫庇其他人成为自己的“荫户”。当这类不承担赋税的特权阶层人口比例增大时，转嫁到普通民户头上的负担会愈加沉重，因此更多人寻求隐匿户口，逃避赋役，这样的恶性循环继续下去，必然导致社会崩溃，于是改朝换代的悲剧就一幕幕重演。

隋唐时期户籍管理 及至隋唐时期，分裂389年之久的全国臻于统一，乡村基层组织建设强化，定五百家为乡，百家为里。设立保间，五家为保，五保为闾，明确职责，户籍管理渐次改观。隋文帝首创“大索貌阅”，令各州县核对年龄相貌鉴别户口真伪，制定出“输籍之法”，规定划分户籍的标准，当作定样颁发州县，地方官每年主持在乡里挨户依样划等，载入簿籍，作为征发差役、确定税额等事项的依据。由

①《南史》。

于采取了一整套行之有效的检校人口制度，国家掌控的户数不断上升，全国清理出逃避著籍人口占总人口一半以上。隋代全面改革赋税制度，在均田的基础上实行租、调和力役的政策，减轻百姓负担。轻税重役，成为这个历史时期赋税的基本特征。开皇二年（582 年）颁均田令，规定成年男丁每个受露田 80 亩，种植五谷，再受永业田 20 亩；妇女受露田每人 40 亩，不给永业田；奴婢受田同常人。永业田不需归还，露田在田主死后归还国家。规定：男女 3 岁以下为黄，4 至 10 岁为小，11 至 17 岁为中，18 至 60 岁为丁，60 岁以上为老。承担国家赋役的主要是丁。一对夫妻每年交租粟 3 石；植桑之地年交绢一匹，种麻之地交布一端，即为租、调。单身男女交租调为定额一半。成年男子每年为国服徭役一月。

开皇三年改丁年龄 18 岁为 21 岁。提高成丁年龄，而均田制仍按 18 岁授田，实际上农民在 18 至 21 岁这段时间内不用纳税，不服徭役。仁寿四年 (604 年) 杨广又诏除妇女及奴婢、部曲之课，推迟男子至 22 岁成丁。但后期炀帝暴政，使课役之法成一纸空文。[①]

在隋朝良好人口环境的基础上，唐初规定行户籍法，所有民户均按百户为里、五里为乡、四家为邻、五家为保的网络组织。全国每年要造一次人口账，三年重造一次户籍。在编计人口账前，先由户主自报，称“手实”，上面写明全家人员的姓名、年龄、性别、职业、土地数量等项目。计账是实施均田制度和征收租庸调的根据。此外，国家要定期编纂皇族、奴婢、僧道等特别身份簿籍。户籍法规定有士、农、工、商各专其业；良贱禁婚；贱民世袭；民户不准擅自迁移等限制性极强的条款。一代雄主唐太宗即位后马上下旨：《令有司劝勉庶人婚聘及时诏》。鼓励百姓生育，动员富人赞助娶不起妻子的穷汉。将各地生育孩子的多少以及鳏寡人口数，作为考核地方官的指标。以人口统计为根据，推行“计丁授田、按田 (丁) 负担”的均田法和租庸调法，按地亩和人丁双重标准征派赋役，促进人口增长。为了增加国库收入，扩大赋役来源，针对户籍管理存在的弊端，唐玄宗开元九年 (721 年)，实行括户措施，通过检查户口，将隐漏不报或逃亡人口搜刮出来，遣送还乡或就地入籍。此举效果明显，三年下来查出“伪勋及诸色役甚众”，得户八十余万，增加财政收入数百万贯。

被后人誉为“诗史”的诗圣杜甫咏叹《忆昔》，通过自己亲身经历的颠沛流离的痛楚，印证大唐由盛转衰人口锐减的现实，深刻而全面地反映当时社会面貌，成为“开元盛世”前后对比的绝妙写照：“忆昔开元全盛日，小邑犹藏万家室。稻米流脂粟米白，公私仓廪俱丰实。九州道路无豺虎，远行不劳吉日出。齐纨鲁缟车班班，男耕女桑不相失。宫中圣人奏云门，天下朋友皆胶漆。……”在全盛时期的唐开元二十一年（733 年）又下诏令，把人口增减列为州县两级官吏课考的主要内容。鼓励“男子娶寡妇，

①魏征：《隋书•地理志》。

寡妇再改嫁”。规定“诸男年十五，女年十三以上，并听婚嫁”。并且批准二万多寺僧还俗为民，成立家庭。

唐开元二十五年(737年)颁布《丧葬令》：“诸身丧户绝者，所有部曲、客女、奴婢、店宅资财，并令近亲转易货卖，将营葬事及量营功德之外，余财并与女(户虽同资财，先别者亦准此)，无女均入以次近亲。无亲戚者，官为检校。若亡人存日，自有遗嘱处分，证验分明者，不用此令。”①

唐时女子不授田，只有在丧夫后当上户主时，才得授田五十亩；寡妻妾也可授田三十亩。所谓户绝，不必无近亲。虽有近亲，为营葬丧，不必立近亲为嗣子，而远亲不能争嗣。虽有近亲，为之处分，所余财产，仍传之亲女，而远亲不能争产。此令规定所余遗产归之亲女，最协人情。在遗产继承上，封建制度下女子的权利是极其有限的。这是唐玄宗为了显示其盛世的宽大，特意制定的律法，对后世影响很长远。

立嗣之意，除祭祀外，还有一个年老奉养的问题要解决。唐初就十分重视孝道，朝廷建立“存留养亲”制度，规定“男子七十、妇人七十五以上者，皆给一子侍”。即使是犯罪服刑的人，若是直系亲属年老、家中无人赡养时，只要不是十恶不赦的重犯，官府允许其留下照顾老人。为了体现尊重老年人，唐朝规定六十岁起即为“老人”，免去差役，八十、九十岁的老人享受特殊优待。由于唐朝中期以前，县以下的地方基层组织，从乡及里，都由政府任派职官，因此人户管理到位，账册认真细致。但是唐朝后期经济衰退，政府无法供养基层职官，这些律法制度没有专职人员执行，势必难以落实，人口管理也随之逐渐松懈。

赋役制度与人口发展相辅相成，管理人口户籍，即是为了派征赋役。古代的赋税，大致可分两大类：其一，以最大多数的农民所负担的田税、军赋、力役为基本，逐步演变为多种形式。这是整个封建社会始终被作为最重要的赋税，以土地和人头户口为根基。其二，自此而外的税种，如工商税，起初并无，随着经济发展逐渐产生，不断扩展，直到宋代开始发展到近代，才成为赋税中最重要的部分。

田税，按古田制收取。即分井田(平正四方)和畦田(崎岖无规则)两等确定数额，履亩而税。汉初十五税一，东汉时名义上减为三十而税一，实际上则是“厥名三十，实十税五”，已经超过前朝标准。汉代收口钱，亦称“算赋”，也就是人头税。政策规定民年十五至五十六，出钱百二十，以食天子。汉武帝又加三钱，以补车骑马。并且令“民生子三岁出口钱”，巧立名目在人头上一再增加税收。这种横征暴敛造成“民至于生子不举”，严重影响到人口增殖，这才不得已放宽改成“民七岁乃出口钱”。

役法，就是征收人口中的劳动力，以便国家举办大型建设事业，不必要出钱雇工，

①刘昫：《旧唐书•地理志》。

所以在财政上，这是一笔很大的收入。最初“用民之力，岁不过三日”。后来用兵多而差徭繁，当兵也是服力役的一种。“五十不从力政，六十不与服戎”。有从二十岁至六十岁服兵役的，也有从十五岁至六十五岁服役的。随着人口发展，封建政权统治者施加给民众的徭役是越来越沉重，老百姓负担日趋增加。

唐朝的租庸调制和均田制，是在隋朝的基础上改良而来，以人丁为根据，具体规定丁男及中男给田一顷，以二十亩为永业，可由家人承继，永传子孙；其余八十亩为口分田，年老时退还官府。60岁以上老男、残疾者授田40亩；寡妻妾授田30亩，若是户主者再增加20亩永业田。工商业者为良丁一半。授田额度较隋朝为宽，授田对象广泛，放松土地买卖限制。均田制的实施取得开垦荒地、增加户口、稳定兵源等明显效果，加快了唐初经济的恢复与发展。与此配套实施的租庸调制，按丁征派。每丁每年输粟二石，谓之“租”；按照地方的物产，输绵及丝麻织品二丈，谓之“调”；力役每丁年服务二十日，遇闰加两日，不役的纳绢三尺或布三尺七寸五分，谓之“庸”。这种赋役制度不失为一个与时俱进的好办法，以每一百亩田为基数，上述负担于农民是很轻的，国家财政收入稳定增加。所以唐朝初期一百年间，人户数量不断增长，国家仓廪库藏也愈充实，实现良性发展。此法是古代均田制的继承，符合儒家治国理念，因此全国上下呈现一派和谐融洽的社会景象。而且农村中都是自耕农，农民可以用实物代替劳役，百姓因此可以有更多时间从事生产活动，有利经济发展。为时23年的“贞观之治”，在历史上享有极高评价，此时，与民休息，徭役不兴，年谷丰稔，百姓安乐。社会安定，秩序井然，海内升平，路不拾遗，外户不闭，商旅野宿，无复盗贼。囹圄常空，终岁判死刑者仅29例。

由人口角度察看租庸调制，这个制度是以自耕农的小家庭作为征兵纳税的单位，农村组织以政府颁布的理想数学公式作准则，不承认各地私人体系，混天下一法。因此租庸调制具有下述特点：(1) 因年龄、性别，按照人口定受田的多少；(2) 划分口分田和世业田。桑田和世业田可传承，露田和口分田则受之于官，人到老年仍要还之于官；(3) 唐制有宽、狭乡之别，田亩之数，按全乡人口分配，足够照法令授予的为宽乡，不足的为狭乡。狭乡授田，减宽乡之半。(4) 按照全乡人口分配，有余田的乡，要划给比连之乡。州县亦然；(5) 迁移出乡和贫无所葬的穷人，可以出卖世业田。自狭乡徙宽乡的，可以出卖口分田。这里需要解释的是，口分田按规定不属个人所有，本无可卖之理。但是为了奖励人口从狭乡迁移宽乡，合理调整分布家户，因此而特别规定了这项鼓励措施。从法律层面理解，等于是官府收回其田卖掉，而将卖田钱款，再发给这些移民，以资奖赏。只是简便手续让他们自卖罢了；(6) 虽然有奖励制度鼓励移民，世业田仍然加以限制，买进的人家不能超过一定限度，在最小限度范围内售买，而且买家也不能再卖出。

从上述内容可以得知，租庸调制的立法之意，是不夺其私有之田，无田者则由官给，借此缓和农民关系，减少矛盾，逐渐达到平均地权的目标。这种均田思想用意虽善，只是时代不古，无论理论上和实际上都行不通。所以到百年之后的开元年间，尤其是“安史之乱”后，民物耗弊，天下萧然，北方藩镇割据，户口不申，贡赋不修。唐朝赋役区缩小转向南方，中央财政仰赖江南八道，岁赋供给之户仅有天宝初期四分之一，而天下兵马比天宝间增加三分之一。一增一减使歙州民户负担加重五倍多。至于其他水旱灾害、征科发敛，又在常科之外。唐代中后期百弊丛生，法已大坏，农村土地兼并严重，民户资产状况与以往差别很大。富户家庭丁多，以做官、入学及出家当和尚、道士等方式，得以免除租、庸、调；而穷人没有收入，但是丁门小户的家里有丁在，所以造成“赋免于富户，而增于穷家” 的社会不公平现象。由此弊病蔓延，养肥了贪官污吏，百姓大量流亡异乡。加上连年战争，人口凋耗，死亡人口名字留在户口册上多年未注销的情况各地十分普遍。

人口管理的松弛，国家税收流失严重，原来的租庸调制从利民之法，滑落为“虐民”之法。为了逃避赋税，社会上流民遍地，唐德宗时朝廷不得不改革旧法为新的“两税法”。即是有财产的户按资产多寡分为九等，按每户的等级分别收税，一年分两次征收，令其夏秋两季交纳，夏税六月截止，秋税十一月截止。在两税之外擅自加征者，以违法论处。有谓“户无主客，以见居为簿；人无丁中，以贫富为差”。也就是说不再区分主户(即本地户)与客户（即外来户），只要在当地有资产和土地，就算当地人，可以在当地上户口纳税。此法使中国土地制度和赋役制度发生重大变化，国家财政由此得到保障。从中明显地体现出征收对象以簿册登记为依据的人口管理重要性，此良法最合时宜，有利于百姓安心生产和家庭生活。所以一经推行，短期即显效果，赋税不加重而国家收入增长，官吏不用督训，法律就能起到预防作弊犯科的作用。因此，两税法为唐朝以后各个朝代相继沿用，一直延续到明代万历九年，才被一条鞭法所取代。

田租、口赋、力役以外，还有另加赋税，昔人总称为“杂税”。东晋朝廷南渡过江后，货卖奴婢、马牛、田宅，凡价值万钱者，输钱四百，由买货者交一百，卖家交三百，谓之“散估”，此即后来的契税。又有：都东方山津、都西石头津，都有津主，以收获、炭、鱼、薪之税，十取其一；淮北大市百余，小市十余，都置官司收税，此即商税当中的“过税”与“住税”。直到隋文帝统一中国后，才全部豁免了这些杂税。中唐以后，财政不敷支出，又不得不从杂税上动脑筋。宋代募兵制养雇佣兵特多，杂税亦多，南宋时国用更窘，愈加要想方设法增加税种。

杂税，最重要的是盐税。始于唐，籍民制盐，免其役，谓之“灶户”，或“亭户”。制成之盐，卖给商人，听其所便，不复过问。唐朝建立了以监院为基础的食盐专卖体系，形成食盐民产、官收、官运、官售的食盐专营方式。后人称为“榷盐法”，就场征税。（入宋后，则有官鬻和通商两种征收方法。通商之中，一是径售于商人；二是入边、入中。入边是“入边刍粟”的略称；入中则是“入中钱帛”的简称。这里还和茶法、官卖香药、宝货等海外贸易有关系。宋初，令商人入刍粟于国家指定之处点收，给以收据，估计价格若干，由商人持此据至指定盐场，照价给盐，故称入边刍粟。）

茶税，起于唐德宗（780—805 年）时。初和漆、木竹并税，后曾裁撤，旋又恢复，且屡增其额，随着茶叶饮用面扩大，终唐一代，共六次提高茶税标准，茶业成为国家财赋收入的重要组成部分。其管理办法亦系籍民制造，谓之“园户”。园户制成的茶，由官收购，再行卖给商人。官府买茶的钱，是预付给园户，谓之“本钱”。全国设六个榷货务，除淮南十三场所出的茶以外，都送到这六个榷务出售。从榷务取茶，要到京师交钱，故称入中钱帛。这是为了节省运输费用，把漕运和官卖合为一事办理，照说这个办法是好的，问题在于虚估价格。在入边、入中时，点收的官员与商人串通，将所入物品高抬价格，官物便被贱卖，政府因之大受损失。

唐代歙州随着人口快速增长，为了解决田少人多，收不敷食的矛盾，农民利用山场开展多种经营，充分发挥水清而地沃的自然优势，发展茶叶生产。以至于歙州司马张途写道：“高下无遗土，千里之内，业于茶者七八矣。”唐贞元年间，王敷在《茶酒论》中记叙“浮梁歙州，万国来求”，各地茶商“将到市廛，安排未必毕，人来买之，钱财盈溢”，从中获利丰厚，说明歙州茶叶的地位之高。唐大中年间，杨晔《膳夫经手录》记载了歙州各地茶叶不仅制作精良，而且市场畅销的盛况，“赋税所收，商贾所赍，数千里不绝于道路。”

歙州在唐朝后期奠定所属六县的行政区划，县下设乡，乡之下设里，每里一百户。这种形式早在秦汉时就已确定，东汉时歙县的武疆、东乡、叶乡、丰浦四乡，在东吴征服山越后，建立新都郡，就把这四个乡改划成为四县。唐代沿袭汉代这种官职制度，乡有乡官，里有里正，但是现实情况已与秦汉时大不相同了，人口增加，经济发展，所以制度经常变动。基层官吏都是由民间摊派，不属地方建制，也就没有“秩”了。这种状况，一直延续到宋朝都是如此。

唐代规定户籍档案注明“黄、小、中、丁、老”，规定“诸男女三岁以下为黄，十五岁以下为小，二十岁以下为中。其男二十一为丁，六十为老，无夫者为寡妻妾”，成丁则意味着承担赋役。

其中明确三岁以下男女孩子称黄口小儿，20 岁以下男子称为幼丁，60 岁以上男子为老丁，每年造一次丁口账，残疾人除外。基层丁账汇总到县以后，县令再将刚达到 20 岁的男子补为成丁，名为“进丁”；将超过 60 岁的和残疾人名字削除出册，名为“入老”。县一级的人口登记关键就在“进丁入老”，完成这项统计人口变更的任务，则需要丁口账册上的年龄登记准确无误。

县报州后，刺史和通判，还要取丁账底册核查进丁或入老的年龄，审验纠错，再上报户部。这种操作程序是必定要严格遵循的，问题还是基层的起报内容是否真实可靠，县和州两级的账册是建立在下级报表的基础上，起报点如有错漏，上面则层层出错。可以确定，县、州丁账的统计内容至少应包括：一是全部男性人口；二是每人姓名；三是年龄；四是家庭住址。不然县令就无法“按籍计年”，州府也就无法“稽考岁数”。

唐代户籍制度已经趋于严密，形成“编户”与“非编户”两个不平等的阶级，编户为良民（即自由民），非编户为贱民（即非自由民）。贱民没有资格编户，只能附籍于主家。贱民主要包括给官府服役的官贱民，如工户、乐户、杂户；以及依附于门阀世族的私贱民，即部曲、奴婢，他们属于私人财产，可以像货物牲畜一样交易。

杨吴政权时期，统治区内编制户籍，“命官兴版簿，定租税，厥田上上者每顷税钱二贯一百文；中田一顷税钱一贯八百文；下田一顷税钱一贯五百文。皆输足陌见钱，若见钱不足，许依市价折以金银。”歙州赋役负担沉重，“吴有丁口钱，又计亩输钱，钱重物轻，民甚苦之。”并且“算计丁口课调，亦课钱”。除田赋过重以外，歙州还有三色杂钱：即盐钱、曲钱和脚钱。所谓盐钱，是杨行密建立吴国初期，官府按照人口配给淮南食盐，又按人口定时收取数倍盐价的钱；所谓曲钱，是官府配给百姓的酒曲，令民酿酒，同时高额收取曲钱；而所谓脚钱，实际是一种商税，即是按每一贯钱收税钱五十文供衙役解差之用，脚钱又称为“现钱”。南唐承吴重赋，有过之无不及，征敛更无节度，甚至歙州的砚、墨，都设有专务征收上贡，并专门设“澄心堂”用以储存歙州的贡纸。南宋休宁大儒程大昌说：“徽州，唐歙州也。有水可通浙江，而港洪狭小，阅两旬无雨，则舟胶不行，以此人之于秋苗额中，量州用米数，许于本色外，余尽计米价，准绢价令输以代纳苗，以便起发也。”徽州由于山高路险、运输不便，将秋苗计钱再纳绢，形成“苗绢”，实际上就是把米折绢征纳。这是地理因素所决定的，成为历代徽州赋税的一个特征。

南唐李昇登基后，蠲免丁口钱，改订税制，“定民田税”，允许将田税和其他税收所征之钱折换谷帛征收。烈祖“自登位之后，遣官大定检校，民田高下肥硗皆获允当，人绝怨怼，输赋不稽。”歙州黎民百姓虽是对税重不满，但是人口管理严格，社会环境相对安定。

第二节　宋元时期人口变制

宋朝徽州户口税赋管理　徽州宋代人口达到新高峰，户数有 12 万多，已占全国总户数 2088 万的 0.6%，进入全国 10 万户以上的一级州府行列。宋朝户籍规定，民户分成“主户”和“客户”两大类。主户是指占有土地缴纳赋税的人户，客户是自己没有土地，依附于地主的佃户，或者是没有田产的工商业者。二者区别在于有无财产土地，要不要缴纳两税。由于主户拥有一定资产且向国家纳税，从而被视为国之根本。客户又被称之为“浮客”，四处流动如浮萍飘荡。但是财产这个身外之物是会变化的，当主户的家产败落后，主户就会变成客户，相反，客户也会变身为主户。由于贫富转换，主客户有升有降，因此户籍管理登记上要随时变更，建立主客户升降账。然而升难降易，破产农户数量直线上升。宋代中期，被兼并的无地农民增多，大部分自耕农成为佃农，江南客户由原来的五分之一上升到已占半数以上。

仁宗时江西哲学家李觏，著文写道：“今之浮客，佃人之田，居人之地者，盖多于主户矣。”[①]这种现象日趋加剧，到了神宗时，学者陈舜玉，写道：“千夫之乡，耕人之田九百夫”，他继续又指出说：“天下之民，耕而自为者十无一二。”[②]

在徽州同样有这种情况，只是相对之下，兼并土地尚不太严重，这也是徽州田少山多的自然环境所决定的，不同于其他平原地区。因而徽州历史上很少有占地上万亩田的大地主。《新安志》记载，北宋天禧中，徽州主户121105，客户6098，主户占到95%。南宋时主户减少，而客户增加。如黟县天禧年间有主户6216户，客户433户，主户占93.5%；到了南宋乾道年间，主户为5901户，客户1868户，客户已占到24%。祁门县天禧间主户5617户，客户304户，客户占5.1%；乾道间主户11575户，客户3961户，客户占25.5%。可见客户呈明显上升趋势，如此发展的结果，最后必然使 绝大多数农民成了佃农，很多主户则降为客户。为了逃避赋税，宋朝隐漏户口的现象很严重。同时朝廷规定，户型中的单丁户、女户(无男丁)、客户、下户一般都可以不当差服役，农村中有些地主官绅为了躲避差役，钻这个空子而将本户分立几个甚或十几个户头，冒充单丁户、下户，当时称之为“诡名子户”。到了南宋时期，两极分化更加严重，“大抵得以税与役，自通于官者不能三之一，有田者不自垦，而能垦者非有其田。”[③]

“户口之登耗，物产之盈缩系焉，而赋役之征胥此焉”，所以作为地方官必然懂得这个为官之道，“出长民者使生齿日繁”，而“民可使富国用可取盈也”。但是，史料记载中人户减少的主要缘故仍然是统计问题。宋代户籍制度自始至终遵循祖宗之法，有两条不变的原则：一年一造，只计丁口。但是，州县官府为了招增户口，以便按例加其俸禄，人为地将客户虚报为主户，这是主客比例失实的另一面原因。

宋承唐旧制，规定田赋分夏秋两次计亩征收，所以又叫“两税”。名称沿用，但

①《李觏集》卷十六《富国策》。

②《都官集》卷二《厚生一》。

③马端临：《文献通考•田赋•历代田赋之制》。

内容不同，唐朝两税合租、庸、调为一，宋代两税专指田税，即夏税与秋税。此外，另收身丁税及各种杂税和赋役。唐制两税法时，已经把庸、调并入两税内，不再有按户口征收之调税与代表力役的庸税。而宋行两税法，仍然有力役，这样就是于庸之外又重复取庸税了。随着人口增长赋税益发沉重，宋在唐朝税额上辗转增高，附加新税，层出不穷。夏税收钱、绢，秋税征粮，因此也称夏税秋粮，或夏税秋苗。另有身丁钱，也即人头税，随夏税输纳，也属夏税的一个部分。通常官定税率10%，所谓“亩税一斗，天下之通法”。实际上，农民负担要大得多。

原因之一是，官收两税，每石要别输一斗贮“义仓”。义仓在宋称“广惠仓”，募人耕种无主和户绝田，收租作为救济之用。但是以后“事久而弊，或主之者倚公以行私，或官司移用而无可拾，或拘纳息米而未尝除，甚者拘催无异正赋”。农民互助的救济性质全变形为税收。

原因之二是，逃户普遍，遗留下来的税额，一般由民户均摊或由职役户代纳。休宁有一家汪姓大地主，抵制额外加税，历届县令都拿他没辙。胡顺之出知休宁时，为了解决这个老大难的钉子户，采用绝招。让兵士在汪家周围堆满干柴，扬言放火焚烧，汪氏见势不妙，只好如数上税。《宋史·胡顺之传》把这个事例当作他执法不阿的表现加以颂赞。所以有“江东路苗米一石，率皆输一石八斗”的情形。

原因之三是，输纳两税实行支移，即“移此输彼，移近输远”。运费由农民承担。如“旌德之民岁输米于太平州芜湖县仓”，要走二百余里山路，“路迴远，费甚”。运费远超正税，“豆腐盘成肉价”，成为一种附加税。

原因之四是，折科，或称折变，这又是插在农民身上的一根吸血管子。由于粮价波动，价高折钱，价低则折粮。

原因之五是，乱增税以根究逃赋，“户为名，于常赋外，增税数倍，均令人户认纳”。因此宋代“上税之数，视唐增至七倍”。

以丁算赋，迫使农民不得不“匿比舍而称逃亡，挟他名而冒耕垦”。有人甚至已达到“而立之年”，还冒充儿童，以此逃避赋役负担，普遍出现“税籍全编户，村童半壮丁”的奇怪现象。还有的将户口化整为零，“比来有力之家，规避差役科率，多将田产分成‘诡名子户’，至有一家不下析为三、二十户”。以至于“民间无避免之路，生子往往不举，规脱丁口，一岁之间，婴孺夭阏，不知有几”[①]。沉重的税负最终压得百姓忍无可忍，于是歙州激发出声势浩大的方腊起义，动摇了赵宋王朝的统治。

到蔡京主政时，他想出一个绝妙聪明的办法，对商人要贩卖官盐的，给之以“引”。商人出钱买引，买的不是盐，而只是政府出售贩盐的许可证。此法改食盐官运官销为

①徐松：《宋会要辑稿•食货》。

商运商销，不再以粮换盐，而以引代粮，令商人出钱买引，盐商自行运销，如此一来，食盐经营成本降低，盐价得以稳定。而茶叶的销售也照样，事先已计算官府给出本钱的利息，均摊于园户，作为租税，从而许可园户直接卖出茶叶给商人，这当中也行引法，谓之“茶引”。蔡京是个有名的贪婪奸臣，但是他创立的盐茶之法，还是简易可行的，以后一直遵行不变。

茶引和盐引，同中存异，相异之处在于，盐引只有官盐可引，而茶则分引目，既有“储边易马”的官茶，又有“给引征税”的商茶，还有“直送宫廷”的贡茶。

南宋时朱熹任职福建同安县主簿，在县衙主管赋税出入簿目，他的作风与庸官成鲜明的对比。乾道四年 (1168 年)，当地山洪暴发，饥民遍野。朱熹被派遣赈恤灾民，他在山谷间连续奔波十日调查灾情，设计出一个长效救济方案，请于府，得常平仓粟六百石，以为贷本。夏季借给农民，到冬天加二归还。以后逐年如此，小灾时则免其半息，大灾年则全免其息。

这种办法执行十四年后，除去原本六百石还官外，将余利三千一百石粟，造成仓廒，以为社仓。从此往后农民在这里借贷就不再收息了。

朱子创此法，以社为范围，与过去历史上隋朝工部尚书长孙平，所创义仓之法相似。社仓不但可以充平籴及救济，还可以兼供借贷，这种办法又同王安石推行的青苗法。在社的小范围内，十目所视，十手所指，则易于管理，便于监察，难以作弊，农民可以自司其事，比之义仓当更受欢迎。

朱熹创设的社仓，将原来死藏的仓谷出贷，化为有效的资本之利，与此同时又没有青苗法与官交涉之弊。所以历来史家论者，都以为此法最善。徽州宗祠在明清时期大兴，俱遵朱子良法，设立社仓，灾荒之年赈济族人，发挥了很大的保障作用。当时舆论认为，与其提倡常平、义仓，不如实行社仓，社仓比义仓进步。官办常平仓，是国家为了保护农民利益，平抑粮价，防止谷贱伤农、谷贵伤民，这是控制粮食商人的措施。

义仓和社仓，都是农民互助的形式，隋文帝时义仓创办不久，即或因人民不能自己管理，而移交到县。社仓，办法虽好，时间一长，在以后也免不了变质，马端临在《文献通考》中称：“事久而弊，或主之者倚公以行私，或官司移用而无可拾，或拘纳息米而未尝除，甚者拘催无异正赋。”他以为事在人为，非有“仁人君子，以公心推而行之”不能成功。

南宋初期，随着建都临安，皇室王族南迁，迁移人口中有很多富豪，他们竞相兼并土地，徽州邻近的浙西一带收租奇重。受战争影响，北方征不到税，全靠南方支撑庞大的军费支出。秦桧、韩侂胄、史弥远、贾似道等这批权相垄断朝政，“以操纵皇帝为能事”。奸相贾似道擅权时，嗜好斗养蟋蟀，筹款无路，就用低价硬强买自耕农的田做官田，行“量田法”于江东，包括徽州在内的农村，深受其害，造成大批田主破产。《宋史》载：“江南地尺寸都有税。田有值千缗者，似道均以四十缗买之。”歙县叶氏《蓝田四老支谱》有相应记载，南宋咸淳年间，贾似道矫诏私吞蓝田十八墩，叶氏敢怒不敢言，直到德佑元年（1275 年）贾被革职后，蓝田十八墩才归还叶家。那些失去土地的佃农从此要向官府交租，再也不能和以前向私家交租时“额重纳轻”那样有缓和余地。

南宋农业税的最大特点是：一、税额不一，有高有低，因地而异；二、正税之外，又别增附纳和三色杂钱。徽州农民承担的赋税很重，《新安志》卷二《税则》记载徽州征税细则，上田夏税正额：亩输钱 200 文；附纳紬 4 寸、绢 1 尺 3 寸、布 1 尺、绵 3 钱；三色杂钱：酒曲钱 50 文、丁盐钱 12 文、水脚钱 12 文。秋苗正额亩输 2 斗 2 升；附纳耗米 4 升 4 合、丁盐钱 12 文。

中田夏税正额：亩输钱 150 文；附纳紬 3 寸、绢 1 尺 3 寸 5 分、布 5 寸、绵 2 钱；三色杂钱：酒曲钱 43 文 7 分 5 厘、丁盐钱 9 文、水脚钱 8 文；秋苗正额亩输米 1 斗 7 升 7 合；附纳耗米 3 升 5 合、盐钱 12 文。

下田夏税正额：亩输钱 100 文；附纳紬 1 寸 2 分、绢 1 尺 5 寸、布 2 寸 5 分、绵 1 钱；三色杂钱：酒曲钱 27 文 7 分 5 厘、丁盐钱 6 文、水脚钱 6 文。税种名目繁多，税额定的又高，剥削农民之重，由此可见。

“附纳”是宋代新创税种，“三色杂钱”起源于五代杨行密主吴时，称“丁盐钱”者，杨氏据口给食盐而取其值；“酒曲钱”者，官给百姓酒曲，使之酿酒，而后还其值；“水脚钱”者，每输税 1 贯另纳钱 50 文，以备雇人解发至广，当时均是平等交换。只是，南宋酒榷在官，已不再使百姓酒曲酿酒，而仍要交酒曲钱；不再给百姓食盐，而却仍交丁盐钱，这纯粹就是强取豪夺。陶雅任歙州刺史时，因为税额不断增加引起民怨，南宋罗愿写的《叙贡赋》文中指责陶是伪刺史，增税的罪魁祸首。其实他也是被冤枉的，只不过在执行朝廷政策而已。

南宋《新安志》记载了北宋沿袭吴、南唐田税额的情况，当时歙州上等田收获米二石五斗，折合原稻谷二百公斤左右。税米达到二斗二升，周边邻县高出很多。夏税钱歙县、黟县比相邻接壤的太平、石埭高出 15 倍。婺源县原归属汪武的顺义军，后被陶雅收复，田赋较歙州其他五县为轻，但同相邻接壤的江西乐平县比较，要高出 3 倍。弘治《徽州府志》对当时歙州五县税额情况与相邻诸县作了比较：“以宣饶池诸县壤土相接者较之，太平之接于歙者，其田亦三等税钱自十二至九文，苗米自一斗三升九合至一斗有半；浮梁之接祁门者，税钱自二十四至十四文，苗米五升五合至三升三合；旌德之接绩溪者，税钱自六十至四十文，苗米自一斗八升八合至一斗四升；开化之接休宁者，税钱自七文至四文八分，米自四升四合至三升；石埭之接黟者，税钱自十二至八文，米自一斗一升七合至六升五合，其与税钱二百、苗米二斗、麦八合八龠，加以杂钱二十四文展转折变之者为不侔矣。”

除两税之外，宋代还有五花八门的许多税种，通称“杂税”。《新安志》载“杂钱”一项，岁“凡为钱五万缗有奇”，经过折变，“数倍于五万缗之数”。还有本司耗米、和籴本钱、去秋苗钱、宣城砦木钱等等名目。记载《夏税物帛》一项，岁纳军衫布3150疋。供应庞大的常备军队服装。以一疋值5贯计，当15750贯钱。这都是额外科敛。南宋嘉熙元年(1237年)徽州知州倪祖常，奏称：“新安山多土瘠，赋税之输，一钱科十。向增一文、二文，州人已困，三数年来，增至十五文、二十文，又增至三十文矣。民户以三十文纳一文之税，又以价五倍纳一两之银，追价既急，银价愈增，伏望下省部免银，仍用会子。”如此这般折来变去，徽州百姓居然要以三十文纳一文之税。

南宋绍兴元年(1131年)，户部发行“会子”，代替货币流通。规定三年为一界，并以新币兑换旧币，收兑后作废。但是经过折变，有二换一和五换一的情况，贬值厉害。货币贬值等于变相加税，百姓以三十文纳一文之税。可见，赵宋税重，人言不虚。北宋取之民者是唐代七倍，南宋又是北宋数倍，结果百姓不堪重负，纷纷离乡背井，流浪逃移他处，这类事例不绝于书。

所谓折变，即是将原定征收之钱物按一定比例改征其他名色。起于唐中叶，行之于北宋，泛滥于南宋，性质也从临时变通而形成一种新的剥削手段。《新安文献志》卷七九方虚谷《吕公午家传》称：“徽素不产银，米、绢外，官赋纯用会子。户部忽以嘉熙元年分茶租折绵布改作银、会中半，时银一两值价会子十五贯，户部估三贯。”如此折来变去，百姓以五倍价纳一两之银，又以三十文纳一文的税，无端被盘剥压榨至甚。乾道二年(1166年)徽州和买纳绢16447疋，全部是横加于民的额外负担。《宋元学案·叶适传》对此揭露道：“和买折帛之类，民间至用一半以上输纳贪吏，展转折科，民穷极矣。”

宋代人户，不再区分“良民”“贱民”，而是根据不同身份划分为“官户”和“民户”。官户是指一至九品官员及品官子孙中因恩荫得官者。民户则是按从事职业的类属区分：以种茶为生的为“园户”；煮盐煎矾者为“灶户”；烧制陶瓷器和砖瓦者为“窑户”；从事金属冶炼者为“冶户”；水上运输的为“船户”；木、石、金、银、漆等各种工匠统称“匠户”。

同时根据民众居住地划分为坊郭户、乡村户。城里的称“坊郭户”，住在乡村的总称为“乡村户”。坊郭户中，按其有无资产，划分为主户和客户。乡村户则按其有无田产划分为主户和客户。太平兴国三年(978年)，定乡村主户为九等，后改成五等。一、二等户占田一般都在百亩以上，故又称“上户”，即后世常说的地主；四、五等户占田在数亩左右，称“下户”，即贫雇农。他们的田地出产所入不足糊口，要靠帮佣或租借地主的田地才能勉强为生。三等户又称“中户”，类属自耕农。因此户籍登记有“主户”和“客户”之分，两者差别就在于有无财产。“主户”指占有土地而缴纳赋税的人户，被看作是国家倚仗的根本；而“客户”则是指无地依附地主土地的佃户。客户有了财产即升为主户，反之主户如果破产败家，则降为客户。

不同户等的人，地位权利和承担义务不同。官户，免除科派和徭役，仅交两税。上户除交纳两税外，还要服职役，轮差担任州县吏胥和基层政权的头目，如衙前、里正、户长、耆长等，负责赋税催征、仓库管理、税物运输、衙门公事。壮丁、弓手，类属兵役，由下户充当。

北宋徭役，大致可分为职役和力役两类。职役按照户等轮差，乡村主户担任基层政权头目和州县衙门办事人员，这样的一种制度安排，由一、二等户充任。州县衙门里的杂差公人，属于力役性质；乡镇虞侯、弓手之类治安人员，为兵役残余，这两类人由四、五等户充任。以上这三类人合计，小县百余人，大县则三、四百人。各色职役，如衙前、里正、户长等，既因为有一定的政治权力可以作威作福，刁难甚至欺压百姓，又因为负责押运纲船、管理仓储、催督赋税，而官物一旦损失即要他们以家产赔偿，赋税催征不上来也要由他们代输，常有为此而沦为中户、下户者。所以比较本分的一、二等户都将职役视之畏途，竞相躲避这种危险差使。

王安石主政时，在全国推行免役法，把以前实行的职役轮差改革，以“和雇”为主。和雇就是原来的衙前、户长、里正等各种职役，民户不再自己服役，改向政府交钱，再由政府雇人充役。被雇用的役夫每天支钱200文。民户按其田产多少分为三类十等，一至四等户交钱免役，随两税输纳，称为“免役钱”。乡村四等和坊郭六等以下的人户不交免役钱。客户、女户、寺观、未成丁户，均无差役负担，但要按定额的半数交助役钱。免役钱数额则由州县自行制定。在役钱总额之外，加收20%的“免役宽剩钱”，由州县存留备用。

夫役，又称役夫、丁夫、民夫、人夫，属于力役性质，分春夫、急夫两类。所谓春夫，“正月首事，季月而毕”，因使役时节正当初春而得名，主要从事疏浚河道，增固堤防，搬运官物，土木营造。凡成丁男子，每年都要服役一个月。遇有战争突发、河防猝溃等紧急情况，官府临时急调农夫輂运军需、堵塞决口，称作急夫。急夫只需服役20天，但劳苦危险，常见因饥寒病累而抛尸异乡荒野者。不少人为逃避沉重的劳役，不惜自残身躯，砸断自己的腿脚。为了解决这个问题，朝廷对东南地区商品经济比较发达之处，往往采取征收免夫钱，以代替服役。然而，免夫钱十倍于两税，虽能解除劳累之苦，但是付出的经济代价太大。《独醒杂志》指出：“令下之日，州县莫知所措，乃令税一千者输一万，约日而集，督责加峻。”

宋代赋税中的“丁口之赋”，征收对象是“以二十成丁”的成年男女，对20岁以下的幼丁，60 岁以上的老丁以及残疾人免除征税。赋税包括“身丁钱”“身丁米”“丁盐钱”“丁绢”，这些属于人口税，是无地客户也要交纳的。

为逃避“丁赋”，宋代隐漏丁口的现象与前代同样十分严重。弃田不耕，转走他乡的逃户即流民，日渐增多。流民和逃户，实际上是一根藤蔓上结的两个苦瓜，都是属于弃田不耕，转走他乡，逃避在赋役之外。北宋末年，相邻的宣城县逃户达 9000 家，几乎占到四成农户，并且附近的“他县皆然”。同时宋代规定单丁户、女户（家无男丁）、客户、下户等可以不服差役。再加上有些地主上户为躲避差役，将本户分立成几个或十几个户头，冒充“单丁户”“下户”（当时称为“诡名子户”）。所以宋代徽州户数增长两倍多，而人口却未增，甚至有减少的现象，都是由于管理松懈，产生这些巧伪虚假造成人口统计不实所致。

始于宋代的商税，主要有“过税”和“住税”两种，前者收货物价格的百分之二，后者约为百分之三。州县多置“监”务收取，关镇亦有设置的。徽州旧税额为 13537 贯，熙宁十年 (1077 年) 上交商税数已达到 25966 贯 555 文，超额近一倍。具体各县记载：

歙县在城 12258 贯 120 文；　休宁县在城 2967 贯 216 文；

绩溪县在城 1436 贯 739 文；　婺源县在城 4782 贯 750 文；（清化镇 244 贯 59 文；）黟县在城 1279 贯 584 文；　祁门县在城 2988 贯 87 文。

歙县在城税务原来置于大北街口之南，曾经辉耀一时，每年收商业税万贯有余。南宋后期逐渐萧条，嘉熙庚子 (1240 年)，徽州知州郑崇宾，撤销县城税务机关，所有经总制钱四千二百余贯，每年由州府认缴，因此歙县在城不设税务。（所谓经总制钱，是从已有的税额中，增派出新的附加税。即是对民间的所有钱物交易，每千钱起初抽取 33 文，以后增加至 56 文为税。经总制钱的收入，占南宋每年税收的四分之一。而在徽州却要占到三分之一以上，说明这时徽州商业贸易的繁荣。）南宋末期，经济凋枯，反映经济盛衰最灵敏的商税比北宋时已大幅度下降，税务机关因此也精简裁撤。这个时期，一副没落衰败的景象笼罩在徽州大地上。

元朝人口管理　元朝户口分三等九甲，有“九等户”之称，因其登记过于繁琐，后通行“三等户”，即上、中、下之分。登记簿册时将富户、上户登在前面，贫户、下户登在后面，从家产多 (粗) 到少 (细)，有如老鼠尾巴，故谑称“鼠尾册”。这既是户籍登记，又是赋役登记，主要功能还是征收税赋的依据。至元七年 (1270 年) 二月，元廷颁布劝农立社法令 15 款，对村社的设置及其作用具体作出规定。主要内容是，县邑所属村疃，凡 50 家立为一社，一村多于 50 家以上者，只为一社；达到百家者，则增设社长一员；不及 50 家者，与邻近村庄合为一社；地远人稀、不能相合者，允许各村自为一社。

至元二十年 (1283 年)，按照户口多寡确定全国路、州、县等级。规定十万户以上者为上州，徽州在其内；江南三万户以上者为上县，三万以下二万以上者为中县，不及一万户者为下县。

当时徽州的歙县为上县（超过四万户），黟县为下县，其余为中县。元世祖中统五年(1264 年) 诏令：“仰中书省将人户验事产多寡，以三等九甲为差，品答高下，类攒鼠尾文簿。”全称“丁口产业鼠尾簿”。土地作为农家产业最重要的组成部分，必须登记在簿册内。此外没有专门的土地簿册，来自草原游牧民族的元朝统治者对土地的重要性认识不足，管理十分混乱。至元十七年（1280 年）诏令“定诸路差税课程，增益者即上报，隐漏者罪之，不须履亩增税，以摇百姓”。可见元朝廷此时禁止各地方政府对土地进行调查登记，继续沿用南宋遗留下来的地册数据征税。直到至元二十六年（1289 年）下诏籍江南户口时，同时对土地等事产核查登记。

祁门县尹薛居信认真执行土地经理工作，“至元间官行括勘法，奸吏虚增民田土数，至延祐时经理田粮，居信身至垅亩综核之，插标定图，见其数与括勘者远不相及，叹曰：昔虚增而民未病者以税赋仍旧耳，今将计田定赋，民何以堪？即趋省垣力陈奸弊，词气激直，得请而还。凡除虚增田 44178 亩，地 36631 亩。”由此可知，虚增田亩、加重农民赋税负担的暴政严重性。

延祐年间进行的土地经理，具体办法是：“先期揭榜示民，限四十日，以其家所有田，自实于官。或以熟为荒，以田为荡，或隐占逃亡之产，或盗官田为民田，指民田为官田，及僧道以田作弊者，并许诸人首告。十亩以下，其田主及管干佃户皆杖七十七；二十亩以下，加一等；一百亩以下，杖一百七；以上，流窜北边，所隐田没官。郡县正官不为查勘，致有脱漏者，量事论罪，重者除名。”元廷企图通过严刑峻法，指使百姓

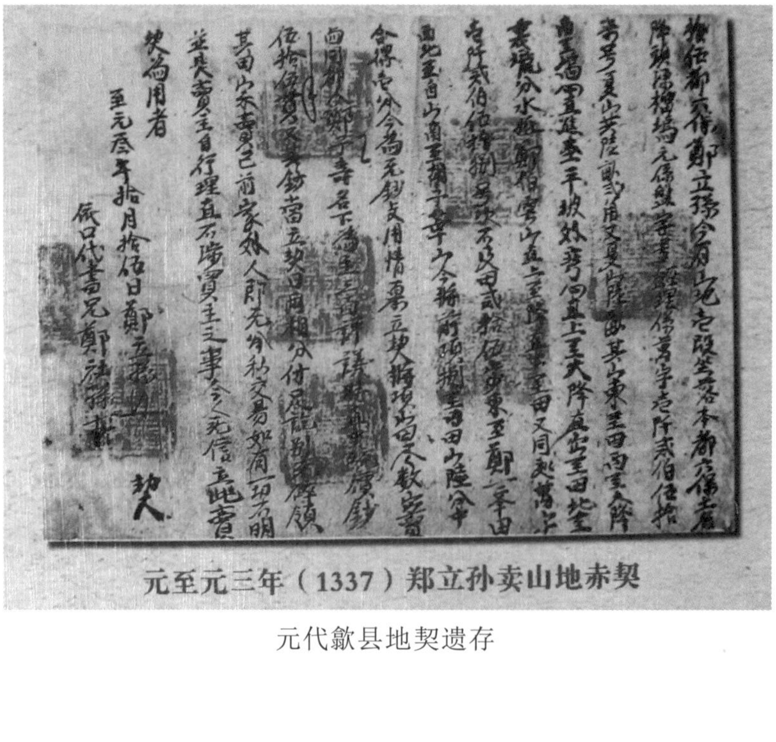
元至元三年（1337）郑立孙卖山地赤契

元代歙县地契遗存

互相揭发，在短期内实现对土地的清查，经理所得田亩，皆登记入册，称为经理册。徽州路境内，延祐二年 (1315 年) 通过自实与履亩相结合，共经理自实到官田和民田共计 33592 顷 78 亩 5 分 2 厘 1 毫，除僧道宋时旧有常住淘金马站急递铺兵等户，并赡学贡士庄、官员职田等不纳粮田之外，有粮熟田土 29045 顷 53 亩 2 分 4 厘 3 毫。初看精确的数据，似乎登记簿册很实在，其实不然，赋税不均仍是严重。

元代土地制度分官田和民田两种。官田由政府掌握，直接招佃耕种，收取租税。民田地租缴纳以实物地租为主，也存在货币地租。实物地租有分成租、定额租两种形式。分成租的征收，如黟县因屡受战争摧残，“里无居人，田皆荒秽不治”，县尹周君儒为了恢复农业生产，下令秋收时，田主与佃户四六分成。休宁县“时承平久，为政者习于贪鄙，且税又不均，诡名应户杂其间”。至正五年（1345 年）春，吴兴人唐棣出任休宁县尹，“君始至官，召父老问民不便者，皆以赋役不均告”。唐棣“谓胥吏贪墨，遴选闾里良民觞于庭，俾家至户喻，察恒产有无，聿新税籍，削逃徙，并诡异，秋毫底实，逮三月告成”。

民户分三等九甲，后通行上、中、下三等户，元朝廷按此等级以丁或户为计算单位摊派赋役，实行横征暴敛，徽州受害颇深，百姓被正税和各项苛捐杂税及繁重徭役压得喘不过气来，经济受到很大打击。“天下骚然，江淮尤甚”，至元二十三年 (1286 年) 徽州总管许楫，报告户部称：“所领郡无百金之家，无千石之粟，田翁梯山焚畲，无平畴及顷者。稔岁犹采蕨、麋、葛，不粒食。”原来的富州遭受浩劫被变成穷州。

弘治《徽州府志》记载：“惟《元史》载徽州路产金，故有金课，实民间买纳，非土产也。”实际上只有少数河床底部存在冲刷下来的金沙，开采也很困难，“凿井取沙，箕运山积，爽以金斗，漾以金床。赤体沾濡，手足皲龟。罢其日力，幸而有得，不过星粟之微。或并溪连凿数井，且不见金；或闭气从潭底求之，腰石而入，畚沙以出，往往脑鼻流血，得不偿劳。盖其难且险如此。”同书又引歙县学者郑玉记述：“徽州素不产金，至元间山民淘涧谷得金如糠秕，校所取不酬劳事，寻已献，利者罔上病民，遂得令，令岁入金以锭计五十有二。郡即不产金，民无从得金，猾吏豪右贸他郡，待民急而售之，又从索费与贾，雠至倍，号揽户。”

本来是不产金的地方，官府却无端征缴，为了应付官府的税课，徽州出现“人户率于他州买纳，输纳之际又有弊焉”的怪事，百姓不得不通过花钱买纳去完成任务。此外，元廷还在徽州境内不顾实际地超额征收银课，最终因无利可图和人民百姓的极力反对，方才下令罢徽州银场。铁矿开采和铁课征收也负担沉重，婺源浇岭与浮梁县界连接，这里原有 5 座铁炉，主要是江西省鄱阳技工来此起炉冶炼，课税输缴饶州都大司。至元十七年（1280 年），徽州路以置宣课提举司，取勘炉数，拘收前项铁课。上述浇岭 5 炉岁课 7200 公斤，又抱纳起脚税钱中统钞 2 锭。其中有朱村、蟠坑、双桥 3 炉，因岁久矿脉耗竭，无可煽炼，矿工纷纷逃回原籍。官府仍然勒令平民买纳，直到延祐二年省府明降准除。不久，鱼坑、大塘2炉也停废。元朝政府剥削残酷，税课日益加重，矿产资源不但不能给当地人民带来财富，反而变成压在身上的沉重负担，自然资源也被破坏殆尽。

除巧立名目征税以外，徽州还要承担极重的上贡任务。墨是传统特产，历代都列为特贡品，自然不会少。徽州造纸工艺水平高，所产纸张精致，质量上乘，从宋代起多被充作贡品。元代歙县、休宁、绩溪是造纸业最为集中地区，在全国占有极其重要的地位。歙县的四、五、十七、三十、三十一、三十二、三十三、三十四、三十六都；休宁造纸地有水南及虞芮乡、和睦乡、良安乡；绩溪有十、十一都，这些地方都集中有多家槽户，产量很高。以贡纸为例，品种繁多，表纸、麦光纸、白滑纸、冰翼纸等等。常岁供官有赴北纸、行台纸、本道廉访司纸三种，其纸有三色，曰夹纸、线纸、检纸。皇庆二年(1313年)，朝廷规定徽州路上供纸具体的原料质地、重量、式样等要求。

赴北夹纸每千张重50斤，用白净楮150斤；线纸每千张重32斤8两，用白净楮90斤3两4钱8分；检纸每千张重20斤，用净楮55斤4两1钱。

规格式样则要求：

夹纸每张长2尺4寸，阔2尺；线纸每张长2尺2寸，1尺8寸；

检纸每张长2尺，1尺6寸半。

不仅质量规格要求严格，而且上供纸数量十分可观，共有320万张之多，另外还有诸衙门和买纸、常课日纸和买经文纸等名目，上供数量“动以百万计，不在常数”。“当时有司和买数多，惟务立办，令甫下而追呼沓至，并缘渔猎。先是，宋之季年，因四川破，上供纸外，撩造关子纸，尝于城南置局，然所造关子方之四川，辄破烂不可用久。至于元时，槽户不堪，逃移者众。”

上供索取是常课，对于纸张税收管理也极其严厉，至大三年(1310年)由隶杂造局，改属有司，最后买楮悉依实估，稍革前弊。皇庆二年（1313年），曾于人户夏税内折纳赴北纸。延祐六年(1319年)，徽州总管朱霁，上言于江浙行省，请求将赴北纸在歙县、绩溪、休宁三个产楮县中，夏税轻赍上户内折收。其横造纸，札令停塌人户依直和买，移准都省。

因此江浙行省回咨认为：若止于三县上户内折收，恐人力不均，久而靠损，要求在徽州路所辖州县上户内斟酌折收。各项苛捐杂税以及征办官吏从中百般渔利，如此沉重的负担逼迫歙县、休宁、绩溪的大批纸槽户纷纷逃移，徽州原本最为发达的造纸业顿时萎缩，从此往后一蹶不振。

元朝廷不断对外用兵，为了增加政府军费收入，频繁派遣官员分赴各地搜刮民间财富，“用事者急聚敛，遣使天下，大括金玉珠货器物赢余，苛酷吏请尽辟知名清强吏以任事。”徽州百姓除正税外，还有各项苛捐杂税之征，税额虽然定有标准，但是地方官员也以增多为能，随意“斗加2升”，节次添增，茶盐酒醋等税，比初时十倍。“承意竣剥，狱犴尤甚。”歙县人吴明善，“当元季，产税里甲中，役繁赋重，久而困约”。大德年间(1297–1307年)，歙县境内，“富民析税，诡立户名，规避差役”。当地“上户”则常于新陈未接之际征收农民所欠租赋。至正年间(1341–1368年)，休宁县“为政者习于贪鄙，且税又不均，诡名应户杂其间”。至正二十五年(1365年)开征茶课，征课办法原则是“于产茶府县点数株数而取其课”。查点结果是徽州共有茶19656102株，课茶共245441斤。官府因此压榨茶户，为害尤烈，“一郡受其扰累”。

元代在徽州对商税征收十分苛酷，官府到处设立税务机关，以至商旅畏行。歙县“宋置在城税务于大北街口之南，嘉熙庚子州守郑崇窦，罢之，所有经总制钱四千二百余贯，每年由州认缴，自是在城不设税务。元仍置在城务于故址”。南宋末撤销的税务机关又重新建立起来，歙县除增加在城税务外，境内共设立岩寺务、松源务、王村务、蛇坑务、牌头务、潜口务等六处税务机关。另在浦口设场。

浦口为练江汇入新安江的两水交汇地，历来是运输竹木聚集场所。元至元十五年九月，徽州路于此设场，征收过往商人的竹木税，征法是“依商税则，以十分抽一，变卖作钞解纳”。至元二十一年，在浦口一处，共抽分变卖到中统钞51锭20两5分，自该年起，定作课额征办，不再抽分本色。

休宁设在城务、蓝渡务、五城务、江潭务、临溪务五处。婺源州设在城务、高沙务、中平务三处。祁门县设在城务、石门务二处。

绩溪县设在城务、大谷务、坑口务三处。这些税务机关其主要职能是征收境内行商坐贾的商税。

黟县境内税务机构的设置情况，文献记载不详。据弘治《徽州府志》记载，至元间，黟县征收商税中统钞240锭46两5钱。

岩寺镇建立于宋绍兴年间，当时商旅每旬以三八日会集贸易，建镇以后朝廷在这里创设税务，征收往来商税。入元后，官府重新在此设立“岩寺务”征收商税，由于税额越来越重，客商无利可图，遂不愿来此贸易。至大元年(1308年)，岩寺务共计征收商税中统钞528锭9两1钱5分，如此少的税款距离朝廷规定的税额相差太远，税务官难以交差，只有逃离规避责任。

祖籍徽州的毕沅，在《续资治通鉴》中揭露道：至元二十六年(1289年)，户部尚书王巨济，理江南钱谷，“乘势刻剥，遣使征徽州民钞，多输二千锭，巨济怒其少，欲更益千锭。总管许楫，诣巨济曰：‘公欲百姓死耶？生耶？如欲其死，虽万锭可征也’”。

贪官污吏搜刮之酷，以致民不聊生，元朝也模仿赵宋王朝印制纸币，却创下了一项空前的纪录：其贬值为六千万比一。有元一代，无一善政。

元朝统治者人为地推行民族压迫政策，按民族将全国人民划分为蒙古人、色目人、汉人、南人四等，并规定四等人享有不平等待遇，蒙古人和色目人享有各种特权。江南民众处于等级最底层，政治上受压迫，经济负担最重。

民族歧视贯穿整个元代，加剧各民族之间的矛盾和隔阂。元朝统治者在徽州不但大肆搜刮钱财，同时奖励军士掠夺人口，强迫百姓沦为他们的家奴，供其役使，并且随意贩卖，强迫“衣冠妇女相随俱北”。元后至元三年 (1337 年)，民间传闻朝廷将搜刮男女送蒙古当奴婢，从中原到江南，13 岁以上男女，婚嫁几尽。加上此时天灾频繁，徽州“大德六年 (1302 年) 大亢旱，秋收使折其八，民流徙者不可胜计”。饥荒频仍，经济衰退，饿殍遍野，百姓处于水深火热之中。因此 90 年间，元代徽州人口增长缓慢。至元二十七年 (1290 年) 户口统计，“籍江南户口，凡北方诸色人寓居者，亦就籍之”。当时北方少数民族有不少迁徙江南，与汉族通婚。《新安文献志》载有蒙古人仇自坚，祖大都，又名悬犹太不花，自称达兼善，官徽州路总管府达鲁花赤，有惠政，因居歙。

第三节　明朝黄册制度

明代初期，就非常重视户籍管理，朱元璋命令各地掌握元朝遗留下来的旧籍册，暂时利用其中的人口和财产数据资料，仍旧进行“诸色户计”的户籍登记统计办法，继承蒙古人的职业户制度，以便派征赋役。

洪武二年 (1369 年) 旨令：“凡军、民、医、匠、阴阳等诸色人户，许以原报抄籍为定，不得妄行变乱，违者治罪。”①

洪武三年 (1370 年)，明太祖下诏调查全国人口，实行户帖制度。对户籍登记造册，一式两份，户籍保存在地方官府，类似以后的户籍档案；户帖交给居民，类似现在的户口簿。徽州民间仍存有当时的户帖，如《洪武四年祁门县汪寄佛户帖》②，这是十分难得一见的古代户口登记文书。户帖前面统一印有朱元璋关于建立户帖制度的一道谕旨，口气极像他没当皇帝前的平民讲话风格。

户部洪武三年十一月二十六日钦奉圣旨：

说与户部官知道，如今天下太平了也，止是户口不明白俚，教中书省置天下户口的勘合文簿、户帖。你每户部家出榜，去教那有司官，将他所管的应有百姓，都教入官附名字，写着他家人口多少。写的真着，与那百姓一个户帖，上用半印勘合，都取

① 《皇明诏令》卷一。

② 《徽州千年契约文书》（宋元明编）卷一。

勘来了。我这大军如今不出征了，都教去各州县里下着绕地里去点户比勘合，比着的便是好百姓，比不着的便拿来做军。比到其间有司官吏隐瞒了的，将那有司官吏处斩。百姓每自躲避了的，依律要了罪过，拿来做军。钦此。除钦遵外，今给半印勘合户帖，付本户收执者。

> 一户汪寄佛徽州府祁门县十西都住民应当民差计家伍口
> 　　男子叁口
> 　　　成丁弍口
> 　　　　本身年叁拾陆岁
> 　　　　兄满年肆拾岁
> 　　　不成丁壹口
> 　　　　男祖寿肆岁
> 　　妇女弍口
> 　　　妻阿李年叁拾叁岁
> 　　　嫂阿王年叁拾叁岁
> 　　　事产
> 　　田地无
> 　　房屋瓦屋叁间　　　孳畜无
> 　　右户帖付汪寄佛收执准此
> 　　洪武四年　　月　　日

英国学者卡尔津曾著文赞叹：“此为全世界最早推行人口普查的明证和榜样。”遗憾的是，这次普查只是局部有成果，全国范围内还有一些地区没有同步开展，缺少完整的数据。再就是没有确定统一时点，前后过程数年之久，影响普查结果的准确性。

人口管理制度化　户帖只是一个户籍管理的临时措施，旨在加强社会控制。朝廷规定农民的活动范围限于户籍所在地的一里之内，做到“朝出暮入，作息之道互知”，任何人离乡百里之远，“即验文引”；商人外出经商，必须领取官府颁发的“路引”，作为通行证，否则按游民处置，“重则杀身，轻则黥窜化外”；商人户籍所在地的邻里被要求务必知道外出经商之人的归期，若是两载不回家，必须向官府报告。

开创明朝帝业的朱元璋，重建了一个以小农经济为本的宁静社会秩序。体现在户籍制度上，他将全国户口按照职业分工，划为民户、军户、匠户等籍。民户务农，向国家纳农业税，服徭役；军户的义务是服兵役；匠户则必须为宫廷、官府及官营手工业服劳役。各色户籍世袭职业，不容更改，农民的子弟世代务农，工匠的子孙后代做工，军户的子孙后代从军。农民出身的朱元璋，严禁农家弃耕从商，令民专守田业，农夫没有择业的自由，只能固定在田地上劳作，“市村绝不许有逸夫”。

户帖上所登录的人丁、事产都是静态的，并不能反映出人口的变动，这就无法适应官府征调赋役的需要。于是黄册制度应运而生。

洪武十四年(1381 年)，朝廷正式在全国推行黄册制度。史载“(洪武)十四年，诏天下府州县编赋役黄册。以一百一十户为里，推丁粮多者十户为长，余百户为十甲，甲十户。城中曰‘坊’，近城为‘厢’，乡都曰‘里’。里各编一册，册首为总图。鳏寡孤独不任役者，则系于百十户之外，著之图尾，曰‘畸零带管’。册成，上户部，而省、府、州、县各存其一以待会。皆十年，有司将定式给坊、厢、里长，令人户诸丁口、田、塘、山、地、畜产，悉各以其实自占，上之州县。州县官吏查比先年册：诸丁口登下其生死；其事产，田塘山地贸易者，一开除，一新收，过割其税粮；其排年，坊、里长消乏者，于百十户内遴选丁粮近上者补之；有事故户、绝者附畸零”①。

黄册不仅详细登记各户人口、财产的现状，还规定每隔十年重新编造，将十年内各户人口、财产所发生的变更登录在册，分别列出“旧管、新收、开除、实在”四柱式细目，根据各户的丁、粮登记数以确定该户的赋税。这样就将户籍制度与赋役制度合为一体。黄册由里长管理，照例应有两本。一本存县官处，一本存里长处，半年一换。各户丁粮发生增减，里长应随时记入册内，半年交官，将存在官府的一本，收回更正。

这个设计本身是无懈可击的，但是这等责任，又岂是里长所能担负？再则，赋役弊端很多，涉及面广，邪恶势力是里长抗拒不了的。同时，里长本身素质亦难保证。所以，推行不久黄册以及登记土地的鱼鳞图册这两种最重要的基础制度统统失实，由此及彼，明代二百多年人户统计数据基本没有变动，生者不添，死亡不削，丝毫反映不出人口的动态增长。

明洪武九年 1276 年徽州府户籍一览表

表 5-1

	总数	军籍	匠籍	民籍	医籍	儒籍	僧籍	道籍
户	121462	8883	6205	105889	45	68	326	46
口	549485	58940	36336	453112	234	292	512	52

迄今发现遗存最早的明代黄册文书出自徽州，系《永乐元年、十年、二十年、宣德七年祁门李舒户黄册抄底》，以及该户《田地山场清单》，现将其中一年《永乐十

①傅维麟：《明书》卷六十八《赋役》。

年大造抄底》文书录于下面：

永乐拾年

一户李景祥承故兄李务本户

新收

人口肆口

正收妇女小贰口 姐贞奴永乐肆年生

姐贞常永乐陆年生

转收男子贰口

成丁壹口 义父胡为善系招赘到拾肆都壹图胡宗生兄

开除

人口正除男子成丁贰口

义父胡为善永乐玖年病故

兄务本永乐拾年病故

事产

转除民田地叁拾柒亩柒分陆厘玖毫

田叁拾伍亩伍分捌厘贰毫

一田贰拾玖亩贰厘叁毫 永乐肆年贰月卖与谢能静为业

一田陆亩伍分伍厘玖毫 永乐伍年肆月卖与汪进德为业

一地贰亩壹分捌厘柒毫 永乐肆年贰月卖与谢能静为业

实在

人口肆口

男子不成丁壹口 本身年贰岁

妇女叁口

大壹口 母谢氏年叁拾玖岁

小贰口 姐贞奴年柒岁 贞常年伍岁

事产无

通过以上黄册抄底可见，登录在册的主要内容为人口、土地，人户继承以男性为中心。该户原户主李务本病故后，李氏家族将同宗远房叔父李胜舟之子李景祥过继给谢氏做儿子。其时李景祥年方二岁，只是名义上的户主。其母谢氏年三十九岁，只能作为家庭成员中的“妇女大口”登记于册。该文书中“旧管”一项被省略，其内容当为该户永乐元年的人口、事产数。“新收”一项为近十年增加的人口和事产。“开除”项为近十年减少的人口和卖出的土地。“实在”项是现有的人口和事产。这四项内容反映了该户近十年间人口和事产的变化。

黄册管理户籍的功能 黄册制度的主要功能是对户籍人口的管理。《大明律·户律》规定：

“人户以籍为定。凡军、民、驿、灶、医、卜、工、乐诸色人户并以籍为定。若诈冒脱免，避重就轻者，杖八十。其官司妄准脱免，及变乱版籍者同。”

同时规定男子16岁成丁须服徭役当差，60岁免役。著籍人户，父死子继，世代相承，不准脱籍。服役当差是强制性的摊派，朝廷以法律的形式固定下来。被征攒造黄册也是一种差役，并有因此而获罪丧命者。弘治《徽州府志》记载有这样一件事情：绩溪十一都人程胜，“洪武甲戌 (1394 年) 春，坐黄册迟慢当逮系京师者众，而胜与焉。其弟宝贤，争行，胜曰：‘尔生母在堂，且未有子，虽可以代兄，不可以弃母而绝后。’兄弟大哭，胜遂行……”[①]。

朱元璋刑酷法严由此可见，从另一面看这也说明他对户籍管理的重视。

万历《绩溪县志》中，对当时户籍中各色人户的职业构成进行了统计：

若干年份分职业户口统计表

表 5-2

	洪武四年（1371）			洪武九年（1376）		
	户	口	户均口数	户	口	户均口数
军	386	2925	7.58	547	3845	7.03
民	262	1675	6.39	285	1794	6.29
匠	9074	36588	4.03	9045	36629	4.05
儒	36	164	4.06	36	146	4.06
佛	25	76	3.04	25	63	2.52
道	4	4	1.00	4	6	1.50
合计	9787	41432	4.23	9942	42483	4.27

从上表中可以掌握不同职业的一些社会特征，如民户和儒户家庭每户平均约 4 口，结构正常；军户和匠户家庭人口偏高，显然其中是合并计算了奴仆和徒工；而佛道户人口少，说明当地寺观规模较小，尤其是道观里仅只一名道士。

与之相比，黟县洪武四年统计的 4 个道观里，户均有 5 名道士。而且绩溪没有医户，黟县有 3 家医寓，平均每家 15 人，其中可能有仆佣和学徒。

祁门统计得更详细，有官户、怀德户、廉惠仓户、养马田户、广遗泽户、义仓户、捕户、狱会户、儒学户，除此之外，还分东山书院户。可见明初实行黄册制度，对户籍管理和人口统计很认真，与里甲制度互为表里。

从赋役管理的角度来看，洪武十四年确立的里甲制度，是对封建社会最重要的资

①弘治《徽州府志》卷九。

源——劳动力，进行管理的农村基层组织，里甲所辖人户对封建国家承担义务，配户当差，提供赋役。而黄册制度则是这一管理制度的簿记形式；

从行政管理的角度来看，里甲制度是人口的组织形式，是地方政府的基层单位组织，而黄册制度则是人口登记制度。明初的户籍制度，有利于建立一种井然有序、安静和平的社会秩序，“当明之初，取民有制，休养生息。至万历年间，海内殷实，家给人足。”在徽州地方志中也多有反映。如万历《歙志》指出：“长老称说，成、弘以前，民间椎少文、甘恬退、重土著、勤穑事、敦愿让、崇节俭。”在徽州农村中，百姓们“婚嫁依时，闾阎安堵；妇人纺织，男人桑蓬；臧获服劳，比邻敦睦。”虽然农村生活如此安宁稳定，但是居民的人身被紧紧束缚在户籍上，不能自由流动。社会的活力也因此丧失，直到成、弘以后的明代中期，随着职业户制度松懈，商品经济兴起，明代社会才恢复了两宋时期的开放性、流动性以及近代化的色彩，给徽商兴起创造出有利的社会环境。

明代初期，划取一部分盐，专与商人输粮于边进行交易，纳粮“开中”，谓之中盐。由于运粮至边境，沿途困难很多，还不如在边境附近开垦种植粮食方便，于是商人自出资本，雇人到边境种粮，谓之“商屯”。从人口流动的角度看其实质，就是“移民实边”。只是商人办理这个事情，比政府部门来办要切实得多。不过，再好的办法，日久都会生弊变坏。盐价控制在商人手里，不断被抬高，于是私盐盛行。由此不得不举办缉私，费用浩大，这样一来，食盐遂成征收费极巨的赋税对象。

以后到明中期改盐法，折色开中，允许私人购买盐引，盐商可以纳银买引，这就给徽商带来发展契机。并且开放边境贸易，取消海禁，又用茶叶贸易西番之马，对于振兴中国马政和制驭西番很有成效。马市既开，官商云集，银货星罗。通过“民市”“月市”进行边境交易，促进民族交流。以后仍是由于胥吏不良，背地里与西番私相交易，好马自私，驽马入官，因此茶马交易弊端丛生。

明初的管理制度虽然严格，但好景不长，没过多久，从上到下，纲纪废弛，吏治败坏，百弊丛生，黄册制度形同虚设，全然没有起到实际作用。人户统计数字一派胡编乱造，官方黄册中居然有许多100岁甚至200岁高龄的“人”。因为黄册制度规定十年一造，每次造册都要耗费大量人力物力，内容过于繁琐，而且毫无意义，徒然劳民伤财，纳税人户不堪负担。入清以后，随着徭役制度的改革，黄册制度归于终结消亡。

人丁与徭役

田赋　明代田赋是有定额的，分成夏税和秋粮两项。夏税主要征麦、米、绢、钱钞等；秋粮主要征米、绢、布、钱钞等。这些税目大多是按照因地制宜原则制定的，米、麦等项更是如此。据五县不完全统计，嘉靖《徽州府志》记载的各县田赋征米、麦数如下表：

部分县田赋税粮统计表

表 5–3

县名	征米数（石）	征麦数（石）
歙县	17690	11152
休宁	24539	11217
祁门	8017	4854
黟县	10694	6162
绩溪	14302	6077

在十分缺粮的徽州，提高单产水平显得尤为重要。明代徽州平均亩产米 1 石，折合稻谷约 165 公斤 (明代 1 公斤约当 1.1936 市斤)。因旱地多于水田，麦熟地位等同于谷熟，从征麦数足见麦子产量之高。

稻有早晚二熟制，早稻春种夏熟，晚稻夏种秋熟。水稻早熟品种发展很快，有大白归生、小白归生、红归生、桃花红、冷水白、笔头白、早十日等 32 个品种。但是，徽州宜籼不宜粳，如红归生，米粒呈红色，成熟最早，然而亦“不广种，少莳以接粮耳”；其珠子稻、乌须稻、婺州青、斧朏白、赤芒稻，“并旱而易成，皆号为六十日”。

夏税和秋粮中都有绢一项，各地普遍征收的为“农桑丝折绢”。明太祖采取鼓励性和强制性相结合的措施，推广栽桑养蚕劝农政策。徽州丝织业进一步恢复和发展，原在元朝建立的官办织染局位置在歙县府城内北隅酒务基，另在南关练江东岸建有打线工场，当时纺织业空前发展，有土帛机 50 张，人匠 862 户。每月织造生丝 42 疋，岁造生帛三色。合用荒丝颜料价银坐派六县里甲办纳。后改造熟帛、丝䌷六色。洪武六年（1373 年）改造绸绢，每月额织造绢 292 疋，绸 25 疋，共 317 疋。织成后上解工部。

永乐元年 (1403 年)，奉工部之命，徽州府复设织染局，置立官堂作匠，官买荒丝颜料。每年额造深青、黑绿、丹礬红生帛三色光素苎丝共 724 疋。以后又加 59 疋。嘉靖四十年 (1561 年)，南京户部尚书刘采，建议将徽州等地布、纻、丝、绢，暂解本色，待有余积再议改折。隆庆间“添织渐多”，于是“令浙江、福建、常、镇、徽、宁、扬、广德诸府州分造缯万余疋”，并且“相沿日久，遂以为常”。泰昌元年 (1620 年) 八月，直隶巡按田生金，奏言：“工部坐派应、徽、宁三府，广德一州改造缎匹三万二千九百匹，而岁造不与焉。”

徽州田赋折色征收最早记载是洪武七年 (1374 年)，明太祖下诏徽州、饶州、宁国等山区府县因不通漕运，税粮输纳艰难，特准夏税以金、银、钱、布代缴。此时徽州夏税主要是折苎布和折绢，但是本地产量有限，还要从别处采买，如丝织物就是到杭州、湖州等府“办料起机织解”。正统二年（1437 年），“巡抚南直隶工部侍郎周忱移文言：

‘徽州地产无丝，每年夏税绢于各处营买织纳，请每匹折银五钱解京，准作北京军职俸粮。’”周忱建议得到皇帝批准，但只以一年为期，徽州田赋中夏税丝绢折银的问题仍然没有解决。正统五年，周忱再次上奏言及折布事：“直隶徽州府夏税折收苎布，原非产有，递年负欠，乞准例折银。”这次皇帝倒是同意了，但后来夏税仍有此项折布，可见并未彻底解决。

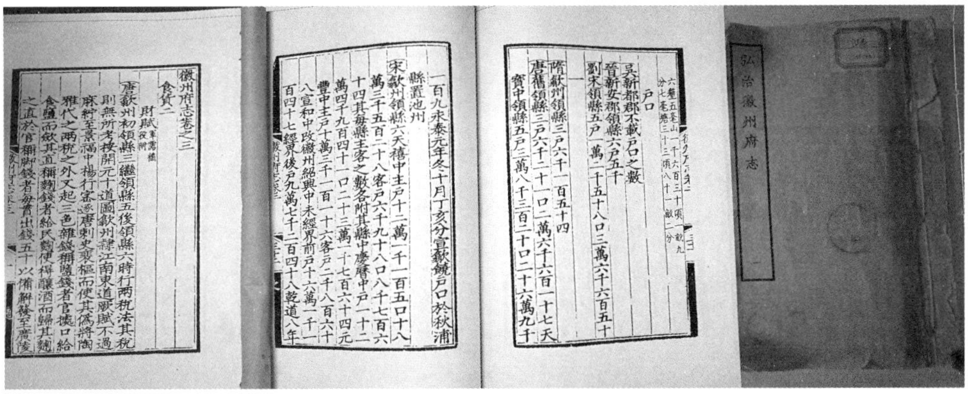

明弘治《徽州府志》之食货卷中首次记载完整而较可靠的户口数据

从弘治《徽州府志》卷三记载的成化十八年（1482年）徽州交纳夏税秋粮的具体数字中，上缴国库的税粮，加上本府存留，夏税折色近74%，秋粮折银达62%。可以看出，徽州的田赋虽然已经折色，但不是完全折银。直到嘉靖年间，折银项目有所增加，嘉靖《徽州府志》记载嘉靖四十一年（1562年），徽州夏税秋粮一律改为折银，田赋此时才全部完成折银。

除官办丝织以外，民间桑蚕、丝楮纸，有高度发展。黟县在洪武时期税粮除了存留官俸所支外，其余折收苎布缴纳，后又改征棉布。但由于“地土阴湿，不产棉花，民皆患之”。永乐七年（1409年）只得又奏准重新折收苎布。休宁县苎麻纺织是妇女补充家计的重要副业，“女未嫁之时，多缉麻织苎，以作奁资。既壮而老，皆不释手”，姑嫂“共勤女红，比屋皆然”。万历《祁门志》记载“货有棉布”，民间普遍形成风气，“黟、祁之俗织木棉，同巷夜从相纺绩”。尽管如此，所产之量还是不足以缴纳税赋。

万历五年(1577年)五月，徽州知府萧敏道在清丈土地造立新册时，将歙县每亩科丝三钱的夏税丝绢，以歙县亏租为由按人口平摊给休宁、婺源等五县，为此五县民众愤愤不平，纷纷竖旗聚集休宁，四处诉辩。原南京户科给事中余懋学，此时致仕婺源理坑家中，闻讯后致书萧知府，劝他收回成命，以保地方安定。但是知府为了讨好歙籍户部尚书殷正茂，坚持己见，并反诬五县民众“倡乱”，捏造不实之语飞报朝廷，追查捕捉所谓“乱首”治罪，休宁三名庠生及徽州一部分平民百姓被流戍。直到万历十年（1582年），余懋学复出为南京户部右侍郎，秉笔上奏《豁释丝绢大辟疏》获准，平摊五县的丝绢银仍由歙县征纳，持续五年、轰动朝野的徽州丝绢案方才平息。余懋学辞世后，朝廷下旨赐祭葬，追赠工部尚书。天启初年（1621年）又追谥“恭穆”。其理坑故居也被称作“尚书第”保存至今。

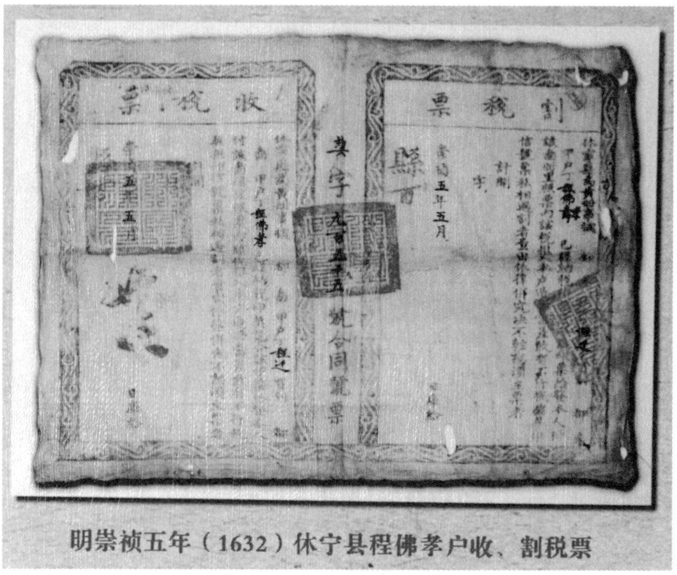
明末休宁县遗存割税票

种植苎麻除用于织布外，也是为造纸提供原料。徽州历史上就是造纸的著名地区。优质造纸原料，如麻类、树类、藤类、草类等，十分丰富。徽州水源充足，水质优异，含杂质少，有利于提高纸质。同时山区薪柴取之不尽，可保证能源供应。造纸还需要纸药（又称滑水），这是捞纸浆时掺兑的一种以利分张的必不可少的辅助材料，主要纸药有羊桃藤、黄蜀藤、毛冬青等，这些都是山上特产。早期徽州出产麻纸、桑皮纸和楮纸，唐宋时期造纸业获较大发展，品种增加，出现了以“澄心堂纸”为代表的多种优质纸张。徽州造纸业呈现出异彩纷呈的大好局面。但是，元代出现萧条，趋于冷寂。明代徽州纸业重启辉煌，再现兴盛。

弘治《徽州府志》记载，明初歙县每月解纳榜纸4800张；休宁每月解纳榜纸3800张；绩溪每月解纳榜纸1000张。“其余各色纸每年有用则以时估给估价和买，无定额，无定色。”

力役　明代的力役之征有三种：“以户计曰甲役，以丁计曰徭役，上命非时曰杂役。”[①]甲役称正役，是按户计役，一里正管110户，以田多者为里长，依次轮充，任役者称现年，空歇者曰排年。其余一百户编为十甲，一甲十户，皆充甲首，也是十年一轮。充里长役者，按例不与其他诸役。役法向来是量出为入，凡有需要，即要加派。这种不定时，无定额，无从预计的加派杂役，令百姓大困。

徭役以丁计，“年十六曰成丁，成丁而役，六十而免”[②]。同时，明初规定“计田出夫”，田一顷出丁夫一人，分担部分徭役，名之为“均工夫”。杂役是指正役、常役之外的不时之派。可见，明代的差役是由人户、人丁和土地所有者共同负担的。徭役的名目繁多，除里甲正役之外，有粮长、解户、运夫、斗级、弓兵、皂隶、库子、门子、马丁、膳夫等。另外还有匠户、军户，役皆永充，子孙相承。这些差役有属于劳务性的，有属于工务性的，服役范围从地方到朝廷，十分广泛。弘治《徽州府志》卷三记载，明初徽州供朝廷及府衙的常役就有20多项，数百人之多。

徭役征调的方式，明初系按黄册所载人丁、田产之多少，分为上、中、下三等人

①②《明史·食货志》。

户佥派，称之为“点差”。应役的形式有按规纳银，由主使衙门雇役，称“银差”。有身役，包括雇人代差，称“力差”。点差之权则操于县衙、里长、册书之手。银差取其实物及货币，力差则是征用劳动力。按照人户的等第来确定，而人户等第则根据丁口资产的多寡推定，有些财产不能隐匿，而所值转微(如牛及农具、桑树之类)；有些财产则易于隐瞒，所值转巨(如金帛之类)。这样一来，就带出很多不公平的问题。

这种点差制度从明初执行以后，日久弊病显现。首先，点差的佥派是以黄册登记的人丁事产为根据的，而黄册十年一大造，“十年之内，丁、米不一”，其间人口的增减变化不能及时反映，必然会出现纠纷。其次，里胥册书或抄袭旧册，或受人贿赂，更改作弊，册籍登记的人口财产与实际不符，有的无田之家册上登记有田，而有田人家册上却写着无田。“今下户既多无赖流移，而上户富民又皆自窜于中下之间以相影射，多者一人至数户或数十户，故今受害之家在中户，中户小有田业无余资，一更重役，无不折而入于贫。”①

田产多的地主上户通过飞洒、花分、诡寄，把土地分散，变成了中下户，而下户无银可纳，被迫流移逃亡。这样一来，重役必然落到中户头上。中户承担不了，就会折而入贫，降级成为下户。下户面临的出路只有破产逃离，这就造成社会两极分化愈来愈严重，政府的田赋收入也将趋于枯竭。因此，徭役的改革势在必行。从正统年间开始，朝廷大臣和地方官员纷纷提出改革建议方案，要求均派徭役，统一征收。特别是江南地区，在嘉靖皇帝和内阁默许下，地方州县试探性地进行有限度的一条鞭法改革。徽州就是其中之一，改革役法比全国早五十年，抢先行了一步，而且这次役法改革的试探取得了显著成效。

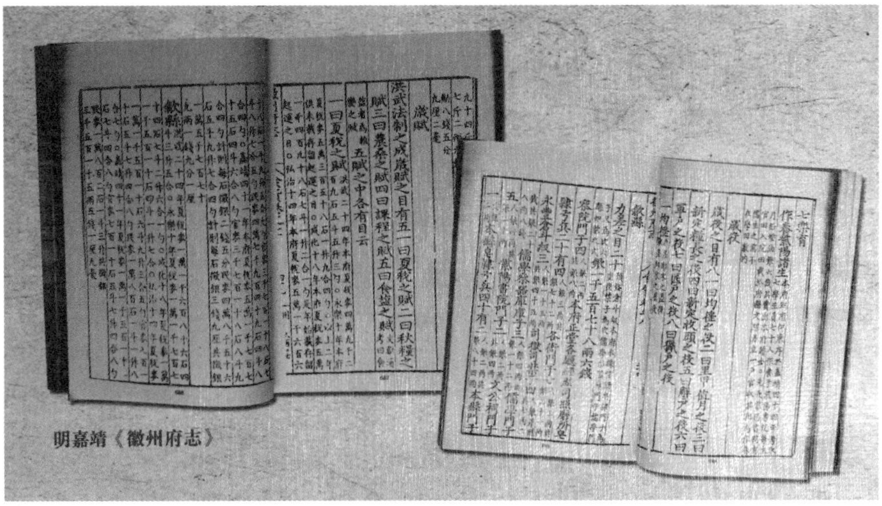

明嘉靖《徽州府志》内页

①嘉靖《徽州府志》卷八《食货》。

均徭改革　明代徽州徭役的改革是试探着渐次进行的，开始时是少数役目归并、折银，至弘治年间正式推行“均徭”法，以代替点差制。“均徭”即是将各级地方衙门中经常性徭役，如库子、斗级、门子、皂隶、膳夫等，另归一类，由里甲轮年承担。主要内容有以下几方面：

第一，裁撤冗差，编定役目。减轻徭役负担，防止里甲随意增派。徽州府六县共裁徭役 276 名，役目列下表：

表 5–4

役目	斗级	门子	弓兵	水夫	桥渡夫	县禁子	舖兵	祗候	马丁
数额	35	12	85	33	85	11	12	2	1

第二，黄册之外，另行编制均徭文册，查实丁、粮、编排户等，并按丁粮多少编次先后，多者在前，少者在后，沿旧习称“鼠尾簿”。不拘三年、五年，“差尽另编”，以杜弊端。“粮二斗编力差银一钱五分，粮二石编银一两五钱，使粮多者得以轻省，粮少者亦无重累。”[①] 此册并报府院存留。

第三，通计一县丁粮，重新均分作十段，改变原来按里甲佥派的老办法，以均平里甲徭役的负担。“概县丁粮均作十段，每年照段出办，如一甲粮少，取足于二甲，二甲粮少，取足于三甲。”每个里甲占有土地和人丁有多有少，贫富不均，按照原来按里甲佥派徭役，贫穷的里甲负担很重，而富裕里甲相对较轻。均徭就是要打破贫富界限，一县分为十段，按段轮流服役，依据里甲人口确定役数，从而减轻贫穷人家的徭役负担。此法又称“十段册法”“十段锦”。

第四，城乡一体，共同负担。规定在城里甲“俱照丁粮敷银”。有田产的固然要出银，无田有丁的也要出银。这样就使城乡都同样负担徭役。

第五，定时轮差，按甲佥派。原先由里甲佥点随时量户定差，常常役之非时，且役目繁杂，百姓根本无法清楚当派不当派。均徭法不仅固定役目，

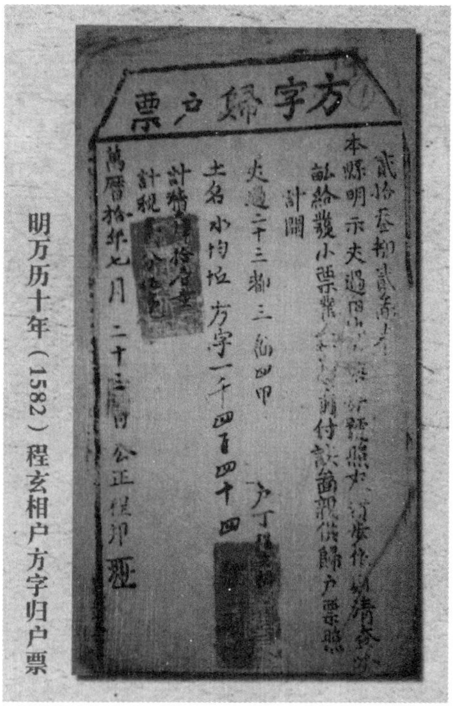

明代遗存文书之方字归户票

①嘉靖《徽州府志》卷八《食货》。

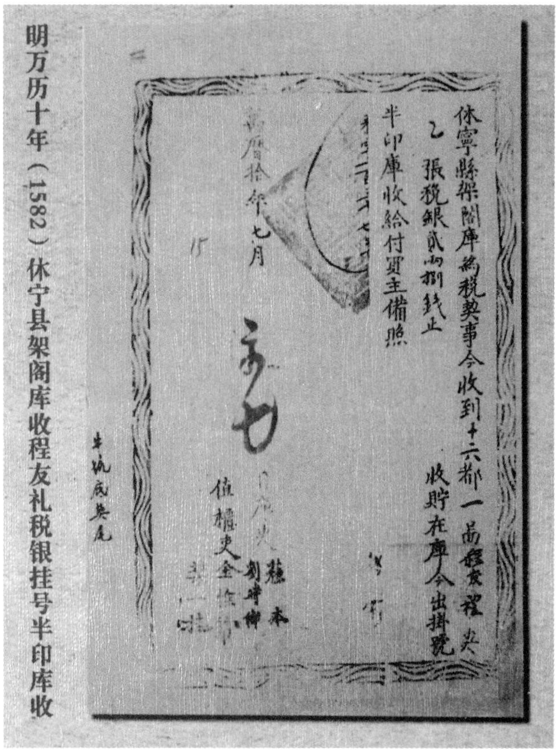

明代休宁县民户完银执照

同时定时按甲轮差，徽州一般是五年一轮。休宁县“十年一佥差徭，凡十甲中一甲与六甲对差，即里役后五年也”①。十年当中，人户五年轮充里甲正役，五年轮充杂役，一甲至五甲充正役，六甲至十甲则充杂役，如此轮流。同时根据各户等则，田产多的上户可编数差至十数差，中户则编一差和数差，下户则多为数户朋充一差。

第六，杂役均可折银，这是均徭内容的核心。原先徭役中一般京城和省道之役多折银输纳由官雇差，而州县之役仍须身赴就役。改革后则不论京省、地方，一律统可折银。原来折银的称“银差”，身役的称“力差”。据嘉靖《徽州府志》卷八记载：歙县银差之目有44项，征银7203.7两。均徭力差20目，征银1578.6两。各县丁、粮折银不完全相等，有的民田税粮一石折银一两，有的折七钱伍分。歙县、休宁三丁折税粮一石，其他四县为五丁折税粮一石，每丁约折银一钱五分至二钱左右。

徽州六县的人丁、土地不等，因此均徭征银数额不一。具体数字列表如下②：

表5-5

县名	力差		银差	
	项目数	征银数（两）	项目数	征银数（两）
歙县	20	1578.6	44	7203.7
休宁	18	1477.4	29	6189.7
婺源	18	1034.2	31	4212.7
祁门	14	531.6	24	2205.9
黟县	10	388.4	17	1665.9
绩溪	11	507.2	19	1716.2
合计	—	5517.4	—	23194.1

如上所述，全府共征力差银5517.4两；银差共计23194.1两。明代徽州的徭役至

①嘉靖《休宁县志》卷三《官政类》。

②出自嘉靖《徽州府志》卷八《食货》。

嘉靖年间已经全部实行折银交纳，由官府雇办，基本上完成全国先行一步的试点任务。

实施一条鞭法　均徭只是一条鞭法的前奏，自隆庆以后，万历年间在内阁首辅张居正的强力主持下，巧妙地实行赋役改革，在停止了五十年后全国重新开始推行一条鞭法。这项改革是在清查丈量土地的基础上，把原来一州一县的所有田赋徭役，以及各种杂差和贡纳，统统都归为一条，折成银两交纳，即是按亩征银，且官收官解。这样实现白银货币化，把原来繁杂的赋役变得简单易行，此项经济制度改革对发展商品经济具有划时代意义，徽州商业资本集团（简称徽商）正是此时乘势而起。

徽州府于万历九年（1581年）全面实行土地清丈，凡勋戚庄田、民田、职田、军屯田等一律丈量。休宁县令曾乾亨主持清丈土地时，“足迹几遍四境，所至经界毕正”①，田地山塘较隆庆六年时登记在册数目“溢出五百一十一顷二十八亩”②，并重新编制鱼鳞图册，比以前原有鱼鳞图册编排更为明细，成效十分明显。

除攒造鱼鳞图册外，还刊印了与土地清丈相关的票据，票据上反映了当时清丈土地的各个细节。如归户册，即是介于鱼鳞图册和黄册之间，以人户为中心的资料。归户票登录着每户土地占有的全部资料，例如有的地主大户占有的土地就跨及数个都。

按照阁揆张居正制定的清丈条例，清丈土地时，对鱼鳞图册上的每一号田地，都要填写归户票，由负责清理丈量的都图公正颁给业主收执，业主凭票到所属都图“亲供归户”。

清丈土地完成后，实施赋役一条鞭法，其主要内容有四项：

一是，田赋、物料、徭费全部征银，农民可以出钱代役，力差由官府雇人承应，在法定意义上取消力役；

二是，一切赋役、杂税合并，徭役和岁供物料编为一条，按田亩征银；

三是，将原来按户丁派役的办法，改为按亩数、粮数派役，将部分力役摊入田赋（丁六粮四、丁四粮六或丁粮各半）。“役归于地，计亩征收”，凡是赋役催征，收纳与解运皆由官府承办，不用人民助理。

四是，原来田赋、条编分开计算，田赋并未纳入由票，后来在万历末年方纳入由票一条鞭。

从中可见，一条鞭法和均徭制是前后相承，逐步完善的。此前农民交缴田赋，均是谷麦实物，按田亩所摊的徭役，也必须由种田人亲自出差。以致缴纳之日，粮船粮车不绝于道途，各地官仓满溢为患。由乡及县，由县及府，由府解运各地廒仓，其间不知要耗去多少运力差役，又不知因沿途损耗，层层盘剥，粮户平白无故增加多少额外负担。实行一条鞭法以后，一改历朝历代实物纳赋为银钱交付，既是便于民众又利

①②万历《休宁县志》卷三《食货志·公赋》。

于朝廷，功在千秋万民，这种办法实在是划时代的改革之举。

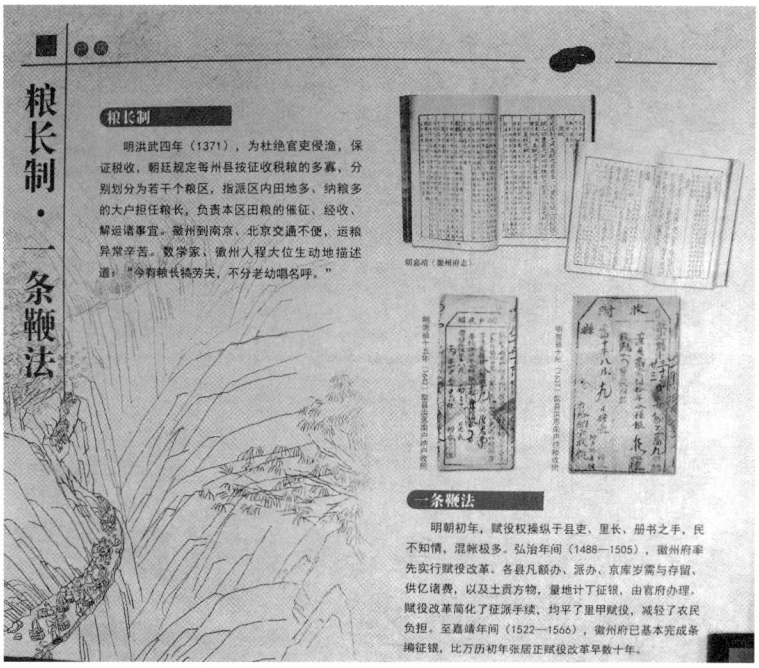

明代赋税制度的两次重大改革简介

明代中叶徽州的赋役改革，从均徭到一条鞭法的实施，时人给予高度评价。万历时徽州知府古之贤，这样说道："自条编法立，里长只应尽行裁革，悉照丁粮上纳官银，民间称便。里长归农，小民息肩久矣。"《徽州府志》载，"概府丁粮总数一条鞭派"，"民间称便"，"大抵派以暨县，众轻则易举，派以总会，数约而耗省也"。

这里需要指出，丁粮均摊，所指丁，并非实际丁口，乃是整个徽州各县所有的丁额，摊派到有田之家，谓之"丁随粮行"。

概括而言，徽州实行均徭和条鞭法，取得的成效非常显著，具体可从以下四个方面加以说明：

首先，这项改革减轻了民户人丁的徭役和岁贡物料的负担。明初的徭役虽然也由人口和土地所有者负担，但偏重于人口，百亩田方出一丁夫。均徭法实施后，粮、差一律折银，税粮一石定银一两左右，每丁定银二钱左右。徽州一石税粮相当于上田 15 亩或中田 20 亩。这即是说，一丁的徭役银与三亩至四亩的田地徭役银相等，人口的负担大大减轻。到隆庆、万历年间实行条编法后，人口的负担又有减少。

以休宁为例，每丁派银仅一钱一分四厘，而税粮一石派银五钱七分三厘。从全府来看，当时秋粮为十二万石，条编银共约六万八千两。徽州当时在册总人口 60 多万，成丁不超过 20 万，纳税土地约 190 万亩，条编银共二万二千两，两相比较，全府的徭役，包括岁供物料银，由土地负担三分之二，人口负担三分之一。而在均徭实施前，徽州府徭役由人口约负担 85%，占绝大部分；田亩则仅负担 15%，尚不包括岁供物料银在内。

由此可见，该法实施改革后，人口承担的徭役银大为减少，已经将大部分徭役摊于田亩了。不言而喻，这一改革有利于田地不多的农民，以及无田的工商业者。徽州大量没有土地的商人可以少纳丁银，商人投资土地的机会相对减少，商业资本可以集中使用，促进了商品经济发展。这个阶段正是徽州商人兴起的高潮期，因此客观上实行该法支持了徽商成长壮大。

其次，“一岁之役，官为佥募。”赋役征收由地方官员直接办理。明代前期徭役行点差之法，操纵于里胥之手。由于徭役名目繁多，民不知情，里胥佥点，混差混账很多，以至于“啃勒小民或一两勒取六七倍”，扰民滋甚。一条鞭法行，总编一条，由县统一佥派，颁发纳户“由票”和里甲“长单”，载明官则，公示纳粮数目，经办人无从上下其手，“里长归农”。而“丁粮毕输于官”，改变原来通过里长、粮长经手征解赋役的老办法。所以不仅减轻了农民的额外负担，同时也大大简化了征派的繁琐手续。嘉靖时徽州府通判李默，对此深有体会：由各县总计佥派“视听既正，催办亦易，向者文移之烦，预办之苦，挪移之累，皆可免矣”。

再次，均平里甲的徭役负担。原来徭役按里佥派，丁多田少的里甲大受其累。实施一条鞭法则打破这一陈规，由县衙统一依据纳户实际人丁、粮食多寡直接佥派，粮多丁多者多出，粮少丁少者少出，贫穷里甲由是不再受编制的限制，从而困苦农民减轻了过重的负担。

最后，降低纳户田赋负担。明初徽州田赋在皇帝的特别关照下，虽有部分折色，但还不是全部，本色加上折布、折绢的仍占将近半数。这部分实物输纳，除正赋外，还有损耗和脚力银以及其他开销的附加，一般为正赋的20%至30%。在田赋全部折银后，虽然也有所谓的“扛银”，但只占正赋的1%，明显地降低了纳户的经济负担。

同时，徽州本地所产粮食不足供应本地消费，每年都需要从外地运入粮食，外运的商品粮要占到一半以上，因此徽州本地的粮价高于周边邻地。原来运交南京本色田赋和折布折绢，一般均就地或从外地购买。田赋全部折银后，不仅省去了购运的烦劳，也相应地减轻了由于购买商品粮的无形负担，所以实行一条鞭法，将田赋全部折银，对于山多田少、粮食不足人口之需的徽州来说，更加具有特殊的意义。

万历三十六年(1608年)，曾经官至工科给事中的张涛，出任歙县知县，他主张将秋粮和田亩条编银，合并征收，“以求划一”，在其所著《条鞭议》一文中提出“条鞭之法，四海通行，惟歙不然。既曰征粮，又曰征条，派征之法分为两端，彼此混账，易生奸弊。且条鞭之法，一切征银在官，不用里长答应。有如歙征，里排终岁在官，故必画一有法，而里排庶可归农也。例该总计丁粮，清查优免，斟酌存解确定徭役，一切协济并科第盘缠补平等项，会计若干，还款若干，总与撒合，撒与总符”，而且“人丁应征银数逐一条列，并不甲年预征乙年，亦不条、粮析为两项，统归一则，复还条鞭本意。而纷出之窦可塞，一定之法可守，里排永无重役，佥收永无他累矣”。

张涛主持修撰的万历《歙志》“户赋”中，把全县赋额和征收总数列为四大项，公之于众。

通计全县秋粮 31110 石，每石征银八钱八分六厘三毫；

夏麦 11514 石，每石征银三钱一分六厘；

人丁 72160 口，每丁征银一钱零六厘五毫；

丝　175582 两，每两征银一分九厘八毫。

以上四项共征银 42371 两。

上述征收项目与万历前期相比有所不同，其一是把秋粮与按秋粮征收的条编银合而为一，并成一端。这是张涛所谓“复还条鞭本意”的要点。合并后的税粮比原来略有增加。其二是把“扛费”(征收、送纳盘缠等项支出)纳入各赋，不另列项。其三是把丝税折银由原来每两征银五厘的标准，提高到一分九厘八毫。其四是每丁所纳徭费、物料银由原来的七分一厘七毫，增加到一钱零八厘五毫。

张涛将自己的主张在歙县付诸实施，但是徽州其他各县并不完全相同，具体的税率高低不等，大同小异。

尽管这次改革在历史上具有里程碑意义，但是好景不长，随着 57 岁的张居正溘然长逝，全国土地清丈尚未结束，只能半途而废，这次改革最终归于失败。各地仍然要上交漆、茶、蜡、金属、弓、箭等实物。力差涉及纳税人亲身服役，虽然已经减少，但是并未完全取消。里长、粮长，名罢实存。徽州六县总体来说，万历三十年(1602 年)实行条鞭法以后，比以前的税率标准均有所提高，尤其是天启二年(1622 年)后，额外增征“辽饷”科派等附加税，使农民和土地所有者不堪重负。如歙县加增辽饷银达 6499 两有余，每石税粮派征银二钱零八厘九毫。这些都是额外的附加。

同时朝廷吏治腐败，宦官当政擅权，万历时大太监陈增，派爪牙程守训，到徽州大肆搜刮，以接受告发富商违法名义，械击富人，用酷刑逼人献金，以致商人破产者数百家，更逼死多条人命，而地方官则无人敢问。程守训中饱私囊，大发横财。以后由

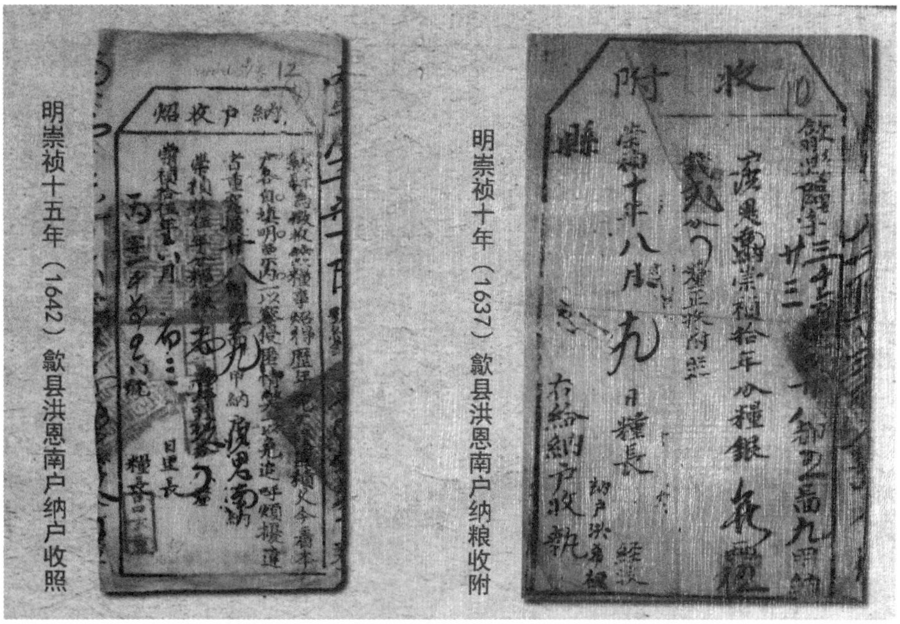

明末歙县遗存赋税发票

于程守训胡作非为引起公愤，朝廷才不得不予以处理。抄查程家时，搜出金银 40 多万两，珍宝不计其数。

休宁商人朱承甫，佐父业盐淮楚间，时“中涓 (宦官) 衔命辜榷，以大贾为奇货，鱼肉之”。另有很多徽州盐商被敲诈勒索，不罄不休。因之倾家丧生者不少。

天启年间发生的歙县吴养春父子“黄山大狱”案，则引起徽州士民暴动，这是明朝整个士民阶层反抗封建掠夺、压迫斗争的一个缩影。正如休宁人汪由敦所言：“当明之初，取民有制，休养生息，至万历年间，海内殷实，家给人足。及乎天启、崇祯之际，因兵增饷，加派繁兴，贪吏滋奸，民不堪命。”

总之，由于明朝廷腐败透顶，实行赋役改革后的取得的一点仅有成果，又因之付诸东流，套在人民头上的赋税枷锁，再次变得越来越加沉重，“民不堪命”，终于使广大民众百姓忍无可忍，全面爆发了推翻明王朝的农民大起义。

第四节　清朝人丁编审

清初仍沿明制攒造黄册，征收人头税，称谓“编审人丁”。编审对象范围是通稽县境内民数，凡男子 16 岁至 59 岁为丁，且无残疾，造为黄册。60 岁以上者则不登册。初始定三年编审一次人丁，后改为五年重订一次。少数省份的女性也要承担人头税，如江西、浙江、广东、福建等省皆是。由于赋役不均，清初赋役征收相当混乱。随着土地兼并日益加剧，和人口不断增长，丁税成为广大百姓极其沉重的负担，从而引起普遍逃亡和反抗。顺治年间开始整顿赋役制度，清理赋役簿册。

编审人丁的目的是为了征税，确定赋役数额，按照田亩和人丁双重标准实行。编审方法沿明旧制：令县官通稽境内民数，凡男子 16 至 59 岁为丁，造为黄册。60 岁以上则不登册。初始定三年编审人丁，后改为五年重订一次。康熙二十五年 (1686 年)，以五年编期限太宽，地方官吏从中作弊为由，命令地方按年份上报人数，并且要与五年编审相辅进行。有的地方人丁逐渐以粮食或白银作为计量单位，它们是“照田地计丁”“照粮计丁”的产物，但同时仍然存在原来的“照人计丁”。“顺治初每十年一次举行。十三年议准，直省黄册，五年攒造一次。”由于田地开辟和人口增殖，清初虽然多次减免赋税，国家的钱粮征收仍有较大增长。

徽州府祁门县康熙元年 (1662 年) 时，依然由“花户”津贴银两攒造黄册，同时实行五年编审制度。从下面遗存文书材料看出，顺治年间的人丁编审是和土地编审一起进行的。《顺治十四年祁门县王文明户田、丁清单》的内容如下①：

① 《徽州千年契约文书》(清民国编卷一)。转引自《徽州土地关系》。

江南徽州府祁门县

南乡三十四都一图七甲

一户里长王文明

折实田壹佰捌拾肆亩伍分玖厘陆毫伍丝叁忽

成丁除二丁补二丁

顺治拾肆年九月二十五日给　（祁门县印）

这件清单持有人 王文明是里长户，他拥有的土地折实田达 184 亩多，在祁门算是一个中等地主。从顺治年间编审册籍的形式看来，其格式仍以旧管、新收、开除、实在四柱式登录。

废止旧制　由于人口变动的情况十分复杂，每户家庭人丁的子孙状况各不相同，极易发生以多承少、以少承多的现象。因此编审人丁需要耗费大量人力、物力，每逢编审之年，按规定要逐户、逐人核查，百姓为了逃税，常常隐瞒人丁，因此全国人丁数增长缓慢，五十年间才从 1900 多万增加到 2400 多万。

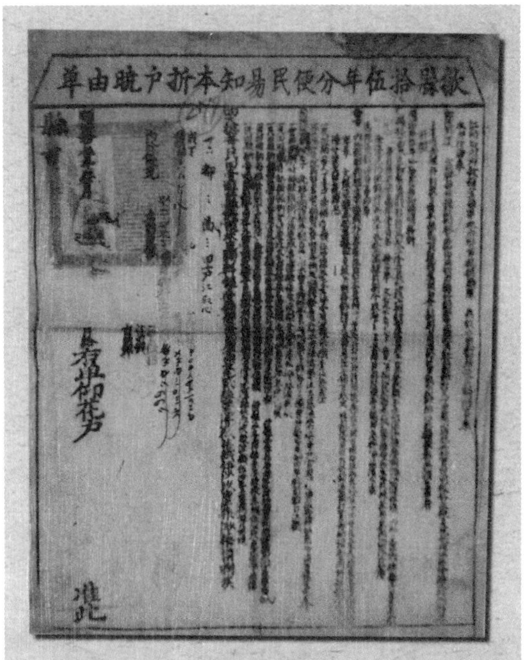

清顺治十五年（1658）歙县便民易知由单

清初歙县缴纳赋税由单

康熙多次巡视民间，了解到编审人丁制度的诸多弊病，“一户或有五、六丁，止一人交纳钱粮；或有九、十丁，亦止二、三人交纳钱粮”；他认为自“三藩之乱”平定以后，“人民渐增，开垦无遗；或沙石堆积、难于耕种者，亦间有之；而山谷崎岖之地，已无弃土，尽皆耕种矣。由此观之，民之生齿实繁。朕故欲知人丁之实数，不在加征钱粮也”①。他认识到老百姓需要“休养生息”的紧迫性，制止地方官吏生事扰民，并尽革明代的均役提编等弊政。

①《清史稿•圣祖本纪三》。

康熙三十八年皇帝南巡江南，惊异地发现虽然朝廷对于江浙二省“比岁以来蠲豁田赋，赈济凶荒，有请必行”，而且“爱养之道备极周详”，但是仍然“见百姓生计大不如前”。[①]

对于十年编审一次黄册的陈规，早在康熙七年就已题准：“其每十年一造黄册，繁费无益，停止攒造。”因此，道光《祁门县志》记载：“清顺治二年，户肆千贰佰壹拾，口壹万柒千柒佰(零)壹。未成丁男子及妇女，因奉停黄册，故不载入。”

从此以后实行五年编审人丁的赋役制度，用以代替黄册。但是这样的人丁编审也是耗费繁多，各县五年内人丁增加寥寥无几，徒然劳民伤财。如休宁县“康熙二十年编审，只增加人丁九丁，增银八钱二分零”，而成本却高，“计五年编审一次，民间约费万金”。[②]

康熙二十五年以五年编审期限太宽，地方官吏从中作弊为由，下令各地按年份上报人口数，并且要与五年编审相辅进行。但是执行情况很不理想，康熙皇帝想要弄清全国人口底细，民数增加究竟怎样变动，始终不得要领。废止这种毫无意义的人丁编审，是康熙五十一年(1712年)实行“滋生人丁，永不加赋”这个决策的主要原因之一。

清初人丁编审内容虽然还是人丁和土地两大项，但是其性质和明代相比已经有所改变。明代黄册具有人口管理的属性，登记内容有妇女大小口，男子分成丁、不成丁，其中姓名、年龄记得很详细，这说明是对户口的管理。而清代编审册只记载人丁几口，不分户等，不登妇女、未成丁数。这实际上是重在丁赋，是对赋役的管理。

道光《婺源县志》称：“明令每十年一审户，一编丁。今易于五年，皆视税粮为登耗，故其数略相当，无大盈缩云”，并且“丁非实阅，户口本随田亩而生。一丁约田十七亩”。

这里把婺源县的人丁和税粮、田亩的关系说得很清楚，人丁编审已经不是户口管理。

各县一丁派多少田亩，具体赋税标准不一，比如较早执行摊丁入亩的泾县，就与婺源不同，徽籍学者洪亮吉和凌廷堪合修的嘉庆《泾县志》记载：“先是泾有官丁，有私丁。私丁无额，官丁注籍。不易计甲坐丁，征银无定式。有田连阡陌者，丁无一二者；有消乏之户，仍先人故册，粮去而丁尚存者。浮减隐匿，苦乐不均。绅民公吁知县傅泽洪，申请定制，丁派于田，以田之多寡，限丁之数目，每田二十九亩零科征实在官丁一名。田如别卖，丁随田转。凡值编审之年，按册投送，制所善也。雍正之年，通行丁随田办，而泾已久行之。”

这里面的丁与田亩挂钩，与田赋互折。与实际人口已经毫无关系。

所谓“丁”，自古以来都是指符合服役年龄、身体正常、不享有免役特权的男子。由于人口性别、年龄结构有一定规律，而残疾和享受免役政治特权的人相对不多，丁

①《清史稿·圣祖本纪三》。

②《海阳纪略》卷下《为陈编审并各款通详两院文》。

与总人口之间，按理应有一定比例关系，并且丁的数量变化必然与总人口数量变动成正比。

实行条鞭法以后，由于抽点壮丁轮流服役已经逐渐为以钱役所代替，这种代役银最终又成为赋税的一部分而合并入土地使用税当中。

在这一演进过程中，丁在多数户口统计资料内已不再具有原始理论上的意义，只是起着赋税单位的作用。这种人丁数是粮、银、人三种事物的混合相加，不仅不能反映实际的人丁增长，更不是全体人口。不少人(甚至包括乾隆皇帝)将这些人丁数与乾隆六年以后的全体人口之“民数”比较，认为清代在短时期内人口增长数倍甚至十几倍，称之为“人口爆炸”“人口奇迹”，这纯属低级错误。

徽州府与各县清初的志载丁数即是如此，各年基本上固定不变，因为增加丁数，就是增加赋税，以前征收已觉难度很大，以后增加赋额岂不愈发困难，做州县官的，何苦无事找事做呢？例如《祁门县志》载：“顺治十四年至康熙十一年三次滋生人丁1408丁。乾隆二十六年增出滋生人丁947丁。每丁科银一钱一分七厘七毫九丝四忽，共征银贰仟捌拾伍两七钱捌分伍毫七丝柒忽。”

其他各县同样如此。所以清初的人口、户数在地方志中都不见记载，户籍统计数据都是丁数，而这种丁数只是赋税单位，说是“滋生”，并未见到生者增、死者减，根本反映不出人户的变动。

由于人丁编审是丁赋份额的分配，经由胥吏之手，日久不可避免地产生各种弊端。地方官在百姓逃避赋税现象严重的情况下，或者为保持统计平衡，或者为避免上司无休止地加征，或者为满足贪赃的私欲，上报户籍数一般都要低于实际数。

仍以祁门为例，祁门县户口数在南宋时就已经超过1.6万户，元代按照户口数排队列为中县，而祁门县整个明代的七次户口统计，都只有7000户左右，万历四十八年编定赋役全书，内有祁门县“户口人丁”为17701。每丁科银一钱一分七厘七毫九丝四忽，共征银2085.780577两。从中可见，这个“户口人丁”里面既没有户，也不是人口数，只是一个征税的货币单位而已。

同书显示，清顺治二年统计，祁门县有户4210，口17701。很明显看出，与明代比较，这个户数过低，已经远远脱离真实，绝不会是实际户数。而这里的所谓“口”数，实际上是抄录明万历四十八年的户口人丁数，连个位数都完全相同。同时这也还是个“丁”数，充分说明此数据仅仅是作为征收赋税的基数，与当时户口毫不相干。

上面所述的情况充分证实，朝廷和各级官吏只关心能收到多少税，户籍是否符合实际已经无关紧要。所以，在康熙五十一年(1712年)实行“摊丁入亩”之前，包括明代中晚期，隐漏户口是很严重的。因为这样各方都得利：地方官隐漏户口即意味着可以减少上缴赋税，贪官可以因此而中饱私囊，又能缓和同当地豪强地主的关系；清官则可以减轻地方的负担，避免上司新的摊派；百姓少报户口甚至整户躲避登记，就能少交或不交赋税。

当然，这种违法行为一旦暴露，追查下来，可能受罚、丢官、坐牢甚至丧命。但是当这种现象相当普遍时，朝廷因为“法不责众”而无可奈何。一旦歪风邪气成为惯例，地方政府适当的隐瞒巧伪就会合法化，至少是符合官场潜规则，得到社会默认。有的还会被当作清官，他们为民请命的政绩，在史书中加以颂扬。

至于那些如实申报的人，反而成了别有用心、哗众取宠，于公于私都吃大亏。百姓逃亡或者隐匿户口大都出于无奈，只能不计后果。而且其中大部分只好依附豪强地主门下，接受其剥削欺凌，无非是两害相较取其轻。真正敢于大量隐匿人户的是豪强地主，但地方官府奈何他们不得，他们的行为实际上得到认可。

康熙三十一年(1692年)，徽州府为此立碑禁革，碑文如下：

“徽州府正堂朱，为晰陈编审情弊等事内开编审一案，五年一轮，原系清丁裕课、剔弊除奸至意。本府于去岁案奉院、司宪行，屡经严饬属县，务须凛遵功令，清厘积弊，秉公清编，毋容接踵故辙，纵役苛索扰民……遵依在案。今又据生员汪如玉等具呈前情，合将呈开各款再行县勒石严禁，永远遵守，以安民生。”

康熙三十一年九月立碑，主要内容：

“一禁验契名色。查婺源逐岁推收纳税，嗣后遇编审之年，毋许复将五年之内新收田亩重勒投交害民。

一禁册费名色。查丁册自应官造官解，嗣后毋容需索害民。

一禁丁钱名色。查五年审丁，老减壮加，自有成例。务从公清编，不得借名每丁苛派，有干法纪。

一禁管局名色。查编审造册自有董理，胥役不得籍名总理户房、对册上架、税苛、办事种种等费剥民。

一禁减丁名色。查清丁裕赋，原有定例，岂容恣意滥加，每丁需索二三钱不等，即为开除。”①

从以上碑文五条禁革的内容可见，清代初期“丁册”系“官造官解”，“五年审丁，老减壮加”，其目的是“清丁裕赋”，把丁的管理和征收赋税已经紧密结合在一起。而其中又有很多积弊必须清厘，地方上胥役剥民害人之恶行，从碑文中看来已然很严重了。

清初徽州府人丁增长的情况是：通府原额人丁二十万五千七百八十六丁。自顺治十四年起，至康熙五十年止，共编审续增人丁一万一千七百(零)三丁，共人丁

①道光《婺源县志》卷十一，《食货一•户口》”附旧志编审禁碑”。

二十一万七千四百八十九丁。从顺治十四年（1657年）到康熙五十年（1711年）的54年间，全府共增加了11703丁。随着人口恢复增长和社会经济的稳定发展，清朝廷决定以康熙五十年的人丁数为标准，将人丁摊入田亩，实行“摊丁入亩”的征收办法。自此以后“滋生人丁，永不加赋”，家家户户再额外增加出生人数，都不再多征赋役。人丁编审的赋役意义不再存在，但是这只是不再增加丁银，并非就此免除丁银。康熙五十一年皇帝诏令：“朕览各省督抚奏编审人丁数目，并未将加增之数尽行开报。今海宇承平日久，户口日繁。若按见在人丁加征钱粮，实有不可。人丁虽增，地亩并未加广。应令直省督抚，将见今钱粮册内有名丁数，勿增勿减，永为定额。其自后所生人丁，不必征收钱粮。编审时止将增出实数察明，另造清册题报。”[①]

并且下旨加以明确：“海宇承平日久，户口日增，地未加广，应以现在丁册定为常额，自后所生人丁，不征收钱粮，编审时，止将实数查明造报。”[②]

康熙此诏令情理兼备，因为全国人丁税每年总计才不过白银230多万两，而朝廷动辄蠲免的税银每年就达1000万两，各地人民为逃避赋税，人丁和田亩隐瞒很多。国家税收增加后，国用已充足，皇帝他只想知道人丁的实际数目，并不在乎区区之数的人丁税金。所以他要将人丁税额冻结，用以消除百姓的顾虑，采取这样的措施目的，只是以此来获取较为真实的人丁数量。

次年康熙皇帝又下达恩诏：“嗣后编审增益人丁，止将滋生实数奏闻。其征收办粮，但据五十年丁册，定为常额。续生人丁，永不加赋。”[③]这一道诏谕，是对人丁税利的重大改革。颁行后，全国本年各地按照要求另行奏报的滋生人丁有60455人。到第二年即增至11.9万余人，1715年又再增至17.3万人，到1721年增加至46.7万余人。

从此，中国历史上的实行两千年的人头税，在事实上已经被冻结、即行废止，这无疑有助于削弱农民对国家的依附性地位。

对于户口的变动，各地采取五年一编的定律。凡是“缺额人丁，以本户新添者抵补；不足，以亲戚丁多者补之；又不足，以同甲粮多之丁补之”。[④]

徽州府六县以人丁217489为固定数额，所征收的钱粮赋税，为二万余两白银。[⑤]

雍正帝即位后，进一步加大力度推行“摊丁入亩、丁随田办”政策，仅按土地征税，丁口不再是赋税单位。这样就将以前已经冻结的丁税，按田亩分摊后，完全取消了，连税收形式也不复存在。

雍正六年（1728年）徽州全面施行这个政策，各县“亩摊一厘一毫至二分二厘九毫不等”。

①②③《清史稿·圣祖本纪三》。

④《清史稿·圣祖本纪三》。

⑤道光《徽州府志》卷五，《食货志·赋役》。

从此以后统计的丁口单位，其含义又重新还原为人口，但是徽州人丁编审之制，一直延迟到乾隆三十一年 (1776 年) 才彻底废除。乾隆三十七年又规定每年只调整滋生人口，依照保甲门牌登记，仍循顺治、康熙以来惯例，由户部令各省督抚按年于十月内同谷数造报。

道光《歙县志》载："乾隆三十一年编审滋生人丁四丁。本年奉旨：五年编审之例永行停止。"

丁徭银摊入田亩 入清以后，赋役"率沿明之旧"。明代的赋役改革并不彻底，仅仅只是降低人口负担的比重，并未免除丁役，赋税仍然由人丁和土地共同分担，但是人口、田亩承担的比例不相等，赋役虽然名为一条鞭，实际上还是两条。清初不得不承袭明代旧法，时日一久，人口与日增加变化，弊端不断丛生，有的一户五、六丁只报一丁；有的人家无丁却仍有丁银要纳；有的田地已去，编银犹存。加上县里户口登记不健全，很难掌握实数。于是进一步改革赋役被提上政府议事日程。

据康熙五年 (1666 年)《休宁县简明赋役全书》记载，当时休宁县赋役征收的情况是：休宁县户口人丁六万五千八百七十七丁，共当差人丁六万五千一百八十四丁，一则起科，每丁征银一钱一分八厘，共征丁徭银七千七百二十三两。田并地山塘折田总共实田四千八百二顷九十六亩，一则起科，每折实田一亩，科征折色银七分三厘，共征银三万五千三百六十七两。丁、田二项共该实征起、存折色银四万三千七十一两。从中可见人丁负担丁徭银仍然占有 18%。

有鉴于编审人丁的执行成本太高而且无效，清康熙五十一年 (1712 年) 下旨令"承平日久，生齿日繁。嗣后滋生户口，勿庸更出丁钱，即以本年丁数为定额"，从此以后，全国"滋生人丁，永不加赋"。但是各地人口生死、迁移，数字变动很大，原定税额逐渐与实际不符，出现太多流弊。而根据康熙制定的编审户口政策，老不除籍，壮不加丁，亡故者仍在籍不减。这样一批人口应纳丁银，必须由在籍人口负担。显然很不合理，因此造成农民被迫流亡，丁税征收成为严重问题。

直到十年后，雍正元年 (1723 年) 七月，清朝廷正式颁布诏令，在全国实行"摊丁入亩"的政策。即是将人丁税与田亩税合一，依地亩多少统一征收赋税。各地进一步贯彻改革赋役的精神，不仅固定丁钱数额，而且丁钱摊入田亩，彻底废除人头税。赋役手续简化，更加便于征管。

徽州府六县经过一系列的筹备，到雍正六年 (1728 年) 普遍执行这项政策，各地以康熙五十年 (1711 年) 的人丁数为基准，将丁徭银摊入田亩。各县摊入田亩的丁银数目列表如下：

各县田赋税粮统计表

表 5-6

县名	丁数	每丁科银（两）	共征银两	资料出处
歙县	74379	0.1054	7840	道光《歙县志》卷五“赋役”
休宁	65238	0.1184	7729	道光《休宁县志》卷五“食货”
婺源	32238	0.1045	3370	道光《婺源县志》卷一一“食货”
祁门	19198	0.1177	2261	同治《祁门县志》卷一三“食货志”
黟县	12386	0.1302	1613	嘉庆《黟县志》卷九“赋役”
绩溪	10676	0.1209	1290	嘉庆《绩溪县志》卷三“食货志”
合计	214115	—	24103	—

徽州六县总共合计人丁徭银 24103 两，全部摊入田亩征收。每田赋一两，摊入丁银二钱二厘，依据占田亩数交纳赋税。占田多的地主须多纳田赋和附加的地丁银，少地和无地的农民可少交或不交赋税，从而保证国家税收管理。

清初摊丁入亩政策的实质是，继明代“一条鞭法”后的又一次重大赋税改革，从此改变了历史上长期以来以土地和人丁双重标准征税的做法，简化了赋税征收手续。更加重要的是，这项政策废除了自古以来，封建制度加在人口头上的丁税，实行按土地占有面积的单一标准收税，使人口增加与赋税脱钩，从此开始真正做到“滋生人丁，永不加赋”。

多生孩子不加税，这项政策大大刺激了中国人口增长，同时这在一定程度上改变了赋税不合理的状况，进一步减少了无田或田少农民的经济负担。对工商业发展起到促进作用，有利于徽商进一步壮大。

实行摊丁入亩之后，“丁随田办，田多则丁增，田少则丁减，田尽则户不空存，而无当丁之累”。这不仅减少了对农民的剥削，而且削弱了封建国家对人民的人身控制，百姓在较长一段时间里，得以将主要精力集中于从事生产，促进了社会经济发展。清代社会呈现为土地开垦、人口增加、商业发达、手工业兴盛，国库充实，物力丰盈，社会生活水平提高，创造了百年“康乾盛世”。徽州盐商在明代财富积累的基础上，拥有的金钱财富堪与国库匹敌，此时徽商中出现多个千万富豪，国家发动诸如“十全武功”之类的重大战役，他们捐输一次就有数十万两银，浩大军费消耗也不致过分盘剥扰累民间。乾隆晚年虽然吏治废弛，但他主观上仍欲施惠于民，每年蠲免赈恤有增无减。当然，这一切都是时代进步的结果，并非某个皇帝的开明恩赐。

匠班银摊入田亩 清初继承明代匠籍制度，手工业匠户要向政府交纳代役银。由于工匠不断逃亡、反抗，征收代役银非常困难，为了保证赋税收入，在酝酿和推行地丁合一制度时，清廷把代役银也逐渐摊进田赋内合并征收。随着雍正初年实施地丁合一政策，作为力役制度的匠籍规定在徽州废除，代自摊丁入亩以后，地丁合一，不仅丁徭银摊入田亩，匠班银同样随后也摊入田亩。道光《歙县志》卷五“赋役”对匠班银摊入田亩的情况记载颇详：全县匠班银六百九十一两。于雍正七年奉旨，准署总督范时绎、安徽巡抚魏廷珍、江苏巡抚王畿疏，将上下两江匠班银免征，摊入地亩征收。其疏略曰：各属匠班银两，向系按匠征输，但历年久远，原匠子孙逃、故无追。是以各州县有于现役匠户派征者，有着族属亲邻赔补者。若摊入田亩征输，在有田之户所增无几，而手艺贫民受益良多。相应造具摊征清册，请于雍正七年为始。

徽州六县匠班银从此全部摊入田亩，归于起运项下解司。各县具体数目如下表：

表 5–7

县名	匠班银两	资料出处
歙县	691	道光《歙县志》卷五“赋役”
休宁	419	道光《休宁县志》卷五“食货 · 田赋”
婺源	112	光绪《婺源县志》卷十六“食货”
祁门	54	同治《祁门县志》卷十三“食货志”
黟县	51	嘉庆《黟县志》卷九“政事 · 赋役”
绩溪	48	嘉庆《绩溪县志》卷三“食货志”

匠班银是从明初匠役演变而来。由于明初营建两京，工役异常繁重，大量“工匠造作，以千、万计”。应役工匠们不堪重负，经常逃亡，到成化年间，明朝廷开始改革，将应役工匠每名折银四钱五分，用以抵雇募费用，但保留匠籍不除。延至嘉靖八年(1529年)，再次修订匠班银标准，“其当差匠班既无正身，则将解到匠银减半支给，每班给银九钱”。

由于早先晚明时期，政治局势混乱，管理松懈，工匠大量乘机逃亡。到清朝顺治二年(1645年)时，因为营建皇宫太和殿，征调工匠应役执行“按工给值”。

清初歙县“匠丁银一十两九钱，匠班银四百四十六两。二项原系匠户办纳，于顺治十五年奉部文照《会典》征解，增银二百三十四两，共银六百九十一两”。社会情况是会随着时间的推移，不断发生变化的，“但历年久远，原匠子孙逃、故无追”，鉴于此情况，因而清廷决定从康熙三十六年(1697年)起，陆续将各直省的匠班银摊入田亩。

徽州于雍正七年(1729年)将匠班银全部摊入田亩，所谓“在有田之户所增无几，而手艺贫民受益良多”，得到百姓支持，因此推行很顺利。这样一来，匠班银从此予以解除。

如前所述，自从雍正六年(1728年)以后，徽州六县丁徭全部摊入田亩，次年又将匠役银这个尾巴割掉，从此匠籍制度彻底废除，完全实现了赋役合一。

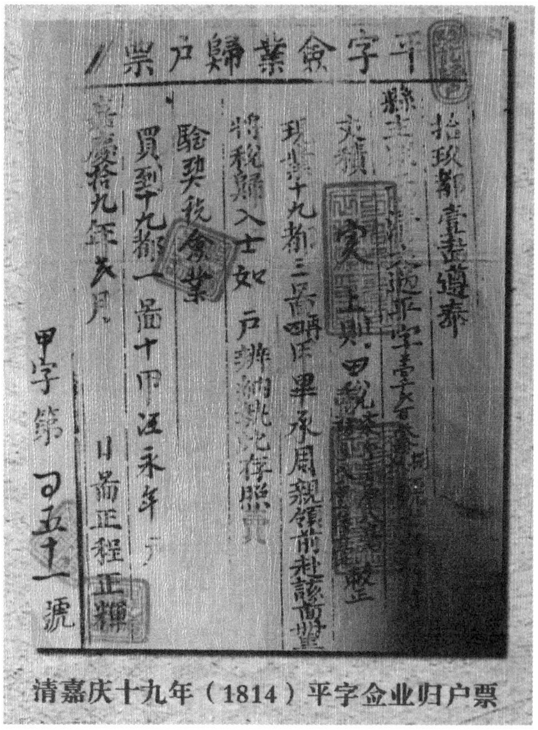

清代中期歙县遗存敛业归户票据

有史以来中国的人口与赋税都是联结在一起的，从这时起人口与赋税才真正脱离关系，清代摊丁入亩的政策措施，集封建时代赋税改革之大成，在中国历史上具有重要意义，它不仅强烈刺激人口超常增长，而且使得中国封建社会奴役人身的徭役制度最后归于消亡，数千年传统的封建时代对人身的束缚，终于在时代前进步伐中得到松解，这是封建社会赋役改革所能达到的最高顶点。

摊丁入亩后人口增长 徽州在贯彻执行“摊丁入亩”政策以后，实施单一的土地税制，从此一切赋役出自田亩，田赋征银数额也相应增加。据道光《徽州府志》记载的前后征收税银数目分别列表对比如下：

表5-8

县名	摊丁入亩前（两）	摊丁入亩后（两）	摊丁入亩银两	
			丁银	其他
歙县	46141	55795	7840	1814
休宁	35367	43570	7729	474
婺源	33954	37665	3371	340
祁门	14727	17034	2261	46
黟县	13730	15414	1613	71
绩溪	16784	18737	1291	659
合计	160703	188215	24105	3404

从上表中可见，各县摊入田亩的除丁银外，还有其他名目税费，各县数量不等。

如歙县与丁银同时摊入田亩的有匠班银691两，船税、茶税、祠租等银820两，本色物料折征应补征银303两，合计共1814两。而祁门县摊入田亩的只匠班银一项。

这项政策实行后，赋税虽然统一出于田亩，但是农民的负担并没有因为改革而降低，正赋之外的额外附加税并未彻底废除， 总的税额仍增加28000两。各级官吏、胥役在赋税征收过程中，勒索敲诈各种费用的现象也未绝迹。道光《婺源县志》录有雍正十一年(1733年)二月，该县颁布的《申详顺庄之法碑》。碑文记载的是知县吴之珽，为禁革胥役征收钱粮积弊，采用“顺庄滚催法”之事。碑文内容摘录如下：

“查婺邑向来陋规：各图馈送图差则有拜见礼、季酒钱、月钱、帮工钱，比较则有带比钱、签钱、酒钱，贴应催则有听比盘费银、在城馈送铺陈银、乡收官役饭食银，经承则有拜见礼、红簿礼、上号钱以及结算礼。种种陋规，无非排年取之于应甲催，应甲催取之于花户。以致浮费急于正供，输将漏于中饱。卑职于抵任之初，即行实力禁革。自雍正九年为始，缮造实征稽滚等册，确核粮额，填注的名，五户一单，顺庄开列。每图每甲止令该甲公推勤谨之人为甲长，分发滚单，交给单首，照单依限赴柜完纳。”

上文所述“顺庄滚催”的征税方法，是从旧法“长单”发展而来。

徽州自明万历时就用“长单”催征赋税。但日久法弛，“长单”催征渐渐流于形式。吴之珽倡行“滚催法”，实际上是旧法重申。

清代实行摊丁入亩以后，征收赋税的业务仍然由基层保甲的胥吏操纵，制度弊端未除。胥役向纳户索要“拜见钱”“季酒钱”“铺陈银”“饭食银”等名目的费用，不断加重纳户的经济负担，国家税收也受到影响。这并非个别地方的现象，而是相当普遍的一时歪风。

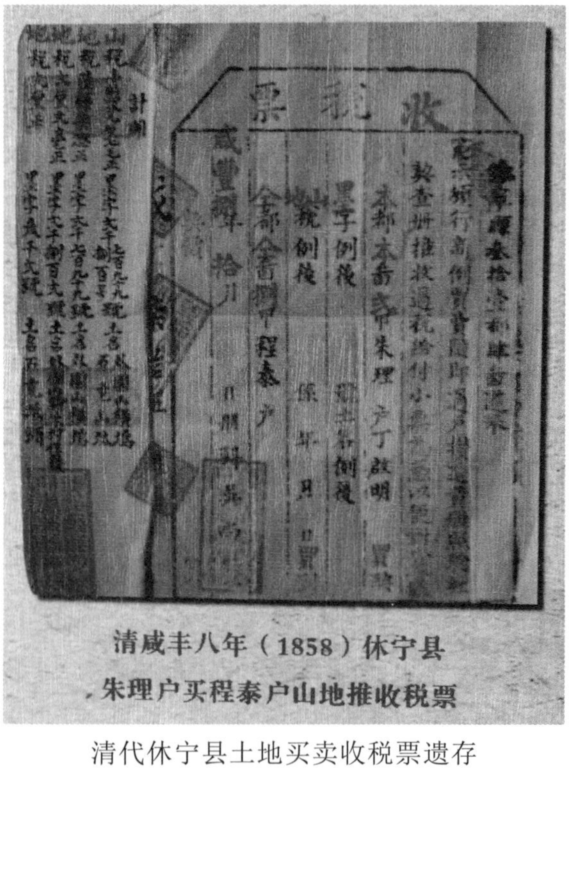

清代休宁县土地买卖收税票遗存

因此吴之珽针对时弊而采取的征税办法，力图减少中间环节，纳户直接照单“投柜”，这在一定程度上减少胥役勒索“浮费”的借口，可以加快赋税交纳的进度。

婺源县实行“滚催法”得到上级的肯定表彰，并加以推广。安徽省布政司批示徽州府曰：“该府所属各县，如有似此陋规浮费，亦即通查，严行禁革。”

这种做法被记载入《清史稿》向全国推

广，此法“每里之中，或五户或十户一单，于某名下注明田地若干，分为十限，发与甲首，以次滚催，自封投柜”。

徽州各县采用顺庄滚催钱粮之法，在雍正、乾隆二朝年间，执行比较认真，对于田赋征收和防止经办人员侵吞舞弊，起到一定作用。但是根本制度没有改变，以后执行中问题增多，民间抗税普遍，农民不按期如额完纳，官府为追交头痛不已。如《道光九年歙县催完钱粮限单》所示：

“道光六年分钱粮抗欠甚多，叠奉大宪严檄催提，扫数批解，业经前署县晓谕征收在案。今本县莅任，查完数尚属寥寥，殊属抗延，合亟饬催。为此仰催役协保立押该图粮、税、书、催头，速将各名下承管各户抗欠该年份迅速照欠领催全完。如再抗顽不完，即锁提粮、税、书催头，并带欠户的名赴县，以凭比追究办。去役如敢徇延，一并究革不贷。速速！”①

欠税追交之外，还有差役额外勒索，道光以后更加严重，其中百弊丛生。徽州大地由催征赋税引起的社会矛盾逐渐激化。

同治初年即有休宁监生胡应元，上禀休邑粮差买卯舞弊请纾民困，两江总督曾国藩批牍“本部堂详细访问，确有其事”，并称“该县知县乃假手吏胥，飞粮买卯，百弊丛生”。

到同治九年（1870年），休宁县参加乡试的生员汪开培等人集体联名上书，向两江总督李鸿章反映太平天国战乱之后，休宁县粮差积弊情况：

“（全县）现充粮役共有六十名，一人名下，或用帮役二三人，或四五人，统计不下二百余人。以二百余人赴甲催粮，每日食用，咸取给于甲催，甲催力难独支，不得不派各甲之花户，至咸丰十年，催更甚，十室九毁，人百一存。

同治八年，有历事数门之门丁杨胖子，住近署民家，与差朋比，百弊丛生，遂致有本户钱粮已完，而同甲同姓异户未完之钱粮勒令代纳。或有本户钱粮已纳，而同甲不同姓户之钱粮查系母党岳戚，亦令外孙婿家代完，名曰‘洗甲’。

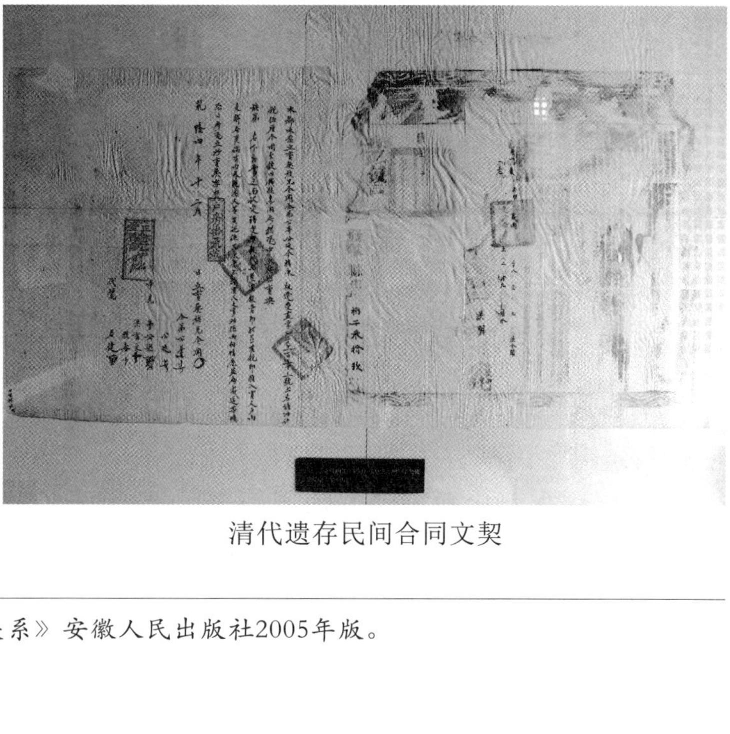

清代遗存民间合同文契

①转引自刘和惠等著《徽州土地关系》安徽人民出版社2005年版。

更可骇者，有旧欠一二分或一二钱未完之粮，索取贴费十余洋之多。四乡中受粮役之累，竟有不惜轻生及鬻女卖子者。

种种新弊，不胜枚举。现充粮役者，类多大厦华衣，出不徒行，狡猾成性，肆行无忌。休邑自道光年间遵行板串花户由单，每一张取钱三文，今则递加至十文一张。

如完纳粮银在一两以上者，尚不见多；其完纳在一二厘者，亦取钱十文，未免子大于母。而一经粮差代领，又复索加钱文。每年上下两忙，县主下乡亲征，官虽供给自备，而随书、差役、舆夫杂项科派费用，均由本管粮役令地保、甲催派出。”

呈文结尾称“休邑总计二百余保，所需甚钜”。[①]

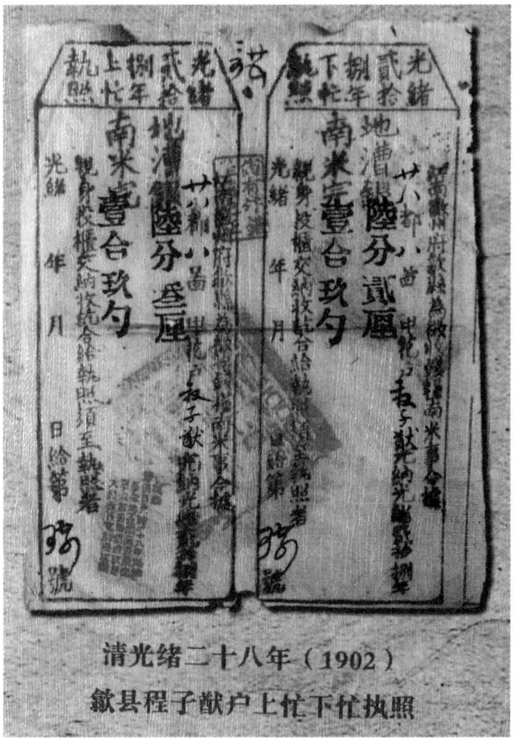

晚清歙县打工完税执照

从以上休宁生员反映的情况看出，咸、同之际，徽州协助官府催征赋税的“粮役”，已经成为一群害民的蛀虫。休宁当时战乱之后，人户仅存十分之一，约九千户，五万余人口，而一县有正式粮役六十人，加上“帮役”达二百多人。其生活费用全由农民负担，确实难以承受。

这些“大厦华衣，出不徒行”的地棍剥削者横行乡里，以催粮为名，大肆勒索。县官与粮役沆瀣一气，对纳户“稍不随欲，即锁到县，禀请押追”。百姓因此怨声载道，那些寒窗课读的生员们不能熟视无睹，于是乘赴金陵江南贡院应试之机，群情激奋，采取上述行动。

联名上书得到两江总督李鸿章的批示，要求安徽布政司会同徽宁道，督饬徽州府详确查明，分别提究禁革。

徽州知府于同治十三年（1874 年）二月颁布禁革粮差十二条，针对应试生员所反映的问题逐条予以查实，但是由于制度上的缺陷，禁革粮差的决定执行不力，纸上条文并不能解决这些问题。

徽州各县的粮差既不是公职人员，也非额编差役，他们是在税粮官收官解的形式下，由州县地方衙门临时招募的“白役”。

所谓白役，从明代起就已有之，清代对于白役虽然也禁革过，“然州县事剧役繁，

①《休宁县应试生员汪开培等上书呈文》，转引自《徽州土地关系》。

必籍其力”，以致他们在田粮催征过程中，成为农村的一害。

至光绪五年(1879年)，婺源知县照会书、差人等，表示要革除征收之弊：“如有格外需索签钱、月钱、带比钱、过场礼、过图礼、过年料、闭料费、一头粮一担费等弊，许各花户指名禀究。”当然这些具文，不会有多少效果。官府要催征钱粮，就不得不利用白役。这些情况翻检徽州文书俯拾皆是，屡见不鲜。如《光绪二十五年休宁县火签》云：

“署理休宁县正堂刘，仰头役督同催役协保，立即押令后开抗不完纳本年分钱粮南米之抗户，勒限即日内扫数清完。如敢逾限抗延，准该役锁带赴县，以凭比追，立待转解。该役等毋得包庇违延致干提比不贷。火速！火速！”[①]封建社会一次又一次的赋役改革，虽然暂时和缓了社会矛盾，但是没有触动封建制度，不能真正解决其中存在问题，往往旧弊未绝，新弊又生。这是由不合理的剥削制度本身所决定的。

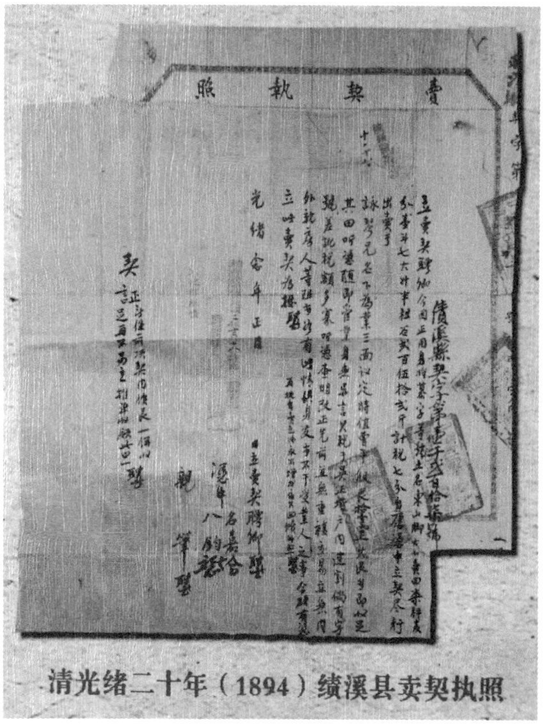

晚清绩溪县遗存卖契执照

第五节　乡村人口登记

中国在公元前2100年夏禹时代就有了人口数量的统计，以后历代都有人口登记制度。西汉全民登记户口，元始二年（2年）保存了正式的全国和分地区的人口数量记载。人口是最重要的国家资源，为了适应社会发展和国家管理的需要，人口登记制度应运而生。

在人口管理中，征收赋役是政府主要的目的。为了使税金落实到位，必须逐一核实户口。唐代以后，农村基层里甲职役不属在编公职人员，只是白役，报酬无着落，登记户口的任务也就不能保证。人口户数随着时间的推移，始终处于动态变化之中，不能及时统计，就无法使数据可靠真实。基层起报点的作用是最基本的，但是基层没有专人负责统计，这个事与人的矛盾，造成长期以来人户统计数据失实，所以整个明代近三百年的统计户口数不但不见增加，反而越变越少。

北宋时期宣城著名诗人梅尧臣，在《田家语》一诗中写道：“前月诏书来，生齿

①转引自刘和惠等著《徽州土地关系》，安徽人民出版社2005年版。

复版录；三丁籍一壮，恶使操弓鞲。”

这就反映在征兵打仗时期，对户口登记强化管理，生孩子都要版录在簿册里。而在平时则又放松不管，无人认真督查。

明代实行“户帖”制度，洪武十四年（1381年）定赋役黄册，行里坊厢之制。每里110户，推丁多者10人为里长，其余百户为里甲。城里设坊，近城设厢，在乡为里。这种制度，名为编审户口，实则均平赋役。

清代对户口实行严格的保甲制，规定州县城乡，10户1牌，10牌为1甲，10甲为1保。分设牌长、甲长、保正。自牌长至保正负责稽查户口，每户将法定事实书于门牌，然后再编户籍册，并制定了一套保甲制编审手续，进行户口登记。

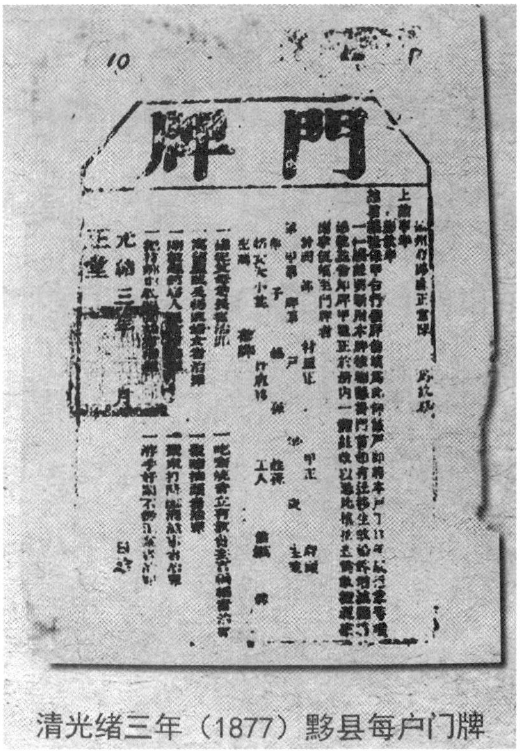

晚清保甲制之黟县门牌

民国时期多次进行统计户口的调查登记：

民国7年（1918年）国家海关总署布置全国人口总调查，进行了一次非正式的人口调查。这次调查只查人口数，没有分项目登记，原徽州六县没有保存数据。

民国8年（1919年），全国经济调查委员会成立，安徽省同时成立分会。是年调查了全国各地的经济、土地和农、工、商、矿、渔、牧等行业连接生产人数。原徽州六县此次有人口数据记载。

民国10年（1921年），卫生部进行生命统计，展开全国人口登记调查。

民国11年（1922年），国民政府下令，由内政部令各省进行人口与土地统计，安徽遵令分安庆、芜湖、淮河三道进行户口统计。原徽州六县属于芜湖道下开展，但无数据留存。

民国17年（1928年）、25年（1936年）分别进行了全国人口总调查。民国17年这次属于人口普查，待后另述。民国25年由于战乱，调查时间前后延续三年，多数县户口册簿散失，人口变动较大。直到民国28年（1939年），原徽州六县完成清查登记，但是全省未能成功，不少县没有进行，约有三分之一的户数漏查。

民国24年（1935年），安徽省民政厅、安保处组织动员，在全省进行了保甲户口的重新编查（当时称之为静态户口统计），编造各项统计表册。随后又下令各县政府、公安局于1936年1月起一律实行户口动态统计。这时制定了《户口调查统计须知》《安徽省各县办理户口动态统计办法》，使安徽省形成了人口经常性调查的制度规定。

但是由于政府领导不力，统计技术落后，上述制度无法落实。

宗祠添丁登录红簿　徽州由于宗族的强盛，农村社会管理的职能实际上是由宗族担当的。宗族对生育子女的管理尤其细致，各个宗族的族谱都规定，设立登记簿，统一格式，婴孩一出生或在某一特定时间即予以填写。为了防止作弊，还规定有人监督公证。

歙县棠樾《重编宗谱凡例》即规定："设立红、白二簿，置各派祠匣内。其红簿定于春祭前三日，凡去年至今春诞子之家，开明某人第几子、婴孩名讳及生年月日，送司祠公处登载于簿。如有犯祖讳者，可令更名。娶来新妇姓名、出某处某人之，又生年月日，亦如之。"

一经登记入簿，即被宗族承认为族人，取得本族的族籍。

现存的清代嘉庆年间祁门县善和程氏家族《衍庆录》，就有这种出生登记红簿的标准样式，其内容是每家出生婴孩、新娶媳妇之姓名的登记。至于如何填写，该书卷首专门辟有《格式》，其中要点有："以二十一世日字行人领分，凡某分生人，则记于某分之下。待后，此簿录满，其生更繁，又宜分出某支，各记其下庶益瞭如。""今此统记生名，逐年登录，则以世从年，不能以年从世，只于其名之上记明某世可也。"

这种红簿所记载的姓名，实际上就是下届修谱的主要依据。

在徽州各地，类似的出生登记红簿每个宗族都有，登记的族人一代接着一代续延下去。同时，每年正月初一，祠堂要举行"上丁"仪式。凡是上一年度出生的男孩（不含女孩），要按所在的支份、辈分和辈名、乳名，预先写在一张红纸上，送到祠堂交给族长或是族长指定的专人审核、认定并登记到专设的"上丁簿"上，以示其族籍得到正式认可。

实行保甲制度　北宋王安石立保甲法，在以往保甲制度的基础上，加以改良。具体内容主要是，以十家为一保，设保长。五十家为一大保，设大保长。五百家为一都保，设都保正、副。家有两丁的，以其一为保丁。

明嘉靖时徽州行保甲制，十甲为一保。保甲制与明初实行的里甲制一脉相承，并无实质性的区别，只是在征收赋税的前提下，适应当时倭寇为患的形势，加强了家家户户之间联防和互保。

当时徽州知府何东序，议行保甲，"令民每十甲为一约，于内公选殷实公正、平日为乡党所推服者二人为约正、副"。[①]这是保甲初始的雏形，其主要作用是为了联防御寇。以后万历年间即由各县颁发"保甲人户牌"，如《万历三十三年歙县保甲人户牌》上，不仅写有保长名字和户主名字，还列有所在都图及"弟、子、侄、妇女"等项目，以便随时查验。

① 《徽州千年契约文书》宋元明编卷三。

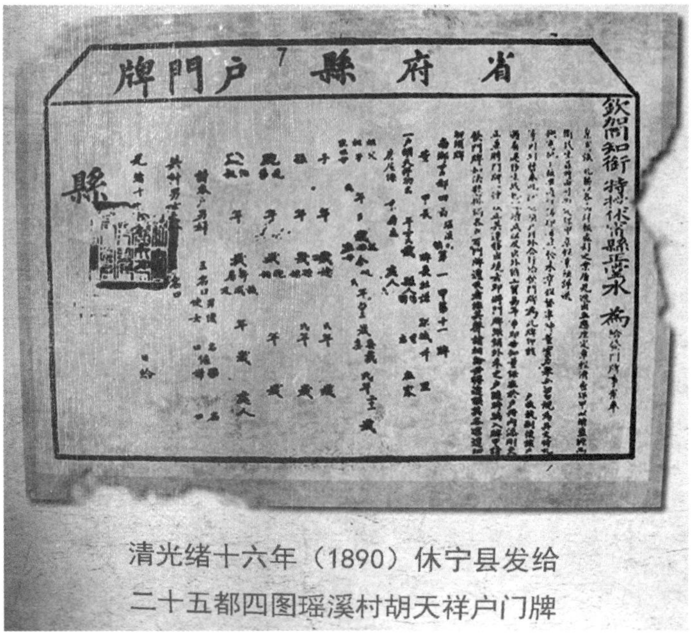

晚清保甲制度下的休宁县民户门牌

清代为了加强统治，对保甲制度进一步完善。顺治元年(1644年)清廷下令，“凡保甲之法，州县城乡十户立一牌头，十牌立一甲头，十甲立一保长，户给印牌，书其姓名丁口，出则注其所往，入则稽其所来”[①]。黎民百姓在严格管理之下，实行十户一牌，十牌一甲，十甲一保，分设牌头、甲头、保长，负责稽查户口。民户在保甲制度下，都要将法定事实书于门牌，填写“烟户总牌”。然后再编户籍册，并规定了一套保甲制编审手续。但是徽州不知为何没有实行“牌头”之设，而是将“大牌悬挂甲长门首，牌中详书一甲十户户主姓名、年龄、职业、田产和户内男女口数”。

清朝强化保甲的目的就是为了监督和控制汉人，企图通过这种民众之间的互相监督来维护异族统治。康熙《休宁县志·约保》记载“国朝尤严保甲之令”，并毫无掩饰地指出这是“用贱以治贱耳”的严酷目的。乾隆三十七年(1772年)规定，每年只调整滋生人口，依照保甲门牌登记，仍循顺治、康熙以来惯例，由户部令各省督抚按年于十月内同谷数造报。

强化保甲制度必然会给民众带来额外负担和很多不便，对此，有的地方基层官员解释说：“十里牌法，或苦劳烦，然欲防奸弊，以安善良，则又不得不尔。”[②]

至于那些“摄公事”的行政职役，被官府驱使，又要对原来由里甲管理的“民间户婚田土斗殴”之事负责，经常劳苦烦恼。但是由于保长不是由民众推选，而是差役点佥的，因此他们在民众中的威信不高，加上没有固定报酬，人户大多不愿充当此职。

徽州农村多数地方采取“轮充”方式，轮流值班担负保长职役，以应付官府。《祁门县九姓轮充保长文约》这份文书，可以说明这件事情：[③]

“立议合同约人三十四都六保，谢、方、黄、陈、江、胡、叶人等，情因保内保长一事，俱系图差(佥)点忠厚懦弱之家充当。是懦弱之辈，不谙事理，何能充当，多

①《清朝续文献通考》卷十九。

②康熙《休宁县志•约保》。

③《明清徽州社会经济资料丛编》第一辑，中国社会科学出版社1988年版第574页。

有误公。

奉前任李主晓谕，公同举保，必择能干晓事者可以充当。今九门人等商议，各门挨换轮流充当，以免图差任意点佥。倘有不能充当者，即转托能干晓事之人管理。凡有保内路死乞丐，合保公同办理，不得累及保长一人。

再有远处逃荒饥民来到保内求食，但保内贫苦甚多，无从给发，是以各姓捐输钱共肆拾仟文整，生息给发以备不虞。为先充当保长者，恐邻里有口角微嫌，必须照理公言，排解消除、弥合，原系保内安居乐业，无讼为贵。务宜同心之至，于是立此合文一样九纸，各门各收一纸，永远存照。”

道光二十九年七月初十日议立。合约人九姓人等（具名略）

地保 叶行三

从这份文约中看出，保长这个职务，在徽州很多地方是由一保之内的所有人户共同承担的。保长上传下达，处理百姓民事，要有一定的协调能力，须要“能干晓事”明理的人充当，在轮流值班时就会有“转托”之事发生。虽然是大家“轮充”保长，但是不免有“懦弱之辈”被轮到，当他们需要转托能干之人任职时，这些能干之人有可能成为准专业的保长，连续担任。日久蔓延开来，就会使得这种轮充性质改变。

顺治十二年(1655 年)，清廷下令全国清查里甲旧册，谕令“各布政使严饬该道府，责令州县，查照旧册，著落里甲，逐一厘清”。可知清初农村基层组织形成保甲和里甲两制并存的局面，有的称保甲，有的称里甲，而且这种局面由于惯性作用，延续了相当长时间。清代初期沿袭明代里甲制度征收赋税，在保甲制度没有完全确立之前，必然有个过渡时期，两种制度并存混用。

从社会功能上看，里甲的主要任务是催征赋税。雍正年间实行摊丁入亩以后，人丁编审已经失去实际意义，人口税的取消，里甲制度的功能进一步被弱化。

从雍乾时期开始，徽州农村中保甲组织逐步取代里甲，成为执行地方各种公事，统计上报户口，承应官府征缴税赋的农村基层组织，为民众所习惯。

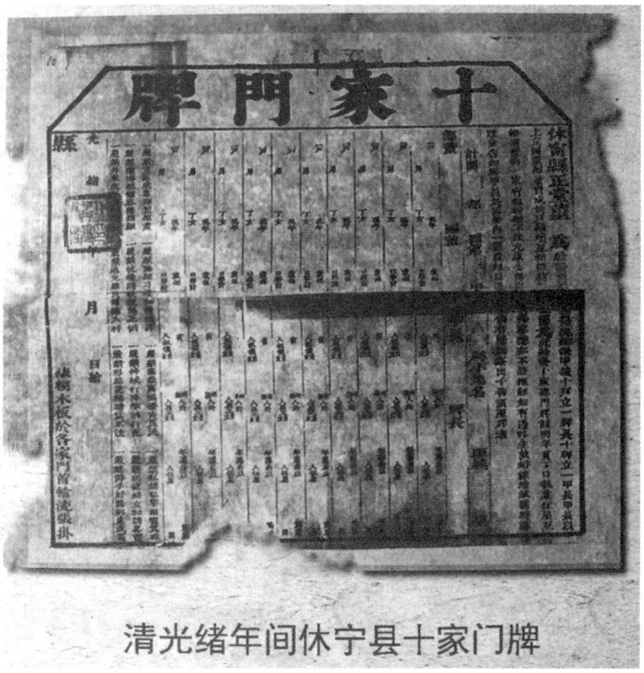

晚清休宁县保甲制度之十家门牌

康熙、乾隆、嘉庆年间三次纂修全国“一统志”，都曾经下令各地整饬保甲，编写地方志，统计人口汇总上报。只是不知为何徽州只有康熙年间的府志，直到一百多年后道光时才又编修过一次，这一阶段正是人口增幅最高的时期，由于没有文字记载，因此人口数目缺失严重。

民国21年（1932年）8月，南京国民政府在江西、安徽等省试行保甲制度，颁布《鄂豫皖三省剿匪总司令部施行保甲训令》《剿匪区内各县编查保甲户口条例》，民国23年（1934年）11月行政院通令各省市施行。保甲因此成为国民党政府基层组织，十户为甲，十甲为保。三保以上设保长联合办事处，指定一名保长为联保主任。保甲以所谓“自治”为旗号，按照“管教养卫并重原则”进行管理活动。“管”是清查户籍，实行连坐；“教”是党化教育，反共宣传；“养”是摊派税款，组织劳役；“卫”是抽派壮丁，缉捕镇压。这些制造“白色恐怖”的倒行逆施，并没有挽救国民党统治必然灭亡的命运。

人口调查 清代初期的人口统计，由于“丁”的含义不清，“原额人丁”“常额人丁”和“滋生人丁”等概念难以界定，各地的统计数据差异很大，以至朝廷无法准确掌握全国的人户情况。实行摊丁入亩以后，增加人口与赋税脱离关系，因此人口增长进入快车道。但是，各地人口统计数据很不完整。

不过，各地也没有必要再隐瞒人户，统计数据相对以往要可信得多。但是丁与口混用的习惯还维持了较久的过程，从徽州各地方志记载的情况判断，直到乾隆三十一年（1766年）还在统计“滋生人丁”数。

据说，皇帝也被这些丁数弄得焦头烂额，自以为聪明的乾隆帝无论如何也换算不清这些乱套的数目，于是下决心从基层保甲组织开始整顿清理人口统计制度。乾隆二十六年（1761年）下旨：

“据李瀚奏，停编审造册一摺所见甚是。已批交该部部议奏。第思编审人丁旧例原因生齿繁滋，恐有漏户避差之弊，是以每届五年查编造册以备考核。今丁银既皆摊入地粮，人户又遵康熙五十二年皇祖恩旨，永不加赋。则五年编审不过沿袭虚文无稗实政，况各省民谷细数俱经该督抚于年底专摺奏报户部核实，具题付之史馆记载。是户口之岁增繁盛俱可按籍而稽，更无籍五年一次之另行查办，徒滋纷扰。此旨无庸交议，嗣后编审之例，著永行停止，将此通谕各督抚知之。钦此。”①

徽州在乾隆三十一年（1766年）“奉旨，五年编审之例永行停止”。后来继位的嘉庆皇帝曾经在查阅报告时，发现某些地方的人口报表中连续几年增加的人口都是一样多，不禁大为恼怒。但是，清代人口数据除了乾嘉时期两次编修《一统志》，下令各地统计上报，尚较完整以外，大多数年份缺环很多。徽州府各县就因为人口登记报表不统一，以致全府无法汇总，在整个清代府、县地方志当中没有完善的人口数据留

①嘉庆《绩溪县志》、同治《祁门县志》。

存下来。

光绪二十九年 (1903 年) 推行维新变法失败后，清廷废除新政，但是仍然有保留地吸收新思想，在这个背景下，决定全国进行人口普查，由内务部统计司向各省发出通知，统一调查表格和详细的填写方法，以全部人口为调查对象，分别调查男性人口和学龄儿童，全国统一时间进行。

这是历史上第一次真正现代意义的人口普查。只是由于多种原因，这次调查徽州府属下只有歙县、休宁、绩溪三个县有“新政”户数和人口数，其余三县则告阙如。

宣统二年 (1910 年) 全国人口普查，其首要目的是为了实行君主立宪选举议员，次要目的是“划分自治区域、普及教育、征集民兵，整理租税等项”。这次《调查户口章程》有特别规定：

“每户编门牌一号，其有二户以上同住者，应以一户为‘正户’，余为‘附户’。凡两户以上同住者，以先住者为‘正户’，后住者为‘附户’。若同时移住，则以人口最多之户为‘正户’。‘附户’应另列号数，标明‘附户’字样，别钉门牌。”

这里提出的“户”与“家庭”，其两者含义是有区别的，章程中明确规定，户的成员必须共同准备膳食或其他的生活必需品，而仅仅是同住没有共同经济生活的成员则另为一户。

这个规定在徽州府各县得到贯彻执行，如绩溪县户口调查 19588 户，其中“正户”15631，“附户”3907。户均 4.76 人。六县合计 206748 户，其中正户 167326，附户 39422。虽有总数而其他县却缺失记载，其中原因不知底细。

直到 1928 年，表面上全中国已经统一了的国民政府内政部，下通令全国实行人口普查，才有了较完整的人口数据。通令称：

“我国人口向无正确统计。凡办理选举，实行清乡及筹办自治时期，各县辄闭门造册，任意浮报，以致弊窦百出。总理《三民主义》中《民族主义》第一讲谓：我国四万万之数，犹是前清乾隆时所调查。据美国公使乐克里耳言，中国现在人口，至多不过三万万，是已减少四分之一。此种天然淘汰殊属可惊！

究竟我国人口总数确有若干，或增或减？经此次调查后，必须得一精密之统计。而后内政一切设施，方有根据，内以谋一切救济事业之扩充，外以抑制列强人口之压迫，振兴民族。

本部长深恐各县对于调查户口仍前敷衍，殊失此次慎重调查之本意，为此重申训令，即仰该厅对于此次调查户口，务须督饬各县，切实确查，如限呈报。从事调查时，并须开导人民实报无隐，不得听凭区长、村长随意代填，更不得打录旧日选民表册，敷衍塞责，并应随时由该厅派员切实抽查。

倘发现有不符之处，即将该县长从严惩处，以儆玩忽，而重要政，是为至要，切切此令！”[①]

同时，主持南京国民政府的蒋介石总司令严厉饬令各省清查户口。对安徽省电令如下：

安庆孙代主席钧鉴枢密：[②]

皖省户口须限八月底即三个月内第一期调查完毕，责成各县长实行。如有不确，如从前之选民册谎报乱填，一经查明，则处县长与调查者以死刑。省政府有关委员亦处应得之罪，轻者应予以免职处分。蒋中正梗印希即查照，勿误。并将进行办法详复。

中华民国十七年五月二十三日

省政府接到电令后，不敢怠慢，五天后即复蒋总司令电。

徐州总司令蒋钧鉴：

枢梗电奉悉。遵即拟订调查户口。各表式、门牌式及调查规则、方式、举办保甲条例，令发各市县政府限遵办。并先严电筹备矣。除已连同漾电于宥日，先电复。仍俟将详细办法连同各种表式、规则、条例，另文详陈外，谨此电复。

安徽省政府代主席 孙扣 俭印

中华民国十七年五月二十八日

同时安徽省政府电令全省五十九县清查户口先行筹备具报：

急五十九（除怀宁）县长，览奉总司令蒋梗电开，皖省户口须限八月底即三个月内，第一期调查完成。责成各县长实行，如有不确，如以前之选民册谎报乱填，一经查明，则处县长与调查者以死刑。省政府有关委员亦处应得之罪，轻者应予以免职处分。希即查照勿误，等因奉此。除拟订调查户口各表式、门牌及调查规则、方法、举办保甲条例另文颁发，并电复分行外，仰该县长于电到日限集绅先行，妥议筹备具报，勿延误干咎。

省政府俭印

五月二十八日

从以上各文中可以看出，普查的目的和意义在于，民国中央政府内政部对当时全国人口数是四万万、还是三万万不能确定，各种言论并起。尤其是美国公使的看法，

①参见复旦大学出版社出版、葛剑雄主编《中国人口史》。

②参见《安徽省志·人口志》1995年版。

让民国政府不安。

多年来军阀混战，社会秩序乱成一团，管理松弛，人口是增是减心里没数，寄希望于这一次查清。然而普查结果却无法汇总，让人们很失望，仍然不能确定全国人口数量。

直到过去八年后，1936 年民国政府内务部才公开发布全国人口总数，对民国元年(1912 年) 的人口数经过修正补充确定为 419640279 人。中国还是四万万同胞，并非如美国人所说的那样，只有三亿人口。

据《安徽通志稿》记载，民国时期的人口普查、调查及人口登记中，不再界定户的标准，已经没有正户、附户的规定。“凡户不分正附，一家住数户者，以数户计。同父兄弟虽分炊而仍同居者，以一户计，异居者以各户计。外姻或同族相依过度及友朋只身寄居者，以一户计。店铺以一招牌为一户，无招牌者以门面计，同一门面有两铺系家店同主者，以一户计。系两铺东者以两户计。前店后家如系家店同主者，以一户计，不同主者以两户计。”

但是对于船户、寺庙僧道、公署、监狱、学校、工厂及其他公共处所一律普查另行编号，以示与普通民户有所区别。

由于全国实行双轨制，按两种规则执行，苏浙皖三省率先普查。1928 年安徽省政府组织人口调查较为顺利，结果显示，原徽州六县共计有 984355 人。歙县、休宁、婺源、祁门、黟县、绩溪六个县的人口数据都很整齐，取得了良好的效果。同时，民国年间安徽省民政厅、安保处组织动员，在全省进行保甲户口的重新编查(时称静态户口统计)，编造各项统计表册。随后又下令各县政府、公安局于 1936 年 1 月起一律实行户口动态统计。这样就使得全省有了人口经常性调查的制度，几乎每年都统计各县户口，取得的人口数据也比较完备。但是明显存在缺陷，一是只有户口调查，统计项目少；二是制度不够落实，政府乏力。加上社会动乱，统计力量薄弱、技术落后等因素，与现代人口统计要求相比，自然达不到应有高度。①

第六节　民间宗族会社团体

明清时期，随着徽商成功经营、科第兴盛和宗族繁荣，人口增长迅速，徽州大地上各种民间社团组织也如雨后春笋般蓬勃兴起，会社和乡约非常的活跃。会和约这些聚集人口的社团建立，就是这一时期社会组织的集中体现。

会社种类　“古人以乡为社”，社本是农村基层单位，也是人口组合的一种社会

①资料来源：《安徽省志•人口志》1995年版第278页。

形式。拥有共同信仰和志趣相投者聚会在一起，同行业的生产经营者结合在一起，他们有组织地形成了各种各样的、凝聚人口的民间团体。徽州这类社的组织繁多，其中既有文人的集会结社，也有缅怀先人的祭祀性的社，还有行业性的社，所谓“后人聚徒结会亦谓之社”。特别是在人口密集、经济发达的地方，会社尤其活跃。如岩寺，类似地各种各样的社就有永兴义井社、长兴社、四义井社和龙潭社等 15 种之多。

会的组织，主要是指人群的聚会，人们相聚一处即称“会”。社与会含义相似，有的史书将社与会并提混用。乡贤黄宾虹则认为：“结社立会，昉于晋唐。明代士大夫，遭际衰微，特重声气，论者谓复社废兴，几与国运相始终。”

徽州“会”的组织及其活动极为兴旺，文人之会称为“文会”，商人之会称为“商会”，祭祀之会因为所祭对象不同名称各异，如祝圣会、关帝会、观音会等等，不一而足。还有各种不同行业的经营者组成经济性质的会，划分股份，入会者须交纳一定股金方能入会，并有坐东及分红的义务和权利，如钱会、茶会、养山会和九子会等。另外还有一些慈善性的会社组织，以互相周济、患难相恤。甚至于还有惜字会，目的是教育学生及市民敬畏文字、爱惜字纸。早在唐代佛教寺院僧侣的日常规范中，明文规定：如厕拭秽“不得用文字故纸”。宋代就有这样的故事，“王沂公之父爱惜字纸。见地上有遗弃的，就拾起焚烧。便是落在粪秽中的，他毕竟设法取将起来，用水洗净。或投之长流水中，或候烘晒干了，用火焚过。如此行之多年，不知收拾净了万万千千的字纸”①。

清末徽州知府刘汝骥提到过当时屯溪的培文惜字会、华山惜字会，②该会募集善款，刊印善书、善文，分发百姓，宣传惜字理念，劝诫爱惜字纸，捡拾字纸，集中到“惜字炉”焚烧。这种炉子似塔非塔，似亭非亭，上面刻着四个字：“敬惜字纸”，专门供人焚烧纸钱。可谓是：字纸成丹桂，炉烟结祥云。“百年无废纸”“字纸胜金石”，在这种理念熏陶下，徽州人培养出世代惜字如金的优良习俗，这才保存有大量千年文书契约，成为当今稀世之珍。

会社职能 会社本身是一种人口的聚合，联合人群、联络感情应当是它的基本功能。早在北宋时期，大文豪苏辙为绩溪县令，就曾经“与民相从为社，民甚乐之”。《岩镇志草》中记有南宋咸淳六年 (1270 年)，邱龙友等请地立社的奏疏。丰南吴氏早在宋元时，就建有仁德社、宜男会。从歙县江村村志《橙阳散志》当中内容来看，又有“祭祀首重社事，元天历己巳创行之，旋止”的说法。可见徽州会社在宋元时期屡有兴废，这个时候，徽州祠堂未兴之先，族祭依附社祭成为一种重要方式，徽州宗族包括祭祖

①[明]凌濛初：《二刻拍案惊奇》第一章。

②[清]刘汝骥：《陶甓公牍》卷十二《法制科：休宁风俗之习惯》。

在内的种种共同性活动，即是在社中进行的，或以社的名义举办，兴社成为宋元时期聚族而居的徽州地方村庄祭祖祀神的重要形式。

明代民间立社有“始于洪武，成于嘉靖”之说。明初洪武三年(1370年)，朱元璋“诏天下乡民立社”。所谓“洪武礼制，每里建立里社坛场一所，就查本处淫祠寺观毁改为之，不必劳民伤财，仍行令各乡图遵行”。

之后，嘉靖五年(1526年)，明廷又重新申令地方立社，要求将各处立社处所等情况，“备造文册，各另径自申报，以凭查核”，并以此作为衡量“有司之贤否”的依据。

在官方的鼓励下，徽州各地会社在中明以后更加普遍。歙县江村即于嘉靖五年兴立社祀，“里外村介塘分二十四股，后并为十六股，轮司祀事，岁于正月上元前三日，设祭演剧，陈列方物，广张灯彩，曰‘朝献’”。

江村的这种社祭对“朝献”礼仪十分讲究，其间“备极丰腆，奇珍异玩，弗惮千里，采购以供享祀”。

到了清代，徽州人口数量达到极盛，民间会社组织高度发达，祁门县六都善和村的各类会社已有33个之多，其中属于祭祀性的就有26个，分别有老关帝会、英义会、崇义会、正义会、叙义会、友善会和复关会，还有世忠会、元宵灯会、忏灯会、天春会、玉成会等。由于会社突破了同姓宗族成员血缘关系的限制，活动范围更加宽广。尽管徽州有不少会社是以宗族形式体现出来的，有的会社仅限宗族内部族人参加，如祖先祭祀的会社等，但还是有很多会社打破了同宗同姓的界限框框，成为整个村庄具有共同信仰或志趣相投者的聚会组织。

文　会　文会。其名源自《论语》中的“君子以文会友”，乃文人聚会之意。南朝梁萧统《昭明太子集》曰：“昔时文会，长思风月之交。”说明其历史起源由来悠久。

明代徽州文人立会之风日甚，“歙城市乡镇，各立文会”。城里《斗山文会》知名度很高。呈坎罗应鹤，致仕外归，明万历时创“求益轩文会”，并写《求益轩文会序》，其中有制墨大师罗小华参与。

崇祯庚辰(1640年)抄录成册的《溪川文会名录簿》中录有众多会员，并有会规29条。如对文会经费管理作出规定：“司会每年派定四人，于中一人司匣，一人司钥。凡遇公用，开匣上账，必管会四人眼同。如营私及徇情假借，私自借当者，查出罚银五两，入匣公用，会众仍共督其赔偿，毋使稽迟岁月。”

另外还有保存至今的《呈坎文会名录》，记录自明朝元年至民国时期近六百年间的文会会员名单，共记有504人的简历，其中罗姓483人，程姓18人，王、江、杨姓各1人。

文会主要由乡绅、文化人组成。《岩镇志草》指出：“岩镇市拟五都，巨姓大家，百氏间处，非若他乡聚族而居，家法祖规，犹可齐之以礼。然所最宜划一者，莫如文会。”

休宁月潭朱氏宗谱记载：明崇祯己卯岁 (1639 年) 贡生朱化光，曾经“与名彦结社萝山，有《萝山文集》行世。又尝与潭上诸同人设立文会，课文讲学，鼓励后进”。

徽州各地成立文会以移风易俗、厉行教化为目的，成员多是当地有名望人士或称之为精英阶层的名流，他们平时聚会吟诗作文、以文会友，宣传儒家伦理，推行教化，他们读书明理，“言规行矩，讲学明道，砥砺名节，宣布教化”，充当了地方教化组织的部分职能，有的甚至参与当地重大事务的讨论和处理。文会对某些纠纷事件作公正评判，官府很重视文会的意见。所以在徽州，“士尚气节，吟取予，其高者杜门却轨，自偶古人，乡居非就试，罕至城府。各村自为文会，以名教相砥砺。乡有争竞，始则鸣于族，不能决，则诉于文会，听约束焉；再不决，然后讼于官。比经文会公论者，而官府籍以得其款要过半矣，故其讼易解。若里约坊保，绝无权焉，不若他处之把持唆使之纷纷也”。

明清时期，徽商成功崛起，科举成绩瞩目和宗族兴旺昌盛，民间会社组织如雨后春笋般兴起，徽州成为全国文会最为发达的地区。

士，民之望也。士绅，或称缙绅、绅衿，是随着科举制度的确立而逐步形成的一个以科举功名之士为主体的在野的社会人口群体，在传统中国具有特别重要的地位，多以“士林”相称。

这个社会阶层主要包括取得了科举功名而又不居官位，而且大多生活在本乡本土的人群，也包括通过捐纳、保举、军功等异途，获得功名和职衔者，以及因退职、休致、丁忧等原因而在籍的官员。最著名的如歙县状元洪莹和金榜，弃官不仕，回乡研学。

作为士、农、工、商“四民”之首的士绅阶层，不仅是知识的权威，而且是教化的楷模，通过对经典文化知识的占有以及与政治特权的结合，在传统社会中因政治文化地位优越而受到普遍的尊重与敬仰，在乡村社会更因其承担教化民众、道德规范之角色，享有崇高威权，对传统社会秩序稳定和延续发挥了重要的作用。

他们一方面是官僚的后备军，将由士入仕；一方面居四民之首，往往又是广大民众的领头羊。从而受到统治者的极力笼络和格外重视。

祁门《方氏宗谱·族规》有《励士风》条，明确突出“士”在宗族中的特殊地位，并对士及登仕者提出了德行上的具体要求：“士居四民之首，禔躬行与庸众不同。予族祖先凡登仕籍者，虽崇卑异秩，皆能尽当官之职。今后仕者当以前人为鉴，不可贪财坏法，有玷祖先。其举监生儒等当居家时亦必修德励行，以端其本，访寻益友，以观厥成。切不可虚闲岁月，淫朋嬉戏，以堕士风，以贻非笑。”

不仅如此，还有《重斯文》条，强调所有读书人都是宗族所依赖的维持者：“宗族所赖维持而勿替者，斯文而已。重斯文则族日盛，薄斯文则族寖衰，此古今之明验也。”

读书斯文是产生士绅这个社会阶层的土壤，培育好这块土壤，就可以源源不绝地培养出文化水平较高的文士来。士子众多，科举登第入仕的竞争力就强大。宗族旺盛，光耀门庭才有可能。

根据其不同的创立者及其成员，明代徽州文会大致分为以下四种类型：

其一，文人自发结成的文会。这是文会的传统类型。如道存书院，明末建，为歙县五都士子会文之所。汪道昆在丰南组织丰干社、白榆社等文学会社，诱掖后进。唐皋之孙一羽，在岩镇结天都文社。此外，还有有文会所和慕川书屋等。这种高层次文会在明代徽州，不仅数量少，而且影响也小。

其二，官员士大夫、地方士绅创建的文会。这是为了提高地方科举水平而兴建的文会。如歙县的南山文会，“明唐殿撰皋、郑大参所建，萃里士会文于此”；北园文会，由名士凌庆四创建；郡城文会(即斗山书院)，“嘉靖十年，知府冯世雍，葺为精舍，万历间改为书院，邑人大学士许国、按察使凌琯重建”。

入清以后，文会普遍开花，活跃异常。据不完全统计，仅黟县就有：康熙四十九年(1710年)，五都余村余廷联、叶琬生、程汝骧等倡建聚奎文会，知县李登龙为序；四都文会，由乡人乾隆进士、饶州知府方昂，倡办并赴会参加活动；嘉庆五年(1800年)，六都合乡建立集诚文会；嘉庆二十年，霭门十二姓捐置田产，建书屋，立集益文会；道光年初，五都南屏富商李宗楣重资捐会费，培植寒士，致会兴旺，因此名重一方；光绪二十年（1894年），城外十五姓捐资，重组被战争破坏的翠英文社；晚清有乡贤胡朝贺等人创立修月轩文会。如此等等，不一而足。

其三，家族文会。徽州著名的家族文会有：阜山文会、檀干园、南溪别墅、兴贤会馆、川上草堂、双溪书屋和云门书屋等。

此类型文会，一是由家族中的官僚或富商斥资打造。如棠樾文会，是鲍氏同族士子聚会的场所。清代嘉庆时在扬州任两淮盐务总商的鲍志道与弟启运、子漱芳捐出巨资，将鲍氏支祠重建一新，在祠左侧修葺文会，供族内子弟活动。川上草堂，是“尚书游应乾，为族人会艺所建”。婺源潘琏，“始业儒，后念贫无以养，遂服贾。家稍裕，延师课子，倡兴文会”。

二是以合族之力共创。如兴贤会馆，游应乾、游朋孚，率族人共建。双溪书屋，“余氏建为会文之所”。

祁门历溪文会，建在王氏宗祠“合一堂”北侧，供族中文人、士绅聚会讲文之地。

休宁月潭朱氏家乘记载：明崇祯己卯岁(1639年)，贡生朱化光，曾“与名彦结社萝山，有萝山文集行世。又尝与潭上诸同人设立文会，课文讲学，鼓励后进”。并且在村里建文昌阁，作为文会活动场所。

月潭朱氏宗族规定：凡加入文会者，须得庠生以上功名资格；此外，还吸收道德长者加入。参加文会需要举行一定仪式：先由会首发给长袍、马褂、礼帽、长靴，然后带到文昌阁拜文昌帝君，并放鞭炮、请酒宴。以后“每逢岁二月菩萨圣诞之辰，率循旧礼升阁祗迎展，拜于观成殿下”。成为文会一员后，就可以担任祠祀礼生，也可以参加文会讲学等各种以文会友的文化活动。

文会会员本身文化素质高，受到家族内外群众的尊重，因而他们成为宗族管理工作的参谋，处理族内外纠纷的调解员，村里发生人与人之间的矛盾、家与家之间的纷争，往往先请文会会员帮助调解。

另外，黟县五都南屏村叶氏家族文会；婺源溪头程氏家族在“族中创立文会”；李正杰，“捐金修祖祠，置祀产，兴文会”；黟县史世椿“重建家祠，兴文会”等等记载多多，举之不尽。

歙县《潭渡黄氏族谱·祠祀·附公义规条》载：“公议宗祠规条计三十二则，乃八堂尊长暨文会诸公于康熙甲午仲春下浣七日议定，自当永远遵守。”明确指出这些规定是经过宗族族长与族内文会共同议定的，因此具有约束族人的权威性。

其四，文会堂。为了便于准备参加科举考试的学子们相互切磋，徽州众多书院中还附设文会堂，作为他们的会文场所。

如著名的歙县紫阳书院，中间为堂，旁为求忘、怀德两斋，其后为文会堂；环谷书院，“中构堂三楹，以祀环谷先生，右构一堂为名宦祠，其左则文会堂及膳堂，以资诸生讲业”。

有的县则直接以书院为会所，如“婺源则以书院为会所，学者时集焉”。

徽州文会均有固定的场所，所谓“文会以会文事也，正其名，宜有其地”。有专门人员管理日常事务，以保证文会的正常活动。

如黟县江光裕，则已“经理文会多年”。婺源紫阳书院由大司成邹守益负责会文事。除有专人管理日常事务外，会文之事还另有专业人员分管，天启元年(1621年)歙县江村江学海的《重兴聚星文社序》中道：“问谁执耳挥尘，则有别驾、广文二公；问谁主席刑鸡，则有司丞从事；问谁执铎镇喧，则区区鄙吝愿奉周旋所不辞焉。”

这是一种很典型性的分工，集中地体现了文会的文采。

文会的职能作用主要体现在三个方面：

第一，教育职能作用。集一乡、一族之士“偕攻制义”，通过“同类相求、同朋相照、同美相成”，共同提高水平，增强在科举考试中的竞争力。

文会在教育方面起到的作用，具有科举考试预备班的性质，特别是正月里总要发表科举考试的模拟试题，供大家练习，应对考试更有把握。

一个地方文会兴盛与否往往关系到这里科举的盛衰。明末崇祯八年(1635年)，歙县江村江道振，就这样认为，近些年来本村族人为什么“甲第无闻，求其所以，缘会馆未建而会事萃涣无常也”。科举成绩不兴的原因是因为会馆未建，读书士子没有固定场所聚会学习。因此他在《聚星会馆告成序》中写道：“明兴，沿赵宋贡举法，以文取士。生斯世，匪藉制义为羔雁，即欲颉颃青云，道无由也。吾乡先哲应运而起者，代不乏人，文章经济彪炳宇内，至今犹可考见。然学多独证。嘉、隆以上，萃一乡之彦而课制艺者未之前闻，聚星文社肇自万历癸未(1583 年)，则程中宪、江大中丞二公共创之，以兴起斯文者也。”

序文所指江村的聚星文社于万历十一年（1583 年）冬季成立后，以“佥、宗二老为斯文主，二老慨然以造就来学为己任，命题秉笔，寒燠靡倦”，学子们“欣欣乐就正焉”。到天启元年(1621 年)时，江学海证实，自从江村创设聚星文社后，“一时人心鼓舞，争自淬磨，乙酉(万历十三年)之役，社中荐贤书者两人，廪学宫者若干、入胶庠者若干人，文社之益彰彰矣。频年来，士之获俊者稍不及昔”。

由此可见，文会进行的教学活动，对科举考试的成绩有着直接的关联。

第二，娱乐职能作用。会社本身就是人口的聚合，因此联络人群、交流感情的娱乐功能是最基本的特点。“文会以会文事也，正其名，宜有其地。”为了给莘莘学子创造一个良好的会文环境，徽州各地文会会所都建造得崇丽宏敞，内部环境优雅。学子们在会课制艺之余，时常约三五好友，在文会中宴乐会饮。文会在这里起着亲善作用，陶冶彼此性情，联络交流各自感受，砥砺切磋，讨论学问，互相启发，文友们从中可以得到情绪满足、宣泄和慰藉，从而达到娱心、娱情的目的。

第三，仲裁职能作用。当一些纠纷在宗族祠堂里解决不了时，就会由文会的知识精英来进行“乡评”。《歙事闲谭》中说道：“各村自为文会，以名教相砥砺。乡有争竞，始则鸣族，不能决则诉于文会，听约束焉。再不决，然后讼于官，比经文会公论者，而官藉以得其款要过半矣。故其讼易解。若里约坊保，绝无权焉，不若他处把持唆使之纷纷也。”从中可见，大多数纠纷在宗族内能够解决，不能解决的重大矛盾，则可以提交文会调解，而不像他处，由里约坊保这些基层组织的胥吏把持操纵。

许多宗族明确规定发生纠纷不得报官，以避免“惊官动府”。休宁云山洪氏族谱指出:“族中互相争竞田土大小等事，不许竞自赴官陈告，务要投明于族众，会议是否。”歙县许氏家规规定：“凡遇族中有不平之事，悉为之处分排解，不致经官。”

明天启年间，休宁境内瑞金山矿产资源丰富，被一些山民盘踞开采，造成水土流失，使山下居民深受其害，一些村庄生齿凋残。乡村贤达之士曾请求县令张涛、戴东旻先后示禁，但无奈山民“奸顽无知法度，巡缉偶踩不无见猎之喜”，没有取得预期效果。

为了切实保护山脉，同时兴举人才，士绅江世济提出通过建立文会，抑制无序开山的主张，他提议在山后平旷之处建立会馆，“选八乡之俊彦，肄业其中，置田以为膏火。春秋节日，乡贤达群集于此，评其文艺工拙，为之督课讲学焉”。

文会的建立，形成昌盛的文化文明气氛则可使“庶几奸顽者闻而裹足”。方西畴《新安竹枝词》写道：“雀角何须强斗争，是非曲直有乡评，不投保长投文会，省却官差免下城。”

徽州文会有如此高威望，原因在于其成员文化素质高，为人正派，处事公道，能够使人心悦诚服，得到百姓信任。举两个著名文会为例，可以说明其社会价值之高，社会影响面之广：

明代岩寺最大的文会——南山文会，《岩镇志草》记载，会例规定：“凡本籍新文学，入会则用彩旗鼓吹前导至南山亭，祝史执香作乐迎于道左。”入会仪式很隆重，会员风光无限。名儒郑佐，“首端士习，每月定期讲论于南山之阳。喜有庆，哀有吊，习业有会，彬彬然礼义相先”。

以后万历年间“复建友善会馆于株山之东，别为明经胄监会业之所。每岁三月二十日祭文帝，于其中即为课期，而文学不与也”。

文会立有章程，组织严密，管理有序，制度健全。固定每年三月二十日祭祀文帝于友善会馆，其组织管理者由五位会首轮值，会费开支有余资则五人分领，但须于次年三月十日之前交出，不征利，亦不得欠缺。

时有汪嘉俊，为五司事人之一，循例分领五金。其所分领之金为子携带出外经商，约定三月十日前邮回，然至三月九日尚无音信，汪嘉俊焦急万分，“踌躇回顾，不可如何，泫然自念来日广众之中，何堪受人诮让”，不料“日将暮时遂走荫山投澄潭而死”。然而第二天早上信和钱已及时寄到，俄延原因是路途受阻，有所耽搁。由此可见汪嘉俊为人诚实守信、重廉耻若然，用自己宝贵的生命证明清白，文会信誉和威望之高可见一斑。

因此经文会教化或处置的事情自然也公道，他们调处的讼案和纠纷易为官府和争执双方所接受，“故其讼易解”。

还有一例知名文会社——绩溪庙子山的寺后古社，经数百年演变发展，其间特别是咸同兵燹的血与火的洗礼，浩劫过后重生，至清末光绪年间，人口过剩的情况根本扭转，乡村士绅生活优裕，心情怡和，此刻“稍稍讲经义，通翰墨。潘家潘文波、李家李世恩、八亩丘汪英如、社屋冲汪养吾、胡家谠胡润民、庙子山曹健甫诸君，一时并出”。

沐浴着寺后社先人的教化遗韵，生活好转的村民们重兴文风，民国《绩溪庙子山王氏谱》编纂者王集成，对此有无限的感慨，他说：“余生逢其会，粗窥诗书礼义微风，晴日好兴，二三君子徜徉于古社，审视‘嗣后’二字，想象当年之所以勖后人归厚德，未尝不低回向往，深自勉焉。”徽州文会社的潜默教化功能由此昭然若揭。

单姓村庄的文会，一般是由同族文人组成，文会有文人捐献的会田，收入充作文会活动经费。

祁门历溪王氏宗族建文会于宗祠“合一堂”北侧，立文会规章，设固定场所，定期活动，全族文风大盛，名人层出不穷；

休宁率东程氏，“选宗之贤，各出三百缗，创为会约，严立章程，号曰‘正义’，凡直人之枉，恤人之乏，均于此取资焉”。

婺源溪头程氏“族中创立文会，输租数十秤资助”。

黟县商人史世椿，“勤俭好义，重建家祠，兴文会”，对宗族文事活动，他都慷慨出资。

在多姓村庄，文会是由几个宗族的乡绅共同组成。

祁门县莲花村千余人口，有十个姓氏，分别成立了五个文会，其中聚奎文会由一项姓和三个不同支派的余姓组成，有会田 9.6 亩出租；聚英文会有田 13.45 亩。

绩溪宅坦村先后创建了翚西文社（乾隆时胡挺，捐田十几亩重修）；玉成文会（嘉庆时村人以 49 个股份购置田产，分七班轮流看管，除招子弟读书外，还用田租收入操办祭事）；惹云书屋（乾隆时胡大锦修）和桂枝文会。清末新政，兴办新学，光绪三十四年（1908 年）在文会基础上创办了桂枝小学校。

官方兴办的文会，接受社会各界捐赠，建立公共积金，为文会活动提供经费。婺源紫阳书院，当时知县郑国宾，曾经购田二十亩，以其收入作为活动费用；婺源知县张授，也购田四十亩作为紫阳书院会田，“为生儒讲学会文之费，县给印信出纳簿，儒学收贮”。

贡生王廷鉴，为双杉书院“捐腴田七十余亩，以赡族中读书会课膏火之费”；

曹雅范，为萃升文会首先捐田，后有曹天治又开垦“书田”数十亩，作为会文费；

岩寺方尚锦等，专门负责筹集南山文会的“劳费”。

文会建立严密的管理制度，订有条规，置办会簿，并立有会首。条规是规定会员权利、义务、责任和奖惩的重要依据，条款严谨明确而具体，清末徽州知府刘汝骥赞许写道：徽州各地“凡宗祠、文会、社仓、善堂规则，皆郑重分明，有条不紊”。

岩寺南山文会规定：“每岁例以五人司其事，有余资，则五人分领。至翌岁三月十日，则将其资交出，不征利，亦不得久缺。”因此文会开展活动有章可循，经费有保障，组织能够持续健康发展，充分发挥功能作用。

建于清乾隆二十八年(1763 年)的歙县雄村“竹山书院”，立碑刻《文会条约》于院内，其中有文曰：

——振兴文教给公项，以供会文者，岁二次，期以春秋。其有解私囊以作兴者，不拘时日，咸集院中；

——整齐风俗，文会福风教转移地，凡乡邻有事集议，务期和气察理，一秉于公；

——司账总理出入，所任綦重，岁举殷实至诚者主之，如推诿规避；

——司年岁二人，以齿为序，输次而下，慎勿惮劳；

——公匣银两，不得发领，不准典当房屋，其交业听行召租者不在此例；

——诸凡器皿什物等不得借用，徇情擅取者，有重罚。守仆知而不言，当从重议处；

——书院为文会集议公所，永不租借为馆地；

——燕会嘉宾与庆祝弔事，咸可暂借此间。客柩回归，亦可租停，以吊租银以日壹两为率，不得久延。如遇会内有公事日期，则租借均不准；

——文社、行宫、书院、园亭、石栏、路坦，概不许堆垛晒打物件，违者即行撤毁，断不姑徇；

——基地上下，一概不许纵放生畜、晒粮、栽藤，贱害花木，违者即以所获生畜赏拿获人，晒粮栽藤即行毁去，仍议重罚。逞强不服者，呈官处治，不稍宽假；

——各处屋扇稍有翻漏损坏，即动公项修葺，不可忽略，责在司平；

——诸事仆人，月给公食银壹两，须勤谨照应，倾候洒扫浇灌，惰责逐。

以上各条另有刊本详载明晰，务期永远遵守。

《文会条约》的这些规定，有条不紊，细致严谨，体现出文会的公益性，因此必须加强管理，确定专人负责，实行严格的奖惩制度，保证文会活动场所长期发挥使用价值。

乡　约　乡约是徽州自宋代以来历经明清两代，被地方官府普遍推广实行的一种民众组织。居住在乡村或城镇中一定范围内的人口，为了御敌卫乡、劝善惩恶、厉行教化、保护山林或应付差役等共同目的，依地缘或血缘关系建立的民间组织。官府利用农村基层保甲组织和乡约互相结合，形成“保甲安民，乡约劝民”的这样一种相辅机制。

在朝廷和地方官府的推广下，明嘉靖五年(1526年)，祁门县为申明乡约、以敦风化，专门立碑告示，内容主要是关于倡建乡约、乡约组织及其目的作用。告示碑文要求各乡村：①

于本里内，推选有齿德者一人为约正，有德行者二人副之。照依乡约事宜，置立簿籍二扇，或善或恶者，各书一籍。每月朔一会，务在劝善惩恶、兴礼恤患，以厚风俗。乡社既定，然后立社学，设教读以训童蒙，建社仓以备凶荒，而古人教养之良法美意，率于此乎寓焉。果能行之，则雨阳时，若然五谷丰登而赋税自充；礼让与行，风俗谆美而词讼自简。何待于催科？何劳于听断？而水旱盗贼亦何足虑乎！此敦本尚安之政，良有司者，自当加意举行，不劳催督。各将领过乡约本数，建过乡约处所，选过约正、约副姓名，备造簿册，各另径自申报，以凭查考。其举之有迟速，行之有勤惰，而有司之贤否于此见焉。定行分别劝惩，决不虚示。

①《嘉靖五年四月十二日徽州府祁门县为申明乡约、以敦风化事碑》，原碑现立于祁门县彭龙乡彭龙村路边

创建目的及乡约的功能作用尽显碑文之中。

按照官府要求，祁门县五个乡，每乡皆建约：县城有敦仁乡约，东乡有曙升乡约，南有閶阳乡约，西乡有锦城乡约，北乡有中孚乡约。乡约活动之日，在乡道路口设点迎宾，礼乐齐鸣。

在绩溪县上乡祖社，有一块刻于嘉靖五年二月的“申明乡约碑”，同样有异曲同工之妙，文曰：

直隶徽州府绩溪县为申明乡约，以敦风化事。抄蒙钦差总理粮储兼巡抚应天等府地方都察院右都御史陈（凤梧）案验备。仰本县遵照洪武礼制，每里建立社坛场一所，就查本处淫祠、寺观，毁改为之，不必劳民伤财，仍行另各该当年里长，自嘉靖五年为始起，每过春秋二社出办猪羊祭品，依式书写祭文，率领一里人户致祭五土、五谷之神。务在诚敬丰洁，用急祈报。祭毕会饮，并读抑强扶弱之词，成礼而退。仍于本里内推选有齿德一人为约正，有德行者二人副之，照依乡约事宜，置立簿籍二扇，或善或恶者，各书一籍，每月朔一会，务在扬善惩恶，兴礼恤患，以厚风俗。乡社既定，然后立社学，设教读以训童蒙；建社仓，积聚谷以备凶荒。而有教养之良法美意率以此乎寓焉。果能行之，则雨旸时，若然丰登而赋税自充；礼让兴行，风俗淳美而词讼自简。何待于催科？何劳于听断？而水旱盗贼亦何足虑乎？此敦本尚实之政，良有司者自当加意举行，不劳催督，各将领过乡约本数，建过里社处所，选过约正副姓名，备造文册，各另径自申报，以凭查考。其举之有迟速，行之有勤惰，而有司之贤否，于此见焉。定行分别劝惩，使不虚示。等因奉此。除遵奉外，今将案验内事理，刻石立于本社，永为遵守施行。

嘉靖五年二月朔日，绩溪县知县周瑾，立石十二都。

上述两块碑文内容几乎雷同，可以推测，其他各县都有同样的“申明乡约、以敦风化事”告示，在知府统一布置下，试图通过宣讲洪武礼制，普及儒家礼俗，在徽州广大农村构建一种自治道德秩序。目的是使同一个乡约的人，各自进修，相互劝勉；各自省察，相互规诫；各自勤苦，患难相恤。

歙县岩寺于嘉靖二十三年（1544 年），由曾经担任过南京刑部主事的郑佐，倡导并建立了岩镇乡约。其建立背景及具体组织情况，郑佐在《岩镇乡约叙》一文中有详细交代，该序文曰：[①]

①雍正《岩镇志草》贞集《艺文志下•岩镇乡约叙》。

维我岩镇，居当要冲，道远郡城，官府之法，尝三令五申里社之条亦并行而兼举。夫何今者，天时亢旱，人心忧危。奸党乘机邪谋窃发，假称借贷，敢拥众于孤村；倚恃强梁，辄殄臂与单弱。白昼公行而无忌，昏夜不言而可知。宜预为桑土之谋，庶可免剥肤之患。是以众谋佥同，群策毕举。一镇分为十八管，有纪有纲；每管各集数十人，一心一德。毋小勇而大怯，毋有初而鲜终，毋生事而败盟，毋见利而忘义。理直气壮，强暴知所警而潜消；力协心孚，良善有所恃而无恐。庶患难相恤之义复敦，而仁厚相成之俗益振。

从上文中可见，岩镇乡约建立的宗旨首先是为了共同对付奸党和强梁之徒。其编制和组织形式，是将岩镇划分为十八个管区，每管区数十人，专司习武、稽查和巡逻等治安重任。显然，这时徽州乡约重新建立，即具有较强的军事防御性质，与农村保甲组织相辅相成。

嘉靖三十四年(1555年)八月，一支百余人的小股倭寇经浙江淳安而来的突入歙县，进逼府城。歙县知县史桂芳，率领全县驻军与民壮500余出城阻击迎敌，但是这支缺乏训练的混成武装部队，数倍于敌，竟然未经接仗，即“见贼悉奔溃”，结果城外百姓遭殃。

对此事件《斗山文会录》有相应记载，“歙治故附郡，郭之东关无城。自嘉靖甲寅，残倭入歙境，民避兵入城有践踏死者。明年邑令史公桂芳始城之，于是称县城”①。

当时，虽然城外百姓为了逃避倭寇蜂拥入城，不幸发生相挤死亡事故，但是，倭寇攻城却遭到有力阻击。

倭寇始终未能进城的原因，这是因为本县东门“贩缯航海”归来的商人许谷，他见多识广，曾经海外遇险，与海盗交过手，毫不畏惧，敢于挺身而出自告奋勇守城。当时惊慌失措的知府竟然在未见敌影的情况下，下令全部夷平城外的民房，说是“毋延火攻”。对于这样荒唐的命令，许谷大义凛然予以反驳：“还未拒守，就先拆城外房屋，这不是明显向敌人示弱吗？”

知府见此令居然被许谷否决，知道此人颇具胆识，就将守城的希望寄托在许谷身上，因而说道，城东门位置首当要冲，守卫东门是关键，问许谷：“若能为我守东门乎？”许谷坚定地回答：能！并主动提出“擐短兵操长兵，先登以为民望”。

此时恰逢兵败退回的史县令带着老母亲要进城，许谷坚闭城门，站立城头上大义凛然地说：“今日之事军事也，即君命有所不受，何有令君。”

---

①许承尧：《歙事闲谭》卷一，《歙县筑城之始》。

史县令见状着急道："有母且老死，则何辜？"

许谷于是便堂而皇之地批评史县令备战不力，导致溃败局面，直到史桂芳最终承认错误后，才打开城门放县令入城。

而倭寇见城池防备严密，无懈可击，也"闻先声而退二舍"。转移进入歙县南乡，"势甚陆梁，零落孤踪，辄奔溃而四出；偷生余孽，益革窃而蔓延"，而后向绩溪、旌德流窜而去。[①]

就是这么一小股倭寇，从歙县、绩溪一路连续抢劫旌德、泾县、南陵、芜湖、当涂及江苏、浙江等地，如入无人之境，沿途烧杀抢掠，有的县城也被蹂躏，危害极大，闻道惊心。

《明实录》记载："此贼自绍兴高埠奔窜，不过六七十人，流劫杭、严、徽、宁、太平，至犯留都，经行数千里，杀戮及战伤无虑四五千人，凡杀一御史、一县丞、二指挥、二把总，入二县，历八十八日始灭。"[②]

一直到最后才在杭州郊外布重兵剿灭了这股作恶多端的倭贼，差一点让这些强盗全身而退回海上。

这次倭寇犯境，岩寺官民、士绅闻警后，为防御倭寇入侵，未雨绸缪，在乡绅方元祯的组织下，重订规约，模仿十年前郑佐所创建的乡约形式，建立了岩镇"备倭乡约"。

该约"规约模仿，甲辰荒岁御寇之条；事款益损，大参双溪郑公之旧，固严闸栅，庶缓急守卫有基；推举骁勇，备临事当关足恃。用告十八管首领，相率上下街。吾人请合志同心，各效谋而宣力"[③]。

方元桢号召约内诸人，同仇敌忾，共同协力防御倭寇。这个"备倭"乡约是继岩镇乡约之后，岩寺历史上第二个乡约组织，其性质与前一样，依然是军事防御为主。

此后不久，徽州知府何东序吸取这次倭寇入侵的教训，也倡导各地建立具有保甲性质的乡约，"以备防守"。

何东序倡立的乡约组织，"令每十甲为一约，于内选殷实公正、日为乡党推服者二人为约正、副，率领众人。每约置炳大牌，书百姓家名，送县标押。每十家置锣一面、铳一把，闲暇操练。一遇有警，约正、副持牌鸣锣号召，并力追捕。其约正、副给冠带衣巾，并印信文帖，少假事权，以示宠异"[④]。

嘉靖四十四年（1565 年），绩溪知县郁兰奉知府何东序乡约条例，令"城市坊里相近者为一约，乡村或一图、一族为一约；举年高有德者一人为约正，二人为约副，

①[清]许登瀛修：《重修古歙东门许氏宗谱》卷九《许本善传》，乾隆二年（1737）刊本。

②《明世宗实录》卷四二五，嘉靖三十四年八月癸亥条。

③雍正《岩镇志草》贞集《艺文志下·岩镇备倭乡约》。

④嘉靖《徽州府志》卷二《风俗》。

通知礼文人为约赞，童子十余人歌诗，有先达缙绅家居，请使主约；择寺观祠舍为约所，上奉圣谕牌，立‘迁善改过簿’，至期设香案，约正率约人各整衣冠赴所，肃班行礼毕，设坐，童子歌咏诗歌，鸣鼓宣讲孝顺父母六条，有善过彰闻者，约正副举而书之，以示劝诫。每月宣讲六次”[①]。

在知府的大力倡导下，徽州乡约在明代嘉靖末至隆庆年间得到很大发展。这个时期涌现出许多知名的乡约组织，其中最有代表性的是位于祁门西部山区的文堂村陈氏宗族建立的“文堂乡约”。

该约不仅组织严密、宣讲定期，而且陈氏宗族还将乡约与宗族的族规家法结合起来，编成《文堂乡约家法》，呈请祁门知县廖希元认可，“请申禁约，严定规条，俾子姓有所凭依”。

文堂乡约，以宣讲明太祖朱元璋颁布的《圣谕六条》为己任，“乡约大意，惟以劝善习礼为重。不许挟仇报复、假公济私、玩亵圣谕”。

延至明末，徽州各地大都建立了为数众多的乡约。由于乡约组织在初行时往往兼具保甲的职能，因此在明末万历时就出现了如休宁县知县李乔岱，“尝申乡约、保甲合一法”，并且有“刻书颁示”的做法。徽州各地乡约一直兼备防贼防盗、治安防御、移风易俗、道德教化等多重功能，与基层保甲组织紧密结合具有相辅相成又互相渗透的性质。

清初因袭明代乡约之制，官府继续倡导乡约组织建设。康熙元年(1662年)，清圣祖亲颁《圣训十六条》，以“文教是先”为核心的治国纲领大行天下。康熙十八年(1679年)，浙江巡抚陈秉直注释《圣训十六条直解》一书，奉旨颁行。雍正二年(1724年)增颁《乡约法律二十一条》，使皇帝圣训具体化。随着清朝的政治、经济逐步走向繁荣，剧烈的满汉民族对抗也日益消歇，统一而又成熟的文化政策渐趋稳定成形。“偃武修文”“崇儒重道”的基本国策逐渐确立下来。并且不断加大力度予以具体化，落实到农村基层。

乾隆朝之初，徽州知府何达善，札令府属六县各地乡村，沿用明太祖的教化民众之法，“慎举绅士耆老，足以典型闾里者一、二人为约正，优礼宴待，颁发规条，令劝宣化导。立彰善瘅恶簿，俾民知所劝惩”[②]。在清廷和地方官府极力倡导下，由于徽州社会宗族组织完善，具备先天优势，徽州乡约建设此时再次获得长足进展，仅休宁一地即建立起180多个乡约组织。

徽州乡约蓬勃发展过程中呈现出丰富多彩的地方特色。

第一，从乡约成员的身份看出，可以分为地缘性和血缘性两种类型。如歙县岩镇

①乾隆《绩溪县志》卷三《学校志•乡学附乡约》。

②乾隆《绩溪县志》卷三《学校志•乡学附乡约》。

乡约和备倭乡约，其范围限于岩寺一镇，按街道划分为十八管。何东序知府在倡导乡约文中强调："乡约会依原编保甲。城市，取坊里相近者为一约；乡村，或一里，或一图，或一族为一约。其村小人少附大村。"[①]由于徽州大多数乡村皆为聚族而居的实际情况，因此以宗族血缘关系为主体组成的乡约，也得到官府认可与支持。

徽州知府何东序指出：乡村的乡约，除按地区由一里一图村民组成外，一族亦可单独组成一约。并且"族小人少附大族，合成一约"。实际上，以宗族关系所组成的乡约，在徽州各地占有很大的比重。如祁门文堂陈氏乡约，即是由聚居文堂村的陈氏宗族单独组建的具有宗族血缘性质的乡约组织。

第二，从乡约的职能作用来说，可分为以劝善惩恶为主的道德教化型，以弭盗防贼为主的军事治安型这两大类乡约。

劝善惩恶，"欲人人同归于善，趋利避害"。这是封建统治者倡导乡约的主要目的，也是乡约的主导性功能。如同何东序所述："政治以风俗为先，而风俗以教化为本。"[②]明代徽州乡约勃兴，本身就是基于风俗乖戾、奢靡相竞、治安日坏的社会现实。针对社会商品经济大潮勃发，快速增长的大量人口出门行商，民间贫富悬殊迅速拉开，世风与前迥异的变态复杂现象，《祁门文堂乡约家法》对此尖锐地指出："迩来人繁约解，俗渐浇漓。或败度败礼者有之，逾节凌分者有之，甚至为奸为盗、丧身亡家者有之。以故是非混淆，人无劝惩，上贻官长之忧，下致良民之苦，实可为乡里痛惜者也。"[③]

祁门文堂乡约正是在这个大背景下出现的，以劝善惩恶为宗旨的道德教化型乡约组织。

以弭贼防盗为目的军事治安型乡约，也是在社会治安状况日益恶化、强梁横行、奸党窃发以及地痞流氓无赖充斥的社会背景下产生的。岩镇乡约和备倭乡约就属这种类型。当然，道德教化型和军事治安型这两类乡约，不是截然分开、互不相关的民间组织，而是兼容并包、相互共有的。实际上，明清时期的徽州乡约，通常都是兼具道德教化和军事治安两种功能作用。

第三，就建立乡约的宗旨而言，明清时期的乡约组织，多是五花八门，其中既有应付差徭、互助共济和发展经济为主旨的经济型乡约，也有以保护山林、维护生态平衡、保护居住地人口生活环境的环保型乡约，还有以讲学和支持教育文化事业为宗旨的教育文化型乡约。

同样都是聚集人口的民间组织，这些各种各色类型的乡约，更多的与前述会社组织有着相同或相近的性质与功能。如乾隆五十四年(1789年)祁门侯潭十二户人家发起

①嘉靖《徽州府志》卷二《风俗》。

②③隆庆《祁门文堂乡约家法》。

成立的“侯潭乡约会”，就是一种以应付差徭、互助互济为宗旨，并带有经营性质的经济型乡约。

《侯潭乡约序》云:“吾约十二家,差徭繁多,支持弗易。且各户贫富不等,凡遇公事,甚费周章。于乾隆五十四年，大众相商，公立一会，每户输银二两，共二十四两。又劝谕各户绅士,量力捐输银三十八两七钱,二共凑银六十二两七钱每轮派二户经管其银,择约内殷实之家承领生息,订期每年十月十五日,齐集经营之家,眼同清算,备酌款待。”①

明清时期，随着人口激增，徽州山区乱砍滥伐森林的现象严重，特别是在清中期，来自异乡棚民大量进入，或开采矿产，或开山垦荒、种植苞芦等农作物，造成水土流失，严重破坏生态环境。于是，祁门、休宁、黟县等棚民涌入较多的地方，乡村或宗族都成立了以保护山林、维护生态平衡为目的的环保型乡约组织。

徽州乡约特点鲜明，表现在以下四个方面：

一是乡约组织的宗旨和任务很明确。康熙《徽州府志》载:“明太祖有《劝民六条》:‘孝顺父母，尊敬长上，和睦乡里，教训子孙，各安生理，毋作非为。’令木铎于朔望向民间宣之。今上有‘十六条’劝民，命乡约时时宣讲，更为详明。”

明清徽州乡约主要是在徽州各级官府倡导下建立的，官府公文明确要求各地乡约以宣讲皇帝劝民圣训为宗旨和主要任务。各地乡约在地方士绅或宗族族长牵头组织下则是“闻官报批”。

二是乡约以地域范围为主，以宗族范围为辅进行组建。《徽州府志》指出，乡约遵循原编保甲的原则：“城市，取坊里相近者为一约；乡村，或一里，或一图，或一族为一约。其村小人少附大村,族小人少附大族,合为一约。各类编一册,听约正约束。”组织负责人明确统一称为约正、约副。

何东序知府要求各地乡约:“择年高有德、为众所推服者一人为约正,二人为约副。”其他负责人和成员分别有：“通知礼文者数人为约赞，导行礼仪为司讲，陈说圣谕，又得读书童子十余人歌咏诗歌。其余士民俱赴约听讲。有先达缙绅家居，请使主约。”

按照官府要求，结合宗族具体实际，祁门文堂乡约的组织结构是以约正、副为主持乡约的负责人,依文堂家族十七家排年,分贴为十二轮,“以周一年之会。户大人众者，自管一轮；户小人少者，取便并管一轮”。文堂乡约将约正、副落实到户，并且要求：“各户立定户长，以为会宗，以主各户事故。或会宗有年高难任事者，择年稍长有行检者为约正；又次，年壮贤能者为约副，相与权议事。”

对约正、副的责任也有明确要求：“在约正、副为众所推举，则虽无一命之尊，而有率人之责。首自为恶，而责人之无恶；自不为善，而喻人以善，谁则听之？故党

①祁门《侯潭约会十二家收支簿》，转引自陈柯云：《略论明清徽州的乡约》，载《中国史研究》1990年第四期。

惇明礼义以表率乡曲，不可斯须臾于非礼、非义以自坏家法，以为众人口实。”

三是管理严格。体现在建立健全制度上，奖惩严明。

例如文堂陈氏乡约，即明确提出“立约本欲人人同归于善，趋利避害。”定期于每月举行乡约家会：“每会以月朔为期，惟正月改至望日。值轮之家，预设圣谕屏、香案于祠堂。至日，侵晨鸣锣约聚，各户长率子弟衣冠齐诣会所，限于辰时毕至。非病患、事故、远出，毋得偷怠因循不至。其会膳只用点心，毋许靡费无节，以致难继”。

祁门文堂陈氏乡约奖惩制度严明，专门在乡约组织内设置“记善”“记恶”簿二扇，对约中成员的善恶言行进行监督和奖惩。制度规定：“约所立记善、记恶簿二扇，会日，共同商榷。有善者即时登记，有过者，初会姑容，以后仍不悛者，书之。若有恃顽抗法、当会逞凶、不听约束者，即是侮慢圣谕，沮善济恶，莫此为甚。登时书簿，以记其恶。如更不服，遵廖侯(时祁门知县廖希元)批谕，家长送究。”

对其他违反约会规定的事项，《文堂乡约家法》有相应措施：“若户下有经年不赴约会，及会簿无名者，即为梗化顽民，众共弃之。即有友患之加，亦置不理。”

对约内子孙，若“有忤犯父母、祖父母者，有缺其奉养者，有怨訾者，本家约正、副，会同诸约正、副言喻之。不悛即书于记恶簿，生则不许入会，死则不许入祠”。

对犯禁严重的族内不肖子孙等人，乡约组织采用宗族族规最重的处罚措施，手段极其严厉。因此强调“自约之后，凡我子姓各宜遵守，毋得故违。如有犯者，定依条款罚赎”。

四是宣讲仪式隆重。场所洁净，秩序井然，约众肃静。文堂陈氏乡约每逢约会之日，置《圣谕屏》于堂上，参加者各就各位，不许先后不齐，不准亵服苟简，不得大声喧哗。乡约家会座次井然，仪式严肃隆重。“威仪动静以成礼节”。否则，随时会有纠仪司察前来干预。

仪式程序如下：

“会日，管会之家先期设圣谕牌位于堂上，设香案于庭中。同约人如期毕至，升堂。端肃班位，东西相向如坐图。赞者唱，排班以次北面序立。班齐，宣《圣谕》。司讲出位，南面朗宣太祖高皇帝《圣谕》：孝顺父母，尊敬长上，和睦乡里，教训子孙，各安生理，毋作非为。

宣毕，退就位。赞者唱，鞠躬拜，兴五三叩头，平身。分班，少者出排班，北面揖，平身，退班，以次出排班。北面揖毕，圆揖，各就座。坐定，歌生进班，依次列庭中或阶下揖，平身，分班，分西而行立。

设讲案，悬案于庭中，鸣讲鼓，击鼓五唱声。司讲者进讲，讲者出位，就案肃立，皆兴揖，平身。讲者北面揖，诸生不答，宣讲《圣谕》，或随演一二条，或读约十余款。

宣毕，揖，平身，讲者退位，皆坐。升歌，司鼓钟者各击三声，歌生班首唱诗，歌孝顺之首章。

歌毕，复击鼓、磬各三声。乡人或有公私事故，本人当于此时出班，北面陈说，从容言毕，复就位。进茶，具茶进毕，皆兴，圆揖，平身。礼毕，先长者出，以次相继，鱼贯而出。”

仪式进行至此，间隙休息片刻，然后约内成员再次集中，由约正进行训导教诲，“每会行礼后，长幼齐集，晓令各户子姓，各寻生业，毋得群居博弈、燕游，渐至家业陵替，流于污下，甚至乖逆、非为等情。本户内人指名禀众，互相劝诫，务期自新。如三犯不悛，里排公同惩治”。祁门文堂陈氏乡约如此繁琐的仪礼到此为止方告结束。

婺源余氏宗谱里有《约议》规定：“每月十五日卯刻，约正、副，党正、副及各甲长，传知约内诸执事及约众，齐诣约所讲约，凡在家者必赴。预行洒扫，设恭奉‘圣谕牌’、香案、香烛及讲案、讲鼓并椅凳。辰刻，轮直甲长击鼓三通催集。”

前来参加讲约活动的“乡绅、约党及约众，俱着本等服色”，在讲约活动现场，“自始至末，不许科头、赤脚、露体之人与跟随厮养上堂，混者约纠驱逐约外”。讲约过程当中，毋得大声喧嚷，须整肃拱听，违者约纠纠出，量行戒责。

讲约之后接着就是“静听读律”。讲读完毕，村民可就约内近日有真善事应书示劝、有不善事应书示戒，出班北向立言公举，然后由约史分别记入“彰善簿”与“纪过簿”，彰善惩恶，有赏有罚。

最后，乡民有“愿歌诗者，歌《国风》《小雅》诸篇，或周、程、邵、朱、薛、陈、王，诸先儒诗，足以畅涤襟怀、感发志意听”。

明清时期徽州各地乡约组织强化德治、厉行教化的形式，对徽州社会的稳定和经济的发展起到了一定的积极作用。以军事防御为目的的军事型乡约，如历史上的岩镇备倭乡约，对于激励民众同仇敌忾的意志、共同对付外敌侵略确实发挥了应有的作用。对于徽州乡约的历史作用，可以从如下两个方面来分析：

首先，徽州乡约兴起于社会转型时期，对于移风易俗、安定社会秩序显然起到了重要的积极作用。

明正德末至嘉靖初，随着徽商的大规模外出，其中一小部分人骤然暴富，原来在“成、弘以前，民间椎少文、甘恬退、重土著、勤穑事、敦愿让、崇节俭”①。这个时期社会生活是“婚嫁依时，闾阎安堵，妇人纺织，男人桑蓬；臧获服劳，比邻敦睦”②。整个徽州大地一派平和和谐的生活景象。

但是，受商品大潮的冲击，平静谧宁的徽州社会发生了急剧的变化：随着“出贾即多，土田不重”，而出现“操资交捷，起落不常；能者方成，拙者自毁；东家已富，西家自贫；高下失约，锱铢共竞；互相凌夺，各自张皇”③的局面。于是，原本淳朴的民风受到严

①②③古之贤：万历《歙志》卷五《风土》。

重侵蚀与破坏，社会逐渐陷入一种无序状态。

万历《歙志》称，这个时期“诈伪萌矣，讦争起矣，芬华染矣，靡汰臻矣”。万历《休宁县志》则形容人们，“有献笑呈颜，博饮食于富贵之门；温言蜜语，导纨绮以荒淫之路。又甚者，作奸起讼，扞法犯科，群聚而呐无辜，众口而烁孱弱。献谗者开之衅，舞文者启之诬，用壮者激之斗，谋利者导之关”。[①]

嘉靖《徽州府志》采用知府何东序所言，此时的徽州，是“仕者无任职之心，治尚苟简，斯民亦无慕善之志，世俗浇漓。即有善者，或置身于一齐。众楚之乡，孤立莫助，纵使恶者愈得志于杯水车薪之势。朋比为奸，事变纷起，讼狱繁兴。虽法网益密，徒厉阶之为，梗泽不下”。[②]

正是在这个历史大背景下，徽州知府何东序于嘉靖五年(1526年)，传令各地建立乡约，希图以乡约为阵地，从道德教化入手，匡正民风，革易陋俗。而乡约组建的效果，也确实起到了移风易俗、稳定社会的作用。尤其是在徽州这样一个封建宗族统治的山区，乡约和宗族融和结合在一起，采取宗族族长、家长出任乡约的约正、副之职的办法，对族内不服从管理、不遵守乡约者，利用族规家法给予严厉的惩罚。当然，乡约倡导道德教化，实质上是强化了官府对基层社会的统治。

其次，乡约的教化形式和内容，对民众百姓的影响作用也是巨大的。

祁门文堂乡约将皇帝圣谕加以演绎，编成通俗易懂、切合生活实际的演义体文字，向乡民进行宣讲。如《教训子孙》条演义为：“孝顺、遵敬、和睦之事，既知自尽，又当以之教训子孙。盖我的父母即子的祖、孙的曾祖，我的兄弟即是子的伯叔、孙的伯祖，我今日乡里，即是子孙他日同居的人。一时易过，百世无穷。既好了目前，也思子孙长久之图。故古人说道：一年之计，莫如树谷；十年之计，莫如树木；百年之计，莫如树人。若人家有子孙者，用心教训，则孝顺、和睦相沿不了。读书者可望争气做官，治家者可望殷富出头。就是命运稍薄者，亦肯立身学好，如树木枝干，栽培不歇，则所结果子，种之别地，生发根苗，亦同甘美，是光前裕后第一件事也。”[③]

用这样通俗易懂的文字教之于民，就很容易被接受。不仅如此，文堂乡约还把《圣谕六条》编成诗歌，向乡亲进行灌输。如《孝顺父母》条诗云：“父母生来有此身，一生吃尽二亲辛；昊天罔极难为报，何事尔曹不顺亲。”[④]

徽州乡约正是利用聚族而居的优势，充分发挥宗族和乡绅在道德教化方面的作用，使得乡风民俗不断得到匡正好转。

①万历《休宁县志》卷一《舆地志•风俗》。

②嘉靖《徽州府志》卷二《风俗》。

③④隆庆《祁门文堂乡约家法》。

此外，徽州众多的保护山林乡约，对生态环境维护保养功不可没。像祁门三都、四都的侯潭、桃墅、灵山口、楚溪、柯岭等地村民，在弘治年间就成立过护林乡约会。

嘉靖二十六年(1547年)，由于近来山林“节被无籍之徒”所破坏，这些外来流民“望青砍斫，斩掘笋苗，或为屋料，或为柴挑，或作东瓜芦棚”，致使山林遭到不少损失。

为保护林木，各村人众遂合集一处，重新订立规约，将各村人户共编为十二甲，甲立一总，置立簿约十二扇，付各处约总收掌，一年四季，月相聚一会，通报本季犯规之人及处罚标准。同时还将这些议约规条，由众人联名具状，赴县陈告，由县衙告示印钤，四处张挂，俾人人晓，自觉遵守。

清代嘉庆十九年(1814年)祁门下箬溪《王履和堂养山会》的养山会共有十二股，其会首也是实行十二股轮年值守制，养山会条规明确规定会费来源是，“公议每名出乐输银贰两，照名数另立登山簿共计若干两，尽归履和祠新立养山会收领”[①]。

徽州广大山区共同建立的护林乡约会，订立《护林议约合同》，鼓励乡约成员栽培兴养松、杉、桐、竹等人工林，严禁滥伐林木。正是由于民间自发组织的社团，采取自我约束，实行自治，制定出一整套严格的山地林场经营管理保护措施，大力提倡种植，积极保护，使得山区林木种植业始终长盛不衰，从而有效地维护了徽州祖先们遗留下来的良好自然生态。因此整个徽州大地之上，代代相传的环境保护意识，使得人口与环境高度和谐，只见古村落掩映于黛绿青山古树之间，与小桥流水相连。山水互为映衬，白墙灰瓦高低错落，参天古树与花茶果木点缀其间，野鸟家禽交相鸣啼。村庄或枕山傍水，或夹溪而筑，村庄四周青山环抱，既得山泉溪水之便利，又有青山绿树作为人们居家生活的防风屏障。

①同治《祁门县志》。

第六章　人口文化

古徽州在漫长的人口过程中，历史上经过多次繁复的人口变迁，每一次变迁都给徽州带来一次经济发展和文化提升的机遇。随着土著和客家人口内外交替流动，人口构成累次发生变异，多种不同的文化相互水乳交融，从而不断丰富具有地域特色的人口文化。包括婚姻、生育、丧葬等一系列人生仪礼文化在内，都充满着不同于异乡外域的鲜明特征。在人口文化演进的路途上，徽州从山越先民“俗不好学，嫁娶礼仪，衰于中国”的落后状态，迈上了“起学校，司礼容，春秋乡饮，选用明经”的封建化台阶，整个社会上下崇尚彬彬有礼，并逐步成长为符合儒家思想的“礼仪之邦”。

“礼”是封建国家统治的思想利器。“礼以节人”，礼可以明确人伦、厘定尊卑、辨别是非，几乎是处理一切重大事情的手段，上至国家章典制度，下到百姓衣冠服饰，无不加以规范。可以说，“礼”不仅形成一种管理国家的指导思想，而且也是人们日常活动中一系列行为的具体规则。人与人之间必须“礼尚往来”，人口即是“礼”的基础，“礼”就是人口文化的核心内容。作为传统文化的精要，礼和法的界限很模糊，“礼”往往具有法律的效力，而很多律法本质性也就是礼法。

在“程朱理学”发祥地徽州，更是以礼收族，以礼化俗，儒家思想倡导的生育文化一直居于统治地位。朱熹《家训》曰：“子之所贵者，孝也。”孝是人生的根本，生儿育女是孝的主要内容。如果没有后代，祖宗的祭祀就要中断。仁孝也就无从谈起。但是，在人们传统意识中，只有生育男孩才可以达到“孝”，生女孩则达不到孝的目的。男子具有财产和社会地位的继承权，女子只是别人家生儿育女的工具，对于本族人并无意义。男尊女卑，重男轻女的生育观念在古徽州源远流长，根深蒂固。多子多孙、子孙满堂则是每个宗族以及每个家庭的不懈追求。

第一节　婚姻文化

婚姻关系向来是一种社会活动，是建立家庭、使人口再生产合法化的前提。人类的婚姻经历了杂婚、群婚、血缘婚、伙婚等蒙昧阶段后，逐步发展成为对偶婚，最终进化为最文明的一夫一妻单偶婚制度。婚姻习俗向着仪礼规范的渐进变化，在漫长历史进程中，逐步形成一种人口文化，这就标志着人类文明的起始。

在古徽州，婚姻极受社会重视，人们认为，婚姻不仅“合两性之好”，而且是“承万世之嗣”的大事，所谓“上承宗庙，下继后嗣”，显而易见其意义非同小可。徽州素以“东南邹鲁”“礼仪之邦”著称，彬彬有礼的徽州人对最受关注的结婚礼仪当然非常讲究。

徽州名贤戴震深入研究礼学，针对《周礼》中所云：“媒氏掌万民之判，凡男女自成名以上，皆书年月日名焉。令三十而娶，女二十而嫁。凡娶、判妻、入子者皆书之。中春之月，令会男女。于是时也，奔者不禁。司男女之无夫家者而会之。若无故而不用令者，罚之。”

他专门著述《周礼媒氏解》，其中释义颇具匠心，并指出：“三十之男，二十之女，贫不能昏嫁者，许其杀礼。杀礼则媒妁通言而行，谓之奔。”

贵族与贫民，经济基础不同，其婚龄截然不会一致，婚姻礼仪也必然相差悬殊。

结婚礼制 结婚是成家的标志，没有结婚的人都被看作是父母家里的孩子，不能独立存在。结婚是人生的转折点，其意义不仅仅对于个人。康熙《徽州府志》及《休宁县志》同样地有如下记载：

“婚礼合二姓之好，上承宗庙，下继后嗣，无贵非偶也。邑中姓多故族世系，历唐宋以来两姓缔盟，必数百年婚姻之约，倘族类异等，即家巨万列朝绅蹇修，不得通好焉。”

绩溪上庄胡氏《家训十二条》中有“重婚姻”条，又在《族规》中强调指出：“冠、婚，所以荣宗族而继宗祧也。”要求对宗族的婚娶礼仪活动加以规范。

结婚虽然是每个人的终身大事，但是在古徽州，“故族世系”、高门大户对宗族自身的发展始终予以高度关注，因此“洞房花烛夜”不仅是个人，而且是全家族的大喜，受到最为广泛的重视。因为婚姻的缔结意味着两个家族从此开始成为亲戚，他们各自原来的社会交际圈相互交集，将要扩大一倍以上。《明经西递胡氏族规》云：“婚姻之礼，大典攸关。凡属结姻，必择忠厚人家，贤淑之女。况族大丁多，而重亲迭戚甚众，尤须门户相当，层次不紊。倘或违例，或尊卑混乱，大小不分，不独称谓失宜，尤为大乖礼仪。凡我族人定当慎之戒之。”

早在男女青年“弱冠”“及笄”之前，父母就要关心儿女的婚事，四处张罗。甚至更早就有“指腹为婚”“结娃娃亲”等超前行动，虽有律法禁止，民间习俗并未给予理会。儿女的一生幸福全凭“父母之命，媒妁之言”。

明代对皇室、官员、庶民百姓的婚姻仪礼都做出了详尽的规定。平民主要依据《朱子家礼》，只用“纳采”(男方派遣媒人到女方去求婚)、“纳币”(亦谓纳征，备聘礼品)、“请期”(定吉日。吉日系男方所定，三请于女方，女方不肯定，然后告之)的仪礼。

“凡庶人娶妇，男子年在16岁，女子年在14岁以上者，均可听任婚娶。在结婚迎娶时，新郎可服常服，或借用九品官服，新娘准穿花钗大袖。其纳采、纳币、请期之礼，略仿品官诸礼仪。”

但是与官家相比，民间仅有媒人而无傧相。

徽州各地在娶亲的前一天，新娘家可派人到男方家陈设新房，俗称为“铺房”。其余的告词、醮戒、奠雁、合卺诸礼仪，均如官制。此外，拜见祖弥姑舅、舅姑醴妇之礼，也大体与品官诸礼相同。虽然明朝的统治阶级对庶民百姓的婚姻作了明确的规定，但是各地民间的婚嫁之礼还是按照习俗各具特点，并不完全受政府约束。

隆重的婚礼也是最能体现徽州地域文化特色的仪式活动。各个家族在婚事上不仅显示财富，而且更要显示历史悠久的宗族文化。凡是有文字的书写，都会精心描摹，体现书法精妙超群。那些婚礼上最活跃的“利市”公、婆，雍容大度，仪表堂堂，衣装得体，口齿伶俐，善于应变，他们是家族文化的代表，肩负重任，必须不辱使命。

顾名思义，“利市人”是主人寄托吉利和祝福的代表，通过她(他)把诸多吉祥如意的愿望带给新郎、新娘。应聘为女家的利市人的资格是家庭三代同堂、夫妻双全、又有儿女绕膝的中年男女，并且夫妻一定是结发原配。被人家选聘为利市人是一种无上荣耀。执事前，利市人要沐浴更衣，穿戴整洁，举止端庄，言语得体，表情欢快，笑容满面。男女双方分别聘有利市人(在黟县称作“好命老孺、好命老官”)。

女方的利市人，在男方迎娶礼担挑入女家门口将要跨过门槛时，一手拿着一个盛有五谷和鸡蛋的小竹篾盘(俗称“鞋盖”)，另一只手拿着用芝麻秆扎成点燃的小火把，在礼担下方绕上一圈，口中讲些吉利喜庆的话，同时抛撒一把五谷，礼担才可以放在正屋堂前歇下。然后利市人对照礼单，清点男方送来的礼物数量、品种，若有不足，要代表女家向男方索要。再根据女方客人的多少，还要提出“新接”。这些问题均要男方派来的媒人答复。这个过程称为“争发”。所谓“争发，争发，越争越发”。以此增添喜庆乐趣。

礼担拆卸后，由利市人领头负责装嫁妆担。利市人必须亲手并最先装上“子孙桶”，其余物品可指派他人去做。接着，利市人领着新娘向父母及长辈、亲友辞行。再吃“离娘饭”，席上新娘由利市人陪同坐在首席，这是新娘在家最可贵最风光的时刻。

当新娘吉时渐近，利市人将蓝、白色棉线给新娘后，取出“离娘衣”让其穿上，坐在床边，双脚不再着地，静等花轿进门。花轿到家后，利市人照样用小火把在轿下烧一烧，再亲手开轿帘，捧出“百子重花冠”和青衣、青裙给新娘穿戴。最后由新娘兄长驮抱着妹妹上花轿，弟弟把一具空着的米斗放进轿里，跪着向出嫁的姐姐讨饭米钱。新娘拔下头簪放入斗内，利市人接口说：“金簪落地，买田买地；金簪蒂斗，上买源头，下买水口。”这些吉祥话用以祝愿娘家致富并表示新娘不带走财气。

花轿出门，利市人立即把一盆水泼向门外，关上大门，压下石磨，表示利市人的使命结束。泼水这意味着“嫁出去的女，泼出去的水，覆水难收，永不回头”，也就是说女儿从此“嫁鸡随鸡飞，嫁狗跟狗走”。其中含义有另类祝福在里面，对女儿婚嫁抱持的一种信念。

迎娶新娘的男家，按照相同的条件要求，选定利市人，但是执行的任务不同。利市人在花轿进门前，要用小火把烧轿下一圈。当花轿在堂前摆定后，利市人选定时辰启开轿帘，并向新娘敬三碗茶：一碗清茶，清清吉吉；二碗红枣莲子茶，早生贵子；三碗蜜糖茶，夫妻甜甜蜜蜜。用毕，利市人搀扶新娘出轿门，举行隆重的拜堂仪式。夫妻双双站在堂前，由利市人照护指点新娘：一拜天地，二拜高堂，三是夫妻对拜。然后，凡长辈都要一一受拜。礼毕，利市人陪送新娘进入洞房。入洞房后，利市人选一个小男孩先在“子孙桶”内撒泡尿，把众人统统赶出洞房，利市人也随后出门并带上门，让新娘方便。

对于整个婚姻过程，大体上可以分为如下几个阶段：

首先是议婚阶段。男方选定对象后，央媒作伐，向女方提亲。女方如同意，即发帖。《歙县志》载：“议婚之始，由媒氏往来通言，先致女子之年命于男宅，曰‘携年庚’。复致男子之家世于女宅，曰‘开脚色’。富古‘纳彩’，‘问名’之意。”婺源习俗有所谓的“昏礼尚门阀，齐年齿，下达之后，六礼必备，无论贫富，皆有其文”。在绩溪，也是由媒人“先取女宅年、月、日、时、八字，送男宅配合。如能合，则男宅秘密设法至女宅看女，谓之‘看人’”。即是要请算命先生推算男女两造八字有无互相冲剋，俗称“合八字”“合生月”。而清末休宁的“纳彩”和“问名”之礼，论婚之家不仅要先讨对方生辰八字，而且男方重视“女子缠足不缠足，缠足信为大姓，不缠足者疑为小姓”。祁门人则于议婚通好后订纳彩礼。如果生辰八字不合，属相不宜，诸如“龙虎斗”“鼠马冲”“虎兔相逢必有灾”；“男属羊，抖忙忙；女属羊，守空房”等，则难以议定。

还有很多相书里的附会之词，有的甚至荒谬之极，如“自古白马不配牛，羊鼠相聚一世休；金鸡不与狗见面，青龙遇兔泪双流；猪猴碰头是冤家，虎蛇相配不到头”之类等等，在那些骗人术士者看来，世间简直没有完满的婚姻。不过，徽州多数人家则是，男方关心女方门风女德；而女方关心男方世系人品，俗称“探家”，这才是最实际的态度。

其次是下聘礼，即订婚阶段。双方尤其是男方议婚成功之后，男方要准备果饼鲜腥等礼物送与女家，歙县称为“贽定，盖古之‘纳吉’意也。‘纳征’，俗称‘行聘礼’。视家境之丰啬，定礼仪之隆杀”。富家将彩礼装入箱笼或挑或抬，夸耀显摆，吹吹打打招摇过市；普通人家只是向女方至亲长辈送礼篮，或折礼金送之。徽州各地习惯在礼品担子或盒篮上一般都插上柏枝，寓意富贵万年。随着彩礼将“红鸾庚帖”送达女方。女家收到男方吉礼后，“则请翁姑及婿履式，以时致馈，曰‘送鞋样’。既而行聘，曰‘下定’，即古纳征也”。关于“小定”“大定”，即纳征礼品之多寡，不同时代有不同标准。

《绩溪庙子山王氏宗谱》对清末同治、光绪年间至民国初年，小定礼数额有具体记录：男女双方议婚互相比较满意后，通常由女方开具礼单送男方商定。“礼单内分干礼、非干礼，干礼谓之‘财礼银’，同光间，财礼银以六十四元为已多，后渐增加。光绪二十年后，增至八十四元。民国以来有至一百二十元、四十元者。非干礼即小猪肉、鱼包、面饼、蛋等，猪肉，初仅六十四斤，现亦增至一百四十斤、一百六十斤，其余亦依次增加。仪既定，即由媒人先送果子糕或加干礼数元，至女宅下定，谓之‘担小定’。以后再大定。亦有不担小定即大定者。再逾时日，择定日期，男宅将财礼银并其他礼品，附以鞋样，送往女宅，谓之‘担鞋样’，亦谓之‘大定’。是时女婿同去者，谓之‘女婿上门’。宴之，谓之‘待女婿’，席甚丰厚。”①

有诗这样描述：

“‘纳彩’‘问名’为递手，嫁裹粽子馈男家；郎官棕独大如枕，枣、栗全蹄多好些。”②

徽州各地方言中，所谓‘递手’，即是送礼金、红包之意。

定亲后，每逢过节，祁门一些地方，男方以女婿的身份要向女家送礼，以示孝敬问候，并名之曰“追节”。讲究礼节的徽州人家，崇尚“礼多人不怪”，尤其强调礼尚往来。

再次为请期。

请期为商定婚礼举行具体时间，亦有称为“定日子”者。歙县“请期，则以骈俪语为启，先迎娶行之，并由家主各请福德者一人，书男女命，于绢制或绫制之庚帖，曰‘批庚’”，“或附纳聘函中，亦有特举者，曰‘送日子书’，即请期之礼”。③

在绩溪，经过“小定”“大定”，即订婚礼后，过了一段时日，“男宅择定结婚日期，经女宅同意。即择日送礼品及书至女宅，谓之‘担日子书’”。临近迎娶前几日，女方要先把嫁妆送到男家，谓之“抬嫁妆”。嫁妆一般有“五样红”，“一身暖”。如子孙桶(马桶)、木制红面盆、红脚盆、红饭盆、红小水桶、镜箱、火熜和被褥衣物之类。女方还要给男方密针细线地做几双布鞋、棉鞋，称“嫁妆鞋”。有钱人家还要讲究几被、几席、几担、几抬。陪嫁物品则有大到衣橱、桌椅板凳等大件家具，甚至寿材；小到洗衣服槌棒、瓜子槌等等，称之为“全副銮驾”。

将要嫁出之女，此时开始行成年及笄礼，所谓“女子将嫁而笄，名曰‘上头’”。

---

①民国《绩溪庙子山王氏宗谱》卷九《宅里略二·风俗》。

②吴梅颠：《新安竹枝词》。

③民国《歙县志》卷一《舆地志·风土》。

在祁门，请期时，男家要用红纸写上婚期，备礼由媒人送往女家，俗谓之“过书”。以上所有这些繁缛礼仪，都是为以后的迎娶成亲作铺垫准备。

最后，行迎娶之礼。

男女双方经过一定程序，商定好婚期，定下日子之后，一切活动都围绕着迎娶这个环节展开。古徽州“无亲迎礼”，特别是歙县“婚嫁亲迎，歙俗行者绝少”[①]。

“始娶，婿不亲迎，唯以亲名帖致女家，曰‘领亲’。女家以名帖答，曰‘交亲’，亦不亲送也。伴妇舆者，婿家唯仆妇之吉者以迎，谓之‘男妇’，曰‘伴亲’。女家用老成妇妪以送，曰‘伴娘’。意殊缜密。”[②]

在绩溪，迎娶前一天晚上，太阳将落之际，男方将迎娶新娘的花轿送至女家，谓之“送轿”，也偶有新郎亲赴女家迎接者，谓之“亲迎”。夜过半，新人赴灶神及父母前辞拜，谓之“辞香火”。是时，即将出嫁新娘之母女均抱头大哭。须臾，新人上轿起行，抬至男家，谓之“抬新人”。下轿，男女二童扶新人行，谓之“搀”。

休宁、黟县在选定吉日良辰，“送日子”后，迎娶前一天称“上头”，双方新人都要整容、更衣，显得整个人全身光鲜。男方差人到女家搬运红嫁妆，并进行“批书”仪式。即是填写“鸳鸯婚书”，由女方请亲族长者或福寿老人，担任“批书老爷”。在婚书上填写新娘生辰八字，然后置锦裹漆饰的“批书匣”内，随同嫁妆送到男家。抬运嫁妆的队伍行列，必须由挂帐的紫(谐音子)竹竿和红漆“子孙桶”领先。

祁门人迎娶前三日，男家要备“边猪岸米”，送至女家，谓之“竖头担”，以示迎亲日近，通知女家做好准备。婚礼前两日，男家专门遣人往女家搬运嫁妆。

徽州新娘的陪嫁物品，一般包括新房家具、床上用品及各种首饰。不过，有两件物品是必备的，即红漆马桶和一对灯盏(有的则用一双同鞋，意愿“同谐到老”)。“灯”在徽州方言中与“丁”同音，送灯，意味隽永，祝福新人家里人丁兴旺。马桶称作“子孙桶”，当中一般装有红枣、花生、红鸭蛋（红颜料染成）、百子糕等吉食，寓意“早生贵子”；而灯盏至男家后，应立即点着，称“发灯”，寓意人丁发旺。

婺源的迎娶礼更为繁琐，一般须历时五天左右。吉期前二日，男方要将正单开列的聘金和礼物，请数人担至女家，称为“担上头盒”。当天女家开始大宴宾客。女子出嫁前一日，还要请正派、福寿齐全、儿孙满堂的妇女做“孵鸡嬷”，即伴娘，并由她用红、绿两根丝线为新娘绞去脸上的汗毛，这种古代女子面部整容的方法，称为“开面”。开面则意味着姑娘时代的结束，开面时还要念唱吉利的“开面歌”：

“一线金、二线银、三线做夫人、四线事事如意、五线五子登科，六线六六大顺、

①乾隆《橙阳散志》卷六《礼仪志•冠婚》。

②许承尧：《歙事闲谭》卷十八《歙风俗礼教考》。

七线七仙容貌、八线八仙京寿、九线九子十三孙、十线十全十美。好好好，白头偕老；喜喜喜，夫妇齐眉。”①

开面后，还有接男方花轿的陪新娘酒席、辞堂、上轿等仪式。

新娘花轿从娘家抵达男方家后，由门外到屋内，从下轿、拜堂、行合卺礼，到进入洞房，每一过程都有许多繁文缛节，这其中既有趋吉避凶的意愿，也存在荒诞不经的迷信禁忌。如抬新娘的花轿来到男方家门口落地后，按徽州习俗，新娘双脚是不能沾地的。为此，产生了两种足不沾地的方式。有的是在新娘下轿时，在地上铺上三条或五条布袋，由新娘踩在布袋上，然后向前传递，一直递接到洞房床前，意为“代代相传”或“传帮接代”。在绩溪，这种风俗尤为浓郁；“夜将半，烈双衫烛前导，以青囊铺地。新郎、新娘由青囊上步行入房，谓之‘送房’。在经过青囊时，以一人将后囊抛至前方，又一人接之，仍铺地上，谓之‘传袋（代）’。传袋者，多取福人，其传第一袋时，传者唱曰：‘一代高一代’；第二袋则接唱：‘代代高’。”

而在另一些地方，则于花轿落地男方家门口时，由新郎官背着新娘下轿。此意则为新娘以后如果与男方发生口角时，新娘可以说，“不是我要到你家里来的，是你背我进门的”。这两种足不沾地的方式，看似差别不大，实际上藏有玄机，蕴含着不同内涵：前者反映了妇女地位的低下，后者则说明了妇女拥有了一定的社会地位。这种方式主要出现在城镇居民的家中。新娘入洞房后，还要举行拜堂、闹房和撒帐仪式，把婚礼推向高潮。正是：“鼓乐喧随花轿抬，大门钱少莫叫开；红灯火把拥妇路，大担早挑望晕来。轿门扶出拜高堂，袋亲金莲入洞房；总说三朝无大小，妄排谑语闹新娘。”

撒帐，又称“散帐”，是个古老的习俗，各地盛行，意在祝福新人。面对男女新人，“利市人”一边向新床帐内抛撒花生、瓜子、红枣、莲子、糖果等寓意早生贵子的五色果品，一边声情并茂地表演说唱。撒一把，唱几句，略一停顿，就有众人齐声喝彩捧场：“好啊！”此时闹洞房的族人们都忘记了大小长幼，争先上场表演一番。有的能够即景编词，诙谐生动，给婚礼增添欢乐。这是徽州各地婚礼展示文化底蕴的突出表现形式，经过长年累积，每县都有若干套经典的撒帐歌词。

例如歙县的《撒帐歌》唱道：

“撒帐，撒帐，新郎新娘入洞房，洞房花烛喜洋洋。两边摆下金交椅，椅上一双好凤凰。中间摆上象牙床，床上一对好鸳鸯。鸳鸯成对，凤凰成双。生子登金榜，生女配才郎。百年好合，五世同堂。夫唱妇随，龙凤呈祥。撒帐，撒帐，花烛洞房。夫妻齐眉，子孙满堂。撒帐撒不来，撒起帐来怕坍台，硬着头皮来撒帐啊，亲朋好友要捧场。两人饮了交杯酒，夫妻必定更恩爱。一床棉被盖鸳鸯，夫贵妻荣家逐旺。”②

①毕新丁：《婺源风俗通观》，中国文联出版社1999年版。

②《歙县志》中华书局1995年版。

休宁流传的撒帐谣二首：

"撒帐，撒帐，花烛洞房；夫妻齐眉，子孙满堂。"

"撒帐，撒帐！新郎新娘进洞房。洞房花烛喜洋洋。两边摆下金交椅，中间摆的象牙床，床上一对好鸳鸯。鸳鸯成对，凤凰成双。生子登金榜，生女配才郎。百年好合，五世同堂。夫唱妇随，鸾凤呈祥。"[①]

休宁月潭人家撒帐时唱道："五色云开，天差麒麟送子来（众人接口彩：好啊！），麒麟送在善人外，善人一见把门开，香火蜡烛照金台，铺毡结彩踏金鞋（好啊！）。一送你，金银财宝（好啊！）；二送你，福寿双全（好啊！）；三送你，五男二女（好啊！）；四送你，七子团圆（好啊！）。大孩子当朝一品，二孩子二榜独堂，三孩儿云南部正，四孩儿兵部侍郎，五孩儿年纪尚小，还在上学堂，将来必是状元郎（好啊！）；还有二位千金小姐，做皇宫娘娘，早生太子，端坐高堂（好啊！好啊！）。"[②]

这样的撒帐歌谣，反映了婚礼喜庆与洞房欢乐，是由赞礼人和姑妈或舅妈（亦称"利市人"），以及参与者共同歌咏的别具一格的祝词。次序一般先撒天地帐，再撒东西南北四方帐，后撒楼、房、屋、梁帐。词中多为吉利祥瑞，祝愿夫妇互敬互爱，白头偕老。在各种撒帐歌谣中，歙县的一首撒帐词最有气势：

"撒帐撒向东，洒向黄山十八峰。峰峰都有珍和宝，不出黄连必出甘草。撒帐撒过场，夫妻俱欢畅，夫妻恩爱到老，子子孙孙坐满堂。……撒帐撒开场，一堆红烛亮厅堂，今日洞房花烛夜，生下贵子状元郎。"[③]应当指出，徽州传统的婚姻习俗，不仅仅是封建礼教的繁文缛节，其中隐含着科学的性健康教育内容。结婚意味着男女两性结合，开始有了性爱生活，但这又是国人最忌讳的禁区，无法口教言传。智慧的古人就采取了文雅的掩饰，逐渐演变成为大家必须遵守的风俗。比如，婚期点喜的吉日，一定要避开新娘的经期。女孩月经是个极度隐秘的问题，人们是不能直白地去打听询问的。通过"送日子"的形式，双方约定婚期，就可以把这个棘手的难言之隐巧妙解决了。婚礼上闹洞房等活动，也是对新婚夫妻进行性教育，男女老少都可以进入新房"看新娘"，逗趣玩笑，妄排谑语，有意使得原来羞怯的黄花闺秀变成大方媳妇。同时，婚礼上闹洞房可以把新娘子和新郎官的陌生感、羞涩感打消，为花烛之夜的激动人心时刻做好铺垫。众人参与的"前戏"阶段，为新人和谐性爱消除障碍。传统道学家认为"徽州弄新妇"等等"闹新房之俗"，是伤风败俗的陋习，乃在虚伪违反人性。婺源余氏宗祠有《劝戒三十一则》："人家新婚者，族中少年不得仍薄俗，三三五五，三朝内以闹新房为名，戏弄新郎，饱看新人脱鞋、撒帐，粗恶毋忌。新妇入门，宜教以礼，

①《休宁县志》安徽教育出版社1990年版。

②朱世良：《徽州月潭朱氏》第五章第二节《男婚女嫁礼仪重》。

③摘自《歙县志》中华书局1995版第632页。

本族焉得不自处以礼，故三朝闹新房类于戏谑不可治也。”

以上行聘、过书、迎娶，这三次备红书谓之“三书”；问名、纳彩、求亲、送日子、送水头担、迎娶，这六次送礼谓之“六礼”。“三书六礼”是徽州各地婚事必须遵循的礼节。

婚礼最后还有两段尾声：回门和会亲。虽然这不在“六礼”之内，但是民间仍旧很看重，“来而不往，非礼也。”这其中包含着浓郁的人情味。一般在三天后，择吉日新姑爷偕同新娘，要乘轿回门到女家，拜见岳父母和亲戚长辈，女儿回门要换掉红装，改穿青装（寓意娘家最亲），当天必须回还。俗称“接回门”“接娇客”。女家盛宴款待，坐圆桌，岳家作陪的顺序是新女婿首席，依次是女家的舅父、姑父、姨父……岳父要亲自端鱼上席，并且给女婿斟酒。此后双方互相宴请姻亲，称为“会亲”。

黟县素有“女婿上门活祖宗”之说。接女婿的礼节十分隆重，宴席设在正厅堂，张灯结彩，烛照辉煌。红漆八仙方桌，同时铺上大红绣花“龙凤呈祥”桌围和椅帔。桌正上方下首摆设五祀件香案，计有锡烛台二盏、锡瓶二只、有盖锡鼎一个，点燃一对大红礼烛。岳家要请平辈亲友四人作陪，席面特别丰盛。富家用鱼翅、海参席，一般人家用鸡鱼席。主筵五人一桌，席次是女婿正中上座，左右陪客各两人。岳父戴礼帽、穿长袍马褂，仆役点香，岳父拈香先在天井沿口朝外揖拜，这叫“祭天地”，女婿站在小边陪着拜。然后，岳父走到女婿座席边，整一下椅帔，拂一下灰尘，提壶给女婿斟一杯酒，双手把筷子重摆一下，把酒杯端起，女婿这时站在上边右面，弯腰低头，双手抱拳加额，岳父又走到桌子下方，接过仆人点的香，朝上对着女婿的座位，深施一揖，然后入席。随之撤去五祀件、香炉、礼烛，仆人按菜单顺序上菜。开席后，岳父或内兄弟站一旁斟酒，不得入座；女婿则注重礼节，不能随便下箸，需作陪者再三请用，方可稍吃一点，俗称“三请一木耳”。《黟县志》对以上细节记述周详，这应当是大户富家的做派，从一个侧面反映了回门礼仪的隆重。

唯有如此，喜庆婚礼方为圆满。当然，不同阶级有不同的利益追求，钟鸣鼎食、锦衣玉食的富贵家庭操办喜事会大肆铺张，穷人只能将就应付。每个家庭占有财产不等，他们的婚礼过程也就不尽完全相同，有繁有简，但是婚姻礼仪的多重色彩，并不能掩盖贫富之家共同具有的生育意愿，传统俗套离不开盼望家族人口兴旺的美好愿景。

婚姻俗制 人类最初的婚姻是杂婚、群婚、血缘婚、伙婚等，以后逐渐过渡、发展成为对偶婚制，最终进化形成一夫一妻的单偶婚制度。推动人类沿着这个方向进步的基本原因，是人们在生产过程中逐步对自身生产有了科学认识。当人类意识到近亲繁殖不利于后代身心健康，先是排除了不同辈分的近亲结婚，接着又排除了兄弟姐妹之间的婚姻关系。这样一来，群体两性混乱婚配的形式从群内逐渐转向群外，最终构结成为具有同一血缘关系的氏族。婚姻习俗的渐进变化过程，逐步沉淀为一种人口文化，这是人类文明起始的标志。

在古徽州，社会极其重视婚姻大事，人们认为，婚姻“绵百世之宗祧，存二人之血脉”，所谓“上承宗庙，下继后嗣”。在这种传宗接代的思想支配下，长期以来，形成很多种婚姻惯制。

同姓不婚 顾炎武在《日知录》中写道：“姓氏之称，自太史公始混而为一。《本纪》于秦始皇则曰‘姓赵氏’，于汉高祖则曰‘姓刘氏’。”而《通志·氏族略序》指出：“三代之前，姓氏分而为二，男子称氏，妇人称姓。氏所以别贵贱，贵者有氏，贱者有名无氏。”又说：“姓所以别婚姻，故有同姓、异姓、庶姓之别；氏同姓不同者，婚姻可通，姓同氏不同者，婚姻不可通。三代之后，姓氏合而为一，皆所以别婚姻，而以地望明贵贱。”

所以，历代法律法规都有明确规定，“同姓不婚”。《礼记》云：“娶妻不娶同姓。买妾不知其姓，则卜之。”《晋语》载：“同姓不婚，恶不殖也”。《唐律》《大明律》《大清律》等法律，其中都有严禁同姓为婚的条款，违者刑罚惩处，并强逼离异。古人说是“男女同姓，其生不蕃”。姓氏是家族的标记，古代这种戒律有优生的考虑，借以排除族内近亲血缘婚姻。更加重要的是，唯恐人伦失序，紊乱辈分。

但是，律条并不禁止同辈中表亲结婚。古代近亲婚姻非常普遍，人们普遍认同“亲上加亲”，对表兄妹结婚予以鼓励提倡。宋人洪迈在《容斋续笔》卷八中，有篇“姑舅为婚”，其中写道：

“姑舅兄弟为婚，在礼法不禁，而世俗不晓。按《刑统·户婚律》：‘父母之姑舅、两姨姐妹及姨若堂姨、母之姑、堂姑，己之堂姨及再从姨、堂外甥女、女婿姐妹、并不得为婚姻。’议曰：‘父母舅姑、两姨姐妹，无身无服，乃是父母缌麻，据身是尊，故不合娶。及姨又是父母大功尊；若堂姨虽于父母无服，亦是尊属；母之姑、堂姑，并是母之小功以上尊；己之堂姨及再从姨、堂外甥女，亦谓堂姐妹所生者。女婿姐妹，于身虽无服，据理不可为婚。并为尊卑混乱，人伦失序之故。’然则中表兄弟姐妹正是一等，其于婚娶，了无所妨。予记政和八年，知汉阳军王大夫申明此项，敕局看详，以为如表叔娶表侄女，外甥女嫁从舅之类，甚为明白。徽州《法司编类续降》有全文，今州县官书判，至有将姑舅兄弟成婚而断离之者，皆失于不能细读律令也。”

徽州一些贫穷家庭，由于付不起彩礼，常有表亲互相嫁娶，双方互免彩礼，俗称“回头亲”或“换亲”。

古徽州是典型的宗族社会，对于宗族血缘是否纯正，非常讲究，衙门对于这类案件的办案水平很高，所以有《法司编类》向其他州府推广。洪迈当时是饶州知州，对他兄长洪适知郡徽州很是关注，《容斋》的“五笔”书篇文章中因此多处提到徽州。

随着历史进程，世代更替频繁，同姓之间的血缘关系虽然早已渐行渐远，逐次淡化，乡间也常有血亲通婚（五服之内），俗称“亲上加亲”。但是，徽州宗族内部规定仍旧是严禁通婚的。不仅同姓之间，甚至对那些并没有血缘关系，只不过是改姓的也要同样禁止，如“萧改江”“李改胡”“胡改高”的，绩溪明经胡氏家族因此规定：“李胡”“胡高”之间不得通婚联姻。

门第对等 在徽州各地，高门大族的“婚姻论门第，辨别上中下等甚严。所役属典仆不得犯，犯辄正之公庭，即其人盛赀积行作吏，不得列上流”。即如《徽州府志》所述称之，“邑中姓多故族世系，历唐宋以来两姓缔盟，必数百年婚姻之约，倘族类异等，即家巨万列朝绅蹇修，不得通好焉”。所以徽州民间流传有所谓“良贱千年不通婚”之说，良民和贱民等级森严，婚姻不能逾越。

郑樵《通志·氏族略序》称：“自隋唐而上，官有簿状，家有谱系。官之选举必由于簿状，家之婚姻必由于谱系。”“所以人尚谱系之学，家藏谱系之书。自五季以来，取士不问家世，婚姻不问阀阅，故其书散佚，而其学不传。”

贵族的世系，古代是有史官为之记载的。记载天子世系的，谓为“帝系”；记载诸侯卿大夫世系的，谓之“世本”。至于平民百姓，既无人代他记载，而他自己又不能记载，遂有昧于其所自出的。所以有“买妾不知其姓”之说。

汉末天下大乱，中原衣冠士族、各地方的强宗巨家开始播迁，在原居住地，人人知其为世家大族，用不着自行表报。而迁徙到了一个新地方，就必须要表明其本系某地方的某姓；而此时的选举制度，又重视门阀。“有司选举，必稽谱籍而考其真伪”，“民间婚姻，不计官品，而尚阀阅”。于是又看重家世，兴起魏晋以来的谱学了。

东晋太元年间(376—396年)，北方士族大批南迁，社会局面混乱，族裔关系不清。鉴于此，员外散骑侍郎贾弼，“广集众家，大搜群族，所撰十八州一百一十六郡，合七百一十二卷。凡诸大品，略无遗阙。藏在秘阁，副在左户”。

这种朝廷整理的官方社会档案，就作为检审核对族系的国家标准，“上品无寒门，下品无世族”，“士庶之际，实自天隔”。唐代继承前朝实行“良贱”制度，编户为良民(自由民)，非编户为贱民(非自由民)。贱民主要包括给官府服役的官属贱民，如工户、乐户、杂户等；以及依附于门阀世族的私属贱民，即部曲、奴婢、仆役等，他们没有资格编户，只能附籍于主家，属于私人财产，可以像货物、牲畜一样到市场上交易。那些垄断政治权力、经济特权与社会地位的门阀世家，他们自然十分重视谱牒的修订，并只在豪门中通婚，以保持高贵的血统。

经过五代纷争厮杀，门阀世族土崩瓦解，消失于历史烟尘之中。原来的贱民，不管是部曲，还是奴仆，到了宋代，都基本消失，成为自由民。因此宋代以后谱牒之学由盛转衰，不过由于正处在演变中间的过渡阶段，此前的谱牒具有据之选官和通婚等实际作用，宋朝以后的谱系在选举中实际作用已经减少，但是标榜血统高贵的风气却还没有遽尔泯没，在徽州人家日常生活中，尤其是在婚姻关系上出现了滥用的现象。

为了防止家族内成员与门第不对之家缔结婚姻，徽州多数强宗大族，不惜在《族规》《家法》中严定戒条，限制和惩治紊乱婚姻门第之辈。如明代休宁《茗洲吴氏家谱》在《家典》中规定："门第不对，乡邻诟笑，是人自以奴待其身，以卑下待其子，我族即不当与之并齿，生不许入堂，死不许入祠。"

歙县《桂林方氏宗谱》对族内婚娶严格要求，只有嫁娶名门望族者才能入谱。如果嫁娶非门当户对者，女与婿的名字都不能上族谱，嫁娶下贱者，连父名也要削去。

"婚姻乃伦常之大，凡婚男嫁女，不论贫富，必择名门巨族，方可缔好。故娶者必书配某里某氏，嫁者必书迁某里某婿。若嫁女非门第相对者，则削其女与婿名。甚至许配下贱者，则并削其父名。有娶室而右族者，止书配某氏而不书某里。至有惜聘礼贪厚奁娶下贱女为室者，止书氏而不书姓，死后毋许入祠。元配器而再娶室女系右族者，书继配某里某氏。有娶再醮者，止书娶某氏。纳妾者则书侧室某氏。所以正人伦励名节也。"族规中这一标准用以鼓励族人与名门望族联姻，借以提高本族地位。

尽管族规家典有如此严厉戒条，现实生活中还是有违犯门当户对的事件发生，清代祁门县历溪《王氏统宗谱》载："异子异姓不得紊乱宗支，婚姻不缔于不重之门。族规森严，谁敢逆犯。"但是，违犯者仍然"至缔婚于不重之门，前圣玑结婚于汤姓，众心不服，造成人命，累死数人，祖祀神会败尽，前车可鉴。况合都四村公立合文，杜禁结婚于不重之门。今我族（王）际旸等各自数家恃强不遵，复娶于张、汤二姓，以至大众议论旸等诣祠削除，不载入谱"。

为防止类似事件再次发生，历溪王洪锦等二十四人以合族的名义，于咸丰六年（1856年）立下《同心合文契》，郑重约定："诚恐伊等（指王际旸等一类人）狼心莫测，事后生波，凡我同人不得不预立章程。伊等如有持强逞凶等事，大家俱要入局，不得退缩。"

王氏家族为了维护族规的权威，不惜发动全族族人，集中对付有关违犯门户不当婚姻原则的族人。这种情况在明清时期的徽州是极为普遍的。

徽州世家名门历来注重政治上的等级，康熙《徽州府志》云："婚配论门第，治裀裳装，具量其家以为厚薄。重别臧获之等，即其人盛赀厚富，行作吏者，终不得列于辈流。此俗至今犹然。脱有稍紊主仆之分，始则一人争之，一家争之，一族争之，并通国之人争之，不直不已。"

各个宗族婚姻追求攀龙附凤，作为提高自身地位的手段。绩溪汪、胡两个最大的家族"世为婚姻"，胡氏居县城东街崇仁坊，而敦礼坊汪氏最盛，两家东西角立，世代姻亲，所居之地各占半城。绩溪言望族者，惟胡氏、汪氏。县令赵循道，为此曾有诗云："安定、平阳抵两家"，其中所指的"安定"是胡氏郡望，"平阳"则是汪氏郡望。

汪道昆在《太函集》中写道，徽州第一大姓汪氏家族，与“歙之西，故以贾起富，其倾县者称三吴”的西溪南吴氏通婚。汪、吴两家在明代都为大盐商，正德、万历间曾为盐策祭酒的吴汝承，其曾孙吴洵美与汪道昆的长孙女联姻，得子吴綦昌也是巨贾。

汪氏与程氏更加是通家世好，汪道昆之大父与程嗣功之大父“以盐策贾浙江”，共同经商成为莫逆之交，“吾大父、先伯大父始用贾起家，至十弟始累巨万”，“自大父亢始宗盐策”。两家从商业合作进而通婚，“余先考若公之先考，并受贾，相与通家”。汪道昆进一步还指出，程氏家族原本豪富，在徽州政治、经济地位都很高，“其婚姻皆郡中名公卿”，如吴氏、洪氏等等。

并且，汪氏与屯溪孙氏又是同结秦晋之好。“休之东略究山距歙五里而近，汪长公系出越国，是为吾宗。草市夹岸而居孙氏最著，二姓秦晋也，世为婚姻。”孙氏郡望富春，紧邻徽州，历来是东南巨族，社会地位并不亚于汪氏。

此外，还有“汪、胡仍继为通家”，汪母即“胡之自出”，汪道昆也一再夸耀胡氏门第显赫，为“里中世家”。对外家叔舅经商“席故饶，务豪举”也颇为自得。名门望族汪氏选择婚配的例子还有很多，无须再予罗列。

黟县《明经西递胡氏族规》强调：明经胡氏乃李唐之胄，为华夏望族。“婚姻之礼，大典攸关。凡属结姻，必择忠厚之家，贤淑之女。况族大丁多，而重亲迭戚甚众，尤须门户相当，层次不紊。”

这种门当户对的婚姻惯制，其中既有政治性的因素，即维护封建的尊卑等级名分，也有宗族伦理的原因。实际上，政治因素随着时间的推移越来越不占主要地位，“婚姻论门阀”的时代毕竟过去不再复返。谢肇淛《五杂俎》云：“今世流品，可谓混淆之极。婚姻之家，惟论财势耳，有起自奴隶，骤得富贵，无不结姻高门，缔眷华胄者……余邑长乐此禁甚厉，为人奴者，子孙不许读书考试，违者必群击之。余谓此亦太过……及至新安，见其俗不禁出仕而禁婚姻，此制最为得之。乃吾郡有大谬不然者，主家凌替入簿，反附首于奴之子孙者多矣。世事悠悠，可为太息者此也！”

因此不少家谱族规中，要求男方家庭必须超过女方，但也不必攀附豪门高第，娶妻看中的也是对方良好的家风。

祁门《平阳王氏宗谱》即在《家规》中指出：“嫁女必须胜吾家，娶妇必须不若吾家。”但是同时又有，“凡嫁女不须扳豪门、附势利、贪财礼，但取旧家子弟忠厚相传及读书业务农正者，便可许配。媳亦视其闺教严肃、习俗淳厚之家，即缔姻。若富贵之女，佚乐骄奢，必非门户之福”。

休宁《茗洲吴氏家典》也强调：“婚姻必须择温良有家法者，不可慕富贵，以亏择配之义。其豪强逆乱世，有恶疾者，不可与议。”黟县《南屏叶氏家风》称：“崇礼教。族中冠婚丧祭，华而不靡，俭而不陋，秤家有无，不限成例。”显然，提出的这些原则，即便是在现今时代，仍旧还是很合理的。

从上述几例族规家法中可以看出，徽州旧式婚姻虽然特别强调门当户对的门第观念，但在现实生活中，随着时代进步，人们择偶标准也在悄然变化，青年男女真正看重的还是良好家教下的人品才智。当然，经济因素也是十分重要的，尽管族谱家典的文字上要求不慕富贵，事实上很难做到。

劳役婚　明清时期徽州普遍存在佃仆制，身份低下的佃仆、奴仆婚姻，就被扭曲成特殊的畸态。

女方纯粹出于养老或劳役需要，招亲奴(佃)仆而缔结成婚。这类招亲通常都有年限限制，在规定期限里完成任务者，则及时归宗；也有永远听候役用而不归宗者。下面一件招亲文书是有年限的：

十都李仲德年二十九，未曾婚娶。有谢士云宅长女蜀娘，未曾出事。今凭亲眷谢元熙为媒，招仲德到谢士云宅为养老婿，随即告禀亲房族长，已蒙允可，今自过门。合亲之后，自当侍奉舅姑二尊及受干公私户门等事，毋致怠惰。二亲存日，决不擅自回家。百年之后，倘要回家，听从自便。如违，一任经公惩治。今恐无凭，立此文书为用者。

洪武元年四月初八日

这份文书的招亲入赘期限是二亲死亡，直到为岳父岳母送终为止。

下面的一件契约是永远服役的：

十六都程祜一，今因无妻空身，托媒投赘房东郑臣五公焦坑口庄人郑五孙媳吴氏为妻，抚养子女成人，养郑五年老，及承种田地、照管山场，永远应付。自投赘之后，务要小心服侍，毋得言语抵触，私自回祖。如违，听自房东理治，纳还财礼银壹拾伍两整。今恐无凭，立此为炤。

万历二十一年六月廿日

立投约人　程祜一

代书媒人　鲍　志

由于奴(佃)仆地位卑下，无经济能力婚娶，只有用劳力作为代价上门入赘。这种形式实质上就是变相的买卖婚姻，只不过是男方出的不是金钱财礼，而是一种不等价的劳役而已。

休宁茗洲葆和堂吴氏宗族，针对客村仆人招亲，本村仆人招亲以及奴婢招赘等婚姻问题，制定出歧视性的详细规条：

“客村人招亲：向来招亲者多不肯回宗，以家主及村例宽厚所致。今人丁繁众，谁多山场，足够斫伐？谁多田园，足够耕种？谁多屋宇，足供居住？游手好闲，势必有郊僻邪侈之事。为今之计，承主家生子，不得迁移。招亲年满者，即时回宗。本主之家不得贪图招亲之人，不得留念其古老招亲之人。或时势难归，必须返祠堂应主纸笔，倘日后回宗，批明原笔交还。

本村人招亲：在本村招亲者，年若满足，本主不用，即一体守船桥，交财薪银，认甲丁，不得假托本主之名，以避差役。

招赘：本村招赘者，悉听其便，若寻客村者，不许。如万不得已，无论众、己仆，必须禀明祠堂，还定应主文书，庶乎其可，否则断断不允。若朦胧成就者，责令本人夫妇回归故乡，本村不容其居住。

到客村招亲：贫不能娶，招亲客村，势也。必须禀明家主，文书求家主居间，年满回宗。招亲之年，本村不唤差役。”

由此可见，徽州历史上所谓的劳役婚，主要是指奴(佃)仆、婢女等卑下阶层的人，他们无经济能力婚娶，只能屈就女方的条件入赘。所赘之家，或丧夫而陷于贫困，或干脆就是奴婢使女等同样身份卑贱的下人。

作为一种赘婚形式，寡妇“招夫养子”而造成的男方入赘，被称为“接脚夫”，其地位尤低，徽州人甚至称之为“仆下之仆”。由于丈夫去世，子女尚幼，寡妇一人难以支撑抚养重负，经家族长辈同意，可以招夫进门。但是有重要的附加条件，即是“继父不继子”，前夫所生子女仍原姓不变，家庭财产也归前夫子女所有，与一般招亲的性质不同。

“两头大”婚姻　徽州流寓外地的移民很多，其婚姻一般有三种形式：一种是在家乡成婚，婚后别妻外出。这种情况多发生在早期徽商当中；一种是在迁入客居地成婚，有的已经在当地入籍，历经数代，久留不返，与家乡联系渐行渐远；再一种是既在当地结婚，又回乡娶妾的。

第一种情况下，外出经商之人，已在家乡结婚娶亲，同时又在外地纳妾，建立侧室，两头成婚。有的因为路途遥远，妻妾难得在一起生活，甚至一辈子也见不上面。在现实生活当中，客居地的妾与老家的发妻之间，地位几乎相等，所以称这个情况为“两头大”。其实，在外娶的妾反而能长年与丈夫一起生活，充分享受家庭乐趣。留守家里的结发妻子，却过着孤寂的生活，还要侍奉公婆，抚养子女，看管祖屋，祭祀祖先，承担繁重家务。

婚姻陋习　历史上徽州婚姻习俗中有很多陈规陋俗，清末徽州知府刘汝骥在《陶甓公牍》中，对各县的婚娶陋俗，归纳成九种，分别是：

“论婚之家先讨八字，必问女子缠足不缠足，缠足信为大姓，不缠足者疑为小姓，一陋也。

门户相当，男家无言矣。女家又要求家赀之比我好。彼媒妁以虚与委蛇对付之，二陋也。

事谐矣，开一礼单送男家去，靡费以二百圆为中数，三陋也。

星期既定，聘礼或有不给，媒妁不敢担此任，女家必欲求其盈，虽男家借贷典质而不顾，四陋也。

幸而勉强敷用，而花轿、鼓吹、头面、酒酌，下人之把持，甲头之讨索，其实数必出于估数之外，几耗中人之产，五陋也。

鼓吹喧于门，灯烛辉于室，衣冠集于筵。内有哭声，母不忍舍其女也；外有争吵声，下人索赏封也。主者噤不作声，旁人圆其说曰：‘不哭不发，不争不发。’六陋也。

醮礼成矣，交拜毕矣。三朝，新妇拜谒翁姑礼也，而闹新人之俗相沿不废，扮弄新奇，伤风败俗，意何取乎？七陋也。

回门甫毕，男家之责备苛求，尽入于女母之耳。女母召其婿于内室，礼未行毕，口已开声曰：‘是云云者，而出于若家耶，吾何能堪？’婿但唯唯，退细心不吃，旋设盛席。日晡席罢，母又持女哭而别，八陋也。

互接亲家，女母赴召而男母不报。于是餧赠有责言，三节有责言，始责背诉于戚里，继则面数乎女母。新人若闻，若不能尽闻，至进退左右俱龃龉，积不能平，男母乃禁儿子省岳家，甚至禁儿子入乃妇房，九陋也。”①

列举这些徽州陋俗之后，刘汝骥还对产生陋俗的原因进行了分析，他认为“如此成为风俗，皆由女学不兴，家庭教育无人讲习” 所致。这位刘知府并没有意识到，徽州婚姻陋习何止这些，还有更为严重、更为丑陋的恶习，其根源也更加复杂。

早婚　明清时期徽州早婚现象很普遍，歙县民谚：“歙南太荒唐，十三爹来十四娘。”黟县俗语也称：“十三爹，十四娘，十五、十六老爹娘。”多数人认为，这种现象主要是由于男子外出经商谋生的需要。在人口急剧膨胀的情况下，为摆脱衣食不足的生存危机，徽州人自幼便养成外出经商闯荡的习惯。所以徽州同四川等内地一样，为了早日成婚以便外出经商，往往年未及冠即匆匆成婚。

明代地理学家王士性指出：“蜀中俗尚幼婚，娶长妇，男子十二三岁即娶，徽俗亦然。然徽人事商贾，毕娶则可有事于四方。川俗则不知其解。”②

徽州在清代同治年间，由于战乱的破坏，人口大量减少，因此，为求尽快恢复人口，

①刘汝骥：《陶甓公牍》卷十二《休宁风俗之习惯•婚娶》。

②[明]王士性：《广志绎》卷五《西南诸省》。

各地早婚陋俗日益泛滥，对于身心尚未完全发育成熟的少年男女，早婚直接给他们带来体弱多病的弊害，使下一代的人口素质受到严重影响。

在绩溪，男女婚嫁年龄原本较为正常。“婚嫁每在二十岁外，粤匪而后，户口凋零，家家俱望添丁，婚嫁年龄较早，久而沿为习惯。绩人又素无远志，学问、经济之企望，其取偿也易盈。为父母者，但早为子女完婚，子孙众多，含饴是乐，其愿已足。痨瘵病多，人种日弱。学问牵于爱欲，而程度日低；经济絷于食齿，而困难日甚。”这样就使得刚满十五岁的青年男女，“未胜舞像，已谱求凰，甫结鸦鬟，辄来雁币。子姓繁而尪羸强半，学殖落而进取难言”[1]。

早婚早育是旧中国的传统陋俗。古诗有“十四为君妇，羞颜未尝开”“忆为君家妇，生来十三五”等描述。中国最早见于文字的婚龄记载，是西周时期。《礼记》称西周时“男子二十而冠，始学礼，三十始有室，始理男事，女子十五而笄，二十三而嫁。”

到了春秋战国时期，各封建诸侯为了战争的需要，开始降低婚龄，以增加人口，扩充兵源。江北的齐桓公下令：“大丈夫二十而室，女子十五而嫁”；江南的越王勾践规定：“凡男二十，女十七不嫁者，有罪及父母。”此时的法定婚龄则不是最低婚龄，而成为最高婚龄。超过法定婚龄仍未婚配者将被视为犯罪而受到处罚。

汉代时，已经形成了以家庭为单位的自然经济结构，需要大量的劳动力资源，而朝廷也把增加人口作为增加赋税的来源，于是婚龄进一步提前。汉朝规定，女子凡是到十五岁还不出嫁者要加罚人头税五倍。《晋律》规定，女子到十七岁如不婚配，其父母便失去择配权，由官府强行择人嫁之。唐初法定婚龄定为男十六岁、女十四岁。后又降到男十五岁、女子十三岁以上就得嫁娶。宋代以后，法律仍然把婚龄定得较低。低法定婚龄意味着妇女地位低下，处于被动承担家庭生育和生活责任的状态。为了增加人口的需要，早婚制度基本贯穿了整个封建社会。

徽州一方面受地理环境影响，保持旧传统习俗顽固不化，另一方面则出自本地经商现实需要，因此而盛行早婚，比外界其他地区有过之无不及。

新婚别　“结发为君妻，席不暖君床。暮婚晨告别，无乃太匆忙！”诗圣杜甫借新娘之口诉说新婚离别之苦，成为千古绝唱。而在徽州，并非战争时期，也屡屡出现这种不人道的现象。

民国《歙县志》指出：“邑俗重商，商必远出，出恒数载一归，亦时有久客不归者。新婚之别，习以为常。”更有甚者，童年即出门，“出则至十年、二十、三十年不归，归则孙娶妇而子或不识其父”。《新安竹枝词》更加形象地描叙：“健妇持家身作客，黑头直到白头回。儿孙长大不相识，反问老翁何处来？”

---

①刘汝骥：《陶甓公牍》卷十二《绩溪民情之习惯`婚嫁之年龄》。

这样的情况历史上大有人在，例子多不胜举。类似地有《黟县竹枝词》唱道：“少小离家别样愁，杭州约伴到苏州。妾心难逐郎心去，折柳年年到白头。”

歙县许村流传的《哭夫词》：“生是四都黄村女，离城十里关路村。夫君二十零几岁，奴家二十又一春。夫君琴弹弦又断，月光正明被云遮。天上骤坠无情剑，斩断夫妻恩爱情。”

少年夫妻新婚之别后，居家苦守的少妇不得不肩负起侍候奉养公婆的责任。由于外出经商，履险恶地，常遭不测，新婚别往往成为生死诀别，商人妇空守孤室以致终生的事例，在大量商业人口外出的徽州处处皆是。

清代歙县文人程庭，在《春帆纪程》中对这种现象赞赏有加：徽州“男尚气节，女慕端贞，虽穷困至死，不肯轻弃其乡。女子有自结褵未久，良人远出，终其身不归而谨事姑嫜，守志无暇，没齿无怨。此又余歙邑之独善于他俗者也。”

实际上，徽州大量《妇人怨》《嫁人嫁给种田郎》之类民谣、诗歌等文艺作品，都反映出新婚之别后妇女的哀怨，“嫁得瞿塘贾，朝朝误妾期”。不仅是商人妇，即便是做官及游学远出的良人之妻，独自在家枯守孤灯，表面上守志无暇，没齿无怨，其内心何尝不是在“悔教夫婿觅封侯”，“恨不相逢未嫁时”。汪红度写的《新安女史徵》，其中关于徽商妇之“纪岁珠”事迹最为令人感动：

“妇刺绣为生，每岁积余羡一珠以记岁月，曰：‘此泪珠也’。”

作者在《纪岁珠》一诗的序言中写道：“乡邻某，娶妇甫一月即行贾。妇刺绣易食，以其余积，岁置一珠，用彩丝系焉，曰‘纪岁珠’。夫归，妇殁已三载。启箧得珠，已积二十余颗矣。”

《纪岁诗》诗曰：“鸳鸯鸂鶒凫雁鹄，柔荑惯绣双双逐。几度抛针背人哭，一岁眼泪成一珠，莫爱珠多眼泪枯。小时绣得合欢被，线断重缘结未解。珠累累，天涯归未归？”

诗中凄惨哀怨之情着实感人至深，一字一泪，沉痛更为过之。实在难以置信，这个结婚刚刚一月的新妇，是如何在二十年中朝朝暮暮地重复着那么机械的刺绣劳作，又怀着怎样一种心情“岁置一珠”的？

青春渐逝，泪尽心伤，红颜变成白发，生命在无尽的相思、期盼、无奈和麻木中耗尽。“纪岁珠”岂止是泪珠，简直就是血珠！为了生计，徽州男子们不得不出门打拼，在家的女子日日盼夫归，望眼欲穿，年复一年，形瘦衣宽，多了华发，添了倦容，青春年华在日思夜想中流逝。徽商的发达史背后，是徽州妇女不幸的血泪史。

明代作家凌濛初在《初刻拍案惊奇》第二卷中，记录了一则关于万历年间，休宁县屯溪潘甲，娶本县荪田乡十六岁少女姚滴珠的爱情故事，生动表现出当时徽州社会风气，年轻夫妻对新婚之别的无奈，并带来悲催的恶果。

故事中写道："那屯溪潘氏虽是个旧姓人家，却是个破落户，家道艰难，外靠男子出外营生，内要女子亲操井臼，吃不得闲饭过日的。"

故此，新婚刚刚两月，沉溺于蜜月之欢的潘甲，不久即遭到父亲的训斥："如此你贪我爱，夫妻相对，白白过世不成？如何不想去做生意？"

迫于父命难违，"潘甲无奈，与滴珠说了，两人哭一个不住，说了一夜话。次日潘父就逼儿子出外去了"。

这个故事尽管有很多虚构的成分，休宁明代也没有这个"荪田乡"，但是有村名"荪田"，故事背景显然反映出了当时大量人口出外经商，年轻人很早就要学做生意的现实情形。类似潘甲新婚之别的事例不胜枚举，众多年轻夫妻长期分居两地，造成"内多怨妇，外多旷夫"，因此对徽州妇女生育率不高有直接影响。

《胡适口述自传》中对《故乡和家庭》作了这样的回溯，夫子自道说："我们徽州人通常在十一二三岁时便到城市里去学生意。最初多半是在自家长辈或亲戚的店铺里当学徒。在历时三年的学徒期间，他们是没有薪金的；其后则稍有报酬。

直到学徒（实习）期满，至二十一二岁时，他们可以享有带薪婚假三个月，还乡结婚。婚假期满，他们又只身返回原来店铺，继续经商。

自此以后，他们每三年便有三个月的带薪假期，返乡探亲。所以徽州人有句土话，叫'一世夫妻三年半'。那就是说，一对夫妻的婚后生活至多不过三十六年或四十二年，但是他们一辈子同在一起同居的时间，实际上不过三十六个月或四十二个月——也就是三年或者三年半了。"

童养婚　徽州历史上童养婚普遍存在，明清时期，徽商大量外出，形成特殊的人文环境。由于从事商业活动的需要，他们早早娶亲之后，往往流动到各地经营，希望有年长的妻子在家操持一家之务，照顾父母双亲。因此这种特殊的婚姻陋习更为盛行。

一般徽州家庭，儿女自小订婚或指腹为婚后，因女家贫穷，无力持养而送到男家生活，待长大成人后，再举行婚礼完婚。这种婚姻形式，称为"童养婚"。特别是嫁女时需要一大笔陪嫁财礼，往往使女家承受不起，生养女儿成为沉重的家庭负担，甚至还长期流行有弃溺女婴的陋俗。因此，从经济角度出发，也使得童养婚大行其道。

歙县"贫家女子，有自襁褓时为人所抱养作童养媳者"。

绩溪"民情重生男不重生女，俗有'赔钱货'之呼，憎而贱之……近又有抱女养媳之一种习惯，大抵为节省婚费起见也"。

在婺源，有"乡曲贫民子息既多，必乳养媳妇，或子未生而先抱媳者"。

黟县称她们为"小媳妇""等郎媳"，儿女自幼订婚后，女儿因家贫遂送到男家生活，由男家抚养。到长大成人，则由男方父母做主择吉日完婚，称作"圆房"。这种童养婚往往是女大于男，双方年龄悬殊，俗称"幼男娶长妻"。

在童养婚陋习下，未谙世事的童养媳在男家备受折磨和虐待，过着非人的生活，幼女身心健康受到很大损害。童养媳现象实际上正是徽州历史上早婚恶习的一种侧面反映。

休宁县流传一首民谣，唱出了童养媳心中的痛苦哀怨与无奈。

等郎媳
娘啊娘，
做事真荒唐。
把我嫁到人家去，
童养媳等童年郎。
我大他十岁何样讲?
不像老婆不像娘。
驮着要拉尿，
哭着要吃糖。
日间带他嬉，
夜间驮上床，
清早带他着衣裳。
等到郎大我又老，
等到有儿又同样。
天下多少违心事，
命里注定没法想。①

抢亲　这是古徽州经常出现的一种婚姻陋俗。男女双方虽已明媒订婚，但是因男方家境贫寒，拿不出彩礼迎娶；或是女家贫穷，想留住女儿在家多劳动几年而拖延婚期。经男方再三求亲，女家仍不同意，或蓄意刁难，遂发生抢亲。

《绩溪庙子山王氏谱》曰："男宅不得女宅同意，强将女子抢来，谓之'抢亲'。"

不过，徽州的抢亲，多数是善意的。在绩溪，发生抢亲行为，如果是在担过鞋样之后，多可和平解决；而若是发生在未大定之前，"则女家必起涉诉讼"。

对于抢亲这个习俗，徽州知府刘汝骥认为，是婚礼败坏之体现。他说："绩邑婚礼之坏，莫如抢亲，往往婚期未订，夫家遽纠众，乘隙将女抢归成婚，最为陋习。推厥原因，殆由礼物太繁，聘金过多，始无力者迫而出此。"

---

①《休宁县志》卷三十一《谣谚》，1990年版。

这种抢亲的主要过程大致是如此：男方在聘礼送毕后，由新郎亲带身强力壮者数人至女家，抢亲者设法将新娘骗出门外，然后用白汗巾将新娘拦腰兜起，反背新娘快速逃跑，出了村水口，并燃放三声爆竹，女方家人也不再追赶。新娘被抢回男家后，随即举行婚礼，大宴宾客，其礼仪与明媒正娶的完全相同。

次日，再由男方聘一说情人和一女伴专程前往女家，送上所谓的“望娘礼”，并约定回门的日子。也有的女家父母虽不同意成亲，但是，新娘已被串通，自愿受抢，岳家也只有承认事实。事情便这样摆平了。

如同赵翼《陔余丛考》云：“村俗有以婚姻议财不谐，而纠众劫女成婚者，谓之‘抢亲’。”

黟县流传一首《抢亲谣》揭开了事情的底细：“东山站着姑，西河蹲着哥，姑娘红着脸，哥哥打哆嗦。‘你爹心肠狠，彩礼要得多，叫我穷哥没奈何！’姑娘开了口，说你是个傻哥哥，忘记祖传老规矩，穷汉无钱抢老婆。”

在徽州历史上，还有另一种抢亲的行为，那是寡妇的公婆、叔伯，不经本人同意擅自将寡妇出卖，与买方约定日子抢走。寡妇被抢到男家后，也同样举办婚礼，宴请宾客。与一般抢亲不同的是，新婚后，寡妇不被接回门。

鲁迅先生笔下的祥林嫂就有这种被抢的遭遇。小说《祝福》描叙祥林嫂寡居后，由于婆家贪财，她被夫家卖给山民贺老六，祥林嫂抵死不从，以自杀相抗争，后撞破额头未死成。可见徽州这种风俗与浙江是相通的。

抢孀之事，自古就存在，其后果也很惨。《潜夫论·断讼篇》道“贞洁寡妇，遭直不仁世叔、无义兄弟，或利其聘币，或贪其财贿，或私其儿子，则胁迫遣送，有自缢房中，饮药车上，绝命丧躯，孤捐童孩者。”

还有的，“后夫多设人客，威力胁载者”。虽然按《清律》规定“凡豪势之人，强夺良家妻女，奸占为妻妾者绞。配与子孙、弟侄、家人者，罪亦如之。”

这是指没有婚姻契约而强抢的行为，必须酷刑重惩。对于那些有婚约的则规定“应为婚者，虽已纳聘财，期未至，而男家强娶者，笞五十。”对于已经许字之女，如果“女家悔盟，男家不告官司强抢者，照强娶律减二等”。

但是，囿于习俗，这些律条多不能实行。抢亲成功的事例尽管很多，失败的情形也不在少数。乃至因抢亲而引发的诉讼，械斗事件常有发生。

刘汝骥因此总结说：抢亲风俗“历史相沿，绝不为怪，甚至酿成械斗钜案。至妆奁，中人之家约五百金之率千金者，亦间有之。其或有力之家，因女家不允婚期，亦蹈此恶习”。

灵前婚及冥婚　男女方订婚后，男方家有上人病故，暂用被单遮尸，商得女家同意，草草举行婚礼，然后治丧。故此称“灵前婚”。这样婚姻，主要是基础不牢固，怕女

方会因此悔约变心。

黟县有“冲喜”习俗，即已订婚的男子在病危时，强娶女方婚配同房。意使男子之心情舒畅，病情会随之好转。如果男子的病是心忧成疾，或是相思病，此法也许奏效。若是其他疾病，则有可能加重病情，反而有损无益。如果男子从此一病身亡，女子则要“从一而终”，导致终身守寡。

订婚后，如遇男亡，女子只能抱着男子的灵牌拜堂成婚，而且从此终身守寡。这是更加荒谬的畸形陋俗，受“从一而终”的思想毒害太深。

歙县雄村“新安奇节坊”，记录一名叫朱隐贞的村姑，年方17岁，许配给雄村李某为妻，尚未成婚，李某身亡。朱即守节至老，“一盏青灯自明灭”，足不出李家门户数十载。

许村的“冰寒玉洁坊”，记注“旌表故儒童许可玑之妻程氏节孝”。儒童许可玑不幸病故，其未过门的妻子程玉芳年仅15岁，妙龄貌美，曾有徽州府官员林太导、杭州府官员吴仕洪等相求另嫁，但程玉芳不为所动，闭门谢绝。她心如止水，一意孤行，凭着刺绣手艺侍奉公婆，养家糊口，直到二老终年。她苦熬到40岁死去，用一生德行换来乡里的赞誉，后经官府申报朝廷，恩赐建造这座留存至今的贞节牌坊。诸如这些年轻的“望门寡”在徽州各地还有很多。

未婚男女如果双亡，也有合葬一墓的，则称“并亲冥婚”。

婢女不予适时婚嫁　徽州既有早婚陋俗，但是实际上早婚多数在富家子弟，贫寒人家子弟往往不得不熬到大龄。歙县男女婚嫁年龄，贫富之家有很大差别。歙县“富家饶于赀，则婚嫁早，往往在弱冠前。贫者迟至二三十岁不等”。婺源的情形与歙县类似，富家子弟早婚与贫穷青年的晚婚，形成极为鲜明的对比。

刘汝骥根据徽州地域特点，他认为“男子应以廿四五岁，女子应以二十岁为适当。乃乡俗联姻，多尚同齿，婚嫁期在十七八岁为多。富贵之家，配合尤早，未胜舞像，已谱求凰，甫结鸦鬟，辄来雁币。子姓繁而尫羸强半，学殖落而进取难言。值此之由，至乡曲贫民，年逾三十，配偶未谐者，又在在皆有。其因由经济困难，其果将使户口消灭？”

早婚带来严重恶果，正如前面所述，产生的后代将“痨瘵病多，人种日弱。学问牵于爱欲，而程度日低；经济繁于食齿，而困难日甚”。而那些“至乡曲贫民，年逾三十，配偶未谐者，又在在皆有”，这种婚姻不平衡的后果也是很严重的，甚至于会造成绝户。

更有甚者，不仅贫家子弟娶妻困难，而且地位卑贱的婢女还被主人适时不予婚嫁。清代康熙年间，出任休宁知县的廖腾煃曾在一则公告中指出：

“本县访闻民间蓄养婢女，有至四五十岁不嫁者，有终其身不嫁者。类似鸠形鹄面，背偻鬓斑，昼则挑柴汲水，夜则挨磨赁舂。终岁勤动，未尝止息。论力竭而不以为劳，则有功矣；观虐使而不以为怨，则有义矣。乃不以时为婚配，兼守夫妇之用，而锢其身如幽囚，永绝生育之仁。”

廖知县认为，这实在是一种“丧失良心，败坏雅化”的残忍恶俗。不仅于此，这种恶俗陋习竟然在休宁成为“家家如是，视为故常”的现象。为《海阳纪略》一书作注的学者储欣，也认为：“此风吴下所无，士大夫家婢子有三十不嫁者，乡里以‘老丫头’目之，而唾骂其主父母为刻薄。不意徽之习为故常也。”另一位作注者汪紫沧，也这样认为：“风俗之恶，莫此为甚。”

廖知县在颁布《禁止锢婢示》中，要求休宁全县立即革除这一恶俗：“示出之后，立将高年女婢分别嫁娶。如敢故违，严行十家举首，不论宦家士族，立即拿究，详请两院，处以禁锢良人、败坏风俗之律，决不轻贷。”

廖腾煃并且向上级汇报“休邑恶俗，民间畜养女婢，皆至四五十岁不准婚配，家家如是，视为故常”①。但是，由于问题的根源在封建奴婢制度，没有人身自由权的婢女，她们的命运只能任主人摆布，纵然县衙颁告严禁“锢婢”，如此恶风劣俗仍然有禁不止。

节烈妇女枉多　封建制度下的妇女地位低下，她们来到人世间，只能是“载寝之地，载衣之裼，载弄之瓦”。与男孩出生的“弄璋”之喜相比，明显地表现出男尊女卑的思想观念。对女孩从小就要求：“讲话不动唇，走路不动裙；笑不露齿，吃不出声。”一举一动都必须符合传统礼教规矩。女子的生命从一开始就得不到珍重，注定她的一生命运是悲剧式的。所谓婚姻贞操、婚前负节，被世人看得比生命更重要，旧有的贞操观念是封建传统道德在性领域内最典型的意识之一。徽州大地上竖立的大量节烈女子牌坊背后，曾经发生过无数催人泪下的悲情故事。

明初朱元璋诏令：“民间寡妇三十以前亡夫守节，五十以后不肯改节者，旌表门闾，除免本家差役。”

清代更加进一步细化法律规定，孀妇守节至六年以上身故；未婚贞女在夫家守节病故；女子拒辱被害及自尽者均得旌表，立牌坊，并按口给银三十两。

这些律令的实施，在各地族谱中多有反映。如《祁门方氏族谱》卷六《闺闱淑德》记载：“(方)德煌聘妻胡氏，孺人年七岁为童养媳，九岁未婚夫殁，贞节著闻，事姑至孝。姑因长子遇之不善，商嫡堂侄德启，邀族公呈鸣官，批给口食，以安贞女。”这个实例说明未婚守节的年幼贞女胡氏，经过申报批准后，享受到按口给银的待遇。《歙风俗礼教考》指出：“虽闺帏女妇，亦知贞节自矢，尤为比户可风。”在统治者的大力倡导和物质奖励下，徽州宗族积极配合，从而导致“新安节烈最多”。

①廖腾煃：《海阳纪略》卷下《两江总制傅、安徽巡抚江详文》。

古徽州是一个等级森严的宗族社会，一切行事唯以朱熹思想为圭臬。朱熹提倡封建的“三纲五常”，君为臣纲，父为子纲，夫为妻纲，是这个等级体系的基本框架。这三种人伦关系存在永恒不变的主从地位：即君主臣从，父主子从，夫主妻从，以此确定君权、父权、夫权的统治地位，进而把封建等级制度和政治秩序神圣化。在朱熹看来，人与禽兽的区别，就在于人类具有与生俱来的五常观念，三纲和五常是天理在人间的具体体现。这是实现孟子提出的“父子有亲，君臣有义，夫妇有别，长幼有序，朋友有信”道德规范的必由之路。

《易经》云：“有天地，然后有万物；有万物，然后有男女；有男女；然后有夫妇；有夫妇，然后有父子；有父子，然后有君臣。”古代哲学家指出，“三纲”是隐含严密逻辑推导的系统，君为臣纲的政治伦理关系，建筑在父为子纲的自然伦理关系之上。先有夫妻而后才有父子，所以父为子纲的自然伦理关系，又是建筑在夫为妻纲的社会家庭伦理的基础上。传统等级关系的合理性，就是将妇女压在社会最底层，“贵阳而贱阴”。凡是合于“三纲”的，便是“为仁、为义、为礼、为智、为信”，是为“五常”。仁义礼智信的五常之道是处理君臣、父子、夫妻三种尊卑关系的基本法则，遵守五常之道，就能维持社会的稳定和人际关系的和谐。

徽州所有宗族，皆以《文公家礼》为准绳，制定繁琐的族规家典，将妇女的手足牢牢地捆绑在“三纲五常”“三从四德”的精神枷锁上，要求“从一而终”，使她们不得自由动弹。祁门《方氏宗谱》族规共30条，其中10条是专为妇女订立的行为规范：别夫妇、严嫡妾、训诸妇、肃闺门、重婚姻、事舅姑、和妯娌、植贞节、防继庶、节婚嫁。

而其他20条，则是男女必须共同遵守的。这些条款，将妇女从生到死各个人生阶段、各个生活方面都做出严格规定，不准越雷池一步。例如，在夫妻关系中，要求：“为夫者须正身齐家，不可使牝鸡司晨，为妇者当降心从夫，不可执一已之性。间有悍泼不顺，与夫持身不轨，事舅姑不孝，处妯娌不和，窃盗妒忌，谗佞长舌，为闺门之蠹者，即声其罪，出之。”又如“严嫡妾”条规定，为妻者如果没有儿子，又反对丈夫为继嗣而纳妾，可以处以“责令归母家”，甚至“出之”。再如“肃闺门”条，不许女子“擅出中门”“擅游寺观”，要求妇女当“从一处勤绩纺，力机杼，尽其常职，必有专用，则邪避之念自无由生”。

针对丧夫之妇，族规有“植贞节”条，要求妇女“守节”。“妇人守节最为难事，宗族中或不幸而孤寡者，近属亲邻当资给扶持之，待其节终，公举表扬以励风化。”

对于年轻寡妇，无力抚养儿女，愿意改嫁的，被看作低人一等，备受社会歧视。嫁出时，只能在夜晚坐青衣小轿去男子家，一般不举行婚礼，也不许带走自己的财物，甚至连脚上穿的鞋也得强迫留下，说是以免拔走原来婆家的龙气。

各个宗族对于寡妇“改志转嫁者”，都不假宽贷，称之为“失节”，利用族规加以弹压。《桂林方氏宗谱》规定："如改志转嫁者，虽有子，止书其子，不书其母姓氏，为失节故也。"《尚书方氏宗谱》规定："女嫁名族书适，再适者黜不书"；对于"改适，于夫下黜不详书，以明义绝"。

《祁门方氏宗谱》记载有一名族内节妇胡氏的行状：她在丈夫死后，为抚养遗腹子，又活下去九年，死时仅 26 岁。在守节九年间，胡氏"擗踊悲号，声彻九年"，"言笑未曾露齿，足迹未尝出庭。衣惟布素，首不妆饰，岁时伏腊必省墓涕泣"，"至于任劳家政靡不得宜。事翁姑诚敬克尽，和妯娌愠怒不形"。胡氏优秀的表现当属于宗族表彰的样板。

明中期以后大量徽州男人经商外出，徽州宗族奉行朱子教条，"饿死事极小，失节事极大"，特别强调妇女的贞洁，以保持家庭及社会的稳定。程且硕在《春帆纪程》一文中写道："女子自结褵未久，良人远出，或终身不归，而勤事姑嫜，守志无怨，此余歙俗之异于他俗也。"宗谱和地方志中，充斥大量妇女节烈传记，对妇女节烈殉道大肆褒扬，而且到处高耸林立着贞节牌坊。贞操观念被封建传统道德渲染得无比重要，形成性领域最突出的观念，要求妇女婚姻贞操，婚前贞洁，作为胜过生命的宝贵品德。这些牌坊是维护封建礼教、摧残妇女的活生生的证据，是一部现实的反面历史教材。

《歙县潭渡杂记·烈妇程氏传》记载，程氏妇女的丈夫黄九叙，外出经商，不幸"客死芜湖。讣闻一恸而绝，绝而复苏者再……绝粒十有七日而卒"。据歙县《潭渡孝里黄氏宗谱》统计，这个以商贾著名的家族，从明代成化到清代雍正的 270 年间，节烈妇女便有 42 人[①]。

歙县许村经申报朝廷恩准受旌表的孝贞节烈妇计竟然多达 335 人，光绪二十九年 (1903 年)，许村为她们建"总孝贞节烈坊"于村水口前的青山门边。

赵吉士指出："新安节烈最多，一邑当他省之半。"[②]此言的确不虚。

民国《歙县志》云："歙为山国，素崇礼教，又坚守程朱学说。闺闱渐被，砥砺廉贞，扇淑扬馨，殆成持俗。"

徽州各个宗族把"学而入政，名登金榜；闺闱挺秀，巾帼完人"并列，认同他们"并为家国所重，宗祏之光"。每家族谱上都有"作科第录、节孝志，用彰既往，以励后来"。以便引导家族妇女的思想行为。

绩溪宅坦胡氏亲逊堂《明经胡氏龙井派祠规》有"彰善四条"，即忠、孝、节、义。其中"表节"条云："妇人之道，从一而终。一与之齐，终生不改。汎柏舟而作誓，矢志何贞；歌黄鹄以明情，操心何烈？倘有节孝贤妇，不幸良人早夭，苦志贞守、

① 《歙县潭渡杂记•烈妇程氏传》。

②赵吉士：《寄园寄所寄》。

孝养舅姑满三十年而殁者，祠内酌办祭仪，请阖斯文以荣之。其慷慨捐躯殉烈者亦同，仍为公呈请，旌以表节也。”①

民国《歙县志》卷十一《烈女传》有一则“女仆殉夫”的记载，耐人深思。明末时有个女仆，“尹春妻张氏。尹春，潭渡人，(徽商)黄时耀之仆。而张氏即耀母之媵婢也。耀妻程氏知书史，姑尝令其陈说烈女以谕晓家人，张侍每乐听不倦。居岁余，尹春死。张氏泣辞主母欲殉。汪(耀母)哭遣之曰：‘尔亦思流芳耶。’张氏比掩户自经，家人急救而免。翌日自诣市市砒，市人易他物绍之，又不死。乃自置一棺卧其中不起。汪挽之曰：‘若盍侍我终年亦无损于节，何必遽尔耶？’张泣对曰：‘婢志不可回，自听烈女传时已决矣’遂坚卧，不食而死。”可见榜样的力量是多么巨大。

各个地方志书中《列女传》的篇幅占到《人物志》中近一半，所记载的烈女人数，远远超过其他方面的人物。歙县历代受旌表的烈女，县志中统计有唐代 2 人，宋代 5 人，元代 21 人，明代 710 人，清代 7098 人。

《歙县志》主编许承尧称：“旧志义例取褒举而不遗，惟咸丰间兵事，歙人受祸实为奇酷，烽燹所至，闾里为墟，幽壑深岩，逃匿无所。全县人口十捐七八，妇女之抗节守义，宁为玉碎者多至不可胜计，爰据两江忠义录及此次采访之有事略者录之，以概其余。”

有当代学者根据《古今图书集成》所录全国历代烈女，做出统计，其中明、清（至康熙末年）全国节烈妇女人数仅为 11529 人。而康熙以后的清代节烈妇女大量增多。如果用《歙县志》所载数字推算，歙县在康、雍、乾、嘉四朝旌表的烈女人数比例是 1:3.61:4.16:2.93。

由此大致可知，康熙以后清代烈女人数大概增加了十倍以上，即便如此，歙县以一邑而拥有 8606 名节烈妇女，这个数字在全国来说，也是十分骇人的。

清代光绪三十一年（1905 年）歙县城里建了一座“孝贞节烈坊”，集体表彰徽州府属各县屈死在封建礼教下的节烈妇女就多达 65078 名。道光《休宁县志》记载，休宁全县建有 15 座专表贞节的牌坊，受褒扬的节烈妇女达 3599 人。婺源县城道光十八年（1838 年）建立孝贞节烈总坊，记载宋代以来妇女 2658 人，到了光绪三年（1877 年）重建节孝祠时，骤增妇女至 5800 余人。即使是人口最少的黟县，明、清两代也有节烈 1834 人，而且还有“一门四节”“一门五烈”的高密集度。其实，这仅仅是县志记载得到朝廷旌表的部分，各个家族宗谱所收录的数字则更多。所谓的节烈、节孝、贞节、苦节等背后，无一不是受害妇女触目惊心的悲惨遭遇。剖析大量烈女传记，可看出封建礼教“以理杀人”的悲剧，在徽州各地频繁上演。

①绩溪《明经胡氏龙井派祠规》。

前面提到的歙县雄村矗立着“新安奇节坊”，表彰年方17岁的村姑朱隐贞，她许配给雄村李某为妻，尚未成婚前李某突然不幸身亡。朱隐贞为未婚夫李某守节至老，而且做到数十载足不出李家门户，她一生慈善，晚年还出资造桥修渡，行善乡里，济世利人，因而获得旌表建坊。这个事迹确实算得上是个奇迹，在徽州有典型性和代表性。

岩寺“烈女坊”，记述一名蒋氏女子为了殉节求死四次的惨剧，蒋女18岁亡夫，遂欲自缢殉节，被人救下，又绝食五日仍未死，继用斧头自击额头，仍被邻里抢救，最后乘人不备，跳楼身亡。这个人间悲剧反映出所谓“烈女”，由于愚昧无知带来惨不忍睹的恶性后果。

这些节烈妇女，按清朝律令，大体可以分为贞女、节妇、烈女三种类型。贞女是指未嫁或已婚未婚配的坚守童贞的女子。这类贞女大多因父母之命、媒妁之言，未婚夫突然亡故而不再另嫁。徽州由于少年经商在外，客死他乡者甚多，许字未嫁的少女们，便在程朱理学“一女不二嫁”思想毒害下，过起了为夫守志的漫长独身生活。而那些性格刚烈的女子，则为夫殉死，寻求阴间与夫团圆。在徽州，这类贞女被誉为是“冰清玉洁”，而备受家族、乡里和官府的表彰。

黟县流传有一首颂扬叶氏贞女的诗歌：“卢家叶贞女，操洁凛冰霜。望门称寡鹄，同穴示不亡。麻衣誓夫舍，为终三年丧。”

古代徽州，人数最多、影响最大的还是各种节妇。所谓节妇，实际上就是年轻死了丈夫而孤守空房的守寡者。节妇与贞女不同的是：节妇是已婚之妇，有的甚至育有儿女；而贞女则是未婚，仅许以字者，绝无儿女。众多节妇基本在30岁以下，小于20岁的也不少，这都是早婚陋俗使然。徽州那些四处矗立的贞节牌坊，名义上是表彰她们，其实这都是节烈妇女们的血泪凝就。

节妇守寡生活是孤寂难熬的。富裕家庭的节妇，物质生活无须发愁，只是精神上受不了折磨，常使年轻节妇欲哭无泪。而贫苦人家的节妇，不仅精神备受折磨，而且物质生活也如一座大山，重重地压在节妇身上，使她们身形愈加枯萎。大量的史料中，记载了关于节妇励志守节，在极度贫困生活中照料公婆姑嫂，维护家庭、宗族利益，甚至舍身为长辈剐肉疗毒，不惜自残身躯等事迹。

如清乾隆十八年（1753年），被乾隆帝旌表的歙县徐村徐光明妻胡氏，在陪护公公和幼子一道赴徐州探望丈夫时，不幸公公和丈夫竟然接连去世。胡氏以徽州妇女的超强坚贞和毅力，不远数千里，越过千山万水的艰难险阻，亲扶二柩，牵携幼孤，归葬于歙。族人筹金为其扶孤，都被她坚辞不受。在居寡的日子里，她以纺织为活，奉养并安葬了翁姑，守节二十三年后去世。

再如明初歙县许村人许周安之妻，新婚不久，24岁亡夫，在高墙之内家中，独力将遗腹子许天相抚养成人，自己守寡52年，足不出户。后人在她家门楣上刻石记之："亡夫廿四，幸有遗腹。清静守寡，屋用高墙。凿井于内，炊食淘浆。饮泣抚孤，再无笑乐。五十二年，足未出户。"

烈女比起贞女和节妇，她们多系遇强暴不屈而死，或为夫殉节而亡，死得很壮烈。清代婺源有一烈女，携二子遇兵被掳，为免遭强暴，在走到一古井旁时，突然将长子推下井，继而抱幼子跳入井中，不屈而死。事后，人们在井旁建"节烈亭"纪念之。徽州众多的烈女，为夫殉节，或自缢，或服毒，或绝粒而亡者，数不胜数。

与节烈妇女相反，对敢于冲破世俗阻挠，为了追求个人幸福而改志再嫁者，不仅程朱理学不容，就是父母家长，邻里百姓，对此也决不宽容。再嫁妇女不能从正门出入，轿舆不准靠近宅舍，她们受尽歧视白眼。

道光《休宁县志》载：徽州"闺门最肃，女子能攻苦茹辛，凡冠带履袜之属，咸手出。不幸亡夫，动以身殉，缢者、刃者、鸩者、绝粒者，数数见焉。或称未亡人而代养，而扶孤嫠居，数十年终结完节，更在而是也。处子或未嫁而自杀，竟不嫁以终身。旦时一见之。虽古烈女，何以远过焉。彼再嫁者，必加以戮辱，出必毋从正门，舆必毋令近宅。至穴墙气路、跣足蒙头，儿群且鼓掌，掷瓦砾随之。知耻者宜无所死矣。故贞烈之多，良以山水所钟，亦习尚然也。"①

第二节　生育文化

"不孝有三，无后为大"，这是孟子总结孔子人口思想所做的结论。生育子嗣是孝道的根本，无子则意味着祖宗血脉的断裂，就是最大的不孝。孔子以"孝"为内容的人口思想，与以"仁"为核心的政治主张是相辅相成的。"孝"，则是"仁"的根本，生儿育女是"孝"的主要标志。平民百姓只有达到"孝"的要求，才能有希望实现"仁"；而只有通过仁政和德政，才能使人口增殖，实现"孝"的要求。正如孔子所指出的："孝弟也者，其为仁之本欤。"

但是，孔子并非一般地指生儿育女都可以达到"孝"的要求。他主要是指生育男孩，生育女孩并不能够达到"孝"的目的。在孔子看来，归根结底，男子才能担负起"孝"的责任，进而完成"仁"的大业。

拥有中国传统文化深厚积淀的徽州，"无后"被人们看作是前世不行善所致，香火断绝则是不孝之最。儒学浸润的徽州崇尚子孙满堂、多子多福，民间求子愿望的强

①道光《休宁县志》卷一《疆域志•风俗》。

烈度，丝毫不亚于其他地方。

求子习俗　在徽州人家，为了求得早生贵子，人们利用各种场合不失时机地祈求神灵，以满足生子愿望。而民间各种节庆活动的内容，很多都与求子习俗有关。《歙县纪俗诗》云："歙人性善禨祥，每事必征于神鬼，曰'发兆'。而求子嗣者尤切。"

正月初一是大年，休宁人家必备枣、栗煮羹汤，求"早立子"的吉利。

正月十五元宵节，各地夜游花灯，"十三试灯，十八落灯"，以十五为最盛。新婚人家备烛虔诚"接灯""送灯""起灯"，要大摆"添丁酒"，而在正月十八朝则举行"谢灯"仪式。皆为徽州方言中"灯""丁"同音，用"灯"寓意添丁，以祈子兆。此外，在每年正月初二日，歙县城乡各个大小宗祠，例放"人丁炮"，每丁三枚，得子者加百子十挂。是日，求子者众多，且"艺香祈子有验。"

中秋佳节之际，大家小户阖家团圆，菜肴必烩芋头，徽州当地所产旱芋多为子母群生，芋母壮则芋子多。像这类如芋头、南瓜、石榴等多籽（子）食品，都象征人丁兴旺、阖家团聚。在中秋节夜晚，"好事者令幼童戏窃倭瓜，入新婚者之房，纳入被中。或以子母芋，泥水淋漓沾濡床褥"。而且平时严禁偷窃的瓜果蔬菜，是日亦照例弛禁，深夜偷瓜的举动就是为了求子。还有的人家，"摘东瓜馈新妇，取'多子'兆。偷瓜者，物主撞见不之禁，谓之'摸秋'。"屯溪一带称"摸秋"为"碰运气"，月夜暗地摸摘他人园中果蔬回家，只能独行，不得结伴。瓜类都是"多子"的吉祥物，这些恶作剧式的徽州求子风俗，充分流露出人们对生育儿子的渴切期盼。正如同是词曲中所唱："送子中秋纪美谈，瓜丁芋子总宜男；无辜最惜红绫被，带水拖泥那可堪。"①"八月中秋偷北瓜，相逢不当贼来拿；芋头多子亦遭窃，佳贼原非保自家。"②

各县中秋节求子习俗，形式上大同小异，惯习成风，还体现在中秋夜游草龙上。在绩溪，"少年以新稻草扎草龙，燃香遍插龙全身，锣鼓喧天，满街衢跳舞，店户各助香，燃放爆竹"。"黟县每年之八月十五日中秋节，小孩每即要呼朋唤友，拔取田中稻草，扎成长龙形，并糊以彩纸。夜晚插烛于龙身，游行街市。这些草龙大小不等，大者十余人共舞，小者甚至一人独舞。舞龙之夜，锣鼓喧天，爆竹满地，集奔走热闹之极。"此时，求子意愿表达于其中："有子之家，令其出与舞龙；无子者，将龙首蜡烛换下，谓可得子。"舞龙结束后，大家疯狂跑步回家，传说先跑到家者先得子。休宁、歙县等地也同样舞草龙，草上插燃香，又叫"香龙"。所经街道，两旁商店，皆备猪头三牲香案祀奉。入夜，高举灯笼火把，相互辉耀，香龙在星夜盘旋飞舞，尤为壮观。

山区草少，就舞"板凳龙"。休宁城郊川湖的板龙长达300节，由附近六村人家，按男丁每丁出板龙一节组成，故又称此为"人丁龙"。舞龙时并且举行迎神会，供奉神像，

---

①②吴梅颠：《徽歙竹枝词》。

夜晚游走舞龙时，菩萨压阵，巡游各村。是时鼓乐齐鸣，燃放爆竹，观众人山人海，场面令人震撼。总之，在人们心目当中，龙，就是象征男子。“香火”一词，指的就是传宗接代，多子多孙。

歙县通过烧香拜佛、特别是拜观音，以求生子。乡间的水月庵、东云岩等庙宇，都是求子者朝拜之地。有诗为证：“水月庵中来许愿，东云岩上去求签；背人偷得岩前箸，要卜佳儿快快添。”①

为了求子，人们朝拜观音娘娘更加虔诚：“礼佛先持数日斋，不将心事诉同侪。艺香悄向莲台上，借得观音一只鞋。”②

不仅歙县如此，全徽州都相信送子观音的魔力，崇拜观音胜过其他神祇，寺院庵堂都供奉“观音送子”。绩溪县在农历二月二十九日，附近妇女多有结伴烧香拜佛求子者，相传这天是观音菩萨的生日。“绩邑崇拜者尤盛，有男像，有女像，有送子观音，有千手、千脚观音，均呼为‘娘娘’。俗语‘观音十八变’。”③不仅仅于此一日，六月十九日、九月十九日相传为观音菩萨成道、出家之时，乡间信众也要进庵烧香祈福。如绩溪施水庵观音殿联曰：“榉木多生金桂子，莲花应发紫薇郎。”“座下莲花频结子，瓶中杨柳自生枝。”“圣母慈悲，最爱人间威风；婆心接引，送来天上祥麟。”黟县南屏村天才庵“观音堂”联云：“我抱一片婆心，把个孩子送你；你需多行善事，积点阴德与他。”

歙县还有做法事拜佛求子者。法事专门设法坛，坛上“设有阿什果树，唪佛之次，则撒面撒之，得顶尖太子果者，宜子。坛有荷花灯七，摘其一归，佛光照澈，梦入熊罴矣”。《徽歙竹枝词》诗云：“如愿全须佛力凭，珈瑜会恰衍上乘。送来阿树尖头果，摘得莲花座上灯。”

徽州人不仅拜佛求子，而且在祭拜神灵时，也带上求子的祈愿。歙县祭祀社神甚至拜玉皇大帝时，都会求子，盼望显灵。正如《徽歙竹枝词》诗云：“玉皇阁上烛辉煌，上九来烧屋柱香，烧大柱香成底用，小家妇女炫新装。”“社公最趣仇家塘，求子人来烧夜香。却喜丈夫作女拜，不无玩世太生狂。”“放焰之家送斛尖，洗儿先兆许明年，斛尖借问是何物，面捏婴儿状俨然。笑容可掬不寻常，万语千言尽吉祥。巧乞寒儿犹肮脏，担挑送子小娘娘。”

诗文生动描述的诸多求子举动行为，充分表达了徽州人家对生育子嗣的迫切期望，明显反映出重男轻女、延续祖宗香火的这类传统陈旧观念。

①②吴梅颠：《徽歙竹枝词》。

③绩溪《庙子山王氏家谱》。

妊娠习俗 黟县妇女怀孕后，择日回娘家小住，称“归宁”。一则告知有喜；二则帮助其母开始缝制婴儿衣物，是谓“催生”。孕妇临产前数月，娘家将预备好的婴儿穿用衣物用青布袋装着，由未来的外婆择吉日送去女儿婆家；一路上须戴伞遮天，不能说一句话。曰“送催生”。绩溪称女子怀孕为“担肚”。妊娠七八月之妇女，一般要回娘家，着手准备婴孩衣帽等穿着，此举被称作“做窠礼”。在祁门、休宁等地，孕妇临产前，则由娘家置办新生儿衣物，其中必须有一套男孩穿过的旧衣裤，并于孕妇分娩前送到男家，俗称“外婆衣”。

绩溪上庄在妇女怀孕时，为了保佑母子平安，家里要举行“烧天狗”。做法是：用糯米粉做成小狗，再用米粉做三条白色的垫底，两条红色的放在上面，叫做“长寿馃”；还要用一张箬叶裹成长形的糯米粽，称作“长寿粽”；另外用印馃模做一些有图案的米馃。这些食品完成后，作为“供献”拿到社屋去请祭“社公”。祭拜后再将“天狗”等送到外婆家。外婆家人将这些食品又分给亲朋好友共尝，意为同喜。时间大多安排在二月二或十月半进行[①]。为了阻挡邪魅闯入照胎，在孕妇住室房门上悬挂神符，有的则用红布做门帘。

徽州民间对孕妇有预测男女的习俗，一看行走时先举左脚者必生男，先举右脚者则生女；二测看孕妇面色，若是黄瘦憔悴则必生男，鲜艳嫩红则生女；三看吃食时，孕妇喜食酸物必生男，喜食辣味则生女；四看身体形态，孕妇肚皮凸出，若是凸起处较尖，必生男孩；较圆形则生女孩。

古人说：“太妊之性，端一诚庄，惟德能行。及其妊娠，目不视恶色，耳不听淫声，口不出敖言，生文王而明圣，太妊教之，以一识百。卒为周宗，君子谓，太妊为能胎教。”这里面所谓胎教，指的是在妊娠期间，为有利于胎儿在母体内生长发育，而对母亲的精神、饮食、生活起居等方面，采取必要措施，以便使母子的身心都得到健康发展。妊娠是女性生理上的一个特殊过程，孕妇不仅生理上要发生一系列变化，心理上同样会产生相应的反应，这种心理反应过程就是古人所说的情志变化。《增补大生要旨》中说：“凡有孕之妇，宜情志舒畅，遇事乐观，喜、怒、悲、思皆可使气血失和而影响胎儿。胎借母气以生，呼吸相通，喜怒相应，若有所逆，即致子疾。除恼怒，凡受胎后切不可打骂人，盖气调则胎安，气逆则胎病。”孕妇所见所闻所思都是美好事物，胎儿发育就健康。胎教的目的，不仅在于使后代身体健康，更深层次地追求气质和品德才学的端正高尚，即要求所谓“生子寿而贤”。胎教方法，则是通过母亲的行为举止和心理活动，进而影响胎儿。如同古人所言：“妊子之间必慎所感，感于善则善，

①摘自绩溪县《上庄村志》。

感于恶则恶也。”

徽州人早有胎教的习俗，新安医学历来发达，不乏名家名作，如《叶氏女科证治》云：“儿之在胎，与母同体，得热则俱热，得寒则俱寒。病则俱病，安则俱安。胎前静养，乃第一妙法。”在很多族谱中，都有关于实行胎教的记载。《休宁宣仁王氏族谱》中有云：“闺门之内，古人有胎教，又有能言之教。”用族规来指导族人进行孕期胎教，以提高未来婴儿的智商和语言能力。同全国其他地区的中华民族一样，为了孕育德才兼备的后代，德育施教从胎儿阶段就开始了。唐代名医孙思邈在《备急千金要方》中说：“故妊娠三月，欲得观犀象、猛兽、珠玉、宝物，欲得见贤人君子、盛德大师，观礼乐、钟鼓、俎豆、军旅陈设，焚烧名香，口诵诗书，古今箴戒，居处简静，割不正不食，席不正不坐，弹琴瑟，调心神，和性情，节嗜欲。”

从中可见古人的胎教包括“胎教音乐”“胎教美术”，通过耳濡目染，陶冶性情，增添智慧，同时要求孕妇避免淫邪、行凶、邪念、丑陋、秽污、噪声等恶性刺激。怀孕早期，妊娠反应常给孕妇带来许多不适，恶心、厌食、嗜睡、疲劳，自身及胎儿的营养往往供不应求。为有利于胎儿在母体内的生长发育，应对孕妇采取措施，给孕妇进行特殊养护，胎儿的营养来源于母体的气血，母亲的饮食对胎儿的发育有着直接影响。为了保证胎儿健康，因此孕期禁忌很多。

休宁在新婚良辰或丧亡入殓时，禁止孕妇在场。忌“四眼煞”，认为会犯重婚、重丧。另外，如孕妇不能将裤子张口朝天晾晒，更不能将其晾在屋外过夜。孕妇要忌眼，不能看到棺椁、尸体等不祥之物。砌砖墙和炉灶时，不能看开门、开窗、开灶口和炉孔，以免临盆时犯难产。饮食上，孕妇要忌生冷，以清淡平和为宜。如果饮食失节，饥饱无度，嗜食厚味，皆可使脾胃运化失常而胎失所养。同时忌食猪、鸡等家畜禽的肝脏，否则会在产后少乳或无乳。徽州人家要求孕妇“寝不侧，坐不边，立不跛，笑不喧；目不视恶色，耳不听恶声，口不出恶言”，认为如此生子会“形容端正，才德过人”。[①]其实这些正是进行胎教的要求。这类禁忌有的荒诞迷信，有的则符合科学道理。

流传祁门的《十月怀胎歌》唱出孕妇的辛累：“正月怀胎无露水，桃李花开正逢春；朝夜水上浮萍草，未知生根不生根。二月怀胎不多时，手酥脚软路难行；眼睛不见穿针线，丢下针线懒动身。三月怀胎三月三，茶饭两口分三餐；端起饭碗不想吃，心想酸梅吞口水。四月怀胎寸寸深，丈夫言语不知心；心想黄瓜炒鸭子，又思鲤鱼来烧汤。五月怀胎分男女，七孔八窍变成人。是男是女心欢喜，望得哈日脱娘身。六月怀胎是热天，烧茶烧水懒向前；堂中打扫身无主，平地如同上高山。七月怀胎正交秋，似把铜壶挂金钩；少时怀胎是本分，年大怀胎罪难受。八月怀胎桂花香，朝夕收割田里忙；恩爱夫妻心牵挂，无义老公当平常。

① 《祁门县志·谣谚》2008年版。

九月怀胎九重阳，抬头容易低头难；茶饭不可多多吃，裙带莫要紧腰系。十月怀胎离娘身，翻身滚下血龙门；遍地血水炉灰掩，血衣浸有两三盆。月子里，左右湿，搂抱毛团贴娘身；儿女不知娘辛苦，枉费父母一片心。”①

另外一首民谣《八哥叫》同样是异曲同工地唱出妇女心声：“八哥叫，唧唧音，买花线，穿花针，做花鞋，送母亲；母亲怀我十个月，月月受苦到如今。”②

总之，人们一切愿望都是为了即将降临人间的新生儿平安、健康。在婴儿出生前夕，通常要请好接生婆助产，以迎接又一个新生命的诞生。

诞生习俗　古代由于接生技术落后，产前不检查，器具不消毒，导致滞产、难产、产后感染和新生儿破伤风等常有发生，新生婴儿和产妇死亡率很高，妇女生产如同过鬼门关。徽州故有“大肚老妪别欢喜，阎王面前只隔一张纸”的民谚。一旦遇到难产，婆婆就要急速向祖先、神灵烧香、磕头，甚至抬菩萨至产房以求保佑平安。

产妇临盆时，接生婆要叱退房内闲人、特别是男人出房。同时家人要打开家中门、箱、橱柜上的锁，意为“松关”，目的是想方设法使产妇情绪舒放松弛，消除紧张，以此祈盼婴儿顺利诞生。

此外，出于迷信，孩子出生时，父母或族亲长辈总要延请算命先生为其卜算命运。如有的“八字四柱命帖”上就这样推测写道：“日坐羊刃八字强，火炎土燥贵非常。柱内缺金水，性急志聪明。卯时秀木疏季土，培成稼穑必峥嵘。助益父母棠棣茂，安宜金石子双枝。四柱关煞俱不带，跳出童限易养成。一派大运如万锦，瓜瓞绵绵福寿长。”把孩子未来的功名富贵寄托在子虚乌有的所谓命相上。

婴儿出生后，要喂食三黄汤，还要举行庆祝。一般男孩出生，马上燃放鞭炮，焚香祭拜祖宗。而女孩出生，则较少声张。接着，家人要立即往亲家报娩，称“送喜”。在婺源，婴儿父亲要在产后亲挑一担糯米馃和一壶米酒，到岳家报喜。壶盖或壶嘴要作标记，区分婴孩性别。男孩则标为红纸，女孩标绿纸为记号。外婆家收下后，要分赠米馃四个或八个、十二个，给诸亲戚，许双不许单。亲戚家则以红糖、鸡蛋（双数）和干苋菜等物品回赠。外婆家赠礼一般是一公一母两只鸡，以及红鸡蛋、红糖和干苋菜等食品。

在绩溪，婴儿出生的次日，也是端喜酒、挑圆圆至外婆家报喜，并分赠亲戚。圆圆是由籼、糯米粉蒸制而成，状若荸荠的米团。收到圆圆的亲戚，通常要按照收一个圆圆，回赠一个鸡蛋的礼节往来。绩溪用送酒的酒壶区别男女的记号，稍有不同的是，用不同的壶区分。一般用茶壶盛酒则表示生男，用酒壶则表示生女。休宁的酒壶记号不同之处是，壶嘴朝前为男，壶柄朝前则为女，人们一看便知。

①《祁门县志·谣谚》2008年版。

②摘录自《祁门县志·谣谚》2008年版。

在祁门，婴儿出生后，家人则备红鸭蛋 (用染料染红) 送往外婆家报喜，生男孩与女孩则用单、双数区别，男双女单。

徽州各地于婴儿出生的第三天，都有为婴儿“ 洗三朝 ”的沐浴习俗。也称为 “做三朝” ，古称“汤饼之会”(汤饼即面条) 。休宁俗称“洗团” 。这日亲友邻舍来贺，送红包“ 百岁钱”。主家设酒席宴宾，称“三朝酒” 。婺源的洗三朝，要用艾叶、积壳叶、桂圆壳和石菖蒲等煮水，为小儿沐浴，洗肚脐。浴后婴儿穿衣见客。黟县、绩溪洗三朝时，由外婆来主持仪式，邀请亲友参加汤饼会，吃白虎馃。至于宴席规模，取决于家庭经济条件。《徽歙竹枝词》唱道：“才试啼声争门锁，洗儿盆里祝青葱，刁知何物代汤饼，苏木染成鸡蛋红。”

在洗三朝时，还要为婴儿取名。一般由家长先取小名，俗称乳名，休宁习惯称呼“伪”，前置一字，如称贵伪、高伪、园伪等。以后到了学龄再正式取一个大名，也称学名。贫穷人家，取名猫狗、牛马，或乞丐、讨饭等贱名，以求容易养活。女孩取名多有叫招弟、引弟、来弟、怀弟等，以求得再续生男孩。更有父母信佛的，取名佛赐、观赐、观求、观渡等。

徽州盛行算命卜卦，父母将孩子的八字帖子，送去请算命先生测算前途，由此起名。对于命中缺金、木、水、火、土任一种，即在名字里予以弥补。又因为要报名给宗祠登记“上丁”，男孩名字必须按照族谱排行辈分来取定。比如典型的例子，朱熹父名朱松，意为补木；子名朱塾、朱埜等，补土；孙名朱钜、朱钧等，补金；曾孙名朱渊、朱洽等，补水。朱熹家族五代人名的偏旁分别是木、火、土、金、水。在讲究别尊卑、重序次的徽州，这种以阴阳五行定辈分的取名方式十分普遍，从名字上一看就知道在家族中是长辈，还是晚辈，不至于出现差错。

在这五字轮回的基础上，随着家族人口繁衍，支派增多，又发展成预先确定若干个辈分用字的办法，这种辈分用字称作“行派”或“字派” 。全国最有名的山东曲阜孔氏家族，从孔子第 54 世后裔孔思晦开始，其子辈为“克”字辈，“克”字以下为“希、言、公、彦、承、弘、闻、贞……” 。按“行派”或“字派”取得的名字也叫“谱名”，意即载入宗祠族谱之中的名字。徽州民间称这种排行字为“观辈”，宗谱中则有“行辈歌”，便于取名时有章可循，以保证宗族子弟的昭穆世次明确不乱。这些“行辈歌”朗朗上口，表达出吉祥、祈福之类的内容。

满月，即是新生儿出生后一个月之谓。在这头一个月里，产妇和婴儿都有很多禁忌，如产妇称之为“坐月子” ，不得见天日。饮食上，产妇月内不食荤油，唯以麻油煮鸡子加红糖食之。因而满月后，产妇饮食限制减少。满月这一天，通常家中要置办酒席，叫吃“满月酒” ，或“弥月酒” 。宴请亲戚和邻里，以示答谢。酒席上座次很讲究礼仪，上席位应是孩子外家长辈，外公、外婆，及舅父、舅母等。外婆家送“弥月礼”，礼品中有带盖的锡坛一只，内装核桃、花生等干果，俗称“安根坛”，意为外孙安下根基之兆。满月这天，家里还要置备鸡蛋、点心和红包，聘请剃头师傅为婴孩剪发，俗称“剃胎毛”。

在婺源，新生儿第一次剪发，还有时辰的禁忌，若逢丁日，则不能剃发，叫做“丁不剃头，亥不杀猪”。有的地方，称“剪兽尾”。剃头师傅在剪发时，口中还边剪边说吉言：“宝宝乖，宝宝胖，宝宝高，宝宝乐，剪个聪明好头脑。”剪到囟门时，还要说：“留个兽头尾，出门不信鬼。”有的还要讨口彩，说道：“金钩挂起银罗帐，请出小官来剃发，昨日朝中剃宰相，今日又剃状元郎。”满月之后，产妇就可以抱着婴孩出入户外，见客行礼了。

周岁。过周岁生日是诞生俗制中最后一项活动。其实人的一生，从第一个生日开始，以后每年的出生日都会进行纪念，不断重复着“生日”这个人生仪礼，直到去世为止。而人生头一次生日，意义尤其深长。徽州各地对于过周岁生日的仪式十分重视。

在婺源东北乡一带，称新生儿周岁为“百岁”，而西南乡多称“长屁股肉”。休宁过周，外婆家馈赠外孙全身衣物，还有手镯、银锁、玩具等，称为“恭喜百岁”。歙县过周，母亲要给婴儿准备一条青布裤，一条青布长衫，两双抓周鞋和印有寿桃图案的一百个硬米馃，名为“着鞋馃”。小儿今天起开始穿鞋，所以徽州各地都很看重足下的一双鞋，不论何县方言都称穿鞋为“着鞋”。

过周当天，主家要在厅堂燃烛烧香，设宴请酒，抱着新生儿祭拜祖宗，遍请前来贺喜的宾客。宴席上举行重要的“抓周”仪式。在桌上摆放笔墨纸砚及玩具器物，任孩子抓取，以预卜其兴趣爱好。如果抓了笔墨书本，则预示长大成人后有出息。俗语“周岁定百岁”。通过抓周，判定孩子将来的前途，这里寄托着家人对未来的希望。绩溪，“儿满一岁谓之周岁，周岁必以尺、秤、升及杂物置儿前，任其乱搅，谓之‘撞周’，儿撞何物即谓将来必喜何事。”有诗云：“周岁外家来祝贺，要握窠染费钱多；金银帽綮衣鞋袜，买叫外公与外婆。”

育婴习俗　在孩子前途未卜的情况下，家长最希望的当然是读书考举做官，但是面对“千军万马争过独木桥”的现实，使得很多家庭按照“用贫求富，农不如工，工不如商”的思路为孩子去做设计未来[①]。

所以江南民谚称：“农事之获利倍而劳最，愚懦之民为之；工之获利二而劳多，雕巧之民为之；商贾获利三而劳轻，心计之民为之；贩盐之获利五而无劳，豪猾之民为之。”

徽州人遗传基因即头脑灵活多巧思、富于进取心和好奇心，善于计算。同时“其

①司马迁：《史记•货殖列传》。

人便捷而多能，轻清而好奇”，心灵手巧，勇于变革。在自然山水风貌的影响下，性格气质与北方人迥异。因此徽州多能工巧匠，工多妙手，“能斫削柱梁，谓之木匠。能穿凿穴坎，谓之土匠”。俗谚云：“神灵漆匠做，木听匠人言。”徽州民俗非常敬重工匠，凡建房、砌灶、婚礼、安葬等家事，动工时要给工匠送红包；建房架梁竖柱和婚事丧葬之日，还要给双份工钱。婴儿满月剃头、婚礼前新郎理发，要给师傅送红包。请裁缝做结婚礼服或做老人寿衣，亦都要送红包或给双份工钱。民间普遍认定工匠是某个神圣的弟子，如木匠的先师是鲁班；剃头匠的鼻祖是吕洞宾；李老君则代表铁匠，泰山代表竹匠等等。俗称“卖田卖地，卖不掉手艺”。因此孩子长大后，不能继续上学读书的，父母则要为孩子找一个工匠师傅，学习一门手艺。请师求艺是人生的一件大事，关系到今后孩子安身立命的谋生能力。

当父母为孩子选定师傅后，要选一个吉日，请工匠师傅来家里吃“请师酒”，学徒从师，行叩拜礼。并订立师徒合同，终身无改。在酒席上，要请近亲作陪，并请村里族内德高望重的老者做中证人，以示拜师学艺礼仪的重要性和严肃性。流传徽州的《工匠上梁歌谣》是建房上梁时工匠们所讨的吉祥口彩，从侧面反映出工匠在人们生活中的地位。

“金斧一动天地开，鲁班先师下凡来。 东家择个黄道日，要做万年大屋宇。 百样材料都备足，今日正上栋梁材。金斧响到东，文官在朝中。金斧响到西，福寿与天齐。上有金鸡叫，下有凤凰啼。金鸡落地，大吉大利。”①

周岁以后，徽州人在孩子十岁时，还要为其举行一次隆重的生日活动。在婺源、休宁等地，人们俗称小孩十岁为“长尾巴”。是日，外婆、外公或舅父，要送衣裤鞋帽给小孩，五服以内的亲戚也要给孩子送礼物，以示庆贺。按礼节，主家须在中午设宴招待前来祝贺送礼的亲朋好友，此谓“献尊长”。

祁门民谣《好人家》唱出对孩子的殷殷期盼：“长篱笆，短篱笆，对门对户好人家。他家宝贝多乖巧，我家孩儿人人夸。哥哥弟弟都识字，姐姐妹妹会纺纱。识字纺纱一般好，会写会做比人巧。聪明伶俐又懂事，爹妈疼爱如珍宝。”②

徽州人对新生孩子的诞生仪礼，始终围绕着一个中心和主题进行，这就是为孩子的健康成长和远大前途祈祷祝福。这不仅是在徽州，也是传统文化背景下，中国其他地区育儿的主导理念和风俗习惯。这里充分说明华夏民族对于人的生命高度尊重，期盼人丁兴旺的强烈愿望。当然，其中充斥严重的重男轻女意识，对于生育男孩的仪式极为隆重，称为“弄璋之喜”；而生育女孩则仪式从简，称“弄瓦之喜”，男女区别对待。

①《休宁县志•谣谚》1990版。

②选自2008年版《祁门县志•谣谚》。

南宋《新安志》中对女孩“始生，则为植木，比嫁，斩卖以供百用，女以其故，或预自蓄藏”。意指生女孩是“赔钱货”。从中可以清晰看出，中国传统文化所体现的男尊女卑思想。同时，在生育文化当中也夹杂着很多迷信成分在内，如发生小儿夜啼、出痘疹时，挂红签纸条，到处张贴，皇皇数言妄称灵验。正像《徽歙竹枝词》所云：“皇皇数语书红纸，倩读能令止夜啼。”又有诗云：“出放天花要挂红，纸条飘扬贴门笼。收将好把娘娘谢，轿舆须老纸扎工。”

这类用符咒、灵签等及烧香拜佛等手段来治病，非但于病无补，反而只能增高婴儿死亡率。

徽州重男轻女的意识还表现在“溺女婴”的罪恶行为上，许多族规家法中都有对此禁止的条款，说明这种现象早就顽固存在民间。史料记载早在北宋时“产男则相贺，产女则杀之”；“田野之民，每忧口众为累，及生其子，率多不举”；“男多则杀其男，女多则杀其女，习俗相传，谓之‘薅子’，即其土风，宣、歙为甚”；徽州乡村富家崇尚“五虎二豹”，即盼望生育五男二女，多则薅刀斫刈之。针对此恶俗，绩溪宅坦《明经胡氏祠规》中有“痒恶四条”，其中即将“产多毙女，贫困鬻男”列入为“忤逆”，应予惩戒。

第三节 丧葬文化

古徽州尊祖敬宗最为人看重，在丧葬礼制上充分得以体现。“古之葬者，厚衣之以薪，葬之中野”。生死观念、灵魂观念和丧葬仪礼的形成，是人类历史经历蒙昧和野蛮阶段而步入文明的标志之一。丧葬过程中，生者要认真对待死去的人，并且带着困惑和疑虑，思考自身的归宿。在生者与死者、现实与未来之间建立一种精神联系，赋予生者与死者某种神秘意义，以维系现实生存和精神世界的平衡，使得死亡成为人类的一个永恒话题。由于人类在自然环境中生存和繁衍，所孕育出的丧葬文化必然包含着对生命、对灵魂的深刻追问与解答。中华民族历代对于丧葬形制、礼俗服饰都有严格规定，幽冥文化是现实社会生活的一种折射反映，从中可以管窥徽州当时的经济文化状况。对于先人死亡，徽州人家礼节极为隆重而烦琐，不厌其烦，与其他人生仪礼一样，毫无例外地要以朱熹《家礼》为依据，“丧祭尊文公家礼，浮屠间用之”。视死如生，奉以厚葬。

朱熹曾经写道：“葬之为言，藏也，所以藏其祖考之遗体也。以子孙而藏其祖考之遗体，则必致其谨重诚敬之心，以为安固久远之计，使其形体全而神灵得安，则其子孙盛而祭祀不绝，此自然之理也。是以古人之葬，必择其地，而卜筮以决之。不吉，则更择而再卜焉。近世以来，卜筮之法虽废而择地之说犹存，士庶稍有事力之家欲葬其先者，无不广招术士，博访名山，参互比较，择其善之尤者然后用之。其或择之不精，地之不吉，则必有水泉、蝼蚁、地风之属以贼其内，使其形神不安，而子孙亦有死亡绝灭之忧，甚可畏也。”[①]

死者的葬埋，牵涉到生人的祸福，他的这种风水观念对于徽州追求风水的社会风气产生深远影响。嘉靖《徽州府志》称：“歙休丧葬遵文公仪礼，不用释氏。然祭奠顾侈设层台，祖道饰以文绣。富者欲过，贫者欲及，一祭费中家之产。亲殁不即营宅，兆富者为屋以殡，贫者堇覆茅茨，至暴露不忍见者。由俗溺阴阳、择地择日拘忌，以故至屡世不能复土举葬。”绩溪《武口王氏统宗世谱》义正词严地强调指出：“生我者谁？育我者谁？择师而教我者谁？虽生事葬祭，殚力无遗，未克酬其万一。苟其或缺，滔天之罪，尚何可言。”这就把丧葬事宜提到空前高度去认识，没有任何理由可以不尽力去办好。在徽州各地，年高老人去世被认为是寿终正寝，“驾鹤西游”，丧事要当喜事办，俗称“白喜事”。年轻人如果不幸死亡，俗称“半世死”“打短命”，丧事从简。

明代以前的服丧制度，是子为父“斩衰”三年，为母“齐衰”三年。明代后改为子为父母、庶子为所生母，皆斩衰三年，于是齐衰三年之制遂绝。父在为母、出妻之子为母、父卒继母嫁而已从之者，及夫为妻子均服齐衰之服。官方规定，孝服分五等，子与未嫁女为父母戴孝，或是妻为夫戴孝最重。孝服用最粗的生麻制作，断边外露，名“斩衰”；次属夫为妻或是兄弟间、孙为祖父母、侄为叔伯父戴孝，以粗麻剪断处缉边，名“齐衰”；其余有“大功”“小功”“缌麻”，服期分别为九个月、五个月、三个月。居丧礼仪方面，明代取消了“凡有丧葬，设宴会亲友，作乐娱尸，惟较酒看厚薄，无哀戚之情”的元代旧俗。《大明律》还删除了“居丧生子”的规定。但是服丧期间禁止娱乐，不集会、不远游、不串门，以示余哀未绝，恪尽孝道。近代孝服则简化，仅鞋面蒙以麻布，出嫁女儿在麻布前缝一小块红布，以示区别。孝期也大大缩短，有“三朝脱白七日脱麻”之说。

随着时代进步，厚葬渐变为薄葬。绩溪上庄胡氏宗族规定合情合理：“丧制，所以尽子道而报亲恩也，初丧服制，本为服内亲房而设，服外者用烛、帛，以益丧家之累。即或情不能已，务宜挽送赙礼；或丧家先行发白者，送礼各宜酌中。若贫不能葬者，尤宜体恤。”

过年时如果家里不幸有丧事，则秘不发丧，待初三过后再行举哀。丧家门楣上贴“制”字，门联则用黄纸书写“有制难为礼，新春不贺年”，“思亲难为礼，守孝不知春”，“满天皆喜庆，吾门独素风”等内容，广而告之以谢贺岁客人。

① 《朱子大全》卷九十四。

丧礼如仪　徽州丧葬礼制大致有以下程序：

送终与报讣　老人病危，儿孙要临床服侍，听取遗言。一旦断气，儿孙均须跪地呼唤，大哭送终表示永诀，并且看准时辰，往死者口中放置“口含钱”。也有以玉置死者口中。贫家用铜钱代替。有的则“以锡箔折成元宝状焚床前”，称“烧纸钱”。

然后给死者“净身”，擦洗干净身体，表示亡人清清白白、干干净净离开人间。死者身穿多重新内衣裤，男子戴儒生帽，穿开襟斜领衣；女性戴凤冠、穿蟒袍。

然后，要及时将死讯通知亲朋好友，一般都派专人穿着素色衣报丧。休宁、婺源等地，报讣者持一把雨伞进门，将伞尖朝下竖置，放在八仙桌下，人则坐在门上头，一言不发。如此对方即知有亲友故知去世，但还不知道死者何人。于是，主人奉上两杯茶水，左边一碗，敬献死者，右边一碗给报讣人。报讣者饮一口水后，口中道：“你家某某某‘多谢啦’。” 再道出死者身份，送上讣文。其形式和格式是根据死者身份地位决定。如果是父母去世，讣文写法规范按《东帖体要》：

“父死曰‘先考’，母死曰‘先妣’。(考者言其德行之盛，妣者言其媲美以考也—原注)父丧称‘孤子’，母丧称‘哀子’。”

“为人后者，遇承继父母丧服，斩衰三年。其讣状丧帖称‘不孝孤哀子’，下写‘泣血稽颡’。而本身父母服期衰不杖，其讣状丧帖则称‘降服子’，下写‘泣泪稽首’，名于孤子之后。”

丧父之讣文格式为：“不孝□罪孽深重，不自殒灭，祸延严君□□府君，享年几十有几，痛于□年月日时寿终正寝。忝在至亲，谨以讣闻。孤子□□泣血稽颡。”

丧母讣文则称“寿终内寝”。

入殓与吊唁　将死者裹棉、穿上早已备下的寿衣，抬放入棺，此称“入殓”，俗称“收尸”。徽州风俗，入殓分大殓和小殓两道程序。通常死之次日，“尸沐浴着衣”为小殓；“死之三日，尸下棺”为大殓。在绩溪，为死者入殓要选择好时辰，“置石灰包及衣服(此衣谓之寿衣，多有生前自制者，为避忌，故曰‘寿衣’)、丝绵等，石灰包置棺中缝际，丝棉则裹死者，用以防腐。衣服必先由死者之子试穿，再与死者穿之，薄者五层，通常七层、九层，有至十三层者。多用布，亦有布绫合用，视用绫之数，谓之几层绫，有全用绫者。及殓时，雇僧人摇钟招魂。于是，全家又哭”。

殓礼时，亡人全家皆穿戴孝衣、孝帽、孝鞋痛哭跪拜。在休宁，直系子孙和媳妇身穿麻布衣，腰系稻草绳，脚穿缝有一方块麻布的白鞋，是为重孝；旁系叔伯家和出嫁女儿家的后辈人也要戴孝，不同的是身穿白衣，头戴白帽，脚穿白鞋。其他亲属则在鞋上缝块白布，戴一顶三角搭缝的白孝帽。

休宁、黟县、婺源等地寿衣上为袍褂，下为裙裤，按家境贫富，有“上九下七”，“上七下五”，“上五下三”之分。内外衣袍全缀布带连结，不用纽扣，大襟圆领，完全是明代服饰装束，世世相传，寓意“生虽降清、死不降清”，始终保持民族气节。

入殓时，将尸体放正，头枕瓦，脚垫砖，头两边用瓦砌紧，防止移动。死者一般头戴道士巾冠，帽上缀饰玉石，寓意“指路明灯”。手中握有金银，鞋尖钉上珍珠，并将死者生前心爱之物置放棺内。如果死者为女性，还要放一把折断的木梳。所有这一切做法，都隐含着来世金口玉言、手握财富和前途远大光明之意。死者换下来的衣物，则放在棺材的底部，鞋子放在棺脚。入殓后，棺材一般置放于堂前正中，棺材头部点亮长明灯，保持朝夕不灭。另外还在棺材前刊木主式位，题曰：“先显考(或妣或先祖考妣)，(视死者之称)某某府君(或孺人)之灵柩。”如用僧人祭祀，谓之“和尚祭”；亦有接礼生祭者，谓之“礼生祭”。棺材脚部则放一条桌，置供品与香火，灵位前三餐供茶饭。

死者亲友故交在收到报讣帖文后，根据与死者的亲疏程度，决定是否前往吊唁。通常，“友人死，不赴者不吊；亲戚死，必吊。吊仪，锡箔钱纸，香烛。如系长亲，必亲赴挽送，逾数日再唁生者，多用猪肉丶桂圆、枣等品。亦有用贵重物品者”。前来吊唁者，在死者家人为死者入殓和僧人超度亡灵时，间或也有云：“好了，千斤担，万斤担，多他一人挑去了。”吊唁者所送的挽幛、挽联、花圈等，依亲疏次序，横挂于堂前棺材脚上方四壁，形成灵堂。堂中央悬挂死者遗像。灵前设供桌香案。白布幔帐和白布灯笼缠绕高挂，将灵堂隔开。子孙披麻戴孝轮流昼夜守灵，接受亲友和四邻的吊唁。祭日还有鼓乐队蹲守在灵堂前方右侧，有亲朋故旧上门吊唁，司鼓手先点鼓通报，如果是年长者到来，孝子必得先上前下跪。吊客跪拜上香时，乐鼓齐奏哀乐，孝子贤孙也陪跪在右旁答礼，孝媳则在帐内痛哭陪跪。

择墓与关殓　在程朱理学的指导下，“风水之说，徽人尤重之，其平时构争结讼，强半为此”。祖先坟墓被视之为木本水源，因此特别地“尤重先茔”。人们普遍认同朱熹的说法，如果择墓不当，可能导致子孙命运“死亡绝灭”的极端危险。早在宋代，《新安志》就指出：“歙为附郭县，其民之弊，好委人事，泥葬陇卜窆，至择吉岁；市井列屋，犹稍哆具门，以卜吉向。”到了明代以后，富人多了，奢靡之始，更加“泥于阴阳，拘忌费事，且暱鬼神，重费无所惮”[①]。

出于古代人口死亡率居高不下的现实，人们对自己一生命运无法把握，只能是“生死由命，富贵在天”，认为一切都是前世就已经确定，“前世不修，生在徽州”，只好听天由命。在这种“宿命论”统治的历史背景之下，徽州历来多堪舆学者，风水大师闻名于世，灵山秀水为风水术的根植与生发提供了良好的实践条件。明代徽州人整理并出版了《地理四书》《龙穴阴阳之诀》等许多关于风水堪舆方面的著作，在全国影响很大。明清时期，徽商鼎盛，大量财富从外界流入徽州，更为富户名门追求风水

①[明] 弘治《徽州府志》。

宝地提供了雄厚的经济基础。当时社会上十分重视堪舆风水，因此风水大师很吃香，每寻墓穴必请风水地师先生精心选择。一般富裕人家，在死者生前即已选择和营造好墓穴，称“生茔”。“葬必择地，有死者在时已营有生圹者，则葬圹中；无生圹则死后请堪舆者觅地。”

在徽州各地，寻找一块风水宝地，以妥善安葬自己的亲人，是一件“不仅求安，且欲以求福利”①的重要大事。因此，他们往往不惜重金高价求购，如歙县棠樾盐商鲍家，曾经花一千两白银买一块风水宝穴。休宁赵吉士，为了能够为父母选择一地吉壤良穴，遍求堪舆名家，甚至不惜代价从南京和本地请来二十多名风水大师，到现场会商，正当众位大师各执己见，“纷纷点穴不定。予用秤土法，择土之重者用事，及开金井，土如紫粉，光润异常，登山者咸贺得地”。就这样选来选去，反反复复，最后选定了休宁琅源上狮台作为赵家坟穴。

经过富贵人家的热炒，墓穴坟地“求者既多，而售者顿涌，甚至周椁片地，可以布金而成”。同时因土地价格暴涨，引起纠纷与诉讼不断。从而造成“祖坟荫木之争，辄成大狱”。正如赵吉士所言：“风水之说，徽人尤重之。其时，构争结讼，强半为此。”

绩溪上庄胡颜庵，本是一位成功的商人，族谱中记载他“念先人浮厝未葬，遂潜心堪舆之学，昼夜研究，靡间寒暑。平生奔走江湖，稍获微资即归里安葬先人，建造坟茔，筑就完固。若必欲如是，而心始快”。他醉心于风水研究，不务正业，竟然还得到宗族的称赞。

徽州名宗大族内部，为了祖坟而构争结讼的事件也时有发生。明嘉靖时有个名叫程秀的人，他指自己的祖墓伪称是程灵洗之坟墓，结果引起槐塘、岑山的程时望、程一德等程氏族人公愤，于是这些支派族人兴师动众，“倡率同派六十余人鸣官断毁”，经过官府判决这才平息此事。为惩前毖后，程氏族人又将此次官司的呈词、首状、供状及其他断案材料，印发给各门派收藏备查，以防再次发生此类“伪墓”事件。果然不出所料，到了清雍正年间，槐塘族人程子质，又旧事重提，指证程秀祖坟就是程灵洗墓，再次挑起程氏家族祖墓真伪之争。程子质不仅重新树立墓碑，砌石为坛，还汇集资料编成《古墓续集》，四处散发给各程氏支派，大造舆论，扩大影响。而反对者以休宁率口程氏支派为首，一方面他们积极劝阻，同时汇集相关资料，编辑《忠壮公墓辟伪录》四卷，针对程子质的观点逐一批驳。在争论过程中并非所有程氏族人旗帜鲜明地参与论争，如南市派则约集同人试图居中调停，提出“改墓为坛”之议。结果这个骑墙的动议未能得到双方同意，而后“伪墓”论虽然取胜，但是从墓争当中反映出宗族内部矛盾也是相当激烈的。

①康熙《徽州府志》卷二，《舆地志下·风俗》。

歙县吕氏宗祠及祖坟均在披云峰下，风景绝佳，被地舆师视作风水宝地，自明嘉靖至万历朝的近百年间，多次有人谋占，以至争斗诉讼不断。嘉靖十一年(1532年)，婺源人汪云程，倚仗父为朝官，指太平兴国寺为废寺，吕氏祖祠为土地堂，欲占为谋造风水。吕氏会集各支派聚族众三百余人日夜巡守，并执词节告六院，经官断后方才平息。隆庆五年(1571年)，又有歙城富绅吴华夫，欲毁寺造坟，因吕氏持理力阻，吴遂自悔具帖，停寝不行，事遂了结。万历三十九年(1611年)十一月十三日，吕氏合族立议约，称“本家宗伯公祠前大木二株，于祠风水有碍，历来已议砍除，近因吴望老并堪舆言，有树塞心，祠故不发，除之，众皆兴隆”。这本属族内事务。岂料被外人利用，李光灿、汪彦、胡伯祥、巴应德等人借机兴端，状告吕姓，指称祠属官建，地属官地，木属官栽，不容擅伐行私。这桩官司一直打到都察院，为时两年多，双方各自动用人力数百，耗资数千，最后虽然吕氏获胜诉，但是经济受损亦大矣。事后，吕氏广征文书，编辑《负冤廪帖历朝实录》一书附加族谱之末，内中详尽叙述以上三起官司经过。

歙县呈坎罗氏家族内部，出现“前罗”与“后罗”为风水暗斗之事，颇具戏剧性。由于后罗始祖葬于本乡杨干村，他的后代“辈出冠盖，相望辉煌”，明弘治年间，徽州知府彭泽，专门为后罗立了一座“文献坊”，载入后罗家族名人达34人之多，荣耀一时。相比之下，前罗家族黯然失色。到明代中期以后，前罗出现了一大批经营四方的富商巨贾，猛然崛起。但是在科举与文化上仍然不如后罗，明显地差距很大。这时有风水大师从中挑唆，说后罗出那么多高官，因为始祖在杨干墓地风水好的缘故。前罗子弟被激，于是在杨干墓室边建了一座寺庙，供奉一尊千手观音，观音的左手指着后罗始祖墓穴。据说“后罗就再也发不起来了”。为了这件事情，前、后罗家族打了很久官司，一直结讼到南京，最后判定，寺庙可以建，但是不准修。这样就给后罗们有个可乘之机，每年清明祭祖时，他们就对寺庙进行破坏。不久，千手观音菩萨大殿倒塌，前后罗之间围绕风水宝地的长期明争暗斗这才暂时告以结束。

明嘉靖初年，休宁浯潭江氏家族，看中了茗洲吴氏家族后山的一眼吉穴，甚至不惜于嘉靖八年(1529年)清明日这一天，聚族前往盗葬。吴氏族人当然不甘示弱，紧急召“集百人剑挺至门上，族子弟亦都肆以待”，双方剑拔弩张，几乎酿成一场大规模的械斗。所幸在孚溪李质先和祁门王源、谢文学等乡绅的及时调解下，这场一触即发的因为墓葬而发生的武装对抗才得到制止。

清康熙年间，休宁出现一起风水坟地诉讼案件。西乡社屋岭汪崇本，告杨勔祖侵其风水，这本来是件普通的讼案。不料案将具结时，汪家仆妇潘氏受主人指使自杀身亡，并以此诬陷是杨家所为。于是，汪崇本再以人命相控告。经过知县廖腾煃多方调查，认定此案乃系汪崇本图害被告所为。据死者潘氏之媳称：“潘氏未死之前，曾与媳言：‘汪家许我酒食，许我棺衾，叫我往候官到扯住官轿。’”此案真相大白后，汪崇本被课以“故杀奴婢图赖人”和“诬告”罪，受到严厉惩处。

为杜绝这种伤天害理的事情再次发生，廖知县亲颁详文，吁请两江总督和安徽巡抚，严禁图赖，以安民命。详文指出：“休宁风俗尚气轻生，小事小忿，俄顷之间，动即自杀。原其不惜一己之命，不过欲破其相怨毒之家。甚至移甲就乙，牵连不止……计一月之内，图赖命案或数家，或十余家，至今犹然。”为此，廖腾煃请求督抚宪台，对这种现象“严行禁革，如有自杀者，概不许检验申报，即行收棺，并定自杀之家家长平日不先告诫及临时不务防救之罪。如是，则恶风可稍息”。

对于这种恶风劣习，明代婺源沱川余氏宗族《劝诫三十一则》中有一则：“近奉上司明文，凡投河自缢、服毒图赖人者，不给埋葬，欲人自重其生也。”以此劝导族人切勿自杀轻生，更不能图赖他人，否则枉死何益。

但是，这样的禁令劝诫是解决不了问题的，徽州妇女自杀之风成为一种顽习。徽州知府刘汝骥在针对绩溪县妇女自杀现象时，指出：“绩民近懦，自杀之事，男子罕闻。若女子之刎颈、饮毒、自缢、投河，每层见迭出。岂绩之男子性近柔和而女子性转决绝耶！其故由女子量狭识卑，又素无教育。有含忿自尽者，母党辄纠众理论，名曰‘吵死’。衣衾之丰，棺椁之美，较正命者有加。妇人于是遇事有挟制之心，翁姑稍有薄隙，遽萌短见；夫妻偶然反目，遂至轻生……绩人族法最严，有自杀不许祔庙之例，而‘吵死’之恶习不力为革除，自杀之事仍不能禁绝。”

归根结底，这是妇女的社会地位问题，没有男女平等，何谈禁绝妇女自杀之风。同时也表明这种墓冢风水观念深入人心，为了后代吉利，妇女何惜自身性命。

所谓关殓，则是盖棺。死者直系亲属都到齐后，男女分列两班，号啕大哭，最后诀别，然后盖棺。其场面最为悲切，亲人抚棺痛哭流涕，以致棺盖久合不上。徽州盛产木材，棺木讲究，一般选用大头尖梢杉木制作，有10块、12块板拼装，俗称十骨、十二骨。上等的还有八块板。更加讲究的用柏木、楠木做棺。棺材的盖、底和两边，都用二段或三段约三寸厚的木块密拼而成。棺盖与棺身的相合处，制作凹凸榫头，上下榫头楔由后向前推上关闭，严丝合缝，有极高的密封度，以缓尸腐。寿材外刷红漆，大头一端书以金色“寿”或“福”字。老人健在时，都由子女早早备下，每年刷一遍漆，意示添福添寿。徽州棺材制作工艺高超闻名于世，江南故有“生在杭州，活在苏州，吃在扬州”，而要“死在徽州”之谚。

祭祀与殡葬　关殓之后，停柩待殡，即设灵堂，子孙轮流值夜守灵。全家举行隆重祭祀，俗称“请七”“守七”，贫乏之家和寿命不长的都不设灵堂，一般三天内祭奠完毕出殡下葬。富贵家庭则过去七七四十九日后出殡。其间每七天必祭奠，从“头七”开始，逢至“二七”“三七”“四七”“五七”“六七”，以至“七七”，举办斋醮法事。

通常只做“头七”“三七”“五七”这三次。休宁对各七的安排是，“头七”念开路经，这一祭日由女儿开支事用。“二七”拜忏，一般免去。“三七”是最隆重的一个祭日，要请礼生行儒家祭礼(有子祭、孙祭等)，祭祀仪式类同祠祀，礼生各司其职，有司仪的、有引孝子行跪拜礼的，有司樽盥的、有读祭文的，这天开门接受亲朋吊唁，族人亲房各户都去烧香纸，请吃“老人饭”(也有的安排在“五七”)，过路乞丐均有施舍。“五七”例由女儿焚烧黄纸糊的老南瓜，请僧道做法事，做斋打醮，超度亡灵。“四七”、“六七”只是儿孙们灵前祭奠。“七七”期满撤灵，放“焰口”，超度死者及其他冤屈孤魂。

《休宁县志》详细记载了富有地方特色“徽祭”的祭祀过程：

“‘祭’是追悼死者的重要仪式。本县丧祭，通常由12位礼生组成，一行顺序进入灵堂，俗称‘牵羊祭’。礼生各有职司：正副赞各一人(又叫‘通’，即祭礼司仪)，分立于上堂左右高凳上，指挥祭礼进行；正副引2人，正引在前，引导主祭的孝子行跪拜礼，副引在后；司樽、司盥、司祝(读祭文)、司帛各1人；无职小礼生4人。祭堂设上、中、下三案，置香烛、陈山珍海味祭菜和猪羊。两廊置盥具、酒樽等。一切仪式均按正赞所发号令依次进行，有条不紊。讲气派的人家，尚有用‘虾须祭’的。‘虾须祭’由16名礼生组成，分两行进入灵堂，故名。礼生的职司分工大致与‘牵羊祭’相仿，仅是增加了‘引’‘樽’‘盥’4人。因为‘虾须祭’时间长，走动频繁的礼生需要轮流替换。这两种祭礼形式，均有徽州特色，外地人称为‘徽祭’。”①“七七则七尽，虽富者殡必出矣。”可是历史上徽州停柩不葬或者暂厝野外，即“殡而不葬”者很多，对于这种现象，明代有人指出：“徽俗惑于风水，多不葬亲，将尸棺移于道旁、山陬之间，或二三十年，或三四世，不得归土。”②在婺源，“有经年停柩于庭者，既殡多厝之浅土”。仅黟县一地，清嘉庆十三年(1808年)统计，“各都未葬竟有三万二千四百余棺”③。

人口最少的县尚且有这么多未葬之棺，其他大县数量可想而知。在祁门，“又有择地待葬者，厝棺在外，架木覆瓦，四周围砌泥砖。惑于阴阳家之说，或历数十年未得一佳城”。在歙县，“歙多浮棺，久且暴露，半惑于堪舆祸福之说，半为习俗所缚。中人之产，苟遇大故，棺殓之费仅数十金，僧道之追荐，冥器之焚烧，求神散福之食用，往往数倍于此。否则，众訾之。偶有心知其非者，亦震于物议，不敢居薄待其亲之名”。④徽州这一陋俗，自宋代以后就已经形成，虽经历代地方官呼吁劝诫严禁，要求尽快葬

①《休宁县志》卷三十二《民俗——丧葬》1990年版。

②古之贤：《新安蠹状》卷下《行六县劝士民葬亲》。

③《黟县志》卷十五《艺文志•添设各都义冢劝民安葬碑》。

④刘汝骥：《陶甓公牍》。

亲于地下，以便亡人“入土为安”，但收效甚微。所以“亲殁不即营宅，兆富者为屋以殡，贫者堇覆茅茨，至暴露不忍见者。由俗溺阴阳、择地择日拘忌，以故至屡世不能复土举葬”。[①]

究其情由，清末徽州知府刘汝骥认为，民间不能及时入土举葬有四个方面原因：“凡有柩者，必须买地，一也；买地之难，休宁为最，地主不清葬，后多累，二也；坟地之价，主一册二，中资推印，费乃不赀，三也；家长之棺，兄弟牵制，一房擅主，众人为难，四也。”徽州地狭人多，人口再生产没有止境，死者也就无终极，人人都要占一块地保存其棺椁，则至无穷无尽，这种趋势绝不可能进行下去。

在人类社会早期，处理尸体的方式原始而简单，往往是抛弃野外，任其自生腐烂风化，故称为“原始天葬”。这种方式与人类自我意识还处在朦胧状态相关。随着自我意识的逐步完善，人类对生命和死亡最初的思考开始，在试图弄清自身与世界、现实与精神世界的关系这一艰难心灵历程中，“万物不灭”“灵魂不灭”及“神灵”观念逐渐形成，表现在丧葬过程上，出现了蕴含较深文化意义的自觉天葬及其安葬形式。

有人认为停柩暂厝这是一种非常古老的“二次葬”习俗，江南山区有的地方“父母死，于村外阁其尸，三年而葬。打鼓路歌，亲属饮宴舞戏一月余日。尽产为棺，于临江高山半肋凿龛以葬之。自山上悬索下柩，弥高者以为至孝，即终身不复祀祭”[②]。这种“悬棺”即是二次葬，另外一种停棺在旷野处则称“厝墓”，人们选择适合地方将棺柩停放地面，用草、竹遮盖或用砖瓦搭成小屋形状，进行枯柩。一般经过三年，死者肌肤已经朽完，此时家人才开棺拾骨，移入另一小棺材（称“捡材”或“金棺”），也按仰卧姿势的相应部位细致摆放。二次葬习俗，自新石器时代以后一直在长江流域盛行，古代人们认为，死者血肉之躯直接埋葬，灵魂难以进入阴间，对亡灵不敬不孝，于后代也不利。

然而，出殡仪式仍是隆重而肃穆。“殡出门，其家中必请和尚念经，以铁器击桌，堂前、房中殆遍，谓之‘赶杀闪’。出殡时，死者如系长辈，则全族男女子弟必送，谓之‘送殡’。殡出后，再奉木主于祠堂，谓之‘上堂’。上堂时，子孙用吉服，意谓死者之吉事也。”[③]在婺源，出殡时间通常安排在中午时分（其他各县不一，绩溪定在早上），并有所谓“偷丧”的习俗。即是由土夫用柴索将灵柩背出大门，待棺材出大门时，丧葬之家在堂前当中燃烧一堆杉木刺、香纸和鞭炮，死者亲属披麻戴孝，依长幼顺序列队绕火堆一圈。随灵柩到便于绑扎棺材的开阔地，绑扎完毕后，由死者儿、孙、媳妇等亲人一一向土夫跪拜行礼致谢，然后即可抬棺上路。棺材前用火把和招魂幡开道，依次是白底蓝字

①刘汝骥：《陶甓公牍》。

②《朝野佥载》卷二，转引自《安徽通史》《隋唐五代十国卷》第394页。

③民国《绩溪庙子山王氏谱》卷九《宅里略二·风俗·丧葬》。

堂名灯笼、旌旗等。并沿途散发黄表纸(旧时纸上还有文字或鬼神图案),意为付买路钱。灵柩一般由八人肩抬,贫家或死不当时者,亦有四人或双人肩抬者。棺材上铺大红毯或被单,上用秤砣和一袋装的米缚住雄鸡辟邪,有的地方还有在主杠上安放龙头、凤尾。

在休宁,抬着棺材的出殡队伍上路后,途中遇到“拦路祭”的亲友,棺柩即停,孝子贤孙们跪倒哭泣。人缘好的人家出殡,拦路祭奠者接踵而至,应对不暇。孝男孝女披麻戴孝,手持哭丧棒,举着引魂幡,幡帜正面下方写着死者名字及“登山入墓”;反面下方写着“送远还通达,逍遥近道边”,全部是“走之”底的字,即是意味着此人走了。儿子、儿媳、孙子头上要戴麻布帽,还要穿着草鞋或麻布鞋,女儿、侄女、外甥女、侄媳妇、甥媳妇,则头戴孝绕(白布做成披风帽),脚穿缝有白布的孝鞋,簇拥着棺柩号啕大哭;其他送葬的人,一律都佩戴黑纱。依次于两边扶着灵柩徐徐前行,一般人家都有百人以上的送葬人群,富贵人家的出殡声势浩大,队伍长达一、二里路。其他参加送葬的亲友视亲疏或佩戴白帽、白腰带、白花等随后。沿途所至,鼓乐、鞭炮齐鸣,散撒黄裱、锡箔。直到村口停柩,丧家跪辞,送葬者逐渐脱去孝服回驾,也有至亲好友送到墓地的。

“得地开茔域,亲友具馔送葬。葬则填石灰泥土,面筑草饼甚坚,立石碣于墓前。”不论多穷人家,坟前都要立块石碑,刻上亡人姓名。有钱人家用上等石材,精细装饰。绩溪上庄胡适父亲胡传的墓碑,是清朝末代帝师郑孝胥手迹。墓前明堂左右两边镌刻有胡适亲题的墓联:“群山逶迤 溪水潺湲 唯吾先人 永息于斯; 两代祖茔 于今始就 谁成其功 吾妻冬秀”。对联外侧,还刻录胡适幼年喜欢背诵的醒世诗:左边写着“人生曲曲弯弯水”;右边则写着“世事重重叠叠山”。墓冢所葬是胡适祖父胡奎熙、祖母程氏,父亲胡传和母亲冯顺娣。为了营造这一祖坟,胡适颇费心血,而直接操作办理的其妻江冬秀,则更是吃苦受气,备受周折。

完成以上程序后,徽州各地的下葬仪式同样隆重:灵柩落葬,沉棺放正,宰雄鸡,淋血于棺盖,燃放爆竹,进行祭棺。亲属最后一次供献奠酒焚香跪拜,填土成坟。封土前由孝子向棺上倒土三畚箕,谓“引泥”。

次日奉死者灵位入祠堂上牌,先做好木牌,上写“先考口府君口公主位”。牌面上的“主”字暂且先写成“王”字,然后请族长、祠主就灵位木牌上(俗称“祖宗牌”),死者名讳上的“王”字,先用墨笔在王字上加一点,再用朱红笔在墨点上复点一笔,俗称“点主”。然后按辈分将牌安放在本家族的列祖列宗牌位之中。牌位分两种,普通人的牌位,当架上放满以后,便进行“越主”,即是把牌位迁放到牌位架下方框椁内存放。另一种是做工别致的,蓝底、金边、金字,用这种牌位的人,一般是对宗祠有贡献者、族内名人,此种牌位称“百世不迁”之主,永远安放在牌位架上。安放仪式结束后,送葬队伍有序回家。

据《采白故里·西溪村文化志》记载：歙县“西乡一带均为土葬，堆土的形状有三种：其一称‘一条被’，即用土堆一横断面为梯形的长方形；其二谓‘二十四向’，即用土堆一个较大的圆锥体。此两种都较简单。其三谓‘螺圈把手’，即在一个圈状的大土堆中间又堆一个小圆土堆，小圆土堆和外面的圈状土堆之间的空间为‘马巷’，从圈状大土堆前分开，左边把手为‘青龙’，右边把手为‘白虎’，青龙应稍高于白虎(指面朝前、背朝坟墓而言)。两把手之间有坟门石。墓碑安放在后方‘泰山脑’。这种坟墓比较美观大方。它们的共同点是都覆盖有草皮，迷信说法是如果不覆盖草皮，亡者就不可能投胎转世。

为了便于后人区分起见，风水置有墓碑，拟写碑文也有特定的拟法。墓碑应在中间分别刻上逝者生前的故乡和逝者的姓名：父为‘先考口公口府君’，母为‘先妣口氏口孺人’。墓碑左上方刻上立碑的年、月、日，右下方刻上立碑者名字。这样还不行，还要用一句十二字的口诀来顺套碑文上的字，口诀是：‘道远何日通达，路遥何时返乡’。其中‘道、远、通、达、遥、返’六个字偏旁为‘之’，从碑文第一个字顺套起，依次顺套到最后一个字必须停在有‘之’旁的六个字中的任意一个字上，否则，必须采用增字或减字的办法来凑合。碑文为阴文，必须填上油漆方为一目了然，这填漆也不能胡乱填写：村庄、年、月、日、姓氏、活人的名字和‘先’字要用红漆填写，死者的名字、称谓用黑漆填写，不然将会被人笑话。”[①]丧葬已毕，最后由孝子上亲友家谢孝，并送上碗和饼，称“老人碗”“老人饼”，意含祝愿长寿。

对于丧事过度铺张浪费的做法，正如刘知府所述：“中人之产，苟遇大故，棺殓之费仅数十金，僧道之追荐，冥器之焚烧，求神散福之食用，往往数倍于此。否则，众訾之。偶有心知其非者，亦震于物议，不敢居薄待其亲之名。”嘉靖《徽州府志》也称：“然祭奠顾侈设层台，祖道饰以文绣。富者欲过，贫者欲及，一祭费中家之产。”《歙风俗礼教考》对此同样指出：“举葬之日，延宾速客，曰‘贺坟’。祖道层台，饰以灯彩。富者欲过，贫者欲及，縻费不赀。或则去丧服而衣衮秀，易哭泣而事趋锵。过墟而哀，虞祭卒哭，夫何有焉？绳以治丧葬服缌之制，其罪大矣。此徽俗之尤，有弗能为乡邑讳者。秉礼之君子，其可身蹈之哉？”富人靡费厚葬，其意不徒爱护死者，乃包含着炫耀财富之心。上述文中对那些靡费铺张的丧葬之举都提出了严厉批评。

在徽州各地，人们普遍认为，举行葬礼只是把逝者由这个世界超度到另一个世界，丧葬过程承载着生者的愿望和死者的生命轮回：是安抚亡者的灵魂，更是安抚生者的心灵，所以仪式讲究隆重、缜密而谨慎。中华民族信仰灵魂，人死去只是灵魂离开了躯体；人死去只是当前这个肉体的终结，灵魂则到达另一个世界，是另一个生命的开始；

---

① 《采白故里•西溪村文化志》第七章《民俗文化•礼仪习俗》。2010年版。

死者入殓安葬时，亡灵因眷恋生者而会把生者的灵魂带走；逝者灵魂去天国的路上会遇到许多野鬼纠缠；逝者的灵魂是丧家未来的保护神。所有丧葬礼仪都以这种观念作为指导思想。

墓祭俗例 墓者慕也，墓地乃追慕本族祖先的所在，也是收族、强化宗族凝聚力的精神所在。嘉靖《徽州府志》称："吾徽有千年祖坟，千人祠宇，千丁乡村，他处无有也。"休宁《范氏族谱》指出："祠，祖宗神灵所依；墓，祖宗体魄所藏。子孙思祖宗不可见，见其所依藏之处，即如见祖宗一般。时而祠祭，时而墓祭，皆展亲大礼，必加敬谨。"有千年祖坟，才会有千丁成村，就会有千百祠宇。

最先从中原南迁入新安的歙县方氏族谱中说得明白："人生生寄死归，然不与草木同朽者几何？而新安名家祖冢多有千余年祭扫不绝者，吾方氏自紘祖过江东，墓在今之淳安雉山，故址犹存。若雄祖、储祖以下历有可考，故作茔志详记之，附以十二派始迁祖丘陇并传不朽。"[①]这或许是徽州保存最久的有人名、有茔志详细记载的祖坟了。

之所以千年祖坟能够保留下来，这是因为徽州重视先人坟墓不仅仅是不吝重金选择茔地，而且更重要的是，表现在以后长年累月的培植保护管理和长年不间断祭祀上。正像县志里所述："俗重墓祭，往往始迁祖墓自唐宋迄今，犹守护祭扫惟谨。因之坟地迷信受病亦深，祖坟荫木之争，辄成大狱，亦其一敝矣。"[②]各家族的坟墓大都有佃仆或下户看守管理，墓祭则一年四季都会举行。在绩溪"远近祖墓，献岁有谒，清明有祭，霜降送寒衣。自唐宋以来，树者、封者可无失其故物，过墓思哀，人其省诸"。《歙风俗礼教考》写道：徽州于"墓祭最重，曰'挂钱'，亦曰'挂纸'，举于清明，标识增封也。族祖则合族祭之，支祖则本支祭之，下及单丁小户，罔有不上墓者。故自汉、晋、唐、宋迄今，诸大族世代绵长，而祖墓历历咸在，无或迷失，执此故也"。[③]

清明节祭祖是徽州最重要的祭祀活动，道光《婺源县志》称："清明之墓祭，与祠祭并行。"程庭《春帆纪程》中也是这样写道："清明节，新安最重此节，凡子孙虽至贫乏，亦必先半月前具牲醴、肃衣冠，相聚拜于始祖之墓，而后高、曾考次第展拜，罔敢紊淆。坟茔自晋魏唐宋以来，历历可稽，非若他郡迁徙靡定，不数传而后裔相忘，松楸寂寞，麦饭无人，为可慨也。"清明时节，全体族人首先要到宗祠参加集体祭祖活动，并且能领取"胙肉"和清明馃。然后按照各个支派、家庭分别"上坟"扫墓。

黟县清明墓祭又称"挂钱""做清明"，在宗族祭祀中备受重视，其中南屏叶氏宗族的清明墓祭最为隆重。民间有"五都清明、九都社"之说，指的就是黟县春秋社

①《柳亭山真应庙方氏会宗统谱·凡例》。

②民国《歙县志·舆地志·风土》。

③乾隆《歙县志》。

祭，要数九都屏山长丰大社，清明墓祭则数五都南屏叶氏宗族为最盛。南屏叶氏祖坟有陈闾山、月塘、下衙前园三处，所以叶氏子孙祭祖得分三天进行，每处一天。祭祀仪式从清明节前十天开始，其族人领阄值年者，按照所领阄单准备祭祀用品，并逐一摆放在宗祠享堂祭桌上展示。《南屏叶叙秩堂值年规则(附奎光堂)》记载：祭品共有32个祭盆，盆内盛放各类“福食”。“福食”色彩绚丽，造型优美。有鲤鱼跳龙门、玉兔望月、梅开五福、海参石笋、鱼翅凤冠以及宰相冠、老寿星、罗汉、寿桃、花瓶、花卉等。祭物有纸扎衣盔靴巾、纸长钱、祭桌、屏桌、猪羊架、全副执事、香烛、鞭炮、五祀件等数十样。清明前三日，值年“具帖祠前通知”，告示族人周知祭祀日期；祭日当天，值年沿街鸣锣三遍，通知族人在宗祠大门前广场(厅坦)集合，按祭祀顺序列队。队伍出发时，鸣锣开道，最前面是两根竹竿上挂五色彩钱引路，彩钱上端有彩顶，下端有玉如意，寓意连升三级。接着依次是响号、堂灯、金鼓、彩旗、木铳、执事牌、罗伞、粗乐、屏桌、纸衣、表扎、猪羊架、细乐、祭盆、食箱等，后面依次是鸣赞、引赞、礼生、进馔童、族长老倌、乡绅、文学、支丁以及随行观礼的妇女儿童。至祖墓地后，祭桌排列坟墓前，执事者各司其职，仪式与祠堂祭祖相似。祭祖完毕，照例颁胙。有的颁清明饼，有的颁现金，也有的颁“饼筹”，以便回到村中祠堂兑换现金。

祁门县各地，“清明墓祭，除草棘，添土具，酒馃以祭，标楮以茔。凡祠祭，族长主祭，或文会尊长陪祀，俗用纸扎金银山、绸缎架陈设在旁，赞礼四人，主祭者盥洗上香三献，迎送神四拜，礼毕，颁胙”。居住在善和村的程氏宗族，清明墓祭之物有：鲜明五色馃、精洁细和菜、鸭蛋、大申文纸、火纸、印丝像生、石烛、纸钱、官香、生猪肉、腊肉、油煎鱼、肥鸡和好酒等。五大房子孙齐集墓前，宣读祭祀祝文。曰：“岁序流易，时维清明，瞻扫封茔，不胜永慕，谨以酒馃肴敬伸奠献。尚飨。”徽州人家不仅以如此丰厚的祭品飨奠先人，而且也以独特的美食供自己和亲朋享用。绩溪庙子山，善于做面食的人们在清明节，“家家和面粉，裹馅其中为包；或和籼糯米粉，裹馅其中为馃。蒸而食之，谓之‘蒸包’‘蒸馃’。”徽州人家通称“清明馃”，为时令食品，采用艾叶嫩芽和粉蒸食，过了这个节气，艾草则老，“四月青蒿当柴烧”了。

旧历“冬至百六是清明”，清明前二日为“寒食节”，古代寒食禁火，不准百姓点灯烧饭，只能吃冷食。直到清明这天才可以白天烧火做饭，夜晚点灯照明。魏晋以后日甚一日，至唐代遂有“普天皆灭焰，匝地尽藏烟”之语。因此有唐诗云“清明几处有新烟?”当然这种限制只是对下层平民这样规定，所谓“只有州官放火，不许百姓点灯”。有诗为证：“春城无处不飞花，寒食东风御柳斜。日暮汉宫传蜡烛，轻烟散入五侯家。”[①]可见所谓“寒食”，宫廷以及侯门却还照样烟火不止。由于这种习

①李益：《江南曲》。

俗太不合理，到明代时不知不觉中就被百姓唾弃。

在徽州各地，实际上扫墓上坟在清明前几天就开始了，到清明这一日才告结束。在徽州人心目中，上坟祭祖就是尽孝，是天经地义的大事，绝对不可懈怠。家家户户提前备具牲醴香烛到祖先坟墓祭祀，除草培土，修整破损，用竹枝系上纸钱插上坟头，俗称“挂钱”。在徽州各地流传着“只领儿孙挂钱，不领儿孙拜年”这句民谚。

由于清明时节气候条件适宜，民国十五年（1926 年）立清明节为全国植树节。因此全民植树意识与民间祭祖习俗相互融会贯通，通过这种形式教育后代爱护环境和怀念敬重祖先的思想观念彼此映衬。

清明节这天，徽州家家插柳于门户上，前往祖坟培植封土，旋纸钱于墓。田野山冈，到处路上行人如织，热闹非凡，遍地纸钱飞扬，花圈彩带随风舞动，爆竹响声不绝，人们以各种形式表达对已故亲人的怀念。“有经商千里外，星夜赶归而行之者”，那些远在外地的子孙们都会赶回家为祖先扫墓挂钱，时间可以宽限到清明后十天。假若本人实在无法赶回，也得委托家人代劳，否则就要被乡亲族人视作不肖子孙。徽州俗例，出嫁的女儿，在父母亡故三年后，扫墓就暂停了。此时，兄弟会送“糯米印馃”或面条三斤给姐妹，示意父母亡故三年，扫墓暂停。如果兄弟没有送印馃，即表示姐妹们可以继续扫墓。但是，即使暂停扫墓，以后父母做阴寿时仍旧参加，只有到为父母做了百年阴寿后，女儿就不再上坟为父母挂钱了。

清明时值徽州漫山遍野竹笋出土季节，各地祭祀时必定有一道供馔名为“笋馃”，以鲜笋切细入馅制作，祈祷祖宗享用传统时鲜。

在很多族规家法中，保持祖先坟墓及其周围环境不被破坏，被视为宗族“根本”和“命脉”的头等大事。徽州第一大族《平阳汪氏宗谱》在《家规》中强调：“坟墓先人兆焉，子孙命脉所由关也。荫树来脉以及山场界段，须加意照管。倘有派下不肖子孙，钻穴窃葬，盗伐荫木，皆以不孝论，或外姓暗侵非占，合族协力同攻，一有推诿徇情，即合族之蠡贼也，立绌其丁。”

祁门善和程氏宗族甚至在《窦山公家议》中，专门辟有《墓茔议》一卷，以告诫族人：程氏祖坟“盖以人之根本所在，不宜轻动耳。苟轻动之，犹植木而戕其根，欲枝叶之茂得乎？故凡所当保者，不可忽也”。正因为如此，“自今以上祖墓，各得山水环聚之所，俱系前人积德所致，有非偶然。然所据一席之地，已尽龛聚之理，再无余蕴，观其发散于后人者可验。其有尼而侵祔者，斯两失之。以往勿论，日后倘有各房子孙侵祔祖墓者，众共攻之，责令立时改正，仍加重罚。如有不伏，众即立时举起，仍行告明理治，以不孝论……各处墓茔树木，属前遮蔽者可少剪除，系庇荫者宜慎保守，各房勿得纵容奴仆擅自盗伐，及外人侵损，管理者查访，从重处治”。所以，按照族规，程氏墓地多年坚持“向来立庄置仆看守”的规矩。

正是由于“徽俗重坟墓”，茔冢周围树木草石“都不准动分毫”，因此徽州各大家族都不吝代价召雇多名佃仆和长工常年维护葺治。因为“祖坟干系甚重，且住僻非一人能守，墓冢广阔，若非多人住守，难免侵害”，造成徽州佃仆制盛行。

各宗族的常年维护和四时祭扫到位，这才使得徽州的古墓虽历千年而昭然俱在，形成“千年之冢，不动一抔”的亘古不变局面，这是徽州丧葬民俗有别于其他地区的一个重要特点。诚如光绪《婺源县志》所写的那样：徽州人“尤重先茔，自唐宋以来，丘墓松楸世守勿懈，盖自新安而外所未有也。”

其他丧葬习俗　《明会典》规定：“凡各府、州、县，每岁春清明日、秋七月十五日、冬十月一日，祭无祀鬼神。”清明节合中元节、冬至为春秋冬三祭。

徽州农历七月十五这一天是亡灵的盛典，只是这种祭祀那些无嗣者和流浪者的孤魂野鬼的仪式，其形式和内容要比家族祭祖草率行事得多，供奉的祭品也简略得多，一般不备香火，只供纸钱，由各家按户头三三两两自发祭奠，供奉纸钱一串于石碑上沿，纸灰纷飞，以召唤散布四处的孤男寡女鬼魂前来领取。

吴梅颠《徽歙竹枝词》因此唱道：“墓祭三回重本源，清明冬至及中元；寒衣烧献金银袋，但只清明许乞番。”

在徽州各地，每年“七月半”是民间所谓的“鬼节”，属于幽灵的节日。康熙《徽州府志》称：“七月十五，烧盂兰盆于寺中，设伊蒲塞之馔。是皆故越好巫之俗。”这种习俗可谓传承已久。民间相传是日，地狱之门打开，阴间鬼魂放禁出来活动。有子孙、后人祭祀的鬼魂可以回家去，而那些无主的孤魂只有到处流荡，徘徊于没有人迹的地方觅食。为了表示同情，人们纷纷以设食祭祀、诵经作法等方式举行普度孤魂。因此，这一天又称为“中元普度”，后又称之为“盂兰盛会”。

明清时期徽州城乡普遍做“盂兰会”，祭鬼祛邪。逢闰年，即演目连戏。以后此俗渐衰，但是为纪念祖先和失去的亲人，一代代的徽州人，家家要在中元节这一天制作各种祭品酒食给亡灵享用，焚香点烛，烧锡箔纸钱祭祀。在村头烧纸钱、撒米豆，口中还念念有词：“穷汉贫汉来拿衣，孤汉寡汉来拿钱。”谚云“祖宗一请，子孙一领”。坟前焚化纸扎冥物，是为祖先亡灵送衣裤、金银，俗称“火衣箱担”。因为是从佛教移植到民间的习俗，供奉的祭品全部是用素食。

歙县“中元节，家具素馔并面制各品享先。间有延僧追荐者，概取义于古盂兰盆会耳”。

在休宁城乡，“七月半”这天，民间祭祖，家家户户烧锡箔，煎油馃。农家老人尽义务割斫道边路旁蒿草作为善举。宗祠及富家雇请僧道，设坛放焰口，烧纸、施粥，广舍冤死苦鬼，超度孤魂，祈祷平安。法事完毕，在河溪上放水灯，入夜，一人敲破锣在前引导，一人将木桶担着的稀粥泼洒于三岔路口，施舍给那些孤魂野鬼，名为“泼粥”。

祁门善和程氏宗族把中元和清明、冬至，列为一年中祭祀祖先亡灵的三大重要节日，祭祀仪式同等规格。《窦山公家议》规定：“中元、冬至之祭，五房十八岁以上者毕集，因以受训受事，其义深矣。”祁门各地成立各种祀会，在祭祖的同时，给那些客死他乡或后继无人的“孤魂”，焚送一个“衣包”。夜晚做斋，超度幽灵；向“放生池”投放豆腐米饭；有的还点燃“河灯”，盏盏灯光顺水漂流，为屈死冤魂照引冥路。

在婺源，人们于“七月半”这一天，家里做灰汁馃、油煎馃以食，晚饭则蒸菜、蒸肉献于祖先。临夜，大的村庄还请道士做道场诵经打醮以“渡孤”，或聚众做“盂兰会”，焚化纸钱，烧香点烛；在午夜向河中放莲花灯，不仅祭祀本族亲人，还要超度那些无家可依的孤魂野鬼。

绩溪中元节习惯吃“点心”，或米饭，民谣“七月半，有一半，无一半”，意指半数人家吃点心等面食，半数人家照常吃米饭。晚上祭奠，还要“跳无常”，《陶甓公牍》记载：绩溪风俗习惯，“中元日，祀祖，荐新稻，罗列时馐，城隍神巡行县鄙，宜仗甚盛，扮诸鬼卒，扮‘无常’二人，高与檐齐，满街放爆竹，谓之‘跳无常’”。这种“踩高跷”扮演黑白“无常鬼”的节目充斥各县，七月半这天徽州到处有这类活动。诸如此类“故越好巫”的习俗并且跟随徽商的足迹带到全国，徽商在外地建立会馆及行业公所，“每年七月朔日，公所举行‘盂兰会’以赈孤魂”。众多的徽州同乡在外谋生，客死他乡的亡灵特别需要乡情抚慰。

绩溪上庄每年的“三元节”(即正月半、七月半、十月半)，都要按例举行“渡孤”活动，以祭奠那些死于荒郊野外的孤魂野鬼，费用开支有宗祠承担。每隔五年，村人举办一次仪式相当隆重的渡孤会；过去十年后，还要到黄柏山的高圳亭举行更大规模的“忏孤会”。

一年三次的渡孤活动，上庄人分三路进行：上路西行上高圳，中路南行登竦岭，下路东去择里村后的和尚岭。每路有三人参加：一个人插香、烧金银纸；一个人撒饭；一个人抛豆腐。撒完即回。少数生活窘迫者乐意负责此事，在象征性地撒饭一部分后，便寻找一处干净地方将剩饭倒入自己的布袋里，拿回家去吃。

五年一度的“忏孤会”，内容比较丰富有趣。这项活动俗称“放蒙山”。即是用三根饭杆加一个饭罩，再插入一面幡旗。由五人配合进行：一个人在前面插幡旗，一个人抛草鞋，两个人抬饭，一个人撑火把、撒饭。“放蒙山”也分成三路，路线与渡孤一样，完事后有丰盛的晚餐招待。

十年一次的忏孤会场面更加热闹，办会时要请和尚做法事，一共做五天四夜。同时在高圳亭(也称高圳观音庙)搭台演戏，戏班从歙县大谷运请过来。演出的剧目有《八仙渡海》《群英会》《白门楼》等。见有路人经过，执事人都给一碗饭。忏孤会是由上庄后门最兴旺的一支——六分独家举办的。

徽州有的地方专门设有“孤坟总祭”坟台，不埋灵柩，仅供祭奠。这种风俗基于：一是传统观念，“鬼有所归，乃不为厉”；二是徽州古来民风淳朴，扶危济困、怜悯弱者的社会风气流传久远；三是宗族推崇伦理道德，对族内孤寡无嗣者视作“生为族中人，死为族中鬼”，生前死后都应受到宗族庇佑。四是徽州人“商贾于外者什七八。童而出，或白首而不得返，或中岁萎折，殓无资，殡无所，或无以归葬，暴露于野”。徽商自年少闯天下，出外拼搏，履险恶地，很多人就此一去不复返，客死他乡，成为“孤魂野鬼”。

明清时期的徽州，几乎家家都有亲人在外谋生，祭奠之中自然含有祈福家人的意愿，这当是最现实的原因。因此徽州人都有“义庄”在各地设立，富者多有为此捐资。如岩镇余志文，“少艰窘，服贾折节纤俭。好义如饥渴。构义屋数十楹，买田百十亩，择族一人领其储，人日赙粟一升，矜寡废疾者倍之。丰年散其余，无年益贷补乏。岁终给衣絮。又度地二十五亩，作五间冢于岩溪之堧，听乡里之死者归葬焉。构石梁于文几山侧，济病涉者”[①]。歙县丰南吴僖祖，为两淮著名盐商，在宣城湾址购田千亩，“以备祭祀及族中婚嫁丧葬贫无依者之资”，为这些贫民“助丧助葬”。还有很多富人，“每岁施棺”，“瘗枯骸”，“资不能葬者”，“族茔有无后者，立常贮以为享祀”，“诸祖骸悉殚力妥葬之”[②]。

在明清时期，徽州人“大半以贾代耕”，“业贾者什七八”。经商人口不仅众多，活动范围也极为广泛，“无处不至”。“徽之富民尽家于仪扬、苏松、淮安、芜湖、杭湖诸郡。以及江西之南昌，湖广之汉口，远如北京，亦复挈其家属而去。甚至舆其祖父骸骨葬于他乡，不稍顾惜。”[③]由于经商需要，丧葬观念随之改变，先人骸骨葬于异地他乡也无妨。同时为了现实需要，创造入籍当地的条件，也必须把祖父母的坟茔建在客居处，甚至把已经安葬在故乡多年的祖坟迁出，重新另葬，不能稍有顾惜。

许承尧在《歙事闲谭》中指出：“吾徽人笃于乡谊，又重经商，商人足迹所至，会馆义庄，遍各行省。”其中著名的北京歙县义庄，“在永定门外五里许‘石榴庄’，旧名‘下马社’。规制甚宏，厅事高敞，周垣缭之，丛冢六七千，累累相次。盖亦经始于明嘉靖四十年，与创设会馆同时”。当时客居北京徽商很多，加上满是在朝中为官的同乡，他们共同发起捐资建设义庄。随着迁居京师的徽州人不断增多，原来的房屋已经“尸满为患”，到清代时又重加修整，购置阡地，扩建义庄，作为存放、安葬逝京乡人遗骨的场所。此项善举义行参与者很多，其中有“曹、潘二相，俱曾资助。

①嘉靖《徽州府志·质行》。

②吴吉祜：《丰南志》第十册。

③康熙《徽州府志·风俗》。

其他捐款则取于茶商为多。据黄记，则隆庆中歙人聚都下者，已以千万计。乾隆中，则茶行七家，银行业之列名捐册者十七人，茶商各字号共一百六十六家、银楼六家、小茶店数十。其时商业之盛，约略可考”。文中“曹、潘二相”，是指当朝大学士曹文埴和潘世恩，皆歙县人，笃于乡谊族亲，当然会为此义举助力。

京师休宁会馆则创办于明万历年间，在歙县带动下，乾隆十七年(1752年)，军机大臣、吏部尚书汪由敦，倡议集资扩建，曾撰《休宁会馆记》刻碑文记志其事。

乾隆十九年(1754年)，随着上海开埠、海港的繁荣崛起，市场反应灵敏的徽商蜂拥而至，他们在上海市区建“思恭堂”殡舍(现今制造局路300号)，栖停棺柩、设立义冢、掩埋遗骸。以后又与旅沪宁国商人合作扩建为“徽宁思恭堂”。专门组织殡葬运柩、举行公众庆典祭奠乡胞亡灵。据《上海徽宁思恭堂记》载：“宣、歙多山，荦确而少田，商贾于外者什七八。童而出，或白首而不得返，或中岁萎折，殓无资，殡无所，或无以归葬，暴露于野。盖仁人君子所为伤心，而况同乡井者乎！沪邑濒海，五方贸易所聚，宣、歙人尤多。乾隆中，好义者置屋大南门外，备暂殡，此思恭堂所托始也。”①

道光十七年(1837年)上海县衙为扩建《徽宁思恭堂》颁布的《告示》云：“得徽州、宁国两郡客商，因念同乡之在上海贸易故殁者，棺木每多暴露，于二十五保十三图内捐置田亩，建立‘思恭堂’，以为暂时寄棺之所，并设义冢于旁。”②

云集汇聚南京的徽州人更加众多，他们“占籍牟利，往往行其乡俗”，南京本地人也受其影响，跟风随俗。同时徽州各县的会馆、公所随之也增多，举办活动频繁。客寓南京的徽州木商每年举行“天都灯会”，纪念家乡亲人。“徽州灯，皆上新河木客所为。岁四月初旬，出天都会三日，必出此灯……合城士庶往观。”南京的徽州义冢也多，与会馆同设。如婺源金照，“业木金陵。尝捐资置义冢一区，以安旅榇”。

杭州的徽商不仅建有宽敞的会馆，还在江干海月桥里街乌龟山脚下建立《新安惟善堂》，为旅外徽州人死后棺木临时寄托之所。这片建筑群地处钱塘江畔，便于亡灵从水路上溯魂归故里。居住在浙江其他地方的徽州人同样如此，如兰溪的徽州会馆，建在城区官桥边，门楼高大，飞檐翘角，雕梁画栋，精美壮观。乾隆三十一年(1766年)，会馆又在城郊五里许购置土地，建造“新德庵”建筑群，前后有大面积坟山墓地，种植成片毛竹林，掩映生姿。庵里主体建筑为武圣殿、文昌阁、财神殿、观音堂，供奉各方神灵。与殿堂相连的则有桂花厅、归堂、同善堂、先贤阁、体仁会、运柩会等，为徽州同乡殡丧提供完善服务。凡是徽商所在之地，都有徽州人的这类义冢。

徽商在经商地资助同乡丧葬的，仅据光绪《婺源县志·义行》记载，就有：婺源朱文炽，尝鬻茶珠江，“在粤日久，而同乡族殁者，多不能归葬，爰邀同志赀集金镜

①②上海博物馆图书资料室编：《上海碑刻资料选辑》第507页《上海徽宁思恭堂缘起碑》。

头归原堂，限五年舁柩给资，自是无枯骸弃外者”。

金照，“业木金陵。尝捐资置义冢一区，以安旅榇。”

程双元，“经商金华，其地多同里人，每有囊空羁留，或死无殡者，双元悄然集同里友捐金立心义会，凡有困乏，生给之归，死施棺焉”。

余席珍，“承先人遗业服贾景德镇，其市廛为五方杂处，客死者多。徽商会馆向设义渡、义棺、义冢，资竭难敷，珍集六邑绅士捐置田产，为长久计。并倡义瘗会，每岁雇工培土，泽及枯骸。又兴异安会，建文昌宫，筹划极周详”。

朱昌孝，“设钱肆于湖南德山。婺邑木商往来必经其地，簰夫不下数千人，有客死者，赁地藁葬，甚至委诸草莽。孝输资首倡，买山一局为义阡，中构一堂曰笃谊，立碑标墓，详载姓名，以待舁骸归葬，并置守冢一家，清明祭扫”。

李焯春，“少居贫，嗣贾金陵，创兴产业，尤殷于族谊。资给同乡旅榇及旅游难归者”。[①]

不仅于此，如歙县吴凤翔，“商于汉，其族人之在楚者，生棺死殡，惟凤翔是赖。置地于朝阳庵大悲阁西，以葬旅榇之无所旧者”。

鲍廷玙，“贾于湖北之武穴镇，诚信笃实，为人排难解纷，人多敬服。尤乐施予。先是，徽人之客于湖北者，殁不能归丧，日久多暴露。嘉庆十六年，廷玙倡同人立归榇局，路费葬资皆取给，其死者亲族或无男子，或虽有而幼稚者，则募人归其榇且以葬资畀其家。无主者买地为义冢之，并广为劝输以垂永久。时婺源朱庆光任武黄同知，亟称之，亦捐俸以助，行之不废。乡人皆颂其德”[②]。

等等如此捐助桑梓之地和客居地的葬事每个县都多不胜举。

乾隆五十三年(1788 年)祁门暴发山洪，沿河漂尸余积水畔。乡绅余庭纬出资备棺，雇人捞殓埋葬。一尸体身藏白金 140 余两，他发现后立即张贴告示于途，旋有亲属闻知领取，深切感动不已。黟县万村人韩奎，经商景德镇，见大水漂浮尸体，于阊江下游买舟冒雨忍饥捞尸收棺，掩埋以百数。后又见义冢埋浅，棺尸暴露，即出资雇工深挖掩埋，首尾三年，不避寒暑。同时还有景德镇黟商吴畅，也行善置棺掩埋浮尸，乡党赞之。

清咸丰、同治年间战乱，死人相继，尸骨枕籍，弃置道旁。祁门士绅倡设同善局和勉济局，给死者施棺，每日施棺多至百具，数年中共施棺五万四千多具，筑坟二万六千余座，遣返难民 2000 多人。

黟县吴有政，一贯“属子孙行善事。同治二年，避贼山中者资粮不继，裔孙兴岱，以遗资命侄孙宗佑分济，全活甚众。及寇退，又命侄孙宗苑，监拾白骨三百余石，掩埋义地，立碑时祭。”[③]

①光绪《婺源县志》卷三十四《人物•义行》。

②民国《歙县志》卷九《人物•义行》。

③《黟县四志》。

第四节　徽州先贤的人口思想

人口问题的实质是经济，尤其是粮食供给。通俗地说，就是“人有一张口”，人们必须要糊口吃饭，谋求生计出路。不解决肚子吃饭这个最基本的问题，人类就不能生存。人口问题同人类历史一样悠久，源远流长，历来为统治者、政治家、思想家和学者们所重视。早在春秋战国时期，以孔孟为代表的诸子百家，在他们的政治主张和学术观点中，大都包含了各自不同的人口思想。他们出于各种不同的社会经济状况和所代表的阶层、集团的不同利益，产生了各种见解不同的治国理念。但是总的方向是以鼓吹人多为上的思想占据主导地位。中国的人口数量自有文字记载以来，一直居于世界首位。据《后汉书·郡国志》记载，夏禹时期中国的人口已经达到一千多万。西汉时更是接近有六千万人口。但是在1644年清兵入关之前的漫长时间里，中国人口的记载一直徘徊不前，表面上看几乎处于停滞状态。自从清王朝建立以后，初期的几个皇帝都采取了让民众休养生息的大政方针，促使人口迅速增长。康熙帝执政的六十余年里，中国人口由九千万左右上升到一亿二千万。康熙五十一年曾颁布诏令：“承平日久，生齿日繁。嗣后滋生人口，勿庸更出丁钱，即以本年丁数为定额。”从此以后，在“滋生人丁，永不加赋”和“摊丁入亩”的人口政策引导下，七十年时间内，人口数量又翻了一番多，达到三亿。开创了“康乾盛世”的新纪元。然而，快速超常增长的人口也带来了诸多的人口问题。

由于中国古代不发达的经济，人们的视野相当短浅，不可能把人口问题同当时的经济制度联系起来，更不可能有与政治主张相联系的人口思想。这也决定了中国历史

洪坑村世科坊

上少有经济学家出现。在史料中只能看到记叙一些直接感受到的人口过程，如人口与周围环境、人口迁徙、宗族合并和分离等等。这些文字记叙最多只能称之为人口思想的萌芽，其中只有描述，还没有分析，只存在感性，还没有上升到理性认识。然而在中国人口激增的清代中期，却连续产生了三位论及人口思想的知名学者，他们都是徽州籍人。这种不同凡响的文化现象引起了全世界的瞩目。

洪亮吉的人口思想　洪亮吉(1746—1809年)，歙县洪坑村人，出生在江苏常州。自幼饱读经书，深受徽州文化熏陶，熟悉故乡风土人情。平生遍览天下，交友众多，阅历极广，著作宏富，通经稽古，学有专攻，尤精地理方志。他坚持为学要“推本述原，实事求是”，成为著名的治学原则。他终身信奉穷理务实的哲学思想，不信天命，认为大地万物是客观存在，万物自生自灭，既不以人欲而存，也不以人欲而灭，与当时崇尚程朱理学的清王朝统治者大唱反调。他敢于直言揭露政治黑暗、吏治腐败，认为农民起义是官逼民反。因此获罪嘉庆皇帝，被发配伊犁。

刻有洪亮吉父子名字的洪坑村进士坊

洪氏世科坊刻名上有洪亮吉、洪饴孙父子俩

由于亲身目睹“乾嘉盛世”的人口急剧增长以及徽州人口的神奇变迁，他研究了清代人口增长速度、可耕地面积及地力限度、市场供求关系及物价升降等复杂的社会现象，比较具体地分析了人口无限制增加所造成的危害，从中总结出一条人口过度增多，必然带来社会动乱的治世经验。乾隆五十八年(1793年)专著《意言》二十篇，上奏朝廷，其中《治平篇》和《生计篇》，专门论及人口增长与物质资料增长不相适应造成的危害。他的这种观点早于西方《人口论》五年发表，因此美国学者莱欧·西尔伯曼著文《洪亮吉——中国的马尔萨斯》，文章发表后在全世界产生巨大反响。

《治平篇》是洪亮吉“为治平之民虑”而作。文章认为人民都乐于社会长久安定，而太平生活会带来人口迅速增长。在安定的社会环境中，人口增长比三十年前高五倍，比六十年前高十倍，比一百年前高二十倍。他以一家为例，一人生三子，父子共计四人，再给儿子各娶一妻，生孩子后这家人就有二十几口。孙子再娶妻生子，这家三代就不会少于五六十口人。由一人开始，经儿、孙、重孙等，人口增至原来几十倍以上，在此期间死亡人数很少，而耕地、住房不会有大的增加，由此出现饥寒交迫就不足为怪了。“又况有兼并之家，一人据百人之屋，一户占百户之田”，而对这种社会不公的现状，老天爷、朝廷官府都没有别的什么好办法。因为老天爷能够做的，就是依靠发生水涝旱灾、瘟疫等灾害进行调制，使新增人口多死去一二。而官府所能做的，也不过是“使野无闲田，民无剩力，疆土新辟者，移民以居之；赋税之繁重者，酌今昔而减之；禁其浮糜，抑其兼并；遇有水旱疾疫，则开仓廪，悉府库以赈之”。仅只如此而已，不可能有根治良法。

《生计篇》是为民生计而忧虑之作。他认为，“今日之亩，约凶荒计之，岁不过出一石，今时之民，约老弱计之，日不过食一升。率计一岁一人之食，约得四亩，十口之家，即须四十亩矣。今之四十亩，其宽广即古之百亩也”。通过算账对比，一亩地不过平均产一石粮食，一个人每日要食一升米。按此计，每人每年需要四亩耕地，十口之家需四十亩。以全社会的农工士商各阶层而论，现在人数都比过去增加十倍，但是货物并不比过去增加，粮米较过去腾贵，使农工士商都比过去倍增出力，“闻五十年以前，吾祖吾父之时，米之以升计者，钱不过六七，布之以丈计者，钱不过三四十。一人之身，岁得布五丈，即可无寒；岁得米四石，即可无饥；米四石，为钱二千八百，布五丈，为钱二百。是一人食力，即可养十人。今则不然，为农者十倍于前而田不加增；为商贾者十倍于前而货不加增；为士者十倍于前而佣书授徒之馆不加增。且昔之以升计者，钱又须三四十矣，昔之以丈计者，钱又须一二百矣。所入者愈微，所出者益广，于是士农工商，各减其值以求售，布帛粟米各昂其价以出市，此即终岁勤勤，毕生皇皇，而自好者居然有沟壑之忧，不肖者遂至生攘夺之患矣。然吾尚计其勤力有业者耳，何况户口既十倍于前，则游手好闲者更数十倍于前，此数十倍之游手好闲者，遇有水旱疾疫，其不能束手待毙也明矣，是又甚可虑者也”。

洪亮吉能够从交织复杂的社会现象当中，专门剥离出人口问题来分析研究，这是中国封建社会历史上少见的，他的见解彻底颠覆了人口越多国力越发强盛的传统观念。尽管他对人口的看法，还只停留在直观描述的层面，把个别家庭的人口变化当作整个人口过程，甚至把子孙娶妻的人数也当作人口增长，从而得出二十倍、五十倍的谬误结论。同时，他站在维护封建王朝的立场上，从消极的非生产性方面看待人口问题，忽视生产的进步，只忧虑人口增加带来消费不足。但是这些由于时代局限性造成的缺陷，并没有掩盖他的思想光辉。

总之，他以敏锐的思想直面现实，他敢于抨击弊政的胆识，在人口意识上的先见之明，以及在诗文经史上的学术成就，出众于当时，闻名于后世，为徽州赢得骄傲。历代《歙县志》都把他列为歙县籍名人。

汪士铎的人口思想 汪士铎(1802—1889年)祖籍歙县潜口村，出生江苏江宁。中举后未入仕，一生主要以授徒和游幕为业。他知识渊博，耿介直言，被后人誉为“旷代醇儒”。咸丰六年(1856年)，太平军攻占南京后，他与家人失散，被困城中九个月，以后只身逃到绩溪县宅坦村胡谅家中，当了胡宝铎的塾师四年。其时湖北巡抚胡林翼，“素知其才，遣使将其迎入湖北，研究政治得失”。由于他所论议多裨益时局，得到曾国藩的称赞。

汪士铎一生著述丰厚，尤以地理、历史、方志、时政见长，是清末享有盛誉的历史地理学家。他在绩溪教授期间写作的《乙丙日记》，是最具特色的人口专论著作。其中突出的是，反儒学观念和人口思想。他认为儒学大言空谈，误人家国，推论太平天国起义，清朝“今日之失，与宋明末之失，皆笃信孔孟之祸”。由此他进一步论断，儒家德治主义的理论是错误的。“治策应归崇尚申韩”，治国只能靠严刑峻法。在这个前提之下，他对人口问题的观点归纳为以下“三论”：

一是增长论。他认为人口数量增长规律是每三十年加一倍，清朝“人满”的原因，一者由于人口按自然增长规律发展；二者由于中国百姓“求子孙多”“婚太早”等陈规陋习严重，导致妇女生育过繁，人口增长太快。他提出的“人口增长规律”，与洪亮吉提出的六年加倍相比，表明咸丰、同治年间的人口形势，已不能与乾嘉盛世同日而语。而英国神父马尔萨斯的《人口论》认为，人口按几何级数增长，二十五年加倍。其实这些所谓人口规律，在当时都受到科学知识水平限制，全是脱离现实的主观臆断，毫无根据。

二是混乱论。他认为“世乱之由人多，人多则穷。”“人多穷则生变”，人口太多则会“风俗敝，盗贼众”，由于“人多之害，山顶已植黍稷，江中已有洲田，川中已辟老林，苗洞已开深菁，犹不足养”。人口多的害处，是造成“天地之力穷矣，人事之权殚矣”的主要根源。一旦人口增长达到极限，为了争夺有限的生存资源，愚民便会不惜起来造反，社会由此陷入混乱。他片面地把太平天国起义，与人口问题联系在一起。

三是质量论。他认为人口数量与人口质量成反比。由于“人多而气分，禀赋遂薄，又濡染于风气，故人才益难”。从而得出谬论，哪个地方的人多，那里的人就最愚。提出“当方不足，贸易他方”，主张“携眷迁徙”等移民方法，适当调整人口区域分布。

在这些观点的基础上，汪士铎提出了一系列控制人口增长的措施，如用严刑峻法扩大镇压面，强行减少人口；鼓励国民出家或独身，“当和尚，做尼姑”；实行晚婚，以控制出生率；提倡强制堕胎，“行溺女之赏”，“施送断胎冷药”，利用药物避孕等等。他建议国家要用税收对生孩子加以调节，每对夫妇只生一孩，凡是每个家庭超过二个女孩或三个男孩者，要“倍其赋”，加重税赋以示惩戒；严禁男子有子而续妻，妇人有子而再嫁，“严再嫁之律”。另外他还主张晚婚：“定三十而娶、二十五而嫁。违者斩决。”建议统治者采取极端强硬措施，大力减少人口出生。

汪士铎和洪亮吉的人口观点基本上是一致的，他们都是祖籍徽州，深受徽州文化影响，同时又生长在人口稠密的江南富裕地区，只是他们所处时代不同，洪亮吉生活在承平日久的太平盛世，仕途平坦。而汪士铎却生活在清王朝日渐衰落之时，而且经历战乱的磨难，他的两个爱女都死于战火之中，精神受到极大刺激，愤激之下，极端情绪流露在日记中。所以说，洪亮吉对人口问题的看法主要在于“虑”，而汪士铎的主要观点却充满了“恨”，因此提出以杀为主的限制人口增长的诸多办法。他们两位先贤的异同点都体现出时代、立场给予人口思想影响的特点，体现出徽州学者观察社会、分析经济的超群智慧。

俞正燮的人口思想 俞正燮(1775—1840年)，黟县城里人，家境贫寒，自幼性强记，经目不忘，毕生钻研精思，著述宏富，其代表作《癸巳类稿》《癸巳存稿》，内容博杂，卓见迭出，深受学者名流的重视。他思想开明，学术成就表现在多个方面。他的人口思想见解最突出的是，主张男女平等，积极维护妇女权益，在他的文章著作中，充分体现出近代人文思想先驱者的风采。

在俞正燮所处的时代，正值欧洲一些国家资本主义得以发展，寻找殖民地先后东侵，随之西学东渐。受此影响，他主张学习西方先进技术，以富国强兵。他写下多篇文章，介绍西方科技知识，考证研究中国边疆历史地理，阐述自己的观点。他还针对西欧殖民者输入鸦片毒害中国人民这一罪恶事实，撰写《鸦片烟事述》一文。该文章回溯鸦片烟传入中国的历史，指出鸦片虽可为药，但其目的在于“红毛制鸦片烟，诱使食之遂疲羸，受制其国，竟为所据”，同时列举清军吸食鸦片烟后弱不能战的现实，大力主张“立禁”，以维护国人身体素质。

他虽然长期身居书斋，但心系天下，关心国家命运。他出生于县城小巷，家庭经济拮据，后又求学往来于大江南北，与下层劳动人民深有接触。他了解民情，关心农事。从学者视角关注民生社会问题，并且加以研究，通过考证提出自己的见解，明辨是非。如《原相篇》中，即引证术士将“相”与“命”相连，做出迷信解释欺骗民众，由此产生诸多人间悲剧，于是严词批驳当时流行的“相命”现象。

在《求雨说》中，他引证古代祭神求雨 从自殉及杀人的悲惨事实，揭露求雨迷信的危害。

徽州封建礼教使妇女长期处于受压制地位，他针对性地先后撰写诗文，深刻批判这个不公平的社会现实，充分肯定妇女的聪明才智以及她们对社会的贡献，对于占总人口一半的妇女给予高度重视。他在《题昭君图》诗篇的长序中直述："昭君则人才，多智谋足，明艳寡双，而恬淡无营，母仪行国十三载。"对王昭君出塞和亲、远嫁匈奴的历史事实，予以高度评价，认为她身为柔弱女子，深入异域，不仅带来民族和睦，还为荒漠引入中原先进文化经济，送去春色。起到了男子难以发挥的作用。

他崇尚女权，主张男女平等，针对"男可再娶，女不二适"的传统观念，撰文《节妇说》予以痛斥，态度鲜明地支持妇女合法权益。他的妇女人口观，摒弃了以往封建礼教卫道士的立场，异常鲜明地反对摧残、压迫、歧视妇女。

他在《节妇说》一文中，明确地反对社会只要求女子单方守节，痛斥当时社会上"男可再娶，女不二适"的不平等现象："按妇无二适之文，固也。男亦无再娶之仪……苛求妇人，遂为偏义。男子礼义无涯涘，而深文以网妇人，是无耻之论也。"他指出："夫死，妇女再婚者，不当非之；不再嫁者，敬礼之，斯可矣！"他呼吁，社会对于妇女再嫁或不再婚嫁，应当有她的自由，都要受到尊重。他在诗篇《作计》中写有"卖酒文君夸放诞"之句，态度鲜明地赞赏汉代女子卓文君在丈夫死后，不但敢于再嫁司马相如，并且不忌惮抛头露面，当垆卖酒，独立自主，争取女子婚姻自由的勇气。

俞在《贞女说》一文中，揭露社会上要求未婚女为未婚夫守节这一不合理现象，指出："后世女子不肯再受聘者，谓之'贞女'。其义实有难安。未同衾而同穴，谓之无害，则又何必亲迎，何必庙见，何必为酒食以召乡党僚友，世又何必有男女之分乎！此盖贤者未思之过。"文章在最后他感叹并谴责说："呜呼！男儿以忠义自责则可耳，妇女贞烈，岂是男子荣耀也！"义正词严，鞭辟入里。

俞对于婚姻问题，主张一夫一妻制，反对男子纳妾。他已经初步认识到女性的人格与人权问题。他写《妒非女子恶德》，文中深刻地指出："男子既要多妻，怎怪妇人不妒？夫买妾而妻不妒，则是恝也，则家道坏矣！易曰：'三人行，则损一人；一人行，则得其友'。言致一也，是夫妇之道。依经史正义言之，妒非女子恶德。妒而不忌，斯上德矣！"文章观点鲜明，积极支持妇女阻止丈夫纳妾。

同时他十分关心家乡文化教育事业，尽管自己清贫，家不中资，仍然将卖文鬻字所得，先后捐建碧阳书院、考棚、文庙等设施，而且不留名居功。时黟县知县吕子珏代表地方民众赞誉他"乐善忘名"。

第七章　中华人民共和国成立后徽州人口

1949年4月21日，毛泽东、朱德发布《向全国进军的命令》，解放军百万雄师渡过长江，23日攻克南京，宣告国民党22年统治地位垮台。4月28日，歙县、休宁相继解放。4月29日解放祁门、黟县。1949年4月30日，国民党屯溪守备司令部司令方师岳（歙县人），在中共皖浙赣工委利用地方社会关系多方争取策动下，宣布屯溪守军起义，解放军皖浙赣支队和平接管屯溪。同日，绩溪作为徽州最后一个县城解放。5月7日至10日，在浙江省开化以北马金镇附近山区，解放军一举将从屯溪逃离的国民党安徽省最后一任省政府主席兼保安司令张义纯、省保安副司令兼皖南师管区司令阮云溪、副司令李秉钧俘获，同时俘虏国民党安徽省保安部队5000余人。

第一节　人口状况与规模

中华人民共和国成立后，恢复徽州名称。但是徽州行政区划与以前有了较大变更。

1949年后，新诞生的人民政府根据广大民众意愿，重新恢复徽州地名。1949年5月7日皖南区人民行政公署在屯溪成立；同年5月13日成立徽州区行政督察专员公署，简称徽州专区，公署初置歙县。同日成立屯溪市，均隶属皖南行政公署。7月皖南行署迁往芜湖市，专员公署由歙县迁至屯溪，屯溪市改属徽州专区。全区领屯溪一市和绩溪、旌德、歙县、休宁、黟县、祁门六县。婺源县曾于1934年划归江西省，1947年虽然经过各界人士奔走呼号暂时重新回皖，但是为时不久，1949年仍被划归入赣。

党和政府采取有力措施，医治战争创伤，恢复人口，革故鼎新，为大众百姓创造安居乐业的社会生活。

开展人口登记　徽州地区解放初始，社会治安不够稳定，国民党残余势力尚未消灭干净，不时骚扰新生政权。在强大的政治攻势下，流窜歙县、休宁一带徽州最大的股匪张四维部于1950年底被清剿歼灭，倾覆土匪老巢。据统计全地区，共歼匪11股，捕获匪骨干950名，击毙7名，打伤28名，投诚454名。缴获轻重机枪5挺、八二迫击炮1门、步枪367支、手枪67支、手榴弹95枚。破获反革命匪特案25起，捕获反革命分子150人。随后开展镇压反革命运动，逮捕反革命罪犯6866名，其中杀1145人，关 2026 人，管 3695 人。

随着其余大小股匪陆续剿灭，徽州地区社会生活迅速安定，带来人口稳步增长。同年 2 月，各级政府部署户口登记工作，年底顺利完成。1951 年 6 月至次年春，徽州各城镇以户口登记材料为基础，逐村核对户口，查出一批反革命残余分子和有重大历史问题的人员，在剿匪同时，还开展镇压反革命运动与反对恶霸斗争，重点打击特务、土匪、恶霸、反动党团骨干及反动道会门头目的五个方面反革命分子。

实行土地改革 解放后加强户籍管理，在城镇和农村主要集镇设户籍员，建立户籍管理制度，配合镇压反革命活动，肃清敌特分子。1951 年，全区对 846 艘运输船、3657 名船民全面登记立户。在此基础上，1950 年 8 月全区开始农村土地改革。全区农村有 232648 户，1137314 亩耕地，其中地主占总户数的 2.6%，占有土地 25%；富农占 1.46%，占有土地 5.02%；中农占 30.4%，占有土地 28.3%；贫雇农占 53.6%，占有土地 20.2%；其他阶层占 10.99%，占有土地 8.2%；公堂、庙会占有土地 14.9%。沿河平原地方土地较集中，地主每户人均占有土地 14.5 亩。山区土地分散，地主每户人均占有土地 7.8 亩。祁门县的公堂、庙会占有耕地占总耕地的 36.5%。该县石坑村“大众祠”“希贤祠”占有耕地达 1256 亩。此外，山林绝大部分为公堂、庙会所有。

屯溪市郊区，依据《城市郊区土地改革条例》进行，从 1950 年 10 月 15 日开始，到 1951 年 3 月全部完成。其他各县也于 11 月初完成，绩溪县是最后一个结束，1951 年 10 月成立县土地改革委员会，各村成立农民代表大会，1952 年结束地籍整理、颁发土地证工作。全区共没收地主、公堂庙会和征收富农多余土地 55.72 万亩，占总数 48.8%；没收地主耕畜 2426 头，农具 11.24 万件，多余房屋 1914 幢，多余粮食 1010.76 万公斤，受益农民 15.1 万户、52.42 万人，分别占 69.3%，66.3%。

颁布婚姻法规 土地改革不仅从根本上改变了农村的土地所有关系，促进了农村经济发展，而且有力地促进了农村文化建设，大大提高了妇女的社会地位，妇女这才真正有可能当家做主。土地改革分配实行男女平等，把妇女列入分田名单，张榜公布。土改工作队规定，乡农代会代表中至少要有 25% 的妇女代表，以便发挥妇女作用。妇女们走出家门，和男子一样，参加冬校、夜校学习文化，进入文化站活动。

1950 年 5 月 1 日，中央人民政府颁布施行新中国第一个法律《中华人民共和国婚姻法》（下简称《婚姻法》），彻底废除包办强迫、男尊女卑、漠视妇女利益的封建主义买卖婚姻制度，禁止重婚、纳妾，禁止童养媳，禁止干涉寡妇婚姻自由，禁止任何人借婚姻关系问题索取财物，实行男女婚姻自由、一夫一妻、男女权利平等，保护妇女和子女合法权益的崭新的婚姻制度。《婚姻法》的颁布，使广大妇女从封建婚姻制度下解放出来，在法律上获得了与男子平等的婚姻家庭权益。1950 年 6 月 12 日，皖南行署在《关于执行婚姻法的具体办法及应注意的几个问题》的指示中规定：结婚、复婚，须由男女双方会同介绍人，一并到当地区以上政府办理登记手续，取得结婚证（男女各一张），始得结婚。离婚时，要协同证明人，除按《婚姻法》规定办理登记外，离婚后如双方约定有生活费、子女养育费及财产分配等问题，要附书说明规定事项。离婚证也由男女双方各执一份。同时规定结婚证、离婚证一律用白报纸印制，证长30厘米、宽18厘米，由县印制盖章，发至各区公所掌握。每张收费200元（旧币）。当年7月，徽州各县市即开始按照皖南行署规定进行婚姻登记工作，各地纷纷解除违反《婚姻法》的旧婚约和包办婚姻，至1951年底，申请离婚的，有近一半属买卖婚姻。

旧中国封建婚姻制度是以夫权为中心、压迫妇女并剥夺男女婚姻自由的桎梏，它束缚和摧残人性、人权，酿成无数人生悲剧。徽州各地以立贞节牌坊、旌表等手段，葬送了众多年轻寡妇的青春。封建的节烈观是禁锢广大妇女的精神枷锁，买卖妇女、童养媳、等郎媳、早婚等包办婚姻现象极其普遍。徽州各县针对实际问题，开展《婚姻法》宣传活动，利用幻灯片、广播、图片、文艺会演等群众喜闻乐见的形式，组织妇女学习、贯彻，使全区绝大多数成年人受到教育，男女平等、婚姻自由、家庭民主和睦的新婚姻家庭道德观念深入人心，广大妇女摆脱了封建枷锁，实现了恋爱婚姻自主，不少童养媳解除婚约，寡妇改嫁。

净化社会风气　1949年后，人民政府在剿匪反霸、镇压反革命运动，巩固新生人民政权的同时，大力肃清社会不良风习，开展禁娼、禁毒和禁赌运动，改造旧社会污浊环境，提高人口身体和精神文化素质。

禁娼　娼妓现象的存在，有着深刻的社会历史根源。妓院娼馆自古以来就是淫乱的活动场所，是偷盗抢劫、吸毒贩毒、拐卖人口、敲诈勒索等犯罪活动的藏污纳垢之地。徽州与其他各地同样，嫖娼狎妓之风古代即泛滥于世，在街镇和水陆码头等人口聚集地都建有妓院。明代中后期，徽商崛起，徽州府治歙县及其商业繁华之区岩寺镇，娼妓日盛，仅岩寺地方，即建起一批妓院，大量人员专门从事娼妓职业。万历年间徽州知府古之贤指出："近访得岩镇地方，盖造整齐店屋，召住艳丽名娼，包留善歌女戏，思欲比赛南京旧院规矩，以为美谈。遂至诱引富家子弟，昼夜歌舞。风俗荡败，奸盗悉从此生。"①为此，古知府专门颁发了《行六县禁革娼优》的告示，以徽州历来即是礼仪文明之区，绝不能容许招摇艳丽的娼优妓女浊乱徽州风化，必须加以禁逐。在这个告示中，古之贤阐明了娼妓对徽州社会的危害，指出："徽属地方，不系通津聚商之处，俱是本地耕食凿饮之民。间有父兄经营，居积致富，类从辛苦中得来，致遭不才子弟嫖赌，挥金如土，不知爱惜，反以父资于娼优家争相慕豪侠之风，成淫荡之习，恬不为怪。不过数年，立见倾败。"告示责成徽州六县官员，"照牌事理，即便转行巡捕官，将外来娼优悉行赶逐。其有造房开店停留者，即便申究。如有地方容留不报，

①古之贤：《新安蠹状》卷下《牌稿•行六县禁革娼优》。

一律查究不贷。”

这种痼疾不会因为古之贤的一纸禁令就被革除，前来徽州试图赚取徽商子弟钱财的娼妓，仍源源不断地流入。明末徽州，娼妓不仅继续泛滥于市镇街区，还被一些地痞无赖召至乡村，“招引流娼，假以唱戏为名，群集匪人，惑诱饮博”。[①]歙县知县傅岩不得不再次重申“逐娼令”，下令驱逐流娼出境。同样地，官府根本不能解决这个社会难题，直到清末，徽州“土娼、招赌、卖烟，最为风俗人心之害”，[②]娼妓仍然是败坏社会风化之三大公害之首，足见情况之严重。民国时期，原徽州各县的妓院、妓女盛行，屯溪横街“海阳楼”一带，便有十多家妓院麇集蜂萃，成为花街柳巷、灯红酒绿之处。直到解放后，徽州地区的娼妓行业才被彻底铲除。

禁毒　鸦片烟毒对人民体质健康影响很深，吸食鸦片不仅使人的性格发生变化，造成精神萎靡和营养不良，并在烟瘾发作时出现呵欠流涕、坐立不安等症象，严重损害人们体质和劳动能力。旧社会烟毒泛滥，即使是“安徽最小的集镇，那时也有几家烟馆，几户人家的村庄，也有几条烟枪，吞云吐雾的病夫，触目皆是”。[③]清末徽州知府刘汝骥在《徽州府禀地方情形文》中指出：“徽俗不论贫富，吃烟者十人而六七。面黧骨削，举目皆是。”并且，“近日烟禁森严，绅士为齐民表率，不闻有具结督责之条，有嗜好者帖然如故也。”[④]绩溪县民国31年仅镇头、浩寨、旺川、上庄等地，就有烟贩30家，烟灯52家，常年吸毒者数百人。上庄村1200口人，其中有200人吸食鸦片。婺源县仅登记在册的烟民即有1084人(包括女性17人)。屯溪市解放前夕，有土膏行、土膏店20余家，烟馆40余个，以贩毒为生的商贩200余人，每年经屯溪贩销的毒品达3万余两。1949年5月至1950年2月，屯溪市先后破获毒案68件，取缔烟馆10余个，改造毒贩150余人。据统计全区共查处吸毒者319人、贩毒犯133人，缴获烟土25.56斤、烟枪9461支、烟灯61只。对贩毒情节严重者绳之以法，对一般吸毒者则集中教育，强制戒毒。

禁赌　旧社会赌风盛行，城镇赌场林立，街头赌博随处可见。明代歙县“赌风日炽，亡赖恶棍串党，置立骨筹马局，诱人子弟，倾荡家产，甚有沦为奸盗，而犯者比比”[⑤]。休宁赌博风气不亚于府城，“沉湎陆博，以曲蘖当饔飧；掷骰为赌，愚富儿以竞胜”者为数众多[⑥]。由于赌博会导致赌徒倾家荡产、偷盗和抢劫等社会问题，其危害

①傅岩：《歙纪》卷八《纪条示·逐流娼》。

②刘汝骥：《陶甓公牍》卷八《批判·刑科·代理绩溪县叶令学仁禀批》。

③参见李则纲：《安徽历史述要(下卷)》第368页。

④《陶甓公牍》卷十二。

⑤傅岩：《歙纪》卷五《纪政绩·事迹》。

⑥万历《休宁县志》卷一《舆地志·风俗》。

非同小可，因而赌博被明末歙县知县傅岩列为“十恶”之一，成为社会公害。在赌博风气污染下，不少良家子弟被诱骗入局，浪荡家业，致使“万贯数年以赌败”。[①]为此徽州各个宗族在族规中，严申加禁赌博，并采取悬赏奖励举报等措施。黟县南屏叶氏即在《族规》中申明：“赌博之禁，业经百年，间有犯者，宗祠板责三十。士庶老弱，概不少贷。许有志子弟访获，祠内给奖励银二十两。恐年久弛禁，于乾隆十四年加禁，乾隆四十三年加禁，嘉庆十四年又加禁。”一些地方乡约和会社组织，还将《禁赌令》勒诸于石，以期彻底革除赌博恶习。但是移风易俗难度大，正如刘汝骥知府在给绩溪县令批文中所言：“游手嗜赌，有若慕膻，非以纸文告所能禁也。”

解放后，各地人民政府发布通告取缔赌场，禁止在一切场合聚众赌博，没收赌具、赌资，对屡教不改的赌头、赌棍予以收审改造。1950 年 2 月 6 日，徽州行政督察专员公署刘敬文专员签署发布严禁赌博公告，明令规定：

严禁赌博。赌之为害，由渐而深，因之忘寝废食，倾家荡产，迫入歧途，危害社会，而流为罪人者不知凡几。兹为国家人民计，革除有害恶习，特明令严禁，望各以自强心理，互相规劝，勿害自己，勿违政令。村乡干部有负检举之责，尤应以身作则，起模范作用。如有故违，必予惩处。

开展正当的文化娱乐工作。听从县区领导，参加各种文艺活动，庆祝新中国、新事业，以国家主人姿态，欢欣鼓舞表现新气象。并借以提高政治觉悟，以迎接今后新的任务。

开家庭会议，作今年生产计划，达到增产。

党和政府领导的扫除各种社会弊病的斗争，开展的禁娼、禁毒和禁赌等运动，根除荡涤了千年相沿的诸多社会丑恶现象，树立了新的社会风尚，改善了人口结构，保障了人口质量。

徽州地区各县若干年份人口统计表

表 7-1

年度	屯溪	绩溪	旌德	歙县	休宁	黟县	祁门	石台
1949	48983	52259	57720	324240	133641	48764	63083	37155
1952	50335	88202	61604	346568	155138	52456	79014	38675
1957	49612	102192	74128	389888	182609	57642	92619	49759
1962	63782	109625	84630	406928	168207	61745	104357	—

① 万历《歙志》卷五《风土》。

续表 7-1

年度	屯溪	绩溪	旌德	歙县	休宁	黟县	祁门	石台
1965	—	121307	95655	436033	248892	65947	115567	77243
1970	—	140645	113599	498823	287690	76146	134409	90085
1975	—	159339	129348	547637	235058	84887	155108	99176
1978	90079	166686	137089	565119	244142	87282	162244	101634
1982	99694	176523	143179	579270	255229	89337	168624	104430
1985	104460	180333	146925	572799	258872	90352	170038	101869

徽州人口发展的新特点 徽州地区在新中国成立后，人口数量变化发展，呈现出两个突出的特点：

一是，全区人口数量增长速度之快，超过历史任何时期。统计数据显示，1949 年末，徽州一市八县总人口为 765945 人。过后 10 年，1958 年即超过 100 万人口，迎来第一次人口生育高峰。年均增长率达到 3%，高于全省平均水平。1985 年末，全区总人口达到 1625448 人，年均增长 2.1%。从平均出生率高达 30‰~50‰ 可以看出，人口增加主要在于自然增长。据民国 23 年屯溪公安局统计辖境内人口生死状况，出生率为 30.2‰，死亡率为 13.8‰，自然增长率为 16.4‰。相比之下，建新中国成立后的人口出生率有较大提高，说明生活水平改善对于妇女生育有直接促进作用。[①]

二是中华人民共和国成立后 36 年中，全区人口发展过程阶段性明显，各个阶段人口增长速度非常悬殊。

1949 年—1954 年，人口处于恢复发展阶段，人口出生率较高，各县均保持在 40‰以上，1954 年达到第一次人口高峰峰值，全区年末总人口达 90 万；(1953 年 7 月 1 日全国第一次人口普查，徽州八县市总计 898802 人。)

1955—1958 年，人口增长渐趋稳定，出生率在 35‰左右，其中歙县为 33.73‰，全区人口突破百万。

1959—1961 年，三年经济困难时期，民众普遍营养不良，全区人口出生率大幅下降，死亡率上升，达到 31‰以上，最高的旌德县达 58.79‰，休宁县 1960 年达 57.77‰，各县均出现人口负增长，全地区净减少 5 万人口以上。

1962—1972 年，为人口出生高峰期，前几年带有明显的补偿性质，人口出生率达

① 《安徽省二十三年度行政成绩报告》。

到50‰以上，休宁县最高为55.77‰。其后各年均在35‰以上，全区总人口近140万。(1964年全国第二次人口普查，徽州八县市为1175944人)

1973–1985年，人口出生随着计划生育工作的深入而趋于下降，1981年与1971年相比，10年间人口出生率降低一半以上。此时全区人口达到1625448人。(1982年徽州地区“三普”人口数为11741108人，1987年统计年报数为1791482人。)

第二节　人口变动

人口自然变动　旧中国时，徽州人口自然变动的总体状况是：高出生、高死亡、低自然增长。古代史料中，对这种状况只有一些描述性的记载，缺乏具体数据。民国期间一些片断资料，部分地反映出这种人口再生产类型。

1949年新中国成立后，结束了多年战乱，社会经济得到恢复发展，人民生活逐步改善，通过大力开展爱国卫生运动和发展城乡医疗卫生事业，安置孤寡残疾人口，死亡率迅速下降，人口出生率多年处于较高水平，人口再生产进入高出生、低死亡、高自然增长的发展类型。短短36年间，徽州地区人口自然变动过程可以分成五个不同阶段：

第一个阶段（1950—1953年），人口变动特点为：解放初期这4年人口总量自然变动不大，但机械变动净增量增大，行政区划改变，如原属石台县的柯村、美溪，原属太平县的宏潭，划归黟县，因此致使人口递增速度加快。个中原因是结束了多年的战乱局面，农村开展土地改革运动，使得过去流落在外的本地居民纷纷返回家园，开始安居乐业的生活。

第二个阶段（1954—1958年），此时人口自然增长进一步加快，出现首次生育高峰，这个阶段里由于户籍制度完善，人口稳定，机械变动对总人口增长影响不大，净迁入量只占总人口净增量的10%以下，自然变动净增值占90%以上，5年净增12万人，年递增率为2.8%。

第三个阶段(1959—1961年),这个阶段是人口增长变动的低谷期。各行各业争先“跃进”，竞放“卫星”。农村大办人民公社，为了实现茶叶翻番，各地大采秋茶，采尽野茶，大量采制老粗茶。歙县是全国重点产茶县，1957年产茶8.84万担。1958年猛增到15万担，严重破坏了茶叶株棵生机，导致茶叶产量急剧下降。1962年全县仅产茶2.8万担，低于1949年的生产水平。1958年粮食产量由于浮夸虚报，在完成征购，留足种子、饲料以后，全区农民口粮出现严重缺口，以致造成连续三年的生活困难。由于三年经济困难时期，造成本地妇女生育障碍和非正常死亡人口过多，导致总人口出现负增长。

全区三年净减 5 万余人，形成总人口增长变动最低点。

第四个阶段（1962—1972 年），这是人口增长速度最快的时期，形成第二次生育高峰，人口自然增长率始终保持在高位上，使徽州人口以前所未有的速度激增。11 年间，全区总人口净增 35 万，平均每年增加 3 万多人，年均递增率达 3% 以上，成为有史以来人口递增速度最快的阶段。

第五个阶段（1973—1985 年），由于实行计划生育，人口增长速度受到一定的控制，人口自然增长呈下降趋势，全区总人口增长速度也逐渐降低。这一个阶段对总人口增长起决定性作用的是人口自然变动。人口自然增长率从 1972 年的 29.9‰下降到 1985 年的 7.24‰。但是由于人口基数增加，平均年净增量仍有 2 万多人。

人口出生状况　在自然条件下，人类生理上达到的出生率可超过 60‰。旧中国没有人口出生数和出生率的记载，按照专家从一些零星的调查资料中推测，在小农经济和传统的生育观念作用下，江南地区正常年份的人口出生率不会低于 35‰。

新中国成立后，人民安居乐业，生活好转，人口以前所未有的速度增殖。1980 年以后实行计划生育并取得一定成效，但是由于广大农村经济文化仍然落后，传统的生育观念依旧占着主导地位，所以人口出生率还是处于较高水平。

人口出生率的地域差异明显，城镇人口在 20 世纪 50 年代出生率高于农村人口，这和经济状况、年龄结构相关联。

同样地，山区人口出生率也高于其他地区。

实行计划生育制度以后，恰恰相反，城镇人口出生率下降快于农村人口，山区人口出生率仍然保持较高水平。

人口死亡状况　不同的历史时期，不同的社会经济条件，人口死亡的原因不尽相同。在旧中国，战争、灾荒、瘟疫曾经给徽州人民带来无法估量的损害。传染病以及营养不良引起的疾疫，严重危害群众身体健康，更因为医疗条件低劣，造成大量原本可以避免的死亡。人口死亡率过高，平均寿命短，一直处于 25 岁至 35 岁。

1949 年新中国建立后，徽州人民生活安定，物质文化条件改善，医疗卫生水平逐步提高，一些基本的医疗服务事业迅速普及到往昔的穷乡僻壤，使一些长期危害人民身体健康的疫疾得到有效控制，其中一些急性瘟疫已经相继销声匿迹，人口体质状况逐步改观，人口死亡率直线下降。

1957 年徽州地区人口死亡率已从过去的 30‰降到 15‰以下，除屯溪市以外，绩溪、旌德、歙县已下降到 10‰左右，速度之快，世所罕见。

三年经济困难时期，饥荒成灾，人口死亡率曲线孤峰突兀，1960 年全区各县人口死亡率均超出 31‰，其中旌德县高达 58.79‰，休宁县达 57.77‰，祁门县达 53.20‰。

人口流动　1949 年后，随着大部分地区相继解放，避乱在外的人口重返家园，各县人口变动较大，数量明显增加。1957年底，上海市首批知识青年400多名迁入到歙县、黟县、祁门等地农村插队落户。

1958年至1962年，徽州农村人口曾发生一次大规模迁移，其中因各地大办工业，从农村招收一批农民务工；又因建设新安江水库安置库区移民；1958年含山县移民1698户2671人迁入休宁，后因生活不习惯，迁回1009户1286人。和县7042人迁移祁门。还因大兴“一平二调”，从江北调来大批农民进山砍伐林木，其中一部分人留居未返。再有上海知识青年首批400余人到徽州歙县、黟县、祁门等地农村当农民。1960年以后农村生活困难，又有一批本地农民外流。据不完全统计，歙县165人，休宁89人，黟县89人，祁门109人向域外迁移，其中较多流往浙江、江西等外省，大部分在外地安家落户。修建新安江水库时，安置淹没区浙江桐庐县、淳安县和歙县移民。1962年经济调整和农村实行生产责任制，人口流动渐趋活跃，进城和外流农民大批返回农村，因此经济发展与人口增长比例严重失调。而50年代第一次生育高峰时出生的人口，此时已逐步进入劳动年龄，从而面临沉重的就业压力。

1966年开始，国防工业“小三线”建设、干部和医疗卫生人员、以及城市知识青年上山下乡，从上海等城市地迁来一大批人口，导致徽州人口变动幅度增大。

1978年以后，随着经济发展和各项政策落实，大多数下放人员和上山下乡插队落户的知识青年于1981年陆续返城，此时城市人口迁入量剧增，就业压力加大。1983年起，国家推行经济体制改革和发展社会主义商品经济，实行开放搞活政策，农村人口务工迁入城市数量逐渐增多。屯溪在此期间，迁入人口39210人，迁入率50.7‰；迁出人口28766人，迁出率37.2‰，净迁移10444人，净迁移率13.5‰。而对比前两个阶段，净迁移率有大幅度上升。

第三节 人口结构

家庭结构 历史上的徽州家庭户均人口，由于户口统计不实而或多或少，不足为凭。如唐代歙州六县总人口达到269109人，户数为38320，户均6.27人，显然过高。而宋代记载的户均人口仅有1.5人，又显过低。只有明初经过人口普查以后，洪武四年(1371)徽州府人口达到536925，户数为117110，户均4.58人，此数据堪称标准精确。清代户口缺乏记载，仅宣统元年(1909年)《安徽通志稿》记载徽州府户数206748，无人口数目，按照五年前光绪三十年调查人口数83万余，以此推测当时户均人口约为4.2人。

民国时期，徽州府撤销，六个县若干年份的户口统计数如下表：

民国时期徽州各县家庭户规模

表 7–2

	民国 17 年（1928）	民国 22 年（1933）
休宁	4.6	4.7
祁门	4.4	4.4
歙县	4.5	4.5
绩溪	4.7	4.6
婺源	4.2	4.5
黟县	4.5	3.8

中华人民共和国成立后至 1985 年的 37 年间，家庭规模波动变化，大体上经历四个阶段。

1949—1959 年，人口随着经济发展同步增长，人口数量增长 25% 左右，同期户数增长 20%。平均每户由 4.28 人，提高到 4.42 人，其间虽有两年稍有回落，户均人口规模，基本上逐年扩大。

1959—1962 年，死亡率增加，妇女生育率下降，全区总户数减少，户均人数缩减为 4.07 人。

1963—1975 年，出现第二次生育高峰，又逢“文化大革命”期间的人口盲目增长，总户数增加，户均人口规模增加达 4.5 人。

1976—1985 年，随着计划生育工作日益深入，人们的传统生育观念逐步改变，大部分青年人倾向于自立小家庭，从父母亲的大家庭分离出来，户均人数已由 1976 年的 4.5 人，下降到 1985 年的 4.2 人。1982 年第三次人口普查，户均 4.34 人，其中农村家庭户均 4.5 人，城市为 4.0 人。农村家庭规模，一般以 4 人户、5 人户、6 人户居多，而城市则以 3 人户、4 人户、5 人户较为普遍。

家庭户类型“核心化”是全区城乡家庭的主要形式。“核心家庭”是指由一达夫妻及其未婚子女所组成的小型家庭，占 70% 以上。其次是直系家庭，占 17%。复合家庭只占到 3.5% 左右。还有 9.5% 的其他类型家庭。

核心家庭城市要比农村多 2.1 个百分点，三代以上的直系同堂家庭，农村多于城市 3.6 个百分点。由父母和两个或多个已婚子女及其配偶后代组成的复合大家庭，在城乡还保有一定比例。

年龄结构　1982 年 7 月 1 日“三普”资料显示：

全地区 1741108 人当中

6 岁以下 205038 人，占总人口 11.78%；

7~14 岁 344633 人，占总人口 19.79%；

15~25 岁 377701 人，占总人口 21.70%；

26~59 岁（男）、26~54 岁（女）634648 人，占 36.45%；

60~79 岁（男）、55~79 岁（女）1701123 人，占 9.77%；

80 岁以上 8965 人，占总人口 0.51%。

由此可知，全地区人口处于成年型（稳定型）。

少年系数 (14 岁以下人口占总人口比例）31.57%；

老年系数（65 岁以上人口占总人口比例）5.08%。

老年人口占少年人口的 16.09%.

人口长寿水平 (80 岁以上人口占总人口比例)6.52%, 略高于全省 6.42%, 略低于全国 6.59%.

性别结构　中华人民共和国成立以前，广大妇女遭到性别歧视，饱受压迫，普遍体弱多病，女性死亡率大大高于男性。出生女婴常被遗弃、溺毙，造成男女性别比例严重失调。1949 年中华人民共和国成立以后，妇女地位提高，生活改善，妇幼保健措施不断加强，总人口性别比渐趋合理。

徽州地区部分年份分县性比例统计表

表 7–3

		屯溪	绩溪	旌德	歙县	休宁	黟县	祁门	石台
1953 年	男	23244	40987	34834	172367	83260	25493	41144	21300
	女	20749	46034	28783	186939	82219	29090	40751	19066
	性比例	112.02	89.04	121.02	92.2	101.27	87.63	100.96	111.72
1964 年	男	—	57508	48114	209659	122005	31470	55932	—
	女	—	59847	43178	214544	118798	32558	53916	—
	性比例	—	96.09	111.43	97.72	102.7	96.66	103.74	—
	男	—	69927	59940	247707	146670	37992	68326	46227
	女	—	70718	53659	251116	141020	38154	66083	43858
	性比例	—	98.88	111.71	98.64	104.01	99.58	103.39	105.4

续表 7-3

		屯溪	绩溪	旌德	歙县	休宁	黟县	祁门	石台
1982 年	男	52293	91399	758555	292674	130865	45895	87194	54360
	女	47401	85139	67324	286596	124364	43442	81430	50070
	性比例	110.32	107.36	112.67	102.12	105.23	105.65	107.08	108.57
1985 年	男	54627	93231	77572	290167	132584	46332	86924	53114
	女	49833	87110	69353	282632	126288	44040	83114	48755
	性比例	109.62	107.02	111.85	102.67	104.99	105.25	104.58	108.94

文化程度 1982 年全地区具有小学及小学以上文化程度者共计 1115254 人，占总人口的 64.05%，高于全省平均水平 (48.34%)。其中具有大学文化程度的 9369 人，占总人口的 0.54%；高中文化程度者 89226 人，占总人口的 5.12%；初中文化程度者 291595 人，占总人口的 16.75%；小学文化程度者 725064 人，占总人口的 41.64%。12 岁以上文盲 419689 人，占总人口的 24.11%，低于全省平均水平 (33.70%)。

职业构成 明清时期，徽州成年男子“十之七八从商”，其中大部分受佣偏主。徽州人自小就外出学生意，通过“荐头”介绍进店铺，一般先学徒三年，店主只供伙食，不付工资，不得回家探亲。“初入店，教以洒扫拂拭、款客茶烟等事，晚有余暇，或习字，或练珠算，或学写信、练记账，勉以专心，戒以怠惰。”学徒期满，即当“店倌”，若有才干，可升任掌柜管事（经理）。随着徽商衰落，社会失业人员渐多。

中华人民共和国成立后，人民政府重视劳动就业工作。1949 年，徽州地区共计接收旧政府人员 416 人，安排全民所有制单位职工 3966 人，集体所有制单位职工 2559 人。1952 年，全区安排劳动就业 33356 人（包括个体），当年全地区全民、集体职工总数达 15675 人。1955 年，又有 1998 人得以就业，其中介绍安排就业 1958 人，自行就业 40 人。1961—1963 年，由于工业进行调整，精简职工 28904 人。1965 年，部分单位开始招收新工人和增用临时学徒工，中药、机械、建筑、印刷、纱管、烹饪、酱园、糕点等八个行业招收工人 1000 人，其中临时学徒工 300 人，当年全地区职工总数达 69432 人。

1966—1968 年，城镇 12656 名初中、高中毕业生“上山下乡”，到农村插队落户。1970 年开始分期分批招工回城。1978 年，全区招收新工人（包括自然减员补充）4217 人，其中从农村招收 2862 人。

1980 年，实行劳动部门介绍就业、组织起来就业和自谋职业相结合方法，当年安置 11827 人就业，占待业人员总数的 64.78%，其中待业知识青年 8240 人就业，占全部待业知识青年的63%。

1984年，实行劳动合同制，当年全地区安置5167人就业，城镇新办集体企业584个，当年全地区职工总数132077人。1985年，全地区安排就业4964人，占年初待业人数的88.5%，当年全地区职工总数145952人。1987年全区安排就业4711人，占年初待业人数的65.9%，全区职工总数达168039人，其中全民所有制职工119810人，集体所有制职工48229人。1987年全地区城镇个体劳动者12729人。

据第三次人口普查资料，全地区在业人口1005424人，占总人口57.06%，略高于全省平均在业率（52.39%）。其中男性547680人，占54.47%；女性457744人，占45.53%。

在业人口中，从事农、林、牧、渔、水利业770245人；从事工业119048人；从事建筑业24137人；从事教育、文化、艺术事业24312人；从事商业、饮食业、物资供销和仓储业24018人；从事国家机关、团体工作14482人；从事交通运输、邮电通讯业11755人；从事卫生、体育和社会福利事业7794人；从事房地产管理、公用事业和居民服务业4685人；从事金融、保险业2683人；从事科学研究和综合技术服务事业1382人；从事地质普查与勘探业703人；从事其他事业110人。全区从事第一产业（农、林、牧、渔等）人口占在业人口的76.69%；从事第二产业（工业、建筑业）人口占14.34%；从事第三产业（交通运输、商业、饮食服务、文教卫生、公用事业等）人口占8.97%。平均每100个社会劳动人口负担抚养58人（其中14岁以下少年儿童50人，65岁以上老人8人），低于全省平均负担抚养67人的水平。

民族构成　古代徽州境内主要是汉族人。元代有少数蒙古族人来任职后留居徽州，清代有少数满族人在徽州做官，后代移居这里。民国19年（1930年），外地不少回族人迁入徽州。抗日战争期间，沦陷区大量难民涌入徽州，其中有一部分少数民族，尤以回民为多。

1953年，全地区有回、苗、满、藏、壮5个民族161人，其中回族138人。

1964年，有回、满、朝鲜、侗、壮、苗、蒙、白、高山9个民族377人。其中回族336人。

1982年，有回、满、苗、藏、朝鲜、彝、侗、壮、畲、瑶、土家、高山、蒙、布依、白、傣、黎、水、达斡尔19个少数民族971人，其中回族767人。

1985年，有少数民族19个，共825人，其中回族625人。少数民族人口较前有所减少。

1987年，少数民族增加到20个，人口增加到852人。在各县分布情况如下表：

1987年度徽州地区分县少数民族统计表

表7–4

民族	屯溪	绩溪	旌德	歙县	休宁	黟县	祁门	石台
回	271	50	46	70	55	14	86	30
壮	2	—	18	6	9	2	13	1
满	1	3	—	5	1	—	2	3
苗	—	8	—	2	—	—	—	—
蒙	—	6	—	—	—	—	7	1
侗	—	2	—	—	—	—	2	1
布依	—	5	—	—	1	—	—	—
畲	4	8	—	14	1	—	—	—
水	—	1	—	—	—	—	—	—
藏	1	—	—	—	—	—	—	1
傣	—	1	—	—	—	—	—	—
彝	—	1	—	—	—	—	1	—
朝鲜	—	—	—	1	—	1	—	—
土家	1	1	—	—	—	—	—	2
高山	—	—	—	—	3	—	—	—
达斡尔	—	3	—	—	—	—	—	—
白	—	1	1	—	—	—	—	1
瑶	—	—	2	—	—	—	3	—
黎	1	—	—	—	—	—	—	—
維吾尔	—	—	1	—	—	—	—	—

对照新中国1953年全国第一次人口普查数据，徽州地区人口数量为898802人，只占全国的0.20%。可以证实1928年以后的人口数量增幅不大，不过此时行政区划已经有了变化，太平、石埭、宁国三县划属徽州专区，成一市九县的格局。

1956年徽州专区被撤销，整体并入芜湖专区，各县疲于奔命在二百多公里的山路上。直到1961年才恢复徽州专区，消失五年后，徽州之名重见天日。文化大革命后，1971年3月，改徽州专区为徽州地区，辖屯溪一市和歙县、休宁、黟县、祁门、绩溪、旌德、宁国、太平、石台九县。1980年1月，宁国县改属宣城地区，徽州地区辖一市八县。1986年6月，徽州地区辖屯溪市、黄山市和歙县、休宁、黟县、祁门、石台、绩溪、旌德七县。1987年11月27日，国务院批复撤销徽州地区、屯溪市和黄山市，设立地级黄山市，辖屯溪区、徽州区、黄山区和歙县、休宁、黟县、祁门三区四县，至此，徽州这个历史地名虽然还保留存在，但是只辖管原属歙县的一镇七乡之地，含义远不同于原来历史悠久、声名煊赫的徽州，沦为小半个县规模的地步，人口统计也完全失去了继承性。

徽州地区部分年份人口出生死亡状况汇总表

表 7-5

		屯溪	绩溪	旌德	歙县	休宁	黟县	祁门	石台
1953 年	出生人数	1674	3840	2849	14816	8054	2534	3889	1479
	出生率‰	37.21	43.3	43.8	40.66	47.83	45.75	46.78	36.09
	死亡人数	460	1358	1211	5731	2727	1145	1607	733
	死亡率‰	10.22	15.31	18.62	15.73	16.19	20.67	19.33	17.92
1957 年	出生人数	1734	3641	2860	12971	7547	2551	1307	1975
	出生率‰	35.23	36.18	40.03	33.73	42.08	44.99	14.52	41.03
	死亡人数	498	1016	725	3983	2082	847	1279	505
	死亡率‰	10.12	10.1	10.15	10.36	11.61	14.94	11.43	10.49
1960 年	出生人数	—	1895	1093	6561	3518	902	1279	—
	出生率‰	—	17.7	13.13	16.52	15.15	15.72	11.43	—
	死亡人数	—	3728	4895	12578	13416	2705	5955	1759
	死亡率‰	—	34.81	58.79	31.66	57.77	47.13	53.2	39.57
1962 年	出生人数	2572	4820	4162	18552	9183	2919	5494	—
	出生率‰	39.67	45.25	50.9	46.3	55.77	48.27	53.06	—
	死亡人数	518	1075	804	4550	1872	863	1446	—
	死亡率‰	7.99	10.09	9.84	11.36	11.37	14.27	14.06	—
1964 上半年	出生人数	—	2241	1986	7776	4452	1535	2163	—
	出生率‰	—	19.42	22.05	18.64	18.83	19.35	19.77	—
	死亡人数	—	604	504	2841	1716	468	705	—
	死亡率‰	—	5.23	5.6	6.81	7.26	7.33	6.44	—
1965 年	出生人数	—	5044	4329	18003	10784	2783	5407	3177
	出生率‰	—	42.27	46.31	41.86	44.04	42.82	47.97	41.13
	死亡人数	—	1069	753	4613	2376	680	1339	959
	死亡率‰	—	8.96	8.06	10.72	9.7	10.46	11.88	12.42
1970 年	出生人数	—	4716	3800	18681	10229	2749	5641	3145
	出生率‰	—	34.43	34.12	38.71	36.62	36.74	42.57	36.17
	死亡人数	—	1127	849	4796	2360	736	1470	805
	死亡率‰	—	8.14	7.62	9.94	8.45	9.84	11.09	9.26

续表 7-5

		屯溪	绩溪	旌德	歙县	休宁	黟县	祁门	石台
1975 年	出生人数	1372	2822	2650	11691	4677	1825	4251	2110
	出生率‰	15.9	17.86	20.69	21.49	16.94	21.58	27.38	21.36
	死亡人数	470	1068	828	4468	1688	771	1390	953
	死亡率‰	5.45	6.72	6.46	8.21	6.11	9.12	8.95	9.65
1980 年	出生人数	1307	2835	2041	8650	4459	1329	2660	1359
	出生率‰	14.02	16.75	14.7	15.18	17.97	15.11	16.18	13.63
	死亡人数	523	980	845	3864	1558	703	1139	720
	死亡率‰	5.61	5.79	6.09	6.78	6.28	7.99	6.93	7.03
1981 年	出生人数	1441	3569	2664	9373	4539	1486	3098	1457
	出生率‰	15.07	20.76	18.98	16.35	18.1	16.79	18.67	14.16
	死亡人数	531	1103	919	4192	1683	669	1189	768
	死亡率‰	5.55	6.42	6.55	7.31	6.71	7.56	7.17	7.46
1985 年	出生人数	1098	2871	2514	7510	3351	1322	2402	1333
	出生率‰	14.02	16.75	14.7	15.18	17.97	15.11	16.18	13.13
	死亡人数	585	1114	813	4077	1608	599	1107	747
	死亡率‰	5.63	6.18	5.55	7.13	6022	6.65	6.53	7.36

附　　录

叙贡赋

宋·罗愿

新安为郡，在万山间，其地险陿而不夷，其土骍刚而不化，水湍悍，少潴蓄。自其郡邑，固已践山为城，至于四郊都鄙，则又可知也。大山之所落，深谷之所穷，民主田其间者，层累而上，指十数级，不能为一亩，快牛剡耜，不得旋其间。刀耕而火种之，十日不雨，则仰天而呼；一遇雨泽，山水暴出，则粪壤与禾荡然一空，盖地之勤民力者如此。宣、饶之田弥望数百亩，民相与秔稌之岁才一芸，时雨既至，禾稗相依以长，而其人亦岁饱食，不待究其力。歙人之芸以三四，方夏五六月，田水如汤，父子袒跣，膝行其中，掘深泥抵。隆日，蚊蝇之所扑缘，虫蛭之所攻毒，虽数苦，有不得避，其生勤矣。

而租挈又重，盖特起于唐末伪刺史陶雅之所增。异时，去京师远，有司未及以为言。今天子愍之，数下恩诏，退收绢，省杂钱，凡可以惠其人者，将无所爱要，以尽去百年之积弊。夫达民瘼，广上恩，不牵吏议，良有司能之时之利害，故备论其事。

徽州风俗

明·汪尚宁

徽故障郡，于越地，禹之苗裔散处其间。故其人多菲啬，尽力沟洫；孝弟质行，有禹之遗风焉。

郡有三俗：附郭为歙，歙之西接休之东，其俗富厚，备于礼。身安逸乐而心矜势能之荣，操其奇赢以相誇咤。然其人貌良而衣逄整齐，缘饰文雅为独胜焉。白岳山而上，此休西乡也，其西为祁，其西南为婺，俗好儒而矜议论，柔弱纤啬，归本比者稍稍增饰矣。然操什一之术不如东南，以习俭约致其积蓄。休之北为黟，地小人寡，纤俭大类祁、婺，戋戋益甚焉。颇有稼穑之业，质木少文，有古之遗风。乌聊山之北为歙之南、东二乡及绩邑也，其俗埒于黟，而缙绅之士过之。

六邑之语不能相通，非若吴人，其方音大氐相类也。

自唐以前，如鲍伸、程灵洗以武功著，除恶为武，施德为文，其文不少概见。迄任彦昇、陆士繻诸公劝驾于上，设学兴礼。宋、元以来，彬彬称为东南邹鲁。道系相传如世次可缀而数，海内诸郡有不能及，至今士人讲学益广云。

江左之俗，徽为最美。士人尚节义。元之时，理学大明，其名流无一人出试吏。或举于乡，犹弃去不肯计偕。国初，乡邑朴椎少文，里子不识城市。为弟子员者，由乡佐以刺报，犹然逃去不应召。嘉靖以来，比屋有才秀之士，文藻益盛。然多以关说求赏拔，希来宠焉。

郡之地隘，斗绝在其中。厥土骍刚而不化，高水湍悍少潴蓄。地寡泽而易枯，十日不雨则仰天而呼；一骤雨过，山涨暴出，其粪壤之苗又荡然空矣。大山之所落，多垦为田；层累而上指至十余级，不盈一亩。快牛利剡不得田其间，刀耕火种，其勤用地利矣。自休之西而上尤称斗，入岁收堇不给半饷，多仰取山谷，甚至采薇葛而食。暇日，火耕于山。旱种，旅谷早则俱出，扳壁呼邪许之歌，一唱十和，庸次比耦而汗种，以防虎狼；夜则俱入，持薪樵轻重相分。

徽之山大抵居十之五，民鲜田畴，以货殖为恒产。春时持余赀出贸，什二之利为一岁计；冬月怀归，有数岁一归者。上贾之所入，当上家之产；中贾之所入，当中家之产；小贾之所入，当下家之产。善识低昂时取予，以故贾之所入视旁郡倍厚。然多雍容雅都，善仪容，有口才，而贾之名擅海内。然其家居也，为俭啬而务畜积。贫者日再食，富者三食，食惟饘粥，客至不为黍。家不畜乘马，不畜鹅鹜，其啬日日以甚，不及姑苏、云间诸郡产相十而用相百。即池阳富人子，犹不能等埒，而反以富名，由为贾在外售虚名云。当其出也，治装一月，三十里外即设形容，袨新服，饰冠剑，连车骑，若是者将以媒贷高赀，甚至契领官货。诸见者啧啧就目，徽多富贾，不知其既也。不能偿责，坐是蒙罪戾者比比皆是。汪京兆循曰“徽之贾售虚名，而受实祸”，其信然哉！

百工之作皆备，而歙为巧。然仅仅足以偿其僦费而已，其能畜以息之者不什一焉！。

女人尤号能俭，居乡者数月不占鱼肉，日挫鍼治縏纫绽。黟、祁之俗织木棉，同巷夜从相纺绩，女工一月得四十五日。徽俗能畜积不至尾闾者，盖亦由内德焉。先是都市丘里居者，逢辰则盛鬋，步摇蹑利屣，为踏春之行。迩年，俗少变，不敢以络绎出矣。然大都务为贞洁，虽妾媵女厮之流，亦以苟合为耻。朱晦翁有云：“新安山峭厉而水清洁，其人务为高行奇节。”吾于女人亦云。

家多故旧，自唐、宋来，数百年世系比比皆是。重宗义，讲世好，上下六亲之施村落，家构祠宇，岁时俎豆其间。小民亦安土怀生，即贫者不卖倀子流庸。婚配论门高，治袿裳装具，量其家以为厚薄。重别臧获之等，即其人盛赀厚富，行作吏者，终不得列于辈流。

歙、休丧祭，遵文公仪礼，不用释氏。然祭颇侈，设层台祖道，饰以文绣。富者欲过，贫者欲及，一祭费中家之产。

亲殁不即营宅兆，富者为屋以殡；贫者堇复茅茨，至暴露不忍见者。由俗溺阴阳，择地择日拘忌，以故屡世不能复土举葬。

正月八日其夕，迎紫姑神以卜。元夕，休、歙有灯市，夕鱼负光，夜龙啣烛，以达于旦。三月三日，郡民竞舟于河西，执兰招魂。二月二十八日，歙、休之民舆汪越国之像而游，云以诞日为上寿，设俳优、狄鞮、胡舞、假面之戏，飞纤垂髾，偏诸革鞜，仪卫前导，旂旄成行，震于乡井，以为奇隽。五月五日，祁竞龙艇，亦极伟丽。闰月之岁，绩有善会禳疫。七月十五日，烧兰盂盆于寺中，设伊蒲塞之馔，是皆故越好巫之俗。迩年女郎益喜讽咀，斋薰以祈祷云。

俗尚气力讼，起杪忽而蔓延不止。然单户下民畏权，忍气不敢望官府者，亦不云少也。程太史敏政曰："徽之讼非若武断者流，其争大抵在于产墓继子。"然比年亦稍稍减省矣。

正月，立春司牧氏迎温青郊，出土牛以逆寒气，田家市新历占满斗之宿，立春前后五日莳松，早则寒袭，迟则脉张，栽杂木，木神不知；元日雨以卜芒种；是月也，修田畛，端径路。二月，社日多雨，社神试新水；是月也，下春种，燠王善菜于盆；在山间者迟都市之候盈旬。春雪平地尺，夏大水，水涨如其数。三月，风而雨土为霾，伤麦；清明，淘新泉洁湛喜酿酒浆，是夜也，雨伤麦；民伺雷发声捕蜈于大石山中，为腊以治瘧；是月也，浴谷子探新茗。四月，蝼蝈鸣，省陂堤。五月，梅潦暴涨，南风至，大雨下；是月也，采昌羊，收白苎，刈大小麦，莳稻秧，廿五六日，谓之分龙，大睛大雨，卜雨旸时。六月南风，郡乃旱；是月也，早禾登，制曲蘖，采木槿；立秋日雷坏中禾。九月，获姜，霜早降，杀白苎、黑荞，祁、婺之乡占雨（山田晚稻宜雨），休、歙之地占睛（收获宜晴），重阳日占微雨；是月也，苞、姜种，剥桐实。十月，立冬山家卜晴雨（是月晴，一冬多晴，薪炭不售）。十一月，短日至，缺贺年，卜谷实。十二月，旅谋归，修缮居室，斥土掩骼；是月也，收芜菁，择五种，齐秫稻，谨盖藏，取竹箭；是月之末，饮酒分岁，祝祈来年。四时之辰，丙丁占睛，执破占雨，冬热为疫，夏寒为馑，冬干多郁攸，秋霖生虫螟，甘雨至三旬，百物熟，其民乃康。

程氏祭祀合同

——选自《徽州千年契约文书》

文人程永（贵、富、吉）公秩下等，缘因大明祖遗六保三岳源，世居五代承后，大清顺治年间复居于铺岭，两建世业，祖墓统葬三岳源地方。今见人丁式微，祖墓窎远，标扫无聚，尤恐失家抛业，以致秩下义嘀（议商），将公同所买之田六保土名沙坡煅，小土名乾田里皮 骨 田壹亩陆分又号构柄坂皮骨田四分，共皮骨田二亩正，以为永远祭祀标扫。日后秩下子孙自 十岁起至六十岁为则，诸均要入墓标扫点名给胙，如有一名不入墓者，众议定行扣胙不给，准不孝论。并将元宵戏会所买之田土名沙坡缎，小土名栗树坂皮骨田壹亩三分，又号门首横 圻，原租陆秤，实租谷壹佰贰拾斤，皮田六分，共田贰号，一并秩下轮首耕种，收租办祭，毋得强弱相欺，亦毋许盗卖分拆等情。如违执此文鸣官惩治，仍要追还。自立合文之后，各宜遵守，恐口无凭，立此合文 一样叁纸各收一纸永远子孙为据。

道光十三年三月二十八日立合文程永富公秩下：康富、茂涤、茂楷、社贵

永吉公秩下：康容 、康宪、观福

永贵公秩下： 康安、康寤、茂本

中见人：亲许起山。

徽州府歙县县给告示

——选自《徽商资料选编》

县给告示：

直隶徽州府歙县，为恳申祠规，赐示遵守事。据二十一都五图约正朱文谟同族长朱明景等连名具呈前事，呈称：本家子侄丁多不一，恐有不务生理、横暴乡曲、不孝不悌，忤尊长、违禁、赌博、酗饮、嫖荡、斗打、争讼等情，祠立家规，犯者必戒。恐有刁顽违约，不服家规诫罚，扔肆强暴，不行改正，虑恐成风，后同族长粘连祠呈叩天台，伏乞垂恩准申祠规赐印、赐示、刻扁、张挂、以警效尤，概族遵守等情，据此，拟合给示严禁。为此示仰朱姓通族人等知悉，务宜遵守家规，取有违约不遵者，许约正族长人等指名呈来，以凭究处，以不孝罪论，决不轻恕，特谕。

右仰知悉

万历二十六年八月十八日给

告示（县押）

婺源茶院朱氏世谱序

——选自（民国）《歙县志·艺文志》

熹闻之先君子太史、吏部府君曰：“吾家先世居歙州歙县之黄墩。相传望出吴郡 ，秋祭率用鱼鳖。唐天佑中（906），陶雅为歙州刺史，初克婺源，乃命吾祖领兵

三千戍之，是为制置。茶院府君卒，葬连桐，子孙因家焉。生三子，仕南唐，补常侍承旨之号。其后，多有散居他乡者(熹谨按：今连桐别有朱氏，旧不通谱，近年乃有自言为茶院昆季之后者，犹有南唐谱牒，亦当时镇戍将校也。盖其是非，不可考矣)。”先吏部于茶院为八世孙，宣和中（1118），始官建 之政和，而葬承事府君于其邑，遂为建人，于今六十年矣，而熹抱孙焉，则居闽五世矣。

淳熙丙申（1176），熹还故里，将展连桐之墓，则方夫人，十五公冯夫人之墓皆已失之，因亟询访得连桐兆域所在，乃率族人言于有司，而复得之。其文据藏于家，副于族弟。然而三墓者则遂不可复见。

癸卯(1183)五月辛卯，因阅旧谱，感世次之易远，骨肉之易疏，坟墓之不易保也，乃更序次，定为婺源茶院朱氏世谱，而并书其后。如此，仍别录一通以示族人。十一世以下，来者未艾，徽建二派，自今每岁，当以新收名数更相告语，而附益之，庶千里之外，两书如一，传之永远，有以不忘宗族之谊。

至于芦村府君，其墓益远，居故里者，尤当以时相率展省，更力访求三墓所在而表识之，以塞子孙之责。而熹之曾大父，王桥府君无他子，其墓在故里，者恃有薄田于其下，得以奉守不废，当质诸有司，以为祭田，使后世子孙虽贫毋得鬻云。

宋淳熙十年（1183）癸卯，五月辛卯，茶院府君九世孙，熹序。

休宁首村朱氏祭祀先祖议约

——选自《休宁二十六都首村朱氏文书》

立议约人首村长支十三派众等，缘我等唐殿中丞古公，为新安朱氏统总一世鼻祖，暨二世祖妣余陈二夫人墓葬歙南篁墩。畴昔先公定以清明后八日。二世 王革葬鬲山，定以清明后七日标挂，春、园、林、秀四小支风雨无阻，诣墓致祭，千百年来禋祀弗替。奈自咸丰、同治之世，粤寇叠扰，四支中子孙均被大创，幸赖匣存霞瀛，需租亦收，理应支持标挂，然我等长支春公支下昔时昌盛，五派合办一阄以奉祭祀蒸尝。然今非昔比，然自揣以霞瀛计较，孝不容推，义不容辞，然照前则二十派轮流司办祭祀，各阄中均难支持。今长支集众公议，权以十六派品搭均匀，分作孝义二阄，当即推办司首各派毋得推委，俟出知单公启集会歙邑西南二乡，本家方可定正规则，凡今在议必守今日之约，如有异言翻议者，凭公斥之，恐口无凭，立此议约存照。

光绪十一年三月二十六日立议约人：朱良甫、廷秀

孝字首阄拈得：长丰、矾溪、首村、里田、水路塘、葩庄、霓湖、遐保

义字二阄拈得：伦塘、琳溪、古积田、新屯、资庄、石佛、真君殿、东丘、（殿元、星如、瞻原、仲谦、康义、怀新、仲安、廷英、清明、廷秀、殿贤、清吉、懋东、映才、友良、绍贤、运璋、福田、明聚）

执笔：鸣皋

师古公篁墩清明后八日标挂，祀首向系春、园、林、秀四派轮流司年，惟我春公支下十三朱派繁丁盛，五派合办一阄，十六年一轮，虽然畴昔成规，今特录记

壹阄：伦塘、琳溪、中州、星州、古积田
贰阄：首村、葩村、里田、杨充、山盈头
参阄：新屯、长丰、东丘、资庄、水充
肆阄：汪川、宋川、横坑、俞村坑、长岭、朱家郭

编纂始末

黄山市的前身是徽州，而徽州人口作为徽州文化的本源，长期以来有关方面和学者在徽州人口研究方面尚缺乏系统性的专述、论著。鉴此，作为黄山市人口和计划生育工作的主管部门，使命所在，深感有义务、有责任引导和推动社会各界人士致力于徽州人口的研究，并决定组织人员编纂人口方面的资料书籍。经过多年的耕耘，2014年初，由黄山市人口和计划生育委员会（以下简称黄山市人口计生委）主编的《徽州人口》一书基本落笔。经安徽省人口和计划生育委员会有关领导、安徽省人口学会领导和专家阅后，获得他们的高度评价和充分肯定，并力荐给安徽省地方志编纂委员会办公室（以下简称省方志办）。省方志办领导审阅后对该书亦颇多赞许，同意以特色志纳入安徽省志系列。

2014年7月，《徽州人口》按照横排门类、纵述史实、述而不论的修志要求，从体例到内容，进行全面修编。同时，成立《安徽省志·徽州人口志》编纂委员会，由安徽省卫生和计划生育委员会（以下简称省卫生计生委）副主任高俊文担任顾问，黄山市人口计生委主任朱红娟担任编委会主任；并设立编辑室，唐钢任主编，金立林任执行主编。

2014年10月，省方志办、省卫生计生委、省人口学会领导和编审人员专程赴黄山市召开座谈会，就志书修编工作予以悉心指导，促成志书谋篇定案，初稿基本成形。其后，编撰人员多次修改完善，2015年底，《安徽省志·徽州人口志》评议稿编撰完成。2016年1月，《安徽省志·徽州人口志》稿评议会在黄山市召开，省方志办、省卫生计生委有关领导和专家对评议稿进行了认真评议，提出了针对性指导意见。根据评议意见，编辑室重点围绕体例要求，多方收集、充实图表，斟酌语句，进一步完善了志书内容。2016年11月，《安徽省志·徽州人口志》正式提交省志总编室审稿。经过省志办特约编辑、省志处主要负责人和分管领导的三审和方志出版社审查，专家提出进一步修改意见，编辑室人员又按要求作了进一步修改和完善。2018年初，《安徽省志·徽州人口志》完成印刷招标，进入出版印刷阶段。经编审人员多次审核、修改、校对，2018年10月正式形成会审稿。11月初，省方志办在黄山市组织召开《安徽省志·徽州人口志》会审验收会，省方志办主任郭德成、省卫生计生委副主任高俊文、省方志办副主任吴静等领导和专家组成会审组，对志稿的编委会人员组成、凡例、图片、目录、部分篇章内容、表格、附录和编纂始末等内容进行了逐项审议，原则通过了会审，并就一些需要再完善的地方，提出具体修改意见。根据会审组意见，编委会组织人员对志稿进行了进一步润色、规范，并最终定稿。此后，省地方志研究院组织业务骨干再次对志稿进行审读，副院长郭德成、吴静对志稿进行了复审，提出了很多宝贵的修改意见。省地方志研究院院长程中才对志稿进行了最终审核。

徽州历史悠久、文化灿烂，虽文史资料浩瀚，然人口史料却过于零散、稀缺，加上追溯年代湮远，尽管我们广集深掘，仍显残缺难觅。此书编纂过程中，苦于史料不全且记载偏颇、统计失真，加之水平有限，编纂疏漏和失误自当难免，我们对志书文字中若存失当之处深感自责，故敬希读者不吝批评指教。

此书撰写编纂过程中，先后得到了黄山市政府历任分管领导程永宁、舒志民、吴文达、叶长茵、程红等同志，省方志办朱文根、刘成典、郭德成、吴静、吴良琴、史五一、余祖本、周小平等领导和专家，省卫生和计划生育委员会高俊文、孔维鹏、陈永兵等领导和专家，黄山市地方志办公室领导胡劲松、翟屯建，黄山市社会科学联合会领导杨永生，黄山市人口和计划生育委员会历任领导耿新潮、徐健玲以及黄山市卫生和计划生育委员会王建飞、沈建军、曹卫民、张杭杭等同志的关心指导、支持和帮助，在此一举深表敬意和感谢。

《安徽省志·徽州人口志》编委会

2020年4月